捻军资料补集

（上册）

牛贯杰 编

近代农民战争再研究丛书

牛贯杰\主编

海峡出版发行集团
THE STRAITS PUBLISHING & DISTRIBUTING GROUP
福建教育出版社

图书在版编目（CIP）数据

捻军资料补集：共2册/牛贯杰编．—福州：福建教育出版社，2023.2

（近代农民战争再研究丛书/牛贯杰主编）

ISBN 978-7-5334-9540-4

Ⅰ．①捻…　Ⅱ．①牛…　Ⅲ．①捻军－研究　Ⅳ．①K254.410.7

中国版本图书馆CIP数据核字（2022）第230613号

捻军资料补集

牛贯杰　编

出版发行　福建教育出版社
（福州市梦山路27号　邮编：350025　网址：www.fep.com.cn
编辑部电话：010-62027445
发行部电话：010-62024258　0591-87115073）

出 版 人　江金辉

印　　刷　福州万达印刷有限公司
（福州市闽侯县荆溪镇徐家村166-1号厂房第三层　邮编：350101）

开　　本　710 毫米×1000 毫米　1/16

印　　张　34.75

字　　数　552 千字

插　　页　3

版　　次　2023 年 2 月第 1 版　2023年 2 月第 1 次印刷

书　　号　ISBN 978-7-5334-9540-4

定　　价　110.00 元（全二册）

谨以此书献给张研教授

本成果受到中国人民大学2017年度“中央高校建设世界一流大学（学科）和特色发展引导专项资金”支持。

序 言

农民战争在中国历史上具有重要的地位和意义，“中国历史上的农民起义和农民战争的规模之大，是世界历史上所仅见的。在中国封建社会里，只有这种农民的阶级斗争、农民的起义和农民的战争，才是历史发展的真正动力”。[①]就近代民主革命而言，“中国的革命实质上是农民革命”。[②]

中华人民共和国成立后，农民战争史研究成为中国史研究的热点，被誉为史学研究的“五朵金花”之一。范文澜、聂崇岐、江地等前辈学者在捻军起义的史料整理和基础研究方面做了大量开创工作，将捻军起义融入到农民战争史研究的热潮之中。由于过于侧重高度评价捻军起义的性质和作用，以论带史，学术研究渐趋简单化。20世纪90年代末期，随着社会史研究的兴起和基层社会史研究的深入，捻军史经历一段沉寂后重新引起学界的关注。张研先生针对清史研究“前后割裂”和“上下脱节”的弊端，以中国传统社会结构作为考察主体，将捻军起义纳入基层社会权力结构的视角中进行考察，指出太平天国和捻军起义导致清朝的统治格局在19世纪中期发生了重大变迁。不过整体而言，这一阶段的研究对捻军起义评价不高。此外，以张珊、徐川一、马昌华、池子华为代表的安徽学者自20世纪50年代以来对捻军起义持续研究，在捻军领袖及相关人物、捻军起义和剿捻的重大事件、与太平天国的关系以及安徽近代历史发展等问题上多有开创性研究。21世纪以来，学界在团练、基层社会组织、区域生产关系、基层军事化程度等问题上进行了探讨，譬如，马俊亚教授从区域史角度对捻军起义的社会土壤——淮北地区的社会经济进行了系列深入研究。

在近代三大农民战争中，捻军起义持续的时间最长。它没有建立完备的政权机构，对清朝现存社会结构的革命性更加彻底，起义领袖的民主性

---

① 毛泽东：《中国革命和中国共产党》，《毛泽东选集》，第2卷，人民出版社，1991年，第625页。

② 毛泽东：《新民主主义论》，《毛泽东选集》，第2卷，第629页。

也较强。这场持续16年的农民战争沉重打击了清朝既有的统治格局，清廷不得不做出调整。平捻之后整个中国的社会政治结构发生重大变迁，直接冲击了延续两千余年的帝国体制，成为近代民主革命的先声。在新的时代，我们需要以前人研究为基础，从整个中国现代化进程的宏观视野考察捻军起义的动因、特点及其影响，使农民战争史重新回到近代史研究的中心舞台。只有将捻军起义放到近代历史变迁和中国现代化进程的大背景下，才能对这一复杂的社会历史现象进行合乎实际的科学阐释。农民是捻军起义研究的决定性要素，清政府及其拥护势力是农民战争的被决定性要素，农民在中国现代化历史进程中起到了巨大的推动作用。

捻军研究的发展，离不开史料文献的发掘与出版工作。1950年，中国史学会开始编纂中国近代史资料丛刊。捻军资料作为其中之一，收辑文献288种，共计182.6万字，内容分综合、地区和函牍杂文三部分，1953年由神州国光社分6册出版，直接推动了捻军和捻军起义的研究。由于捻军本身的文献和记录留存很少，关于他们的记载非常零散。50年代后期学界又补充出版了两种捻军史料专辑。其一是江世荣编纂的《捻军史料丛刊》，由商务印书馆出版。该书分为三集，第一集所收为“军报”“军情”“能静居日记”（选钞），第二集收录了“李鸿章信稿”，第三集收录《曾国藩书牍》《陶风楼藏清咸同时名人手札》等10种未刊抄、稿本。其二，作为捻军史料丛刊的编纂者，聂崇岐先生对捻军问题进行了持续的思考和研究，“于翻阅清代道咸以来公私撰述之便，又搜集些有关捻军的文字”，①于1958年编纂出版《捻军资料别集》。该资料共选取文献32种，对嘉道以来“捻”的组织形成与发展、白莲教对捻军的影响以及清军剿捻过程等问题提供了证据。60年代初，捻军家乡的文史学者本着“忠实记录、慎重整理、适当加工”的原则，先后出版《安徽捻军传说故事》《捻军歌谣》《圈圈战——捻军传说选》《捻军故事集》等文艺作品。70年代，台湾地区出版了两种捻军文献，一是从事出版工作的杨家骆影印中国史学会主编的中国近代史料丛刊《捻军》，改名为《捻军文献汇编》（共六册），由台北鼎文书局在1973年出版；二是1975年由台北古亭书屋出版的《捻乱汇录》，该书选取文献34种，分为“捻子论著合编”与“捻军资料”两部分，所选内容与之前50年代已

---

① 聂崇岐编：《捻军资料别集·说明》，上海人民出版社，1958年，第1页。

出版的捻军文献出入不大，未有新见资料。

这部文献的编纂着手于2001年。仲春时节，我和恩师张研教授在翁飞先生的热情帮助下，一行三人在安徽进行学术考察。在皖北，捻军研究学会会长任锋、涡阳县委宣传部长兼副会长张群录、秘书长熊航昌带我们参观了张乐行故居、张老家、尹沟、雉河集等捻军史迹和碑刻文物，并表示新编史料的缺乏是捻军研究目前“遭遇冷落”的重要原因。另一方面讲，这也增加了我们编纂文献的决心和信心。在合肥，张珊、马昌华、徐川一等前辈对捻军文献的编纂和学术研究提出了殷殷期望，提出加强对安徽省博物馆和图书馆有关捻军文献的整理工作。翁飞先生提供了他之前在安徽省社科院历史所工作时收藏的捻军调查手稿原件。这批手稿，是当时安徽省哲学社会科学历史研究所调查组针对捻军的原始调查记录，包括张珊、马昌华、李浩、王耀帮等六名学者，他们以捻军领袖为调查对象，历时两个月，遍访涡阳县的15个乡镇以及蒙城、亳州等捻军活动地区。这些调查记录，部分刊载在张珊的《捻军史研究》和马昌华的《捻军调查和研究》两部著作中。本次整理，对所有原件记录进行了校勘与修订，即本书第一部分“捻军口碑资料调查记”。特别指出的是，手稿原件中还包括涡阳县文史学家王大球在1949年所写《张乐行传略》的手稿，本书也一并收录。上述学者对本文献的贡献不言而喻，在此一并致谢。

这部文献的其余部分，参考之前出版的各种捻军文献专辑，依据安徽省博物馆和图书馆等处未刊文献抄稿本原件，选前人未录文献，捡缺补漏，故名为《捻军资料补集》。

这部文献的问世，离不开清史编纂委员会文献组专家王汝丰教授的鼓励与支持。同时亦感谢我的单位中国人民大学历史学院提供了出版经费支持。感谢福建教育出版社将本文献付梓成书。衷心希望这部资料的出版，在新的历史时期能对捻军起义和农民革命运动史的研究有所助益。

牛贯杰 谨识

2022年初春

目 录（上）

凡 例

一、本文献为类编资料，资料来源均以页下注形式标明。

二、文献史料如有原名，一律沿用；如无原名，由整理者自行拟定。如，潘鼎新手札、英桂军务奏章等。

三、资料原文所用繁体字，在不会造成歧义的情况下改为简化字。具体人名、地名不在此限。

四、文献资料由编者标点、分段与校勘。说明文字以（ ）标明，脱字以［ ］标明，错别字在〈 〉内标明正确字。

五、为便于读者更好地利用资料，整理者对有必要加注的地方一律加注，以脚注标明。

第一部分

捻军口碑资料调查记

张乐行传略

王大球

清咸、同以来，清廷君臣，谈及内忧，动以“南发”“北捻”相提并论。南发指洪秀全领导之太平天国而言，北捻即指张乐行领导之捻军而言。

张乐行父名慰祖，母燕氏，长兄名问行（出嗣堂伯念祖），仲兄名敏行（捻军称为闯王，清史及地方志名为张闯），从堂兄弟有名果行者，有名广行者。乐行小名香儿，家在涡阳县城西北十二里之张老家，有良田五百余亩。其先世有张鸿羽者（与张宗禹同村），在明末清初曾占独山起义（在涡城东北三十里），与闯、献同时，而势力差小，声名差低，故乡里犹传其轶事，而历史竟缺其姓名。乐行为人宽厚和平，极重义气，远近争归附之。家虽富有而好潜率穷人，贩卖私盐，异地友好，有亡命者辄走匿其所，乐行殷勤款待，久而弥笃。官方即悬重赏购捕，乐行从未缚献一人。倘遇形格势禁，难再隐匿，必厚馈川资，亲送出境，仿佛西汉朱家、郭解之为人。以故归附日众，声誉日高，袒臂一呼，附近州县随从者数至钜万。既非威胁，又非利诱，其号召力量，实由平日渍渐养成，非幸致也。

乐行起义于咸丰元年，殉难于同治二年。其族子宗禹（西捻领袖）失败于同治七年。任柱（东捻领袖）失败，又早于宗禹一年。捻军游击之区，为安徽、河南、山东、湖北、江苏、陕西、甘肃、直隶（今河北省）等八省。初与太平天国一在黄河流域，一在长江流域，分道扬镳，齐驱并驾，中道稍衰，附于太平天国。迨南京失陷，幼天王洪福及部将赖文光等转附于捻。张氏起事较洪氏略后，而失败亦较太平天国为晚。

涡河流域，酷好呼人小名，或呼人绰号。必对其人有相当敬重者，始称其名字。至单举其人名中之一字，上更配一老字者，则为特别尊敬之词。非有深仁厚泽、使人人心悦诚服者，不能获得此种称号于乡里。蒙城马玉昆，字景山，在清廷任至直隶提督，晋衔少保，于谥忠武，当时可谓备极尊荣，而乡人至今呼为马二元，是但称其小名也。乐行乃清室所诋为流寇者，而乡里至今呼为张老乐。即此可见舆论之一班，即此可验人心之向背。

咸丰元年，有黄河北岸之流亡者，僦乐行之屋而居，以拾人余粮为生。初冬入邻村大户宋某地内拾取山芋，为大户所辱，归而哭诉于乐行。乐行使次日复往拾芋，而自率多人周旋窥伺。果见大户大骂流亡者，声色俱厉，凶如豺虎。乐行出而制止，因与大户发生械斗。宋氏死者四人，爰具状控诸亳州。皂隶持竿下乡，见乐行势不可侮，未敢逮捕，因商请乐行赴城对簿。乐行曰："尔知州如欲与吾相见，带兵来洪沟作战可也。"皂隶悚息而退，知州亦莫敢谁何。由此河北之流亡者，麇聚其门，门庭若市。生计不足，尝往黄河以北夺取富室牧畜之羊。此乐行受贫人拥护，推为捻头之始。乐行所谓洪沟，在张老家之北约七八里，两岸均属平原，乃一宽阔之战场也。

咸丰二年，乐行率众往贩私盐于河朔。其族子张扬（申庄人，工射击）偕流寓十七人往河南永城境内掠羊百余头。永城官吏捕之下狱，乐行归率龚得等捻万余人，包围永城，劫扬等出狱。由此众依乐行以自固，声势始大。龚得者，黄边白旗之捻头也。家在涡西二十五里之公吉寺，目若近视，而夜能见物，众呼为"龚瞎子"。龚足智多谋，长于袭击，与乐行为密友，捻军公认为乐行之军师。咸丰十一年，得与楚军成大吉作战，殁于罗田之松子关。自兹乐行军无谋主，日渐削弱矣。

咸丰三年，永城捻头冯金标、张凤山，亳州捻头宋洪占、陈起生、邓作仁、尹甲、王怀山、孙玉标、倪中平、朱天保，蒙城捻头胡元众、史鸭、张狗、陈小爱、江怀勤，凤台捻头刘洪立、王之重，宿州捻头李殿元等十八人，集合于雉河集山西会馆，公推乐行为盟主，祭旗起事。清军统领徐晓峰本驻防于会馆西边之大石桥，闻讯骇遁。于是乐行以红、黄、蓝、白、黑五色旗部署各捻。其隶属于纯色各旗者，则加花镶边以别之。以尹家沟为首都，以雉河集为陪都（即今涡阳县城），命捻众称捻头为旗主。各旗旗主对于乐行皆倾心推戴，奉命维谨，且有震惊失次者。从此乐行率领群众与满清专办安徽团练之工部侍郎吕贤基、兵部侍郎周天爵、兵科给事中袁甲三等，先后周旋于皖北者，历时三年。时胜时负，分合无常。卒使吕氏战殁于舒城，周氏忧卒于阜阳，当日乐行威凌之盛，亦可想见矣。

咸丰五年，宿州知州郭士亨饬耆老往乐行处说降，许以官职，并给口粮。乐行虚与委蛇，一意敷衍。而士亨遽报告上峰，言乐行业已允降。迨士亨亲来造访，乐行避不与见，士亨进退不得要领，亦以忧死。夫捻军旗主之降清者，指不胜屈，率皆纡青拖紫，置身显要。使乐行以盟主之尊，低首下心，屈膝清廷，何忧不锦衣玉食，贵为卿相，而乐行竟不屑为是，由此亦可想见乐行之节操矣。又传说乐行与士亨曾一度晤会，晤会时曾用洋炮射落白颈乌鸦一头，可知其亦颇善技击之术也。

咸丰六年四月，袁甲三调翼长舒通额、副都统克蒙额、南阳总兵邱联恩（绰号老虎，清军猛将）、怀庆总兵崇安，四路合击，以降捻孙之友（绰号五雷，勇铣善战）为前锋。捻军黑旗旗主苏天福，连败于五马沟、田家沟等处，乃求救于乐行，乐行纠合五色旗以救之。甫交锋，而黑旗先遁，各旗受其牵掣，相继奔散，全军遂大败于马家桥。清军追至涡河南岸之铁牛岭，乐行转往阜阳、固始交界之三河尖。六月，清军追至三河尖，乐行转回雉河集，焚杀乡绅之勾通清军者，以示惩创。乐行屡经失利，遂因太平天国英王陈玉成通款于天王洪秀全。洪氏封乐行为渥王（清史省笔作沃），任柱为鲁王，刘金鼎为烈王，并赐乐行名马银鞍及手书对联一副。自兹乐行蓄满发，受信仰，俨若太平天国之别部矣。厥后乐行殉难，宗禹继领其众。后因张琢（清史作张五孩，捻军之名将也）与任柱不协，柱率部而东，与宗禹分枝，于是宗禹为西捻，任柱为东捻，不复合并。当太平天国诰封犹未颁到时，烈王刘金鼎已战死于胶州。其族弟金鉴继领其众，声势日削，不能与张、任鼎峙矣。

咸丰七年正月，乐行南至六安，会太平天国忠王李秀成，与之合围霍邱，下之。又分兵围颍上、固始两县。旋被邱联恩击败于三河尖，又被困于凤关。赖太平军部将李兆受（后降清改名世忠）救应，始得退至六安。十一月间，任柱、龚得疑蓝旗旗主刘永敬（绰号饿狼）及其族子刘天台（绰号小白龙）有异志，诱而杀之。于是部下稍有散去者。十二月间，蓝旗部曲刘天福、刘天月、魏希原、刘金鉴、魏希纯等，即由六安自动引还，卒皆降清。此乐行遇害之远因也。师克在和，古语可弗深信哉。

咸丰八年，乐行遣宗禹东破清江。清江为清漕河总督驻节之所，宗禹一鼓破之，易如拾芥，其用兵之善可知也。又遣白边蓝旗旗主杨瑞英还踞蒙城西北五十里之西阳集，自率白旗旗主江台陵、孙葵心等由寿州正阳关东下，连破怀远、定远两县城。清军及苗沛霖合围之，李秀成趋救，围始解。苗沛霖，字雨亭，凤台诸生，时人呼为苗先生。初办团练以自卫，旋降清。清督师胜保保为道员（胜保，旗人，时人呼为败保，以其用兵胜少而败多也）。后又降太平天国，洪氏封为扫北王。朝秦暮楚，意欲割据两淮，自为雄长。时与乐行相助，时与乐行为敌，乐行之败没，苗氏实促成之。

咸丰十一年，又复叛清之苗沛霖与乐行及太平军部将马永和合力围颍州，乐行军饷全由苗圩供给。次年苗氏又受胜保抚，乐行骤失后盾，又闻援颍之湘军名将鲍超率兵将至，部众惊散，苗氏又跟踪追击，败之于颍上，乐行走还雉河集。

同治元年，袁甲三病剧回籍，胜保移防陕西。清廷命蒙古亲王僧格林沁统辖山东、河南军务，督抚、提镇均归节制。自夏邑进兵，扫荡商邱、亳州、宿州境内诸捻寨。次年二月，乐行避入宿境，同知英翰截击之。乐行又经雉河集退还尹家沟。是月，英翰用贡生牛斐然收抚杨瑞英、刘天福等二十余旗。二月，僧酋部将舒通阿等连破乐行之首都尹家沟、陪都雉河集，又进击乐行于亳属之张村铺（今属涡阳）。乐行悉合五色旗众二十余万迎敌，复为僧军骁将陈国瑞、富民阿等所击败。乐行携其子张闹（《涡阳县志》误作“张喜”）及其义子王宛儿走宿州，夜过西阳集，叩李勤邦（小名四一）之门，勤邦适于是日随杨瑞英（小名二）受英翰抚，乃曰，“香哥吗?”阳具酒馔款之，而阴遣人报英翰。次日黎明，英翰率牛斐然、杨瑞英等至，执乐行父子，及力竭乞降之黑旗旗主苏天福、白旗旗主江台陵等，均擒送僧酋大营，凌迟处死。此一代之风云人物，竟与天王洪氏俱饮恨以终矣。

乐行死于僧酋之营前。当日僧酋大营在今涡阳县义门集西北七里之周家营（村名，或谓名七里铺），清史据僧酋奏报，谓凌迟处死。而尔日当场目睹者言，凌迟之先曾以铁钩由肛门探入，将大肠拖出，乃异常惨酷之非刑也。乐行胆勇过人，几于不知人间有可畏之事。有时敌军大至，节节进逼，人或怵于众寡悬殊，私心危惧，而乐行洋洋如平时，未尝以敌强为虑也。有时屡战屡败，众皆气馁，纵勉强交锋，亦莫敢鏖战。惟乐行一得援兵，即再接再厉，勇铣如初，亦未尝以先时失利多所顾虑也。敏行（张闯）第三子张琛之妇詹氏，于乐行死后被押于亳州监狱，生一子名本立，字道生，兼承乐行之祀。詹氏分娩之先，亳绅段某为之预赂狱吏，诡报女体，否则本立亦将不免矣。敏行凡五子，长瑨、次玳、次琛、次瑗、次琢（五孩）。瑨与瑗皆亳州庠生，惟玳以病卒于家。敏行率四子参加捻军，先后致命于战役。本立生羹才，今犹健在。曾为余言：民国初元，孙中山先生任临时总统时，尝饬皖督柏文蔚征取二张之事实。其父本立当挽怀远庠生邵右青（名情田）撰文寄呈，长约千余言。邵氏远在清季即已避地张老家，其时距乐行败没不过三四十年，故老尚在，传述较确，邵氏叙述必有相当之详明。惜频经战乱，底稿已成煨烬矣。羹才二子，长安民，次宜民，均与作者年相若。且有葭莩亲，岁时犹相往还焉。

捻军白旗总旗头龚得历史调查记

张珊　1958年9月

到了公吉寺（涡阳城西南25里），已经是夕阳西下人影散乱的时候。出乎意料之外，公吉寺只有约二十户人家——一个很小的集。只有一家饭店，没有住宿的地方，集北有个农业社，有着宽敞高大的房子，对我发生了诱[惑]力。打听一下路程，龚得的故乡磨盘松距此还有六七里。如果住在这里，每天要几次往返六七里，实在太不合算，干脆还是住到磨盘松去吧！

九里十三龚

出了公吉寺，我放开脚步向西南走去。在暮色来临的时候，我进入了磨盘松连生产队办公室，恰好碰到了大队长（原来的高级社主任）来检查工作。我说明了来意，并希望能找到住的地方，他满口答应了。办公室不大，和食堂的厨房连在一起，堆满了山芋和馍馍，只有一张床，慷慨的连会计坚决要我睡他的床。我感到高兴和温暖，一下子问题都解决了。

这天晚上，生产连长和老年的炊事员给我介绍了磨盘松——捻军白旗总旗头龚得故乡的基本情况。

在公吉寺西面还有一个集镇叫“临湖铺”，但一般都读成“龙铺”。在公吉寺和临湖铺之间的大面积地区，散布许多龚姓村庄，都是龚得一族，号称“九里十三龚”，有龚方庄、龚楼、龚瓦房、龚咸坑岸、龚前园、龚长营、磨盘松、龚老家、龚花园、龚大庄、龚小庄、龚小桥、龚角落（读拉）等共十三个村子，此外还有些姓龚的散居在其他村庄。零散的不计，这十三个村子现在约有六百五十户，三四千人。在龚得起义时姓龚的人口要稍微少一点。

村庄的东头原来有一棵极大的松树，形圆如磨盘（北方磨面粉的石磨安装在圆形的大木板上，这种大木板便叫磨盘），磨盘松之名即由此而来。现在的磨盘松共有五十多户，是一个单独的生产连。据说这个村庄一向都居住着穷苦的农民，土改时全村没有一户地主或富农，主要都是贫农。紧接着磨盘松西头的龚长营，现在共有六十几户，据说一向也都是贫、中农。

龚得

龚得姓龚是毫无疑问的，张瑞墀在《两淮戡乱记》中把他弄成“宫得”是不对的。龚得到底叫什么名字？李秀成在《自述》中叫他做“龚得树”，其他大部分书面资料如《安徽通志》《涡阳县志》《亳州志》《豫军纪略》和《剿平捻匪方略》的许多奏议都称为龚得，也有称为龚瞎子的。“得”是他的小名，是毫无问题的，磨盘松的老年人都是众口一词。严格地说，也不是“得”，而是和“得”音相近的无法注解的特殊的卷舌音。据龚姓老年人一致反映，龚得混号“瞎子”，但并不是真瞎，因为眼睛不大，“眯缝眼，白天看的不太清楚，晚上看得远”而得名。据公吉寺龚连容说：“龚得谱名道才”；龚前园龚云增又说叫“龚道得”。龚得是不是“道”字辈？有的人已不能肯定，但他的近族（后来才知道）龚连珠（龚得财产承继者的后人）、龚连捷和他妹妹的孙子马永廉等都说他是“道”字辈，并有一个证明：龚得近族“龚道梁的女儿，就是嫁给龚得妹妹的儿子”。姓龚的班辈是：治、介、士、道、云、连、保、文、常、怀、王，对照龚连珠和龚得共有的祖坟，也可证明他是道字辈。

龚得是不是谱名道才？据他的近族说，他没有起正式名字，姓龚的也没有家谱。有人说解放前曾经修过，并说是龚云庆负责修的，但追查的结果［是］根本没有，曾经打算修谱，但并没有修。龚云增所以说他叫“龚道得”，据他说是听龚连珠的儿子龚保恒说的，但龚保恒自己则说不知道。我认为这可能是臆度之词。根据习惯，这样臆度也不算大错，但他毕竟不叫“龚道得”，不能随意乱加。

根据我们调查所接触到的情况，不仅涡阳一带都知道他叫“龚得”或“龚瞎子”，即使在蒙城、宿县、亳州、永城一带也都如此，既然龚得之名已经流传开来，还是称为“龚得”比较合宜，是群众最熟悉的名字。龚得不仅眼睛特殊，黑夜看得远，［这］在皖北有许多传说，被称为蝙蝠眼。据说他的头部形状也与众不同，张乐行的近族、78岁的张本治说他曾听张珊（张乐行之侄）的养子说：“看到这个人就不用看龚瞎子了（意谓两人相貌相似），他仰着头，托着嘴，眯缝眼，黑夜里能看得远。”因为他的下巴较长，所以又被称为“托盘嘴”。

肯定是磨盘松人

许多老年人都说龚得住在磨盘松。但我初到时，在磨盘松找不到龚得的原来住址和他的近族，他是不是磨盘松人？

磨盘松龚连捷说：“龚瞎子一点什么都没有，住在龚大庄西北老陵地，在那搭个庵子（用木棒和草搭起来没有墙壁的人字形房子），后来有人不见了两头牛，赖瞎子偷的。瞎子不在家，就把他娘打了一顿，把庵子也扒了，他又在磨盘松东头空地上搭了一间。”其他的人也说龚得住在磨盘松，甚至龚连珠也说他和龚得不是近门。磨盘松龚姓有一个近族聚居的特点，近门都住在一个院子里。难道龚得真的没有近族？有人说：“他的近门是不是在龚大庄，到那里再查查。”

有一天晚上和龚连勤聊天，我问他：“龚连珠有没有顾虑？”他说：“听说瞎子有后人，他怕回来要地。”这的确使我感到奇怪，经过高级社和人民公社化以后，土地已经是集体所有了，为什么还有这样的顾虑？也可能因为已经长期隐瞒了下来，不好改变了，何况他们又长期受到反动阶级的影响，认为龚得是“土匪”，不敢把关系说近。

我又找到龚连珠的儿子龚保恒，结果他提出两点新材料：一，龚得原来就住他们现在住的院子里（原地址）；二，龚得祖父和他的曾祖父龚道仓祖父的坟埋在一起。实地查看祖坟的结果发现，龚得和龚道仓是同一个曾祖父（治字辈）。为了证实这一问题，我们又找到他的父亲龚连珠和年龄较大的龚连雷、龚连科，把磨盘松各家的世系都排了一下，最后证实：自道字辈算起（绝后的不算），现有七门和龚得都是近族，都共傅庄（龚大庄西北）西北祖坟，而龚连珠、龚连魁、龚连捷等和龚得的关系尤近。龚得的确也曾在龚大庄西北老陵和磨盘松东头盖过庵子，但那是为了躲避清军的逮捕。所以，龚得肯定是磨盘松人。

龚得父亲早死，没有人知道他的名字，在捻军起义前龚得只有一个母亲和一个出嫁了的妹妹。据龚连珠、龚连捷、龚保恒说：“龚得原来只有一亩二三分老份地，他娘死后就埋在那里。”捻军起义后，“瞎子娘在磨盘松北面的韩庄买了两块地共十亩，又买四亩半住宅地，共买十四亩半”。全部加起来不到十六亩地。又据许多人说，“瞎子娘在家买地，瞎子知道了不叫买”。关于他母亲买地还有一个传说：“孙店有个大日子主（地主）李典大批买地，自孙店一直买到胡盐（有二三十里），眼看地都要买光了，瞎子娘出来拦头切断买了一点，李典才没买。”这件事我们没有调查，不能肯定其真实与否，但可以说明广大农民是把反抗地主的希望寄托在龚得身上的。

传奇英雄和传奇故事

在皖北有关捻军起义的传说中，龚得已经成为传奇人物，有许多传奇故事，有的已经成为神话，但许多故事的中心内容却围绕着两个方面，即他的反抗压迫的性格，及其勇敢和机智。现在把它缕述如下。

据说龚得小时候家里很穷，龚得的父亲就经常和地主作斗争，结果被统治阶级杀害，家乡连坟墓都没有。龚得和他父亲一样，爱交朋友，并和地主作斗争。据龚连琴说，他的干老子（义父）邓老金是个出名的盐趟主（贩私盐头子），劝他不要搞地主的东西，和地主作对。并说：“你父亲是怎样死的？”他受这话刺激很大，便和小白龙一起起反。小白龙是谁已不可考察，不一定是顺河集刘恶狼部下的小白龙。

龚得的活动引起了地主阶级的仇视，在龚得故事的传说中，有不少清军捉他的故事。

“有一次清军来捉他，瞎子对［着］庄子里面跑，一个人还在犁地，他爬到沟里，叫犁地的人用土把他掩盖起来。官兵跟踪追进村子，但无论如何也找不着他。”（龚道连）

“又一次官兵来捉他，他带着馍藏到龚瓦房一个人家的葵花棚子上，官兵围了三天，找不着他。官兵刚走，那家人煮山芋吃，他从棚子上忽然跳下来，把手一伸，说：‘也给我一点吃。’把那家吓了一跳。”（龚道连）

“又有一次，官兵来捉他，他头上顶了一块女人用的黑头巾装作女人，挎一个篮子到树上摘桑叶，官兵到处找他，都没有注意他。”（龚云庭）

龚得事迹中最为流行的传说是杀张胜、张可的故事。张胜、张可究竟是何许人，我还没有查清楚。有人说叫张生、张可，又有人说叫张德、张可，少数人还有叫他们张龙、张虎的。一般都说他俩是兄弟，是磨盘松东北两三里路的张菜园人，但我们没有调查出来。有人说，“北面还有一个张菜园，可能是那一村的人。”后来因为时间不够的关系，没有作进一步调查。

张胜、张可是什么身份，传说也有些小分歧。有人说他们是恶霸（公吉寺马修心）；有人说是练总（龚云田）；也有人说是大地主李典的保镖（龚连则）；也有人说不知道他们是干什么的。总之他们是反动势力的代表，是横霸一方的恶势力。

龚得为什么要杀他俩个，说法也有分歧。有人说："张胜、张可看龚得想闹事（起事），扒了瞎子娘的坟。"张文善说："龚得不在家，张胜、张可用大燎打他娘。"龚云田说："张胜、张可是练总，叫瞎子不要起反闹事。"龚云潮说："瞎子一出门，张胜、张可就把他娘送到亳州，瞎子一回来，他们就把瞎子娘放出来。"龚道海说："张胜、张可是光棍，想干他，瞎子干不过，躲躲藏藏的。"龚连则说："张胜、张可是李三喜（大地主李典）三大人的保镖，硬要瞎子认他干老子。"以上虽有几种说法，但几乎都说张胜、张可反对龚得起义，是地方的反动势力，力量比龚得大，他们想杀害龚得，龚得如不将他们杀死，对自己是不利的。至于第一种说法，所谓扒了龚得母亲的坟，是不正确的。根据许多人的传说，特别是龚得妹妹孙子的谈话，他母亲在龚得起义之前并没有死。

至于龚得怎样杀死张胜、张可呢？各人说法基本是一致的。龚连琴接着说："有一天姓张的在喝酒，瞎子也去了。姓张的说：'瞎得，认我作干老子吧！'瞎子跪下来就磕头认他作干老子，又装酒，又寻菜。因为他势力大，瞎子干不过他。以后过了一年多，想定计杀他，就向孔小街（村名）一家地主要钱。孔小街请他干老子出来讲话，请他们吃酒。瞎子把人准备好[①]（部署好），自己去了，吃酒时瞎子摸姓张的脖子说：'你的槽头（猪颈部肉，皖北谓之槽头肉）多肥！'一招手，瞎子人都去了，把姓张的围了起来，从窗户、门向里面开枪。姓张的虽懂武术也出不去，在屋里翻呀跳呀，后来到底被打死了。张胜、张可死后姓张的不服，去找他本家爷们张老乐（张乐行），张老乐下帖子请龚瞎子，瞎子大大方方地去了，坐在首座。张老乐用小刀子扎肉敬他，他就吃，吃了把刀尖子咬断，还说肉好吃，就是骨头多。老乐看瞎子能干，就给他个蓝旗头[②]。"

另一个极为流行的传说是打高公庙。高公庙在磨盘西南约二十余里，是清政府镇压捻军起义的一个小据点。龚得为什么打高公庙，传说也不一

---

① 据龚连琴说共去七个人：龚小旁、马全、瞎眼狼、龚士全、李天洞、神枪张谈和龚得。

② 龚得是白旗总头是毫无疑问的，这句话是摸底时候说的，后来正式调查时没找到他，也可能是记录错误。

致。龚连则把它和杀张胜、张可事件连在一起。他说："瞎子杀了张胜、张可，姓张的找张乐行报仇，张乐行不但不杀龚得，反而问他：'咱有两件辣手的事，一是驻在高公庙的清军，一是临湖集孝帽子会（地主武装，因其头扎白巾，农民骂为孝帽子会）。'后来议定分头去打，瞎子打高公庙，张乐行打孝帽子会，当天晚上就去。当时高公庙清军有四五百人，他只带七八十人，每人拿一捆茴草（皖北专门种植作为盖房子使用的一种草），从高公庙四圈子（四周）烧起来。他自己又进了高公庙对清军说：'小心点！龚瞎子可要摸营了。'吓唬清军。后来瞎子人从南门进去，口令是'秃子'，不是'秃子'都杀，把清军杀得大败，东北的张老乐也打了胜仗，就干起来了。"

龚连云则是另一种说法。他说："瞎子干爷有一个叫邓老冠，官的私的都能应付。瞎子的事弄大了，高公庙的杨官混号杨杂碎南拿北捉（捉龚得），杀了很多好人。当时瞎子不在家，后来回来了。邓老冠对他说了高公庙杨官捉拿的情形，龚瞎子便带了十八个人去打高公庙，即邓老冠、盛生（混号滚地牛）、吴老波（吴郢人）、丁向、樊某某（樊营人）和四大王（都姓张，又叫四大王撞倒山）。瞎子用了计，偷了高公庙清军营盘，得了武器和五百多人，才起事的。当时有几句唱说：高公庙，两头亭，中间住个杨驴雄，绅士劝他他不走，单等瞎子来摸营。"

龚连琴的说法也不同。他说："龚瞎子住在他干老子邓老金家里，一天清兵杨锡山（驻在高公庙）来问他一番话，说他家窝有歹人，都不是好人，骂邓老金。瞎子凭他八百人的势力，大胆要求反抗，劝邓老金一起造反。他吃过酒饭带着短兵器和十八个人，定了巧计，叮嘱李允：'以秃子为号，凡答秃子的都是自家人，不杀；答不出就杀。'议定后龚瞎子装成卖茶水的先进入高公庙摇动军心并探听消息。他说：'今天是二月二十八，大家要当心啊！不要让龚瞎子早早晚晚地摸了营。'有人说：'你别胡扯了！'他说：'你们没有事啊！我家还有老小，很担心。'他瞅好地形，夜晚派十八个人从阴沟洞爬进来，先把守门人杀掉，把住城门，再进去打，出来一个杀一个。这一仗瞎子得了许多武器财物。"

龚长营辈分最长的龚道连（混号七老头，兄弟七人他是最小的一个，他母亲的年龄已应有120岁）则又是一种说法。他说："龚得围亳州以后，杨老亭（又叫杨杂碎或杨杂罪）的兵来了，住在孙店（磨盘松西北），咱这里人身上缠黄色的大带子，他以为是龚得的人，看到就杀。后来龚瞎子来了，杨老亭害怕跑到高公庙。瞎子到他干老子家叫弄饭吃，说吃了饭要报仇。饭后他去找江老台、张老乐干杨老亭。他选好小伙子去二三十人，装成赶集的，他自己装作卖茶的。别人卖茶一个钱一碗，他卖三个钱一碗，人都不买他的茶。他走进营盘把大枪眼都浇上水，出来后给茶馆两百钱，等到更把（一更多）天的时候进了大营，先把守门的干掉，自己大叫：'龚瞎子来摸营了！'清军乱了，出来一个杀一个。杨老亭在保镖的保护下，从屋顶上跑出来，跑到龚寨（和龚瞎子不一族）要求避一天，龚寨答应了，但又害怕，当晚把他送到杨寨（和杨老亭同姓）。"

磨盘松龚得近族67岁的说大鼓艺人龚道海还有另外一种说法。他说："杀了张胜、张可以后，清军来了，扎在义门，把龚士敏杀了。他家人向龚瞎子哭，瞎子说：'不要哭，我替你报仇！'于是带了十三个人，晚上自己先进去，杀了打更的自己打更，喊：'大家招呼（注意）些，防备瞎子来摸营。'看到杨杂罪正睡觉，把他杀了。又用药一轰，龚瞎子的人都进去了，以秃子作口令，见人就杀，一下子把杨营杀散了，后来就对北打，碰到大雾，三天三夜不开雾。瞎子说：'算了吧，回南边去吧！'就回来了。"

以上是关于打高公庙的五种传说，骤然看起来，好像故事情节有很大不同，但仔细分析起来并不矛盾。

在打的原因上，第一种说张乐行叫龚得打的。第二种则说高公庙的清军要逮捕龚得。第三种说因为清军骂龚得的干老子不是好人，窝藏歹人。第四种则说清军来逮捕龚得，任意杀害无辜的人民，激起龚得的气愤。第五种不仅说清军任意杀人，而且杀死了龚得同族的龚士敏，龚得才决意为他报仇。实际上后四种说法都是一致的，即清军要逮捕龚得，杀害起义的人民。甚至连第一种说法也不排斥这样的内容，只不过多一点和张乐行的联络而已。

在打的方法上也是如此。第一种说在高公庙四周烧起火把为疑兵之计，龚得又散布谣言说自己要来偷营以恐吓清军。第二种只说用计偷营，未说明什么计。第三、四两种都说龚得化装成卖茶的人进入高公庙查看地形，破坏清军的重武器——大枪，也说瞎子要来摸营以恐吓清军。第五种说法也不出上述范围。

总之这些不同的方法都说明龚得会"用计"，都表明了龚得的勇敢和机智。皖北群众不仅盛传龚得是捻军白旗总旗头，同时也说他是张乐行的军师，是善于用兵能手。张瑞墀在《两淮戡乱记》中说，出名的三河尖、正阳［关］战役，龚得是实际指挥者。出名的浍河之战大败清军崇安部，就是用龚得“摸营”之计。

对于高公庙清军的负责人说法虽有不同，但都说他姓杨，当然有极大的可能性，但在书面材料上还未找出证明。把上述全部传说对照书面材料，只能找出如下一点线索。

首先，让我们来考察事件发生的时间。1853年11月袁甲三奏说，十月颍州知府张清元、亳州知州熊英曾至高公庙，任意杀害人民达二百多人，并逮捕六十余人，内有杨老砍、宫元两名被杀害。[①]又据同年十二月袁甲三奏，清军徐晓峰在十一月曾到临湖铺杀人并逮捕宫步云等四十六名。[②]这两次杀害与逮捕人民可能和传说有关，特别是其中被杀与被捕的人中两次都涉及“宫”姓，可能是“龚”姓之误，虽不一定是龚得一族，但有很大的可能性。又据《安徽通志》《太和志》记载，1853年5月龚得、穆坎曾活动于太和。穆坎可能就是穆老砍，5月活动于太和，11月被清军杀害，时间上也不矛盾。又据袁甲三前一个奏折说：“见众捻中有黄巾贼目一人直扑我军……并将该贼目砍毙。”这可能和传说清军见有缠黄色带子的便认为是龚得的人而加以杀害的故事有关。综上所述，如果估计不太错误，那么关于清军任意杀人并杀死龚士敏的传说应该发生在1853年秋季以后。一般地说也不应该发生在1853年以前，因为这时捻军还没有起义，清军即使杀人也不敢任意杀害许多人。

其次，再分析事件发生的地点。在前面的传说中都说龚得打的是高公庙，只有最后一个故事提到义门，但未明确事件发生的地点究竟是高公庙还是义门，抑为高公庙、义门两处都有清军。据《剿平捻匪方略》[③]和《涡阳县志》《豫军纪略》等载，张乐行、龚得在1855年8月曾大败清颍州知府陆希湜于义门。在打义门之后，确也曾向北进攻、秋天有雾也是可能的。但和另一传说所谓2月28日打高公庙就不相符合了，也可能是两回事，被传说混了一起了。总之所有上述事件的传说都必然发生在1857年以前，因

① 《剿平捻匪方略》，第4卷，第16—17页。

② 《剿平捻匪方略》，第4卷，第24页。

③ 《剿平捻匪方略》，第9卷，第11页。

为自此以后，龚得便从来没有回到皖北。

紧接着打高公庙之后，还有一种传说。龚道连接着说：“（打高公庙之后）杨老亭经过龚寨（不是九里十三龚）跑到杨寨（地主寨）以后，瞎子叫了三台戏，在观音寺（龚瓦房西）唱一个多月，找龚寨龚老头子来听戏，他不来。瞎子说：‘不来不行，不来要把杨老亭献出来。’龚老头子说：‘杨老亭不在，如不信你就翻（搜查）。’瞎子不翻，硬要龚老头子邀杨寨姓杨的（杨寨头子）去听戏。龚老头子说：‘你大概没有钱了吧！我俩人每人给你拉两车钱去。’瞎子说：‘钱要，戏也要听。’结果他两个人送了四车钱，又骑着牲口去看戏。看了月把（一个多月）要回去，瞎子还不同意，把刀一招说：‘想回去，就叫你快去！’后来姓龚的老共祖（龚得一族的长辈，‘介’字辈）出来摸湾子说：‘得！是不是又喝了（没有钱用），你们一人给两个（一些）银子吧。’给了银子才放回去。瞎子拿了银子才领人到六安去。”这一段是打高公庙的继续，高公庙附近杨、龚两姓地主帮助了清军杨老亭逃走，龚得找他俩算账，算账的方式是特殊的，并不是直接逮捕两个地主，而是拐弯抹角地罚他们的款子。龚得为什么要这么做，因为调查得不够，一时还不便作过多的分析。

对于这件事，龚连琴的说法也有不同。他没说杨某跑到杨寨，只说龚得等十八个人又找到杨寨杨老头子等两个人（未明确另一个人是谁），十八人每人要了八百吊钱，龚得则要了一千吊。除去上述活动以外，龚连琴又说龚得还在黄河北和张德府打过仗，并曾联络过刘狗、刘尿、恶狼、山猫、张九心、大肚子李允①等。这段材料是正式调查前摸底摸出来的，对于内容并没有仔细查问。如张德府在何处？涡阳东五十里曹市集捻军领袖张慎德、张慎聪曾改他们的圩寨为张德府，这里所说的当然不会是那个张德府。

活动地区

据辈分最长的龚道连说，龚得在打高公庙以前，曾以十二个人围攻亳州三天。这样少的人为何能围攻巨大的亳州？据说是以麻秸点火从四周烧起来为疑兵之计包围的，围了三天以后，亳州城内答应给十二匹马和一些东西，他们才退回来。这当然是夸张，一方面说明清军的无能，另一方面

---

① 《涡阳志》旗表上有李允混号大肚子的传说。我们调查时也碰到一个李允，可能就是太平天国封为魏王的李允，但他的后人不知道他封魏王与混号大肚子。

则说明龚得的智慧。如果真的可能以十二个人围攻亳州，也只有在特殊的情况下——例如捻军在亳州的外线实际上已经包围了亳州才有可能。

据《亳州志》载，捻军围亳州始于1855年10月19日，至27日，共9天。第二次围城自11月26日至12月8日，共围13天。自1856年元月捻军围攻归德以后，亳州已属于捻军大面积包围之中，不过没有逼近攻城而已。后来清军自此路进攻，1856年5月21日至31日之间龚得等曾退守亳州外围，实际上并不是围城，但《亳州志》说捻军又第三次围城。

据上述记载，龚得围亳州也应在1855年10月至1856年5月之间。围亳州时起义军的规模已经很大，才有可能围攻清军的军事重镇归德，并同时进攻永城、鹿邑、夏邑、虞城等。至于高公庙之战，其规模是很小的，在时间上应早于围亳州。龚道连说迟于围亳州是不符合情况的。

龚道连又说，龚得在围亳州以后，曾经兵困西山套出不来了，幸亏遇到神仙杨昌搭救出来①。以后又曾攻破陈州②。皖北一带关于西山套的传说不少，严格地说究竟指哪块地方？老年人都无法回答，如果指的是河南中部山地，但书面材料却说明龚得从来没有进入这块地区。对于这段传说只可能有两个解释。第一，传说错误。第二，所谓“西山套”指的是豫、鄂、皖交界处的山区。因为龚得为了配合太平军解安庆之围，曾几次进入这块地区。同样，根据书面材料，在1857年以前，捻军从没有到过陈州，更谈不到破陈州，也是传说的错误。

龚道连最后说：“（打高公庙以后）又到六安去了，被皇兵③赶过去的，到了六安屯［堵］起城门守着。四门扎了十几处皇兵，困了三个月，不能打破包围。城内没有粮食，人吃马鞭，马吃茼草。不得已，龚得想了点子（办法），叫大伙缝旗，缝了很多旗挥在城墙上，半夜里开门跑了，皇兵看城内几天没有人，派人去看看，城门掩着，里面的人已经走完了。”这又是龚得的巧计。从书面材料看，这个传说是基本真实的。同治《六安志》载：“先是训导陈清宝、从九杨豫鼎谒钦差大臣袁甲三请兵，公檄清宝等募旧曹勇（系六安曹远荣团勇）五百名为向导军，抵六境，而钦差胜公保、方伯

---

① 这段传说很长，大意是杨昌就是公吉寺附近人，在西山套成了神，龚得兵困西山套无论如何也不来了，这时杨昌住在一个庙里，他去找杨昌，讲了许多话，杨昌才答应把他救出来。后来正当龚得的人马在黑夜突围时，杨昌以红灯一个引他脱险。

② 陈州即淮阳。

③ 指清军。

李梦群咸发兵会攻，捻逆闻官兵至，而六又无可系念也，以四月十三日弃城北走，途遇袁军一再败之，斩首不可胜计，夺路窜去，六城以复。”其中，明确地说“弃城北走，途遇袁军”。起码地说，只有当捻军离开六安之后，又和清军遭遇时，清军才有可能知道捻军已经全部撤出。但惯于粉饰战功的胜保、袁甲三却奏说：“十二日夜参将赛沙布等绕抵六安近城一带，奋力冲扑……抢过城壕，争竖云梯向上……约毙三千余名……于十三日寅刻将六安州城克复。”这样，便把捻军主动放弃的城市说成被清军强力攻破的了。

和太平天国关系的传说

从我们调查所接触到的情况看，在捻军领袖中和太平天国关系的传说最多的就是龚得，也只有他才有建立革命政权和维持革命新秩序的传说，在其他捻军领袖中尚没有碰到这样的传说。和书面材料相对照，也能够说明他和太平军的关系的确不是一般人可以相比。说明龚得的政治眼光是远大的，是最主张和太平军合作的，是最有政治远见的捻军领袖。现在随我来看看这些传说。

第一，是龚得投入太平天国的传说。皖北一带的老年人普遍都说龚得投入太平天国，作为龚得故乡的磨盘松一带当然更不必说了。龚长营辈分最长的七老头龚道连说：“兵困六安以后，瞎子到了南京，见了天王。天王问他愿不愿投（太平天国），瞎子说愿投。”龚连则甚至说出了龚得对于太平天国的热望与向往。他说：“瞎子投了南毛子（太平天国），要见天王，天王不准见。瞎子说：‘见一面死了也甘心！’后来才见了一面。”在捻军的其他主要领袖人物中，从没有见过天王的传说。可见龚得对于太平天国的态度是相当靠拢的。

第二，是关于龚得受太平天国封号的传说。张朝宾说：“瞎子投了南毛子，做六安州副将。”这当然是不正确的，太平天国和太平军中都没有副将的名称，只有清军中才有副将。太平天国官爵中只有“将军”一职，位在总制、监军以上，丞相、检点、指挥以下。据李秀成自述，他在1856年底是地官副丞相，三河尖战役以后才封地官丞相的情况看，龚得入六安在1857年8月以后，这时封为将军也不是毫无可能。李兆受在1855年底至1856年曾被封为七十二检点就是一个证明。

龚道连说："瞎子投了南毛子后，被封为扫北王、望天侯。"雉河集93岁的马立仁说："瞎子被南毛子封为龚王，盖（建）有龚王府。"龚得被封为扫北王的说法是不对的，只有苗沛霖的封号才是'扫［北］王奏王'。同时据赖文光说他在1861年冬才被封遵王的情况看，龚得在1861年春天牺牲以前也不可能被封为王爵，但曾被封为侯爵是完全可能的。据方略袁甲三奏，1859年底，张隆已被封为"钟天福"，1860年5月张乐行也曾被封为"鼎天福"，说明在1859年以前他俩个已被封为福爵。又据方略1859年8月时，苏天福也有被封为"立天侯"的说法。龚得这时的封爵应在侯爵之上，福爵之下。

捻军民歌说："十月里，天气短，龚瞎子死在松子关；云南王子来吊孝，死后官上又封官。"前两句是无关紧要的话，龚得也不是死在10月。但最后一句说"死后官上又封官"，我认为是可能的，因为太平天国也有追封的例子。以龚得的忠实于人民革命事业，忠实于太平天国，追封为王也是应该的，但是否封为"龚王"，却有待于进一步的证明。

第三，是关于龚得投入太平天国后，曾经安过民、推行过政治的传说。85岁的贫农侯怀德说："兵困正阳时，龚瞎子在六安安了民。正阳突围以后，捻子大队到了六安，气龚得（不去救正阳），什么都吃，猪牛都吃掉。"龚连捷、龚连珠说："听说龚瞎子在滁州、来安安了民，还叫老百姓送东西。"张行泰说："龚瞎子在南京声名好，在那里安了民。"雉河集83岁的军属王立功说："瞎子是好人，在合肥干过县长①，地方上送他万民伞、万民旗。"龚连儒说："瞎子投官（指太平天国）后有规矩（纪律好）。"总之，关于龚得安民的传说是不少的。所谓安民就是保护地方治安、建立革命秩序的意思。传说安民的地区有六安、定远、来安、滁州、合肥和南京。对照书面材料看，滁州是清军李昭受（投降了）占领的地区，合肥和南京都是太平天国的地区，当然不会是龚得去安民，有安民可能的只有六安、定远和来安三地。

在书面材料上，目前还没有发现捻军有推行政治的记载。据调查材料看，捻军也没有安民的传说，都是捻军不安民。唯有六安、定远、来安三处有些特殊。六安自1854年春被太平军占领过并推行过政治；1857年3月

① 干县长的说法当然是不对的，太平天国根本没有县长的名称。

又第二次被占领，也推行过政治；1858年9月捻军进入六安后，太平军由于南方战事吃紧，曾撤离六安。同治《六安州志》：“粤逆之迎捻也，收合势以资其边马，而捻众且数十万，马半之，城不能容，则分掠四乡……久之，喧宾夺主，粤逆反为所制，而又无衔以遣之，于是挈其丁弃城而去。”这里所说的“喧宾夺主……反为所制……弃城而去”当然是恶意的歪曲。但说明捻军进入六安后，太平军曾将防备六安的责任交给捻军，而撤离六安却是事实。

在太平军离开六安以后，据方略胜保、袁甲三奏，捻军可能曾经在很短时期内继续维护了太平军所建立的秩序与制度。“探知六安逆众在附近西关、吴家大巷一带设立买卖街，并有贼营贼卡数处。”[①]几天之后又奏说：“（六安城附近）其河东一带，（旧三月）二十四日……纵火焚烧贼卡数处……割取伪指挥马姓首级一颗。”太平军为了有利于保护城市，在它所占领的地方时常把生意迁出城外，便于商业贸易，这就是买卖街。上面所提到的“买卖街”“指挥”等不但说明太平军在这里曾建立制度，推行过政治，也可能当太平军撤离六安后，捻军也还继续维持太平军所建立的秩序。太平天国的乡官也还继续存在，这个马姓指挥可能是六安的乡官，如果是军中的职官，便会有相当数量的太平军驻在六安，《六安州志》便不应该说太平军“弃城而去”了。

至于定远和来安都直接和太平军的地区联在一起。在捻军没有进入来安以前，太平军也曾占领过来安。在太平军帮助和影响下，捻军在这里维持秩序和治安，甚至请太平天国派人来推行政治，或利用原来的组织形式征收粮食是有极大可能的，但目前还未发现有关的记载。

第四，是关于龚得牺牲于松子关的传说。皖北老年人都知道龚得为了支持太平天国解围安庆的战争，战死于罗田、霍山边界的松子关。甚至定远一带也传说定远捻军陆遐龄的部下也在龚得的率领下参加了这次战争。这次战争是太平天国英王陈玉成为了解安庆之围而发动多次战役中规模最庞大、时间最久的一次。事件发生在1861年春，在这次战役的开始，太平军和捻军曾自安徽境内无为、巢县、舒城、六安一带分兵三路，大举反攻鄂、皖、豫三省边区。孙葵心为北路经六安、固始攻光州[②]；龚得为中路经

① 《剿平捻匪方略》，第41卷，第17页。咸丰八年四月初三日奏。

② 按：孙葵心这时已在肥西一带受伤，恰好配合太平军西进部队转回皖北。

霍山、流波疃、茅坪、古碑冲[①]攻松子关；南路由陈玉成亲自率领大军经霍山南乐儿岭，上万寨出英山。这时清军为了防御太平军反攻湖北，包击清军，已经在这些险要的山区，设立顽固的防御工事。守乐儿岭的是余际昌，守松子关的是湘军成大吉。进攻这两个地区不过是这次战役的开始，如果太平军和捻军不能突破清军的防御，战争便无法进行。所以皖北老年人也强调这次战争说："天王说，打下松子关，和我平起平坐（封最高的王爵）!"（龚连则）这当然不是实际情况，但说明这次战役的重要。

但由于太平军、捻军几次支持安庆都没有胜利，出兵湖北也没有成功，所以老年人也说："瞎子几次打英山打不下来，天王说英山是缺山（不利的山），不准再去打。瞎子不服，又去了，清军守关，攻不上去。瞎子用手一指，叫攻另外一座山，哪知弟兄们被擂石打伤了（打怕了），一下子都败下来了，马希俊（龚得妹妹一族）等跟着他。瞎子说：'你走吧，死就死我一个人！'说完就自尽了。"（龚道连）龚得是不是几次打英山，还有待于进一步研究。龚得究竟是怎样死的呢？书面材料如：《颍州志》《罗田志》《麻城志》等，有的说是被炮打死的，有的说是被清军杀死的，《湖北通志》则同时有两种说法；皖北老年人一般也说是炮打死的或擂石打死的；胡林翼在奏折中为了表扬战功也说是清军杀死的；只有龚道连一人说，他听松子关战役的参加者马希俊的口述是自尽的，当然有极大的可能。据胡林翼奏，这次龚得共率领五万人，在这次战争中牺牲四千余人。麻城志说："尸积如山"，可见捻军的英勇作战。但终于因为清军居高临下，属于极端有利的形势，对捻军的杀伤很大，战士被擂石"打伤"了而遭到失败。龚得英勇牺牲，对于捻军和太平军都是很大的损失。

第五，关于龚得坟墓的传说。由于龚得和太平天国的特殊关系，甚至关于他坟墓的传说也和太平天国的关系连在一起。龚道连说："瞎子死后，天王知道了，叫把尸首弄到南京，葬在水西门外，据说现在还有陵。"龚连捷、龚连珠也说："瞎子死后，南毛子把他埋在南京水西门，二十多年前本地有人去卖牛还看见过，但不准进去（据说陵外有墙）。"甚至龚得的外孙马永廉也说："瞎子埋在南京水西门外。"以上说法也不是没有可能性。据胡林翼奏，龚得是1861年3月14日牺牲的，但到3月18日清军才知道，当

① 流波疃、茅坪、古碑冲都在今安徽金寨县境。

然不可能破坏龚得的尸身，运到南京安葬是可能的。

此外甚至在龚得家属的传说上也和太平天国连在一起。龚连儒说：“听俺奶奶（祖母）说，瞎子南京有人（妻子）。”马永廉说：“瞎子在南边娶九个女人，都没有回来过。”龚连捷、龚连珠说：“瞎子在南边（指南京、来安一带）有五个媳妇，都没有带回来。”也有说他“只有两三个媳妇，都是西山套人，并且带回来过的。”（龚道海）

关于龚得母亲的传说

据老年人说，1857年捻军进入六安以后，不少捻军曾要求回皖北，龚瞎子不叫回来。刘恶狼坚决要回来，结果被张乐行和龚得杀死。这一问题在刘恶狼被杀的问题中已经谈过，不再重复。但侯怀德还说：“当时只有龚得带家眷，别人都没有带家眷，都要回家。孙葵心曾说，你（指龚得）能把你娘杀掉，我们就不回家！”磨盘松南王楼89岁的老人王某也说：“当时别人都没带家眷，只有龚得带家眷，他娘也跟去了。”以上内容说龚得母亲也随捻军到了淮南，但调查结果龚得母亲并没有到淮南。

龚得外孙马永廉说：“瞎子娘没到过南京，就在家里。”龚长营的龚士秀也说：“瞎子娘没有到过南京。”龚得的近族也都是类似的说法，还说她最后也死在家里。龚道海说：“瞎子死后，他娘也被杀在亳州。”龚连捷、龚连珠也说：“瞎子死了，他娘也被亳州逮去杀了。”龚士秀说：“我听龚士敦说，瞎子娘被亳州逮去已经放出来了，因为她的钱财放在周长营她的娘家，她娘家人想得她的钱，又花钱叫亳州把她杀掉。”

为此，我又去问龚连珠，他也说曾经听说过。最后又去问马永廉，他说：“瞎子娘的娘家不姓周，姓盛，住在临湖铺西南。”又说：“我听俺奶奶说，老娘（指龚得母亲）关在亳州，她去花钱（送钱给清政府的官吏）不行被杀的，他的近门龚连珠、龚连增后来有点日子过就是沾他的光。”至于是不是有人买通清政府官吏杀害龚得的母亲，他就不知道了。

由于时间的关系，我们没有一一调查，但上述材料已经足以说明龚得的母亲并没有随捻军到淮南，并且最后也被清军在皖北逮捕杀害。她的坟墓也还在磨盘松村庄的后面。所谓龚得带有家眷的传说，可能不是指他的母亲，而是指他的妻子。孙葵心的话也并不是说他带着母亲。

龚得的妹妹嫁在磨盘松东南角的马园，丈夫姓马，也是贫农，一点地

都没有。捻军起义后，龚得母亲替她买了三四分地。捻军失败后，土地又被原主霸占去了。（马永廉）

龚得没有儿子，磨盘松的老年人都全部知道的。但磨盘松一带却流行一个传说。据说龚盐坑岸有一个石匠（已死），19年前他曾到过定远，碰到两个七八十岁的老头，住在定远东门里边的一个大院子里，他们自己说是龚得的孙子。（龚连珠、龚连捷、龚保恒等）

龚得的旗及其直属部下

龚得是白旗总旗头是毫无疑问的，书面材料和传说几乎是一致的，唯有龚方庄龚连琴说，张乐行给他一个蓝旗头是不正确的。《涡阳县志》说龚得是白旗黄边，龚前园龚云增也听他祖父（龚得部下）说龚得是白旗黄边。捻军的五色旗以黄旗为首，边色也可能以黄为上，知道捻军传说最多的侯怀德也说，捻军旗边以黄为上，龚得既然是白旗总旗头，也应该是白旗黄边。龚得部下的人数很多，为了避免重复，不一一列举，只谈谈龚得的直属部下。

一、龚心铭，也是道字辈，比龚得稍大一些。兄弟两人共有七八十亩地，是龚得手下的二大人，直接率领龚得的部下。初起义时他父亲不叫干，龚得吓唬他父亲，才未敢阻止。龚得死后，他们还剩四五百人，投降了李昭受，后来又跟英翰、郭宝昌，亦随郭宝昌到陕西镇压回民起义。在进攻回民军时，龚心铭受到回民军的坚强抵抗。他爬越墙垣，手指都被斩断，满身枪伤，几乎被杀死，受到清政府的赏识。龚云荣说："他后来干了五营统领，亮红顶子大花翎。"后来在秦州镇经管火药和粮饷。刚要调到清江，病死在怀远河下。（龚连儒）。也有人说是坠金死的。

二、龚士□，混号十来文，是龚得部下的小旗头，原来带有四五百人。龚得死后，他只剩十几个人，别人就叫他"十来文"。（龚道海）

三、龚喝子（兔唇，皖北方言谓之喝子），有八九十亩地，替龚得扛大旗，是龚得的重要打手。龚得死后就回来了，后来老死在家里。

四、龚惰（小名），龚方园人，佃农成分。龚惰收了小麦不愿干了，别人把他的小麦烧掉才干，是龚得的爱将。有一次龚得被打伤了，他背着龚得跑到白水河（不知在何处），被清兵打死了。（龚云增）

五、龚道勤，没有地，12岁时瞎子在涡阳竖大旗，他在他姨娘家割草，

旁人说，你还不去。他把筐一丢，光着屁股跑走了。龚得死后他就回来了。（龚连捷）

六、龚道俭，磨盘松人，没有地，没有衣服穿，围狗皮。瞎子一竖旗他就干了，初干时只有十多岁。（龚连捷）

七、龚道梁，没有地，参加后死在外面，没有后人。（龚连捷）

八、龚云保老爷（祖父），没有地，也没有回来。（龚连捷）

九、龚士奇，龚得打手，没有地，瞎子死后就回来了。（龚士秀）

十、龚士高，龚长营人，龚得打手，有二三十亩地，瞎子死后就回来了。（龚士秀）

十一、龚士敦，原来有点地，起事时没有。余同上。（龚士秀）

十二、龚介涛，种别人地。余同上。（龚士秀）

十三、龚云增二祖父、三祖父，龚前园人，都打死在外面。（龚云增）

任柱历史调查记（任乾附）

1958年8月

我们怀着对任柱——勇敢坚决的农民革命英雄的崇敬心情，来到了蒙城县北40里的檀城镇，经过区政府的介绍，住宿于檀城小学。

檀城镇位于檀城山的东南麓，枕山为镇。檀城小学恰在半山腰上，居高监下，山南数十里村落，历历如绘。檀城山是一座长形孤山，周围约三里，高约十余丈，气势雄伟。这里原为汉代的山桑县城，南朝檀道济曾屯兵于此，筑城驻守，防御北方的进攻。从此以后，便被称为“檀公城”，简称檀城，是一个天然的军事要地。

一、任柱的籍贯、姓名和家庭

在檀城镇和老年人稍一接触，他们都众口一词，肯定了任柱是檀城西南约二里的小任庄人。由于原计划的时间有限，我们便将三个人分为两路，一路单刀直入小任庄，另一路调查小任庄的周围。

在小任庄任柱的旧宅上，我们找到了任柱的过继孙子、生产队长40多岁的任百端（中农），和任柱的近族兄弟、83岁略通文墨的任传义。经他们证实，任柱确实是小任庄人，任百端所住的地方，还是任柱的旧宅基。任柱父亲任乾的坟墓，距离住宅还不到十丈远。毫无疑问，《求阙斋弟子记》《淮军平捻记》中称任柱为亳州人的说法，是错误的。檀城地区从来就是蒙城的属境，当然是蒙城人。

任柱的乳名叫“柱”，是“棵”“柱”的意思，称任柱是对的，符合习惯法的。张瑞墀在《两淮戡乱记》中书“柱”作“着”，是不符合原意的。

任姓辈份的次序是，“希、长、传、之、友、世、起”，任柱的班辈应该是“传”字辈。在他接受太平天国封号以后，太平天国赐名为“任化邦”。同时赐名的，还有他的同族兄弟任兑，赐名“任维邦”。《求阙斋弟子记》和《淮军平捻记》中说他“原名化邦”，是莫明真相的。《涡阳县志》

说他名“坛邦”；今人王大球为任柱作传，称为“万邦”，并说捻军遗老有称他为“立邦”和“殿邦”的；我们在檀城附近所接触到的传说，都是众口一词，说他名为“化邦”。任传义并说：“在任柱赐名‘化邦’以后，他的同族兄弟便按‘邦’字起名，如任怀邦、任立邦等都实有其人，但并不是任柱，而是另外一些人。”至于清政府称他为“化绑”，则完全是污蔑之词。

据任传义说：“任柱的‘大’（即父亲），就是捻军出名的老领袖任乾。”反动资料上作“漧”，也是污蔑。任乾最初活动时，手下只有二三十人。在捻军起义后，任乾年龄已大，任柱“看他老了，不照了（不行）”，“就自己带兵，十八九岁就带了”。据他说，任乾是在家中病死的。死了以后，任柱为了给他父亲送葬，曾在清江打捎，弄了许多洋布回来。在小任庄办丧事，“羊、牛、猪不知杀了多少”（杀得多的意思），许多人都来烧纸（吊丧）。送葬时，把任乾“生前坐的车子活祭了”。祭的方法是：“车子面向西北，先把赶车的头砍了，两个拉车的骡子也刺死了，都陪了葬。”这一事实说明，任乾不但不是清军杀死的，而且死的时间，也在捻军攻破清江以前。捻军攻破清江是清咸丰十年二月初三日，他死的时间也应在一月或者稍前一些。这就有力地驳斥了《宿州志》所说的咸丰三年三月“斩捻首任乾”，和《剿平捻匪方略》咸丰九年四月二十八日清军提督傅振邦奏所说，“攻破毕圩，砍倒任乾”，[①]以及咸丰十年二月二十五日傅奏又说，“去夏任乾伏诛”的鬼话，[②]完全是吹牛邀功。

据任传义说，任乾的土地很少，只有十几亩地，传到任柱手中，也还是十几亩。小任庄东南岗子邓村68岁的任学礼说他“有30多亩地”，濉溪县（原宿州境）白沙集（距檀城不远）的任大立说“他只有几亩地”，都是不确切的。

任柱有没有同胞兄弟呢？据任传义说，他“只有兄弟一个”，没有别人。但在清军的军报上，为了粉饰战功，任柱竟有许多兄弟。

据同上《剿平捻匪方略》咸丰十年二月二十五日傅振邦奏，清军攻破檀城圩时，曾杀死“任乾之子任护、任大牛”。[③]又据咸丰十年四月二十一

① 《剿平捻匪方略》，第58卷，第32页。
② 《剿平捻匪方略》，第75卷，第20页。
③ 《剿平捻匪方略》，第75卷，第20页。

日傅奏，“任乾之子任虎，曾防守檀城东南的闫集”。[①]又据同治六年十一月二十一日李鸿章奏，有“任柱之弟伪王宗任三厌亦受重伤”。[②]《淮军平捻记》载，同治六年十一月二十日胶州小南沟之战，又“阵毙任柱亲兄任定”。[③]这些说法都是错误的。

任姓是一个大族，同族的人很多，住在小任庄附近的就有前任、大任、小任、后任等四个村庄，约有400户。至于檀城以北的濉溪境内，姓任的更是多得无法统计。同族的人很多，兄弟当然不少，清军为了夸大战功，把他的同族兄弟都说成是亲兄弟，或者含混其词。对于上述的任虎，我们曾经特别提出询问任传义和任百端，他们都说从来没有听说过这个人。但据上海文艺出版社出版的《捻军故事集》，其中也有任虎其人，[④]可见这个人可能是有的，但不在小任庄附近，不是任柱亲兄弟是可以肯定的。任维邦并不是任柱的亲兄弟，但竟被封为“王宗”，如果任柱有亲兄弟，也就不必封别人为王宗了。可见任柱只有兄弟一人，是没有问题的。

据任传义说：“任柱的妻子姓陈，是小任庄附近［北］陈老家人，娘家姓朱，年龄比任柱小一点，活到70多岁才死。我见过她的，我20多岁时，她才死，我叫她嫂子，人长得很漂亮。她没有儿子，只有一个闺女，嫁在距小任庄东北十里的小戴家，婆家姓戴，有几个外孙，大外孙还活着，三外孙叫戴东，已死。”

除此以外，任柱也没有别的儿子。但据小任庄东南岗子邓村68岁的汪学礼说：“任柱在外面还有两个儿子，一个叫大太保，一个叫二太保。任柱死后，便不知下落。”小任庄的任之华，也说［任柱］有两个小儿子，没有回来。据《庸庵文编》内“外篇”记载，永隆河战役时，清军曾“生执任柱、赖文光之妻”。[⑤]这个妻子，可能是任柱在外面娶的，在外面生有儿子，当然也完全可能。至于王大球的《任柱传》说：“任柱之妻系涡阳王安邦之姊，当年归家，母家藏之地窖中。先祖父幼时，微闻其事。”当然也并不是

---

① 《剿平捻匪方略》，第78卷，第27页。

② 按：编者在李鸿章十一月二十一日的《铭军东境大胜折》中并未见到有“任三厌受伤”的记载。李鸿章在十二月初四日的《各军迭胜贼股瓦散折》中奏道：“任柱之弟任三厌已否就擒，未及遍查。”《李鸿章全集》，第3册，奏议（三），安徽教育出版社，2008年，第164页。

③ 周世澄：《淮军平捻记》，第7卷，第5页。沈云龙主编：《近代中国史料丛刊》，第五辑，第153页。

④ 安徽省阜阳专区文学艺术工作者联合会编：《捻军故事集》，上海文艺出版社，1962年，第64、66页。

⑤ 薛福成：《书霆军铭军尹隆河之役》，《庸庵海外文编》，第4卷，第56页。

毫无可能，但小任庄的人并不知道，即使有可能，可能性也很少。

二、关于任柱活动的部分传说

任传义说，任柱的“个条不高，短而粗”，“有种”，是一个非常勇敢的人，幼年时就有训练的才能。他小时候曾为本村放猪，“每天早晨各家的猪都还正在家中吃着，只要听到他的鞭子一响，说：‘还不出来！’各家的猪便一起飞快的跑出来”。《捻军故事集》中关于“任柱在捻”一段，说任柱在大财主邓千里家放猪，只是一种文艺夸张，并不是事实。

据汪学礼说，任柱起义时，对地主阶级采取匀粮的办法，“向附近有日子过[①]的人家借粮，一借总是几车，连他的姐姐[②]家他也去借。后来越来人越多，附近已无粮可借，才到外地去打粮”。

据任传义说，任柱是刘天福的干儿子，“蒙城县清军一去捉他，他就逃到龙山”。《涡阳县志》说，任柱是刘保忠[③]的义子，和传说是一致的。在僧格林沁攻陷雉河集以前，反动资料上很少见到任柱的名字，这可能和任柱都是随刘天福、刘天祥等活动有关。

任传义说，任柱初起时，力量并不太大，自从得到“傅大帅的800匹马”，力量才强大起来。得到的情况是，“傅大帅去打苗蛮子，走到这里被打败”。另一老人徐克勤也有类似的说法。

傅大帅是谁呢？按照上述传说提供的线索，应该是咸丰八年至十年在宿县一带进攻捻军的傅振邦。据《剿平捻匪方略》卷五十三，咸丰八年十一月，在宿州负责剿捻的袁甲三要求增加军队，清政府曾一次拨去骑兵1750名，[④]从此以后，这里清军才有大批骑兵进攻捻军。咸丰九年正月袁甲三去职，傅振邦负责“剿捻”，曾多次和捻军战斗，但没有被打败的记载。另一方面，这时的苗沛霖，尚在配合傅振邦进攻捻军，不会发生“傅大帅打苗蛮子的事”。直到咸丰十年十二月二十日以后，傅振邦才因愁病辞职，“剿捻”责任交由田在田负责。也正是在这个时候，苗沛霖才第一次叛清。咸丰十一年二月，田在田在宿州开始捕杀苗党。但从未找到清军和捻军在

① “有日子过”即有钱的人家。

② 他是否有姐姐，我们当时未调查，这条材料是后来发现的。据任传义谈话的内容，没谈到有姐姐，即使有姐姐，一般地说，也不会有“有钱的姐姐”。

③ 刘保忠即刘天福，降清后改名保忠。

④ 《剿平捻匪方略》，第53卷，第19页。

这个地区作战失败的消息。傅、田二人也再未谈到800马队问题，只谈到没有兵力。也可能800匹马队的俘获，在傅振邦未去之前，并不是傅军去进攻苗部，而是直接和任柱部发生战斗，战争的地点，也不是在檀城附近。

任传义说，任柱的革命意志非常坚定，“傅大帅劝他投降，不干了，他大（指任乾）也叫他投降”。任柱说：“你叫我投降，我不投降。我不能杀你，有人能杀你。”方略卷54载有胜保对任乾有诱降活动，任乾曾经表示动摇，傅振邦也对他劝降，是完全可能的。由于任柱的坚决反对，清军的卑鄙阴谋才遭到失败。

据邓云迪、任百端说，任柱起义后，“手下只有几千人”，“后来越聚越多，人马从外面回来时，站在檀城山上望不到边”。这个情况，可能是雉河失守以后的情况。

任传义说，任柱的旗是“蓝旗红边”，“三角旗、园拐（角）子”，通称“葫芦头旗”①。

三、檀城圩

我们所接触到的老年人，都认为檀城圩是任柱聚的。任传义说，当年的檀城圩有内、外两层，“外圩东到东刘，西到小任庄西，南到大任庄南，北到傅家村北，方园约8里”；“里圩东、南、西、北各一里多，筑有高墙”。从今天的遗迹看来，外圩子已无痕迹，里圩子虽然已成堤形，但堤身高厚，当时圩墙高大是可以想见的。区人民政府在绘制檀城区的地图，尚把这个里圩墙绘制出来，其高大的基础可以想见。

檀城附近的老年人都认为，檀城圩是苗沛霖攻破的。当任柱上清江打粮时，苗沛霖勾通檀城圩内地主阶级分子张建中、毋占鳌，放开南门吊桥，苗军一涌而入。当地民歌也说：“张建中、毋占鳌，二八佳人搭吊桥。”那时天正下雨，圩中人无处逃走，被杀无数，纷纷投井，井都填满，地下都是人血，剩下的妇女，都被苗沛霖掳去了。

檀城圩究竟是谁［攻］破的呢？《蒙城县志》书说：“二月，檀城集捻圩张建中、毋占鳌赴护城圩请攻檀城，约献门，并许收降北方诸圩。邑侯派丁叶兰、王青云之弟澄源率城练袭檀城，克之。北方抗圩俱震动，请投

① 意思说光秃秃的，没有其他装饰。

城。苗忌护城圩声势渐重，令张建猷借言助守，甫入檀城，逼胁城练抢杀北方。叶兰、澄源不能禁，愤而归，遂绝北方之望。”

据此，首先应该是蒙城团练丁叶兰、王澄源破的。破圩后，苗部张建猷又去抢杀的。但据这年二月二十五日傅振邦奏则说：“南路檀城圩经参将张建猷带练三千余人，抢入外濠，连日五战五胜，附近卡垒一律扫除，杀贼一千五百余名，生擒七十余名溃贼，未能入圩，张建猷复由蒙城添调二千余人，侦贼稍懈，密布围攻，杨、言、袁、徐等圩（在檀城之北）经官军攻破，各捻首一并伏诛，圩贼惊惶，又见大箭射入延烧南街，争往扑救，我军由北面潜登城墙，该逆自相残杀……统计杀贼二千余名，当将檀城贼圩攻克。”这里则说，主要是张建猷攻破的，但也不拒绝蒙城有人参加。然未说参加者的名字，又说蒙城团练是后调来配合的。传说中则只有苗沛霖部，可能因为苗沛霖的残杀，留下了沉痛的记忆，而忘记了其他。又据苗沛霖部下年贵行的《艮园存稿》所收苗沛霖信件的记载，檀城事件中，“有功”人员除张建猷外，第二名就是丁叶兰，载有“南门内应一人，北门内应一人”。又说，其中情况，“丁叶兰俱知”。别一段记载，“张建中（檀城）南门练总，毋占鳌（檀城）北门练总”。可见檀城之破，主要是由于这两个地主阶级分子的内应，虽然苗沛霖和傅振邦为了吹嘘战功，极力说成是苗部打破的，但傅奏竟说，“该逆自相残杀”，如果是硬攻破的，只能自相残以逃命，绝不会“自相杀”，无意中暴露了一些真实情况。

至于破圩的具体情况，可能有两种。一种如《蒙城志》所说，是蒙练先破，苗部后来居上，又占领檀城大加屠杀的。一种可能是蒙练先攻，苗沛霖部也来参加的。但绝不是如傅振邦所说，是苗部张建猷硬攻破的。残杀人民的血债，既然是在苗沛霖的身上，檀城人民突出记忆这一笔血海深仇，也是符合情况的。不久，任柱从清江回来，檀城又回到捻军的手中。据汪学武说，负责守圩失事的任世奎，也被任柱杀死。

从现有关于捻军资料上看，在捻军中实行惩罚纪律是不多的。任柱能够这样做，说明他要求严格，这和任柱军队的勇敢善战、最有严格的训练是有关系的。

张建中，是小任庄东面张庄人，毋占鳌是檀城北毋家庄人。由于张、毋叛变，使檀城人民受到血腥的屠杀。从此以后，张建中不敢回张庄，最后跑到河南周家口，不再敢回来，张庄所有的地主分子，也都跑光了。几十年后，张、毋两姓打仗，别人还非常气愤，都在身上藏着小石头，去“打黑石头”[①]，说明人民对叛徒们的痛恨程度。

四、任柱之死

关于任柱牺牲的地址，檀城附近的老年人都说死在山东“盖”[②]县。包括略懂文字的任传义在内，都是如此，不知道究竟是哪一县。根据书面材料，毫无疑问，当然是江苏“赣榆”县，因“赣榆”急读则成“盖”音，又和山东相邻并突入山东境内，误为山东，是合情合理的。

任柱是怎样死的呢？传说也颇不一致。

小任庄东南岗子邓村汪学礼说：“任柱是在一个坟上，被人用枪打死的。”濉溪县白沙集任士立说：“任柱站在高坡上看看，被飞弹打中左眼，回营就死了。”同一个任传义则竟有两种说法。在我们先访问他时，他说：“鲁王是枪打死的，死在‘盖’（赣榆）县，队伍从那里走，城上吊一个大枪，一枪打倒了。”但捻军故事集“鲁王和小黄马”一篇，又说据任传义口述，是叛徒潘三打死的。潘三是任柱部下“内五营一个小头目”，任柱的军队被困在赣榆城内，任柱被困时，被他打中腰部而死，任柱的刀又自动飞起来，把潘三杀死。前面已经谈过，任传义是不知道“赣榆”二字的，但在这篇故事中，却写了出来。因此，上述同一人而有两种说法的原因可能有两种：第一，我们首次访问时，仓促没有回忆清楚；第二，整理故事上，经过加工，把书面材料加上去了。

又据《剿平捻匪方略》卷二百八十八，同治六年十一月初三日李鸿章奏，旧历十一月二十四日，清军刘铭传和东捻军大战于赣榆城外，任柱在大战中被叛徒潘贵升杀死。[③]潘贵升原为任柱部下“内五营头目”，安邱战后投降刘络传部下陈凤楼马队中，愿意杀任柱“图功”。这天正当两军酣战时，潘贵升商得哨官邓长安同意，冒充捻军，从“腰肋”打死任柱，受到赏银二万两，并得授“川千总补用，赏加游击衔”。[④]又据《赣榆县志》说，是“刘铭传总兵邱诱饵柱所亲信潘三使图柱，潘新有隙于柱，因战酣，发

---

① 即乘机暗中打他们。

② 皖北这样的读音，具体待考。

③ 《剿平捻匪方略》，第288卷，第9页。

④ 《剿平捻匪方略》，第288卷，第22—23页。

小火枪中柱腰，颠马”。这些说法和任传义的第二个说法差不多，潘三和潘贵升的情节又相似，可能就是一个人。

《山东军兴纪略》另有一种说法，说是邓长安收到任柱义子某某某“待之殊礼”，收买了他，在这一战争中，某某某率领50人，伪称“逃归”，杀死任柱的。这人被赏“花领参将，至今犹存”。这里不书其名，好像不是不知道，而是故隐其名。如果这里所指的就是潘贵升，那是当时已经公开的事实，就不须隐瞒了，既隐其名，可见是另有所指。

总之，任柱是死于两军混战之中，是清军收买叛徒杀死的。究竟是谁，已很难证实。如果潘三就是潘贵升，便基本一致了。

五、任柱的部下

任维邦：乳名“兑”，又名任兑，没有正式名字。兄弟二人，他是老二，共有土地30亩。“维邦”二字是太平天国的赐名，在任柱被太平天国封为鲁王后，他也被封为“二王宗”。据任传义说，他是任柱最重要的助手，任柱的军队，都是他管理。任柱死后，军队便归他率领，“但说话不真话了，这一仗投（降）几千，那一仗投几千”，结果便失败了。

根据上述内容，我认为这个任维邦，有很大可能性就是书面材料上的“任三厌”。同治六年十一月十六日李鸿章在给马谷山的信中说：“任柱为省三（刘铭传）设计歼毙，其弟任三厌代领其众、望实较逊。”[①]给应敏斋的信中又说，“其弟三厌代领其众，凶悍殊〈虽〉亚乃兄，贼胆已寒”。[②]实际情况，东捻军自任柱死后，也是一批一批地投降。又据《淮军平捻记》任三厌的封号也是“王宗”，《求阙斋弟子记》误作“宗王”。

又据任传义说，这个二王宗后来没有死，又回到了家里，“后来上寿州，死在寿州”。而书面材料的记载，任三厌也没有死，东捻军最后突围经扬州又至盱眙以后，“剃发而散，伪魏王李允、逆酋牛遂子、任三厌率贼党二百余名，诣江南提督李世忠降”。而《剿平捻匪方略》卷一百零八英翰奏说，任三厌“落水而死”，可能是掩饰之词。当时由于清政府的内部矛盾，满人非常嫉恨李鸿章，他们想收养一部分捻军降将，以对抗捻军，安徽选择英翰就是这样主张。由于这样原因，除上述的牛遂（喜）因年龄较小

---

① 《复马忠丞》（同治六年十一月十六日），《李鸿章全集》，第29册，信函（一），第569页。

② 《复应观察》（同治六年十一月八日），《李鸿章全集》，第29册，信函（一），第570页。

(17岁)，公开免死以外，对于李允虽说“正法”，但据我们调查，李允并没有死，后来也老死在家里。任维邦所以要到寿州，因为寿春镇总兵郭宝昌部下是捻军降将集中的地方。任维邦虽然能得到免死，但不能说和寿春镇毫无关系。

调查材料和书面材料的不同，仅仅是人民和封号的不同，即“任兑”和“任三厌”不同，“王宗”和“二王宗”稍有差异，其余事迹是相同的。其实也区别不大，“三厌”绝不是正式的名字，而可能是任兑的混号，“二王宗”也还是“王宗”，可能是习惯的错误。也可能因为任兑是老二，被呼为“二王宗”；也可能因为他的地位仅在任柱之下，而被习惯地呼为“二王宗”。因为据任传义说，除他以外，并无大王宗。可能一般人对太平天国的奇怪封号并不十分清楚文字的含义所造成。因此，我认为有极大的可能性，任三厌就是任兑，而不是两个人。任维邦有一子一孙，孙子叫任百钧，50岁。

任世奎：任柱一族，大任庄人。任柱出发到清江，留他在家中防守檀城圩，结果被张、毋二人勾结地主团练破了檀城圩。任柱回来后，便把他杀掉。(汪学武)

任永清：乳名“双”，任柱一族，大任庄人。他原来是任柱部下的小旗头，“红果”（勇敢之意），“打得凶”，“他后来想投清，任柱要杀他，他就带一百多人投（降）了李鸿章，后来干到曹州、济南镇台（总兵）”。他“后来住在宿州，置几顷地”，没有回到檀城。据《剿平捻匪方略》卷二百八十八中的“上谕”，在任柱牺牲时，李鸿章部下有个千总任永清被封为“守备，尽先补用并赏戴花翎”，[①]可能就是他。(任传义)

任怀邦：有几亩地，任部骑兵，死在家中，孙子任百胜。

任立邦：十几亩地，死在家中，无后。

任岭：十几亩地，任部骑兵，死在家中，无后。

任希成：一二十亩地，任部骑兵，死在家中，无后。

任梨：几亩地，任部骑兵，死在家中，无后。

任心智：没地，任部骑兵，死在家中，无后。

任长海：没地，任部骑兵，死在家中（大任庄）。

---

① 《剿平捻匪方略》，第288卷，第28页。

任同：没地，死在家中。

任长深：六七十亩地，任部骑兵，死在家中。

任心深：六七十亩地，任部骑兵，死在家中。

任守深：六七十亩地，任部骑兵。

任之能：十亩地，死在家中，无后。

张文玉：没地，任部骑兵，死在家中，无后。

张泰：十亩地，任部骑兵（张庄）。

汪风祥：六七十亩地，任部骑兵（汪庄）。

郭占均：没地，任部骑兵（郭庄）。

汪风先：四五十亩地，任部骑兵（汪庄）。

郭占鳌：没地，任部骑兵（郭庄）。

（以上是任传义口述）

捻军红旗总旗头侯士维历史调查记

张珊　1958年7月

一、使人心悸的侯老营

离开张乐行的故乡张老家，我们转移到吴桥寺集（距涡阳约20里）。吴桥寺集东约二里左右，有一条从雉河集（今涡阳）通向永城的大道，沿大道走约七八华里之后，有一个村庄紧贴在道路西旁，这就是侯老营——捻军红旗总旗头侯士维的故乡。在捻军起义以前，这条道路是亳、宿两州的分界线，即芦盐和淮盐的分界线，也是私盐自永城南下重要通道之一。这一条道路过去是私盐贩和盐巡的斗争场所，一个多事的地方。

看到了侯老营，我的脑海不禁想起了侯士维近族之间的长期仇杀。听说直到解放前还互相戒备，讳莫如深。现在来调查这样大的仇杀事件，双方当事人的后代能够没有顾虑，不怕追究责任？如果不打通双方的思想，解除疙瘩，想调查出真实情况是不可能的。如果不是解放已经将近十年，不是在共产党领导之下，没有群众对于党的信任，任何人也不敢做这样危险的工作，不可能揭开历史的秘密。我们一方面感到责任的重大，另一方面又考虑到他们的仇恨，不禁心有余悸。

我们找到了侯支部书记①，说明了来意和工作中的困难。他说："现在仇恨已没有了，他两家的后人都是生产小队长，不过老头子的思想还会有顾虑的，就让他们去打通老头子的思想吧！"在党支部书记和生产队长的率领下，我们采取齐头并进、同时访问的方法，分头访问了杀死侯士维的人的后人75岁侯全举和侯士维的近族66岁的侯全县，免得通了消息，双方都不说真实情况。为了便于解除顾虑，我们首先不谈侯士维的被杀，先从具体事迹谈起。

① 农业社的支部书记，忘其名字，即侯老营人。

二、侯士维的名字、家世和成分

侯士维究竟叫什么名字，据两位老年人说，侯士维是“士”字辈，有的资料上误作“世”“实”“树”，这可能是因为发音相同或相近的关系。“维”字即使在侯老营也有写作“伟”的，但据侯士维近族侯全县说，按照侯士维死后送到庙内的“数”①，应该用“维”字，当时他还把“数”查给我看。我后来到吴桥寺庙内查看了送数姓名簿，簿上所记载的也与侯全县的说法相同。根据以上情况，我认为他的名字应作“侯士维”，《豫军纪略》中载窦世铨的报告中说，载有“侯实为”，又有“侯世伟”，《萧县志》中的“侯十”，明显都是侯士维之误。

据两位老年人说，侯士维的祖父叫侯子举，父亲叫侯毅，侯士维兄弟一人，有三个儿子，即侯旺、侯山和傻子，傻子是白痴，丝毫不懂人事。他的祖父是个大地主，分得四百亩地，他父亲兄弟四人，每人分得一百亩地，到侯士维时有一百亩稍多一点。

三、坐牢

侯士维是怎样起事的呢？

侯全县说：“一起手就因为清家（指清政府）安盐店，不准吃私盐，买来就被盐巡弄去；并经常叫人民无偿运盐，不但不给运费，反而敲竹杠，赖人民偷盐，叫你赔，不赔就扣留车牛（用牛拉四轮太平车运盐）。官盐店卖盐总是兑土卖，分量短少，人民去找他，反而要去掉一点，欺压人民到极点了，侯士维就带人打盐巡，来了就打，有人把盐巡打死了，侯士维就被弄到牢里去了。”

我们是两个人分头访问的，将两位老年人的谈话对照以后，发现侯全举的说法与此相反。他说：“侯士维被逮到亳州，是因为他在四米家（村名）赌钱输了钱，人家来要账被他打死，才蹲了班房（牢房）。”侯怀德也说：“侯士维去监狱，因为他强奸了姓赵的妇女，姓赵的要告他，正好有个人来问侯士维要赌博账，侯士维一想，宁愿打人命官司也不打花官司，他就在侯楼（村名）的洼子里把要账的杀掉，进了亳州班房。”

---

① 这一带的风俗，人死了以后，就把名字送到附近的庙里，请求起度，或作“诉”，安徽其他地方还有写诉文的，皖北一带已通读成“数”。

为了解决以上的问题，我们又请教了几代都是当佃户的75岁的刘士忠和红旗骑兵领袖的孙子75岁的贫农侯勤堂。他们的思想都有顾虑，经过反复说明以后，侯勤堂谈了一些情况，但不清楚蹲牢的原因。刘士忠总是不愿意讲，最后被问得没有办法了，说："这还想不到吗？长门（指杀侯士维的那门）有钱，二门（指侯士维）穷，看到侯士维想闹事，有时还向长门要东西，沾沾拐拐长门就把他送到亳州去了。当他解送安庆时路过赵屯时，（地名，距侯老营20余里）叫家里去看他，他说，咱哥他们把我害苦了，你们咋不杀绝他们呢？"以后我们又去问侯全县，他坚持原来的说法，说未听讲是长门把他搞进去的，他还说两门的关系很好，"侯士维（二门）来客，都是长门接待的"。但他承认，"侯士维被解往安庆，家里人去看他是事实"。又据侯全举说，当时他祖父侯士忠是亳州钱粮县丞，干催征工作。当时兄弟三个没有分家，共有八顷地。而侯士维的二门共有堂兄弟七个，除侯士维有一顷地以外，其他只有几十亩地或几乎没有地。贫富悬殊很大。

根据以上老年人的谈话，我们认为，关于侯士维的坐牢说法可能都是事实，但根本的原因正如刘士忠所说，是因为长门有钱，二门[①]穷，看到侯士维想起事，为了维护封建地主的利益，便想杀害侯士维。侯全举所说杀死要赌博账的，可能是长门杀害他的借口，所以记忆得很清楚。实际情况是：在清政府统治下的雉河集一带，杀死人不算什么，老年人普遍反映，杀死人只要按照盐巡和私盐贩互杀的惯例，在口中放上一把盐便无人过问，问也问不了，从这县境走到那县境便捉不住了。长门在亳州干钱粮县丞的侯士忠可能对清政府则以侯士维杀死盐巡、打盐巡为借口，对下则以杀死要账人为借口，向群众宣传侯士维的咎由自取，实际上是暗中陷害的主脑人。反过来说，以侯士忠的有钱有势，又在亳州干肥缺，如果不是他坏的事，他一定会为侯士维帮忙，别人也不会说侯士维路过赵屯时叫他的堂兄弟杀侯士忠的一家。如果他支持侯士维起义，如侯全县所说的那样，真为他招待客人，侯士维也没有杀绝他的必要。

侯士维被捕后，据侯全县说："侯士维口才很好，清政府官吏无法治罪，把他栓在小便桶上受气，折磨他。一个禁子来了，解小便溅到他的脸上，侯士维火了，一砖头把禁子打得半死。直到咸丰登基大赦才放出来，

---

① 长门是杀侯士维的那门，二门是侯士维门。侯士维的曾祖叫侯廷美，有两个儿子，长子侯子树的后人是长门，次子侯子举的后人是二门。

回来后就和张乐行在一起贩私盐，撵绵羊，后来清政府又来逮捕他，逼得没有办法，想投官，到宿州没有投又回来了。”他为什么没有投呢？侯全县接着说：“他到宿州投，哪知亳州官又调到宿州，说：我在亳州差一点被你把头搞掉，我到宿州你又来了，你来的好。侯士维害怕没敢投，就回来了。”又说：“丁种集（涡阳北境）王老诚投了清家，从这路过，问侯士维为啥不投？侯士维拿刀就砍，说：你孬还叫我也孬！结果侯士维还是没有投降。”

四、红旗总旗头

侯全县说：“侯士维回来以后，和张老乐在一起又干了起来，一开头就打盐店，以后就不能散了，就慢慢干大了。后来就当了红旗总旗头，大趟主。”

关于侯士维是红旗总旗头这一点，是没有疑问的。不管在雉河集还是张老家，以至几乎涡阳全县的老年人，没有不说侯士维是红旗总头的。但在书面资料中却提到的很少，只有安徽霍邱人张瑞墀在《两淮戡乱记》中明确提出他是红旗领袖，《蒙城志》和《萧县志》提的不够明确，《豫军纪略》引窦世铨的报告也有含糊的地方。《蒙城志》说：“张乐行复回雉河，聚亳、蒙、阜、永四县土棍龚瞎子、韩狼子、侯士伟、苏天福等，旗分五色。”《萧县志》载：“亳州盐枭张乐行，素与其党苏天福、龚得、王贯三、侯十等据雉河集谋叛，众至万人，旗五色。”窦世铨的报告一开始说：“张乐行、苏天福、龚得、王贯三、侯实为等分五色旗”，但表中又列：“侯世伟，住雉河集北侯老营子，红旗总目”，把一个人变成两个人。尽管书面材料谈的不够明确，但他是红旗总头则毫无疑问。

另外，书面材料关于侯士维活动的记载也少，这是什么缘故？红旗小旗头侯大昌的孙子——86岁的侯怀德给我们提出了有力的说明。他说：“红旗人少，一共只有八张旗，不能单独活动，必须和黄旗在一起，‘红黄旗，缠吊皮’，就是指红黄两旗总是在一起活动。”侯士维的力量不大，为什么能当上红旗总头？我们认为这和侯士维和张乐行是亲戚，很早就在一起贩私盐、撵绵羊有很大关系。侯士维伯祖父的孙女，也就是侯士忠的妹妹，便是张乐行二哥张敏行的妻子。正由于有亲戚关系，才能一开始就在一起活动。

张乐行的家族是一个大族，号称“九里十八张”，侯士维的家族也是一个大族，号称“九里十三侯”，有侯老营，侯菜园，东侯楼，侯小桥，侯新楼，侯艺楼，侯瓦房，侯老楼，侯沟沿，小侯，侯集，侯碱场，北小侯等。据张、侯两姓的老年人说：“在侯士维之前，侯姓有一个侯永清和侯林标父子”……

侯士维既然参加和太平军的联系，参加和太平军的联合作战也是可能的，不但可能到达三河尖，进入正阳也同样可能。前面已经说过，红黄旗总是在一起活动，也就是和张乐行在一起。据《豫军纪略》说，1857年8月底（7月10日左右），张乐行就曾进入正阳，“霍邱捻首张乐行，至是将率众赴关应援，胜保分兵克霍邱后，张乐行蜷伏正阳关”。据侯怀德说，兵困正阳时不但张乐行在内，张敏行也在，说明张乐行的直属部下都参加了。此外，张乐行一族的张方庄张智和、张小庄张万一都说张乐行到过正阳。张万一还说，张小庄有几个人如张永春、张万春等都是红旗，都被困正阳，张永春在被救出来的时候，“怀里还揣一个死人脚”。张小庄距离侯老营不过十里左右，都是侯士维的直属部下，可以较有力地说明侯士维可能到过正阳。

侯士维是否到过怀远倒值得考虑。即使去了，时间也不可能太长。总的说1858年6月攻克怀远之后，绝大部分捻军领袖都已回到淮北，但也不是毫无可能。据《蒙难追笔》载，1858年底，红旗大旗头之一的姚德光就在怀远，侯士维到过怀远也有可能。据《庚申寇乱纪略》载，打清江的捻军为李大喜（应作溪）部，但据调查，几乎各部捻军都参加了活动，是捻军的重大胜利之一，在皖北流传得最为普遍，侯士维参加这次活动当然也有可能。

五、被杀之谜

在调查过上述问题之后，谈话的中心便转到侯士维被杀的问题上。前面已经分析过侯士维坐牢的原因，实际上是侯士忠等想借机会杀死侯士维，但结果未能如愿，做法上还是隐蔽的，两门之间还维持着表面和气，还能假殷勤地为侯士维招待客人，但问题终有发生的一日。侯士维被杀，是由于侯士维杀死侯士忠等而引起的，他为什么要杀死侯士忠等？张敏行的曾孙张羹才说：“侯士忠有18顷地，侯士维想得他的地。”侯全举也说：“长门有钱二门穷，杀绝了好得家产。”我们认为这都不是原因。侯士维是农民领袖之一，要地干什么？要地也不必采用这种方法，事实上也不是杀绝，还剩下侯士端和六七个男孩子，说明其中必然另有原因。

侯全敬坚决推说不知道，侯士忠的孙子还有一个叫侯全福的80多岁老头子，干脆装成老糊涂的样子，使我们无法访问。侯全举也不愿意说，经过反复打通思想，说明并不是追查责任，侯书记又作了保证以后，他才激动地说：“说了真没有关系？那我就说吧！”他说：“就从一头驴子安根（引起）。二门穷，把俺门的驴子‘偷’去了，知道他栓在屋内（还是侯士维一家偷的），俺老爷（侯士忠）去找，二门的弟媳妇坐在门口，用腿拦住门，从前人讲规矩，俺老爷不便跨进去，说：‘今天驴子送回来便没有了，驴子要有好坏，今后走着瞧吧！’两个人便犯了仇。没隔几天，二门人（记不得名字）对俺老爷说：‘大哥，饿鹰庄有几口肥猪买来杀吃好吧？’俺老爷平时最爱吃肉，也没在意，就跟去了，刚到秃尾巴沟沿就杀掉。回头又杀二老爷（侯士超）和三奶奶（侯士端妻），二老爷未被杀死，身上穿着皮袄，头一缩挡住了没杀死，昏过去了，醒来跑到董楼（侯士忠前妻娘家，在吴桥寺南面），怕躲不住，又跑到龙山焦楼（侯士忠第二个妻子的娘家），在那里住了三年，直到报仇后才回来。”

从这段谈话中说明侯士维所以要杀死侯士忠，是因为他暴露了地主老爷的反动面目，发出了恶毒的声音，侯士维知道不把他干掉，对自己会没有好处。也可能因为碍于张敏行的关系，没敢公开的杀他。

张羹才、侯全举都说：“这时张乐行不在家，侯姓找张敏行报仇。”张羹才说：“张敏行不问事，说这是人家的家务事，问他干啥？实际上可能因为张乐行不在，张敏行一个人的力量不够的关系。”

“君子报仇三年”，这是皖北一句老话，侯士忠的后人报仇机会终于到来了。

据侯全举说：“实际还不到三年，只有两年半。张老乐的人马回来了，请侯士维到张老家吃饭。问他：‘我们出门去了，你们在家怎把大哥杀了？’侯士维说不知道。第二次又请侯士维，侯士维就不敢去了。因为侯士维和张振江（黄旗大趟主之一，张乐行族侄）很好，就以张振江的名义请他到张寨（张振江寨，在吴桥寺东一里）。刚进寨，吊桥就撤了，侯士维看事情不妙，吃一杯酒就告辞了。他们已布置好了，侯士维将走到第二层房子，侯布林（侯士忠儿子）先用镖给截了一枪，后来就杀了。”

是谁杀死了侯士维？张乐行，张敏行，还是张振江，还是他们共同的行动？

张敏行的后人张羹才说：“张敏行不问，张乐行知道，是张琛（张敏行之子）等兄弟几个去的。”并说“不是张振江”。张乐行的近族七十八岁的张本海也说“张乐行知道不管”。这也不合情理，依靠张琛等几个人便能杀死侯士维吗？住在张寨东面的侯怀德说：“是张敏行亲自带着儿子去的。”并说：“侯士维被请进张寨，见了张振江就问找他干啥。张振江说不知道。这时张敏行带着几个儿子和打手冲进来。张振江一看不对头，说：‘这是啥事？’一招手，手下人都没有了，早被张老敏支使[1]开了，老敏便叫儿子把张振江架出去，免得阻挡杀害侯士维，老敏的儿子就乘空上去将侯士维一刀砍死。”

张羹才也说：“杀了侯士维张振江不愿意，要拼。张敏行儿子说：‘要拼，我们就拼！’张振江看不行了，一头钻进屋里，气得直哭。”又说：“侯士维被杀后，张乐行看到张振江不高兴，便说：‘杀就杀了，你还是你的旗头好了。’”

在其他人的口中对具体杀法虽有许多分歧，但主要事实都不出上述范围。从此可以看出，参加杀害侯士维的，不仅有张敏行的几个儿子，也有张敏行本人。张乐行显然知道，又不阻止，在客观上是张敏行敢于做出这样行动的依靠力量。张乐行没回来以前，虽然张敏行已在淮北，但未敢动手。只有在张乐行回来以后，才敢报仇。所以侯士维的近族侯全县也说：“侯士维是老乐伐（杀）的。”直到现在侯士忠的家人也认为张乐行是他家的大恩人。据说侯步村临死时还把他家的后人集中在一起，说：“无论如何也不要忘了姓张的大恩，不是张老乐，我们这家人就完了。”

张乐行为什么不阻止张敏行父子杀死侯士维，可能也有些原因。

侯全县说：“老乐怎能了呢？（意思说如何能搞好）哪个不对劲就杀了，打将[2]的头一去就不想混[3]了，老乐也就坍架（垮）了。”又说：“自士维爷

① 即事先调开，便于杀害。

② 即能打仗的将领。

③ 混，即干，皖北方言。

在陕西打败仗回来，老乐就把他伐[1]了，以后就没有撑世的了（撑门面）。谁有职位就给拿掉，就没有人了。士维爷刚葬后，江老台（江台陵，白旗重要旗头）来了，是个胖子，白胡子多长，从这经过，到庄上来问：‘老士（称侯士维）在吗？’侯旺大爷对他说不在了，下世（死）了。江老台掉了泪，旺大爷刚谢过，他把马鞭一指，话也没讲，便向东北下去了。”

从这段话中，可以看出侯士维和张乐行、张敏行在革命活动上也可能有些矛盾。侯士维和张振江特别要好，也可能有些原因，但因为材料不足，暂时还不能做过多的分析。

在捻军起义失败后，又经过很多年，侯步林等认为侯士维杀死他家两口人，而他家只杀死侯士维一个，不够本，借吃瓜的机会又杀死了侯士维的二儿子侯山。大儿子侯旺也被侯菜园人杀死，傻子也自己死去。侯士维便绝后了。

据侯怀德回忆说，杀死侯山的人小名叫大派。进一步访问的结果，后来侯步林的老二侯布文就叫大派，恰是装胡涂的老头子侯全福父亲，关系太近了，难怪他装傻不说。

侯士维死于何时？一般总以为他早死，但仔细分析起来，并不算太早。

张乐行是1861年底回到淮北的。据张羹才说：“杀侯士维是在旧历二月，肚里吃的韭菜合子（一种菜饼）都扎出来了。”

据此，侯士维应死在1862年三四月之间，侯士忠早于他两年半，应为1859年十一十二月之间。这和传说侯士超穿着皮裤没有杀死的传说也相符合。侯全县并说：“士维爷死后，只有一二年老乐也就坍架了。”张乐行死在1863年三月，和这一说法也恰相差一年。又据《豫军纪略》载，1859年十一月，侯士维和江台陵、李大喜等还活动于河南周口、临颍，郾陵，扶沟一带[2]；1860年十一月，侯士维也还和孙葵心，江玉太，田献等在一起活动[3]，也都说明侯士维这时还没有死。

再据侯全敬说，侯士维是陕西回来后被杀的。从书面材料看，在这一时期以前各部捻军都未进入陕西，1861年十月到江台陵等曾到达河南西部边疆的淅川县，那时捻军曾一再扬言进入陕西，实际进入陕西边境也有

① 涡阳一带方言，有杀、攻的意思。

② 范文澜主编：《捻军》，第二册，神州国光社，1953年，第346、347页。

③ 范文澜主编：《捻军》，第二册，第355页。

可能。

六、红旗部属

皖北老年人普遍说红旗人少。红旗小旗头侯大昌的后人侯怀德说“一共只有八张旗”。《涡阳县志》“旗表”也恰好列了八张旗，即侯士维、王大位、邹焕林、周谷甲、赵凤珠、李鹤岭、周怀林、田献等。但据我们调查，临湖铺的姚德光也是红旗的独立趟主。据侯怀德说，吴桥寺北十里大营庄有个曹延输，也是红旗的白边旗主。总的说来红旗仍然不多。

一、侯二老士：侯士维同族兄弟，住侯老营西头，是红旗二趟主（副旗头），位置仅次于侯士维，姓名不可考。侯怀德说叫“侯士功”，同村的老年人都不知道。起义前没有地，起义失败后有二十多亩地。侯士维死后，红旗即由他继续率领，后来老死在家里。（侯勤堂、侯全县、侯全举等）

二、侯四柱：据他的孙子贫农侯勤堂和其他老年人说：“他是红旗骑兵领袖，带有几千匹马。”也是侯士维同族，住在侯老营，15岁就参加捻军。据说他有一个特点：“攻破一个地方以后，首先把武器收拾起来，因此受到侯士维的重视。打清江时，头上被伤十余处，到死时还有疤。”侯士维死后，他还继续干，直到张宗禹死后才不干。起义前他家有三百亩地，起义失败后吃鸦片烟，地没有了，60多岁时逃荒到霍邱县，就死在那里。（侯勤堂，侯全县）

侯士敏：侯士维一族，住侯老营，曾联络过太平军，侯士维被杀后就不干了，到五六十岁才死。（侯全县）

侯红、侯露昌：侯红是吴桥寺东吴土楼人，红旗小旗头，出外打仗死在外面。侯露昌是他的侄儿，继续带领他的部下。老乐坍架后，他不干了，当老百姓，后来当圩长。（侯怀德）

侯大昌：和侯露昌是兄弟，红旗小旗头，后来在家当百姓。（侯怀德）

吴凤：石弓集东吴大寨人，红旗绣边小旗头。（同上）

刘四麻子：名字忘记了，侯老营南四朱庄人，家有一两顷地。干起来以后有好几匹马，红旗小旗头。下清江时得了几车金页子，另一黄旗小旗头罗善（张振江部下）看了眼红，带人去打他，全家都被杀死。（侯怀德）

侯作明：在旗中带马队，是小旗头，后来投降了清军，当过圩长，住侯瓦房。

侯布义：侯士维同族兄弟，是他的贴身打手，有力气，胳膊很粗，几个人围不上去。侯士维死后就不干了，后来老死在家里。

侯士维被杀后，红、黄旗的关系有没有影响，是我们所关心的问题。侯怀德说："没有影响，红旗还继续和黄旗在一起干，不干没有吃。"上面所列的小旗头，除个别人外，都是侯士维的直属部下，实际也还继续干。总的说可能影响不大，但从江台陵的话里就不能说没有影响，一定程度的影响可能还是有的。

捻军蓝旗大旗头刘饿狼历史调查记

张珊　1958年8月

有关刘饿狼的民歌说："顺河集，雾腾腾，恶狼赛朝廷；东宫娘娘蔡小姐，西宫娘娘戴秀英。""四月里，麦丝黄，能打会闹数恶狼；打满天下无敌手，天下英雄数他强。""九月里，是重阳，龚瞎子定计害恶狼；他把恶狼来害死，小白龙叛死在六安州上。""十月里，秋风凉，老乐定计害恶狼；恶狼本是忠良将，将星落在西北方。"

刘饿狼是捻军的重要领袖之一。看了上面的民歌，不禁使人怀疑：刘饿狼是不是坐过朝廷？究竟是怎样的人物？捻军中究竟是谁杀死了刘饿狼？为什么要杀他？

我们怀着对刘饿狼历史事迹的极大兴趣，奔向刘饿狼的故乡——涡阳东四十里的顺河集。

一、顺河集和刘永敬

顺河集南滨北肥河，距河约一里，河流自西北流向东南。和我们的主观想象相反，北肥河不是一条大河，河道狭窄，河身低浅而弯曲，不通航运，顺河集也是一个很小的集，只有一道东西街，长约二百米。顺河集东南一里多路的肥河南岸，有一个村庄叫刘破桥，实际并没有桥，捻军蓝旗重要旗头刘饿狼便曾住在村庄的中间。

刘饿狼是刘破桥人是毫无疑问的。他的近族孙子刘云龙（50多岁）、刘云松（86岁），山猫（刘饿狼的重要部下）近族后人刘萃云（74岁）都是这样说。刘云龙并且说："刘饿狼原来住在刘破桥，后来住在顺河集。"

刘饿狼叫什么名字，许多人都不知道，只有刘云松说他叫刘永敬。刘姓的班辈是怀、宗、永、天、云。刘云龙是许多人公认的饿狼的侄孙，刘云龙父亲刘天一是饿狼最近族侄儿。按这一点推算，饿狼应该是永字辈。《涡阳县志》也说他叫刘永敬，应该是可靠的。因为《涡阳县志》的编辑中有刘饿狼最重要的部下刘天福的儿子刘纶阁在内，尽管《涡阳县志》在史实上有许多错误，但对于刘饿狼的名字是不会搞错的。又据《剿平捻匪方略》胜保奏称他为刘汶敬，在“敬”字上是一致的，也明显地看出“汶”字系“永”字之误，刘饿狼的真实名字应该是刘永敬，是没有问题的。又据刘云松等人说：“刘饿狼原来很穷，没有地，才好干有钱人，后来置有顷把地，他死了以后，地又完了。”

二、“饿狼”

饿狼之名从何而来？老年人的说法各不相同。

张克仁（81岁）说：“饿狼杀人不眨眼，所以叫饿狼。”王惠林说：“饿狼三天不杀人就红了眼，所以叫饿狼。”马立仁（91岁）说：“饿狼心狠，好杀，一不如意就杀。”刘干国（84岁）、刘云松说：“饿狼能吃，一顿能吃二三十个馍，才叫饿狼。”王立功（83岁）说：“饿狼是坏人，抢人拿人的，见了女人就不行，所以才叫饿狼。”以上内容基本上可分四类，即好杀人、吃得多、贪得财物和好色。

饿狼是否好色、吃得多、贪得财物呢？在我们调查接触到的材料中能够证明这几点的很少，但对于好杀人这点，却有一些侧面的材料。

首先，饿狼曾经杀尽了军张村，只留下一个和姓刘的有亲戚关系的一个小孩。至于军张村的一部分人是否该杀，当然是另外一个问题，下面还要专门分析。但如果杀尽了全村，便未免过分。又据王惠林说：“饿狼曾经不知为了什么原因，杀死顺河集上徐老千一家，只剩下一个小孩。”因为时间关系，我们也没有进一步调查。又如饿狼之杀山猫也未免过于干脆。据传说，山猫本来是饿狼的主要打手，也是同族。据刘云松等绝大多数人的传说：山猫弄了几个女人，不愿干了，饿狼就把他杀掉。

再如和桥头张村的关系问题，也值得考虑。据顺河集王惠林说：“因为桥头张村的人头（领袖）张耙光子和饿狼作对，饿狼的队伍在腊月进了庄子，庄上的人都一轰逃走，那年发过大水，村上人掉在水里淹死很多，饿狼的部下在庄子上住了半年，把所有能吃的都吃光了，梁头（房梁）也锯开烧光了。”但据桥头张村的老年人说：“桥头张并没有和刘饿狼作对，饿狼的队伍也没有把桥头张的粮食吃光、梁头都锯开烧掉，是饿狼的队伍从庄上经过，庄上的人害怕，纷纷逃走，自己掉在沟里淹死的。”桥头桥只在刘破桥附近，为什么对刘饿狼的部下如此害怕，这当然不无原因。在捻军其他领袖中从没有像饿狼这样的传说。饿狼的个性可能很暴躁，态度也可能相当跋扈。前面的民歌说："饿狼赛朝廷。"顺河集一带的老年人都说刘饿狼没有做过皇帝，雉河集92岁的马立仁也说："饿狼赛朝廷是编的，他没坐朝廷。"群众为什么要编这样的话，可能和刘饿狼独断专行的山头主义有点关系。

据说在张乐行、龚得杀死刘饿狼前，他曾经骂过（刘云松的谈话），杀死以后，随他同去的小白龙竟然敢跳着骂，其大胆和无纪律该达到如何程度？民歌也说："小白龙叛死在六安州上。"皖北土话"叛死"就是拼死的意思。如果刘饿狼平时不跋扈，这时他的部下也不敢如此。

三、杀军张

前面已经谈到刘饿狼之杀军张村，现在再进一步看他为什么要杀军张村。据调查，军张村是明代遗留的屯军之后，距顺河集约七八里，全村不及二十家，但据军张村后人81岁的张克仁说："全村共有五里地，每里五顷四十亩（540亩），共有27顷地，平均每家将近两顷。"都是殷实的中小地主。

饿狼为什么要杀尽这个地主的庄子呢？王惠林说："饿狼小时候曾捉了军张村一只鹅，军张村人追他，喊截（拦）住！截住！他气了，后来他起事后才杀军张村。"张克仁说："饿狼小时候到军张村要饭，这庄狗厉害，不但不给饭，也不给他打狗，一个老奶奶反而将饿狼的饭碗打烂。饿狼说，当我有势力的时候，非杀你不可。所以后来才杀军张村报仇。"军张村后人70岁的张殿杨说："军张村东面是李园，户穷人多，会武术，军张村户富人手少，李园也干大捻子，向军张村要粮，军张村不给，才勾结刘饿狼来杀军张村的。"刘小园又是一种说法。他说："军张村东面有候楼，饿狼想到那里起粮（征粮），军张村把饿狼的人杀了几十口子（也有说杀七八十人的），才派人去洗的（杀尽之意）。一庄人都杀完了，只剩下和刘天勺（饿狼一族）有亲戚的那一家，还剩一个小孩。"

根据以上情况，我认为上述的说法可能都是事实。顺河集一带的老年人普遍反映饿狼小时候非常穷，生活困难，捉鹅、要饭当然都有可能。这两件虽可能是事实，但都不一定是根本原因。根本原因应该是后面两点，即军张村地主们反对刘饿狼捻军征收粮食，拒绝交纳，甚至杀害刘饿狼的部下，才引起刘饿狼的痛恨。而军张村又一贯为富不仁，和穷苦农民作对，才把它杀尽。捻军初起就有叫地主送粮的传说。据刘鸣求说常大刘（顺河集附近村庄）有一个地主去赶商炉集，去时捻军还没有竖旗，回来时已经竖旗了，捻军要他送粮，他答应了就送几十大车（四轮牛车）。

按道理说，军张村人口不多，以军张村的力量是不至于杀死饿狼几十人的，可能有些夸大。同时如果仅仅军张村一个庄子，没有其他村庄的支持，也不会有力量反对饿狼，军张村显然能支持候楼，说明他们的态度是一致的，也可能还有和其他地主的联合。可惜由于时间的关系，我们没有更进一步的调查，只能暂时保留这一疑问了。

四、饿狼之死

1857年初，捻军曾和太平军陈玉成、李秀成联合并肩作战于三河尖、正阳、霍邱一带，后来太平军陈玉成部为了阻止清军自湖北黄梅进攻安徽，转入湖北作战。李秀成也因太平天国内部的问题而前往安庆。（见李秀成自述）捻军挡不住清军的进攻，节节败退，连续失去柳沟、方家集、三河尖、霍邱一带，最后自正阳撤退至六安，刘饿狼也死在六安。

刘饿狼是不是死在六安呢？个别老人也有不同的说法。刘破桥68岁的刘云德说："饿狼死在家里（顺河集）。"但其他的老年人则都说他死在六安。前引第二首民歌也说："龚瞎子定计害饿狼，他把饿狼来害死，小白龙叛死在六安州上。"同时书面材料也完全证实了这一点。当时在六安负责剿捻的胜保、袁甲三奏："捻匪困守六安，势已穷蹙，贼众猜忌，人心已离，其蓝旗捻首刘汶敬即刘饿狼欲带所管贼众窜回雉河，为张、龚两逆所杀，其党羽二三千人，窜至商城境内之武庙集。"[①]汪庚才的《河南军情探报》也说："兹复探得二十四日（旧历十二月）据署固始县张令十三日禀，昨探六安贼匪由开顺［街］渡河西窜商城边境，此股系属蓝旗刘饿狼之捻，因刘饿狼被龚得所杀，蓝旗捻众均与张、龚两逆不和，遂欲窜回雉河老巢，现在贼踪已至商境武庙集地方。"[②]根据上述材料，刘饿狼死在六安是毫无问题的。上述刘永德的说法，应该是属于传说记忆的错误。在我们谈话的

① 《剿平捻匪方略》，第37卷，第28—29页。

② 范文澜主编：《捻军》，第二册，第452—453页。

当时，刘破桥83岁的老人刘小园当时就指出了他的错误。

刘饿狼是被谁杀死的呢？张敏行曾孙张羹才、玄孙张安民都说：“饿狼是龚瞎子杀的。”张安民甚至说，龚瞎子杀饿狼时，张乐行还不知道呢。他说：“龚瞎子杀过饿狼之后才告诉张乐行，张乐行还说杀他干啥！”张乐行一族的张守才也是这样说，并说：“张乐行知道以后并未处分龚瞎子。”张老家附近的东杨村杨玉正也说：“是龚瞎子杀的”，但又说：“龚瞎子杀了饿狼以后，小白龙一下子搂住了张老乐。老乐害怕了，说：‘不杀你杀谁！’便把小白龙也杀了。”在张老家召集的老年人座谈会上，共有20多个人参加，其中有七八个都不是姓张的，也并不反对是龚得杀的。

总之，在张乐行后人和张老家附近一带的传说中都说是龚得杀的。在龚得的故乡，关于这件事的传说很少，许多人都不知道。但在顺河集一带都说是盟主杀的。例如刘云松、刘萃云、刘小园、王惠林等都是这样说。刘云松甚至说：“杀了饿狼以后，盟主也没敢回来了。”其他地区的老年人说法也有分歧。

我们认为，刘饿狼的力量是雄厚的，民歌说他“打满天下无敌手，天下英雄数他强”不是毫无根据的。据我们调查接触到的情况看，顺河集刘姓是一个极大的族姓，甚至我们接触到的老年人也弄不清楚姓刘的有多少。在以顺河集为中心的长约20里的地区之内，几乎都是姓刘的村庄。有东刘、西刘、南刘之分，仅仅东刘就有近二十个村庄。合起来约有三四十个村庄，都是刘饿狼的部下。后来捻军出名的大旗头刘天福、刘天祥都是饿狼的部下。此外尚有刘天月、刘天讲、老扎子（刘姓）等独立旗头，也都是他的部下，可见饿狼势力的强大。以刘饿狼这样强大的力量，仅龚得一部分人的力量对方他是困难的，何况龚得最有力量的旗头孙葵心也有要回皖北的传说（据92岁的刘学道的谈话）。同样道理，也不会是张乐行一部分的力量，龚得如果不依靠盟主的力量，不是张、龚力量的联合，蓝旗是不会善罢甘休的。所以上引《剿平捻匪方略》胜保、袁甲三奏也说被“张、龚杀死”[①]。《河南军情探报》虽说被龚得杀死，但又说其部下与张、龚失和，可见张乐行一定知道并且同意的，龚得可能是主要执行者，张乐行后人的说法可能为了推卸责任的缘故。应当说，杀死刘饿狼的是张、龚联合行动

① 《剿平捻匪方略》，第37卷，第28页。

的结果，是捻军领导核心以盟主的名义将他杀死的。

以张乐行、龚得为首的捻军领导中心为什么要杀死饿狼？皖北老年人的说法也有分歧，基本上可分为三类。张老家附近东杨村的杨玉正说：“饿狼想投官（清），不愿跟他们去才杀的。”张敏行玄孙张安民说：“兵困正阳时，饿狼在外面打得不出力才杀的。”张敏行曾孙张羹方说：“饿狼、小白龙要回家，不愿跟他们去才杀的。”饿狼近族后人刘云松说：“饿狼在六安要回家过年。盟主不愿回来，他骂人家才杀的。杀了以后，小白龙还骂，才也被杀掉。”顺河集王惠林说：“饿狼在六安要回家过年，他不愿到南京（指太平天国）去讨封才杀的。”第一种说饿狼想投降清军，第二种说兵困正阳饿狼打得不出力，第三种则说饿狼要回家，不愿接受太平天国封号，不愿跟随张乐行等才杀的。

饿狼是不是要投官，皖北老年人这样说的很少，书面材料也没有找到证明。当时在六安负责“剿捻”的是胜保和袁甲三，胜保是诱降捻军的出名人物，他曾费尽心机拉拢张隆、孙葵心、韩秀峰、李允、任乾等，企图分化捻军，在奏折中吹嘘他的“成绩”，但他对于刘饿狼从来没有谈到“招降”的字样，应该说刘饿狼投降不是事实。顺河集一带也没有这样的传说，前引民歌之一甚至说：“饿狼才是忠良将，将星落在西北方。”虽然表现了饿狼部下对于饿狼被杀的埋怨，但如果饿狼真有投降的打算，这首民歌也编不出来了。

其次，关于兵困正阳，饿狼打的不出力的说法也值得考虑。这句话是张敏行的后人说的，而蓝旗地区的民歌则说兵困天阳是饿狼救出：“三月里，三月三，老乐兵困正阳关。多方饿狼来打救，打救猛虎出了关。”据传说和《豫军纪略》载，兵困正阳是刘饿狼也在包围中，这里所说的“来打救”，只能理解为：饿狼在突围时打的出力。如果照这样，两种传说便有了矛盾。也可能指的不是同一次战争，例如正阳被围时，正阳本来和六安之间保有一条交通线，据《豫军纪略》载，刘饿狼等曾负责防守这条交通在线的重要据点板桥、枸杞园、刘帝城一带。特别是刘帝城有“坚营六座”，但清军并未费很大的力量便攻陷刘帝城，也可能和刘饿狼不出力的传说有关。但这仅仅是推测而已，还不能肯定刘饿狼打的不出力，不能作为分析问题的根据。

现在让我们再分析第三种说法。皖北一带普遍的说饿狼“想回家”“想回家过年”，说“不愿到南京接受封号”的只是个别人。《涡阳县志》还有另外一种说法，《兵事志》载，“乐行忌刘永敬及其侄刘天台，诱杀之于六安，其党羽稍稍散去”。《涡阳县志》的编者中有饿狼重要的部下刘天福的儿子刘纶阁在内，这样的意见当然值得考虑。前引《剿平捻匪方略》所说“刘饿狼欲带所管贼众回窜雉河”，又说“贼众猜忌，人心已离”。[①]这些话虽有污蔑的地方，但说明这时捻军内部意见分歧，产生了不服从盟主领导的现象，也肯定是有的。因为从此以后，大部分捻军都回到了皖北，把张乐行、龚得留在淮南，却是事实。

综合地说，上述几个原因可能都有，但“要回家”可能是主要的。正由于要回家，和张乐行、龚得等继续留在淮南的意见便发生了矛盾。捻军既已和太平军联合作战了一个时期，现在又要回皖北，客观上也就产生了不愿和太平军合作的现象。现在让我们来分析捻军要回家的客观情况。

1. 从调查情况看，捻军和家庭的关系是密切的。捻军是饥饿的农民起义，捻军士兵的家庭都没有饭吃。每次出发之前，经常因为没有吃的而出发，出发之后，各家又等待着“打粮”回来活命。据红旗捻军姚德光的重要部下庞文诗的曾孙庞永詹谈庞文诗家里当时的情况说：“听俺姑奶说：俺爷（指庞文诗）出门打粮了，俺姐妹三个没有吃，就在家里哭，到地里（指田里）找马泡（一种瓜类的野生植物，果实和枣子差不多）吃。两天回来，两天吃饭；三天回来，三天吃饭。”在这样情况下，要捻军长时期不回家确是很困难的。捻军这次离家已将近一年，自起义以来，这是最长的一次，需要回家是很自然的。个别的人——如蒙城东北闫集有一个姓余的，当捻军还在三河尖的时候，就想家想疯了，别人把他栓在磨面粉的石磨上，结果死在三河尖。（据闫集东头90岁老人余大架谈话）所谓捻军想回家过年，也有些依据。捻军大队是在旧历八月底（阳历十月中旬）进入六安的，前引两首民歌把饿狼被杀放在九、十月。《涡阳县志》说在十一月可能性很大，因为涡阳县志的编者中有刘天福的儿子刘纶阁在内，可能知道的比较确实。而民歌常常为了押韵的关系，时间不一定是精确的。又据汪庚才《贼情探报》说，饿狼被杀后他的部下是在旧历十二月初六（1856年1月20日）离开六安的。又据《安徽通志》说，二十六日（1856年2月9日）即大

① 《剿平捻匪方略》，第37卷，第28页。

败苗沛霖于潘寨，恰好赶上旧历年。捻军不但要回家，而且和想回家过年的说法是一致的。

2.当捻军离开皖北以后，清军并没有停止对皖北的进攻。当捻军在正阳时，袁甲三和清军总兵朱连泰、史荣椿即大举进攻义门附近的捻军圩寨。（见《剿平捻匪方略》及《涡阳志》）后来宿州清军伊兴额也曾进攻顺河集西南的西阳集一带（见《剿平捻匪方略》及《宿州志》）。9月底（旧历），最反动的坏蛋苗沛霖也乘虚直入（据《剿平捻匪方略》卷四三，页三十，胜保、袁甲三奏），会合清军一路攻入丰家集、高炉集、顺河集、雉河集、赵旗屯（据《安徽通志》《涡阳志》及《剿平捻匪方略》），奸淫妇女，烧杀抢掠，无所不为，其残酷程度远远超过清军，为皖北人民所痛恨。其他的地主武装也纷纷出动，皖北人民也非常希望捻军回来驱逐苗沛霖。因此当刘天福等率领蓝旗一部回来以后，曾大败苗沛霖于潘寨顺河一带，苗练被杀得大败逃走。

3.捻军是在三河尖、正阳两大战役以后进入六安的，由于瘟疫与饥饿，战士死亡很多，张瑞墀在《两淮戡乱记》载正阳被困时情况说："贼粮尽，杀马以食；又大疫，日舆尸数千弃诸淮。"《豫军纪略》供认清军刽子手们的残酷杀害说："我军（清军）三面合围，贼之不及投河者，搜斩无遗，十余里河水尽赤。"（《捻军》第二册，第322页）红旗捻军也参加了这次战役，捻军红旗小旗头侯大昌的孙子侯怀德说："正阳突围时，蓝旗部下最后还有一千多人未能撤出，都被清军杀害。"所有上述内容都说捻军在这次战役中损失很大，特别是蓝旗捻军。这次战争是捻军革命战争中最大的一次联合作战，也是首次和太平军联合作战，结果竟成为捻军起义以来损失最大的战争之一，对捻军战士的情绪是有影响的。这次战争的失败，太平军方面也有一定的责任，如果这次战争在太平军的帮助下取得最后胜利，太平军和捻军的合作，当要出现更好的前途。捻军的联合作战遭到失败，家乡又受到烧杀抢掠，因而情绪低落，意志不一，要求回家也是很自然的。

由于以上种种原因，据调查所及，当时捻军中要求回转皖北的情绪是普遍的，据蓝旗总旗主韩老万（狼子）的弟弟韩二老万（清峰）的后人说，韩二老万的妻子从一开始就反对二老万到南方去，究竟是反对什么已弄不清楚，主要的应该是反对离开家乡。但韩老万坚持要去，结果闹了一场才离开皖北。据说孙葵心也有不愿丢开家小去投太平军的传说，他对龚得说：

“要投先将你娘杀掉，我们谁没有妻儿家小的。”有的老年人说，捻军中别人都没有带家眷，只有龚得带家眷，所以他愿意投太平军。据我们调查，龚得的母亲也留在家里。孙葵心这句话的意思也只能这样理解：“只要你有杀死你母亲的狠心，我们也能舍得家小。”捻军投入太平天国的条件，据《李秀成自述》说是“听封不听调”的。《亳州志》说：“不受调遣”，群众中也有“不听调”的传说。“不听调”的原因可能在很大程度上也是不愿离开家乡。李秀成所说的“攻下霍邱与张乐行为家”，应该是投入太平军的条件之一。

总之，捻军既已和太平军联合作战了一个时期，而当时的革命形势也要求捻军必须和太平军联合作战。刘饿狼突然要回转皖北，不管他的主观愿望如何，客观上是表现为“要回家”，不愿和太平军合作，这样的态度当然是错误的。

前面已经谈到刘饿狼不但性情暴躁，同时也自高自大，无组织无纪律。“饿狼赛朝廷”的民歌虽然是编的，但也说明刘饿狼是独霸一方的。据说龚得杀饿狼时曾以“议事”为名请饿狼去，他的部下要他多带几个人去。饿狼说：“有什么关系，去掉我们爷们，还有能打仗的吗？”可见他的自高自大，目中无人。甚至他的近族后人刘云松也说他“骂人家（指张乐行）才杀的”。饿狼被杀，小白龙竟敢“叛死”（拼死）于六安，可见他的部下无组织、无纪律达到什么程度。张乐行、龚得为了使捻军能够集中作战，便杀死了刘饿狼。但饿狼被杀以后，手下各部还是先后回到皖北，分散活动。

五、饿狼家属

刘饿狼的父亲已不得而知。他本人也没有兄弟。饿狼近族后人刘云龙、刘云松，山猫近族后人刘萃云都说：“刘饿狼没有兄弟，只有他独自一人。”

饿狼有几个妻子呢？刘破桥刘云德说：“他有三个老婆，一个是山东曹州人；一个是河南永城人；还有一个后来瞎了眼睛，是蒙城人。”刘云林和王惠林等都说：“饿狼有两个老婆，一个姓蔡，叫蔡鸾英，又称蔡小姐，是蒙城狼山人，七八十岁才死，后来两眼双瞎。另一个姓戴，叫戴秀英，是蒙城戴花园人。”民歌所说：东宫娘娘蔡小姐，西宫娘娘戴秀英，就是指她俩人而言。据刘振山说：“蔡小姐有个儿不大，中等身材，瓜子脸，两个乌黑的眼珠子，年轻时长得很漂亮，不但会做活，而且打仗勇敢，是捻军中一位最出名的女将。十六岁就干捻子，善于骑马，每次打仗都带头冲锋。有一次饿狼去打粮去了，她和山猫只带一百多人在家里守寨。清军来了几千，这时他们只有一门炮、一包药。山猫主张跑，蔡小姐说：‘不能跑，他还摸不着咱们的底，一跑就完了，谁也跑不了。’她便装上火药，等待着清军进攻，等到清军攻上吊桥，她就点着炮眼，只听惊天动地轰隆一声，清军被打死一百多个，其余的望风逃走，他们便跟踪追杀，四面八方的老百姓也都用叉耙、扫帚、扬场锨一齐截杀清军，清军死了很多，还剩二百多人逃入亳州。后来人民歌颂她的勇敢说：‘捻子打粮没回家，官兵趁空摸来啦；蔡小姐，放一炮，打得官兵拉（屙）屎尿。’在六安时，她曾单人独骑闯入清军中，清军把她层层包围，结果她竟勇敢地冲了出来。”因为蔡小姐打仗勇敢，后来民间艺人把她的事迹编成大鼓书，说她能“呼风唤雨，撒豆成兵”。据刘鸣球说：“有一次，一个唱大鼓的到顺河集说书，说到这一段，听的人都笑，都不愿给钱，说：蔡鸾英不是住在集后面的瞎眼老妈妈么？她两眼双瞎咋能呼风唤雨?”

刘饿狼只有一个儿子叫“全胜”，群众都普遍这样说。民歌中所说：“全胜守阙龙”，就是指他而言。据张金甫和王惠林说：“全胜活到三十多岁，捻子失败后才死，没有后。”

六、饿狼部下

刘天福：饿狼同族。他孙媳妇田氏说他是大禄旗旗主。但一般传说都说他是蓝旗。《涡阳县志》本传说他是蓝旗黑边旗主，当然比较可靠。据刘云松说，他也是刘破桥人。田氏说：“他原来家里很穷，只有一块老坟地。”刘干国说：“他原来在蒙城替别人放猪，刘饿狼竖旗起义后，有人问他为啥不回来。他才回来见饿狼，竖旗干的。”据说刘天福有些横行霸道。雉河集92岁的马立仁说：“刘天福起事后，有一天顺河集东边接来一个花轿，手下人要去看，刘不准去看。等到花轿抬到面前时，他叫抬来看看，他一看新娘子长得漂亮，就不叫走了。他叫手下人找来花烛，便和新娘子拜起天地来了。这个新娘子就是刘天福的老婆，刘纶阁的妈妈周氏。”刘饿狼在六安被杀以后，刘天福便率领他的部下经商城固始转回皖北。这时苗沛霖正在围攻顺河集西北的中立地主圩寨——潘桂堂的潘寨。据刘干国说：“刘天福回来后就号召群众去打苗沛霖，说一定要和他干，不能让他。不干，女人就是人家的人了。他便联络杨瑞英、韩钦念（韩老万部下的留守部队）、潘桂堂等在潘寨至徐楼之间展开大战，刘破桥门前便是战场的一部分，苗练大败。自小跑［兔子］坑（在破桥西南）一直杀到刘楼。追了有四里路，苗蛮子的人都是四个人背对背，边打边退的向南撤退，不然就被杀光了，俺这边的刀都杀得像锯齿一样。”1860年，捻军大队曾经打破江苏北部的重要城市并漕运中心清江。据马立仁说：“刘天福在清江得了许多金叶子、金锁、金锭子。”当僧格林沁部清军大举进攻雉河时，刘天福投降了宿州知州英翰，又通过英翰的关系投降了僧格林沁。刘云山描绘刘天福投降时的丑态说：“刘天福在西阳集投降僧王，他跪在寨前说，我来投官，愿为王爷效劳。那时张疯子寨（按：即顺河东曹市集的捻军张填德和张填聪寨）还未投，刘天福天天去干张疯子寨。”以此来表明他背叛革命并效忠于清政府。因此僧格林沁便给他“赐名”为刘保忠，奖励他的无耻行为。从此以后，他就成了僧格林沁的忠实走狗。据马立仁说，他后来成为清军的五营统领。据《涡阳县志》本传他是记名简放总兵加提督衔，成为涡阳的“上层”人物。

刘天祥：据他的孙子82岁的刘茂林听他的祖母说，刘天祥是白旗。但一般都说他是蓝旗，《涡阳县志·旗表》也说他是蓝旗。还是蓝旗的可能性大。据刘茂林、刘干国、刘云松说：“刘天祥也是刘破桥人。原来只有一亩多地，种别人地，小时候卖过烙馍，另有兄弟一人，早死。（刘茂林）刘饿狼在六安被杀以后，他和刘天福等率领饿狼部下转回顺河集，大败苗沛霖以后，据刘茂林说筑圩于徐楼，丹城。僧格林沁进攻雉河时，他和刘天福同时投降，他降了英翰，但投降后没得到好处。刚投不久，派他到湖北黄陂去领弹药，被人杀死在湖北黄陂，后来才去收尸。又说：他死时，家里买有顷把地（100多亩）。我记事时，还有几十亩。”

刘天月：住顺河东五里刘庄，也是饿狼一族，小时候家里也穷。据他的直系后人刘鸣球说：“刘天月父亲兄弟两个，只有四亩地。没有吃，他父亲带着刘天月兄弟两个，推车子要饭，住在人家车棚子（地主放置牛车的房子）里。有人送给他一只鸡，他去借盐烧鸡吃，车棚失火烧光了。后来没有办法就把老二给别人当养子了。”刘天月共有兄弟两个的说法，肯定是正确的。刘现庄86岁的刘天佑也说：“刘天月是老大，小名春，老二小名叫秋。”刘鸣球已经不知道他的曾祖父叫刘天月，只知道他曾祖兄弟二人，只知道投降后老大改名刘思忠，老二改名刘志忠。刘天佑说："刘天月降清以后，干过掛名镇并寿州营游击。"据《涡阳县志》本传，他是记名总兵，实授过寿州营游击。刘志忠实补用游击。

刘开讲：住顺河集东五里刘庄，饿狼同族。据他第五个儿媳妇和他的孙媳妇说："刘开讲共有兄弟四人，他是老四，小时候家里很穷，卖过豆芽。"涡阳城内的王祝三老人又说他干过剃头的手艺。他的后人又说，他十几岁就干大捻子，是饿狼手下的重要旗头之一。据说他"十几岁时就要了几个老婆（三个），所以死的早。"据《涡阳县志》本传，刘开讲降清后，因镇压捻军起义有"功"，干过清军副将加提督衔、记名简放总兵。

小白龙：小白龙的真实名字皖北老年人已不能记忆，《涡阳县志》说叫刘天台，当然很有可能。小白龙是否和饿狼一族，老年人的说法有分歧。王惠林说："和刘饿狼不一家，他是归德庙（宿州境）刘。"刘云松说："他是归德庙来的，原不一家，到这来认一家的。"刘干国、刘云德又说："虽是归德来的，和本地刘也是同宗。"据刘云松说："小白龙不是旗头，是饿狼的重要打手。"其他老年人也是这样说，是很可靠的。

山猫：刘破桥人，饿狼同族。真实名字已不得而知。据刘干生说："山猫家穷，没有地。"顺河集老年人一致认为山猫不是旗头，只是饿狼的重要打手，胆子大，不怕死。刘云松说："山猫出门都是单干，不和别人同阵，嫌别人碍事。平时都带着杀猪刀。"关于山猫杀袁二小的故事便是山猫的重要活动之一。刘干生、刘云松、刘云德说："大捻子起义前，俺这里（指顺河集）有姓赵的贩私盐，东北宿州境内袁店集袁二小（忘其名字）是恶霸，仗袁店集人的势把盐断（拦路打劫）了。盐贩子都哭，打算找二百人去报仇，找山猫。山猫说，要那些人干啥？就带着杀猪刀，一个人去了。到了袁家门口，对守门的人说，我是蒙城来的，想跟大人吃点馍（混饭碗吃之意）。于是便进去了，袁二小正躺在床上吃大烟（鸦片）。他向山猫客气，请他吃烟。山猫趁他不在意，一下按住袁二小的脖子，对肚子上扎了三刀就杀死了。"山猫是饿狼杀死的。据刘云松等人说："山猫弄了几个女人，不愿出门干了，饿狼才把他杀死，就杀在大塘（破桥村内）西头南门巷子里。山猫的坟还在村子东南。"据《涡阳县志》旗表说，刘山猫名叫刘金鼎，住在草寺村（顺河集西南八九里，有一个草寺村），我们虽没进入草寺村调查，但草寺附近（西、北两面）的村庄我们已经到过了，都不知道草寺还有刘山猫。这一点可能是《涡阳县志》搞错了。并且《涡阳县志》所说的刘山猫也不是顺河集的刘山猫。张乐行失败以后，后期捻军中有一个捻军领袖名叫刘三猫，涡阳城北玉龙山之间，有一个刘楼村，涡阳城内老年人都说，刘楼有一个太平天国的刘王，也可能有关系，我们没有进一步调查。关于民歌上说的“山猫、饿狼、小白龙，胡椒大王随后行”中所指的山猫，可能是顺河集的山猫（见《史学工作通讯》1958年第1期第48页）。

闪门进、闪门漏：刘云松说：“闪门进小名叫刘踪”，也是饿狼一族。刘小囤、刘云德说：“闪门进有一次去用地主家的钱，那家爷儿四个拦住门，进不去。闪门进头顶案子（即厚的木桌）钻进去，所以被称为闪门进。”刘云松又说：“闪门漏和闪门进是亲兄弟，和闪门进一齐头顶桌子进去的，所以称为闪门漏。”根据以上材料，上述《史学工作通讯》上捻军民歌的“闪门进，闪门出”应该是闪门进、闪门漏之误，所指的都是人名。据刘干生、刘云德说：“饿狼到六安时，苗蛮子来了，就是闪门进领人和苗蛮子干的，打饿狼的旗子，因为苗蛮子怕饿狼，共抵挡了三天三夜。后来刘天福回来了，才把苗沛霖杀得大败逃走。”

刘廷扬：据张敏行曾孙张羹才说，他也是蓝旗，住在顺河集附近刘楼，和饿狼同族。后来投降英翰。

刘老扎子：名叫刘建□，住顺河集西北刘庄，是饿狼部下，也是趟主。据王惠林说，腊月进桥头张，桥头张的人淹死很多，就是他的队伍。他的后人仅剩下一位90多岁的老人，正在害病，无法谈话。但他曾经说过一句话的内容，老扎子是大花旗。究竟是什么旗，很难证实。但一般都说他是饿狼部下。如果是真的，则应该是蓝旗。

苏天福

张珊　1958年9月

苏天福，捻军黑旗总旗头，河南永城西南苏平楼人。这里恰当为安徽、河南两省交界处，西距安徽亳县不过五六里，南距安徽涡阳只有七八里。

一、苏天福的家庭成分

苏天福的家庭怎样呢？

苏平楼79岁的苏慎才说：“苏老天（天福）有兄弟五个”，但他举不出五个人，他说：“老天是老大，另一个死在三官庙东山（离苏平楼15里），后来运回来三口棺。老五叫苏小五，死在标里铺。又有一个小名叫五辈。”又说，“老五闺女嫁给秦炮楼秦家（离苏平楼二里）。”但据1936年所修《苏氏宗谱》，则说苏天福共有兄弟三人。其情况如下。

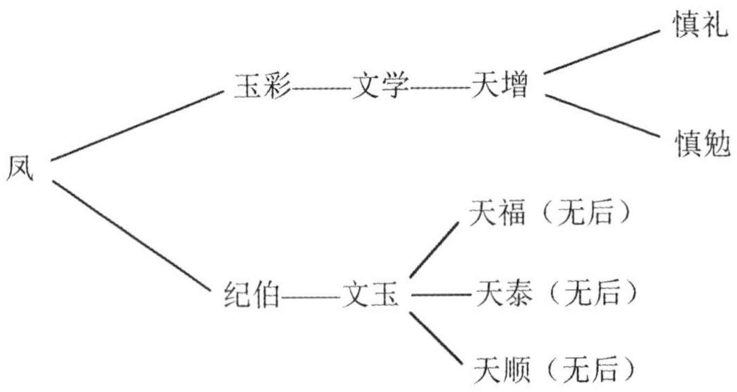

苏氏族大人多，辈分很乱，苏平楼一带的班辈是东、文、天、慎、德、秉。即使是这样，上述的情况也和规定的辈分不符。

苏慎才既未能举出兄弟五人的证明，而名叫“五辈”的那个人从名字上推测又可能是苏小五，如果是这样，则依然只有兄弟三人。但既然名为苏小五，也不会毫无根据。也可能原有兄弟五个，但成丁的只有三个。《苏氏家谱》既修于20年前，而且修谱人也很重视苏天福，称之为“革命”，对于这一点应该说也是重视的，他既然也说只有三个，还是三个比较可靠。

苏天福有多少财产，什么成分呢？

苏平楼苏慎先、苏孝才说：“苏天福没有地，只有一片空宅基，有一分多地。”苏平楼食堂一群人说：“苏天福挎过大空蓝子，到处赶集。”又有的说：“听说苏天福在亳州做过生意。”至于做什么生意，也说不出来。又有的说：“继承苏天福财产的那家，只有三四十亩地，即使苏天福有地，也不吓人（不多之意）。”苏慎先又说：“苏天福贩过绵羊，一贩几百头。别人贩的羊，也说是苏天福的，苏天福是被人架起来的。”

从上述内容看，既然苏天福土地很少，做小生意当然是有很大可能的。到亳州做生意也可能是小生意。贩绵羊也不是大生意，加上还有别人贩的，当然更不会大。最后我们又找到苏天福财产继承人的后代苏得富和苏得才，经他们证实并亲自把苏天福的住宅（即他们现在的住宅）指给我看，也只有一分多地。并且说，苏天福只有这一点住宅地。总之，苏天福兄弟三人基本上是没有土地的贫农。

苏天福的一族是个大族，人数极多。有人说有48个村子，同一个苏氏家谱，却说姓苏的有六七十个村子，又说有80多个村子，还有人说有130多个村子。总之，究竟有多少，他们自己也不清楚。同族的人数总有二三万人，因此苏天福的部下人数也很多。苏慎先说：“他的部下有四五千人。”我认为这个数字并不夸大。苏天福不仅同族人多，而且在安徽境内还有许多地区，四五千人是没有问题的。

苏天福是黑旗是肯定的，但究竟是什么形状呢？苏楼苏金玉说是“黑旗黄边”。苏平楼苏慎先说是“黑旗白边”。袁小楼袁学圣、袁学贤说是“全黑的”。总之，黑旗是肯定的，但究竟是什么边，有没有边，已经很难区别了。

二、苏天福地区和地主武装的斗争

苏天福地区最重要的内容就是和地主武装的斗争。

苏天福虽然是苏平楼人，但他的圩寨并不在苏平楼，而在苏斗楼之南六七里的苏楼。据苏楼人说，苏天福是“起反以后搬到苏楼的”。苏天福为什么要搬到苏楼，并在苏楼筑寨呢？让我们来看看老年人提供的材料。

据苏楼81岁的苏金升说，他的祖父共有兄弟七人，都是苏天福杀死的。他说："俺大爷（大伯的祖父）老兄弟四个，堂兄弟三个，一共七个，都是被苏天福杀死的。他叫俺大爷也干（起义），俺大爷兄弟几个不愿意干，也不愿叫苏天福干。俺大爷是地方绅士，苏天福怕对他不利，所以把他们杀了。"

苏金升的祖父们就是一群反动地主，既然是苏天福一族中的绅士，当然有许多封建势力；他既然反对苏天福起义，对苏天福革命力量的发展当然是极大的障碍。同时从调查材料和书面材料来看，苏天福村庄的北面有一条包河（亦名泡河），包河之北就是地主武装——老牛会的地区，包河之南就是苏天福的捻军地区。苏楼又在苏平楼之南，苏楼的地主如果反对苏天福，革命力量就有受到内外夹击的危险。不消灭这个反动力量，革命就不可能发展起来，杀死这些地主分子是必要的。因此，苏天福所以要搬到苏楼并在苏楼筑寨，可能有两个原因。第一，苏楼地主的首要分子虽然已经杀死了，但他们的反动影响并没有消失，他在这里筑寨的目的之一是镇压苏楼地主分子的反抗。第二，苏平楼距离老牛会太近，容易受到地主武装的威胁，到这里防守比较安全一些。据苏楼苏金玉说，这个圩子筑得很快，苏天福仅仅用"三天三夜"的时间就筑起来了。也说明这是在斗争最紧张的时候。根据这一点推测，其筑圩时间应当在1854年夏天大败以祝垲为首的老牛会以后。

苏天福不仅在苏楼筑圩，同时也在安徽亳县境内的刘集筑圩。

据袁小楼73岁的袁学圣、71岁的袁学贤说："苏天福修刘集寨，把袁楼、杜楼的瓦房和庙都拆掉了，都运去修刘集寨。"刘集附近的人也都是这样说法，并且一致说刘集是砖寨，直到现在刘集还可以看出曾经是砖寨的模样。这个砖寨是我们所知的捻军圩寨中的第一个砖寨，据老年人介绍的情况估计，这个寨子不大，南北长不过半里，东西不过两百米。苏天福所以要筑这个寨，我以为有这么几个原因。第一，这个寨在安徽境内，由于当时皖、豫两省的矛盾，河南老牛会不敢轻易进入安徽，筑在这里可以减轻老牛会对他的威协。第二，从位置上说，这个寨还在苏平楼西北，只要守住这个寨，老牛会便不敢轻易越过苏平楼等边界而深入捻军地区，对保卫捻军地区有一定好处。除此以外，他还在刘集南约20里的蒋集筑寨。

在苏天福地区有很多捻军和老牛会斗争的传说。

袁小楼袁学圣、袁学贤说："包河北是老牛会，他们专门杀人。俺爹

（父亲）7岁时，俺老太在树上打枣子。老牛会杀来了，俺太一吓从树上跌下来，摔死了。”又说，“老牛会不会打仗，只会杀人抢东西。俺的老太爷在河北余楼教书多少年，将将回到家，河北老牛会来了，就把他杀了，头也割去了。后来他学生看到了，替他找头，找不到。”又说，“有一回老牛会杀来了，说要杀到涡河边，在涡河里洗刀，还没到涡河就遇到长毛（捻军）来了，一下子把老牛会杀到张潭子（距袁小楼二三十里）。后来这庄人都跑光了，没有人了。俺奶领着俺爹逃到南边，后来又逃到西乡。”

刘集东约一里的耿庄76岁的耿天信、75岁的耿文斌也说：“包河北（距耿庄五六里）就是老牛会，经常来杀人。老牛会什么都抢，看见人就杀。大捻子回来了就去拥（赶杀）他几十里，从张桥一直追到义集三孔桥，他们跑的太累，淌口水就死了。听俺爹说，俺庄被老牛会杀光了，只剩几家人了。刘集街上也死很多，现有的人十家有八家都是外来户，是反后新来的。”又说，“听说有一个人出门到南边去了，老牛会来了，把他家7口人杀了光。他回来只看到7条尸身，非常生气。正好大捻子打来了，他一气，提刀就跟去杀老牛会，一口气杀了90多，刀都杀软了，刀口像锯齿一样。”又说，“刘集西有个杀人坑，听说杀死的人很多，也不知是谁杀谁。”

泥台店西五六里东宋店84岁的宋本清和81岁的宋胜山也说：“河南永城、交邑是老牛会，咱这（亳县）是长毛（捻军），两边对着干，外孙不准走老娘①家。老牛会趁长毛上南边上清江去了，就来抢东西。他们要把江南人②杀尽。到涡河洗刀。长毛回来了，去报仇，杀到酇阳城、马头寺。”又说，“这里被老牛会杀的时间长了，人都跑了，地也荒了，到处都是野绿豆，整口袋整口袋地摘。”

老牛会和捻军地区的分界线，在永城境是以包河划分，但在亳州境内就是按省境分了，亳州境内是捻军，而永城交邑境内就是老牛会。

亳县五马沟东北区富楼大队书记区某某说：“听区学清老人说，我们村当时干大捻子，有个小捻头叫区安，也跟苏天福干。老牛会到我们村烧过三次。有一次只有五六个捻子在家，老牛会又来了。他们没有办法，就把烧黑了的房梁棒抬到村北架起来，几个人跑来跑去地叫喊说：‘来了就开炮’。结果把老牛会给吓住了，没敢来。”

---

① 老娘，即外婆，外祖母。

② 江南人，清代称江苏、安徽两省为江南省。这里现在还把安徽人称为江南人。

综上所述，虽然我们还没有详细调查，但已经证明苏天福的地区是很大，长有30多里，宽有20多里。这个地区基本上是和河南地主武装斗争的最前线，也是斗争最尖锐的地区。从书面材料结合调查材料来看，这个地区公开的大规模的斗争开始于1854年春天，斗争最多的是1854年到1856年。从此以后直到1863年两方面都不断发生战争。根据这个斗争形势，从调查材料上看，苏天福对老牛会的斗争也是不够的。首先，他没有统一布置防务。其次，他也没有认真保护自己的地区，他防守的圩寨并不在第一线，而在自己的腹地，这就不可能保护这一地区不受地主武装的摧残。正因为捻军不能保护自己的地区，这些地区还有不少的中间圩寨。

据东宋店84岁宋本清、81岁宋胜山说："此地人都跑进田疙瘩寨，田疙瘩寨是官寨，不官不行，老百姓没有躲口[①]。这里瓦门窑寨、大张阁寨、鲁楼都是官寨，官寨保护老百姓、收老百姓。老牛会不打官寨，大捻子也不问。"又说"僧王来不问这些寨，只要剃头就没事。"亳县边界泥店集北李庄70岁的李孝增说："俺庄当时全是长毛，河南［省］是老牛会，庄北一里多有座洪河桥，因为老牛会从那里来，才把桥拆了。俺爷生下来才三天，就跑到大张阁给大张阁的。大张阁是官寨，有躲口，老牛会不问。"又说，"当时这庄人跑光了，跑十几年没回来，俺老太先回来在庄上用草搭庵子住，到处都是野鸡，用黄蒿编囤子[②]。有一个囤子到今年才烧掉，能装18石粮食。"

上述的田疙瘩寨、瓦门窑寨、大张阁寨、鲁楼等，从他们介绍的情况来看，虽然称它为官寨，实际上是一种中间圩寨。他们既不参加捻军，也不参加老牛会，他们所打的旗帜是保护老百姓。也就是说，他们既不参加极反动的地主武装，也不参加捻军的革命队伍，实际上还保存着自己的反动立场，和革命争取群众，欺骗人民，所以被称为官寨。这种圩寨既在捻军地区，又不参加捻军，老牛会当然不打它。同时它们又保持和捻军一定的联系，捻军也不侵犯它，这就对捻军起义造成很大的危害。其危害性表现在两个方面：第一，对人民有欺骗性，和捻军争取群众，实际上起到孤立捻军的作用。第二，稳定了地主阶级的反动面目，保存了地主阶级的实力，是埋在革命心脏中的定时炸弹。捻军所以不能对僧格林沁组织有力的

---

① 躲口，即躲藏的地方。

② 囤子，一般用树条编制，圆形。这种囤子是用一种草的条子编制，这里野草长得很高大。

抵抗，这是一个重要的原因。

苏天福家属的被杀，也是地主分子复辟的结果。

苏天福虽然杀死了和他同族的苏楼的地主分子，并在苏楼筑圩，领导了这一地区的捻军起义，但并没有彻底消灭苏楼地主分子的反抗，他们一有机会就企图复辟。

据苏金升说："苏天福到了苏楼后，人马经常在地里乱跑，糟蹋人家庄稼，收割时又向人要粮食。所以在苏楼周围一二十里以内的庄稼人都恨他。苏天福原来在苏楼没有宅子，起反后才弄了人家的宅子，住的是人家房子。"又说："苏天福的家属在起反后做生意，待人很坏，他开过粉坊，推过油。别人家一斗豆子可以换6斤粉条，换他的只能换4斤，不换还不沾（行），所以人都不满意。"又说："苏天福和僧王打仗，苏天福打败了，苏楼的人就趁势把他家的人杀了，杀死他一个娘，一个媳妇、还有儿子、孙子等等。杀的时候以换粉条为借口，堵住前、后门，一个对一个杀的。"他并唱出一句歌谣说："八月十五吃粉条，苏天福把头掉；门口杀孩子，客屋嗷嗷叫，男杀男、女杀女，一家都杀了。只剩一个儿子怀远[①]把兵调，骑马路过铁树庙，一阵大风把头刮掉[②]。"

上面的话都是苏金升说的，如前所述，苏金升虽然是地主分子的后人，他的上辈又直接遭到苏天福的镇压，当然不会说苏天福的好话，用刻骨的仇恨来看待捻军是必然的。因此对这些话只能作如下理解。

第一，苏天福住谁的房子，是否住别人的房子还没有进一步了解，但认为住别人的房子就不合理，则完全是站在地主阶级的立场上维护地主阶级利益的说法。从歌谣上看，苏天福住的房子既然有"客屋"，只能是地主的房子，住地主的房子有什么不好？当然如果苏天福独占农民斗争的果实，不分给农民是不对的，但夺取地主的财物并没有什么不对。这说明地主阶级正是用这种旧的"地主剥削是合法的"思想，煽动苏楼农民反对苏天福。

第二，苏天福的队伍是不是糟蹋人家的庄稼呢？我认为乡村道路狭窄，规模很少，大批军队来往，影响一些是可能的，但是否是"一二十里以内的庄稼人都恨他"呢？我以为这只能是一种阶级偏见，是宣传，是歪曲。在我们调查中，其他的人并没有这样说法。与此相反，苏平楼77岁的苏慎

---

① 故事说，这时张乐行在怀远。

② 故事说，一阵大风吹过，他下巴上长一个毒疖，手摸一下就死了。

才则说："听说苏天福爱民、安民，劝人耕种田地，自己把刘集让给别人，又到蒋集去了。"这就是一个很好的证明。

第三，苏天福的家属做生意是否欺压人民呢？我以为由于农民没有正确的思想领导，苏天福的家属待人不和气是可能的。但是否对农民那样刻薄，就值得考虑了。也可能这种态度是用来对待地主分子的，或者是和地主分子有联系的人，并不是对待一般农民都是如此。但地主分子有意歪曲，扩大事实，把原来是正确的行动说成是错误，达到欺骗宣传的目的，为他家杀死苏天福的家属找寻理由。把地主阶级的复辟阴谋说成是农民对苏天福的反抗。遗憾的是，由于时间关系，加上调查同志当时对于这一点没有足够的注意，没有能进一步调查清楚。

第四，这件事情发生在什么时间呢？如果在僧格林沁打败苏天福的时候，则应该发生在1862年僧格林沁进攻皖北的时候，也就和"八月份吃粉条"这句话可能符合了。但这时的苏天福并不在怀远，而是已经回到皖北。如果真在这个时候，也不需到怀远调查了。反之，如果肯定事情的发生是苏天福在怀远的时候，那么这件事只能发生在1858年和1859年。除此以外，苏天福便不在怀远。如果是这样，也就不存在"苏天福和僧王打仗，苏天福打败了"的问题。因为在这时，苏天福还从未和僧军打过仗。

我认为，这个事情应该发生在1858年或1859年，也就是苏天福在怀远的时候。理由是：一、这时苏天福在怀远，张乐行、龚得等捻军主力也在怀远。涡阳北部捻军实力不充足。二、僧格林沁两次进攻皖北，对捻军打击最大，影响最深，流传下来的记忆，也对僧格林沁最深，皖北人民一般总是喜欢以僧格林沁的军队代表全部清军。这里所说的"苏天福被僧王打败了"，应该是苏天福被清军打败了，这一点所指的可能是捻军在正阳、六安的失利，被迫撤出六安的情况。由于捻军的失利，地主分子才猖狂起来。三、1857年到1858年也是皖北地主分子猖狂的时候，他们乘捻军不在皖北的机会纷纷活动。因此我以为这个事件发生在1858年旧历八月的可能性最大。

三、苏天福的失败

1862年僧格林沁进攻皖北，这里也写下了僧军进攻的传说。

李竹园（刘集西）70多岁的李三瘸子说："僧王打刘集，几天打不开。

刘集是南北长集，东西窄，在西面用炮打不中。有人叫僧王从北面打，在刘集北一里的庙门口向南开炮。三炮就打开了。”耿庄（刘集东一里）耿天信、耿文斌也说：“僧王打刘集，苏老天防守，炮打不响，被僧王三长鞭子把炮嘴打歪了，炮响了，刘集就投了。”苏平楼苏慎先、苏孝才说：“苏天福在贾庄[①]，被僧王困住了。他外孙叫他走，他说：‘慌什么！再抽一袋烟’。抽完烟骑马冲出去了。看的人只看到一只兽，没有看到人。”

僧格林沁进攻皖北的炮，称为“开花炸弹”，进攻刘集就是使用的这种炮。在社干部耿天民的帮助下，我们找到了一枚从刘集圩寨内挖出来的炮弹。炮弹呈圆形，约重十磅左右。弹上有四孔，密排成方形，是安放擂子的地方。根据群众传说，结合炮弹的情况，这种炸炮类似于迫击炮的发射原理，从炮口放炸药，也从炮口放炮弹。这种东西是帝国主义帮助清政府的。原弹现存涡阳县文教局。耿天信又说：“蒋集寨打了一个月零三天，是投的。”关于苏天福之死也有一些传说。苏平楼苏慎才、苏孝才说，“苏天福死在他亲戚家，是献的。”[②]苏楼苏金昇又说：“苏天福被献以后是一刀一刀割死的。”袁小楼袁学圣、袁学贤说：“苏天福是僧王逮到后抽肠死的。”[③]

苏氏族谱中有这样记载：“廿八世，天福，初革命事太平天国，以功封后将军，总督黑旗兵马，晋爵扫北王。兵败为满奴僧格林沁所执，不屈死亡。事闻南朝，赠谥忠烈。”这段话中有不少问题值得商榷，只能作为参考。

四、苏天福的部下

苏天福有哪些部下呢？

捻军资料上经常有一个苏天祥出现，但苏平楼的人都不知道，苏氏族谱中也找不到苏天祥。这是一个待考的人物，也可能不少他的同族。[④]

这一带的老年人对苏天福的部下也知道得很少。固然因为没有细致的调查，另一方面，这里的人死亡的很多，事迹已经被遗忘了。这发现的只

---

① 贾庄在刘集南边。

② 据《剿平捻匪方略》，第180卷，第18页。僧格林沁奏，苏天福被叛徒王怀义逮捕。

③ 《剿平捻匪方略》第180卷僧格林沁奏稿中有苏天福、张乐行和江台陵被处死的记载，处死时间大致相同。张乐行、江台陵都有抽肠而死的传说，苏天福也有这样的传说，可见他们都是抽肠死的。

④ 据《剿平捻匪方略》第161卷僧格林沁奏，亳县边境有王大庄，苏天祥在这里被宋锡元杀死。

有如下几人。

苏天礼，永城苏平楼人，家有二三十亩地，当兵。

区安，亳县区富楼人，大捻头。

石天申（牛），涡阳耿皇寺人，重要部下。

石马，涡阳耿皇寺人。

石老虎，涡阳耿皇寺人。

孙葵心

孙葵心，涡阳西南40里孙集附近孙腰庄人。孙腰东距江台陵的江老家约十里。捻军最重要的趟主之一，白旗红边旗主。捻军尚未失败以前病死。

一、家庭成分和起义情况

孙葵心的家庭成分，老年人的说法是一致的。原住孙腰庄80岁的孙连亭说："孙老葵家连20亩地都没有。"孙腰庄附近李庄92岁的李景华也说："孙老葵家只有一二十亩地。"孙小寨70岁的孙少臣也说："孙葵心的家住在孙腰庄，兄弟一个，家里很穷，只有一二十亩地。"以上情况说明，孙葵心相当于下中农的成分。

孙葵心是怎样起义的呢？对于这一点有种种传说。第一，孙葵心为什么在楚店竖旗呢？孙腰庄附近刘营村92岁的刘学道说："孙老葵一开始是在楚集竖旗起事的，楚店集的王斌是孙老葵老娘[1]家，王斌也是旗头，在张老乐手下。老葵是王斌外孙，老葵一起事归王斌管。"不错，孙葵心虽然是孙腰庄人，但他的圩寨却筑在二十里外的楚店集。他既然在这里筑寨，当然有一定的原因。楚店集69岁的王英萃又有一种说法。他说："王斌是孙老葵的舅舅，但不是旗头，他是个恶霸，未出去打过仗。他每次出街三枪，进街三枪，显示他的威风。后来被清兵逮去，脸上刺字，由亳州放回。王斌与孙葵心同住在楚店集上，王住街南首偏西，孙住王的东面。王斌的家原在王土楼。"这两说虽有相同的地方，但也有不同的地方。"王斌是孙葵心舅舅"这一点是相同的，也就意味着，孙葵心所以能在楚店起事，在楚店筑寨，与这一点有关系。但如果王斌不是旗头，而是一个恶霸，那么孙葵心怎能依靠恶霸的力量组织起义呢？这是一个根本不同的地方。如果是这回事，必然还有特殊情况在内。

---

① 老娘，皖北方言，即外祖母。

孙秉钧从根本上否定了王斌是孙葵心舅舅的说法。他说："楚店集西头王家是孙老葵老娘家。楚店集有个王斌，是楚店东南七八里王家庄人，不是孙葵心的舅舅，比孙葵心早，到大反时王斌已死，在旗头中没听说有王斌。"为了弄清楚这一问题，我们在楚店集访问了许多人，但已找不到孙葵心舅舅家姓王的后人。没有办法，我们又向楚店集东南去调查王斌的情况。在楚店东南二里的路庄遇到88岁的路焕文说："王老家王斌王四是贼头，脸上漆的有字，时间还在早，与反叛（指捻军）不一事。"我们到了王老庄，找不到老年人，但在他附近的王后湖庄找到88岁的王汉章，他说："大刀王斌、方刀王四、小先生李代都是大反前的人。"他和孙秉钧、路焕文的说法基本上是一致的。

从上述老年人的谈话中，我们认为：第一，孙葵心既然在楚店推旗起义，又在这筑寨，必然有一定原因，必然和楚店有一定关系，他有舅舅住在楚店，因而和楚店有关系，也是可能的，但没有查到他的舅舅和这个关系。第二，孙葵心以楚店作根据地，和王斌没有关系。第三，孙葵心在楚店筑寨，以楚店为根据地，而不以孙腰庄为根据地的原因之一是，原来楚店西边十四五里的展沟，就是地主武装老牛会的地区，展沟向北也是较大面积的老牛会地区。孙腰庄在楚店西南，在捻军江台陵的西面。孙葵心如果在孙腰筑寨，不但容易受到孙集反动力量①的威胁，也易受展沟地主武装的威胁。相反的，在楚店筑寨由于这里恰好和龚得的龚吉寺、江台陵的江老家同在一条直线上，正好和他们共同组成反对老牛会的防线②。

二、孙葵心起义的原因

孙小寨70岁的孙少臣说："孙老葵在起事以前，向孙集他的本家抹湾③，孙集也答应了，哪知到时候带人来逮孙老葵。老葵向西南（指孙腰庄西南）李营跑，翻几道壕没跑掉，被逮到孙集。后来孙集把孙葵心向亳州送，走到孙集西面的叶桥，被龚瞎子带人救去。龚瞎子问老葵有没有种，要是有种，就把孙集杀尽。老葵觉得都是本家，不好杀，就说，那不能的，我也是没办法才向人家抹湾的。"李庄92岁的李景华则说："孙集把孙葵心逮住

---

① 孙集的地主分子，是孙葵心的同族，和孙葵心是对立面，参见后文。

② 楚店集距龚吉寺25里，距江老家12里。前者在西北，后者在东南。

③ 抹湾，借钱的意思。

往亳州送，途中被邓尿救下，叫老葵在孙集上骂三圈，从那时就起事了。”孙少臣又说：“孙葵心起事是涡阳西南老葵桥（传说是老葵所造）孙大郢、孙二郢（都会武艺）两村的人把他抬起来的。老葵桥距孙小寨（江集西南）60里。”

这里所说的被孙集人逮捕或被龚得（或邓尿）搭救，只是起义原因的表象，而不是本质，真正的原因还在于阶级剥削的残酷，反动统治的腐朽，其具体表现就是严重的自然灾害，也就是产生抹湾的经济原因和政治原因。至于说孙大郢、孙二郢的人把孙葵心抬起来，只是起义所采取的形式。据我们调查所知，涡阳西南只有标里铺有个孙大郢，还不知孙二郢在什么地方。严格地说，作为孙葵心起义的群众基础，只可能是孙腰庄附近和楚店附近的人，绝不可能是60里以外的孙大郢、孙二郢人。

三、孙葵心的旗色

孙葵心是什么旗呢？一般都说是白旗，如《涡阳县志》和《剿平捻匪方略》中的奏稿，都说是白旗孙葵心。皖北的传说，也认为是龚得的部下，也是白旗。但在调查中开始接触到的几个老年人都说是红旗或者大红旗。如孙少臣说：“孙老葵是大红三尖子旗。”李景华、李连亭也说是红旗。这使我们感到疑惑，究竟孙葵心是什么旗色呢？但孙大庄孙秉钧说：“孙葵心是白旗，孙大庄孙盛司是老葵的部下，是白旗红边。”楚店西小王庄孙学才也说是“白旗红边”，路焕文也说是“白旗红边子”。刘学道同时有两种说法，既说是“大红旗”，又说是“白旗红边子”。对上述谈话内容分析以后，我们认为，孙葵心的旗色应该是“白旗红边”，和江台陵的旗色基本上是一样的。但问题又来了，他俩个既然都同是独立旗主，为什么旗帜会一样呢？我们进一步认为，虽然两人的旗色相同，但旗形可能不同。正如上述孙少臣所说，孙葵心是“三尖子旗”，而江台陵则是大坐旗（四方旗）。综上所述，我们认为孙葵心的旗是三角形白底红边旗。

四、活动的传说

传说孙葵心到过六安州、南乡（指淮南地区）、西山套、鹿邑，流传最多的是柳沟之战。孙学才说：“蓝旗在柳沟打输了，来搬孙老葵，100多里地，一夜就赶到了。清军不知是啥大人，带着大炮队，等孙老葵的人都赶到跟前了，还噗通噗通的哩。孙老葵的人都顶着门板（防炮用）过了河，把清军打败。清军啥大人出生后就没打过败仗，那次败在老葵手下。从那以后，不敢再和老葵打仗。”

柳沟集，原属阜阳管辖，在阜阳西南，今属阜南县境，距楚店集恰有100多里地。这里所说的是1857年春夏之交的柳沟战役。这次战争捻军所以失败，最主要的原因是由于粮食缺乏和捻军不善打防御战。捻军民歌也说："孙老葵，性子急，一心想上柳沟集；上先吃的飞箩面，后来啃的水牛皮。”从传说和民歌中说明，孙葵心的作战是勇敢的，对支持柳沟战役是支持的。又据孙秉钧说：“楚店集的寨，就是孙葵心打的。当时楚店的生意照做。老葵带人从外面回来后，生意还更好些。”又说，“孙老葵一生就熟（喜爱）戏，他还带有一个戏班子，每次从外面回来后，就整天唱戏。”

五、和太平天国合作的态度

孙葵心的传说，也涉及和太平天国的关系问题。据吴桥寺（在侯士维地区）附近80多岁老人侯怀德说：“龚瞎子在六安州安了民，想投洪秀全。孙老葵不愿意，对龚瞎子说，要投先把你娘杀掉，我们哪个没有妻儿家小的。”这句话是值得考虑的，捻军以张乐行、龚得为首确曾主张投入太平天国。孙葵心的反对，也是以保卫家乡、保卫妻子儿女为借口，所以才向龚得讲这样的话。意思是说，只有你狠心肠杀死你母亲，别人才可能抛弃家小。我们以为孙葵心说这句话也有可能性。第一，孙葵心地区西有老牛会，南有苗沛霖，是两面受敌的地方，他的部下不愿离开家乡是很自然的。第二，上述打柳沟集的传说，也证明孙葵心先前没有去，后来调他才去的。先前所以没有去，也可能和部下不愿离开有关。第三，事实上，当1857年下半年到1858年，捻军纷纷离开淮南回到皖北时，孙葵心也是在1858年最后一批离开淮南的，这也证明他主张回到皖北。虽然孙葵心在1858年回到了皖北，但他后来也接受了太平天国的封号。据涡阳中学一个学生提供的材料说，“孙葵心的封号是征北正总提，太平天国给他有金牌一个，真正的金牌是鱼形。”太平天国总提的官爵，是太平天国中少见的官号，知道这个称号的人很少，群众中竟有这样的记忆，因此我们认为这个封号是不会错的。

六、关于投降问题

在调查中也有关于孙葵心投降的传说。我们在调查时，并没有考虑到这一问题。但在孙小寨访问时，70岁的孙少臣说：“在孙老葵第二次到南乡去的时候，已是穿黄马褂了。到了一个地方叫卧龙岗，得了病，抬回来就死了。”穿黄马褂的意思是说他已经投降了。这一句话引起了我们的注意，在以后的调查中，便作为重点内容之一。

据孙腰庄附近刘营92岁卧病在床的刘学道说：“张老乐叫孙老葵到南乡去，老葵不愿去。老葵在去南乡时，已与孙大人约定，待从南乡回来后就投官，孙大人也答应孙老葵投后是原套打[①]。老葵在去南乡前发过誓，说再去南乡就死在南乡，结果犯了咒，病死在南乡卧龙岗，冒一股黑烟就断了气。”孙小庄孙秉钧说：“孙老葵当时私下里想投官，在私下商量投官以后，走到街上碰到一个算卦的，老葵就问了一卦，算卦的说，你投也罢，不投也罢，由你自己决定。老葵想，投了又怕官杀，也就没敢投。”

以上传说在投降问题上，归纳起来有以下几个内容。第一，已经投了清政府，穿了黄马褂；第二，决定投降了，还没有投；第三，考虑过投降问题，但怕清政府杀他没有投。在书面材料上，关于投降说法也不少。考察起来也有三种。第一，托别人向清政府请降，包括书面和口头两种。如《剿平捻匪方略》卷五十六，卷七十九、八十胜保奏，卷六十傅振邦奏。第二，清政府派人招降，如方略卷七十八、卷九十三翁同书奏。第三，虽然孙葵心有投降的打算，但往往迟疑中止，如方略卷八十五毛昶熙奏等。

值得注意的是，在清政府所有关于孙葵心请求投降的记载中，是不是孙葵心自己写的乞降书，还是一个问题。胜保在方略卷五十六奏稿中虽有“遣人递禀”之说，好像是自己写报告派人去乞降的可能。但胜保是“招降能手”，只会招降，不会打仗。孙葵心如果真的自动要求投降，他一定会很欢喜，不会在同一个奏稿中说：“臣惟有随机应变，当剿则剿，可抚则抚。”[②]他在卷七十九奏稿中又说：“（孙葵心）其心尚可化导。臣由河南出省时，孙葵心曾因阜阳生员严馥超具禀乞降，当派知县黄殿桢等赴颖妥为劝谕。”[③]如果前次孙葵心已写过投降报告，为什么这次胜保还说他“曾因

① 原套打，意思是说原来带多少人，投官后还带多少人。

② 《剿平捻匪方略》，第56卷，第5页。

③ 《剿平捻匪方略》，第79卷，第9页。

阜阳生员严馥超具禀乞降”，而不直接说他上次已经乞降，或多次乞降呢？又据方略卷八十五毛昶熙奏稿后面的上谕说：“捻首孙葵心如果真心悔罪投诚，其机自不可失……倘该逆遣人具禀，即著责成贾臻悉心经理此事。”[①]如果孙葵心的确已多次请求投降，为什么还要等他写来报告呢？还害怕“堕其术中”呢？同样，卷八十七贾臻奏也说：“一俟该逆首遣人具禀到日，即前赴归陈一带相机妥办。”[②]如果真的已经几次要求投降，就不必等待，便可以直接谈判投降条件了。

当然，即使根据书面材料，也并不排斥孙葵心真正写了要求投降的报告。但也并不排斥另一个可能性，正如《剿平捻匪方略》卷八十七翁同书奏所说：“孙葵心逆党太多，心志不一，纵欲投诚，恐仍观望游移。该逆并不识字，其禀出他人之手，尤未可遽信。”[③]这句话有两个内容：其一说，即使他真想投降，恐怕还犹豫不决；其二说，他是否真想投降，还是问题。在这个奏稿的最后甚至向清政府提出，“倘该逆尚在狐疑，一味勉强将就，必贻后患。臣实不敢为此轻率虚骄之事贻误他日”。[④]这就是说：孙葵心还不是真想投降，我不敢招降他。翁同书近在寿州，距离楚店集不过百余里，他又是安徽巡抚，应该说，他对孙葵心的情况最为熟悉。他既然提出怀疑，当然不是毫无根据。这就产生了孙葵心是不是真正要求投降的问题。

把书面材料和调查材料结合起来看，可以肯定：第一，孙葵心最后没有投降是肯定的。第二，孙葵心虽然没有投降，但确实有投降的考虑，有过投降的打算，表现过动摇。从书面材料说，清政府的招降活动从1859年2月，一直继续到1861年初他死的前夕，时间整整两年。如果他本人没有投降打算，只是别人假造的求降要求，便不可能拖延这样长的时间。从调查材料上看，如果他没有投降打算，传说中会反映出来相反的情况。传说也说明他确实有投降的打算，可见他有投降的打算是没有问题的。第三，但还需注意，在孙葵心联系投降的同时，他还秘密地到了淮南，协助太平天国作战，反攻安庆外围清军。从一般情况说，既然准备投降，就不应再到淮南打仗。皖北捻军来到淮南的很多，孙葵心也并非必去不可。孙葵心为

① 《剿平捻匪方略》，第85卷，第19页。
② 《剿平捻匪方略》，第87卷，第18页。
③ 《剿平捻匪方略》，第81卷，第17页。
④ 《剿平捻匪方略》，第81卷，第18页。

什么要这样做呢？这当然是一个问题。孙葵心最后进入淮南是1860年10月（咸丰9年9月），也可能和帝国主义者恰巧在这时进攻北京、形势对清政府不利有关。但也可能包括一定程度的“缓兵之计”在内。调查材料中的“私下商量投官”，“发誓不到南乡”，也可能他的部下就有人反对他帮助太平军作战，所以才说他死在南乡是“犯了咒”。因此，孙葵心是不是真心投降，还是一个问题，不能简单地下了结论。

孙葵心为什么会有投降的考虑，有投降的表示呢？第一，最主要的当然由于他的革命思想不够坚定。第二，起义军的穷困，缺乏粮食。在上述的奏稿中一再提出这个问题。第三，清军和苗沛霖的进攻。自1858年大批捻军回到皖北以后，孙葵心力量便大为增加。自楚店向西南方向，直到阜阳、颍上等地，都成为捻军地区，也基本上都是孙葵心的势力范围。但自1859年以后，情况变化了。1859年7月，苗沛霖自东南的丹凤集（属蒙城）攻入楚店附近。9月以后，翁同书派出大批地主分子和清军进入颍上阜阳县境，大肆杀害和诱降，仅仅一个多月的时间，淮河以北、颍河以南的大面积地区，都变成清军的地主圩寨。叛徒潘恺、潘四投降，配合苗沛霖大举进攻颍河北岸的程圩。1860年7月，终于攻破程圩，孙葵心在南方的地区全部丧失，从南方不再能向外活动，处境是困难的。第四，清政府的诱降活动。他是清政府的主要诱降目标。

总之，孙葵心在这个问题上，曾经长期表现过动摇，曾经考虑过投降问题，他不是一个坚定的革命者。但如果就指责他是叛徒，还是证据不足的。在传说中，负责招降的是孙大人。这个“孙”字，因为讲述人口齿不清，也可能记录有错误。但所指的是谁呢？从书面材料看，这个“孙”大人可能是指胜保。因为“孙”“胜”音近。也可能是贾臻所派去的游击陈万金，或翁同书所派去的候补知府程钰，因为“孙”“陈”“程”字音也相近。

七、孙葵心之死

据《剿平捻匪方略》卷九十三翁同书奏，孙葵心是1861年2月在合肥西南乡被庐江地主团练无意中杀伤而死的。[①]但据上述调查材料，他是病死的。不仅孙少臣、刘学道这样说，孙连亭也说，孙老葵是病死在困龙山卧

---

① 《剿平捻匪方略》，第93卷，第15页。

龙岗。这个说法和刘学道完全一致。孙少臣虽然也说是病死的，但说是在困龙山得病抬回来死的。其他两人都说，就死在卧龙岗。我们认为，当然是病死之说是可靠的。至于翁同书奏说他受伤而死，是邀功的说法。

八、孙葵心的部下

据简单的访问，孙葵心的部下有如下几个人。

孙盛司，孙大庄（楚店北）人，夫妻两个有20多亩地，是孙葵心部下的小旗头，白旗红边，领有十几根旗，100多人。没有投官，活到七八十岁，后来病死在家里。当他干旗头时，孙大庄东三里赵寨地主赵通龙家有六七十亩地。赵寨人赵抬（家里穷未干捻子）要杀赵通龙，赵通龙请孙盛司说情，没有被杀。赵通龙非常感激，叫他的儿子赵见基认孙盛司为义父，两下结为亲家。大捻子失败后，赵见基根据他父亲的遗嘱，给孙盛司一顷多地，地在孙大庄东面孙大楼村西。（孙秉钧）

孙四瞎，老葵手下小趟主，楚店集西南人，死在河南鹿邑县。（路焕文）

王怀信，老葵手下小趟主。孙老葵死后，别人带队，王怀信和他不合，被杀死。（路焕文）

孙四雅、孙老盛，也都是小趟主，不知啥地方人。（路焕文）

孙二老环，家穷没有地，是孙盛司的叔，称为“二老头子”，到过柳沟、西山套。后来回家，种“一杆枪”（村名）的地，又过几年才死。（孙学才）

孙老炳，孙集附近隋寨人，小旗头，很早就打仗死了。

韩老万传

在雉河东30里一条宽阔平静像碧玉般的青阳沟西畔，有一个浓荫笼罩着的村庄，叫作大韩庄。出名的捻军总旗头韩老万就住在村庄的东头，庄前有一座木桥横跨在沟上，桥东不远的地方静静地伏着几个土丘，东边第二个便是韩老万安息的地方。

韩老万名字已难确考。《涡阳县志》“旗表”上称为“韩奇峰”，混号“狼子”，清政府也是这样污蔑。张瑞墀在《两淮戡乱记》中称为“韩万”。他的玄孙说他家年终祭祀时呼为“韩万峰”，近族后人也不清楚。皖北一带普遍称为“韩老万”，混号“韩齉子”，因为他的鼻子有点小毛病，说话鼻音较重而得名。清政府把他污蔑为“韩狼子”。比较可靠的当然是他后人的说法，但却不能解释为什么他的弟弟们称为“二老万”“三老万”？“韩老万”是人所共知的名字，还是称“韩老万”比较适宜。

韩老万兄弟四人。二弟韩清峰，人称“二老万”。三弟“三老万”名字也不可考[①]。此外尚有四老万韩秀峰[②]，也是捻军中的重要人物。

大韩庄地主很多，许多人都说他有二三十顷地，实际只有两顷左右。老份地180亩，后来又增加一些，起义前和二老万、三老万合在一起耕种，雇有七八个长工。因为韩老万族大人多，同族有五个村庄，在同族中有些威信，在地方上也有些势力。有人说韩老万是医生，也有人说是兽医，他的直系后人也不清楚，不能作为依据。

1851年秋，皖北遭到了大雨，灾情很重。第二年春天，韩老万因为缺

---

① “三老万”的名字不可考，据说捻军失败后，他到镇江金山寺当和尚去了。

② 韩秀峰就是四老万，这一点可能没有问题，据调查韩老万是“峰”字辈，在胜保奏折中曾明确提出四老万就是韩秀峰，并指明是韩老万的弟弟。据调查，四老万是给他的姑母做儿子的，他的姑母姓丁，也是蒙城人。韩秀峰是捻军中的重要人物，在李秀成致张乐行信中说，韩秀峰曾替张乐行向李秀成请求救兵，解凤阳之围。但在胜保翁同的奏折中曾大谈张隆、李允，任乾，韩秀峰曾“公议”投降清军，但结果并没有投降。即使是动摇性最大的张隆也没有投降，最后还是被清军残酷杀害，说明投降的说法大有问题，也可能是缓兵之计。

乏粮食，把秋季种的豆种吃尽了，在麦收前到蒙城南乡去买豆种，遇到大雨连绵，淹没了小麦，灾情严重，但又被大雨阻挡不能回来。家中小麦抢捞迟了，别人家还多少收一点，他家几乎颗粒无收，借贷无门，没有饭吃，他家的长工都卧在地上爬不起来。

农民饿急了，便宰食地主的耕牛，韩老万也参加了。他有一个女婿家有钱，借不出，有人劝他去扒粮食。他不愿意去，结果他周围的人竟借他的名义扒了他女儿家的粮食。因为韩老万在地方有些势力，许多扒粮、宰牛的事都说是韩老万干的。蒙城差役来捉他，他家的后院正在杀牛。他大大方方地出来接待，差役见他家房屋高大，态度镇静，若无其事，不敢逮捕他。

1853年春，灾情发展到顶点，农民饿死的很多。太平天国革命恰巧进入安徽，人民便纷纷组织起来，公开打击地主，捻军起义爆发起来了。在饥饿农民的推动下，韩老万也正式行动起来，成为捻军的领袖——“趟主”。

不久，张乐行派人来联络韩老万共同和团练作斗争，民歌说：

“张老乐、韩老万，两家商量打团练；团练人马也不少，没咬张老乐的屌。”

由于联合斗争的结果，1855年八月，捻军各部实现了大联盟，张乐行被推为盟主，以下又有黄、白、红、蓝、黑五色总旗头，韩老万被推为蓝旗总旗头。自雉河向东直到灵璧、五河一带，基本上都是蓝旗地区，刘饿狼、刘天福、任乾、鹿利科、耿万金、张隆、杨瑞英、李加英等都是蓝旗部下。大韩村突然热闹起来，变成蓝旗的总指挥部，雉河以东的捻军时常经过这里，村前村后的树林里栓满了马匹，枪刀武器等堆架在门前，好像柴火丛子一样。

韩老万被推为蓝旗头以后，首先便会合五色旗攻蒙城。八月十七日至城南八里庄，大败蒙城、怀远团练。欲攻蒙城，适颍州知府陆希缇至蒙城，隔河守御，捻军退回。

1856年三月，张乐行联合东路捻军夏白、任乾围宿州，韩老万也来支援，住在宿州城外。因宿州城墙高大，清军各路来援，未能攻下。

四月，河南清军自亳州大举进攻皖北，徐州一带的清军也配合进攻永城境内的捻军根据地。韩老万、苏天福为了支援北路，阻挡清军的进攻，曾率蓝、黑旗大队至宿州濉溪口和永城苗村桥，三十日和清军大战于丁家楼。

五月，清军仍自亳州向东南进攻。六月，清军攻陷翟村寺，进入捻军腹心地区。捻军坚守义门集，韩老万率军援义门。义门集主要在涡河北岸，南岸只有一小部分，捻军在义门河上搭有浮桥联络两岸，挖濠立栅，以车辆、树木堵塞道路，洞穿墙壁而守。张乐行亲守北岸，龚得、王贯三守南岸。

清军自涡河两岸夹攻，并以骑兵抄袭捻军后路。经过激烈战斗以后，捻军损失很大，撤出义门，韩老万退守雉河。

六月十九日，清军三路攻雉河。这时雉河已筑有土城，清军又自两岸夹攻，沿途纵火，并以车炮轰击，土城不能防御，雉河集失守。韩老万的独子韩广在战斗中奋勇进攻，被炮击牺牲①。捻军遂向三河尖一带作战略转移。

八月，捻军自三河尖回师收复皖北，以闪电般的速度冲向雉河。韩老万和刘饿狼、李月等向雉河东北挺进。廿二日夜袭宿州临涣集防营，次日又战于大柳树，败清将庆兴、明山，杀披甲武凌云、多隆武。韩老万等乘胜追击，清大名镇总兵史荣椿败入徐州。十月，乘胜围萧县，威胁徐州。后因徐州守御坚固，退回皖北。这次战斗，捻军没费多大力量，即收复雉河集。

1856年底，清军正集中力量进攻皖北。这时捻军和太平军发生了联系，决定联合攻占霍邱一带作为捻军根据地，然后出兵河南。为了转移清军的注意力，捻军扬言进攻徐州。

1857年一月，张乐行、韩老万、刘饿狼用声东击西的办法直逼徐州，初五日大败清军史荣椿于刘歇集。清军进入徐州，捻军随即返回皖北，向三河尖、正阳一带转移。在太平军配合进攻下，迅速占领了三河尖、正阳关、六安、霍邱一带的大面积地区，并围攻固始、颍上、寿州，取得战争的巨大胜利，清军“剿捻”计划遭到又一次的破产。河南清军主力慌忙撤回河南防守豫东南一带，河南巡抚英桂、察哈尔都统西凌阿、河北镇总兵崇安都受到处分。清政府将崇安革职，以副都统胜保协助“剿捻”。

① 调查时有人说韩广死在北边，也有人说死在蒙城，是在攻城时亲挥大旗，带头进攻，被清军炮击牺牲的。但因后一说法在书面材料上未找到根据，这里主要根据的还是书面材料。

捻军进入三河尖以后，占领阜阳境内的柳沟，作为重要的战略据点，既可屏障三河尖，联络皖北根据地，又可出兵河南。清军胜保便集中力气攻打柳沟，结果竟被清军攻陷，威胁到三河尖的安全。捻军又命龚得占领三河尖西北洪河北岸的方家集。清军又猛攻方家集，从洪河南岸切断捻军与三河尖的联系，韩老万率军援助方家集。二月十五日和清军战于赵家集，韩老万挡南路，龚得挡北路，大战约六小时之久。捻军战斗失败，后来清军封锁了方家集。最后，大部捻军因粮食缺乏而失守，三河尖也随之撤出。

三河尖失守后，张乐行命韩老万率蓝旗各部守正阳。正阳位于淮河南岸，地势低洼，三面皆水，只有南方一条陆路可通向六安。六月廿五日，清将胜保、金光筋自正阳西北、东南两路攻正阳，韩老万采取防守西北，集中力量进攻南路的办法，以马队抄袭金光筋的后路。清军大败，这个沾满人民鲜血的凤庐道按察史衔的金光筋竟被活活淹死。

八月十八日，胜保渡过淮河南岸，欲切断捻军后路，遂围困正阳。八月廿日，清军进攻板桥，捻军疏忽，没有设防，竟为清军占领，捻军退入到蒙城。韩老万亲率刘饿狼、魏兰防守。廿二日，清军三路进攻，韩老万分兵三路迎战，失利后捻军退入正阳。这时适当夏季，山洪暴发，正阳又被清军围困，关内缺乏粮食，杀骡马夹野菜而食。打仗时每人每天只有四两粮食，加以瘟疫流行，蓝旗捻军便陷入困境。兵士死伤很多，情况危急。民歌说：“六月里，三伏天，韩老万兵困正阳关；里无粮草外无救，一圈炮划围得严。”就是指的这次兵困正阳。这时张乐行虽曾亲入正阳指挥作战，但也不能解决严重的问题。这时太平军李昭受和白旗孙葵心部自六安来援。在里应外合的夹攻下，十月十二日，捻军才打开一条血路突围至六安。

由于蓝旗捻军在正阳战役中损失很大，进入六安以后，捻军内部便发生了意见分歧。加上这时苗沛霖正在进攻皖北，一路攻入西阳集、高炉集、顺河集、雉河集、赵旗屯等处，围韩老万的部下和家属于大韩庄北面的潘寨，到处杀害人民，掠走所有的财物和年轻妇女。以刘饿狼为首的部分捻军坚决要回雉河集，被张乐行、龚得杀死，其他的部下在刘天福、刘天祥率领下回返雉河。与此同时，韩二老万也被自己的部下试枪误伤而死。

1858年五月，在张乐行离开六安的前夕，韩老万也回到皖北[①]。他的弟

① 《剿平捻匪方略》第43卷英桂奏：“……韩攮子、李大喜等纠众不下数万，分路窜扰蒙亳怀宿。”其时张乐行等尚在六安。《剿平捻匪方略》，第43卷，第32页。

弟三老万和四老万却仍然留在淮南和张乐行在一起继续配合太平军作战。

韩老万回家后不久，在某处作战受伤，死于潘寨，他的后人怕清政府扒坟，扬言韩老万死在六安以南，直到现在即使是他附近的人也不知道真实情况。韩老万的地也没有充公，在捻军领袖中这种情况是很少见的。

有人说太平天国封韩老万为“平北侯”，又有人说赐有衣帽，韩老万曾穿戴起来唱大戏。从张隆在1859年底被封为钟天福的情况看，张乐行被封为升天福不会后于张隆。苏天福在这时也有被封为立天侯的说法①。他两人的地位相仿，如果韩老万死于1859年下半年，封为侯爵是可能的。

韩老万的家庭是一个革命的家庭，不仅他的兄弟都参加了捻军起义，他的儿子牺牲于捻军战争，而且他的孙子韩士敏在1989年（光绪二十四年）时又参加了刘疙瘩起义。在攻打雉河北龙山和焦楼失败后不敢回家，病死在高炉集，充分地表现了我国人民英勇不屈的革命精神。

---

① 《剿平捻匪方略》中在咸丰九年七月就有清军在定远梁家岗与捻军遭遇、无意杀死立天侯苏天福的话。苏天福这时并没有死，也说明可能这时苏天福确被封为“立天侯”。

韩老万历史调查记

1958年8月调查

在顺河集结束了刘饿狼的历史调查以后，根据新发现的线索，我们又分出一部分力量，在通向涡阳县城的道路上，又退回十一二里，进入蓝旗总旗头韩老万的村子——大韩村。刚刚挖好的青阳沟，像一条平整碧玉般的带子，大韩庄就座落在它的西畔。我们沿着东岸南下，跨过了简便的、现代式的可以通行汽车的木桥，走进了这个绿荫笼罩着的村庄。通过对许多人的访问，才基本上把情况搞清。

一、名字、兄弟和成分

据吴桥寺[①]附近知道捻军事迹最多的、80多岁的老人侯怀德说："共有两个韩老万，一个在雉河集、东顺河集附近，另一个在义门集一带。"我们要找的主要只是捻军蓝旗总旗头韩老万，对于是否还有另外一个，暂时只好存疑了。但根据估计可能性不大，义门附近我们后来也调查过了，但并没有发现。

韩老万叫作什么名字呢?

《涡阳县志》"旗表"称他为"韩奇峰"，混号"狼子"，清政府也是这样污蔑。张瑞墀在《两淮戡乱记》中称为"韩万"。皖北一带通称"韩老万"。究竟他真实名字叫什么，有没有混号呢?

混号是有的，皖北一带通称"齉（Non）子"，是一个特殊的鼻音字。为什么叫"齉子"呢?顺河集老人刘永松说："因为韩老万为人老实，才叫他'齉子'。"

这当然是误解，大韩村人的解释是正确的。他们都说："韩老万的鼻子有点不通气，是个齉鼻子，才被人称为'齉子'。"他的直系玄孙韩东并且

① 吴桥寺，红旗旗主侯士维地区，具体参见对侯士维的历史调查。

补充说："他的声音很大，在前庄讲话，后庄（约半里）人都能听到。一打喷嚏就连续几个。"既然声音宏亮而又鼻子不通气，那么，这个不通气的特征便更加突出了。无怪乎许多人都只知"韩齉子"而不知道真实名字。

他的真实名字叫什么呢？

除上述"韩奇峰""韩万"以外，韩老万弟弟二老万养子后人韩东昌说："他叫韩高峰，佩字万呼。"韩老万同族71岁的韩士刚和67岁的韩士云说："韩老万佩字万夫。"这和韩东昌的说法基本是一致的。

但另一同族72岁的韩士佳和66岁的韩士玉和85岁的韩江峰①则说："韩老万叫韩万峰。"韩老万的嫡系玄孙韩东晓、韩东华和他们的妈妈韩梁氏也是这样说。他们说："根据当地习惯，每年除夕祭祀祖宗时一定要写祖宗的名字，要讲到名字，然后再烧掉。这个祭祀的名字，便是'韩万峰'。"因此，他们认为真实的名字应该是"韩万峰"。

我们认为，当然是"韩万峰"比较可靠。这个名字应当是从死时就传下来的。韩老万死的时候，他家的人还很多，不会不知道他的真实名字。又据姓韩的晚辈，其次序是"从、玉、钦、峰、克、士、修、东、树"。

韩老万是"峰"字辈，三个字已有两个字是固定的，问题只在中间一个字上。他的名字"万峰"固然可以称为"老万"，而佩字"万呼"当然也可以称为"老万"。同是一个近族为什么会有两种说法，是他当时就有两个名字呢，还是后人猜想的呢？根据皖北习惯，"老万"是尊称，但他的班辈不高，只有中年以后才可能得到这个尊号。如果先名"万峰"，后改"高峰"佩字"万呼"，那么别人不但能称他为"老万"，也可能称他"老高"。现在"老高"的称呼既未查到，他的真系后人又说他叫"万峰"，可见"高峰"之说可能是推测出来的。但皖北人既已通称"老万"，就称他为"韩老万"也未尝不可。

据韩老万家祖宗牌位的记载，韩老万的祖父叫韩玉璋，父亲叫韩钦思。韩老万兄弟四人。二弟一般被称为"二老万"而不名，也不知道他的名字，后来我们找到他的墓碑，才知道他叫"韩清峰"。三老万名字不详，传说涉及的很少，书面材料也没有见到。

对于四老万有几种说法。韩士佳、韩士玉说："四老万早死。"二老万

① 反动会道门头子，小韩村人。

养子后人、81岁的老太太[1]也说："四老万死得早，没领亲[2]就死了。"韩老万的邻居、90岁的刘廷锦说："四老万给人家了，姓丁。"韩士刚、韩士云也说："四老万给姑娘家了，姑娘家姓丁，住在蒙城小涧集，那一片全是姓丁的。"

小韩村85岁的韩江峰又是一个说法。他说："四老万姓丁，叫丁四，蒙城小涧集人。因为和韩老万处得好，常年在一起，别人才将他们排着叫，称他为四老万的。"他为什么这样说呢？他还有一个与此相联系的故事。故事说："韩老万不准赌钱，韩老万的一族韩钦向摆赌（聚赌），被四老万抓去了，带在马后面，回去要杀。小韩村的韩钦友、韩玉祥[3]不服，便去找四老万，准备不放便和他硬干。四老万说，'我还能真不放他吗？'于是便把韩钦向放了。"他的意思是说，正因为四老万和韩老万不是亲兄弟，韩钦友等才敢去硬干。从这一点看，韩江峰的说法也不能说毫无根据。

但据《剿平捻匪方略》卷五十三载胜保奏则说，"韩秀峰即韩四老万"。[4]卷五十六胜保、翁同书奏又说，"凤临捻首韩狼子之弟韩秀峰"。[5]按照这个说法，四老万当然是韩老万之弟，名叫"韩秀峰"无疑。

李秀成致张乐行书中又作"韩绣峰"。根据皖北习惯，绝不会把男子的名字叫作"韩绣峰"。作"绣"的写法，应该是李秀成为了避讳才改的。

为了找寻"韩秀峰""韩绣峰"和韩老万的关系，我们曾怀疑是韩老万一族的另外一个人，几乎把所有大韩村、小韩村人的世系都排了一下，发现另外还有一个"韩秀峰"，但不是捻军中的人物，和四老万也没有关系。

四老万的结果如何呢？大韩村的传说认为他"到金山寺当和尚去了，死在金山寺"；但也有人说这是三老万；也有个别人把"当和尚"一事戴到大老万头上的。总之，在"当和尚"问题上，三老万和四老万是混淆不清的。但据《剿平捻匪方略》卷一百七十九唐训方奏，当张乐行被清军逮捕前夕，曾率军进攻英翰所驻扎的穆家阁圩，时间1863年2月25日到3月7日之间。[6]又据《剿平捻匪方略》卷一百七十八僧格林沁奏，3月21日韩四万

---

① 当时未记录她的名字，她是二老万的孙媳妇，韩士允的妾。

② 即结婚。

③ 二人都是韩老万的重要部下。

④ 《剿平捻匪方略》，第53卷，第32页。

⑤ 《剿平捻匪方略》，第56卷，第15页。

⑥ 《剿平捻匪方略》，第179卷，第1—2页。

在淝河北岸被逮捕，“就地正法”。[1]这说明当和尚的可能是三老万。

韩老万有多少土地，是什么成分呢？韩老万是地主成分是肯定的，但是大地主还是小地主呢？还有一些悬殊。

顺河集刘破桥83岁的刘干生和68岁的刘永德说：“韩老万家有一二十顷地。”这样说应该是大地主。但刘永松又说：“老万有一二顷地。”这样便应该是小地主。王惠林又另有一个说法，他说：“他有日子过，兄弟几个各有几顷地，大韩庄有人种他的地。”

大韩庄的人也还是有不同的说法。72岁的韩士佳、68岁的韩士玉说：“韩志万有二三十顷地。”其他的人也是说有一二顷地。但深入访问以后，便说明前一个说法不尽可靠。

韩老万玄孙韩东晓说：“韩老万当时分得两顷二三十亩地。”韩老万近族、71岁的韩士刚、67岁的韩士云和85岁的韩为峰[2]提供了较为详细的材料。他们说：“韩志万父辈有不少的地。分家以后每份180亩，韩老万分得一份。他和二老万、三老万合在一起种地，共有五六顷地，雇有七八十来个长工[3]。”

综合以上传说，韩老万有土地两百亩是没有问题的，属于地主成分也是肯定的，但只是一般地主，并不是大地主。

二、起义

韩老万既然是地主成分，他是怎样参加农民起义的呢？

顺河集王惠林说：“韩老万会瞧病[4]。”但和起义找不出联系。

刘永松说：“韩老万不愿意起反（即起义），旁人把大旗插到他家门中，不干不行。偷牛吃，都牵到他门口，说是他偷的，逼他反，门前牛骨头吃成堆。别人去抢他姐姐，也说他抢的。”

别人“偷牛吃”为什么要说是韩老万呢？为什么要逼他起反呢？

韩士玉说：“当时年成不好，人都没有吃。别人抢东西，都说是他带头抢的，不得不反。”二老万养子的后人韩东昌也说：“他（老万）是仁义光

---

① 《剿平捻匪方略》，第178卷，第2页。

② 他的祖父韩玉鲁干过捻军。

③ 七八十来个，这种说法很笼统。如果只有五六顷地，真正的长工也只有七八个就够了，其他的是短工、月工。

④ 会瞧病，即会治病，即医生。

棍，是大家抬起来的，旁人在外面抢人，都打他的名义，他虽不愿意也推不开，就只好干了。”韩江峰也说：“当时年成不好，他杀富济贫，弄来的东西都给别人吃。”韩士佳也说：“韩老万起反是杀富济贫。”

从上述内容看，韩老万所以要起义，好像只是为了帮助别人解决问题。但从传说中，韩老万并不是像张乐行那样一贯打抱不平，抗击豪强，帮助穷人。为什么平时没有这种表现，突然会有这样的表现呢？难道真的完全为了帮助别人解决问题吗？最后，我们终于找到了答案。

韩江峰又向我们补充说：“咸丰三年（1853），人都没有吃，谁要向韩老万要就给，给完了，就找亲戚借，后来亲戚家粮食也光了，无处可借。别人去抢人，都说是他抢的。报了官，官来捉他。他家关着门，正在院子里杀牛，他大大方方地走出来。官兵见他家并无刀枪，不像坏人，就没有捉他。但处处抢人都借他的名义。事闹大了，他也就不得不干起来了。”这样说，他也参加宰食别人的耕牛了，就不仅仅是帮助别人的问题。

他的近族韩士刚、韩士云更具体地描绘出当时严重灾害的景象，连韩老万家也难免饥饿的情况。他们说：“听俺老太太讲，反前八年有七年发水，最好的地只值四百个铜钱一亩，中等地二百钱一亩。起反前是荒年，老万家的种粮都吃光了，收了小麦没有豆种种。他派人到南乡去买豆种，被水挡住，回不来了。麦子打不出粮食，七八个人一摊一场，打不出几升。后来，长工都饿在地上爬不起来，逼得没办法。他的闺女家有钱，借不出。有人叫他去抢他的闺女，老万不愿意，说：‘饿死了也不能，无论如何不能去。’后来别人（十里郭家）去了，抢的时候还叫老万，想叫他出头，带着干，不然都饿坏了，才干的。当时我老太太韩钦念家有两斗粮食，救活了好多人。”

由此可见，由于严重的灾荒，连韩老万也不可避免，不得不参加农民打击地主的扒粮、匀粮、宰食耕牛等活动。由于他在地方上有点封建势力，别人也借他的名义活动，最后在农民起义高潮的推动下，他被“逼上梁山”，非干不可了。

三、起义后的传说及其和太平天国的关系

韩老万自起义一开始，就和张乐行联合在一起。

韩为峰说：“张乐行一起来，就派人联络韩老万，因为他有一铺子人的

缘故。”韩江峰也说：“张乐行一起来，就找韩老万，因为他能练[1]几个人。”

韩老万是捻军蓝旗总旗头。这一点，皖北一带的传说是一致的。例如韩士玉说：“韩老万是蓝旗旗头，饿狼、山猫、小白龙和常胜将军任学邦（任柱）都是他的部下。”韩江峰说：“韩老万是蓝旗总头，他的旗是蓝旗黄边。”王惠林也说：“老万是蓝旗主，他的人多。张老乐问他有多少人，他说他的人排成队伍有从顺河集到亳州那么长。”韩士刚、韩士云也说道：“他是蓝旗旗主，刘饿狼是他的部下。”

据韩士刚说，韩老万不仅到过正阳关、六安，还到过合肥。他说：“老万的队伍到合肥，叫人家找水捎（即水桶）。合肥人不借，他的部下要揍，老万不同意，说：‘这样干，不如算了罢。’听说还到过梁园（按：原属合肥县，今属肥东县）。”

由于韩老万的部下曾经到过淮南，四老万韩秀峰又曾代表过张乐行向太平天国求救，附近也流传了他和太平天国关系的传说。

韩士玉说：“太平天国封老万为平北侯。”根据现在已经发现的材料，在1859年8月以后封为侯爵是可能的，但不一定是“平北侯”。因为这时张乐行的封号是“升天福”，又据另一材料，这时苏天福有封为“立天侯”之说，侯爵比福爵低三等，韩和苏的地位差不多，封为同样的侯爵是可能的。

王惠林说：“韩老万称过王的，太平天国封他为扫北王，戴过朝珠。”韩江峰说：“韩老万领兵十多万，去过南京，见过天王，天王封他为扫北王，有朝衣朝帽。”这当然不可靠。他自己的后人韩东华也说：“听说天王给他朝衣朝帽，回家后曾穿起来唱过大戏。”仔细询问的结果，唱大戏当然是假的，但曾有过封爵、有“朝衣朝帽”应该是真的。太平天国的“朝衣朝帽”穿起来像唱戏的，倒是符合实际情况。

四、韩老万之死

韩老万死在什么地方呢？一般人都认为死在六安或六安以南。书面材料上，自六安战役以后，一般也很少见到他。到了大韩村以后，也还有死在六安方面的传说。

二老万养子的媳妇（即二老万孙媳）、81岁的老太太说：“俺老爷（二

---

① 练，即团结的意思。

老万）要上六安，俺奶奶不叫去。大老万叫去，硬去了，闹了一场。后来俺老爷被自己人试枪打死在六安，大老万不敢回来，向南走了，气老伤寒死在南边。”韩江峰也说：“听杨老勺（韩老万部下）说，老万病死六安州，八口棺一齐埋在大街上，把印交给韩钦友[1]。又过二三年，人更少了。”

本来，根据书面材料，我们以为韩老万是下落不清的。但到皖北调查以后，一直到听说上述意见为止，我们又认为韩老万一定是死在外面，死的地点有很大可能是在六安。特别是韩江峰说得有根有据，我们丝毫也不怀疑。但在和90岁老人刘廷锦谈话之后，我们开始发现其中有问题。

刘廷锦是和老万住在一起的，他竟说：“只听说大老万死在家，没听说死在六安。”听到这里，我们感到很奇怪。接着我们又去问老万嫡系玄孙韩东晓，他还说是死在外边。我们又去问85岁的韩为峰，他竟带着疑问的口气说：“老万病死的，埋在屋里边，可死在六安州。”我们又去问韩士刚，他肯定地说：“大老万死在家，他的坟在青阳沟（即村东大沟）东边孔庄西北。”又去问二老万养子的孙子（二老万曾孙）、71岁的韩修法，他说：“听说老万的坟是请灵安葬的。”意思说，里面是空坟。

我们又怀着极大的兴趣去问韩老万的直系后人，恰巧韩东晓、韩东华（老万玄孙）兄弟二人全在，他们的妈妈韩梁氏也在。我们首先费了不少力气给他们打通思想，特别是韩东晓[2]思想抵触很大。对他进行说服教育以后，又用韩士刚的话去问他。他最后才说：“老万自六安回来以后，就隐姓埋名，不愿给外人知道。后来住在潘寨，在潘寨打仗受伤，死后抬回来安葬的。因为怕清政府扒坟，这才一直隐瞒不说。他的坟确实在青阳沟东畔，离沟很近。那里一排有几座坟，东边第二个就是韩老万的坟。”他又亲自领我去看，果然不错，那个坟距离沟边还不到50米，距离他的家直径也不过200米。

直到现在，问题才真相大白。二老万养子的后人所以那样说，他的消息可能来自二老万的妻子，因为她不同意二老万上六安，从而对大老万不满。所以大老万回来以后，也不愿把消息告诉她，因而她不知道真实情况，还以为老万也死在六安一带。韩江峰所说的很明显就是隐瞒之辞。刘廷锦是无意透露，韩为峰也不愿说真话，只有韩士刚是实话。后来经过进一步

① 韩钦友，韩老万部下重要领袖之一，大韩村人。

② 韩东晓是富裕中农，政治上有些落后。

调查，老万后人所以要如此隐瞒，除了怕扒坟以外还有其他的原因。原来他的孙子韩士敏又第二次参加了1898年皖北的农民起义，失败后又是没敢回家，死在外面。因而韩士敏的妻子才一再教育他的后人，深深警告他们要隐瞒情况，不读书，不给“政府”做事（包括清政府和国民党），也“不再起反”，不然就要“绝户”了。据韩东晓说，因为他受到他祖母（即士敏妻）的影响很深，直到解放后，他对人民政府也还是这样的看法，不愿叫子女读书和工作。

也只是到这时候，才发现所谓二老万的后人，原来是二老万的养子。二老万的尸体也是养子后来从六安背回来的，我们看到的石碑，也是养子的儿子立的。也正利用“背尸”之诚和立碑，确定他的身份，使之合法化。也正因为如此，才重视这块碑文，而收藏在家里。

五、韩老万子孙

韩老万只有一个独生子，名叫“广”，反动资料上便称他为“韩广”。他是“克”字辈，正确的名字应该是“韩克广”。韩老万起义时，韩广已经20多岁，打仗勇敢。据韩梁氏、韩东华说：“他每次打仗都穿一身红衣服，后来战死在蒙城县，是攻城打死的。那次打仗是马四[①]扛大旗，大旗倒下来了。韩广亲自扛起大旗说：‘仗要是打胜，便算了；要是打不胜，我就找你。’他扛旗向上冲，被一炮打死了。”但据《豫军纪略》和《剿平捻匪方略》，韩广死于1856年河南清军攻陷雉河集的时候。

韩老万有四个女儿。据韩为峰说：“大闺女嫁在耿桥西边王年庄，外孙叫王健修，健修的孙子镇海已经四五十岁。二闺女嫁在蒙城新集东戴花园，丈夫姓戴，外孙叫全贵。三闺女嫁在大韩村西南七八里张任庄，外孙张宏尉，宏尉子秀生70多岁。四闺女嫁天齐庙姓冯的，有四个外孙，名叫狼、虎、鹤、进线。”

在起义时，这四个女儿中有两个已出嫁，第三个是起义时出嫁的，什么都没有赔送（陪嫁），提着包袱自己走去的。后来我又到张任庄访问了74岁的张秀生，他完全证实了上述情况，并说：“俺奶奶如果活着今年有120岁。四闺女最小的一个儿子叫冯从善（即进线），80岁死的，早死了。”

---

① 马四，韩老万部下。

至于“韩老万抢闺女”之说，究竟是抢哪一个闺女呢？他们都说不出来。即使能说出她名的，也和实际情况对不起来，也有人说是“抢姑娘家”。“姑娘”是笼统的称呼，既可以是老万的姑母，也可以是他的女儿。至于他的姑母是哪些人呢？除传说有蒙城姓丁的以外，便指不出名字来了。由于时间有限，问题也不大，我们就没有进一步访问了。

韩老万的孙子叫韩士敏，刚生下来一岁多就送到戴花园姑娘家寄养，长大以后方回来。1898年涡阳刘疙瘩起义，又派人去找他，据说还答应给他蓝旗旗主。韩士敏也参加了起义，后来打龙山焦楼失败，不敢回家，死后才抬回家中。和他一齐参加起义的韩克念被打死了，韩克念的近族人多势大，又给韩士敏家吃本庄井水，几年以后才和解。韩士敏的儿子乳名大倦、小倦，两个都为人老实，大倦儿子韩东晓、韩东华，小倦无后。

二老万名叫韩清峰，他的妻子原来不同意他上六安，他硬要去，闹了一场才走。后来被打死在六安。对于死的原因有两说：一是自己人试枪打死的；一是黑夜里自己人看不见打死的。这个人是小韩村人，名叫韩钦。二老万死后埋在六安，他没有儿子，只有一个养子姓祝，后来到六安把二老万的骨头背回来，孙子叫韩士允，曾孙修发、修功。

三老万名字不清，下落也不清。据韩为峰说：“他曾在济宁带一个儿子回来，生有三儿一女。后来韩士敏把他赶跑了，家户也是韩士敏的了。但他吃鸦片烟，后来又被韩士敏败尽了。”

六、韩老万的部下

韩钦友：小韩庄人。听杨老勺说，韩老万死后印交给他了，人马归他率领，过了两三年，人更少了。他又跟任柱在一起，任柱死后，人马归他带。[①]后在东北山套被困住了，山谷是前一条小河挡住去路。他无可奈何就叫大家下马，盘腿打坐，静等追兵来到。清军追到后，他又叫大家上马，拼命狂冲，没伤一个人就冲出来了。那时只剩36匹马了，王树兰后来叫他投降，到清江见大帅[②]也不下跪。大帅生气要杀他，王树兰拿性命担保，跪着求才算了。一个月后，放充正哨官。大帅的马不行，大帅叫韩钦友试一下，就制服了。后来王树兰病死，韩钦友为他穿重孝。

① 这一点不正确，任柱死后，人马归王宗任三厌带。

② 大帅是谁不详。

韩钦友降清后驻守清江，专打土匪，著名的土匪草上飞曹彪（清江人）就是他捉到的。他后来升任营官，曾叫他到陕西打回子，没去。后来到北京打过洋鬼子，折断了胳膊。后来回家不过两年死的，死时在宣统年间，活了70多岁。

韩钦友干大捻子时，到清江打粮，住过二十多天，回来拉了20多车财物。

潘圩有三道壕沟，官兵一来，老百姓就搬到寨里。寨主是潘贵堂，他和捻子相处也好，有一次苗蛮子来打潘寨，韩钦友和韩玉祥曾去帮潘贵堂共守潘寨，把苗蛮子打败了。

韩钦友号保三，他的旗是蓝旗黄边。韩钦友是接任柱的事，他投官干的是守备。

韩钦友有两个儿子，大儿子叫领峰，死得早。二儿子叫保峰，保峰的儿子叫克孝，现年78岁，在公社当中医。我们曾经访问过他。

韩玉祥：小韩庄人。跟韩老万去过南京，从南京回来在舒城当过一任县长①，有人说他不管办案。他对当地的纠纷事情，只是把双方叫来，派一派②就行了。他在舒城做官一年，没有打过人。后来回家当老百姓，种庄稼。（韩江峰）

韩仿、韩咬：他俩都是大韩庄人，韩老万的部下。韩仿原来种地，老万看他为人很好，就叫他随着下去。那时他正在地里做活，要把东西（农具）送回家。老万叫他马上就走，他就随着走了。（韩为峰）

韩钦礼、韩钦照、周廷清：三个人都是韩老万的跟班。大捻子失败后，韩钦礼、韩钦照回家不干了。周廷清随韩钦友一同降清。

韩钦宗：也在捻子里干，韩钦向在小韩村摆赌，被四老万抓去，就是韩钦宗和韩玉祥一起去要回来的。

韩俊峰：小趟主，他自己没有地，种人家地。（韩江峰）

韩昆峰：大韩庄人。家很穷，干过捻子，出去过几次。后来死在家里。

刘宽：顺河集刘破桥人，跟老万干过。和姓韩的是亲戚，才搬到这庄来住。有30多亩地，无后。

---

① 是否当过县长值得考虑。舒城基本不是捻军地区，而是太平天国的地区。是否做过太平天国的地方官也值得考虑。

② 派一派，即双方把各人的理由推一下，双方说明曲直的意思。

韩士忠：大韩庄人，跟老万干过。（韩士刚）

丁继青：步兵，家有十多亩地，老万死后就回家了。

康国年：步兵，到过六安，老万死后就回家了。

潘治荣：家有四五十亩地，曾经跟老万下去过。

潘凤祥：一顷多地，坐着车子跟队伍出去过一次。当时谁高兴去就跟去，不去就不去。（西在高）

韩老万的嫡系部队中姓韩的不少。姓韩的共有五个村子，即大韩村、小韩村、韩古村、龚韩村共五个村子，共有约三百户。

陈万福

陈万福，亳县东南边境蒋集西北三里陈庄人，黑旗旗主之一，他的寨在蒋集。据东庄70岁陈西明说，“他家只有十来亩地，是个仁义光棍”。

当地流传着僧格林沁打蒋集的故事。

宋楼的宋崇禄竟准确记住事件发生的时间。他说：“僧王打炮到现在97年。”[①]恰巧是1862年。闫楼67岁的闫广三说：“当时张老乐、陈万福都在蒋集里面，打了40多天，末了还是哄（骗）开的。说原做啥官还给啥官，只要剃头就不打了，才把蒋集打开。”77岁的闫克亮说：“僧王打蒋集，打了40多天。打急了，老百姓想投。头儿不叫投，小户不能投。后来还是投了。”宋楼一个没有名字的老人说：“僧王没打开蒋集，末了还是自己投的。”陈西明说：“陈万福硬死不投，听说他要是投了，他原带的人还归他带。听说亳州有很多人来保他，那时陈万福已经死过了。”宋志人又说：“陈万福硬死不投，被僧王处死在庙集。”以上传说互有矛盾，究竟是陈万福被处死后蒋集才投的，还是蒋集先投陈万福后死的呢？

蒋集被打40多天是真实的。据《剿平捻匪方略》卷一百六十三僧格林沁奏，清军是自1862年11月8日（旧历九月十七日）开始进攻的，[②]直到12月20日（旧历十月二十九日），首尾共计43天。根据上述传说，可能在进攻时，陈万福坚决不降，才坚持了43天。但后来因各路援军都被清军击败，实在无法防守才投降的。《剿平捻匪方略》卷一百六十八僧格林沁奏说：“蒋集捻首陈万福因援贼累败，势极穷蹙，于（旧历十月）二十九日畏罪南遁，其弟陈万详来营乞降。”[③]

可是陈万福所以突围而走，蒋集所以无法防守，一方面固然由于各路

① 根据他母亲的年龄推算得出。

② 《剿平捻匪方略》，第163卷，第11页。

③ 《剿平捻匪方略》，第168卷，第3页。

援军的失败，蒋集圩寨太小，经不住清军的进攻；另一方面，蒋集内部有人要求投降，也是突围而走的重要原因之一。正是在他走了以后，蒋集才投的。

至于“陈万福被处死在庙集（义门集）”，“陈万福硬死不投，亳州有许多人来保他，他已经死了”这两段话，应该这样理解，即陈万福突围逃走后，后来又被俘了，亳州人来保他，他已经被杀死在义门集了。情况后来是这样的，据《剿平捻匪方略》卷二百零六僧格林沁奏，当1863年11月24日（同治二年十月十四日），僧格林沁第二次进兵皖北到达亳州时，曾派翼长舒通额驻军义门集，“各寨畏惧兵威，均出围谒见，惟蒋集匪首陈万幅意图盘踞抗拒，旋将该逆诱出正法”。①

在被俘后，陈万福也可能还不愿投降，但别人保他不杀他是可能的。但在被俘后，即使投降，也不可能“原带多少人就给多少人了”。据陈西明说，陈万福有两个儿子，一个叫冕，一个叫雷。比陈西明大五六十岁，不敢在家，都跟人在外面，直到陈西明七八岁时，他们才回到家。

---

① 《剿平捻匪方略》，第206卷，第16页。

程炳宏

程炳宏，小白旗红边旗主，涡阳下张桥东北八九里西程庄人。

据西程庄72岁的程登义说："程炳宏那时有四五十亩地，两间住宅。程炳宏的部下有一二千人，每次出发走得不远。"

下张桥村东北五六里王洼深村72岁王复初、71岁吴登荣说："俺这庄归东北三里程庄程老宏，他的部下约有两千人，是阎王[1]的打手。"

关于程炳宏的旗帜有如下传说。

西程庄东面后方楼81岁的燕克伦说："我们西庄有个趟主程老宏，他是小白旗红边。"程登义又说："老宏原来是小白旗子，我们四周都是白旗（燕文聪）部下，和他有些不和，他就在旗上加了一个红边，谁也不管谁。"

燕克伦又说："程老宏军纪不好，燕文聪几次想把他搞掉，他们是不和气的。"

程登义又说："后来程炳宏在永城县被官军杀掉，连尸首也没搞回来。程老宏有儿子叫程登扬，到第四代就绝了。又过了一些年，刘疙瘩起反时，我们庄还把老宏的旗扯起来。他们说，这是一家人，就不进庄了。"

---

① 阎王，指张宗禹。

邓作仁、倪中平

邓作仁，涡阳赵屯西南12里邓寨人，他的圩寨在赵屯。倪中平，赵屯集上人。他两个都是捻军黑旗旗主，是同一旗的正、副旗主。

据赵屯79岁的楚伦元说："邓作仁通称邓老作，赵屯西南邓寨人。自幼就在赵屯集上混光蛋，他在河岸上挖了一个朝南的洞，他就住在洞里。和倪老中（中平）穷得穿一条裤子。"赵屯80岁的张金林说："邓老作和倪老中两个自幼在一起混穷，以后拉起来干时，也是一正一副，又叫正帅、副帅，当家人还是老作。是黑旗。"《涡阳县志》说是"黑旗红边"。

张金林又说："邓老作部下很讲理。老作不准任何人拿别人一根钉子，地方上大小事情他都出面解决。在大反大乱时，赵屯还唱过一个月零三天的戏。"

老年人还提供了邓作仁和刘狗不和的材料。

张金林说："大老渊和邓老作有私仇，他想把邓老作干掉。邓老作带人跟张老乐出门去了，大老渊不知道，（旧历）四月十五，大老渊领人来打赵屯。副帅倪中平指挥抵抗。赵屯四门被打开三个，只剩下东门。这时副帅大烟瘾来了，不能指挥了，副帅的义子倪大发，以前副帅曾救过他，看到事情不妙，东门的大炮也不响了，知有内应。他马上到了东门，找大枪手杨三眼子说：'这时是生死关头，你对不起少帅（自称），少帅的刀也认不得人。'就这样，杨三眼子连打三炮，东边打出一条血路。倪大发用大带子把副帅背在后面，直向东门冲去。听说逃出去以后，只剩二十多人。"

高九、高八、卢成清

高九、高八是兄弟，亳县人，住在义门集西北七八里高庄，都是捻军趟主。卢成清是亳县卢营人，在高庄附近，也是捻军趟主。

据91岁老人苏玉堂说："高九名叫高宏州，高八名叫高宏友。"他们自己的后代不知道他俩的名字。

据他们的孙子、62岁的高玉喜说："他俩都没有地，就是有地也不过亩把。"

姓高的一族人数很少，"只有一二十家"。这里滨临涡河东岸，基本上是杂姓混居，所以高九、高八的力量也很少，"不到一千人"。

他俩的旗是"黑旗红边"，在生产时还把旗子扛着。

据苏玉堂说："卢成清的力量也不大，只有一千人。卢成清虽然是小趟主[①]，但也跟张土楼（卢营北）的张老丹（彦朝）干。"张彦朝的寨是韩楼，卢成清又和高九、高八共守卢营。

高庄、卢营都位于涡河东岸，涡河西岸就是老牛会地区。因此，这里也是捻军西部的前沿阵地。

据王楼（卢营南三里）82岁的王汉选说："当僧格林沁进攻皖北时，卢营投降了，小头目也没有死。"但据高玉喜说："高九被杀死在庙集（义门集），高八死在蒙城县的板桥集。"卢成清的情况没有进一步调查。

---

① 他的意思是说，卢成清是独立的捻军趟主。

韩夘、韩栾华

韩夘和韩栾华都是亳县城父寨西南七八里韩老家人。韩夘先为趟主，他死后，韩栾华继为趟主。据韩老家70多岁韩文斌说：“韩夘家有几十亩地，兄弟两个。”韩栾华是韩夘的部下，也是同族，原来家庭经济情况并不清楚。

韩夘是何时起义，又是怎样起义的呢？韩夘起义是地主武装的残酷镇压逼起来的。

据当时地主武装区蒋集68岁的蒋群英说：“当时不平安，出会（组织地主武装，名叫‘老牛会’），俺姓蒋的爷们是会头。陆知府到义门集办案，韩老家韩夘不正干，被俺庄［头］办到了，想送到庙集（义门集）交给陆知府。谁知韩夘夜里跑了，回来当了捻头，来杀姓蒋的。”

韩夘同族韩文斌则说道：“韩夘是老实人，被西庄蒋姓把他干住，栓在磨上，叫一个地保看着他。地主名叫新现，问他说：‘你可想跑？’韩夘说：‘我跑不了。’新现说：‘你可能给我点钱？’韩说：‘能。要多少？’‘一百吊。’新现便给他松了绑，说：‘现在莫要跑，等人都睡了再跑。’后来韩夘干（杀）了三四个人就跑了，跑到东北找张老乐、龚瞎子想办法，在东北聚有几十人。西庄姓蒋的看他跑了，就把他哥杀了。他回来劝大家起来干，说：‘姓蒋的和姓韩的是亲友，亲友有啥用？还是要杀人。说老实人，谁也没有俺哥老实，老实有啥用？还是起来干吧。’于是才干起来的。”

从上述传说中明显地看出，首先，这件事情是和颍州知府陆希缇到义门集镇压捻军起义，是联系在一起的。这件事情应该发生在1855年8月至9月（咸丰五年七月）。《剿平捻匪方略》卷九福济奏说：“据颍州知府陆希缇禀报，七月二十日（按西历为9月1日），该府驻扎庙集（即义门集）。捻匪龚得率领千余人前来劫营，经外委周永庆击毙八十余名，张乐行复纠集四五千人由东来扑，兵勇奋击，共毙逆伙三百余名，生擒三十余名，并获奉旨饬拿之绰号‘长胜将军’苏有等多名。”[①]张乐行自述也说：“五月（应为年）间，颍州陆知府奉袁大人所派，带领乡团，来到庙集攻剿我们。”《涡阳县志》也记载：“七月，乐行焚义门，团练董事遭祸尤惨。”

可见这件事情是由清政府引起的。颍州知府陆希缇为了镇压捻军，带领乡团来到义门，发动各地地主武装杀害革命人民，这些反革命家伙，大肆逮捕杀害，韩夘就是这样被逮捕的。也正由于这次无情残杀，义门集附近的捻军才被组织起来，最后和地主团练决裂，给团练以打击。

其次，从上述材料还可以看出，这次义门集大举进攻团练是和捻军大联盟联系在一起的。《剿平捻匪方略》咸丰七年正月胜保奏也说：“自张乐行、苏天福倡乱以来，啸聚日众，猖獗渐形。五年七月间，匪党本止一二千人，彼时办理失当，以致白龙王庙会亭驿（即义门集）等处皆遭蹂躏。雉河集亦聚为老巢，纷扰三省之间，遂成燎原之势。”[②]张乐行被推为盟主时发布的檄文也说：“自刘令勾结陆、宋，以刀锯而代朴责，用贿赂而判生死，酷以济贪，视民如仇，竭万姓之脂膏，充两家之隙壑。本盟主痛痒相关，目击神伤，再四思维，情难袖手，是以大起义师，救我残黎，除奸诛暴，以减公忿。此本盟主一片苦心，亦众亲友所共悉者也。”再结合《豫军纪略》等书记载，捻军在1857年就组织大联盟，这次义门事件也还是捻军组织大联盟的时候。

总的说来，1855年正是捻军酝酿大联盟的时候，正由于颍州知府陆希缇在义门集一带大肆逮捕杀捻军，才逼得义门一带的捻军非和雉河捻军联合起来不可，才逼得义门附近的农民非参加捻军起义不可，不参加也只有死路一条。所以韩栾华的孙子、70多岁的韩守仁又提供一个材料说：“当时姓蒋的太厉害，把杂姓（这里姓蒋的有48个村庄）逮住18个，杀了17个，只剩下一个姓张的小孩。”在这种残酷的屠杀下，义门附近的人民，当然非参加捻军起义不可。就这样，捻军终于实现了大联盟，把捻军起义推到高峰。

韩夘起义后，力量并不大，据韩文斌说：“他手下只有几百人。”然而他却是独立的趟主，和义门集捻军大旗主刘狗有联系，但并不属狗刘狗领导，“谁也不管谁”。

---

① 《剿平捻匪方略》，第9卷，第11页。

② 《剿平捻匪方略》，第23卷，第13—14页。

关于韩夘的旗帜，接触到的老年人都不知道，因为时间关系，也没有细问。

至于韩夘的活动事迹，也提供得很少。只说他没有到过六安、正阳关、三河尖。这也是可能的，因为这里正是捻军的西部边缘，它的西面、西南、西北都是老牛会地区，为了保卫捻军地区的安全，没有参加三河尖、正阳关战役，没有离开这里是可以理解的。

据韩文斌、韩守和说："韩夘是自尽死的，死在外面，死后才运回来的。自尽的原因是因为有病，他估计不能好了，才自尽死的。"有病为什么要在外出时自尽，不回来以后自尽呢？其中当然还有原因，但已经搞不清楚了。韩夘自杀后，他的队伍没有人领导。据韩守仁说，韩栾华"就被推为新的趟主"。

韩守仁说："韩夘、韩栾华的队伍，纪律比刘狗的好。为了保护妇女安全，队伍到了庄子，就先把妇女集中起来，站上岗，不许兄弟们乱闹。"他又说，当僧格林沁进攻皖北时，韩栾华曾经"投（降）过僧王"，"平了，不反了"。但在僧格林沁走后"又干了"。原因是"不干不行，蹬不下去。兵不由将，不干不行"。按照他的意思，韩栾华再次参加革命队伍有两个原因：第一，战士不愿意投降；第二，投降了怕"老牛会"报复。因为蒋姓老牛会不仅是地主武装，而且人多势大，这时许多反动分子因为流亡在亳州参加了清军，都成了反动官僚，成为"老牛会"的靠山。

据他说，韩栾华第二次参加以后，跟着张宗禹。同时，也"投过南毛子（太平天国）"。太平天国还给有保举（封爵）。封爵的名称，他记不得了。

张宗禹失败后，韩栾华又投降了清军程文炳（属安徽军），后来"带领一营人"。他在降清以后，置有二百多亩地，成为地主。

由于阶级矛盾以宗族的形式表现出来，在捻军起义后，韩、蒋两姓一直保持着仇恨，不通婚姻。即使是韩栾华的后人，也不敢住在韩老家。

"胡椒大王"王万全

王万全，涡阳北二十五里、龙山集南大王庄人。捻军红旗旗主之一，后来被人杀死。

一、姓名和家庭情况

龙山焦楼77岁焦法贤说，"胡椒大王"名叫"王万一"。《涡阳县志》"旗表"也说他叫"王万一"。但"胡椒大王"的后人大王庄的王德才、王德和说他名叫"王万全"。又据《剿平捻匪方略》卷一百七十九唐训方奏，提到"红旗捻首王万洤"。[①]按常例，清政府为了污蔑起义，总是把农民领袖的名字不是改成骂他的字，就是在旁边加上"氵"。所以，"洤"也就是"全"字。

一般说，每个人记忆自己祖先的名字，都是不会错或很少错的。同时，《剿平捻匪方略》记载也是比较可靠的。因此，我们认为，"胡椒大王"的名字应该是"王万全"，而不是"王万一"。他为什么叫作"胡椒大王"呢？焦新贤说，因为他"个儿小，像胡椒，所以被称为'胡椒大王'"。他的后人也是这样说。

焦新贤说："他家里生活过得不好，只有四五十亩地。"该山附近姜庄93岁的姜清雅说："'胡椒大王'是个穷人。"王德才、王德和也说："他是在集上混穷的，到死家里都没有啥。"

我们认为，王万全基本上应该是贫农成分。

二、旗色

大王庄88岁王宝善说，"'胡椒大王'是红旗"。姜清雅也说是"红旗大趟主"。"胡椒大王"的后人王德才、王德和说是"红旗蓝边"。总之，一

① 《剿平捻匪方略》，第179卷，第2页。

般都说是红旗。上引《剿平捻匪方略》卷一百七十九唐训方奏，也说是红旗捻首。唯有《涡阳县志》“旗表”说他是黑旗。

我们认为，还是传说和《剿平捻匪方略》的说法较为可靠，《涡阳县志》的记载是不正确的。

三、“胡椒大王”之死

“胡椒大王”是红旗部下大趟主之一，是红旗的重要力量。“胡椒大王”之死，对红旗的力量是一个损害。从表面上看来，“胡椒大王”是革命内部自相残杀死的。这场自相残杀是怎样发生的呢？

首先，这个事件是由于王万全和焦楼地主之间的矛盾所引起来的。

焦楼，在龙山集东南数里，是地主比较集中的地方。焦楼和“胡椒大王”之间的矛盾，是怎样产生的呢？据姜庄姜清雅说：“‘胡椒大王’曾把焦楼的焦二先生杀死在东北侯桥，两家种了仇。当时有个刘老扎子围龙山，焦楼的人去龙山瞧瞧，去了18个人。刚出焦楼，到王园就被‘胡椒大王’的人围住。结果焦楼的人没有受伤，逃回寨内。‘胡椒大王’手下人的头反而被砍伤。‘胡椒大王’便带人乘势把焦楼围住。”

焦楼的焦法贤说：“大王庄‘胡椒大王’与焦楼的焦德辉、焦成伦不和。十月十五日龙山逢会，焦楼的人都去赶会。王万一（全）乘焦楼人赶会的时候，带人围了焦楼。焦楼有两道海子，这时全靠妇女守圩。趁早雾，把高粱秸倒放在垛口上，像是有人站墙。老乐的二嫂子（张敏行妻）也住在这庄，这天也去龙山了。当时焦德辉在龙山，便同老乐的二嫂子去搬兵解围。他们先去找张老敏，又去找张老乐。老乐不愿去。他说：‘我去，要是人家让了还好，要是不让，叫我这个旗主的面子往哪儿搁！’焦德辉见老乐不去，就要向老乐跪下去求。老乐就答应去看看。老乐到焦楼没先进庄，只在圩子外面转两个圈，意思是要‘胡椒大王’的人知道。然后去向‘胡椒大王’说，准备把焦楼划为两截，‘胡椒大王’与焦楼各占一半。焦楼的人不愿意。老乐对焦楼的人说：‘胡椒大王’退了以后，你们不让，我能怎么说呢？’结果是焦楼的人没有让出半个庄子，但是焦楼的人不敢出庄。”

张敏行曾孙张羹才说：“‘胡椒大王’向焦楼借粮，焦楼不给。‘胡椒大王’的人围了焦楼。姓焦的找张敏行妻子写信到张老家找张乐行。张乐行先叫把大黄旗扛去，接着自己也去了。找到‘胡椒大王’以后，叫焦楼送三车秫秸，‘胡椒大王’给三吊钱算完了。”

从上述谈话，结合当时情况看，这里有几个问题。

第一，“胡椒大王”和焦楼发生矛盾的根本原因，是由于“胡椒大王”向焦楼地主“借粮”。而焦楼地主则依靠自己的封建力量和张敏行妻子的关系[①]，不愿“借粮”。这当然是带有根本性质的农民和地主的矛盾。由于这个矛盾，才造成焦楼和“胡椒大王”之间的不和，这是根本原因。“胡椒大王”围龙山，要打击地主力量是正确的。但张乐行因为受封建思想的影响，对地主阶级认识不足。他竟然实际上支持焦楼，替焦楼解围，保持焦楼和“胡椒大王”之间的对抗。所以，焦姓把张乐行看成“救命恩人”。后来事发多年以后，焦法贤的父亲焦德龙还对张本高说：“我家承姓张的情，不是你姓张的，就完了。”据张龑才儿子张安民说，张乐行甚至把“沃王印和衣物等”都放在焦楼。焦德龙就曾亲眼见到过。

第二，焦楼一方面是地主圩寨，但另一方面，在农民起义迅速发展的形势下，据说也成为红旗部下的一个部分，“旗头就是焦德辉”。等到清军的反攻一到，他们便立刻“翻了官”，“焦德辉后来在河北保定府当哨官”。焦楼从地主圩寨变成捻军红旗的部下，使原来地主和农民之间的敌我矛盾，变为表面上是内部矛盾，使敌我矛盾和内部矛盾混在一起。以致在后来的斗争中，内部矛盾又以敌我矛盾的形式表现出来。“胡椒大王”的被杀，好像是“闹家窝”似的，是非不分，没有什么意义了。正是因为这样，“胡椒大王”才陷于孤立，终于被杀死。

第三，就是这个焦楼，后来在红旗总旗头侯士维和他的近族地主侯士忠[②]的斗争中，又支持保护了地主分子，成为地主分子的藏身洞。最后侯姓地主又是利用了革命力量，即张乐行的队伍、张敏行的标枪，杀死了侯士维，使捻军红旗部队受到了严重的打击，对革命是不利的。

概括地说，由于张乐行、张敏行受地主阶级的影响，对地主阶级的认识不足，不能也不可能用阶级观点来分清敌我。就在捻军起义这场严重阶级斗争中，既曾包庇了地主分子，作为自己防备白色恐怖的藏身洞，反过来，地主分子也利用了盟主的名义、革命的名义，保存了自己。这样把原来的敌我矛盾，变为革命力量内部的矛盾，用内部矛盾的形式，打击了革

① 焦楼焦姓地主，是张敏行妻弟、地主侯士忠老婆的娘家。

② 张敏行妻弟。

命力量，给革命造成了很大损害。这个敌人，反而成为盟主的“莫逆之交”。这个教训是值得引以为戒的。

在弄清楚上述问题以后，再让我们来看看“胡椒大王”被杀的具体情况。“胡椒大王”是被谁杀的呢？

张羹才说是“焦成伦”杀的。焦法贤说是“郝凤清、韩老万、贾孝孔杀的”。龙山集王玉杰说是“郝凤清手下人王朝堂、严荣祥杀的”。王德才、王德和也说“‘胡椒大王’是郝凤清害死的”。

郝凤清、韩老万、贾孝孔是什么人呢？焦法贤说他们“都是带有二三十人的小旗头”。郝凤清是龙山西北数里郝庄人，王玉杰说他是“黑旗首领”。三里门村的王韵说他是“蓝旗白边小旗头，出门时也带有千把人。家里有三五十亩地，起首赌个博、安个宝[①]”。姜清雅说：“郝凤清开始不是旗头，郝凤清和‘胡椒大王’是对头。”

这个郝凤清既然开始不是旗头，后来才成为旗头。据说他后来也降了清军，也可能是在农民起义包围的形势下才变为旗头的。这个韩老万不知是谁，不是蓝旗总旗头韩老万。很可能正是这些人，即焦楼焦成伦、焦德辉和郝凤清、韩老万、贾孝孔等组成了反对王万全的联合阵线，才杀害他的。客观上也必然如此。所以焦法贤又说：“‘胡椒大王’在龙山是很辣的，仇人弄多了，混孤单了，一时落了单，被杀的。”

龙山集老人王玉杰叙述杀死的经过说：“听当时人史大爷（在龙山开茶馆）说，茶馆南院是三间门面，五间营房（套间）的房子。‘胡椒大王’赶集常在营房里吃大烟，史大爷给他送开水。有一次‘胡椒大王’赶龙山集，带领40名短刀手。‘胡椒大王’正在吃大烟，郝凤清的打手王朝堂、王荣祥手提钢刀冲到大门前。一声大骂，‘胡椒大王’的人都吓得打抖，不敢阻挡。王朝堂、王荣祥就直奔后房。‘胡椒大王’看事不对，就想翻后院墙逃走。‘胡椒大王’个条矮，一蹦没蹦过去，跌倒在地上。正好王朝堂赶到，就手一刀，把‘胡椒大王’杀死了。严荣祥才赶到。”

焦法贤说：“‘胡椒大王’被杀以后，有很多庄子都去围大王庄。大王庄里有姓许的，里应外合，才把大王庄打开。”王德才、王德和说：“王万全死后，当天各庄都来围大王庄。大王庄圩子守得严，打一次没打开。最

① 宝，即“四字宝”，赌博的一种。

后还是圩子里许家奶奶，人称‘母老虎’的，用抓钩把圩墙挖通了，外面才打进来。”

杀害“胡椒大王”的杀手，虽然只提到两个人，但很明显，这并不是两个人的行动，所以40名短刀手也不敢交锋。许多庄村包围大王庄，更说明是一个联合行动。

又据焦法贤说，“胡椒大王”被杀是当他“父亲焦德龙九岁的时候”。他“父亲是属猴的，到现在应有111岁”。根据这一点推算，焦德龙应生于1848年，“胡椒大王”的被杀应该在1856年。由于《剿平捻匪方略》卷一百七十九唐训方奏所说“收抚”王万全的圩寨，只能这样理解，即“收抚”原来属于王万全的大王庄圩。这也说明各庄联合力量虽然打开了大王庄，但可能并没有把它变成另一个人独有的圩寨。

四、“胡椒大王”的部下

“火头大王”，名叫王万义，大王庄人，没有“胡椒大王”出名。因为他个儿大，人长得黑，故人称“火头大王”[①]。

许天亮、许之和，大王庄人，也都是穷人。

张新木，山东沂州人，逃荒到大王庄。

王德佩，大王庄人，原来家里很穷，反后发了财，置有二三顷地。

（王德才、王德和提供）

① 涡阳人称黑鱼为“火头”。

江台陵

江台陵，涡阳南40里江老家（江集北十里）人。捻军白旗红边旗主，是捻军前期最重要的旗主之一。后来投降清军，被清军杀害。

一、家庭、成分和起义情况

江台陵，在书面资料上又作“姜”台凌，或作“姜太林”，《涡阳县志》作“江台陵”。经过调查以后，我们认为还是“江台陵”比较可靠。他姓“江”不姓“姜”是肯定的，群众通称老“台”，不是老“太”，“台”字也是比较肯定的。只有“陵”字没有足够的证明，也可能是“林”或“凌”字。

江台陵是什么成分呢？

江老家77岁江聚堂说：“江老台家有几十亩地。兄弟五个，他是老五，因他辈份高，人都称他‘五老头’。他的二哥得过功名。江老台有一个儿子，一个孙子，后来他的孙子把所有的几十亩地卖掉，就向南方去了，下落不明。”这段话还不太清楚，既好像说几十亩地是他自己的，又好像说几十亩地是兄弟五个共有的。又据江老家79岁江家平说：“江老台家是有日子过的，有两顷多地。兄弟五个，他是老五，他二哥是个文生秀才。他分家分得几十亩地。”

把两个人的话结合起来，便很容易看到，江台陵父亲是地主，是没有问题的。二哥还是读书人，有过功名，有200多亩地。但在分家以后，只有几十亩地。根据皖北情况，结合当时当地情况分析，他父亲虽然是地主，但他自己只相当于中农或富裕中农的成分。

吕庄58岁的段永和说：“起反时，江老台在白庙教过书。”江台陵是否教过书，倒是一个值得注意的问题，但其他的老年人也未提出足够的证据。也可能因为他二哥读过书有功名，误会到他身上去了。我们认为，他即使读过书，读的也很少。

江台陵是怎样起义的呢？老年人有不同的说话。

江老家西面10里纪伦寨69岁的纪守奎说："江老台给人圆事（调解纠纷），被人砍了一刀，老台气得很，说：'大捻头还是钱买的吗？'回家就竖旗起事了。"

江台陵是给谁圆事被砍一刀呢？纪寨纪守邦说："江老台给纪老虎（捻头）圆事，有句话说错了，纪老虎拿刀砍老台，没砍到。老台一恼就竖旗起事了。"江老家江聚堂说："崔小集（距江老家五里）崔骡子是个光棍，在集上为人调解事情，老台说几句话，不投他的意，他向老台劈头一刀，未砍到。老台回家气得很，人劝他起反，他就竖旗干起来了。"江老家的江家平说："江老台在未起义前与崔小集崔骡子不和，崔骡子是混光棍的，后遇年成不好，大家公推老台为首，时常向大户人家借粮。"李老庄71岁的李世清说："听说江老台还是先生哩，他自己是不愿干大捻子的。因为在隆兴寺赌钱与人争吵，被人砍一刀，他生了气，给别人抬起来干的。因为是被人抬起来的，可以称为'老台'。"段永和说："江家有日子过，江老台哥哥人称'大先生'或'二先生'，是个秀才。起反时江老台在白庙教书，遇到崔骡子（名叫崔学端）向吕庄吕家要粮款，老台为他们圆场（调解）。崔骡子不满，向老台砍了一刀，江老台一气，回来合大户（姓江的是大户）起事。老台说：'小名小姓都能起事，我大姓不能起事吗？'"为了弄清楚这个问题，我们又去找崔学瑞的后人73岁的崔儒海。他说："崔骡子名叫崔学瑞，早在江老台起事前就干起来了。一天，崔学瑞骑着马遇到江老台在割草，他说：'你还想发财吗？'顺手砍老台一刀，没有砍到。吓得江老台往家里跑，向爹娘哭诉，哭罢了就竖旗。"

在上述各说中，只有纪老虎之说是靠不住的，因为根据调查，纪老虎后来是江台陵的部下，如果曾经砍他一刀，便不会如此。很明显，"砍一刀"之说都是崔学瑞之衍。至于调解、赌钱受人欺侮也是可能的，但不会都砍一刀。

综合以上各说，江台陵起义的原因基本上有两个。第一是逼起来的；第二是年成不好。当时皖北遇到连年水灾，人民都无法生活。据92岁的刘学道说："当时我家有300亩地，七八口人，收的还不够吃。"其他农民就可想而知。正是在这样情况下，才公推江台陵为首，出来向大地主借粮活命，才起义的。因此，江台陵起义的根本原因，自然是因为封建制度的腐朽，水利不修，人民无法生活才起义的。在人民纷纷起义的情况下，也迫使江台陵不得不起义。

二、旗帜和纪律

江台陵是什么旗呢？《涡阳县志》里说他是“白旗”，但在调查时却有不同的说法。

同是一个江老家，江聚堂说他是“红旗白边子”；江家平说是“大红旗”，江西庄江乐兰也说是“大红旗”；江集三里庄江浩言说是“大红旗”或者“大白旗”；李老庄李世清说是“白旗红边子”，江老园87岁老人江佐让也说是“白旗红边子”。归结起来共有四种说法，即“大红旗”“红旗白边”“白旗”“白旗红边”。

到底是什么旗呢？据《剿平捻匪方略》卷一百五十七多隆阿奏，1862年9月当江台陵等在武关和清军作战时，清军将俘虏的捻军带到阵前指认说：“红边白旗为姜台凌，黄边红旗为王怀义，黄边蓝旗为周老明，黄方旗为韩老万[1]，黑方旗为张小明，尖白旗为孙老危。”[2]根据这一些材料，可以肯定江台陵的旗为白旗红边无疑，旗的形状应该是方形的。

反动统治阶级所写下的书面材料，总是把捻军污蔑为“匪”，奸淫烧杀无所不为，但人民群众却是真实历史的见证人。对于江台陵的捻军，也同样有许多很好的传说。

江老家江聚堂说：“江老台的人出外，不许杀人放火、驼人家妇女，回家以后就各归各家。等一些穷人没有饭吃时，就找老台，再聚人出去，只拿富户的东西，不抢穷人。”李老庄李世清也说：“老台的人，纪律很严。听说在颍州时，把跟随的妇女另外安置在一处，不许手下人往那里乱跑。”江集三里庄85岁江浩言也说：“江老台的人到哪里，不准讹吃骗喝的。一讹吃骗喝，老台知道，就把他杀了。乱拉庄稼人做什么事情，老台也是不许的。大捻子回家以后还是公买公卖，做生意的人，该做啥生意，还做啥生意。当时卖牛肉包子的，一斗麦的本钱，卖完可买一石麦。”江西庄82岁贫农江华南说：“江老台是个仁义光棍，带的兵都是穷兵，十冬腊月连棉袄都穿不上。”这里的民歌也说：“跟着江老台，饿得真打歪，吃的生南瓜，苞

① 这是另一个韩老万。

② 《剿平捻匪方略》，第157卷，第23—24页。

谷（玉米棒）揣满怀。”

从此可见，江台陵捻军的纪律是很好的。

三、活动情况

江台陵的队伍是很多的。

据江集三里庄85岁的江浩言说：“江老台的人，走起路来有15里厚，20里宽。到了那里，前面的队伍把东西都吃光了，后面还吃个屌。”捻军因为没有建立根据地，没有固定的军饷，这对捻军战争是一个很大的影响。吃饭既然都有问题，当然不能进行正规的持久战争，也就不可能消灭清军的有生力量，取得革命的胜利，只能进行散漫无组织的战争。

江华南说：“江老台领人到过西山套、南乡，过一阵就回来了，在西山套打过败仗。”皖北一带所说的西山套，是指河南、湖北一带山区；南乡指阜阳、淮南一带。

江浩言说：“江老台到过老河口，那里有淤泥河，陷死了好多人，又出漆痱子（漆疮），那里山多，石头把脚搞破了，得干疤风，又死很多人，最后回来的三停只有一停（三分之一）。又说，江老台打仗非常勇敢，当时官（清）军有马队，又有枪，非常厉害。但江老台也有马队，打仗时江老台总是叫他的马队把马松掉笼头，我打他的马，你打我的马，硬冲到敌人的马队里，把敌人的马冲散，用刀砍敌人的马腿。就这样，大捻子有五年未打过败仗。”

这里所说的“五年未打过败仗”，可能指的是1858年到1862年。但也只能说是部分捻军的情况，特别是淮北捻军，至于全部捻军就不能这样说了。如果说未打败仗的原因，只是由于骑兵去了笼头的猛冲猛打，也是不全面的。

江台陵也有和苗沛作战的传说。

据江家平说：“清水沟（不属涡阳）给苗蛮子闹得没办法，来请江老台去打苗蛮子。苗蛮子的人比江老台的人多。苗蛮子那边有叫刘兰馨的，问老台的人说：‘哪个能把我打败，苗营的人尽你用绳子拴’。江老台的部下江世禹领人去打，结果把刘兰馨打败了。当地的人把财宝送给老台，他都不要。”

四、江台陵之死

关于江台陵之死，也有许多传说，首先是投降问题，共有四种说法。

江聚堂说，江台陵没有投降。他说："僧王来平反时，许给江老台官，但老台不愿享受荣华富贵，没有投僧王，后来不知死在何处。"江华南的说法相反，认为他投降了。他说："后来皇爷从北京发来了兵，僧王、周天爵（坐王市集）[①]把大捻子平了，江老台就投了官，又带人去打苗沛霖。"栾楼77岁贫农栾凤三则说他是被骗投降。他说："老僧王虽厉害，但不敢和江台陵打。平反时，老僧住花沟，哄骗了老台，把他处死。据老的说，当时老台并不想去，别人说不要紧，结果送了命。"刘学道也说："江老台与张老乐都毁[②]在僧王手里。割肉下油锅，先割老台一刀，老台哼了声，老乐把眼一翻，意思叫他不要哼。"第四种意见认为是被捉去的。崔学银说："老台是在家被官兵捉去五牛分尸死的。"此外，江浩言在死的方法上又说："老台和张老乐一样，是抽肠死的。"

上述谈话，四说中有两说都认为江台陵是投降被杀的，《剿平捻匪方略》卷一百八十八僧格林沁奏折也说，在1863年旧历二月初六日，即张乐行被送到僧格林沁军营的同一天，"复有捻首孙臭，即孙葵汶、姜台陵俱各率众来营乞降"。又据《剿平捻匪方略》卷一百八十僧格林沁奏，张乐行在旧历二月十八日处死，"至投诚捻首孙臭即孙葵汶、姜台凌二犯俱系罪大恶极，诚如圣谕，若遽准其免死，不足以伸国法而泄众愤，当将该二犯一并极刑处死"。[③]从此可见，江台陵是自己投降被杀的。

在僧格林沁进攻皖北时，曾经以"投降免死"的宣传欺骗人民。江台陵本来是犹豫不决的，后来相信了他的宣传，以为可以免死，哪知结果竟被杀死。可见投降是不错的。苗沛霖第二次叛清也正是抓住这一点，说清政府"杀降"不对，发动部下叛清的[④]。尽管江台陵的投降，可能是地主分子欺骗的结果，但只要不是捉去的，便是投降的。

至于江台陵之死，也以抽肠之说较为可靠。在张乐行被杀的传说中，

---

① 其时周天爵已死，这样说是不对的。

② 毁，死的意思。

③ 《剿平捻匪方略》，第180卷，第17页。

④ 苗沛霖"以僧格林沁杀姜台凌为词，谓我辈所为终难免死，不如先发制人，众心复为煽动"。《剿平捻匪方略》，第184卷，第2页。

也有抽肠而死的传说。既然是同时处死，又是同一天处死，当然也可能采取同样残暴的方法。

五、江台陵的部下

我们所接触到的江台陵的部下，有江世禹、江兆、王家相、王天财、江大喜、江胎等。

江世禹："江老家人，但和江老台不同族，家里没有日子过①，是江老台部下最出名的打手。"（江聚堂）"江世禹是江老台的先锋官，苗蛮子打清水沟时，清水沟来请救兵，江世禹曾领人去打，把刘兰馨打得大败。老台未失败前，他就有病死了。"（江家平）

江兆："江兆不知是哪庄人，是老台手下重要打手。有两个民歌说：'江老台打的好，离了江兆曳个屌'；'江老台，离了江兆爬不起来。'"（江华南）

王家相："江老家后庄人，家有三四亩地，和老台是亲友。"（江家平）

王天财："江老家后庄人，没有地，是老台部下小头目。"（江家早）

江大喜："江东庄人，后来死在家里。"（江华南）

江胎："江西庄人，有七八十亩地。后来降清，替清军送粮，被苗兵追赶从马上掉下来，被杀死在蒙城白圩子。"

江台陵死后，当地唱二弦戏中有唱江台陵戏的，把老台画成红脸，江兆是武生。（江华南）

附：纪伦寨

纪伦寨位于江老家西北十里，距涡阳城40里，是捻军起义时皖北最大最好的圩寨之一，筑于咸丰年间，因为筑寨人是纪伦而得名。

据这里的老年人说："纪伦原先在清营混到一个亮白顶子，家有两顷地。咸丰初年大捻子起义时和清家打仗，纪伦寨人东边打仗向西躲，西边打仗向东躲。纪伦向大家说：'咱打寨吧！'于是自己就画了一个图，装了六门炮。等寨打好以后，纪伦说：'寨也打好了，别给苗沛霖送粮了。'苗沛霖来打纪伦寨，给三炮轰跑了。"

---

① "没有日子过"，指穷的意思。

从这段话中说明，纪伦寨筑寨的目的之一，是为了防御苗沛霖的抢掠而筑的。但它和捻军是什么关系呢?

从地理环境上说，这个寨东南十里是江台陵的江老家，西面二里便是江台陵部下小捻头江老虎的庙西庙，它的位置正处于江台陵的地区之中。它和江台陵如果不是敌对关系，便应该有同盟关系。

据这儿的老年人说：“江台陵和纪老虎都不打纪伦寨。原因是江台陵和纪伦寨有亲友关系，纪老虎与纪伦寨人是爷们（同族)。都不意思。”

这个情况说明，纪伦寨并不是捻军的敌人，起码捻军自己是这样认识的，而且和捻军有一定的联系。从当时的斗争情况说，这个地区除去经常受到苗沛霖的进攻和掠夺以外，基本上不会遭到其他清军的进攻。因此，我们可以肯定，这个圩寨是为了防备苗沛霖而筑的。它既保护了地主的财产，也保护了农民的财产。这个圩寨既不属于江台陵，但又和江台陵有一定的关系，是一个独立的圩寨。对于防备苗沛霖来说，和江台陵有同盟的关系。因此，这个圩寨基本上是一个中间圩寨，即它既不参加捻军，也不反对捻军，在反对苗沛霖问题上还是捻军的同盟军。但对于清政府来说，只要清政府的力量还是强大的，它便依然是拥护清政府的地主武装。

雷彦

雷彦，亳县东南十九里沟附近李楼人，捻军小花旗旗主。他的寨是雷寨。

据雷彦同族雷寨人张竹园、小学教员雷元忠说："雷彦祖居雷寨，他家在他祖父时候，是有日子过的。后来分居到李楼，也不过有五六十亩地。"相当于富裕中农成分。

据亳县大寺庙秀云和尚说："雷彦原住雷寨，在雷彦声名大的时候，雷寨就叫雷彦寨。这个寨原来是姓马的寨，雷彦塌驾（失败）后，又改为马寨。"

从调查情况看，雷彦后来是否投降清政府，还是一个问题。

据《剿平捻匪方略》卷一百六十三僧格林沁奏，当1862年清军进攻到亳县东南以后，有捻军叛徒崔庄人任心桃趁"花旗捻首雷彦"到河南的机会，把他的家属逮送亳州，打算逼迫他投降。[①]又据卷一百六十四僧格林沁奏，不久以后（旧历十月初），"雷彦从西路折回，即赴亳州，具禀，情愿投诚。经该州知州刘兰馨解送臣营。讯据雷彦供称，涡河南岸之崔庄，系伊本寨，及雷庄等三寨，共有马步捻匪七八百名，俱愿投诚杀贼报效等语。臣等察看情形，尚属真心悔罪，遂准其率众剃发投诚，责令随同剿贼"[②]。

据上述材料，雷彦当然是投降清政府无疑。但据调查材料，却有不同的说法。

雷元忠说："雷彦手下有个叫姜桂题的，是雷彦表弟，参加捻子很晚。老乐落马后，姜桂题就带人投降了。雷彦带几只船和卫队走了，以后就不

① 《剿平捻匪方略》，第163卷，第12页。

② 《剿平捻匪方略》，第164卷，第25页。又据僧格林沁奏，僧军在进攻亳县涡河南岸溜子集时，"旋有该处投诚之勇目雷彦声称，溜子集捻首李传珠、卢照有等亦悔罪求抚，察其情形尚属出于至诚，当令地方官分别安插"。《剿平捻匪方略》，第173卷，第25页。

知下落。”

又据亳县大隅口76岁周仲华说：“雷彦是姜桂题的表弟，有一次捻子把州城围了一两个月。雷彦回到雷寨时，姜桂题的父亲是亳州的绅士，出城去看老彦，实际是想说服老彦。回来后清官[1]说他通捻，就杀掉了。姜桂题为了给父亲报仇，才投奔老彦。雷彦败的时候，姜就领人投了淮军，后带江防营扎在浦口，当过热河都统，死于民国九年，死时81岁。”

这个姜桂题，就是后来淮军中的姜桂题，也是北洋军阀中的姜桂题。所以传说把他投降清军说成投降淮军。按照雷元忠所说，雷彦当然是没有投降，而是隐姓埋名地逃走了。但如果真的没有投降，《剿平捻匪方略》中怎能有那样的报告呢？这时捻军叛徒在僧格林沁军中的不少，宋锡元也在，他们当然认识雷彦。如果雷彦真的逃走了，一定有冒名顶替的人。我们因为对雷彦没有重点调查，也没有进一步访问是否真有冒名顶替的人。但我们以为如果真有这个人，也可能就是姜桂题。在当时情况下冒名有两个好处：一是官做得大些；二是可以帮助雷彦隐藏，使清政府不再追究。对于这个问题，暂时只好存疑了。

① 清官，即清政府的官。

李大溪

李大溪，原属宿州，今属濉溪西南边境五沟集人。捻军黑旗旗主，他的寨在五沟集。

李大溪的名字，在书面材料上多作“李大喜”或“李大禧”。据白沙集78岁的李怀彪说：“他的名字应该是‘李大溪’，而不是‘李大喜’。因为我们这里从白沙集到五沟集都是一家姓李的，‘溪’字是班辈，所以不能是‘喜’，而只能是‘溪’。”

据五沟集75岁的赵廷标说：“李大溪在五沟集上有四间宅子，以后卖给任家两间、肖家两间，都是经他手卖的。”80岁的任柏年说：“李大溪是我家的老邻居，连屋搭山（房子连在一起），他只有间半房子，没地，没生意，是个穷光蛋。”可见，李大溪是个穷人是没有问题的。

赵廷标又说：“李大溪在起反前是个穷光蛋，但是个仁义人，大家把他架起来了。”

李桃园59岁的李宝银说：“李大溪是黑旗，麦穗子飘带。他的领旗地区东到孙畦，西到辉山，南到界沟，北到韩城。”《剿平捻匪方略》卷七十七傅振邦奏中也记载道：“李大喜所据之解沟、五沟。”[①]解沟在五沟之北，可见李大溪地区以五沟集为中心是不错的。

李大溪是怎样死的，还是一个问题。

据《剿平捻匪方略》卷七十八傅振邦奏记载，李大溪是在救援蒙城北境的阎圩时，在奶奶庙被苗沛霖部将苗景开“矛刺落马”，被守备杨怀西捕捉。[②]又据《剿平捻匪方略》卷七十九，李大溪被捕后，于1860年6月17日（旧历四月二十八日），即五沟圩被攻陷的同日，在宿州被清政府“凌迟枭

① 《剿平捻匪方略》，第77卷，第27页。

② 《剿平捻匪方略》，第78卷，第28页。

示”。①

但上进老年人赵廷标说：“李大溪死在严家集。”任柏年也说：“听说他死在严家集，是被人刺死的。”如果是真的被人刺死，那么傅振邦奏中所说的捕捉、“枭示”都是谎话了。也可能他们知道李大溪已死，才造出这个谎言来报功的。

任柏年又说：“李大溪只有一个义子叫李臣（音同臣，城）。”李宝银也说：“李大溪收个义子叫李臣，李臣死了又收个义子叫李山。”

如果这段话不错，问题又来了。这个李臣是谁呢？有人以为是僧格林沁进攻皖北时，攻入山东的捻军领袖李城。如果是李城，那么李城之死在李大溪之后，李大溪便不可能再招义子了。也可能李城是另外一个人，李大溪义子又是一个人。这人早死，死后李大溪又有一个义子叫李山。

概括地说，共有两个问题。一、李大溪是怎样死的，是被刺死的还是被逮捕杀害的。二、李城是不是李大溪的义子。上述阎圩破后，其中有一个叫“李尘”。李城、李尘和李臣是什么关系？李臣、李山又是不是真有呢？

这两个问题，也只好暂时存疑。

① 《剿平捻匪方略》，第79卷，第25页。

李允历史调查记

在调查龚得历史的同时，我也对李允的情况进行了调查。

一、李允之谜

后期捻军的主要领袖之一、太平天国魏王李允是哪里人呢？这的确是一个问题。《涡阳县志》中“捻匪各旗表”记载他是蒙城人，诨号“大肚子”。但究竟是哪里人，书面材料基本上毫无线索。在我们没有正式调查之前，曾对皖北情况进行过一次摸底，曾收到龚得族人龚连琴讲的一段传说，谈到龚得曾和李允同打高公庙。根据这一点，在调查龚得时，我经常顺便问一下。

一天黄昏的时候，在磨盘松西南八九里的王楼村外的独立茅屋中，我碰到了年老多病、卧床不起的王，和他讲话很困难，别人都不知道他的名字，也不知道他的真实年龄，既说他90岁，又说是89岁，总之是个多少代都为地主看园地、草场的贫农。他说，他的祖父和龚得、李允都经常在一起，他的家就是龚得的避难所。又说，“李允住在李巴狗庄，原来是东面六里庙人。”由于说话困难，加上天已经黑了，离住地太远，我不得不匆匆离开。

第二天清早，我怀着兴奋的心情，去找“李巴狗①庄”。李巴狗庄的名称实在难听，是含有侮辱性的名称，又是旧社会的产物，解放以后改为李庄，这个名称在青少年的头脑中已经消失。许多人都不知道，多问了好几个人，才肯定究竟是哪个村子。到了生产连办公室，找到了连会计，又找到了全村年龄最大的65岁的李如山。在他们的指引下，又跑了许多路，在附近的康庄找到李允孙子，50多岁的李广居。通过与他们两个人的谈话，关于李允之谜，终于基本上有了眉目。

① 巴狗，指矮脚狗。

二、李巴狗庄的新移民

据李如山、李广居说，李允小名叫“永”。他们对“允”和“永”的读音是有区别的，但也无法注音。我请教懂得文字的连会计，他说，根据当地的读音，正确的书写应该是“永”，作“允”字是不确切的。李广居不知道李允的名字叫李蕴泰，也不知道曾被太平天国封为魏王。

李如山说：“李允是从东面六里庙的七里咀①来的。”李广居说：“六里庙附近的姓李的有六七个村庄，李允是六里庙东北一里的李绳匠庄人。”李如山说：“李允年青时偷偷摸摸，他族中的爷们说他不好好地干，在一个冬天用绳子把他勒死了，抬出去埋，但因天气太冷，埋的人说回去烤烤火，回来再埋吧。埋的人回去以后，别人把他救活了。他先跑到龚长营，又跑到这里来的。”但李广居有不同的说法，“李允本来没有地，俺爷（李允）想把被他们家族当出去的二间宽、四间长的住宅地赎回来，他们才杀他的。”这两种说法有很大的不同，也可以统一起来。但只有到六里庙再进一步调查以后，才可能彻底搞清。

李如山说：“李允先到龚长营，后来到了康庄和这庄（李巴狗庄），那时正在过年，人家都在做山芋糖，办年事。他就来帮忙，人家就给他吃，凑点馍过年。遇到西边来这庄抢粮食，他溜出去了，把康庄和龚长营的人邀来，粮食被护下来了。因为他对这庄恩重了，就被留下来了。后来起反了，这庄南边是老牛会，北边是长毛（捻军），他就当趟主了，只带有十几个人。后来都平安好几年了，才回来，后来死在本庄。”

李广居说：“当时都说俺爷（祖父）是大捻头、大趟主是不错的。后来起反了，这庄南边是老牛会（地主武装），待不下去了，就把俺庄人都带到东边六里庙，反后才又带回来的。俺爷原来没有一点地，干大捻头以后在六里庙那边买了40多亩地，这庄买一顷地。”

三、家庭和年龄

李如山说：“李允只有一个儿子，乳名高得，大名李化如。光绪二十四年刘疙瘩起义时，李高得曾经攻打陈寨，没有打下来，打断了一只手，后来失败了。”李高得有两个儿子，大儿子李广先，二儿子李广居。李广居

① 在楚店集附近。

说："李广先后来不但六里庙那边40多亩地卖完了，又把李巴狗庄的地卖了约70亩，还剩下30多亩地，就留给我了。后来他到临湖街后种菜园去了。俺哥对俺爷的事知道得多，找到他就清楚了。"李允是不是诨号"大肚子"呢？他们都说，"从来没听说过"。

李允是捻军前期的领袖之一，是肯定的。关于李允的年龄，李鸿章在1867年12月（同治六年11月）给曾国藩的信中说："赖文光、李允俱五十岁内外人，老滑亦不易制。"如果李允有50岁内外，那么应当生在1818年（嘉庆二十三年）前后。但据李广居说，李允是属鸡的，活到97岁才死。"死了以后，又运回去埋在六里庙的。"结合上述两个说法，如果属鸡是正确的，那么李允只可能生在两个年份。第一个可能是1813年，即嘉庆十八年癸酉，他到1867年应该有55岁。第二个可能是1825年，即道光五年乙酉，到1867年应该是43岁。我认为还是第二个估计比较可靠。

四、关于投降和死的问题

东捻军失败后，《剿平捻匪方略》卷二百九十四英翰奏说："查李世忠（李昭寿）所受降众大头目八人，小头目三十五人，李允、牛遂均在其内。"[①]李鸿章在同治六年十二月二十四日及七年正月初四日两次给曾国藩的信也说李允等在盱眙津泥被淮军"正围剿间，李世忠忽云，系他招降，将余众一二百人收入旧县圩内"之说。[②]后来李昭寿把他们解到五河，李昭庆派道员余思枢追至五河，索取李允等，安徽巡抚英翰也派史念祖前来索取，李昭寿终于将李允等人交给了英翰。又据史念祖《弢园随军》也亲自记载了他这次如何伪造英翰的奏稿和信件，向李昭寿追索李允的事，曾记载有"李允昨日已至五河投李世忠"之说。他和淮军的争夺，如临大敌，利用皖军张得胜的老资格，拖住了余思枢，他们则剑拔弩张地用帆船装走了李允。其他各书也有类似的投降记载。

既然各书都说是投降，而不说是在战争中被俘，可见投降之说问题是不太大的。又据李鸿章在同治六年十一月（任柱死后）给曾国藩的信中说，"李允曾向琴轩（潘鼎新）求降，似非甘心，赖文光则不降"的说法，[③]可

① 《剿平捻匪方略》，第294卷，第24页。

② 《上曾侯相》（同治六年十二月二十四日），《李鸿章全集》，第29册，信函（一），第574页。

③ 《上曾侯相》（同治六年十一月冬至日），《李鸿章全集》，第29册，信函（一），第572页。

见李允在当时是可能有投降打算的。这时既然淮军数十营紧紧死追，最后无法逃走投降了，也是可能的。又据上述李如山和李广居的谈话，李允既然在乱后几年才回到家中，没有死，说明李允如果不投降清政府，当然是不可能的。据《剿平捻匪方略》卷二百九十四，李允在投降李昭寿以后，安徽巡抚英翰曾奏报清政府，清政府在上谕中命将李允"即行就地正法，并传首犯事地方，用昭迴戒"。[①]如果根据这一点，李允应该被处死了。但李广居又说他没有死，并说李允的大名叫李明全。李允是否叫李明全呢？所有的书面材料都没有这样的说法。因此，还可能由于清政府已经将他"明令正法"，他不改名字，要想留下来是不行的，改名"李明全"是可能的，这个名字很像投降以后"隐姓埋名"起的新名字，"明全"之意也可能是清政府给他起的。他的小孙子李广居所以不晓得他的太平天国王号和赐名，也可能是隐瞒的结果。

他有两个家，是他的"狡兔三窟"。老牛会嚣张时，他移到东部的六里庙，他的声名只流传在东部。投降以后，又回到李巴狗庄，而在李巴狗庄，他的时间短暂，声名不显，附近的村庄都不知道他，只要本庄人不说，别人是不易知道的。加上交通闭塞，再改名以后，附近的反动地主便很难找到他。即使在调查时，也是如此，附近村庄的人对于他几乎全不晓得。可能正是这样，才使他能够隐姓埋名地偷生下来，买了一些地，过一种隐士的生活。他的儿子李高得，竟然在1898年（光绪二十四年）的刘疙瘩起义中，又去攻打捻军的老敌人——王楼，说明和李允的影响是分不开的。在捻军失败后，王楼的地主又是附近数十里内最大的高利贷、最大的吸血鬼，进攻他们也是自然的，必要的。

也许看到了上述材料，有人会提出，清政府绝不会轻易放过李允，英翰也不会不杀李允。这个李允也可能是另外一个人，不是太平天国的魏王李允。我认为，对于前一个问题，英翰不杀李允是可能的。正因为英翰是一个老奸巨猾、杀人不见血的刽子手，他知道革命人民是镇压不了的，便采用两面手法。镇压之外，又采用分化收买的一手。许多捻军人物，都是他招降的，如刘天福、刘天祥、张慎德、张慎聪、魏希原、魏希古等都是他招降的。安徽军内，捻军的降将极多。也正因为清政府采取这种两面手法，捻军才在不利的情况下，受到瓦解，最后被镇压下去的。如果采用硬

① 《剿平捻匪方略》，第294卷，第28页。

杀的办法，是不行的。据《剿平捻匪方略》卷二百九十四英翰奏，对东捻军将领所提出的处理意见，便不是一律杀死的办法，而是一笔糊涂账，很可能把全部人都隐瞒了下来。首先他提出投降的只有大头目8人，小头目35人，共43人。实际上据前引李鸿章的信稿却说有一二百人投降李世忠，为什么会突然变成43人呢？在大头目中，把这时最重要的领袖、被太平天国封为王室的任三厌说成“前在扬州已渡河淹毙”，[1]很可能首先就把他隐瞒下来了，不然任柱的部下，怎么还有“王室任维邦”未死，而且和清军寿春镇还有联系呢？而在已上报的43人中，又可分为三类。第一类是已被正法的，有任夸等人，怎么能不经请示就先斩后奏呢？第二类是免死的，有牛遂等39人，说“牛遂虽系牛络江养子，年仅17岁，从逆未久，且系为任、李两逆所胁，此次首先投诚，实为真心悔罪。李允之得以就获者，亦以牛遂等出力为多”。处理意见是“暂留军前，立功赎罪”。其余的38人“均编归营伍”安插安协，断不愿再生事端。第三类是只归罪于李允一人，说他是张宗禹、任柱“死党”，虽于李世忠投降，实由小头目首先归诚，始相随就降，属“罪大恶极”。牛遂和任三厌，都是东捻军后期力量最强的领袖，其实力都比李允为大。如上所述，英翰既能把牛遂说成是牛络江的义子，又说他只有17岁，而公开的免死；又说任三厌已死，而达到隐瞒的目的。那么后来再把李允隐瞒下来，又有什么不可。不然便不会出现这么多的巧事，任柱部下有任柱的最重要的助手王室任维邦未死，这里又有一个李允未死。

有可能会认为这个李允不一定是封为魏王的李允。但我认为可能性是非常大的：第一，都是大趟主；第二，年龄差不多，李鸿章说魏王李允是50岁内外人，说明不是小青年，而这个李允可能是40多岁，既够上前期捻军领袖的年龄，但又不太老，在后来继续干，是可能的；第三，李允这个特殊的“狡兔三窟”的条件，很符合魏王李允能够保存下来的条件的；第四，书面材料的魏王李允，是一个无法找到住址的人，这个李允的情况，和他的情况也正相符。因此，我初步认为，这个李允就是魏王李允。李允投降以后并没有死，保存下来了。今后如果再有机会，再调查一下，这个问题便可肯定了。

---

① 《剿平捻匪方略》，第294卷，第24页。

刘狗、刘尿兄弟

刘狗、刘尿，都是涡阳义门集人，同为捻军黑旗大旗主之一。他们的圩寨是义门集、张寨、邓楼。

一、姓名和家庭情况

刘狗、刘尿叫什么名字呢?

邓楼74岁邓世诚说：“刘狗、刘尿是小名”，其他的人也都是同样的说法。至于他的正式名字，许多人都不知道，只知道他们又叫作“大老渊、二老渊，是胞兄弟两个”。谁是老大、谁是老二，谁是大老渊、谁是二老渊也不清楚。并且说他是“兄弟四个”，至于老三、老四的名字，也不清楚。一般都说刘狗是老大，刘尿是老二。但也有人说，刘尿是老大、刘狗是老二。例如义门河南邓小街87岁的高元勋说：“刘狗、刘尿叫大老渊、二老渊”，意思是说刘狗是老大、刘尿是老二。义门北苏苏庄91岁的苏玉堂说：“刘狗是老大，刘尿是老二，老三叫三疯子，老四叫四老马子。”义门集72岁的祝起龙也说：“刘狗、刘尿兄弟四个，大老渊、二老渊、三老渊、四老马子。”唯有张寨74岁的张新俭说刘狗是“二狗子”，意思是说，刘狗是老二，刘尿是老大。78岁的张新会也是这样看法。

经过分析以后，我们以为还是后面一个意见比较正确。据《剿平捻匪方略》卷一百七十六僧格林沁奏，当他在1863年2月底（旧历正月十日左右）进攻到义门集时曾奏说道：“臣等正拟移营进攻白龙庙（义门集）之捻首刘狗贼寨，适探捻首孙丑与刘尿即大老渊，刘狗即二老渊、杨二等股率众由涡河南鹿邑一带西窜。”[①]《剿平捻匪方略》卷一百七十八僧格林沁又奏说，在3月22日（二月初四日）“将二老冤即刘玉渊并伊弟刘四麻孜、张

① 《剿平捻匪方略》，第176卷，第4—5页。

延生……一并拿解到营”。[①]24日（二月初六日）又说：“据投诚之郑如先报称，将逆首大老渊即刘学渊诱擒。”[②]这三句话中有几个内容：第一，刘尿是老大，名叫刘学渊，或大老冤。刘狗是老二，名叫刘玉渊，或称二老冤。这个说法当然最可靠。一方面这时僧格林沁已经到义门附近，对这里情况当然容易清楚；另一方面这时僧营中叛徒已经很多，何况大老渊又是叛徒郑如先逮捕的，当然更不会弄错。第二，刘狗老四叫刘四麻孜，所谓“四老马子”应是“四老麻子”之误。第三，在这里只有三老渊或三疯子没有提到，也有人说“老三死了”或“老四病死”；“老三、老四还没把铺卷开就被毙了”。也可能清军进攻前老三真的病死了，奏稿中才没有提到他。

总之我们认为，刘尿是老大，刘狗是老二，老三可能已死，老四混号叫“四老麻子”。

刘狗是哪里人呢？说法也有分歧。

义门集祝起龙说：“他们是河南人（指义门河南），但不知是哪庄的。”邓楼曲世东也说：“他们是庙集人（义门）。”周桥集王楼村66岁的胡金其说：“他们是庙集西刘郢子人。”义门集76岁饶开珍和张寨74岁张新俭说是“河南刘园人”。下张桥77岁的杨汉亭也说他们是义门西刘楼人。城父寨蒋召德也说他们是刘庄人。但姓刘的庄村都否认这一点。他们说刘狗和他们不一家。总之，人们都不知道刘狗是哪里人。91岁的苏玉堂干脆说：“不知是哪庄人。”后来我们又在义门河南邓小街找到了87岁的老人高元勋，据他说，他的父亲叫高心田，12岁时就给刘狗、刘尿“牵马买菜”。他听父亲说：“刘狗、刘尿是山东腾县人，因为道光二十六年腾县大水才逃荒到义门集来。”邓小街77岁的邓家良也说：“刘狗是外地逃荒来的。”这个说法当然有可能性，传说中的刘狗兄弟也符合灾民的情况。

祝起龙和义门西北王楼82岁的王汉选说：“刘狗、刘尿家里很穷，两个人伙穿一条裤子。”张新会也说：“刘狗兄弟四个是痞子嘛，都是穷光蛋，蹬人家墙谷郎子（只剩破墙的房子），兄弟四个伙穿一条裤子。”

可以想到，几个逃荒的流浪汉来到义门集，初到陌生的地方，饥寒交迫，无处安身的情况。义门集邓家玉说：“刘狗、刘尿兄弟四个住河南四桥口。”张新会说：“刘狗、刘尿兄弟四人，起反前住在庙集河南四桥口看

---

① 《剿平捻匪方略》，第178卷，第3页。
② 《剿平捻匪方略》，第178卷，第24页。

桥。”邓家良说：“住在邓小街街东河沿四沟口上。”刘金和说：“起反前住河南四桥口石头蹬东边、大沟口西边。”邓宝相说：“他们住在庙集王桥口。”王汉选则说是“住猴洞”。意思是说挖个洞就住在河岸上。

刘狗、刘尿为什么要住在四桥口、五桥口呢？是为了向走路的人乞讨几个大钱呢，还是为了看桥，或是为了住猴洞才到这里来呢？也可能几方面因素都有。这是刘狗兄弟初到义门集时的情况。

后来，刘狗兄弟又充当义门集搬运工人。饶开珍说：“刘狗、刘尿出身在河上扛码头。弟兄两个很有劲，成车的柴禾一人可扛一车。”邓家良又说：“他们在码头上帮人扛粮食，是脚夫。”祝起龙说：“刘狗、刘尿是义门码头腿子头（搬运工人头）。当时义门开陆陈行、盐行、木行的很多，各样货物都归到刘狗兄弟包运，有时也应差到颍州府去。”邓家相说：“刘狗兄弟是地痞流氓，混光棍的。”

这些传说表明，刘狗兄弟由于人多、力气大，不但成为码头工人，而且很快成为码头工人的头子，开始拥有力量。

二、起义情况

邓家玉说：“刘狗、刘尿起事时，是到北边去抢大盐，后来人慢慢多了就抢村抢寨。清军来打，他们撑不住，就投了张老乐、洪秀全。”张新会说：“刘狗、刘尿起事时是黑夜聚、白天散，末了起事了。州[①]里在这里没有兵，只有九门队。刘氏兄弟的大火从庙集一直烧到沙集。当时龚瞎子、张老乐，也不抢。州里一看火大，不敢发兵来，九门队也不敢同大捻子打。”

以上情况，除“投洪秀全”一句以外，都是讲的初起义时的情况。据捻军后人87岁的高元勋说，他父亲高心田比他大31岁，属虎的，12岁就跟刘狗一起干。据时间推测，高心田应该是1842年生，12岁时恰好是1853年。这说明，刘狗也是在1853年起义的。

刘狗在起义初期，是不大到远处活动的。据饶开珍说：“他俩没到过远处，只在附近十里、二十里以内，有谁不服了，就带人去打。也到河南去过，那是合在一起的时候。”邓家良说：“刘狗、刘尿不常出门，出门也只

① 州是指亳州。

到河南那边。刘狗、刘尿在义门集称盟主。”祝起龙说：“本地人都跟他干，不干就杀。方圆一二十里是他的范围。”

刘狗是不是在义门集称盟主，还值得考虑。但刘狗没有随张乐行到淮南倒是事实。和其他捻军相比，刘狗到过的地方是比较少的。参加刘狗的队伍带有强制性，这和其他捻军也是不同的。

在刘狗地区，也有和封建地主作斗争的传说。

邓家良说：“邓楼是富户，有一家有八九顷地，和刘狗是对头。刘狗见姓邓的就杀，邓家大户就逃到亳州去了。由于逃难，田地荒芜，邓小街及河南一带的地里，可以拾到野鸡蛋。兔子在田里走成路。刘狗在邓楼打寨，把庙集的庙拆掉，运到邓楼去。”邓家玉也说：“刘狗在庙集闹有十多年，地都荒了，人都逃到亳州去了。”邓世诚说：“刘狗后来住在邓楼，在邓楼住六七年，邓楼的寨就是刘狗打的。当刘狗住在邓楼时，邓楼人都跑到亳州去了。”邓新河也说：“邓楼后来有寨有楼，刘狗又重新修了一下。”

上述老年人都是姓邓的，可见邓姓地主和刘狗兄弟之间，是有过一场你死我活的斗争的。刘狗所以要在邓楼筑寨，当然也有镇压邓姓地主的目的。

刘狗、刘尿的寨究竟各在哪里，也有分歧。以上各说一方面说明刘狗兄弟和邓姓地主之间的斗争，另一方面又说，刘狗住在邓寨。但另外一些老年人又说刘狗住在张寨，刘尿住在邓寨。

张新俭说：“起反后二狗子在张寨，张寨原名张小庄，刘狗来后才打寨的。打张寨是扒小刘庄的齐洪庙的砖，一个人一个人传递，把砖传到张寨的。”王汉选说：“刘狗兄弟老婆多，没打张寨时住在义门，打张寨时天天去看，叫他老婆穿花衣服在上面走，叫人从沟里丢泥，看谁能丢到她身上，不怪他。”张新会也认为刘狗住张寨，刘尿住邓楼。但也有第三种说法。如邓家玉说“刘四住张寨”。除此之外，张新俭又说“四老马子在十里庙”。张新会又说“老三住十里庙翟园，老四住许圩子”。

总之，义门集、邓楼、张寨、翟园和许圩子都是他们兄弟几个的寨。祝起龙甚至说“义门集四角八寨”。意思是说，义门一带共有八个寨，都是刘狗兄弟们的。至于是不是有八寨，哪个寨是哪个人的，我们就没有详细调查了。

三、刘狗捻军的纪律

我们在调查中有这样的感觉：除去受到地主阶级的影响，对捻军起义有污蔑之处外，一般都是颂扬捻军的。但唯有对于刘狗，很少有讲好话的。因此，我们在调查时也把这一点作为调查重点之一。

群众反映最多的，还是在男女关系的群众纪律方面。例如，吴桥寺附近80多岁侯怀德[①]说："大老渊兄弟四人，驮六七十个闺女、媳妇和老婆，老乐、老敏黄旗不叫驮。"义门集附近老年人也有同样说法。82岁王汉选说："刘狗兄弟两个，一个人有12个老婆。"82岁刘金和说："刘狗、刘尿有18房家眷，上集时一人骑一匹马。"祝起龙说："刘狗兄弟有三宫六院七十二妃。"城父寨74岁的蒋召德说："张寨盖有官院，挂红灯，也差不多有七十二妃。"韩老家70多岁的韩守仁说："刘狗队伍不能看到女人，看到女人像牲口去了笼头一样。"

我们认为，在这个问题上，群众对于刘狗兄弟的意见基本是一致的。刘狗军队在这个问题上也是值得考虑的。如果仅仅是多几个老婆问题还不大，如果真的"驮人妇女"，"像马去了笼头一样"，这个队伍的纪律还是有问题的。但一般的说法并不这么严重。如果真都是"驮人妇女"，那么驮来的人一定很多，但我们所接触到的实际情况并不是这样。

对于刘狗、刘尿的作风，也有不少的传说。

饶开珍说："刘狗、刘尿的性子很暴躁，张口就骂人。"张新俭说："刘狗、刘尿在起反后很厉害，他俩在庙集只要一进茶馆，原来像鸭子窝一样的人，马上就变成没有一点声音。然后一个一个趋趋[②]地溜走了。"刘金和也说："刘狗、刘尿到庙集一进茶馆，茶馆里的人就一个一个地走了。"王汉选也说："义门街上现在的瑞昌杂货铺是原来的茶馆，刘狗天天去。他一去，别人就走了。他对谁笑，谁就完了，拍桌子打板凳反而没事。"

张新俭又说："有一次，刘狗路过邓竹园，一个妇女在地里摘棉花，抬起头来看他。刘狗说，你看我啥事？就叫手下人把她杀了。"祝起龙说："刘狗在茶馆里喝茶，有个人溅了他身上一点水。他就把那个人绑起来，用开水活活地把他烫死。在刘狗起事以后，庙集有个教书的仍在集上教书。

---

① 吴桥寺距义门集约40里，侯怀德是红旗捻军小旗主的后人，知道捻军事迹最多。

② 趋趋：土话，意思是说无声无息地，偷偷地。

有一次他跑去看看，问教书先生在这个时候还教书干吗？教书先生说，总会有平安的时候吧！人怎能不念书呢。他认为这话说的不对，就把那个教书先生杀掉了。”邓家良说：“刘狗心毒，他看人向他笑就起疑心，事后就叫人把你杀掉。赶义门集的人过了晌午，就不敢在集上久留了。怕碰到刘狗。”

把上述意见归纳以来，对于刘狗的作风，基本上有两点。第一，性情暴躁；第二，好杀人。前一点问题不大，暂时不说。对于后者，还值得考虑。

首先，这里的阶级斗争情况极为复杂。在整个捻军起义区，义门集是最大的镇市，人口总在万人以上，商业兴盛，商人聚集。商人们对于刘狗当然会不怀好意。义门南面的邓楼又是地主集中的地方。“当时全村不过五六十户，最大的地主有上十顷地，少的也有两三顷。”可以想见，不经过激烈的阶级斗争，起义是难以爆发起来的。这个地区的西南，也就是在义门西面五里以外，就是公开的地主武装——老牛会地区。因此，刘狗不但要和公开的敌人作斗争，时时提高警惕，同时还要和内部的敌人作斗争。而刘狗、刘尿只是逃难的农民，他们的力量只在搬运工人中间，在市镇贫民中间，和其他的捻军领袖相比，他们的力量是不够雄厚的。在这种情况下，他们如果不坚决打击反动势力，是很难存在下去的。他们的主要敌人和主要打击对象，当然是以邓姓地主为代表的封建势力。他所以要杀死邓姓妇女，杀死教书先生，并且较少地离开皖北，可能都是为了镇压反动势力的反抗，巩固革命力量。因此，我们不能完全否定刘狗兄弟，把他们也说成是好杀人的坏人。即使在传说中，也不全是坏的传说。例如刘金和说：“刘尿有个儿子叫麻柱，在邓楼娶媳妇时，哄哄闹闹，把新媳妇闹得很厉害。麻柱娘去找刘尿，想叫刘尿把闹房的人赶走。她对刘尿说：‘你看闹得这样咋办?’刘尿跑去看看，笑笑就算了。”刘尿如果真的杀人，别人便不敢闹。他也不会看看就算了。可见刘尿也并不是眨眼就杀人的人。就是在前面关于杀人的传说中，仔细分析起来，也不完全如此。例如说：“刘狗对谁笑，谁就完了，拍桌打板凳反而没事”。能够拍桌打板凳的大发雷霆，尚不杀人，可是他杀人也不是完全乱杀的。可见刘狗、刘尿固然有些错误，但并不是坏人，把刘狗说得一无是处，是不正确的。

总之，刘狗在男女问题的群众纪律方面是有错误的。在镇压反革命问题上也有些错误，杀了些不当杀的人。但刘狗并不是坏人。

四、刘狗的旗

刘狗、刘尿是什么旗呢？一般都说是黑旗，但也有不同的说法。如知道捻军事情最多的侯德怀，就根据地区推测刘狗是白旗。刘狗捻军的后人高元勋也说："刘狗是大花旗。"张新会说："刘尿是蓝旗白边。"

我们认为，刘狗、刘尿的旗应该是黑旗。《山东军兴纪略》载，"八年春正月下旬……黑旗捻首刘大老渊即刘学渊，刘二老渊即刘狗刘玉渊……等窜濉口西南"[①]。《剿平捻匪方略》卷三十九，史荣椿、伊兴额奏也说："蓝旗捻股由六安窜回蒙宿，勾结黑旗刘大渊捻股肆扰。"[②]《剿平捻匪方略》卷四十中邵灿庚长奏又两次提到"黑帜捻首刘大渊"。[③]可见刘狗兄弟是黑旗，是没有问题的。

对于旗形和旗边，老年人的说法也不相同。总的来说共有四种。第一，曲世东和邓家良说："刘狗、刘尿是黑旗红边子。"张新会说："刘狗是黑旗红边。"二者是一致的。第二，张新俭说："刘狗、刘尿是黑旗白边。"第三，王汉选、邓家相说："刘狗、刘尿是黑老呱膀子[④]旗。"邓家良和曲世东也有这样的说法。第四，张新会又说"刘狗、刘尿是三尖子旗"，邓家良说"是三角形"。

我们认为，第一，在旗边上，究竟是黑旗红边还是黑旗白边，已经很难分辨了。因为当时的旗帜花样太多，据侯怀德说，刘狗兄弟有八九十张旗，这样多的黑旗只有旗边和飘带不同，当然很难区别。第二，在旗形上，刘狗、刘尿的旗可能都是三角形旗，也就是"老呱膀子旗"。老呱膀子恰巧是三角形的。

总的说，刘狗、刘尿兄弟的旗，应该是黑三角形旗，至于旗边就很难区别了。

五、刘狗、刘尿之死

1863年初，僧格林沁进攻到义门集，扎营在义门东北的周郢。刘狗兄弟也先后被捕。

---

① 《捻军》，第4册，第32页。

② 《剿平捻匪方略》，第39卷，第1页。

③ 《剿平捻匪方略》，第40卷，第12页。

④ 老呱膀子，老呱，即乌鸦。老呱膀子即乌鸦翅膀。

张新俭说："刘狗、刘尿是躲在于楼（赵屯东南三里）的红峰窖子里被逮捕的。"张新会说："刘狗是在小刘庙（庙集东南15里）的红峰窖子里被逮捕的，刘尿是在东南什么地方被逮捕的。"据《剿平捻匪方略》卷一百七十八僧格林沁奏，刘狗和刘四麻子都是在"李庄捻首刘登瀛圩内"被捕的。刘尿是被叛徒郑如先"诱捕"的。[1]这个李庄可能距小刘庙不远。

又据饶开珍说，他俩都"死在周郢"。王汉选说：他们"死在周郢后的五义路口"。但据邓家玉、邓家和说，他们死在庙集。邓家玉并说：他们"是绑在庙集桥头上用刀割死的。赶集的人走到那里都要割一刀，不割官不愿意"。《剿平捻匪方略》卷一百七十八也说刘尿"凌迟处死"。[2]

我们认为，周郢距义门集不过四五里，死在哪里是无关紧要的问题。据当时情况分析，刘狗被杀在先，这时义门的"反动秩序"尚未安定，刘狗可能是在周郢被处死的。刘尿被捕较迟，在义门桥上"凌迟"是可能的。除此以外，尚有"刘狗、刘尿是抽肠而死"的说法。这可能是刘狗的情况，不是刘尿的情况，既然"凌迟"，抽肠就没有必要了。

六、刘狗、刘尿的家庭

据苏玉堂说："刘狗儿子给河西施庄姓施的，名叫彩鱼，绝后了。刘尿两个儿子，大儿叫斧头（小名），二儿叫刘周。斧头没家小，刘周不知哪里去了。"刘金和说："刘尿有个儿子叫麻柱。"这个麻柱可能就是刘周。苏玉堂又说："三疯子没有儿，四老马儿子叫刘标，死在张楼，妹妹嫁给姓吴的。"

---

① 《剿平捻匪方略》，第178卷，第3—5页。

② 《剿平捻匪方略》，第178卷，第5页。

鹿利科历史调查记

为了解蒙城教育局对蒙城地区捻军活动材料的收集情况，我一个人到了蒙城城内。趁着这个机会，我骑了脚踏车，在一天夕阳在山的傍晚，来到了蒙城东北30里的板桥集，打算顺便了解一下东部捻军领袖“陆连科”的情况。

经过区政府的介绍，我下榻在区文化站。为了抓紧一切时机，当天晚上，我到了板桥小学打算要他们提供一些调查线索。

巧得很，小学校长鹿俊美[①]一开口就纠正了书面材料的错误。他说：“据你所说的‘陆连科’，我们这里没有，只有一个‘鹿利科’，姓麋鹿的‘鹿’，不是陆地的‘陆’。他和我是一族，他的辈份是利害的‘利’，不是连续的连，他正确的名字应该是‘鹿利科’。”据他说，鹿利科是板桥集西北六七里鹿楼人。就这样，我很容易一下子就找到了鹿利科。

一、鹿利科的家庭和武装力量

第二天清早，我推着脚踏车在板桥和鹿楼之间开展了调查。

据鹿楼村八九十岁的老人[②]鹿治亭说：“鹿利科的大（父亲）叫鹿方春。”《剿平捻匪方略》卷七十八傅振邦奏作“陆方春”，[③]除把姓搞错以外，基本上是一致的。

据板桥集70岁的地主邵明章说：“鹿利科有土地二三十亩。”但据鹿治亭说：“鹿利科只有兄弟一人，他承继了两份财产，共有一百亩多一点。因为承继了两份财产，共有两个家，两个老婆。鹿利科死了以后，没有儿子，东头一份财产被鹿传壁继承，西头一份被鹿传友继承。”

---

① 当时未注明校长的名字，也可能不是这个名字。

② 体弱耳聋，不便问清真切年纪。但大家都公认，他知道的事情最多。

③ 《剿平捻匪方略》，第78卷，第29页。

邵明章说："鹿利科没有念过书，不识字，但打仗勇敢，是'红果'，有力量。"

鹿治亭说："鹿利科是依靠骑路邓村[1]姓邓的力量干起来的，他先领的是姓邓的旗，后来才自己干的。"他为什么要领姓邓的旗呢？鹿利科"近门有一个哥哥叫鹿丑（乳名），是姓邓的外孙，和姓邓的是亲戚，才领他的旗干起来的"。

他说："鹿利科自十七八岁起就开始带人，后来他的部下非常多，打仗使不完。自鹿楼向东直到灵壁、泗州都是他的人，500人归一帐子，他有50帐子人。"70多岁的鹿治盛说："鹿利科是18寨寨主"，可见他的力量庞大是没有问题的。《剿平捻匪方略》卷六十傅振邦也奏道："鹿利科部属共有六圩，伙党一万三千余人。"[2]姓鹿的也是一个大族，除鹿利科所住的鹿楼以外，还有鹿小寨、鹿小营、鹿小庄、鹿庄、桥头鹿等，共六个村子，共有约400户。

一般老年人都说板桥圩是鹿利科的圩寨。邵明章说："当时的板桥集有两道圩子，外圩子已经干了，内圩子东西约一里，南北约一里多。圩墙都有垛子，周围十里八里的人都到这里来住，人都住满了，解手没有地方，用席子围起来小解。"

板桥集附近的人都说，当时的板桥集改为新成县。邵明章说："鹿利科是板桥集集主，把板桥集改为新成县，出来时坐绿围子轿（县长坐的轿）。"71岁的贫农王玉风也说道："当时板桥集改为新成县。"鹿治盛说："当时有一个歌谣：'板桥集，小北京，鹿利科是朝廷。'"

究竟鹿利科是不是设立县治、推行政治、坐了朝廷呢？在我们接触到的老年人中，都无法肯定，既没听说有县长，也说没有"坐朝廷"，只是说鹿利科坐了绿围子县长轿。也可能因为他坐过"绿围子轿"，因而产生了"新成县"的说法。至于"坐朝廷"的话，也可能由于鹿利科兴起迅速，声势显赫，或者有些独断独行，才被一些人说成"坐朝廷"的。

鹿利科是什么旗呢？鹿守深和鹿守经说"是白旗绿边子"，但一般人都说是蓝旗。《剿平捻匪方略》卷六十傅振邦奏也说是"蓝旗大捻首"。[3]我们

---

① 该村在鹿楼西20里，村名只是按音记录，可能有误。

② 《剿平捻匪方略》，第60卷，第8页。

③ 《剿平捻匪方略》，第60卷，第8页。

认为还是蓝旗之说比较可靠，傅振邦既然长期和捻军作战，鹿利科什么旗，应当是知道的。

二、鹿利科之死

邵明章说，鹿利科是“李华东杀死的”。李华东是什么人呢？为什么要杀死他呢？具体情况是怎么样的呢？

据邵明章、鹿治亭说，“李华东也是捻子，他是桥板集西南坡树李村人，距离板桥集只有二三里。全村姓李的共有二三十家，李华东的大（父亲）叫李春秀。李华东共有兄弟五人，李华东是老大、老二李华章、老三李华文”。原来和鹿利科都是“一事”的，鹿利科的父亲鹿方春和李春秀是“拜把子兄弟”。

鹿利科的力量既然这样强大，李华东一族的力量又不大，怎么能够杀死他呢？

鹿治盛说：“鹿利科杀他舅舅。李华东说，‘他连他的亲舅舅都杀，还有谁不杀呢，也把他杀了吧’。才杀的。”他为什么要杀他的舅舅呢？一些人都不清楚，在小学校长鹿俊美的帮助下，我们找到了公认的知道事情最多的上述的鹿治亭，才解决了这一问题。他说：“他不是杀他的舅舅，而是杀他的哥哥。他有一个近门哥哥叫鹿丑，没有地也没有媳妇，是骑路邓村姓邓的外孙，鹿利科就是因为他的关系，才领了姓邓的旗干起来的。但鹿丑为人很能，不大服鹿利科，鹿利科派管家的[①]去杀他。管家的在赌钱场中找到了他，但手软杀不下去，鹿利科亲自把他杀死。杀死以后，鹿丑的家人派鹿长泰、鹿歪子去送信给姓邓的，叫他报仇，也被鹿利科派人截住杀死。鹿利科后来在同族爷门中也不得人情，犯了他的规就不行。他有个近门叔叔，只有十几亩地，不叫他干捻子，也被他杀了。”

从这句话中说明几个问题：第一，鹿利科的力量虽然在短时期中迅速成长起来，但还没有形成稳固的中心，在他的队伍中革命思想也还没有巩固。鹿利科杀鹿丑和他的叔叔，就是证明。第二，鹿利科要求稳固捻军力量虽然是正确的，但采取粗暴的杀害办法是不得人情的，也是不正确的。正因为这样，才扩大了鹿利科基本力量的内部矛盾，使革命的叛徒找到了

① “管家的”，原话如此，追问时，他耳朵太聋，无法听清，没有回答。

可乘之机。这时正是清军傅振邦加紧进攻捻军圩寨的时候，在傅振邦和苗沛霖的联合进攻和瓦解之下，李华东才阴谋叛变，杀死鹿利科。

其经过情况是这样的。

板桥北李楼村78岁李学纯说："鹿利科不在家，李华东投了陈大帅，鹿利科回来以后，李华东带人去暗杀的。鹿利科藏在缸底下，被李华东搜到了，砍得半死，送给陈大帅，要求陈大帅杀的。"但大多数人还有另外一种说法。王玉风、邵明章、鹿治亭、鹿俊美和89岁的余大架都说："当时板桥集南头有一个庙[①]，鹿利科经常在那里。一次他到西北开会去，李华东爷们投了清军。当鹿利科回来时，李华东假装欢迎，半夜里在板桥集西门外杀死的。"余大架并说："杀死的地点是板桥集西门外三里桥。"据鹿治亭说："和鹿利科同时被杀的还有鹿景明和他的两个儿子鹿利勋、鹿利□等三人。"据说叛徒们怕暗杀不成会遭到鹿利科的镇压，当他们去暗杀时，"在家中准备了一篓子火药，打算不成功便把全家老少都轰死"。

把上述两种说法加以比较，当然是后一个说法比较可靠，不但这样说的人多，而且说话人是当事人的同族后人，比较可靠。

在上述两种内容中，需要说明的有两点。第一，陈大帅是谁呢？板桥集老年人都说李华东投的是陈大帅。闫集77岁的贫农闫学德说"陈大帅名叫陈怀德"。但根据这一时期的书面材料，这时负责进攻的是傅振邦，并没有其他姓陈的重要人物，这个陈大帅应该是傅大帅之误。为什么误为"陈"呢？因为后来僧格林沁部陈国瑞曾经在蒙城地区进攻苗沛霖，在蒙城地区留下不少记忆，因而把他们相混了。第二，板桥集是怎样陷落的呢？大部分的人，特别是鹿姓后人都说是李华东阴谋杀害鹿利科的结果，鹿利科是李华东暗杀的。这当然是合情合理的，特别是李华东准备阴谋不成，便回家自杀的传说，更有力地证明这一点。

但咸丰九年五月七日傅振邦奏稿为了捏造战功，竟说板桥集是清军进攻时李华东内应的结果，又说鹿利科是被俘以后杀死的。又捏造鹿利科的口供，并说是在圩前处死的。他说："圩内被胁良民李华东亦愿为内应，约期举事。二十五日（旧历4月）刘兰馨带同李华东来营密报，陆连科已于二十四日夜间赴西路勾约蓝、黑、白各旗捻股前来解围，二十六日夜间必回，

---

① 应当说这里是鹿利科办公的地方，他住的地方是另外一处。一般都会传说他在住的地方丢下一些财物，鹿利科死后这些财物被人家搞去了，直到抗日战争时期，有人在鹿利科用过的破床里还找出"金豆子"。

请官兵中途截杀，趁势攻圩，伊即从中内应。二十六日臣派刘兰馨暨县丞慕寻芳带勇二千人为头队，都司姚广武带勇一千五百名为二队，参将胡之昌带勇1500名为三队，先于板桥西南麦地设伏，俟圩中大起即时分投攻扑，臣督同道员赵连标率领亲军往来策应。是晚遥闻人马声自西南来，刘兰馨、慕寻芳争先邀截，贼众惊溃，我军杀毙七八十人，追至圩根，该逆逃过吊桥，正在进圩，突见圩内火光四起，我军知内应已集，合力攻进圩内，杀贼三百余名，生擒陆连科并该逆妻母，按名捆送，当将该圩克复，传谕圩内良民，概行免死，圩内欢声动地。”另，“臣亲提陆连科审讯”，“当即绑至板桥圩前凌迟处死”。

如果真的板桥圩是被清军和苗沛霖攻陷，那么万恶的清军和苗练一定会大肆抢杀，不会不留下传说，特别是鹿利科如果真的在“板桥圩前凌迟处死”，一定有许多人会亲眼看到，就不会说是李华东杀死的了。

李华东杀死鹿利科之后，为了摧毁革命力量，巩固反革命势力，又杀死了鹿利科部下、板桥集上的刘华丰①，和号称“东门两只虎”的张亭、刘小五，使自己成为板桥集的唯一霸主。也有人认为他们三个人是和李华东“争光棍”杀的，但实质上是继杀死鹿利科以后，进一步摧毁和他相对抗的力量，巩固他的反动地位。李春秀后来所以能当板桥集的多年圩长，和这些杀害活动是分不开的。

这年冬天，李华东又勾结苗沛霖部进攻鹿利科的部下鹿小寨。据鹿守经、鹿守深说：“苗蛮子兵围鹿小寨，非常危险。先派鹿利运去搬兵，没有搬来。又叫王叔堂去搬兵，从雪地里爬出去，冻死在蒙城之外，后来遇到人把他救活了，才找到李南华搬来救兵。要不是李南华来，姓鹿的就被杀光了。李南华派人来时，正好鹿小寨被攻破，井里都死满了，有一间屋里便吊死18个人。”

听到这里，我感到很奇怪，李南华是蒙城的地主团练、出名的反动头子，怎么会援助鹿利科的部下呢？他们都不得其解。直到后来在鹿治亭的谈话中，才基本解决这一问题。原来鹿利科手下有一个趟主叫鹿轩②，原来是干地保的，起义后是鹿利科手下的第二位领袖，他和李南华拜过“把兄

① 他有兄弟五人。

② 鹿轩，“利”字辈，是鹿利科的同族兄弟。根据当地习惯，当地保只能用两个字的名字，不能带班辈，故名鹿轩。

弟”，所以鹿小寨被围以后便向他求救，而苗沛霖和李南华矛盾极深，才派兵来救援鹿小寨的。

鹿小寨破圩以后，清军清乡十日，鹿利轩连夜逃走，只穿一件皮袄，从此以后便没有回家，家中只丢下一个老婆。那时所有姓鹿的都逃走了，因为无法生活，把小孩子也送给别人了。鹿守深姑奶奶三岁送给人家，老爷（祖父）8个月给人家。（鹿守经）

三、破闫圩

第二年（咸丰十年）闰三月，清军又进攻鹿楼东北附近的闫圩，这时任柱的坛城圩已被攻破，这个圩寨是周围残存捻军集中的地方。据72岁的闫学德说：“这个圩寨当时有外圩子，把前后寨都连在一起，我小时候圩水还有一人多深。”据我的观察，按照他所讲的情况，即使有外圩，这个圩寨也很小，不过半平方华里。但据说当时革命人民坚守闫圩，清军攻打不下，打了一个多月，因而出现了“铁打闫圩，纸糊蒙城县”的说法。但因为孤立无援，终于被攻破，残酷成性的苗沛霖部在破圩以后，放开北门，“叫男人都从北门出来，出来一个砍一刀，砍死砍伤的很多”。他后来掠走了所有的年轻妇女，89岁的老人余大架，他的母亲就被抢到凤台县境，“直到光绪年间才找回来”。

据《剿平捻匪方略》卷七十八傅振邦奏，鹿利科的父亲鹿方春，就是在这里遭捕杀害的，[①]但群众中并没有这样的说法。

① 《剿平捻匪方略》，第78卷，第29页。

宋锡元

宋锡元，河南鹿邑捻军趟主，在亳州最西侧宋店东面的宋庄聚寨，后来投降清军。

据宋寨（即宋庄）78岁的宋狼爷说："宋锡元是鹿邑人，他带人从这庄过，看这庄好，还认一干儿子，于是打了宋寨。这里的寨是他打的，距离此地100多里的人还到这里打寨。"宋寨生产队长也说："听说当时的弓山（涡阳东北）人都来打寨。以前这寨有双海，四面有墙，四角有墩楼，楼上有大墩。据说下面还有墩，也没有人扒过。"

根据我的实际观察，宋寨村子很少，全村不过十余户，但圩寨并不小。圩子是正方形的，每一边的长度半华里，圩濠笔直，四角有墩楼盖基。和我所见到的其他捻军圩寨不同，其他圩寨都没有这样整齐。因此我认为，这个寨是有计划聚起来的，并不是在寨基上打的。正由于圩是有计划聚起来的，宋锡元到安徽聚寨，可能是一部分捻军领袖同意的，也正因为如此，才会"离此地一百多里的人""石弓山人"都来聚圩。从这个圩寨的地理形势看，这个寨距河南道路不过10里，东距刘集14里。宋锡元在这里聚寨可避免河南清军的镇压，又可以防御河南老牛会，对保卫革命根据地有一定作用。安徽捻军同意他来聚寨，也是对河南捻军的援助。

从捻军和河南地主武装斗争的情况分析，聚圩应该在1854年或1855年。《鹿邑志》载，"四年（咸丰），邑匪与皖匪合，王完三，宋喜元，周广礼各附旗"；"五年，王冠三、宋喜元往来亳间"。

姓宋的人数不多，共有西宋店、东宋店、宋庄三处，全部人口不过100户。

宋锡元虽然在安徽聚圩，但他对保卫安徽根据地并未起到应有的作用。相反，在最紧要的时刻他反而起了破坏作用。在僧格林沁进攻皖北时，宋锡元第一个主动投降。

宋狼爷说："僧王到庄子西面，宋锡元是跛子，去见僧王吓得走不好路了。别人架着他去见僧王。他说：'我来投王爷，为王爷效劳。'他叫僧王进庄，僧王不进来。剃头后才信以为真。"李竹园60多岁王公咀说："宋锡元去投［降］时，僧王说：'我的跛儿!'他听了不高兴。"据《剿平捻匪方略》卷一百六十一僧格林沁奏，宋锡元确实是安徽境内第一个真正投降的叛徒，"黑旗捻首宋喜元，因与捻首苏天幅为仇，遂决意反正。先将捻首苏大王、蒋能干等九名杀毙，并遣其弟宋中元等来营为质。宋喜元复攻开王大庄、刘大庄贼寨两处，杀毙捻首苏添祥、王宽，带同伊侄宋惟忠、宋怀璞并司学文等十六人同赴界沟军营请罪，经苏克金解送到营，臣等查宋喜元实属真心归正"。①

宋狼爷又说："宋锡元投降后没跟去。宋锡元死在西南十二里新集。"但据僧格林沁续奏，其弟宋中元曾逮捕了捻军领袖伊〈傀〉中平。宋锡元本人也曾率军进攻太和境内朱圩捻军。

---

①《剿平捻匪方略》，第161卷，第19—20页。

魏蓝、魏坤、魏希原、魏希古

魏蓝，捻军蓝旗旗主之一，涡阳县青町集大魏庄人。据殷庙77岁贫农王玉金和大魏庄80岁贫农魏法国说："魏蓝没有兄弟，爹娘死得早，家里没有地，给人当雇工。干大捻子以后，死在正阳。他带15只大船，都被清军打沉了。"又说，"魏蓝是蓝旗，但和魏坤不一事，他俩谁也不管谁。"

魏坤，捻军旗主之一，和魏蓝同族，也是大魏庄人。后来招降清军。据王玉金和魏法国说："魏坤兄弟三人，魏坤是老大，老二魏乾，老三魏代。老二、老三都未干大捻子，兄弟三人共有地100亩。"又说，"魏坤是黄旗，降清后为营官，后来死在家里。他的儿子魏法成光绪二十四年参加刘疙瘩起义被杀。"

魏坤和魏蓝的家住在一起，中间仅隔一条沟。

魏希原、魏希古俩人是同胞兄弟，同为捻军旗主，也是青町集大魏庄人，后来都投降清军。据大魏庄53岁贫农魏法钦说："魏希原兄弟四人，他是老大，老二魏希古，老三魏希昌，老四魏希典。老三和老四未干大捻子。"又说："打正阳关时，他俩没有去，魏蓝死后才显出他兄弟俩个。后来降清为五营统领，死在家里。"①

---

① 据《剿平捻匪方略》第179卷唐训方奏，同治元年十二月底，魏希古已经在英翰部下充当勇目，派去抓人。

燕文聪、周小勇

燕文聪，涡阳县下张桥东北十余里后方楼人，捻军白旗旗主之一。

据后方楼81岁燕克伦说："燕文聪祖父叫燕华安，父亲燕廷玉。他父亲共有兄弟四人，他自己只有兄弟一人。他的祖父是个大地主，共有三四顷地，到他父亲一辈的手中，除去他大伯父燕廷珍①土地又增加一点以外，其余都减少了。燕廷玉减少得更多，到燕文聪手中至多只有50多亩。"又说，"张乐行叫燕文聪二舅，因为张老乐的外奶奶（外祖母）是燕新楼燕文林的大姐。"

燕文聪和张乐行是否有这样关系，我们在张乐行的村庄张老家也没有详细调查。但据今人王大球的《张乐行传》说，张乐行"母燕氏"。燕克伦不但年龄较大，辈份高，而且和燕文聪关系较近，结合下面关于燕文聪和张乐行关系的传说，有亲戚关系是可以肯定的。

燕克伦说："燕文聪是白旗趟主，手下领有二三千人。他的领旗地区很难说，都是柿花子②地，有你的也有我的。大约这庄方圆十多里都是白旗和小白旗。但真正得力的部下，还是方圆五六里以内的。像燕训、袁守钦③都离后方楼不远。"又说，"燕文聪都是和老乐一同出去，听说打过正阳关、清江、淮城。遇到打硬仗，老乐就说：'二舅，这次看你的了。'有一次在州（指亳州）西18里的西河口打过一次败仗，败退二三十里，死了千把人。后来又在麻神集和老僧④打过仗，刚见仗，老僧就把人撤退了。"

张乐行的村庄张老家距离后方楼不过二十余里，加上亲戚关系，经常在一起活动是完全可能的，特别是向北方活动的时候，但不一定"都"在

---

① 燕克伦的曾祖父。

② 柿花子地，意思指地区互相交错。

③ 袁守钦，小白旗旗主，和燕文聪经常在一起活动，燕训是袁守钦的得力部下。

④ 老僧即指僧格林沁。

一起。如打清江，张乐行本人尚在淮南，只有张宗禹去了。因此这个“都在一起”，也可理解为和张乐行的直系部下经常在一起。

燕克伦又说：“他们打仗都是把官兵引到外地打，怕在当地打亲友受连累。老乐落马[1]后，燕文聪的两三千人也七零八落，他就回到家里。当时因为他名声大，待不住，整天东跑西跑。有一回，老僧扎营在刘集，把文聪揪住了，叫他去见僧王。文聪要求回家，把家料理一下，叫家里人抬一张软床[2]子跟他一起去刘集。意思是说，不打算活着回来了。当时文聪还想逃掉，乡亲乡邻都出床送他，因为他要再逃了亲邻就要遭殃了。所以他是拼着命去见僧王的。他见到老僧，老僧哈哈大笑说，‘我以为燕文聪站起来能撑天，坐下去能陷地呢？你还再和我打吧。’文聪说，‘能装起人就打，我是不拘[3]的。’僧王说，‘你能跟我效劳几天吧！’那时是刀压在脖子上，不干也不行。他只在老僧那里蹬了两天，就跑回家了。”

从上述内容看来，燕克伦的谈话当然有替燕文聪辩解的地方。僧格林沁虽然逮捕了燕文聪，但没有杀死他，而燕文聪又从僧格林沁的军营回到家里，这一基本事实说明燕文聪当然是投降了清军。如果不投降，便不能保存一条性命。投降的原因当然是怕死，“刀压在脖子上，不干不行”。尽管燕文聪不是主动投降，见了僧王话讲得也很好，但终于屈服了，这一点是辩解不了的。可能燕文聪虽然投降了，但并没有出卖革命人民，没有成为统治者的忠实走狗。

周小勇，涡阳北刘集西四周村[4]人，小红旗旗主。

据四周村71岁的周兴汉说：“周小勇（学勇）家有30多亩地，三间宽住宅，起事前还卖掉一些地。周小勇跟阎王（张宗禹）到黄河北打过仗，自到北边就没有回来过，死在黄河北啥地方，埋在黄河南岸[5]，连尸首也没起回来。”

---

① 落马，指失败。

② 软床，亦称凉床，以木为架，中间以白麻或草绳编成，系皖北一带农民通用的床。

③ 不拘，即不在乎，不管怎样都行的意思。

④ 四周村在牌坊集之北。

⑤ 黄河原经苏北入海，1855年北迁，这里所指的黄河北，可能还是1855年以前的旧概念，实际上是黄河南，所以说埋在黄河南岸。

杨兴太（文）兄弟历史调查记

1958年9月

在调查刘狗的同时，我们也分出力量对杨兴太的历史进行了调查。

杨兴太是捻军八卦旗旗主，是义门集东北10里下张桥（集）人。下张桥位于五加河北岸，河上有桥，就是“张桥”名称的由来。下张桥地势较高，周围低洼得多，一眼远去就知道这里是容易遭受水灾的地方。

通过公社的介绍，我们一共访问了8个老年人。这里虽名为“张桥”，但姓张的极少，主要都是姓杨的，该村共有200余户，姓杨的就有一百四五十户，其余的是杂姓。

一、杨兴太的兄弟和家庭

杨兴太兄弟很多，大部分都是捻军的趟主。但遗憾的是，由于杨姓一族都是穷苦农民，姓杨的没有家谱，对他们三代以上的祖先，就不清楚，甚至连名字也不知道。加上我们的调查时间有限，不可能细致深入地调查。因此，究竟杨兴太是老几、谁有后人、谁没有后人等问题，他们自己也讲不清，我们也始终没有把他们弄明白，只能提出来作为参考。

杨姓的班辈是较乱的，虽然是一家，但是各有排法。杨兴太近门的排法是：……兴、□（无班辈）、林、汉、文……“杨兴太”这个名字是最简便的写法，也有作为“兴泰”的，反动资料上污蔑他，写成“杨兴汰”，把他的哥哥“杨兴文”也写成“杨兴汶”。

杨兴太有兄弟几个呢？这是一个麻烦的问题。在我们访问过的老年人中，他们有的全不知道，有的含糊不清，他们提供出来的名字有杨兴太、杨兴文、杨兴孔、杨兴福四人。但究竟共有几个呢？还是不清楚。自称是杨兴太兄弟的后人[①]77岁的杨汉亭说“他有兄弟三个或五个”，杨兴孔玄孙、

① 别人也是这样介绍，他只知道他的父亲叫杨旺林，祖父是老几，他就不知道了。

60多岁的杨俊彦说“他有兄弟五个”，但列出四个以后，又说老五、老六没完亲[1]就死了。如果没结婚的不算，只是有四个，不该说五个。杨兴文的孙子、75岁的杨斗林则说“有五个”，“老五早死”。我们认为，既然名字可以列出四个，起码有兄弟四个是没有问题的。

但在这四个人中，长幼次序是怎样排列的呢？杨汉亭只知道“杨兴太是老三”，其余都不知道。杨兴孔玄孙杨俊彦说：“杨兴文是老大，杨兴孔是老二，杨兴太是老三，杨兴福是老四。”但又说“不能肯定杨兴文是老大”。杨兴文孙子杨斗林也说：“杨兴文是老二”，其余的人怎样排法，他也不清楚。如果只从上述几种说法来分析，则杨兴太是老三应该是没有问题，杨兴福是老四，问题也不大。问题只在杨兴文和杨兴孔身上，他们两个总有一个是老大，一个是老二。

从反动资料上看，杨兴太、杨兴文都是趟主，下张桥的老年人也都是这样说。但杨斗林另外还补充一个，他说，杨兴福也是趟主。这样在上述四个人中，就有三个是趟主了。

杨兴太是什么成分呢？杨俊彦说：“他兄弟几个共有十来顷地。”但杨汉亭则说：“兄弟几个在一起，只有顷把地。”杨斗林的辈分较长，更接触上一代，讲得也比较具体。他说：“当时共有多少地，我不清楚。俺兄弟三个（万林、祥林、斗林）分家时，一共只有二三十亩。俺大（父亲杨均）兄弟两个，两份合起来有五六十亩，那便是俺老爷（祖父杨兴文）的地了。”其他的老年人，有的说顷把地，有的说不清楚。

根据以上说法分析，杨兴太兄弟绝不可能有十几顷地。原因是：第一，如果有十几顷地，已经是很大的地主，不仅他家里人会知道，他的同族邻居也会知道，怎么能不知道呢？第二，这个数字可能是推测的，因为杨俊彦把这一问题是和“张老乐是亲戚”这一问题联系在一起讲的。一般人都以为张乐行有钱，那么杨兴太当然也应该有钱。其实，张乐行并不有钱，杨兴太也不是张乐行的直接亲戚，而是张乐行同族的亲戚。第三，根据杨斗林的话推算，杨兴文一个人既有五六十亩地，那么兄弟四个合在一起，便有二百多亩。可能还是这个说法比较可靠一些。

---

① 即结婚。

二、杨兴太的力量

杨姓也是一个大族。据72岁的杨森林、77岁的杨德林、76岁的杨光林说，姓杨的除下张桥有一百四五十户以外，其余尚有大杨村90户，小杨村30户，杨方楼100户，合起来共有300多户。

据杨汉亭说，“当时下张桥寨共管48个庄子，东到燕长庄、南到锁庄（六七里）、北到三五里、西到张楼（五六里），都归这一寨，义门集北都是杨兴太的”。他又说：“当时人没有吃就出去，闲时去的多，忙时去的少，估计杨兴太兄弟几个经常出去的部下有千把人。”

三、杨兴太的八卦旗及其和白莲教的关系、和刘狗的关系

江地同志在他的著作中说刘狗是八卦旗，因为说刘狗是八卦教徒，捻军和白莲教有关系。因此，我们在调查时，也特别注意这一方面。实际上刘狗并不是八卦旗，真正的八卦旗是杨兴太。所以我们在调查杨兴太时，也特别注意他和白莲教的关系。

当我们还在侯士维地区调查的时候，吴桥寺附近84岁的侯怀德就说：“下张桥杨兴太是八卦旗，但他不是白莲教。与白莲教也没有关系，他找八卦旗不过为了多招几个人。”但是，为什么想多招几个人就打八卦旗呢？是不是人民相信八卦，受到八卦教的影响呢？侯怀德又说不是的，这一带没有白莲教。

到了下张桥以后，老年人对于杨兴太的旗帜，都异口同声说是八卦旗，并说和白莲教毫无关系。实际情况也可能是这样，但他为什么要打八卦旗呢？这些人都不能进一步答复。我们又逢人必问附近有没有白莲教，也没有查出白莲教。只有杨汉亭有比较具体的解释，他说：“杨兴太是八卦旗，黑旗上画八卦。杨兴太不是白莲教，不知为啥打八卦旗。只知道当时都是不同样的旗子，像做生意门口挂招牌一样，也就是一块招牌吧！”这样说法也有点道理，因为当时的旗帜太多，花样太繁，但总不能把两个旗子搞成一样或近似，必须有区分。因此，除张乐行的黄旗表示以黄为上以外，其他各种旗并没有什么意思，杨兴太也可能是如此，八卦不过是区分的方法罢了。

在皖北，八卦对民间是有影响的，但不能说和八卦教有什么关系。义门集西北王楼82岁的王汉莲也说：“僧王就恼杨兴太，因为他是七星八卦

旗，以为是邪教，但他不是邪教。”可见这一点连僧格林沁在当时也是怀疑的，但在他的奏稿中，并没有提到这一点，如果杨是白莲教，僧格林沁也一定会提到。

杨兴太和刘狗的关系是比较密切的。在反动资料上，他两个总是在一起活动。一方面因为地区相近，各人的力量都不够大，出发时非联合在一起不可；另一方面，义门集西面就是地主武装，不联合起来也不行。一句话，是斗争形势把他们联合起来的。也正是在这种情况下，他们才结成了儿女亲家。

从义门集到张桥，是一条笔直的大道。许多人都以这条路来说明他两人关系的密切。据说，刘狗经常到下张桥，都不从路上走，而是笔直地走下来，终于走成了一条直路。杨汉亭也说：“杨兴太和刘狗是儿女亲家，刘家是女方，是杨兴太老几的儿媳妇不清楚。”杨俊彦也说：“杨兴太和刘狗是‘抵首亲家①’。”

四、杨兴太之死

关于杨兴太的活动，下张桥的老年人提供的不多。只有杨汉亭说：“杨兴太没有到过六安，只到过正阳、怀远，是否到过三河尖也不清楚。”除此以外，谈得比较多的，是关于杨兴太之死，也就是僧格林沁围攻下张桥的传说。

侯怀德说：“下张桥被僧格林沁围住，要不是韩老万在下张桥，杨兴太就投僧王②了。韩老万在胡庄被围三个月，最后寨子被毁，跑到下张桥杨兴太那里。僧王围下张桥，要招降杨兴太，杨兴太因韩老万在那里不能投。张老乐、张老敏（张敏行）知道杨兴太有投僧王的意思，便把杨兴太召到张寨（张振江寨），问杨兴太是否要投僧王。杨兴太赌咒③说：‘我要是想投僧王，叫僧王的炮打死我。’当时要是杨兴太说话一打顿④，老乐就要把他杀了。老乐一听他这样说，就把他放回去了。杨兴太回到下张桥，僧王又问杨投不投，不投就要开炮了。杨兴太说：‘开炮吧！’僧王就开炮了。第

① 皖北土话，意思是说关系密切的儿女亲家。

② 僧王，即僧格林沁。

③ 赌咒，即发誓。

④ 打顿，即停顿，不甘脆的意思。

一炮正好打在杨兴太的屋顶上，杨兴太被打死了。韩老万就带着人破围而去。”

杨汉亭说：“僧王打下张桥时，大营安在张营、铁营，僧王在姜村，半天就打开了这寨。杨兴太原来在河南太康打败了，投了张老曜（张曜），后来回来不愿意去了。僧王来了，他不愿投才打的。杨兴太是僧王西瓜炮炸死的，僧王的西瓜炮弹落在院子里乱滚，他说：‘你看这有什么了不起。’他拿长烟袋[①]敲它，还未敲到就炸开了。只炸死杨兴太自己，老二、老三都是后来病死的。”杨俊彦也说：“杨兴太是用长烟袋点西瓜炮弹炸死的，杨兴文，杨兴孔是老死在家里的，杨兴太一死，张桥就投了。”锁开珍说：“下张桥杨兴太是在他家客屋里，被僧王的炮打死的。”

五、杨兴太（文）的后人

杨兴孔的儿子杨居，孙子杨继林、杨本林，曾孙杨俊彦，杨本林无后。（杨俊彦等）

杨兴文的儿子杨均，孙子杨万林、杨祥林、杨斗林。（杨斗林、杨俊彦等）

至于杨兴太的后人就有问题了。

据杨森林等说：“杨兴太的儿子叫杨体仁，孙子叫杨奎林、杨锡林。两个孙子都已死了，无后。”但杨斗林说：“杨体仁不是杨兴太的儿子，而是杨兴福的儿子。”

此外，还有一个不知是谁的儿子，谁的后人。这就是杨□□——杨胜林——杨汉亭——四子（杨文才、杨文中、杨文德、杨文祥）。（杨汉亭）

总之，从上述情况看，后面两家都是杨兴太和杨兴福的后人。如果再仔细核对一下，问题是可以清楚的。

---

① 即长烟杆，竹制。

姚德光历史调查记（附老牛会情况）

为了扩大龚得、李允情况的调查，并了解《蒙难追笔》作者柳堂所记载的情况，我又从龚得的村庄磨盘松继续西进，进入了红旗大趟主姚德光的地区。首先到达的，是柳堂居留过的贾家圩子。当地只称“贾庄”，而不称“贾家圩子”。

一、贾庄——捻军的前沿阵地

贾庄很小，看样子只有十几户人家，房屋短小，没有圩子的痕迹。通过生产排长，找到了捻军的旁系后人70岁的贾学雨和另一老人贾学勤，开始了我们的谈话。通过谈话使我们明确了柳堂所说的“贾家圩子”，只是当时的情况。当时有圩子才称“圩子”，后来圩子很快就平了，因而没有成为这个村庄的名称。

贾学雨的介绍，和柳堂记载的地理情况是相符的。这个贾庄是捻军最南面的地区，是突入老牛会地区的前沿阵地，他的东、南两面都是老牛会。

据贾学雨说，贾庄之东为陈大庄，陈大庄之东的王楼就是最顽固的地主武装老牛会，这一带最重要的地主武装之一。陈大庄介于二者之间，陈大庄的人也分为两部分，一部分跑到贾庄方面参加捻军，一部分跑到王楼参加老牛会。贾庄之南和贾庄相邻的两个村子，也是两面分开。这样，在龚前园、李巴狗庄、陈大庄、于庄之间，便形成了一道分界线。柳堂所记载的捻军巡更者所说的：“小心着，莫渴睡，防备湖南老牛会”，就是指这道界线以南的地主武装，而并不是指在这个地区西面的肥河以西的“九里十三寨”①。

柳堂所说的“湖”，并不是一般概念里一片汪洋的湖泊，而是皖北通用的概念，即泛指田野。地势低洼的固然称“湖”，地势不洼的也称“湖”。

---

① 柳堂的记载含意不清。

所以柳堂也解释说，“湖无水”，“湖北尽贼，湖南皆老牛会也”，“蒿莱遍野、狐免成群”。正因为如此，所以柳堂又说，“一日老牛会持械驰车过湖行路，贼不敢过问，闭门自守而已”；由于兔子非常多，“狗马三五驰，则满载归矣”。

贾学雨也说，当时兔子非常多，野鸡也非常多，最多的也就是这些中间地区，人民逃走了的地区。由于清政府和地主阶级的残酷剥削，连年水旱，人民极端穷困，加上地主武装的残杀，人民逃亡，这时已的确是“土地荒芜，蒿莱遍野”。

据贾学雨说，贾庄现在共有40多家，“当时只有八家”，这和柳堂所说的“人家少”是相符的。但他说“不得已合数十村为一村”是言过其实的。

柳堂记载这个圩子中有一个小旗头叫“姚逢春”，大趟主是姚德光。但贾学雨、贾学勤不知道姚逢春是谁，只知道姚德光。贾学雨说：“姓贾的都跟贾开泰干，贾开泰不是旗头，是红捻杆子。”贾开泰是贾学雨的伯祖父，至于贾开泰是谁的部下，贾学雨并不清楚。他只知道贾开泰和龚得一起活动，也和姚德光一起活动。他说：“贾开泰到过西山套[①]，和龚瞎子一道去的。”贾学雨又说，“当时许多外村外姓的人都住在这里，因为贾圩子人少户单，不引老牛会的注意。”也可能因为和老牛会斗争激烈的缘故，为了躲避和防御杀害，这里不是捻军的公开阵地，表面上只是农民自卫的圩寨，实际是捻军的圩寨，所以老牛会到附近来打猎，他们也装作不知道。姚逢春也是从其他村子来的。

贾学雨说：“这个贾开泰后来带21匹马队降清了，活到80多岁才死。”

二、姚德光

据庞庄70多岁的庞永詹说：“姚德光是临湖铺西南二里姚大庄人，听说他有两三顷地。”柳堂也说姚的妻子“非村妇者流，虽为贼，家规甚严”，也可能和他家庭出身有关。姚德光的家庭是不是地主，因时间有限，不能一一详细调查。但他既然是地主家庭，为什么能参加捻军起义呢？

70岁的老人庇某某向我提供了下述材料。他说：“大反时，是荒年，饿死的人很多。许多人都饿得睡倒了抬不起头来，没有东西吃，就从老鼠洞

---

① 捻军中传说的西山套，是泛指豫、鄂、皖三省边界的山区。

挖点粮食炒吃。听俺姑奶奶说，俺爷（祖父）庞文诗跟姚德光干，出门打捎了，她姊妹三人没有吃，就在家里哭。三天回来，三天吃饭，两天回来，两天吃饭。没有饭吃，饿急了就到地里找马泡子[①]吃。当时到处都是草，草长多深，到处都是野鸡，都用黄蒿编屯子[②]。我家的黄蒿屯子前几天才拆了烧锅。姚德光是好人，他带着穷人搞点饭吃。”

庞永詹说：“姚德光兄弟三人，他是老三。”庞某某[③]说：“姚德光有两个儿子，大儿子姚修，二儿子姚逢泰。”关于姚修的说法和柳堂的记载是一致的。姚桥村60岁的姚星南说：“姚德光有三个儿子，二儿子叫姚莹。”

贾学雨说：“姚德光在临湖铺南打了一个寨，不准湖南的老牛会过来。”姚星南说：“姚桥也是姚德光的寨，南北长半里，东西不到半里。另外在临湖西南四里又打一个寨，没打成就完了。姚德光和姚桥是一族，当时湖南全是老牛会，这边是捻子，这里姓姚的和湖南姓姚的虽然是一家，也是对头。”

这一地区地主武装——老牛会的主要负责人是谁呢？他们一般都说得不真切。姚星南说：“姚德光和陈寨陈武不对，陈武是老牛会头。陈武是陈志勤老爷。”又说，“不是老爷，就是太太[④]，反正是他们一家人。”

姚某某说：“姚德光部下到过陕西，那时说陕西有钱，门鼻子（锁门用）都是用金子做的。到了陕西，那里没有水，都把竹杆打通了装水，用马驼水。”又说：“僧王（僧格林沁）来打姚寨，一炮就把东门楼子干掉了。姚德光爷几个脱光了膀子去堵，堵不住，就破了。姚德光跑了，僧王把姚寨平了，烧了，人也杀了，庄前庄后坑都满了。”庞永詹说：“僧王打姚寨是硬饿的，打了个把月，俺爷、大爷都是那回杀的。”姚星南说：“僧王攻姚寨，男女都死了，有的坠金子死了，这庄全平了，前庄剩三个人，后庄剩两个人。”

庞某某说：“姚德光和他一个儿子后来被干到[⑤]了。一刀下去，他儿子

---

① 马泡，一种野生瓜类植物，实小如枣，多子，成熟时勉强可食。

② 屯子，储粮食用的一种园形编织物，一般都是直径三四尺。正常状态是用树、桑条等编制。黄蒿是一种野草，有香味。

③ 捻军战士庞文诗的孙子。谈话时，他有顾虑，不愿说出他的名字。后来别人谈话感动了他，他才流着泪，讲出上述的话。

④ 太太，即曾祖父。

⑤ 干到，即捉到。

就叫。姚德光说，是我儿就不要叫。”姚星南说：“姚德光爷们（意即父子们）是被老牛会杀的，死在涡阳城南三里黄家。到那逃难的，三个儿子被杀死两个，只剩下一个二儿子姚莹，后来跑到西安，现在还有孙子，二年前打信[①]到姚大庄姚志学那里，姚大庄是他的老家。”庞某某说：“俺爷庞文诗是姚德光手下的好打手。姚德光死后，俺爷把他二儿子姚逢泰带到陕西去招亲，以后自己又回到家里，他懂得武艺。”

姚永詹说：“姚备光是红旗。”其他人也是这样说。

三、龚得地区和老牛会斗争的传说。

龚前园70岁的龚云增说：“从这庄（指龚前园）向南，王捡荒、孙滩、王楼都是老牛会。瞎子（龚得）一走，老牛会就来弄东西，放火、杀人，只杀姓龚的，被杀绝了多少家子。俺老太（曾祖父）兄弟三个，被杀绝两家，只剩俺一门。瞎子回来就去杀他。”龚云朝也说：“王大楼是老牛会，瞎子不在家，他们就来杀姓龚的，瞎子回来就去杀他。20年前姓龚的和姓王的还不结亲。”

龚得和王楼的地主武装是怎么斗争起来的呢？许多人都不清楚。只有王楼东北一个和捻军有关系的贫农的后人、约90岁的王某某（也是贫农）说：“因为这庄财主王马杀他亲外孙，他外孙叫龚蓬。王马说龚蓬要带人去抢他，王马姐姐就带龚蓬去求他舅舅不要杀他，王马还是把他杀了。龚蓬娘一天三趟去找瞎子要报仇，才给他报仇的。”

根据这段话，这场斗争还是由于地主和农民的矛盾而引起的。由于矛盾的尖锐，使毒蛇一样的地主竟达到“杀死亲外孙”的程度，因而这个矛盾终于突破了伦理关系而爆发开来。由于这位老人耳聋多病，没有能问清详细情况，但从此也就可以看出地主阶级对农民的态度了。

因于封建关系的影响和地主阶级的利用，这一场地主和农民的矛盾，被弄成为两姓之间的矛盾。直到现在两姓的后人还是两种看法。王楼王姓后人的看法，和龚姓的看法是不同的。

王祥蔼[②]说：“咱这庄（王大楼）向南直到店集（15里），西到高公庙都是老牛会，老牛会的总头是陈志勤（80多岁）的老爷（祖父）陈大啥（忘

---

① 打信，即寄信。

② 本人是贫农。

记一字）。他当时有200亩地，七八十岁才死，死时我六七岁。俺这里王小楼（距王大楼二里）也是会头，叫王八十，当时他家有五六顷地，是王马的爹[①]。俺这庄都是富户，都是土财主，又如王如宾的太太叫王老贤，当时也有四五顷地，不愿意偷抢扒拿，才起会的。俺这庄被姓龚的杀得不敢姓王，十几年不敢回来[②]。老太太在东庄赌钱，被透了信，姓龚的来了，差一点被逮到。”

如上所述，虽然地主武装这样猖狂，但龚得并没有彻底摧毁老牛会。另一方面，龚得也没有修筑圩寨，防备老牛会。

龚云增继续说：“瞎子一走，姓龚的就不敢在家，都跑到其他庄子去。如这庄（龚前园）有的跑到西南康楼，有的跑到马半楼（东面20里）。”为什么只跑到康楼呢？他说：“因康楼都是姓邓的，户小，不是老牛会的对头，老牛会不干他。”

上述两个地主头子在镇压捻军之后，也大发其财。王祥蔼说：“陈大啥后来又置有两顷多地，连原有的共有五顷地。王八十后来又置地共有十几顷，到他儿子王马手里共有30多顷，专门放账（高利贷）。”磨盘松小学宋老师也说：“王马放账，一斗三斗，高利贷放五六十里远，一直放到义门集，每年秋天送粮的就像送粮食上粮站的一样。”王祥蔼说：“此后一乱就起会，后来称练总。光绪二十四年燕牌坊（指燕怀军）起反（义），俺这庄圩墙筑有一丈多高，二尺厚，有50多杆大枪，都像柱子一样粗。”他并且把圩基指给我看。真的，即使经过了几十年时间，圩基还是相当惊人的。

---

① 据此，则王小楼的地主头子应该是王八十，而不是他的儿子王马。

② 王楼并未被平毁，可能因为长期战争关系，家属都远离此圩的缘故。

袁守钦

袁守钦，小白旗旗主，涡阳义门集东北20多里袁缠庄人。

据袁缠庄74岁王文蔚说："袁守钦兄弟二人，弟弟袁守宾，兄弟两人共有五六十亩地。袁守钦是小旗旗主，手下有两三千人。他的地盘东到牌坊集，西到耿皇寺，南到王洼深，北到河南界，他的寨在西南罗庄。自从张老乐落马后，他就装（组织）不起人来了。他逃到外面隐姓埋名，和平以后才回来。回来后不久，亳县有他姓袁的本家（同族），介绍他到亳县当差。到差不到两个月，不知被谁走漏了风声，就被杀掉了。"

袁守钦的部下燕训。

燕训是燕大庄人。据燕大庄84岁燕梦江、82岁燕华稷说："燕训自小就没有爹娘，没有祖业（财产），跟本族人过活。大干时跟袁守钦干打手，名声不大，出去以后就没有回来。"

张彦朝（老丹）

张彦朝，亳州东南张土楼人，今属亳县，在亳州、涡阳两县界线。地主成分，捻军黑旗红边旗主。他的寨在韩楼，清军攻陷韩楼后，下落不明。

据韩楼南苏庄91岁的苏玉堂说："张彦朝是先前的名字，后来改了名字，通称'张老丹'。"至于后来改的名字，他已不记得了。

据张彦朝过继孙子、70岁的张世林说："当时他家有三顷地，是书香门第，富贵之家，祖上还出过拔贡。张老丹兄弟三人，老丹是老二。"根据这一点，张彦朝当然是地主成分。

据苏玉堂说："张老丹是黑旗大趟主。"张世林也说是"黑旗红边"。如果他也是黑旗红边，便和高九、高八的旗色一样了。但据苏玉堂说："他们都是独立的旗主，谁不管谁。"从高九、高八的情况看，也可能他们开始时是领张老丹的旗，后来又独立起来的。

这里流行着僧格林沁攻打韩楼的传说。

韩楼在义门集西北，距义门集十余里。1862年僧格林沁进攻皖北时，曾经攻打过。

苏玉堂、张世林和82岁的王汉选都说"韩楼是张老丹的寨"。张世林，王汉选又说："当时的韩楼是双海壕双圩墙。"王汉选说："僧王进攻时，圩内都挖成地洞，圩内的人都躲在洞内。清军每天要打200炮，早上吃过饭来打，下午太阳还高挂在天上就回去了，骂他也不回头。打了十几天就投了。"但苏玉堂说是"打了40多天才打破"。

从书面材料看，攻打40多天是可能的，因为双方对峙了40天。蒋集在韩楼之北，距韩楼十余里。据《剿平捻匪方略》卷一百六十八僧格林沁奏，清军在1862年12月20日（旧历十月二十九日）已攻破蒋集，逼近韩楼。本来应该直接进攻，但因韩楼北面尚有一些捻军圩寨没有攻下，没敢主动攻破韩楼。[①]直到1863年1月30日（旧历十二月十二日）才攻破韩楼[②]，首尾整整40天。

张世林说："僧王打韩楼把大炮支在韩桥（韩楼北一里多），打有月把没打开。后来还是苗蛮子把老丹诓去害死，韩楼才破的。老丹死时才30岁。"

据上述《剿平捻匪方略》卷一百七十三僧格林沁奏说进攻韩楼情况："用炸炮轰击房屋，延烧净尽，该逆虽叛死守墙，然贼势甚蹙，料其必图逃窜。派翼长舒通阿等前往堵御，逆首张平等果出南门，向东南逃逸，我军乘胜追杀，擒斩多名……十二日，查验圩中尚有被逼良民男女老幼三千余人。"[③]

这里只说"逆首张平"，是不是张老丹呢？我们也无法肯定。所谓"苗蛮子把老丹诓去害死，韩楼才破"这句话，结合书面材料记载的情况，我们以为应该这样理解：韩楼是张老丹自动撤退的。所以在张平突围后二日，清军才正式破圩。至于撤退的原因，可能是受到苗沛霖的欺骗。即使真是这样欺骗，张老丹被害死也是破圩以后的事。

据张世林说："张老丹的大哥有一个儿子，老丹无子，三弟有两个儿子，老三儿子张云起过继给老丹。张云起的儿子就是张世林。"

① 《剿平捻匪方略》，第168卷，第2—3页。
② 《剿平捻匪方略》，第173卷，第24页。
③ 《剿平捻匪方略》，第173卷，第25页。

郑道先、丁玉珠

郑道先，黑旗白边旗主，涡阳城北二里郑楼人。后来投降清军，成为叛徒。

据郑道先同族兄弟、70多岁的郑子均说："郑道先起反时，有七八十亩地。"又据郑道先近族后人、73岁的贫农郑宪章[①]说："郑道先起反时没有多少地，只有一二十亩。郑道先兄弟三人，郑道先是老大，老二名叫二疯子。"在这里郑子均把郑道先兄弟三人的地加在一起了，所以他又说："郑道先后来（投降后）未买地，到他儿子手中也还只有一二十亩地。"

郑子均说："郑道先开始不干大捻子，后来别人都干了，他才干的。他的兄弟二疯子也参加了，替他带马队。郑宪章说："郑道先干趟主后，他的旗是黑旗白边。"郑子均说："郑道先后来投降了清政府，当了统领，后来干到红顶。在嘉峪关打回回时阵亡，后来配享僧王庙[②]，雉河集一带在僧王庙配享的只有他一人。年年他的儿子都去磕头。"郑宪章说："投降时最多是营官，死后是世袭守备。"

丁玉珠，涡阳城南八里丁人，捻军旗主之一，后来也投降清军，成为叛徒。

据郑子均说："丁玉珠也是捻军旗主，什么旗不清楚。后来投降清军。我小时候看到过他，他当时有60多岁，我只有十来岁，他穿着紫马褂，坐轿回来的。"

---

① 别人说他是郑道先兄弟的后人，他不愿暴露身份。

② 僧格林沁是镇压捻军的刽子手，清政府为了纪念他的"功绩"，在雉河集建有僧格林沁庙。

第二部分

剿捻资料

绥辑淮甸篇[1]

安徽襟江带淮。江以南，士喜儒术，巽懦不好武。民则懋迁服贾于外，无雄桀枭猛之姿，故畏祸乱，少奸宄。独滨淮郡邑，当南北之交，风气慓急，其俗好侠轻死，挟刃报仇，承平时已然。自洪酋陷金陵，皖北伏莽滋益多。其最著者李兆受、苗沛霖，跨州连县，征粮榷税，料民伍田畴，俨然割据矣。朝廷以粤寇亟，听将帅策，一意羁縻之。兆受、沛霖假官爵号召徒党，名益顺，骄恣横行，所在莫淮何，民犹患苦之。然乌合无纪律，名为桀骜，其实孱冗不任战。二人之降，皆由胜保。是时豫、皖捻患炽，常简威望大臣谙兵事者驻淮上治军，北屏中原，南御粤、捻，亦阴以控驭苗、李焉。

李兆受者，河南固始人。咸丰三年始为捻于霍邱，众才数百，出没光州、光山、商城、固始间。四年，河南巡抚英桂遣兵六百围捕不获，兆受益勾结皖匪，有众二千。六月围商城，邑绅周祖颐击之，英桂以捷闻。五年九月，兆受窜霍山之攒板冲，为练勇鄢立功所败，遁回麻埠。县丞张曜率师蹑之，战于流波疃，斩李兆庆等百数十人。时徽宁池太广兵备道何桂珍屯霍山，十月击兆受，破其众，捻党汹惧，兆受与马超江相继降。桂珍提饥军三千人转战楚、皖，又益以新降之众，无所得食，始什人赋面一斤，继而削减半之，既又半之，而贼来益盛。兆受感桂珍忠勤，不忍遽背，然绝粮久，怪桂珍无以活之，意望甚。会马超江为匪徒所杀，兆受怒官不能

---

[1] 王定安：《湘军记》，第7卷。

捕诛以抵罪也，议为超江复仇，设位受吊，捻党毕集。于是安徽、河南诸帅，皆以兆受复叛入告，而县令亦悬赏购兆受头千金。兆受益不自安，匍伏诣桂珍，自陈无他。桂珍抚慰，稍稍绥定矣。会皖帅有密书桂珍，嘱以图剪叛贼，毋后人发，书为兆受得。十一月壬戌，兆受佯置酒高会，而伏兵戕桂珍于英山之小南门，同时遇难者四十七人。遂招集亡命，侵掠圩寨，众号数万。七年二月，兆受导粤贼陷六安、霍邱，围寿州。时都统胜保援固始，战屡捷，副都御史袁甲三督师亳州。兆受合粤贼陷正阳关，围颍上甚急，声言将趋颍州，犯归德、陈州，他股由霍邱扰乌龙集。自皖之六、霍，豫之光、固、息、商，所在皆贼。三月，胜保击捻酋张乐行于柳沟，败之。四月，颍上解围。五月，胜保大捷于三河尖，张乐行赴霍邱依兆受，特乞援粤贼。闰五月，胜保攻正阳关，兆受踞叶家集，出扰光、固。胜保遣军进驻黎家集，捻闻大军且至，皆走六、霍之交。七月己丑，胜保克霍邱，攻正阳益力。八月，兆受率众五六千由枸杞园、刘帝城，声言与正阳贼合，窜怀远、凤阳。胜保遣邱联思等蹑击，败之。甲辰，克正阳。

八年五月，胜保、袁甲三奏言：年来南军屡捷，逆焰就衰。而金陵未及克，皖北未肃清者，皆由李兆受纠党二三万，横截官军以助贼势，勾结北捻以树贼援。今臣军适当下蔡冠捻之交，李兆受请进兵舒城，愿为内应。宿州以南，群贼经苗沛霖剿抚有效，臣袁甲三即可南下扼淮，合办攻贼。旨报可。于是胜保躬至清流关受降，兆受率其弟及头目十余人迎见。七月，诏授胜保为钦差大臣，专督安徽军，袁甲三驻宿州，专讨三省捻匪。九月，胜保攻天长，兆受内应献城，遂克之。诏改兆受名世忠，赏花翎参将。胜保裁其众，留万八千人，号豫胜营，月给饷盐自鬻以给军。

是时，苗沛霖亦受节度，平怀远诸圩。苗沛霖者，安徽凤台人，补县学生员，阴鸷猜忌，少负意气，于俦类无所不凌侮。自粤、捻兴，乡民行团练法，筑圩自卫，率推豪右为练总。贼至，登陴守望，或助官军击贼，亦时与邻圩争雄长，相攻伐。沛霖居下蔡为练总，击张乐行有功，叙劳获奖，益募兵徇旁圩，下之，有众数万。袁甲三、胜保皆抚之，用为助。沛霖既平怀远诸捻圩，连营浍水。十二月，捻围攻，沛霖击走之。九年三月，江浦守贼薛三元款于总统张国梁，钦差大臣和春遣世忠受降。群贼诇三元贰，急攻之。三元已下令薙发，闭城待援，水师赖镇海至，围乃解。世忠率三元攻浦口，克之。沛霖据蒙城叛，胜保遣使谕降，沛霖反正。时袁甲三罢，诏总兵傅振邦代领其军。振邦与沛霖共攻捻酋张隆凤于凤阳北，斩擒颇众。四月，张元龙以凤阳府县城诣胜保降，因徇临淮，下之。沛霖复与振邦攻肥水南诸叛圩，皆破降之，以功屡擢至道员，加布政使衔。沛霖虽膺监司，弗冠服，见地方官吏，燕服谈虐，倨傲无理，使其下称之先生，示弗臣也。

六月，陈玉成徇来安，世忠出诱敌，玉成袭城，伏起败之。玉成攻滁州，世忠自水口焚其粮，贼溃。七月，玉成复围来安，世忠夜袭破之，米粮、器械运入滁城。朱元兴等复破沙河集、龙停口贼垒，滁州解围。时胜保拒贼盱眙，巡抚翁同书由定远移驻寿州，捻陷定远。八月，江浦、六合、天长、盱眙相继陷，捻亦复踞凤阳、临淮。八月，诏袁甲三为漕运总督。甲三奏两淮糜烂，请令曾国藩军由光、固前击。诏楚军援拨，国藩与胡林翼方谋安庆，未遑北，胜保以母忧罢。十二月，沛霖从官军复临淮。

十年正月，诏胜保督河南军，袁甲三为钦差大臣，专皖事。世忠进兵滁西，遥应官军。甲三围凤阳，邓正明以府城降。降捻张元龙犹距〈踞〉县城，甲三诱出诛之，遂复二城。二月，粤贼自全椒袭来安，筑垒城外，为持久计。世忠遣朱元兴自三界、石坝赴援。副都统全福马队先至，乘夜击之，贼皆走。进攻全椒，贼目唐德华献款，克之，诏擢世忠总兵。三月，江南大营陷，曾国藩为两江总督。五月，和州、含山贼围滁州，世忠会全福击走之，诏授世忠江南提督，帮办军务。自滁以西北属五河皆其关镇。牧令不能治民，皆设武夫榷关税，收民田租税，自为出纳，赀货山积。掠民女为妾至数十人，稍失意，辄屠割之。世忠头童，世呼“李秃子”。淮南北苦其蹂躏，言“李秃子”则人人愤怒，思啖其肉。

时沛霖亦补川北兵备道，崛强淮、颍、涡、会之间，所收圩寨辄置长，秉其号令，弗隶于官。二人者，雄猜不相下，时相劫夺，吞并旁圩自肥。自安庆北暨宿、亳，南至和、滁，粤、捻交乘，苗、李居间反侧，居民荡析失业，田庐荒秽，鞠为茂草矣。袁甲三屯怀远，孤立无援，冀引湘军自助，疏荐李续宜，用按察使擢安徽巡抚。又以贾臻、张学醇习苗事，荐为藩臬，藉游说联沛霖。续宜新自湘来皖，常在桐城，为多隆阿后援，不能至淮上。贾臻摄藩司，翁同书仍驻寿州。八月，英吉利犯京师，诏胜保统勤王军，胜保请召外援，及苗练。文宗谕同书征其兵，沛霖大喜，设台北拜，痛哭言夷变事，阴欲其下推戴，众愕视不敢言。未几，抚议成，止其行。沛霖见中原多故，纵兵四出，益掠民圩，占关卡。甲三、同书严檄诘责，不能制。常轻骑往来寿州，谒同书，傲慢无状，同书以温言抚慰。或谏曰：沛霖叵测，狙便击之，一武夫力耳！同书终虑其党盛，诛之且激变。沛霖益横，遣党徇寿、六诸民圩，塞南道。十月，期寿州城绅练赴下蔡领旗，后至者斩，部郎孙家泰绾防局，弗应召。沛霖率千人犯北门，声言索家泰即罢兵。副将徐立壮侦苗党伏城内，搜杀七人。沛霖怒，移兵击所居宋家圩，搜徐氏尽斩之，掘其坟墓。立壮亦忿白同书，誓以死御苗逆，同书令立壮会蒙时中扼两河口。

十一年正月庚寅朔，沛霖水陆兵至两河口，将袭州城。同书遣总兵黄鸣铎水师迎击。沛霖屯纪家台，相持半月，益增党围北门。张学醇为之缓颊，说同书曰：沛霖寻仇孙氏，非叛也，朝撤防兵，暮即退矣。同书许之。沛霖乘势由菱角嘴渡河，焚掠百余里，通款庐州。陈玉成给伪印，称“奏王”。都司王舟等率练赴援，屡挫之。沛霖退孙家祠，尽掘孙氏幕毁之。同书遣黄鸣铎屯五里庙，总兵庆瑞、尹善廷攻孙家祠。四月，同书卸抚篆，李续宜尚在湖北，诏贾臻暂摄巡抚。庆瑞、尹善廷等咸贰于沛霖，要城内米五千石送苗营，趣徐立壮出战。立壮本苗营裨将，所部多粤、捻旧党，喜骚扰，士民愤怨。同书因案诛之，以谢沛霖，沛霖围攻如故。时同书部将陈友胜屯正阳关，张学醇率苗党潘树屏等入关逐友胜，遂夺正阳，截官军粮道。学醇偕总兵博崇武率五百人还寿州，杀立壮子侄七人。尹善廷、庆瑞受沛霖计，执家泰系州狱。学醇将送苗营，家泰自杀，蒙时中不屈死。六月，黄鸣铎罢寿春镇，以博崇武代之。博崇武胁城内，搜苗所指目者三十家，且要给苗众钱，城内汹惧，复议死守。同书已居城外，黄鸣铎、朱景山等迎之入城，主守事，博崇武缒城遁。七月，博崇武、庆瑞、尹善廷等与苗练合攻城。同书督士民鏖战，不胜。遣吉学盛、朱淮森、朱淮朋突围赴寿南，檄王舟等夹击，战屡胜。当是时，钦、抚言苗事者多持两端，卒不敢公声其罪，日夜盼湘军至。湘军不能分讨，则言胜保可制沛霖。胜保在山东，檄才宇和招颍、霍各圩万余人，畀方谟勋驰援。谟勋名解围，暗助贼掘壕十余里，断官军饷道。城内人相食，斗米至十万钱。朝旨促甲三会李世忠征讨。八月，曾国荃克安庆，多隆阿克桐城、舒城、庐江，楚军声威甚盛。贾臻奏请拨劲旅援寿州，或令湘将驻六安、三河尖慑苗练。九月，袁甲三奏催李续宜来皖。穆宗新即位，尤向用湘军，以续宜署鄂抚未能行，谕多隆阿、曾国荃分兵往援，以彭玉麟为安徽巡抚。

壬午，寿州陷。是日风雨晦冥，奸人乘夜内应，系苗众数百人登南城，杀守将朱景山。北门守将黄鸣铎驰至，被擒，劫令具状，言：寿州官绅勾捻陷城，苗练克之。鸣铎不从，因割其耳，以火燎须，送下蔡，其老母妻子皆遇害。守御绅民及孙、徐、蒙诸族皆被戕，王舟愤极自杀。沛霖素弗冠戴，比入城，冠缀珊瑚顶、孔雀翎，拜同书曰：满城皆贼，吾来救公耳。因胁知州任春和、知县张廷献公白同书，诉己不叛。同书佯诺入告，而密疏陈沛霖叛逆状。十月，曾国藩、官文遣湘将成大吉率马步趋霍山、六安，规寿州。沛霖遣党徇河南，分扰光、固、陈州，复上书袁甲三求抚。贾臻亦屡言胜保至，抚局可成。诏曰：苗沛霖以乞抚为缓兵计，贾臻一无展布，专待胜保南下，为克尽厥职耶？曾国藩、彭玉麟均有地方责，玉麟可统楚军赴颍、阜，扼北路。苗练万不可抚，即与霍、六楚军进攻，约袁甲三、李世忠夹击歼之。十二月，国藩疏言：苗沛霖藉受抚之名，行谋叛之实，已数年矣。朝廷假爵赏为羁縻，彼即窃威权以胁众。帅臣以恩义相劝诱，彼即挟诈术以要求。今长、淮上游霍邱、寿州、怀远各城，三河尖、正阳关各处，均被占据，且欲下窥临淮，上吞颍州、光、固，逆迹昭彰，断无再抚之理。惟沛霖羽翼已成，巢穴已固，南勾粤逆，西通捻匪，一经进剿，群凶之交必固，战争之日方长。楚师方剿发逆，暂难同时并举，俟攻克庐州，与袁甲三临淮之师联为一气，方可并力剿苗。彭玉麟素统水师，舍舟登陆，用违其长，且鄂、皖江面太远，玉麟如离水营，陆路难收夹击之效，水师实有挫失之虞。于是玉麟固辞皖抚，诏国藩荐贤代之。国藩荐前云贵总督张亮基、湖北巡抚李续宜，袁甲三亦荐续宜。乃移河南巡抚严树森抚湖北，还续宜安徽。

同治元年正月，李世忠克江浦、浦口，进攻桥林、乌江贼垒，皆克之。二月，多隆阿进攻庐州，陈玉成乞援金陵，洪酋遣陈坤书、黄文金援庐，自九洑州北渡，三日夜不绝，世忠沿江三垒皆陷。上游上士湾群贼渡江，集和州，曾国荃军已至巢县、含山，进攻和州，克之。朝议以金陵可乘，催世忠取九洑州，期会楚师。世忠奏：江浦、浦口距九洑州才数里，必以八千人分守两城，二千人守桥林，二千人扼小店、乌江，请由江北粮台供饷，增调战船百数十只赴浦口。诏以吴棠拨饷，又以楚师距世忠营才四十里，命世忠为曾国藩节制。时苗沛霖合粤、捻贼犯颍州，冀解庐州围。贾臻屡疏告急，成大吉、萧庆衍出固始援颍。沛霖慑楚军威，遣使胜保求款，因释黄鸣铎。沛霖与张洛行有隙，胜保令剿捻自效，且奏止楚军。博崇武复言沛霖，愿助官军援颍。三月，成大吉、蒋凝学等军进颍州，贼解围南走。沛霖实未会兵，但令其下剃发，白甲三称矢志杀贼而已。四月，多隆阿克庐州，陈玉成走寿州，沛霖诱献胜保军中，语具《规复安徽篇》。五月，曾国荃进军金陵，屯雨花台。世忠侦大军至，渡江扼石埠桥，贼来争，击走之。七月，世忠攻九洑州，不克，筑垒与相持。袁甲三陈世忠战守状，因乞病。诏李续宜为钦差大臣，续宜因母丧固辞。唐训方暂署巡抚，甲三仍留督师。穆宗以世忠骄悍，甲三拊循数载，尚尽力为我用，饬国藩、续宜如甲三故事。国藩奏世忠初降胜保，留万八千人，实数近三万，近又招收至五六万之多，据有城池，自为风气。于长淮五河、长江新江口多设厘卡，所获颇厚。又运盐自售，上侵国家之利，下为商民之害，殊堪隐忧。然相沿已久，绳以法律，势有所不能，且近来克复天长、六合、浦口、江浦，击退陈坤书，于大局不为无功，未可没其劳而遽议其后。臣拟姑循其旧，厘盐不加禁遏，请求亦不拒绝，但不甚资其力，亦不轻调其兵。若欲收回国家利权，则须另筹月饷，足以养彼之众，乃能行吾之法。因催广东厘金，旨报可。闰八月，沛霖退居下蔡，献寿州及正阳关。蒋凝学分兵驻守，萧庆衍屯霍邱，成大吉、毛有铭屯三河尖及固始，王载驷屯六安，皆续宜部将也。楚军在淮西者声势相连，沛霖益恐。胜保移师援陕，上书訾楚军，为沛霖请隶于僧格林沁。时僧王追捻至夏邑，规图亳属捻圩，檄沛霖助剿自效。沛霖因构间之，僧王诇其奸，密陈沛霖狡狯难信，暂应驾驭，俾楚军讨捻无所挠。国藩亦言，驭苗之法在赦其罪而不资其力，于征调则吝之，于厘卡则宽之，与待世忠略同。穆宗虑南北军失和，两慰解之。

九月，世忠因病乞罢，诏不许。李秀成自苏、李世贤自浙合援金陵，图曾国荃营。世忠遣将率万人渡江助官军，国荃以援贼退，止其兵。贼北渡攻九洑州滁军垒，却之。十月，僧格林沁犒沛霖军万金，征之剿捻。沛霖自胜保去，益自结于僧王。阴嗾其党杀湘军采樵者十二人，掳七人，上书僧王，请屏楚师，而以寿春镇李璋守寿州。蒋凝学密白国藩，国藩因奏言：湘军屯寿州、正阳，逼进苗练，若始终含忍，彼将以杀孙家泰、蒙时中、徐立壮之故伎施之楚军。若声罪致讨，又恐碍僧格林沁抚局。今江北自和、含、巢、庐，上至舒、桐、潜、太，正苦无兵调防，臣即将楚军移屯，由僧格林沁派兵驻寿州。疏既发，适金陵贼大举犯皖，自九洑州北渡，众十余万，分掠浦口、江浦。世忠滁营诸将与战，皆不利，西陷含山、巢、和，言者颇疑滁军与贼通。世忠方自陈战功，白国藩请奖恤。其实滁军不耐战，国藩为辩其诬，给银米以济之。于是檄蒋凝学撤寿、正防军，分守颍州、霍邱，萧庆衍、毛有铭移驻舒城，朝议大骇。而沛霖扬言将赴陕随胜保，道路藉藉，以为苗练反，胜保遂以此逮问。僧王见楚军退，奏诉无他。袁甲三已解督师任，犹上疏力争勿撤寿、正防，且言：沛霖多方挑衅，既力诋曾国藩，岂其心服僧格林沁？今日既得志于楚师之去，他日岂不能逆拒僧军之来。诏国藩与唐训方拨兵屯守。逾两月，楚军不至，沛霖亦未敢遽叛。僧王讨涡河捻圩，至夏张桥，诛其酋杨兴太，群捻多降。檄沛霖攻谷家圩，沛霖因言粤贼拥出长江，淮防又紧，请示所向。僧王责以专力剿捻，钤束练众务农业，江淮之防有督抚在，盖阴折其觊觎之心，不使藉官号图站踞也。

二年正月，李世忠以胜保逮京，白国藩奏纳已官赎之，严旨切责。其部将杨玉珍尽锢西坝栈盐，置卡高良涧，苛敛商盐，军民皆愤。唐训方遣其族叔李衔华谕阻，弗听，上疏论劾，世忠垄断自如。沛霖之党与世忠部下争盐船，战于洪泽湖。世忠遣将至高良涧助战，又虑沛霖侵其关卡，率兵北屯五河。二月，金陵贼北渡，滁营之在九洑州、江浦、浦口、桥林皆陷。世忠留五河不能救，自请褫职离营。国藩密疏乞恩，诏撤帮办勇号，免夺官，仍令坚守滁州、六合。自沛霖就抚，阳称散练归农，潜以所部匿涡河南北，蚕食民圩，增葺怀远城，添党守之。巡抚粮艘往来涡河，辄被遮留。僧格林沁已移师山东，沛霖乘间煽胁诸圩，扬言僧王杀降捻姜台凌为不义，从之且被诛，遂犯寿州，毁正阳关卡，掠民船，袭蚌埠，踞之。围按察使马新贻于蒙城，陷颍上，杀知县濮炜。三月，凤台知县蔡锷至下蔡说降，苗练害之，弃尸于河。沛霖增党守正阳，令潘垲踞三河尖，攻六安，于是寿、颍、霍邱同时告警。而舒、六粤贼充斥，转相勾结，练党号百万。遣说世忠，以正阳、怀远易五河，世忠申大义，绝之。沛霖复合粤、捻，由六安犯定远、凤阳。僧格林沁方攻淄川未下，朝旨屡促讨苗，未即行，遣兵千人南援。四月，唐训方令秦荣、克蒙额援凤阳，群贼并归定远。欧阳胜美自庐州来援，贼南走。蒋凝学援寿州，轻进失利，退屯九里沟，攻牛尾岗，破其三垒。国藩遣成大吉移屯三河尖，周宽世移屯六安，为凝学声援。颍州知府英翰攻穆、张、蔡三圩，下之。是时，楚军克巢、和、含山，粤贼南渡，天长、六合皆解严。五月，楚军克浦口、江浦，国藩移萧庆衍守之，自是二浦不隶于世忠。世忠誓守五河，拒沛霖。沛霖围蒙城益急，群捻助之。沿涡河南北皆寇氛，蒙、亳声息绝。临淮军食亦匮，唐训方自食半菽，与士卒共。诏袁甲三募米陈州，吴棠自清淮运粮济之。训方诇淮南岸诸圩勒粮助贼，而官军饥困弗之顾，遣张得胜、刘明典击之。复遣克蒙额击退定远捻，张得胜逼黑窑而军，普承尧等分屯下洪、李家嘴，以隔诸圩之通苗者。适僧军讷木津率马队至宿州，训方檄与英翰巡龙山、雉河为声援。国藩解银二万，甲三于亳州、太和募米千石济军，临淮赖以不亡。六月，苗练陷寿州，知州毛维翼死之。维翼守七十六日，练兵才五百，掘城内野菜杂蔬充食。蒋凝学以重金啖人夜棹小舟，运米麦入城，约坚持数日，待成大吉军至。而下蔡外委邱维城夜开门迎贼，维翼巷战殁，诏赠道员优恤，将帅自曾国藩以下降罚有差。沛霖遣党西窥霍邱，楚、豫边防戒严。国藩乃檄蒋凝学分防颍州、霍邱、三刘集，周宽世分防桐城、六安、迎河集，成大吉屯三河尖，毛有铭屯老庙集。调何绍彩军二千由宁国北渡，道庐州以达临淮，征彭、杨水师由瓜州入洪泽湖助剿。唐训方孤军待援，令马新贻还临淮，以英翰代守蒙城。蒙城被围久，军民日食浮萍、树皮，饿死者十［之］二三。七月，沛霖自将二万人出黑窑，抄临淮后。训方益危困，而水师将丁泗滨、王吉率舢板八十入淮。吴棠遣黄开榜率百船继进，颇载米麦，世忠亦遣千人出凤阳西南。沛霖夹淮增垒，塞淮水，绝我运道。水师阻巨炮，伤亡颇多，弁将多焚船烧垒，退保临淮，贼焰益张。八月，将军都兴阿自扬州遣军二千，以王万清将之，富明阿马步两千继进，合援临淮。李世忠将五千人来会，夹淮分屯，南至定远，北至固镇，连营相望，军势颇振。沛霖见临淮难拔，并力攻蒙城，守城练勇才千人，日夜几望援军。时僧军部将陈国瑞率三千人出徐州，训方奏以蒙城一路专属陈国瑞，淮北岸属富明阿，与蒙军连，颍、寿一路专属蒋凝学等，而淮南岸训方自任之。陈国瑞者，骁捷敢战，初隶黄开榜，已而入僧军，以勇闻于山东、河南、直隶。官仅总兵，军民呼之陈大帅，所部颇骚扰，而猛锐为诸军冠，捻、苗皆惮之。既至蒙城，频破城北五圩，并附圩贼垒数十，悉毁之。每战，辄自呼名慑贼，贼即错愕不敢当。沛霖先为外壕自固，闻陈国瑞至，匿不出，凭垒发炮伤我军。蒙城守将遣人诣陈国瑞，诉粮匮久，旦夕且不保，陈国瑞与英翰约期大举。九月乙卯，陈国瑞乘雨越壕，身自督战，手刃退者。战士呼声动天，穿贼垒入，斩馘甚众。贼以炮石还掷，我军冒死弗退，亡三百人，伤五百人，犹未克，陈国瑞乃收军营城外。庚午，富明阿至蒙城，李世忠增万人循淮南岸，规下蔡。唐训方分军大、小蚌埠，图怀远。富明阿以蒙城外无官垒，劾训方。是时，僧格林沁已定直东，则返旌南下。诸民圩闻王且至，争反正。寿州乡民田端书等聚两万人，自称助官军杀贼，围攻下蔡，烧沛霖粮台，献捷于僧军。十月，世忠平寿南二十六圩，克下蔡。乙未，陈国瑞大捷于蒙城东南门，且战且筑垒，绝贼粮道，富明阿分扼险地相犄角。僧军翼长舒通额亦至，群圩畏威，争剃发归诚。唐训方合水、陆军围蚌埠，其酋张士端求抚，献蚌埠、怀远。唐训方军收怀远。是夜，陈国瑞等攻蒙城外壕，沛霖自巡壕，跳而颠，其党自后击杀之，割其头送王万清营。富明阿入蒙城，捷闻，赏王万清勇号，奖银千两。十一月甲辰朔，陈国瑞部将康锦文、宋庆携苗景开至寿州，群贼开门降。李世忠亦遣将至，杀守门将士五人。宋庆等因斗杀朱元兴、杜宜魁，械系蒋立功，乘胜收下蔡，毁平苗家老巢，悉捕诸苗及沛霖妻子送僧王营，诛之。乙巳，蒋凝学、成大吉收颍上。丁未，毛有铭收正阳关，康锦文、程文炳同入守之。己酉，凝学移军正阳，未知贼已献关，守关者亦误为贼至，隔河发炮相击，有铭后知之，乃解。僧格林沁奏诸将争功械斗。事下国藩，国藩以陈、李部将械斗，杀伤相当，世忠已领众回滁，但诛苗景开即可完案。正阳之事，由两军不相闻，非出有心，请免议。于是诸客军皆罢，湘军将分回皖南、湖北。群捻或诛或降，以次底定。

朝廷颇忧皖北民圩多，饬唐训方筹善后。僧格林沁复请于蒙、亳适中地增设文武，添防兵。训方奏移凤台县治于下蔡，置涡阳县于雉河集。而言者皆欲乘势除世忠，僧格林沁请以世忠军助攻金陵，并责交城池、盐卡。吴棠请拣豫胜营精壮数千，分隶曾国藩、唐训方，间之楚军中，观习营规。国藩上议曰：李世忠为众恶所归，盖有二端，一曰心迹难测，一曰专利扰民。臣于元年九月接统其军，犹虑其倒行逆施，厥后搜获伪忠王文书，言力攻二浦以畅北伐之路，始知李世忠实无通贼之事。至调剿以资其力，臣窃以为不可，盖该督尚无叛心，而部众断无可用。及其驰檄讨苗，慷慨请行，若自知不为斯世所容，借此以求表白者。即寿州、下蔡迭起争端，蒋立功见执，朱元兴、杜宜魁见杀，李世忠仍复词气逊顺，不似往年倔强之态，若自知祸谪将至，但委婉以求苟全者。惟此次淮、寿一带焚掠甚惨，民怨沸腾，实为远近所共闻。窃就前后论之，胜保纳降之初，处置诚有未善。收留万八千人，听其盘踞数城，养成桀骜之气。以为天、六、滁、来，本群贼出没之区，一任李世忠纳税收厘，又奏令月给饷盐自捆自卖，风气既成，视为固然而不足怪。袁甲三与臣接统以来，亦不能筹发官饷，改弦更张。近则数县之内，田荒民散，剥无可剥，淮河不通，盐利亦减。今岁剿苗，途次无米可买，他人处此亦难免扰民，况世忠乎？臣愚以为世忠剿苗甫毕，但可究其骚扰之罪，不必疑有叛离之心。臣当令其遣散部众，交还城池，退出厘卡，停给饷盐，放还田里，保全末路。时僧王遣人至五河侦世忠，世忠先有散部伍、交城池之议，群疑稍释。

二年正月癸卯朔，世忠状白国藩，以所守滁州、五河、来安、全椒、天长、六合等城，请派兵接防。其营勇或撤或调攻江南，惟总督命，水师船炮悉入官。国藩报曰：部众悉散，大善，即留用，官不得过百，勇不得过二千。三月，世忠悉发己财及余盐积谷，给其军三万余人。人各给盐包，或缗钱八九，将领白金数十为行赀。国藩令留三千人，以陈自明将之，号曰忠朴营。世忠捐修涡阳城钱十万缗，修滁州学钱五万缗，屯田牛种赀本银七万两，助总督军饷银二十五万九千两，又官欠饷盐五十余万包不求补给，五河厘卡巡抚委官经收，因乞病回籍葬亲。国藩奏言：李世忠当江淮大定之后，洁身引退，深明大义。该提督不萌贰志，臣久已亮之。至其不拥厚赀，力保令名，以诡谲好利之人，忽为慷慨亡私之举，则非臣意料所及。我国家优待降将，张国梁、程学启既备极恩荣，李世忠亦保全始终，庶足广皇仁而招携贰。诏嘉许之。六月，曾国荃克金陵，余寇走闽、广，群捻北趋，江表大定，世忠携其姬妾优伶往来吴楚。

十年三月游扬州，陈国瑞亦客邗上。世忠衔寿州争门事，谬与相善，日夜奏伎为乐，国瑞不为备。四月，世忠突入国瑞寓，缚执舟中，声言国瑞前在天津与法郎西有衅，将送上海夷场。国瑞从子呼救，两湖商船以乡情应之者数千人。世忠大惧，乘小舟跳走，仓皇落水，其党救之获免。曾国藩案其事，奏褫世忠职，勒回籍，国瑞故总兵，降都司。吴、楚间多言世忠叛者，京士交章参劾，诏安徽巡抚英翰、河南巡抚李鹤年案验。鹤年奏请诛之。穆宗以世忠贷死已久，不忍追究既往，下曾国藩。国藩遣人至固始，侦知世忠所居，则瓦庐草舍相间，竹篱环水，无异农家。世忠以岁恶，用不给，开棚造纸，志在营利，谤始息。其后十年，世忠在安庆代人索债，辱殴官几死，巡抚裕禄案其罪，置大辟。人人言世忠党羽众，将谋反，竟无验。

王定安曰：自古异人豪杰，多产淮甸，而奸雄草窃，跨方州拒朝命者，亦往往出淮、蔡之间，其地势使之然耶？唐时方镇跋扈，中朝不加讨，率以恩义联之，恣其傲踞之气，卵育胎孽，至于凶猘不可驯服，乃草薅而禽割之。原其始，未尝不忌惮，后稍猖狂也。呜呼！为国家者，不得已而用抚，含诟隐忍，冀图旦夕之安，岂计之得哉。观苗、李之事，吾于当事者有遗憾焉！

临淮篇第九①

当安庆、江宁之陷，民士流亡，栖集无所，而皖、豫、楚边，地旷俗悍，不甘于坐毙，枭鸷奸滑者，皆得煽诱徒众，挟以自强。则李兆受、苗沛霖恣其倾危，复倚官势，介于江、淮肘腋之间，亦若足以为患。言兵者深忧之，故朝廷恒特命一重臣专治淮北军。官军皆苦乏饷，而李兆受拥军以致巨富。言团练者苦不相联结，而苗练以横强见重于寇，因以抗官军。二人之见羁縻，皆由胜保。

咸丰八年五月，胜保、袁甲三奏言："年来南军屡捷，逆焰就衰，而金陵未即克、皖北未肃清者，皆由李兆受纠党二三万，横截官军，以助贼势，勾结北捻，以树贼援。今臣军适当下蔡寇、捻之交，李兆受请进兵舒城，愿为内应。宿州以南群盗经苗沛霖剿、抚有效，臣袁甲三即可南下扼淮，合力攻贼。"于是胜保躬至清流关，兆受率其弟及头目十余人迎见，更兆受名世忠。诏授胜保钦差大臣，专督安徽军，袁甲三专讨三省捻寇。沛霖亦受节度，平怀远诸圩。是时，李续宾方克九江，进兵舒、桐，庐州群寇震惧。九月，世忠以天长归诚，留其众，号称万七千人，列为豫胜营，不请饷，令捆盐自卖以给军。沛霖连营浍水，十二月，捻寇围攻之，旋解去。

九年正月，捻寇薛之元以江浦反正，与世忠共攻浦口寇城，克之。胜保劾罢甲三，咎以专防徐、宿，诏总兵傅振邦代领甲三军。振邦因与沛霖共攻捻寇于凤阳北，多所擒斩。四月，张元龙以凤阳府县城归诚，因收临淮关。沛霖复从振邦攻下肥水南叛圩，积功记名道员，加运使衔。其时，自江至淮，号为王土。世忠亦以保滁州、守来安、收全椒功，授参将。六月，胜保悉兵拒寇盱眙。安徽巡抚翁同书居定远，危惧，出走寿州，捻寇遂陷定远。八月，诏起袁甲三以漕督屯防蒋坝，胜保移营五河。其时，江浦、六合、天长、盱眙复为寇陷，而捻寇复踞凤阳、临淮。胜保以母丧归，

① 王闿运：《湘军志》，第9卷。

袁甲三代之。十二月，沛霖从官军复临淮。

十年正月，世忠复进兵滁西，以应定远官军收凤阳。沛霖以功补川北道，然不冠服，令其下称之“先生”。所平圩辄置长，收其田入之半，缘道设关隘，笼断公私。涡、浍、颍之间，苗练为豪矣。世忠则授江南提督，自滁以西，北属五河，皆其关镇。然势弱，沛霖视之蔑如也。胜保改督河南军，而甲三屯怀远，患翁同书之懦，奏以湘军将李续宜用按察使补安徽巡抚。复奏用习沛霖者贾臻、张学醇为藩、臬，以为假湘军威、臻等游说，可驾驭沛霖。文宗悉从之。续宜不能来，臻至，遂署巡抚。八月，英吉利兵船犯大沽，天津师溃。诏胜保总勤王师，征及苗练。于是沛霖大喜，设高台，聚大众，号哭言夷变事，阴欲其下推戴，众相视默然而罢。俄而，和议成，安徽寇复蹂淮北地，苗、李军频败，亦稍通寇，相首尾。十月，沛霖遣征寿州练总集下蔡领旗，后者斩。寿州练局因搜城中苗练总七人，杀之。翁同书居城中，为孙家泰、徐立壮所劫，因奏沛霖跋扈状。会蒙城、宿州亦告官诛苗党，沛霖忿，聚众誓先取寿州。甲三兵弱不能问，惧大乱之不可弭也，颇咎同书，因訾立壮及家泰。

十一年正月，沛霖攻寿州，立壮等亦自聚众御之。钦抚臣言苗事者前后百疏，卒持两端，不敢公言讨，日夜促湘军赴援。湘军实无意及之，因奏言胜保可制沛霖。而胜保在山东，阳引沛霖自重，实亦不敢至也。淮南、北乱已十年，是时洪寇盛，夷事亟，行在宵旰忧勤，而同书等日张苗势，议论交讧，沛霖益恣。同书知援绝，粮且尽，又恶徐立壮招寇自助，因案诛之，执孙家泰系狱中。沛霖遣练总从张学醇至正阳关，因夺关，绝粮道。学醇走寿州，将槛送家泰，家泰自杀。城中人凶惧，复议死守。守百日，食绝，斗米至十万钱。九月，城中奸人开门迎沛霖，沛霖入谒同书，请同书奏己不叛状。穆宗即位，尤注意倚湘军。安庆既克，命彭玉麟为巡抚。玉麟固辞，复授李续宜。而沛霖以其间略地胁众，徒淫肆，无远志也。

同治元年正月，湘军将成大吉等出固始援颍州，多隆阿进攻庐州。二月，曾国荃前锋至无为、巢，水军下濡须。朝议以金陵可乘，诏世忠会师。世忠乃诉己军乏，请月给万二千人饷，且请增调战船。江宁寇攻世忠沿江三屯，陷之，遂陷江浦。分党攻六合，世忠部将城守。三月，成大吉等军进颍州，寇解颍州围南走。沛霖见官军势盛，请命于胜保，以讨捻自赎。胜保以闻，且奏止湘军。四月，多隆阿大破陈玉成，遂克庐州。玉成前结沛霖通捻寇，以合据颍、寿，因走寿州。沛霖恐多隆阿兵遂进，因诱擒玉成，送胜保颍州军中。胜保既妒湘军功，且欲养沛霖固兵柄，阴右之，沛霖又收颍上城以为功。李续宜既恶贾臻，胜保复奏臻功，语侵袁甲三。续宜因以和衷为词，置颍州度外，甲三亦请疾去。李续宜代为钦差大臣，雅不欲居临淮，而安徽事大定，所部万余人当戍淮南、北。又先大言必讨苗练，虑发难以不胜为笑，假母丧固辞。多隆阿亦奉诏赴陕西，江北空虚。诏从续宜请，以唐训方为巡抚。当是时，中外达官相诅誓者，皆以抚安徽为靳。甲三闻续宜去，遂亦称病笃，待唐训方至而行。闰八月，沛霖空寿州及正阳关，蒋凝学分军屯守，萧庆衍屯霍邱，成大吉、毛有铭屯颍州营于三河尖，又分军屯固始，王载驷屯六安，皆续宜部将也。袁甲三部军水陆马步二万余人，分屯五河、灵璧、凤阳、定远、怀远、蒙城，以张德胜、王才秀、朱淮森、徐鶽、宋庆等为大将。又颇杂用练丁，率不任战守，仍倚李世忠为助。训方虽起，军中旧部已散，仓卒召募，复遣防庐州。安徽四战地，农、商逃亡，租税无所出，故至临淮者辄贫弱，为沛霖、世忠所轻。世忠所据地濒江，犹时与寇争。沛霖自依胜保，益收颍南、北丁粮，阴结捻寇，无外患。胜保移陕西，腾章诋楚师，为沛霖请隶于僧格林沁。僧格林沁驻军山东，初亦恶沛霖。沛霖侦知外藩王子骄贵，寄耳目于左右，又自负忠勇，以湘军为邀功，因间之。果奏调苗沛霖，倚以平捻。沛霖复惮行，阳言当赴陕助胜保，道路藉藉，以为苗练反。苗练实不能反，而胜保遂以此得罪逮问，沛霖乃自结于僧王矣。十月，颍、寿圩丁并杀湘军樵采者以挑衅，沛霖因诉请撤楚师。僧格林沁犒苗练军万金，征之从征。曾国藩知湘军力未足自固，因托以和、巢、含、舒空虚，撤寿州、正阳屯军，退守霍邱、舒城。廷议大骇，僧格林沁惭沮，更奏辩，然沛霖犹未敢起。是月，江宁寇北渡者十数万，掠江浦、浦口，西陷含山、和、巢，言者疑李世忠与勾通。世忠自陈战功，且请饷。曾国藩与银二万五千、米二千石。

二年正月，世忠、沛霖争盐，战于洪泽湖。世忠遂尽锢西坝栈盐，塞高良涧以遏运舟，湘、淮军冲涧以通运。唐训方恐生变，因奏其状。世忠既结怨沛霖，亦防官军，率所部北屯五河。二月，寇悉陷世忠沿江屯，世忠留五河不能归，奏纳已官以赎胜保罪，诏夺官，留军。又以江浦不守请罢，奏以朱元兴统其军，诏仍留任，令坚守滁州、六合。其时，捻首张洛行已就俘斩，沛霖率众至蒙城失所恃，因谒巡抚，请散练归农。训方示谕诸团圩，沛霖因潜断涡水，绝临淮、蒙城粮道，训方自宿驰还营。僧格林沁已移山东，犹以恐生变为言，请示羁縻。沛霖扬言僧王杀已降，不足为尽力，即袭怀远。距之，攻寿州，掠颍上，陷凤台，围按察使马新贻于蒙城。练党号百万，然皆乌合，屯聚相持，无他技。寿州知州毛维翼者，李续宜所委用，将五百人自卫。本起奔走小使，无文武材，沛霖故轻之。四月，蒋凝学援寿州，轻敌深入，致败。凝学意阻，止屯九里沟不敢进，毛有铭继之，亦遂合屯，颍州知府英翰遥为声援而已。捻寇自六安合犯定远，欧阳胜美自庐州来援，寇退南走。周宽世移屯六安，成大吉进颍州，巢、和、含山寇南渡，天长、六合、来安皆解严。五月，江南水陆军克九洑洲，萧庆衍屯江浦。临淮饷匮绝，训方自食半菽，与士卒均粮。诏袁甲三于陈州募米，甲三遣募之亳州、太和民团，得千石以济军。征淮扬水军自洪泽湖入淮，李鸿章以太和战事亟，奏留水军。僧格林沁攻淄川寇久不下，朝旨以讨沛霖责之，乃先遣马队至宿州。六月戊寅，下蔡盗夜开寿州城，毛维翼死之，将帅自曾国藩以下罚降有差。沛霖西窥霍邱。七月，水军将丁泗滨、王吉率三版船百入淮，清江军将黄开榜率百船继至，李世忠亦遣千人出凤阳西南。训方檄马新贻还临淮，移英翰守蒙城。沛霖增垒夹淮，以断淮水，战船不得行，运道复断。于是水陆军皆焚船烧屯，退保临淮，沛霖以为官军破亡可翘足而待。八月，江北大将都兴阿自扬州遣军二千，以王万清等将之，又遣富明阿将马步二千为统将，以援临淮。僧格林沁遣陈国瑞将三千人援蒙城。国瑞骁锐自喜，至则频战，破蒙城北五圩。沛霖先为外壕自固，凭垒发炮，多伤官军。九月乙卯，国瑞乘雨越壕，身督战，斩退者。军冒炮石，死伤相积，卒不能入城，凡伤死八百余人，乃止不进。富明阿将所部循淮北岸，李世忠增遣万人循南岸同进。时蒙城守军五千人，援军三倍之余，防戍军近二万，诸民圩见官势盛，争反正。寿州乡民田端书等烧沛霖粮台，围其下蔡屯，众至二万。十月，李世忠平寿州东二十六圩，克夏寨。乙未，僧格林沁前军至蒙城，富明阿、陈国瑞、英翰军始合。富明阿言英翰前屯小涧，而蒙城外无军屯，以此劾巡抚唐训方。丙申，训方遣军窥怀远，先攻蚌埠，诸圩皆敛众以过军。蚌埠寇知势孤，遂归诚，请献怀远赎死。庚子夜，官军薄怀远城，东门开，遂收怀远。其夜官军围蒙城者方攻外壕，沛霖自巡壕，跳而颠，从沛霖者斫杀之，斩其头，送王万清屯外。万清秘之，以巡壕斫死上功。或曰：杀沛霖者，陈玉成旧党也，万清杀之以灭口云。沛霖死，余众闻之瓦解。富明阿等遂入蒙城。壬寅，收下蔡，悉捕诸苗及沛霖妻、子。

十一月甲辰朔，陈国瑞裨将宋庆挟苗景开至寿州，寿州反正。李世忠亦遣将入寿州，争斗相杀，杀朱元兴、杜宜魁。乙巳，蒋凝学收颍上。丁未，毛有铭收正阳关。己酉，凝学军至，不相闻，各隔水发炮相击，其后有铭知之，乃解。僧格林沁奏以为湘军争功，及诏，讯得其实。世忠亦自领众还滁州，诸客军皆罢。训方循抚诸圩，收其兵械，奏移凤台治下蔡，于雉河集增立涡阳县城，将大有所治。未几，用富明阿前奏，降官去，乔松年代为巡抚。淮甸无事，无所用湘军矣。

三年正月癸卯朔，李世忠移文总督，以所守六城请官军接防，遣散水军，以船炮入官，其豫胜营宜罢，或调令随征唯命。先是，僧格林沁奏请以世忠军攻寇江南。事下曾国藩，国藩言：提督李世忠为众恶所归，咎有二端：一则心迹难测，一则专利扰民。臣于元年接统其军，犹虑其反复叵测，倒行逆施。厥后搜获寇中文书，中言力攻二浦，始知李世忠实无通贼之事。及其身擐甲胄，驰檄讨苗，若自知不为斯世所容，借此以求表白者。寿州、下蔡其部将被执杀者三人，李世忠词气逊顺，无往年倔强之态，亦若自知祸谪将至，委婉以求苟全者。今既新有助顺之功，诚不宜追究既往之事。至于调剿以资其力，臣愚窃以为不可。夫降将骄兵，力有余，则必跋扈而不可制，力不足，则徒坏法纪而反为我累，故借助于人者，行军之大忌也。淮上之往事，惟以官军见轻而权势下移，今李世忠之部曲实弱于臣军，奈何欲倚之乎？且僧格林沁尝调苗练矣，迄不应命，反激其变，非计之得也。臣当遵旨，令李世忠遣散部众，交还城池，退出厘卡，停给饷盐，将其放还田里，保全末路，以宣朝廷之威德。奏上，而世忠已有此请。三月，世忠悉发已资及余盐给其军三万余人，人各数万钱，多者数十万。又官欠饷盐五十万包，及修涡阳新城助钱万万，修滁州学助钱五千万，滁州屯田牛种资本银七万，助总督军饷银二十五万九千，呈请回籍葬亲。有诏褒许，江北悉定。六月，江宁复，群捻皆北趋，不复至淮南矣。自苗沛霖之未平，颍、亳有盗辄以苗党为名，及其死，诸城指顾而定，所谓一夫作乱者耶。世忠为捻巨魁，手杀何桂珍，比于狼子，及其后度势善变，终享富贵，一门至一品者五人，资产号百万。曾国藩，桂珍执友也，力足以报仇而不能罪，反引公义保全之，世忠其可谓知悔者。

江宁平后八年，世忠游扬州，遇陈国瑞。追衔寿州争斗事，诱执国瑞置舟中。国瑞从子呼救，两湖商船以乡情应之者万数。世忠大惧，舍舟走免。曾国藩案其事，以国瑞强梁、世忠阴狠，奏夺世忠官，国瑞故总兵降为都司。江淮之间，复流言世忠谋叛，诏国藩访察。乃遣人至固始，探世忠所居，则堂上设义塾，竹篱堇垣，与乡农杂居，群疑乃释焉。

张锡嵘[①]

张锡嵘，字敬堂，灵壁人也。咸丰二年壬子举于乡，癸丑成进士，选庶吉士，己未以编修典试山西。

同治元年壬戌，以奏事不称旨被吏议。壬戌丁父忧归，泊舟安庆。曾国藩以两江总督驻节安庆，而石埭陈虎臣艾采访忠义主局事，锡嵘登岸访之，因以刺抵国藩，不晋谒也。国藩问艾曰：吾闻张太史素行不近人情，信乎？艾因称道锡嵘绩学励风节，国士也。明日国藩屏驺从，造锡嵘舟款曲，移时并邀至节署与其幕府黎庄昌、方宗诚、杨德亨论学订交，遂别去。国藩以是知锡嵘贤。

国藩之征捻也，驻军临淮，时所部湘军悉遣散归农，存者仅刘松山老湘营万人，自余悉倚淮军办贼。淮军既建平吴功，将领多新贵，自矜其伐，国藩欲于淮北别募新营，使异军苍头特起，储备寻日规西北用，而置将久难其选。锡嵘忽来见，国藩大喜，密疏奏保，谓其人诵法儒先，坚忍习苦，足胜将帅之胜，因檄募敬字三营随湘军战守。初锡嵘以忧归，时滇黔间方有军事，驿道艰阻，锡嵘徒步以进，至是治军濠上，日饭脱粟，与士卒同甘苦，又以灾赈，故日行泥淖蓬首垢面而无贵倨之态。丙寅冬，捻寇张总愚窜陕西，国藩调刘松山军赴援，锡嵘统三营与俱至，则解西安围。后与贼战城西鱼化寨，锡嵘亲率先锋百余人陷阵，孤军无援，身被十余创死焉。

① 《安徽通志稿·人物列传》，第7卷。

马三俊①

马三俊，字命之，号融斋，桐城人也……三俊独传其师方鲁生，潜性命之学，于时俗之名不好也，虽没世之名亦然。其为人负气强力，善技击，喜酒，酒酣辄诵庄周书、楚辞声，情激壮。癸丑太平军陷安庆，桐城知县宋恪符弃城走，诸生张勋痛哭崇圣祠，誓死守。三俊起应之，遂议团练……及是共推三俊，勋主其事。奸民窃发，擒斩十数人，乱稍定。太平军旋弃安庆去，三俊度敌必再至，日夜与勋事教练桐城练勇，名远闻。五月安庆果再陷，敌分兵攻江西，七月扰太湖，皆不至桐城。八月攻江西不克，复据安庆，巡抚李嘉端驻庐州，前按察使张熙宇屯集贤关。三俊上书巡抚曰：剿敌之道，必先能进攻而后可退守，守御之策，必先据要害而后可保城也。向者全州不守，祸及湖南，岳州不守，祸及武昌，小孤不守，祸及安庆，而安庆又弃不守，然后祸及江宁、镇江、扬州，此明验也。今敌据安庆，此其意必在庐州，夫抚臣前移驻庐州已非计矣。今诚能以重兵扼桐城，则舒、庐之声威壮，不然敌乘势而北，宁复有庐州哉，即河南北、山东西畿辅之地将恐并受其祸。巡抚得三俊书，遣总兵恒兴会熙宇规安庆，拒关不敢进。桐城知县宫国勋出示听民迁徙，前更数令皆无守城志，及是人心益懈，三俊予不能得，而熙宇、恒兴复弃关奔桐城。时侍郎吕贤基亦以团练大臣驻桐城，三俊因请贤基严劾二将，躬率军进讨，贤基自以非统帅，谢不能。十月敌大至，熙宇、恒兴弃师遁，三俊与勋率勇数百拒诸南门河，师溃，桐城陷，三俊从兄星曙遇害，父瑞辰亦被执唐家湾，不屈死。敌果由舒城陷庐州，渡淮而北，蔓延千余里，皆如三俊言。于是三俊独身走楚豫乞师报父仇，不得。甲寅夏，乃与前县令成福、参将庆麟集义勇于霍山。时太平军麇集庐州，而安庆及桐、舒、潜、太留卒少，会提督秦定

① 《安徽通志稿·人物列传》，第7卷。

三军至，三俊因张定三攻舒城而己袭桐城，进兵中梅河以俟约庆麟攻潜太，并进分敌势。提督持重侵其师。六月，三俊孤军深入至周瑜城，援绝，奸民夜构敌袭杀之，年三十五。后数月，张勋亦战殁。

吴廷香①

吴廷香，字奉璋，一字兰轩，庐江人也。先世自泾县茂林来迁。咸丰九年辛亥，举孝廉方正。癸丑，太平军自楚东下破安庆，庐江团练乡兵推廷香为智，得义勇六百人，而自率三百人守梅山黄姑闸以遏江路。当是时，官吏兵民所在并散敌自安庆北犯，桐、舒、巢、无为相继陷，独庐州得完。十一月，庐州复失，安徽巡抚江忠源死焉。皖中亦大骇，而庐江以练饷匮，众不支，稍稍散去。讫十二月晦，庐江亦陷，廷香愤且泣，誓必终一得当以报。会明年二月，提督和春攻庐州，克之。七月，提督秦定三大捷于舒城，红单船舟师复自海道入扼，东西梁山路绝，敌群众北趋。诸州县守卒少，而是时曾国藩方率大军自岳州乘胜趋武昌，所至克捷。廷香闻则蹶然起，诚以此时出敌不意，攻克庐江，因益与长江上下游诸路官军相闻合谋，以图皖中，敌可大殄也。召募得三千人，与外委熊允升率之趋庐江，益密约旧时勇目居城中者朱大标为内应，以八月晦，大破敌，尽歼其众，敌渠任大刚走，追斩之，庐江复。军兴以来，大江东西以兵攻克城邑自廷香始也。城既克，而安庆、桐城、无为、巢诸敌军四面至，环城急攻，廷香出击之，屡有所斩获。居无何，敌率大众自江路来攻，廷香豫乞救于庐舒大营，久未报。及敌大至，观察何桂珍檄知县蔡萼、沈承贻以六百人自六安赴援，至则纵兵大掠，及出战遇敌则返走。敌益鸟钞火光烛城中，廷香夜登城望，捶胸泣曰：吾志清祸乱，不克，遂而重苦吾乡人，援兵不至，来者非人，吾固死此耳，乱将若之何。居数月，粮竭，萼、承贻夜遁，城陷。廷香率众巷战，众皆溃，独张道全、陈长有、徐新业三人者从。遏敌十字街，力战死之，年四十有九。道全、长有皆从死，而外委熊允升亦同日死。

---

① 《安徽通志稿·人物列传》，第7卷。

吴保初[1]

吴保初，字彦复，一字君遂，庐江人也。清故提督吴长庆次子。长庆雅慕文章气节，结纳当世知名士，保初文弱颖异，长庆以为非将种，使入都师事故侍郎宗室宝廷。宝廷方罢官无以自存，长庆岁资助之，则挟其子寿富纵意诗酒山水间。保初濡染其师教，学为清折闲肆之诗，遂识沈曾植、欧阳锜、陈衍之。伦郑孝胥至都，保初复请业学诗，称弟子，孝胥素不主师弟子之说，坚扼之……既弃官（刑部主事）居上海，孝钦太后方临朝，秽德流闻，政日敝，保初乃发愤电请归政。康有为、梁启超倡变法，保初为奔走号召。有为师弟被名捕，亡命海外，保初流涕赋诗（所撰《北山楼集》），曾上章为亡人讼冤。及唐才常谋起事，汉口相传保初与焉。兄保德惧连，将告密，又与保初妻谋，执而幽之。子世炎闻之，以告，保初逃之日本，踰岁归。袁世凯为北洋大臣，月致二百金，使居金陵勿至上海，继益百金，要以三事，曰：不入都、不言朝政、不结纳新党。若禁锢，然恐其及祸也。世凯入枢府，杨士骧继之，增为五百金。保初母王氏遗财丰溢，保初悉散以养士，舍田子庙为义塾，恤族至是乃贫甚……

……士骧卒，继之者端方。一日谒保初曰：得尔师季直书札否。季直，张謇字也。保初踯躅曰：季直，先君幕下客，并非吾师。端方曰：师可背乎，戏侮久之。保初愠曰：满洲之悍者殆无踰刚毅，吾廷斥之不能声，若何敢尔，拂衣径去。自是转徙穷病，惟世凯父子时稍给之……卒不得志以死，时年四十有五。

---

① 《安徽通志稿·人物列传》，第7卷。

徐子苓①

徐子苓，字西叔，一字叔伟，号毅甫，晚自署龙泉老牧、南阳子、默道人，合肥人也。年二十四举于乡，入都交曾国藩、劭懿辰、张穆、陈源衮暨他知名士。然性故介特，于时俗人不能容纳，尤贵显者尤以气轹之，人以此畏其狂。困不得弟，归而鬻文日活，得钱复随手抚下，久益困，则以书抵故人。京师谓足下诚欲起仆之穷乎，何不号于诸贵人之门，曰合肥有徐生善鬻文，苟罗而致之，不荷以恒礼……于是陈源衮出守吉安，再补池州，子苓好江南山水，陈又故人也，遂客其所。当是时天下已大乱，国藩奉诏治兵长沙，太平军既破武昌，顺流东下，防江兵溃散，遂踞江宁四出攻剿。安徽巡抚移治庐州，江忠源新立大功授巡抚，驰入庐州治守御。陈源衮已前解池州任，被檄至庐江助守。子苓避乱乡居，闻陈至，亟走存问。甫入而城闭，留居围城中。一日源衮置酒事，慨然曰：嘻，子好言兵乃恒饮，何惮一兄抚军，树尺寸功卫乡里。因强之以见忠源，遇之城堞间，忠源大喜曰：何以教我，乃者客有献计，藉富民财以招徕乡勇，乡勇果何如？子苓曰：乡民自保卫，皆无足当大敌。忠源曰然，然吾精兵皆留江西，今事急姑强子一行，且闻子有老母，又独子，不可徒死围城中，子幸出，为我趋乡勇来，吾开门待子，战事平还籍子革霞布。乃以巨筐缒子苓城下，冒困出，未几城陷，忠源、源衮皆殉节死。乡里富民闻前时议敛民财事，虽不就，皆争龌龊子苓，子苓坐是益困，讫无所向。久之，曾国藩水陆大举，克安庆，则遣使致子苓。居三年，江宁平，子苓谓：山中屋可葺，田可耕也，乃辞去。以所得金买黄牛一头，私自幸天若厌乱，吾与是牛早作而夕休，更十余年既死，幸矣。因自号龙泉老牧，龙泉者巢湖之滨所居山名也，国藩颜其庐。岁比不登，蝗大起，复饥驱四走，风寒恒中久成瘴病。比归而牛死，江淮之乱又作，于是太息曰：皇穹不佑，裁掣余肘，我牛不

① 《安徽通志稿·人物列传》，第8卷。

辰，失左右手，天邪盗邪，孰终余庙，悲夫！自是仍时时鬻文游公卿间。巡抚英翰故与子苓为昆弟交，一日敝衣诣巡抚署，翰屣履出迎，酒酣乐作，子苓蹙额曰：大难初夷，百废待饬，而君辈为大官者固乐如是乎。因起趋出，翰亟谢曰：谨受教。命撤乐，固请乃留。同治五年，拣选得知县，不乐为吏，改教职，选授和州学正……径去不顾。光绪二年卒，年六十有五。著有《敦艮吉文存》四卷，《敦艮吉诗存》二卷。

王尚辰①

王尚辰，字北垣，号谦斋，合肥人也。道光诸生，官翰林院典簿。咸丰己未，以招苗沛霖有声于时。父世溥，字济周，号育泉先生。先以书生办沿淮团练，威信著淮南北。世溥性至孝，幼时母目盲，医弗疗，旦夕祷于神，豁然而愈。母丧，茹素三年。生平口不言人过，能忍人所不能忍，至于临事决疑，抵掌剖得失，侃侃焉用是。上见信于刘帅，下为长淮诸捻练众所推服。咸丰初元举孝廉方正，是时天下方乱，太平军既占武昌，弃不守，水陆军率号十万人东下，两江总督陆建瀛败，武昌、安庆两陷。省治移庐州，世溥先后上书团练大臣吕贤基、巡抚江忠源论攻守机宜。吕、江二公死舒、庐，世溥转辗移家寿州。时袁甲三、胜保先后治淮上军者，起世溥总团练。皖北民俗风气素劲悍，而滁、和与金陵隔江对峙，凤阳庐泗颍亳寿接境徐、豫，尤好斗，习攻剽，往往结寨自守观成败，亦与贼为市。世溥挟其子尚辰轻骑历诸堡寨，颁约束，皆刑牲沥血誓承条教。奉鞭弥惟谨。于是战凤台、怀远、蒙城、涡阳，迭挫捻锋，论功以知州用。已而胜保抚捻酋李兆受于清流关，而苗沛霖踞下蔡，先以练众助官军，至是叛，胜保遣尚辰说降之。世溥复历贼巢，出灵壁、五河，道泗州，渡淮而南达盱眙、来安，规画形势。太平军取盱眙，胜保急檄世溥规庐阳以牵敌，世溥病强起，至大潜山，庐、六诸团练闻其至，皆欢噪景附。卒以劳悴没以军。时则咸丰九年八月也，年六十有四，赠知府衔。

……尚辰倜傥，负奇气……名与子苓、景昭齐。子苓孤僻，景昭傲慢，而尚辰则跅弛。当时盖称“合肥三怪”云。

① 《安徽通志稿·人物列传》，第8卷。

刘瑞芬①

刘瑞芬，字芝田，贵池人也。幼颖悟，通经史为文辞，入县学，应乡试，不中。是时天下将乱，瑞芬落落有大志，创青山诗社，发为诗歌，以写愤郁。曾文正国藩驻军东流，瑞芬献时务策，困居幕府。李鸿章之率淮军赴沪也，国藩以瑞芬才可用，命随军东下。时水陆百数十营，所需军械火药皆取办瑞芬，指景而备，罔有不给，积功以道员分发江苏。鸿章移军剿捻，军中所需仍由瑞芬于上海宿办。捻平叠加至布政使衔，筦军械转运局如故。鸿章由湖广改督直隶兼北洋大臣，以南北洋辅本相倚，淮军之饷取给东南，南中岁入莫大于厘，厘之所入松沪为甲，仍檄瑞芬驻上海主松沪厘局。瑞芬治厘务几十年，上海为万商渊薮，贾贸滞鬻，舛错纵横，瑞芬练核庶事若划一，无苛征逋深，商贾不疲，厘深饶足。光绪二年丙子署两淮盐运使，时淮北大饥，饥民十余万牵引而南，苏抚令曰：毋渡江。于是麇集扬州，瑞芬于城外筑圩十余所，编列宅号，按籍授之居，计日与之钱，病则医药，死则埋葬，惧其恃众为暴也，一月中为宣讲大义者六；惧奸宄从而掠卖其子若女也，卫之以兵，昼夜巡视之。自冬徂春，资之归所，全济者五六万人，邗上农商安其庄亩，不闻驿骚。丁丑署苏松太兵备道。瑞芬驻沪久，熟于夷情，从容裁决悉中窍，会俄罗斯以我索还伊犁故，将败盟，时以兵船游弋海口。沪上大耸，瑞芬密请于小南门外增设新营，名为汰老弱，实募精壮。一月成师，沪人安枕。华洋互市之初，定浦江以北为洋商船埠，浦江以南为华商船埠。夷德无厌，欲隐占南岸，瑞芬设水利局于东门外，选方干之员驻局专治船埠事，夷觊觎之，乃不得逞。故事夷船进口必纳税于关，江海新闸由此设也。已而欲于吴淞口起所寄货则税得补，而关虚设，瑞芬力折之，乃寝。于时总税务司赫德献议于总署，谓中国自产阿芙蓉伙，颐可增税。事下瑞芬议，瑞芬曰：是阳为我实为彼也。

① 《安徽通志稿·人物列传》，第8卷。

厘税增则中国之烟贵，而英国之烟得大售矣，格其计不行。夷人于租界创设自来水、煤气灯非一日矣，至是欲推广及城内。瑞芬曰：城内非华洋杂处之地也，华人朴茂，毋扰我民，卒不许。壬午迁江西按察使，癸未擢布政使，法人既谕盟，江表篡严，瑞芬治饷治兵如曩时。甲申护理巡抚，乙酉授钦差大臣出使英、俄等国，丁亥改授出使英法意比四国大臣。俄人艳我漠河金矿，欲醵金采凿，抱必得心。瑞芬曰：此大利之壑，非空言所得扼塞也。亟达总署及北洋大臣，请由我先发自组公司举办，从之，俄谋遂沮。英人占缅甸为属，欲绝朝贡，我兵寡弱不能战，瑞芬执政事与英执政往复辩，始稍羁縻，以贡献归于我。日本图朝鲜日急，俄忿日，英复忿俄，瑞芬建议速收朝鲜版图隶行省，不可则纠列强订盟誓，使为永久局外中立国。此议关系东亚大势至巨，总署以体大不敢诵言于坛坫，寝其议。语详鸿章传。戊子，特授广东巡抚，明年归国复命。瑞芬莅广东三年，壬辰卒，官年六十有六。瑞芬弟含芳有干济才，亦为鸿章所倚任。子六人，世珩最贤，均自有传。

刘含芳①

刘含芳，字芗林，贵池人也。曾祖驾夫，祖兆，父孝樟。连世种德。含芳少孤，从从父兄瑞芬受学。同治初李鸿章始誓师沪上，含芳兄弟实从。其后瑞芬官至广东巡抚，而含芳终始依鸿章。初随征苏、常、湖州，输转军械，设局太仓、无锡。北征捻，移为清江蒋坝张秋济南，以道员加二品衔。鸿章督直隶兼北洋大臣，含芳遂治军械天津。光绪癸未统鱼雷营，屯旅顺。尝一摄律海关道，数月自请还屯。辛卯授安宁道，鸿章奏留旅顺。壬辰，补山东登莱青道，逾年乃到官。自海禁开，泰西诸国以强武相尚，器械日新不穷。鸿章初资外国火器平寇乱，既秉国管北洋，一致用西国军制，自是言兵事者尤以购器练技为急。含芳识性明达，又主军械久，考别良楛，穷览冥会，曲得理解，议建武库于西沽，广收博储，以肄将士，益增厂造子弹，不假外购。鸿章既兴立海军，筑炮垒，设船坞，备铁舰，通电线，置鱼雷，开医院，起学堂造士，多由含芳本谋，于是威海卫、旅顺、大连湾三口屹为北海雄镇，工役浩穰，一领于含芳，又兼海军及缘海水陆营务处，调护诸将，妥辑华夷，专一趋公，不顾徇流俗俯仰，人初或不便，久乃大恨。经鸿章久在直隶，事倚含芳办，若左右手，留天津十四年，屯旅顺十一年，后虽之任山东左练门，尤隶于北洋，北洋军器精防守完坚冠诸行省。及甲午日韩之难作，鸿章不得志，内召，含芳亦遂去位。东事初起，鸿章将慎，不欲轻开兵端，朝议大哗，日夜责问战状，事益不可为。威海、旅顺相继失，敌据宁海州城，前锋距烟台道署十三里，时山东巡抚李秉衡亦驻师烟台，西国诸领事以巡抚在，则敌攻之急，于租地不便。巡抚退莱州，领事复启含芳，含芳曰：巡抚大臣可去，某守土吏，去何之，今死此矣。因置鸩两盅，与夫人郝氏日服公服坐待，意气坚定，民恃以无恐。有溃卒数千，操兵枭求食，含芳疾驰至，皆敛手听约束，厚给遣散，

① 《安徽通志稿·人物列传》，第8卷。

破数万金，尽取之囊橐。西国民商相谓曰：使中国主兵皆邓世昌，守土皆刘含芳，若者即何忧日本手。威海、旅顺既沦陷，而烟台孤悬独完。和议成，大臣奏遣含芳渡海勘收日本还地，始威旅大连湾皆荒岛，含芳瘁心力，营拘十余年，成险塞，錭京畿，门户至是皆煨烬。因愤慨流涕，未几以疾自劾归，归数年卒。含芳以光绪戊戌卒，年五十八，诏赠内阁学士。

张士珩[①]

张士珩，字楚宝，合肥人也。其先自江西来迁，大父纯，咸丰辛亥举孝廉方正。父绍棠，以军功至提督。母李氏，为鸿章女弟。士珩少简穆，善读书，人未之奇也。十岁丧母，悲鲠逾节，鸿章怜而弄之，弱冠寓金陵，受业汪梅村士铎，遂通舆地辞章，尤习兵家言，沈审有意略不为谈助。光绪戊子，以乡试荐试礼部不弟，留鸿章幕府，居久之归省。鸿章方创海军，造端宏大，军械局尤机要，士珩兄席珍主其事，席珍殁，士珩遂以道员继领局事兼武备学堂。初，鸿章连平巨寇，督畿辅尤慎海防，刘含芳司军械最久，号精核，含芳移旅顺筑军港，席珍继之未数月也，士珩既受事，念械器自外来非计，故得一新械必考辨其形质度数，研求写考，穷幽洞微，名与含芳埒。当是时，主计者不习海事，竞言北洋购船舰靡费，取朝旨限制之，自是鸿章经营海疆谋绌矣。甲午，中东事起，枢辅听用新进少年计，谋趣战急，王师既挫，群集矢鸿章，台谏务弹纠为名高，因以及士珩，遂坐甥舅嫌夺官。士珩管北洋军械五年，始为廷议所挠，继熸于敌，归卧冶山下，扩所营园宅，筑韬楼其中，以诗酒自晦。周馥抚山东，奏起之，则兼山东学务处、参谋处及武备学堂。馥移督江南而袁世凯以直隶总督兼练兵大臣，及会奏士珩主办江南制造局。士珩管沪局六年，岁制枪弹数加多，又增设矿镪局，能自制镪酸，特旨赏四品卿衔，旋加头品顶戴。武昌事起，遁居胶州。袁世凯任总统，使监督造币厂，数月以病免，又趣其入都，谢不往，未几卒。年六十有一。

① 《安徽通志稿·人物列传》，第8卷。

陈黉举 ①

陈黉举，字退谦，一字序宾，石埭人也。当咸丰初，天下兵起，倾币不足以济师，乃奏榷商税。曾文正国藩尤号能知人，凡所器使，皆遴简士人，不假乎官吏，用是公私充衍，军无乏饷，卒夷大难。石埭陈艾，故国藩所礼士也，江右盐枭犷悍，用艾言，以黉举主建昌盐榷，洗手奉职，月征倍，经逾月再倍，又逾月十倍。黉举乃上言，建昌故有货局，可裁并盐局，节靡费。改榷萍乡，会乱，军失律，肆劫掠，急者中以危法，祸不测。李鸿章督两江，曰：是不尝以廉能著耶，卒白之。柄用益亲，闲问：子尝为文乎，吾且为子定之。黉举唯唯。或谓黉举子曷委贽于公，黉举义执不可，鸿章闻之愈益重黉举。明年督师讨捻，以黉举主行营支应，人曰：行营转饷，利害系天下，往时至命大臣督理，今乃以诸生任耶？鸿章卒用不疑，累功保河南补用知府。光绪壬午改直隶，甲申六月卒，年五十九。鸿章胪纂旧劳以闻，赠道员。自太平军兴用兵十余年，靡财数十百巨万，宇内骚然，单竭然主计者，无不人人厌足，国脉因以大耗。其后又益通互市，筹海防，制造舆舟兵械火器，经费亦漫不可訾者，黉举自始出即主军储，挈持大纲，杜塞罅漏。遐输，近委急缓，应期所以节省为公家计者无弗。至家故贫寒，前后主财利二十年，清介为时所推。同辈多致大位，黉举在事久，有成劳而于进取之途怯。然好不自克，少从陈艾游，与闻进修之要，故行谊多可称道云。

① 《安徽通志稿·人物列传》，第8卷。

李鸿章①

李鸿章，字少荃，号仪斋，合肥人也。曾祖椿，祖殿华，皆不仕。父文安，一名文玕，进士，刑部郎中，记名御史。鸿章成道光丁未进士，入翰林院授编修。同治初由福建劭延津遗缺道擢江苏巡抚，以平金田军功封一等肃毅伯。后授钦差大臣督师平捻，加赏骑都尉世职。历官两江、湖广、两广、直隶总督，太子太傅文华殿大学士。光绪庚子特授全权大臣与各国使臣议和订约，收复京师，兼署总理外务部事务。明年卒，官年七十有九，晋封一等侯，赐谥文忠。

鸿章长身鹤立，瞻瞩高远，识敏而词爽，胸坦易无城府。文安与曾文正国藩同榜进士，鸿章从国藩学。军事起，随吕贤基回籍治团练。贤基死，鸿章依其座主皖抚福济于庐州，福济懦而不知兵，官军势日蹙，鸿章坚请一战，战而败，乃谒国藩于江西，因掌书记司封奏。国藩进驻祁门，鸿章以为祁门处万山中，形如釜底，不利行师，予之力，国藩不从。会李元度守徽州，违节度，徽州陷，国藩将具劾，鸿章以为元度与国藩尝共患难，又予之，不许，乃辞国藩行。明年官军克安庆，移建军府，鸿章以书贺国藩，国藩复邀鸿章入幕府，礼敬加于前，鸿章襟袍益发舒。国藩谋大举东伐，会江苏阙帅，朝廷咨访国藩，国藩举鸿章，而吴中荐绅亦渡江来乞师。同治元年壬戌，鸿章乃以一道员超授巡抚，招募江淮士六千五百人，选庐州旧将张树声、刘铭传、周盛波、吴长庆，复于曾军得程学启，湘军得郭松林，霆军得杨鼎勋，奏调举人潘鼎新，编修刘秉璋，委弟鹤章总营务，以外国轮船八艘穿敌境二千余里抵上海，特起一军，当世所谓淮军者也。

是时，三道出兵，曾国荃沿江规金陵，左宗棠道徽宁攻浙，鸿章趋上海，独淮军功先成。自海上誓师二十阅月而克苏州，大小战数百敌，所至望风披靡，复出境平浙乱，分兵为金陵援军声援。金陵平，遂膺爵赏。及

---

① 《安徽通志稿·人物列传》，第8卷。

提兵北定流寇，先后擒斩任柱、张总愚等，加太子太保衔、湖广总督、协办大学士。大学士古宰相职也，国家置相权在政府，鸿章与国藩为相，皆总督兼官，非真相，顾中外系望权出政府，政府于外交军事亦倚办二人。鸿章尤锐当天下大任，虽权力有属有不属，而遇事勇为夷险一节，卒未尝有所退谢畏避。

庚午七月，法兰西以天津教案耀师津沽，诏鸿章移驻京畿备不虞，值普法战起，法人仓皇自救，教案遂定，鸿章代国藩督直隶。鸿章督直隶垂三十年，日究付欧罗巴人政学、法制、兵备、财用、工商艺业。初在上海即用西方兵法勒集所部，厥后遂设广方言馆，机器制造局及天津海陆军，管轮电报医术皆立学校。国藩既还督两江，鸿章与合疏选派幼童往美利坚就学，岁百二十人，此议虽中辍，而生徒分出就学英、美、法、德诸国，前后踵相蹑。购铁甲兵舰，筑大沽、旅顺、威海卫船坞台垒，开磁州、开平煤铁矿、漠河金矿，而轮船招商局、铁路、电报、织布局等以次举，凡诸寓强大计皆高瞻迈往，前无师承，而拘学挽咫尺之见，诽讥妒嫉思坏其成。

先是，国藩与胡林翼从孤军起湘楚，所提挈将帅江忠源、罗泽南、李续宾、李续宜、塔齐布、彭玉麟等，皆厚重刚决，尚德性服膺义性，即司饷详筦榷税者亦多选拔名节士，材堪疆寄。而鸿章所将如树声、铭传、盛波、长庆并起儒素，出万死以立功名，故湘淮军实后先相踵美。及大勋既立，忧勤惕励之风稍衰，其所经纬又多涉西人功利，志气发扬趋跄，便媚者以次登进。北洋初创，海军聘英人琅威理司训练，治军有法，提督丁汝昌随之去，每岁冬春交白河冰冻，海军例巡弋南洋，将士群集香港、上海为狎邪饮博，陆军则叶志超、卫汝贵以偏裨之材洊擢提督。鸿章位益尊，政事益繁，纲纪约束不下及，惟锐意购制船炮。西国夙重防海，岁不恤靡数千万金币，中国经大兵革，元气未复，户部岁允北洋军费止四百万。纳兰太后既归政，德宗思修圆明园故事，大治台沼于昆明池水衢，库藏告竭。醇亲王奕譞方总理海军衙门，请移海军费先后达三千万，以是无实益绌。鸿章内实忧愤，知缓急不足以一战，又自负工排阖术，能以口舌折冲尊俎，故海事虽日棘，恒持重不欲开兵衅。先是，光绪元年乙亥，英人马加利被戕害于云南，徼外英使威妥玛忿市，至下旗出都，朝野惶惑，鸿章自往之留行，遂召集各国领事暨海军提督，大会乐饮往来谈谑，亲登其兵舰阅习海操，卒定议抚恤而还。壬午法兵入越南，鸿章持不议，台谏交章劾奏，枢臣多庸闹，不习外事，而士大夫慕曾、左以书生立功至将相，辄抵掌谈韬略，遇事敢搏击。及战，大挫于马江，小胜于镇海，大捷于谅山。乙酉正月，法人请盟，鸿章与订约，归我基隆、澎湖，而弃越南予法为保护国。二月，日本以曩年朝鲜东学党乱，故遣伊藤博文西乡从道来津议善后。鸿章与订后日彼我出师必互相通报之约，隐以朝鲜为公同保护国。是时枢府台谏疆臣及鸿章幕府，皆懵不识国际惯例，使鸿章于数月间为国丧两藩，贻后世无穷之祸。明年秋，驻英、法、德、俄使臣贵池刘瑞芬递鸿章书，言朝鲜密迩陪京，为军事所必争，今方内敝而日又未臻强大，可收其版图改建数行省，此上策也。如以二百年不侵不叛，职贡罔缺，不忍利其土地，则纠同英、法、俄立公约，使永久局外中立，亦是防未然患。鸿章韪之，以告总理各国事务衙门，不纳。于时国藩前卒已二十年，老成宿将如宗棠、国荃、玉麟辈少有存者，即鸿章前督淮军诸名将亦多老死，或衰疾不任，阃寄鸿章又过信公法，以为衅不我开，必见直于诸强邻，终固执己见。而新进者狃于诱捕大院君之役，以为日兵易与，欧美诸国亦疑日弱而华强，战必败。甲午，日果煽朝鲜东学党为乱，朝王来乞师，鸿章按约告日本，日兵遂先入据王京。时翁同龢以帝师新握大政，修撰张謇等附之主战力，鸿章独意主不失和。朝臣争劾鸿章，枢府亦切责鸿章畏敌。鸿章所遣海陆军至牙山，战不利，陆军溃平壤，海军挫大东沟，旅顺、威海相继失，王师大熸。然开战九阅月，日军犹未敢进窥榆关，而畿辅已震惊，乃命张荫桓、邵友廉以全权大臣诣广岛，行成，日本拒之。乙未正月，朝命鸿章为头等全权大臣至马关，日欲以据大沽、天津、榆关为质始停战，鸿章与其相伊藤博文反复辩，甚苦，归途遇刺客小小丰太郎狙击，鸿章中颧创甚，欧美舆论深不直日本，日皇大惭，乃停战议约。弃朝鲜，割辽东半岛沿海地及台湾澎湖，赔款二万万两，苏、杭、重庆、沙市辟租借地。鸿章电奏，报可归，称病不入都。当鸿章未发时，朝命诸臣议和战，两江总督张之洞主联俄罗斯以制日本，太后纳之。俄使喀希尼素市思中国、中日和为之成，美利坚有力焉。英吉利虽袒日，法、德滋不平。及日占辽东，俄且引为大害，至是三国驻日公使各以其政府命请归辽东于我，俄舰则大集海参崴，游弋至长崎。日俄本不敌，又新战中国，力不能复孤注，日皇乃佯涕以谢俄而归辽东，加深中国输款三千万两。是时国论鼎沸，康有为等率公车士子千余人伏阙上书，阻和议，语尤激切，朝廷惧和局中变，急换卫兵事始告终焉。

初，鸿章之克苏州也，见忠王李秀成府外有碑亭，刊文颂功德，下列苏绅为朝贵者名甚多，翁同龢与焉。鸿章命勿毁意欲奏闻，旋知其伪托，舍不治。同龢卒以此病鸿章。翁同书抚皖，苗沛霖以怨杀孙家泰，几赤其族。家泰主练局，同书实收系之，以媚沛霖。同书后被劾遣戍，鸿章方为编修，实主之，故同龢憾鸿章益甚。同龢既当国，士号清流者左李而右翁，中外遂分两党，枢府既一以军事责鸿章，又阴持其长短，鸿章执和节，将帅又非其材，致仓卒战而败。三国以仗义归辽，责报奢，中国无以厌其求。戊戌，德遂以二教士被戕曹州，遂引兵踞胶澳，俄国闻之亦战旅顺、大连，英借口御俄，引舰入威海卫，法不犯北洋，以广州湾与越南邻，攘之，均互相钤束，为长期租借。清廷既积愤列强，惟太后怨之尤甚。至庚子秋，而义和拳起为变，俄益进占全满矣。日本初慑三国之威，忍辱还辽，朝野引为大耻，乃资中国重贿以新百政，遂兴报俄之师，俄军大败，日俄中分南北满，并伸其足于内外蒙古。日且以亡韩之故策餂中国，中国朝野往往乐入其彀中。至于今勿替，譬之奕一子既误，虽有圣手不能救全局之危，其论始于甲午之役，其咎亦非鸿章一人所当独尸，云初鸿章以东渡媾和陛辞，先谒商各国使臣，俄使喀希尼颇示接纳，及马关和约成，喀以与鸿章私卖所约结者，恃总署德宗怒，遂罢鸿章官。而太后与恭亲王奕欣眷念鸿章旧劳，始终欲保全之。壬寅四月，俄皇尼古剌二世即位加冕，中国以王之春前充唁使，令参列贺典。俄以王之春爵秩不崇，非有贵疆相不足以示敬，乃命鸿章以大使往贺，并持节聘列强，鸿章时年七十有五。陛辞，太后独召鸿章，屏左右语。鸿章抵莫斯科，俄人托言商筹国债，以户部大臣维忒当外交，遂以全权订密约六条。七月，鸿章历聘欧洲未归，喀希尼遂以此条恃总署，德宗愈不悦，太后命交军机大臣议，议久无成，喀希尼内餂宫壶以利，而外劫朝廷以威。至九月之晦，皇帝卒以太后之怒而钤玺于其约，鸿章返，命诏直总理各国事务衙门，己亥出督两广。庚子八国联军以拳匪乱，故举兵犯阙，两宫西狩，诏鸿章入朝充全权议和大臣兼督直隶。鸿章未到，于是朝政久不纲，海内外唱革命者多奉孙文为主。孙文客三岛，与其友宫崎寅藏等往来香港、新加坡，结纳豪杰。至是英香港总督与寅藏等谋，欲阻鸿章入都，举两广自立，孙文副之。鸿章已老，不敢负大任，遣使谢总督，兼程赴沪。道梗不得前，则缔和东南疆帅保卫封域，使不动摇。既而深入不测之敌军，左右前后尽狼虎，动辄防检，鸿章掉舌摇笔，与众强国相拄，日与外国使臣将帅予议盟约条款可许不可许，不以战败国自馁。时行在屡传电谕，鸿章谓枢臣不以敌情徒乱人意，阅竟悉毁之，虽幕府不及也。鄂督张之洞亦迭电干议，鸿章笑曰：香涛宦达数十年，犹书生耳。之洞深以为恨，时开议久，各国持之坚，鸿章率以积瘁致病，病中犹口授规画，秩秩不紊，遂卒，享年七十有九。各国君相闻鸿章逝，皆感怆，乃悉如鸿章议，署诺于约。鸿章虽不及见是役也，功在社稷，朝野中外皆称叹，诏赠太傅，晋封一等侯，谥文忠。

鸿章用人取瑰弄俶傥，其拘守文墨无短长者非所熹，其智直焉。袁世凯年尚少，一日投刺谒鸿章，鸿章器之，世凯之叔父保恒以孟浪责世凯，且谒鸿章谢，鸿章曰：君毋然，此子弄日功业必在君上。鸿章将卒，遗疏荐世凯，世凯遂以东抚继督直隶。

鸿章既学于国藩，故其用兵方略为国决大计处，荣悴显晦，事成败不动，其心坚定有恒，亦略与国藩似。鸿章每辩色兴，即据案摹怀仁圣教序数千百字，饭罢绕屋徐行数百步，至老不易。度亦能为诗，有小沧浪诗赋钞一卷，其全集百卷则门下士吴汝纶辑也。诙谐而甚，口气凌京朝官，虽为言路所劾，而夷视不屑，御史安维峻以劾鸿章获重名，遣戍之日至倾城出动，而其疏顾掇拾街巷语至邮信，鸿章侍外国客亦有时嘻笑漫骂，阳开阴阖，使来说者自失其本谋，伊藤来议朝鲜约，鸿章卑视之，及马关媾和，伊藤为伍廷芳述前事，若有余憾，云：鸿章子经方、经迈、经述以毁卒。

赠光禄大夫张公墓志铭并序①

公讳荫谷，字蓝畦，先世居江西，自明时有讳鳌者始迁庐州府合肥县。至公之曾祖从周卜居于西乡周公山下殷家畈，山介大潜、紫蓬两山之间，绵亘巍峨，人遂称为周公山张氏。祖世科太学生，父杰皆有名德。公生而好学性严重，不与群儿嬉，从其乡人汤先生某读书，旦夕刻励，未及三月发落几尽。道光己丑补博士弟子员，三应秋试辄被黜于有司。时公之祖父母、父母均在堂，食指浩繁，生计日蹙，公乃罢制举业。昼侍重闱以谋菽水，夜则取诸子日间所读书，为之剖晰意旨，教以作文之法，至漏三下犹娓娓不倦。癸巳，公原配孙夫人卒。越三年，公之祖世科公卒。又五年，公之父杰公卒。又四年，公之母李太夫人卒。又一年，公继配鲁夫人卒。又一年，公之仲子妇吴氏卒。又一年，公之继祖母章太夫人卒。十七年中斩衰之丧三，期之丧四。而公之六子树培又早夭，其间延医侍疾，必躬必亲，遭罹鞠凶哀毁尽礼，祭奠、殡葬纤悉周至，重以男婚女嫁者撦拄经营，心力交瘁，乡里皆服公之善于持家也。迨丙午，寿州盗起掠公乡，公则聚乡人，部以兵法击走之。逆料东南将有兵患，乃率诸子广招豪杰材武之士相与周旋，晓以忠孝大义，人莫测其所为，已而粤贼陷金陵，蔓延江淮，近踞庐州，捻匪又乘间而起。公初闻警即出资赈贫户，倡办团练为官军声援，简其精锐者命伯、仲二子帅之，从剿无、巢、英、霍、太、潜诸邑，所至克捷。然官军诸将帅往往拥兵自卫，委乡军尝贼无所接应，以故不能竟其功。公知祸犹未已，不得不为自全之计，招乡人筑堡于周公山、殷家畈，从而归者万余家。而前直隶提督刘铭传、云南布政使潘鼎新、甘肃凉州镇总兵周盛波、广西右江镇总兵周盛传、江苏徐州镇总兵董凤高皆奉公条约，相率筑堡，以耕以战，连摧粤贼陈玉成、捻贼张落刑两巨股数万之众，斩馘无算。七八年间公家虽破，公乡独完，威望义声赫然为一郡之冠。

① 方浚颐：《二知轩文存》，第32卷。

于是贼相戒勿犯三山，盖左则大潜为刘氏所居，右则紫蓬为周氏所居也。时凤台苗沛霖假团练为名树党自固，大帅倚之，洊擢监司，淮北千余里闻风相应。公心知其非，戒乡人毋与往来，而沛霖卒以叛诛。惜乎，公不及见之矣。当其躬际时艰，捍卫桑梓，解纷排难，转危为安，于是三山之众应募而出，分为树、铭、鼎、盛四军，隶合肥相国部下，规复三吴，扫荡粤贼捻匪，由东南而及西北，大勋克奏，爵赏酬庸。而淮军足与湘军相抗，实赖公为之倡。云性尤孝友，公父足患疔，日以口吮之竟瘥，族人戚鄙之孤寡有废疾者必周恤之，贫不克葬者为卜地以葬。咸丰六年，岁大旱，人相食。公无儋石储，每屏当得升斗粟，辄分半以给乡里。庐郡再陷于贼，难民来投公堡者必使得所，无流离之苦。与人交必诚必信，遇不平事则义形于色。家非素丰居，恒节俭爱惜物力，然当大难则挥金如土，不少吝惜焉。公以嘉庆癸亥九月初三日生，卒于咸丰庚申九月十三日，享年五十有八。卒之日吊者不远百里而来，咸欷歔泣下，曰：公常活我也。以伯子树声贵，三代皆赠光禄大夫，妣皆一品夫人。公之三继配为李夫人，公子九人。树声廪膳生，今官江苏巡抚。树珊记名提督，广西右江镇总兵，死德安之难，赠太子少保，谥勇烈尔，荩盐运使衔、山东补用道。树棠五品衔候选中书，树屏记名提督，树玉四品衔候选员外，树培其二殇孙十人某某。孙夫人初葬于周公山北靳十六卫庄之原公柩，于某年某月某日启封合祔。同治甲戌，中丞公丁李夫人忧，奉丧归合肥营窀穸毕，侨居宝应以事。至扬州，持赠公状属浚颐补作墓志，乃为铭曰：

公之弭乱在一乡，屹然壁垒侔金汤。没后二年军甫成，厥初起义民勿忘。公之教子罕与伦，文通武达社稷臣。中丞述哀得其真，硕德懿行追古人。十有五年匪辽缓，肥水肥山白云断。孝思毳毳躬则蹇，春露秋霜双泪泣。昔也荷戈今列戟，佳城峨峨郭西宅。蕃衍炽昌被遗泽，传之千秋视此石。

提督衔记名总兵叶君云严墓志铭并序①

往在京师，得交一内行敦笃、乐善好施之君子，曰叶云严。予与君初不相识，以永定门外马回甸义冢地隘欲扩充之，人有以君告者，因过访君。君时为江南提塘官，见善必为，孜孜不倦，名动辇下。公卿交游遍海内，与予把臂欣然，商以购地之事，君遂广为劝募，佐予集资若干。适予有岭南之役交某君经理其事，而君亦从军于外，久不通问。迨同治己巳，予量移两淮，过金陵乃复见君。君奉曾文正公檄，移建江宁府学于朝天宫，命君董其事。时将落成，与君一晤而别。癸酉之冬，君调署奇兵营游击，驻仪征，予竟弗获相见，而甲戌之冬则遽闻君没。予服君之宅心醇粹，勇而兼仁，天必大有以报之，顾乃未竟其施，为可悲也。越明年，其乡人某持君之状来乞铭于予，予弗敢辞。按状君姓叶氏，讳圻，号云严，浙江秀水人。曾祖青莱，祖宗泰，父涛，三代赠如君官。君以嘉庆十二年十二月初一日生，幼而颖敏读书，深明大义，六韬三略贯串于胸中。挽强命中，材力过人，年十九即举于乡，五上公交车辄报罢。道光乙未充江南提塘，癸卯差满以营守备用，叙劳勋加都司衔。时直〈值〉东南军事起，胡文忠公知君之才，调赴军营差遣。旋又随曾文正公进剿江西，肃清全省，于皖解青阳城围，于浙江攻湖州奋不顾身，所在战功卓著。君尤长于制造，在皖则火药等五局，在江宁则工程局、军械所，遇事讲求，俾成利器以佐戎行，火药铅丸发无不中，大帅咸倚重之，由都司洊擢至记名总兵，加提督衔并赏给一品封典。同治八年权提右营参将事，统带师船兼陆路巡防。时有裁汰兵五百名，皆老羸及阵亡所遗幼弱觅食无所者，君为之恻然，与当道各捐廉俸，并拨公帑集成钜款，取息于质库，月给口粮以资其生。兼为清节堂筹恤嫠费，寒冬则散给贫民衣裤，如是者五稔。沪上民戴其德，去沪之日白叟黄童遮道焚香，环送于百里之外。云仪征居水陆之冲，福德洲新浚

① 方浚颐：《二知轩文存》，第32卷。

盐河移栈于此，万艘云集，五方杂处，群不逞之徒时虞窃发，固以保甲为重。君至则偕同有司周历巡察，商旅又安。乃于十三年十二月二十日卒于官，享年六十有八。君卒之日，闾阎嗟悼，吊者塞途，君配杨夫人子汝镛两淮候补监大使。君性至孝，少时失怙，哀痛如成人，戚鄙咸异之。迎养母氏陆太夫人于京邸，母素多病，君朝夕扶持，抑搔衣不解带，夜不安枕，病瘥乃已，三十年如一日，孺慕之忱至老弗衰。以母病祈福施药饵，凡京师之悦生堂恤嫠所皆赖君赞襄其事，实惠及人。君虽洸洸武夫，而恂恂俨儒者，喜交游，重然诺，友朋缓急所求无弗应者。乡里之人卒于京师，贫不能殓，君资助之且归其丧，盖无岁无之。顾自甘澹泊，躬矢俭勤，身后囊橐萧然，不留一钱。呜呼，品诣为独绝。已将于某年某月某日葬于某，原铭曰：

君之德我所钦，君之丧我未临，歉然有愧于心。我则知君之深异，夫谀墓者之失其真。君诚今之古人，白头挥泪手勒珉。

唐忠壮公墓志铭并序[1]

公姓唐氏，讳殿魁，字荩臣，合肥人。曾祖璧，祖大经，父夙俭，世有隐德。公以道光十二年二月二十八日生，赋性刚直，好任侠，年少时即有请缨之志。咸丰三年粤寇陷金陵，皖北盗贼乘间而起，凤台苗沛霖假团练名拥众数十万横行劫掠，所至为墟，官不能制。公随同刘军门铭传集乡人申明大义，以兵法部勒子弟，贼来辄击走之。有司因倚之，以办团练南御粤寇，北捍苗匪。十年，赴援六安，力解其围，拔补千总。十一年，攻克合肥之三河汛。同治元年始应募，隶铭字营，刘军门统之。规复江苏，驻军沪上。五月迭攻南汇、川沙、金山卫、奉贤、柘林等厅县，躬冒矢石，战功尤多。大帅入告，擢守备，赏蓝翎。是年六月，今直隶总督合肥相国时为江苏巡抚，命公回皖添募铭字右营，九月成军，连下南汇、川沙、金山卫、奉贤、柘林、青浦各城，并击退虹桥大股之贼，朝廷奖其劳，擢都司，赏换花翎。二年正月，贼围攻常熟、昭文，层层筑垒并分踞杨舍、福山各汛，江阴、无锡、金匮三城，公会同诸营航海下福山，以解常昭之围。进薄杨舍，贼列阵相抗，以逸待劳，公身先士卒，大军继之，锋不可当，贼尽却。公乘胜穷追，城上飞炮如雨，腿中铅丸，深入肌理，亟剜去之，裹创复战，遂拔之。旋复会攻江阴、无锡、金匮，次第克复，叠擒渠魁，赐振勇巴图鲁名号，擢游击。又血战下江阴，擢参将，晋副将衔记名总兵。是年十一月，刘军门围攻常州，踞奔牛镇，贼酋邵之伦乞降，许之。东南北三面合围，唯西通丹阳一路，地险贼众咽喉之地，贼所必争，邵之伦虽以地献，必得我军助守其心始固，乃令公与副将黄桂兰各率所部往。公甫至，而常州、丹阳之贼果分道来犯，公战退之。自顾兵单濒河，而营贼初不察虚实，及夕侦之，止二营，乃率众环攻。公告桂兰曰："奔牛为常州门户，我军舍此而去，之伦必不能守，则常州一军危矣，计唯有死守待援。"

---

① 方浚颐：《二知轩文存》，第32卷。

桂兰以为然，相与挥泪誓师，众皆感奋，贼屡攻屡败，死者数百人。度陆攻不下，勾结宁波奸民伪为夷人状驾炮舟轰击，岸上贼乘势进薄，炮震营垒，屋宇颠覆，所部五百人伤亡过半。相持二十余日，粮尽势几殆，而刘军门攻常州亦中炮伤额，闻奔牛警，裹创赴援。苦战数日，公气益振，夜则遣死士潜运糗粮军火，诘旦饱食严装，与援师夹击，大破之。追逐十余里，歼贼酋伪官天将、朝将并悍卒无算。是役也，公以一旅之师拒水陆贼十余万，忍饥衷甲，志不少挫，卒能会合援师保全要隘，常州迎刃而下一战之力也，晋提督衔。又以攻克常州，手歼巨憝，以提督记名简放。三年四月，遂统铭字右军六营。四年四月，随刘军门渡淮，为游击之师，日行百数十里，公必前驱，不以为苦，且戒其麾下将弁曰："我辈布衣，受国恩身膺将领，一营之费月糜帑三千，若稍耽安逸，不思杀贼报国，何以为人效命疆场？吾侪分内事死且不惧，敢云劳耶？"闻者咸为心动。公平时抚循士卒若子弟，然号令严肃，有犯必惩，所到之地体恤民艰，不令妄取一草一木，民尤感之。五年正月，攻克湖北黄陂，补浙江衢州镇总兵。旋奉上谕：记名提督唐殿魁著遇有提督缺出，仅先简放，并赏给正一品封典，迁广西右江镇总兵，仍留营督师剿贼。自是风沙雨雪，无日不奔驰于鄂、豫间。迨六年正月十五日抵湖北天门之尹隆河，贼反戈相向，公鏖战良久，贼狂奔，急蹑之。贼又列阵以待，部将总兵田履安陷阵死，公愤甚，策马直前，手刃数十贼，贼惧而窜。公不肯少休，欲尽歼贼，挥兵再进，而河崖高丈余，所乘马中飞炮坠河，力竭遇害，年甫三十有六。事闻议恤，赠太子少保衔，予谥忠壮，国史立传，江苏、湖北及安徽本籍均建立专祠，赏骑都尉兼一云骑尉世职。公兄弟五人，齿居四，配宋夫人，子治尧，今福建陆路提督。俊侯军门为公之弟，与予交莫逆，持公之状来告，曰：吾兄没于王事，忽忽已九年矣，将以某年某月某日葬某。乞吾子为文以彰其节，传示子孙，感且不朽，予弗获辞，为之铭曰：

以少胜多，以守为战，如公之勇，足当一面。功在三吴，名达九重，尽瘁而已，不尸其功。兵贵神速，有进无退，忠哉壮哉，甘蹈危地。公之灵爽，助季平番，险逾鹿耳，威扬虎门。峨峨佳城，以窆以穸，传之千秋，视此贞石。

通议大夫按察使衔宁绍台道史公墓志铭并序[①]

公姓史氏，讳致谔，字士良，一字子愚，号耜粱，为汉溧阳侯崇公五十六世裔孙。世居溧阳之湖埭里，宋末徙夏庄。公之五世祖随进士，江西瑞州府知府，有循吏称。高祖贻俭为文靖公之兄，举人，湖北安陆府知府。曾祖胜妣氏管以兄范之子汝橚为嗣，是为公之祖。妣氏萧又以兄汝楫之子锡祺为嗣，是为公之考。妣氏杨三代以公贵，覃恩累赠通奉大夫，妣皆赠夫人，其本生两代皆得貤赠如例。先是公本生祖静香公以就姻迁居常州，公考蕉邻公早岁失恃，事继妣谢太夫人，以孝闻补弟子员，赘于杨氏，生子三，伯致谅，叔致颖，公次居仲，以嘉庆七年十一月十六日生。幼敏悟，静香公钟爱之，虽育于外家，常携之室中，令侍饮食。静香公弃养，蕉邻公由青州奔丧归，哀毁咯血，公方八龄，旦夕侍，抑搔有若成人。比长慷慨尚义，善处繁剧事，戚族尊行，以疑难相托者纷如乱丝。立剖之年十四五即有干材，同里恽纫之张雨棠两先生负文学盛名，公从之游，得所师法。蕉邻公屡试不第，久客袁浦，体羸多病，公年十八，左右扶持，顿忘其苦。道光四年寄籍宛平，举茂才，是年蒋淑人来归，公恒馆于京师。十四年举顺天乡试，十六年成进士，改翰林院庶吉士，故事庶常于秋间大课。公课毕，方欲归省，而蕉邻公讣至，一恸几绝，星奔返里经营丧葬，尽礼尽哀。先是蒋淑人卒于家，遣子恩绶，甫九龄，公服阕复娶于蒋，即淑人之同胞女弟。二十年，散馆授编修，历充国史馆纂修。二十五年充庶常馆提调，奏办院事。公在馆久为掌院所倚重，又从事清秘堂六、七年，无一日旷误，遇有巨制盛典及馆中奏疏，掌院一以相畀，淹雅明达，克称厥职。二十六年充顺天乡试同考官，得士二十三人，迎养杨太夫人于京邸。二十七年京察一等，二十八年覆带引见，记名以道府用，旋擢江西广信府知府。宣庙召对，天语褒嘉以为词臣罕有其匹。广信控豫章上游，为闽越孔道，号称

① 方浚颐：《二知轩文存》，第32卷。

难治，而漕务更多弊。公下车之始政尚严明，百废具举，治狱详慎，多所平反，捕贵溪漕棍刘开发等十人，置之法颂声翕然。二十九年部议：开广信之广丰及袁州之宜春两县矿。公以乾隆九年广丰开采仅得银三万两，而捕剿矿匪则糜费二十余万，得不偿失，徒以扰民，檄属吏至广丰，试所产似银非银，名曰垢石，白诸上官，其事遂罢。直东南大水，广信山乡尤患冲决，则讲求水利，修堤放闸，督率所属次第行之，故邻郡告灾而所治独丰稔。劝捐助赈，立集巨款，赍至省垣，而外郡饥民来者日众，周恤流亡全活无算。清查州县赋额库帑有无亏绌，综覆钩稽，条分缕析，下僚罔敢欺隐，而调剂盈虚亦无有以此获咎者。试院年久倾圮，捐廉俸修葺之。校场向滨河，为山水所啮，移之白茅洲并建关帝庙。南门外长清浮桥朽腐，博采群议，改用渡船联之，为艄移于钟灵桥故址，又于通衢造五翁石桥，行人便之。公余课士于信江书院，论文讲艺，士风丕变。咸丰元年权南昌，首郡大府知公才，一意委任，公不阿不亢，凡有关于民生利病者反复力争，必得请而后已，是年冬回广信任。二年粤寇犯长沙、江楚连界，民情震动。公复权首郡，总司团练并办保甲，亲历巡逻，风雨晦冥不少休，于德胜门外筑三炮台，修补城垣二千五百余丈，改建章江门，浚濠城内豫章沟，设悬门，布渠答，一切守御军械甫备。而九江戒严，南昌城门尽闭，伪言四起，公请于大府，洞开七门，而派员严稽出入，不使奸宄溷迹，人心始定。厥后粤寇由金陵回窜九江，陷南康，掠吴城，围攻省垣九十余日。江忠烈公督师赴援，实赖公先事预防，部署周密，用能婴城固守，转危为安。十月公仍回本任。三年寇陷饶州，延及抚州、广信界。抚饶以贵溪为要隘，公招募健卒，名信新军。驰至鹰潭，相度形势因险设伏，与浙军相犄角，贼知有备不敢前，所属七邑胥安，而抚、饶之东南境亦恃为屏蔽。当是时，省垣被围久，内外隔绝，惟贵溪之东有间道可达，进贤公复遣员弁辇城守所需者，以资省垣俾无缺乏。初浙省协解黔饷十万，以道梗折回广信，公白诸浙抚，请截留以备江右缓急，至是浙饷亦绌，公会七邑绅董，晓以辅车之势，民间输纳以偿浙，逋十日而集。八月复权首郡，四年得荷真除之命。贼氛甫退，百务坌集，公则协和将吏，激厉〈励〉军民，上下一心，艰难共济。江右诸郡行淮盐者过半，惟广邻浙，行浙盐，军兴淮盐不至，公创议借办浙引，以余息充饷，名曰饷盐。大府疏入，报可，即命公襄其事，年余销引逾于常额，江楚及浙皆利之。省垣半毁于贼，楼橹睥睨多不完，公请修复，增月城四，炮台六，汰新募之章武军，并入旧部信新军，以节糜费。倡捐水龙会，置救火兵百二十名，居民至今赖之，方省垣之解围也。贼由九江上犯楚之通城、兴国，仍与南昌属之武宁、义宁相逼。贼自兴国攻义宁，未下，遂陷武宁。武宁在万山中，实为南昌肘腋之害。公自率信新军，偕浙军游击常海弛往剿贼，迭挫之于紫鹿岭，于巾口，于火炉坪，于箬田，甫一月下之。会下游有警折回省垣，是冬我吴城师失利，楚军亦败于九江之官牌夹，南昌大骇，援师四集，与江右诸军不相下，主客判然。重以饷乏，外患未已，内衅复可忧，督师曾文正公与公为齐年，友素稔，公引以为重，故楚军亦皆敬公。诸军或有忿争，公至力解，则有勇丁二持刀索质库钱，势汹汹，公见而立斩之，一军皆惊，大帅弗以为忤。五年兼摄盐法道，文正檄办楚军子弹、火药、炮位三局事并筹饷糈，亡何饶、广相继陷，义宁亦陷。公愤甚，请率偏师为大军前驱，大府不许。公益殚心竭力以助诸军之出，而逆酋石达开由楚入江，叠陷六郡，公益镇静练军缮守，贼终不敢窥南昌而去。六年丁杨太夫人忧，公闻讣哀毁奔丧于杭州，文正拟请夺情，公力持不可，既行，巡抚文俊公仍奏请留江襄办军务，而西安将军福兴公驻军广信，复奏调随营。七年奉旨交福兴军营差遣委用，将军以乏饷欲就广信劝捐。公念弋阳、贵溪楚军所在，因地为粮，民力已竭，上饶、玉山、广丰、兴安、铅山五邑虽殷富，以寇警远避，均无可捐，唯铅山之河口镇商贾辐辏，亲往劝谕，两月得银十余万，既济福军，更以其半充藩库。嗣巡抚耆龄公以改办浙盐具有成效，偕侍郎黄公赞汤檄公办理西岸盐务，仍筦三局。八年福将军复檄赴江浙乞饷，抵常山，值石逆大股窜，广丰衢防告警。公偕金衢严道缪武烈公上书当道，请以河口一军兼程绕道会浙师，以解广丰之围。复谓广信为浙江外蔽，衢州为广信后劲，必缓急相济，贼庶不得逞，迨全浙沦陷，衢州幸存。今陕甘总督湘阴相国奉命视师，乃藉此为进兵地，人始知公所议得兵机之要也。公既至浙，福将军旋解兵柄。公念外除十载，父母殡宫犹未合祔，遂归常州卜地，于南门外龙游河将诹吉举山林大事，而当道飞檄召公还，不得已留其弟营窀穸，俶装就道。九年服阕到省，公前任南昌，所属失守，例有处分，以功过相抵，免议。又以大计保荐卓异劳绩赏加道衔，嗣复奉旨免补知府本班，以道员用，并不论双单月尽先选用。十年入都引见，奏对称旨，奉上谕：发往浙江交王有龄差遣委用。又命帮办浙江团练。苏常不守，南北道阻，改由豫楚行，十年抵常山，浙抚王忠愍公檄赴江右催饷，因而折回。鲍军门超方廓清江右，公上当道书，以浙事日亟，请出偏师下击严州，以徽军为策应，闽中劲旅会衢防直捣兰溪，以广信防兵为策应，则贼势中断图反救，杭、越之围可解。惜不果行，寇陷全浙。二年，浙抚湘阴相国檄办沪上商捐，奏署宁绍台道，时则曾文正公兼辖浙江军务，江苏巡抚合肥相国节制宁绍兵事，两相国皆重公，听便宜行事。宁绍台自上年陷后，天台民团首先恢复，而宁波亦资洋兵之力下各城，方谋画曹江而守。寻以法国总兵马筹思与游击布兴有、李光所部广勇互斗，广勇溃，贼乘间回窜慈溪、奉化，将扑郡城。公闻之立请东渡，甫受篆，即报慈溪失守，距郡才四十余里。烽火相望，兵单饷匮，公激厉〈励〉居民登陴助守，整饬税厘以通饷源。公之附轮船来宁也，与美国兵官华尔同舟，见其忠勇奋发，遂介以见英国总兵丢乐德克、法国税务司日意格，推诚相语，均感服，约束洋兵顿释前隙。公以贼犯慈溪觑我有内难，今出不意攻之，城可复，乃令布兴有率炮船先迎堵于大西坝，檄华尔攻慈溪，拨税务司姚防洋兵及同知谢采嶂团勇应之。慈溪贼分窜鄞界，另股扰及半浦，而嵊县、新昌之贼复大举犯陈公岭，我军旋克慈溪，华尔中铳卒，而陈公岭不守，奉化复陷，知县屈永清死之，南北渡防务又警。公念三面皆贼，必以剿为防，爰乞饷于沪，令都司杨应龙募忠勇军，绅士李锷招集大风山义勇及各乡练勇，又以广勇溃散，虑为贼用，招之回，令布兴有、布良带、守备张其光分统之。部署方毕，而贼由北渡，间道越栎社直犯郡城。天正雨，阴霾蔽空，人心惶惑，公勒兵以待，伺其懈辄出击之。贼阴有退志，则分兵兜剿，连败之横溪、石桥，进薄奉化。杨应龙率死士百人由城西北布竹梯以登夺其北门，贼惊溃，下之。奉旨补授宁绍台道。奉化败贼复勾结上虞贼分道犯慈溪、余姚，公以贼众我寡，分援力弱，不如并力捣上虞，则贼且急而还救，顾出师渐远不能兼顾郡城，且筹饷维艰，日不暇给，乃以兵事属之前署道张公景渠。而张公已奉旨逮问，公一再吁大府奏留，以坚其锐往之志用，能士饱马腾，中外协力，所向有功，复上虞，下嵊县、新昌，我军至是已增万余人，乘屡胜之势谋规绍兴。贼首伪来王、戴王拥众七万，与我师夹曹江而军，我师奋勇渡江，败贼于东关，又败之于夏家埠，直抵绍兴。会洋将勒伯勒东、达尔地福轻进，炮炸而卒，诸军稍却。萧山、诸暨之贼来援，我军再战，悉擒斩之。二年再薄绍兴，分攻三门，贼跋前疐后，遂不得专力以踞金华，而浙东之事易为矣。大军既克金华，诸暨贼酋方蒂桂降于我军，遂复绍兴，进克萧山，与大军会于钱江，浙东以平。公力筹未发之饷，撤遣之费十余万两，大军之围杭者复需月解兵米二万石，其他饷项亦多取给于兹，竭力图维，事无不济。洋将阴狡嗜利，驭之之术则在自强，我先镇抚其军自为战守，使彼无所挟，反足收效。彼以火器猛烈，弗知持重，公则阴遣一军左右维系之，攻绍之役虽洋将不利而全局无损，职此之故。公于外国驻宁各酋皆待以诚信，日意格尤敬，公用是交涉事件咸得其要领，会同英领事捕斩与英人私设护商局之镇海土匪吴浩泉。甬江为通海口岸，内地梗阻懋迁者皆登海舶，宁郡初复，内洋盗匪剽掠为患，公乃添雇轮船、炮艇往来巡缉，先后击沈盗艘七十余，更立安澜局以绥靖之，于是商旅无恐，百货麇至，关征日有起色。浙中吏治尚文饰，初设厘捐漫无条贯，公遴选局员务取廉洁者，设旬月报严核之。各州县失事人员有能随营效力者，每捷必为陈于上官，曰：此某之功。八邑底定，保全无算，事平周历所属，察被难轻重为善后计，赈恤疮痍无微不至。湘阴相国整饬吏治，凡钱粮平余及官府陋规俱议禁革，公履任之初即杜绝苞苴，至是躬率各属实力奉行，其有不便者皆于参牙时面陈其弊。江南奏减苏松太漕赋，部议酌减三分之一并减常镇十分之一，杭嘉湖与苏松错壤，赋额亦同奉谕一律核办。公上书湘阴相国及文正公、合肥相国，指陈漕弊数千百言，略谓：蠲赋惠政，减正额尤宜革浮收，于国家储胥无损，于小民更为获益。唯各州县情形互异，办法不同，当择大者奏咨立案，余并着为省例，以尽通变之宜，大府韪之。三年，湖州既复，贼由江西窜福建，提督高勇烈公率兵会剿，公舣舟济之。为筹欠饷，行粮军火为数至巨，湘阴相国以筹饷劳勩入告，赏加按察使衔，并赏戴花翎。临海匪徒金得利以捕急窜南田，南田故海岛禁山，土地饶沃，金得利纠邱才清等据之，筑垒自固。公白巡抚马端敏公往剿，平之，毁石垒。或议设兵屯田，公上五难六弊之说，议遂寝。五年，例造金州头十两号战船，故事牙户领贴承办，勒索山民，而官不过问。公则捐廉给工价，别令亲信监造，牙户不得售其奸。先是，甲子春公以衰老乞休，大府赖公筹饷，不允所请，嗣奉中旨察看。湘阴相国调任陕甘总督，濒行疏称公办理诸务均无贻误，而年力就衰，奉旨以原品休致。公乃得赋遂。初公在宁时，即先营建宗祠，苏常克复，遣人返溧阳修墓，族姓贫者佽之。宗亲故旧自离乱以来依公者甚多，归田之后倍加抚恤，无使失所。常州、溧阳初设善后局，公捐巨款，为之倡举邦人之廉干者司其事。武阳两邑分县不分学，遇选拔仅贡一人，公偕绅耆白诸当道，闻于朝，武阳添设贡额，自同治癸酉科始。公起家寒素，习知民间疾苦，又博览史册，明于历代治乱得失，尝谓横云山人明史稿，近而有征宪庙朱批谕旨，尤昭代科律居恒研究，故在官有所施设，切中事情，久而无弊。军兴以来，蒿目时艰，一以培养元气为主，前后筹饷累数百万，皆体味文正病商病农之语，熟察而行。若有所甚不得已者，江右告警凡异言异服者即以奸民论，公省释无辜。至一千六百余人附郭民廛，癸卯贼至，先檄焚之，贼去，孑遗之氓茅茨以居。辛酉讹言有警，当事又欲焚之，公时为寓公，走谒大府乞少缓，以待民远避，后贼竟不至，所全者数千家。察吏之材者畀以事推心置腹，或不获于上，遭谴诃，公身任之浙省失事诸员相戒勿用，喻以弃妇委靡，公则曰：使功不如使过也。性机警。乙丑署黄严镇总兵刚安泰公巡洋被戕，报至将度岁，急檄武弁追盗于爵溪洋，聚歼之。师旋已元旦矣，与人一面即识，其爵里名字久而不忘。翰詹考试，故事由清秘堂散卷，供事唱名。公在清秘，以馆阁前辈清班峻望，而唱名于供事非宜，因躬自散卷，字而不名，百余人无一误者，浚颐固亲见之。公论为政之要，须从根本做起，方能脚踏实地，颠扑不破。与宋雪帆侍郎为道义交，函札往还无虚月。尝致书侍郎，谓：五十年中不作欺人语，不为负心事。而侍郎亦谓公：学问、经济具此两言，诚定论也。官江右时，迎养杨太夫人承欢备至，军事一不以闻，顾念蕉邻公未逮禄养时复饮泣。尤笃友爱。少时与伯兄奔走四方以谋甘旨，及官翰林，伯兄倦游，家居京秩清贫，必并食易衣节俸金以为接济。伯兄没，诸子幼稚，公教养昏宦，俾各成立。季弟幼从公读，所至必偕，犹子三，抚育教诲皆有声，庠序归族，殳之，丧于江右，养族之孀母无依者，其他善事不可枚举。

公貌清癯，双眸炯然，终日正襟危坐，不喜作行草书。所服御至数十年，虽敝犹整洁。晚岁里居，率家人日出而作，纤屑必亲。伉爽无城府，遇事软悃，始终如一，不欲以矫激为高，而砥厉廉隅，义弗苟取。倭文端公为公书“慎节斋”额，跋之曰：慎言语，其立诚之学乎？节饮食，其无欲之学乎？公之生平盖得力于是。云：教二子读书以治经为急，勉之为真读书人。又曰：能读书尤贵能识时务。当今之世，保家立业第一义在通经达礼，有器识，有担当，穷其本原不外乎人情物理上认真体验，随时随处勿轻放过，则心思愈用愈灵，事理愈看愈透彻。呜呼，处事之道尽之矣！好奖掖后进，一技之长称不绝口，遇非礼直言规劝，受人之惠报德不厌，所施于人事过辄忘。故远近闻公之丧而哭失声者不知凡几也。公以同治十一年三月二十三日卒，享年七十有一。公夫人蒋氏，赠淑人，先卒。继配蒋氏，诰封淑人。子二。长恩绶，元配出，福建题补厦门同知，署云霄同知。次恩绪，继配出，举人，内阁中书。孙四，定官，盘官，奎官，联官，孙女二。光绪丙子，恩绪计偕北上道扬州，持公状乞为埋幽之文，将以某年某月某日葬。浚颐曩官京师，为词馆后进，久从公游，知公最深，不敢以不文辞，乃为之铭曰：

我与公交，因宋侍郎，辱公爱我，垂老弗忘。衔恤远游，道出信江，既分清俸，俾得成行。岭南北归，又荷公觇，淹滞章门，形神凄怆。公曰勿尔，为之屏当，遄返故乡，甫营丧葬。悠悠一别，倏逾二纪，感公高谊，古之君子。及公归来，我官邗水，毗陵匪遥，近在尺咫。过公之里，末由见公，城闉夜钥，有刺难通。公丧未哭，悒悒于胸，读公之状，謦欬如逢。侍郎曰公，一时无两，壬癸之间，治兵筹饷。不尸其名，功任人攘，可谓知言，盛德同仰。吁公有子，述公勋烈，能读父书，使我心折。我文非谀，质而且实，传之千秋，不可磨灭。

太子少保东河总督乔公墓志铭[1]

浚颐曩在京师，因李子皆太守，得交于公。时公官工部，政最简，春秋佳日辄就子皆与予为文字饮，坦夷和易，脱略形骸，并识浚泉、溥泉两丈，而亡弟子健来应京兆试亦获交于公。及公典郡擢盐司，洊跻开府三十年中，望尊位显，独于春明故旧念念弗忘，远道驰书，岁时不绝，手自作笺，情词肫恳。子健殉丹阳之难，荷公疏闻于朝，俾邀赐恤，尤感大德。迨浚颐量移两淮，适公养疴海陵，拿舟过访，欢然道故，自是通问更密。公再出山，相去太远，尺一往还，仍如畴曩。乃光绪初元遽闻恶耗，中怀悲悼，不能自已。公之扶危定倾，布泽行惠，大江南北，万口同声，称道勿衰。公与浚颐同庚，表扬勋烈传示来兹，固后死者之责也。谨诠次公一生事迹为文，以埋诸幽。公姓乔氏，讳松年，字健侯，号鹤侪，山西徐沟人。曾祖玠，妣氏赵。祖人杰，湖北按察使，有捕盗、救荒、治河诸大政，书传于世。乾隆五十八年，英国入贡，道天津，廉访公时为观察，宣布朝廷威德，馈遗悉却之，英人敬公，驯服尽礼而去。嘉庆中，英人犹有慕名求见者，而廉访公则已归道山矣。祖妣氏朱，父邦宪，刑科给事中。妣氏马，本生父邦哲，为给谏公之弟，直隶遵化州知州，政绩载入志乘。本生妣氏苏，继妣氏李，三代及本生皆以公贵，赠荣禄大夫、振威将军，妣皆一品夫人。

公以嘉庆二十年六月十九日生，幼颖悟，资秉过人。道光甲午、乙未联捷成进士，年甫十九，以主事签分工部，补铅子库主事，升都水司员外，历充提调、监督，咸称厥职。咸丰元年典试湖南，得人为盛，迁屯田司郎中，截取知府拣发江苏，先权常州，未几调署苏州。时粤寇张甚，吴中防堵之潮勇潜通上海贼酋刘丽川图不轨，公侦知之，白上官诛其为首者，而人心以定。会上海七营兵溃，沿途劫掠，金匮戒严，城昼闭。公减驺从由

[1] 方浚颐：《二知轩文存》，第32卷。

水关出，抚循其众安堵如故，寻补松江府知府，兼摄苏松太道佐巡抚吉尔杭阿。公治军出奇制胜，克复上海改署常镇通海道，旋即真除丁父忧，吉公方驻军九华山规复镇江，奏请夺情檄办营务。公之初至常州也，倡捐廉俸，召募义勇，按户抽丁，设保卫总局严诘奸宄，屡有所获，如守苏时。迨九华为贼所陷，吉公以身殉，溃兵之患甚于上海，金坛、丹阳悉为蹂躏，常之西北乡已有贼踪，十室九空，其势岌岌。公则亟白当道拨饷十万，赴新丰镇招逃亡归伍，散给口粮，坚请总督怡良公移师丹阳以固门户，又于村墟到处巡逻，果有土匪受贼指者，立擒为首之姜方槐等十八人置之法，余勿问。是年复大旱，则请免米船抽厘，与商贩护票，谒劝富者输将，凡赈济六次，全活甚众。镇江既复，公仍兼理营务处，请设官银局，行钞票法，民皆称便。书院课士，躬自检阅，优者奖之。金陵久为贼踞，士之北上应京兆试者公佽以资斧，午酉两科登贤书者不少实公之赐。嗣兼权两淮盐运使，行假道法，淮盐由东坝运销输课，寻丁降服忧，大府倚公，再请夺情，由是朝廷知公才，擢公运使。当是时两淮引地不通，商贩四散，司库如洗，公移驻泰州，设法招徕商贩，每年得课数十万以济饷糈。擢江宁布政司，管江苏粮台，转输不匮，威爱兼施，消薛成良之患于未萌，扬之人汔今犹能道之。先是庚申江南军营大溃，南台闻长江水师枵腹而哗，几欲北犯，公与各将领约片帆勿渡，暂由北台协济，并令沿江民团联络声势以助水师，江北因之无恐。公在苏常七年，襄赞戎机，先事预防，用能转危为安，不失寸土，迨移节广陵总师，干者左右无人，遂至一败而不可收拾矣。常州既陷，居民避难，纷纷渡江，土人方指为贼，利其辎重，戕其性命，公闻而哀之，于泰、靖各港口设巡船，防窜贼，渡难民，并于泰州设收养难民局，病者施药，没者施棺，行者予资，居者予食，事平之日资送回籍，故常之人佥曰：公父我母我也！同治二年升安徽巡抚，苗逆初平，捻匪尚横，任柱、张总愚等窜突楚、豫，倚蒙、亳为老巢，每直各路兜围辄图回拒，公由临淮进扼寿州，外攖巨寇，内靖土匪。三年冬，粤寇蓝大顺合任、张捻众十余万回窥霍山，公檄诸军随僧忠王大兵蹙之于英、霍之交，斩大顺，降其渠魁，解散党羽几十万，江南之贼不复与北捻通，而捻锋亦始大挫。乃逆党姚绍采、徐广山辈阳为投诚，阴谋乘便，公不动身色，捕而歼旃。又以雉河集为捻之老巢，议于其地建涡阳县，并建龙山营于宿之龙山集，下蔡为苗逆老巢，议移凤台县治于其地，又以皖北幅员辽阔，庐凤颍道治不及，议分设安庐道于省垣，奏入，皆报可。六安、霍邱之王稀毛猴王庭用为著名巨憝，楚军屡剿未获，我师伤亡实多，公又尽擒斩之，于是商贾渐集，厘税日充，军饷以裕。公既除道梗，复虑田荒，乃买耕牛，市谷种，分给乡农，俾资生聚，其流民来归者资遣之，与驻泰州日无异。四年，淮水涨溢，寿州城不没者三板，百姓露处高阜，嗷嗷待毙，公广备糗粮，泛舟以赈，十余万众得庆再生。军书旁午，文教不兴，修复书院以逆产充公为久远计，又与治常州日无异。皖省税则本轻，顾以规费日增，上下所需咸取给于此，故浮收之数有数倍于正额者，且有私收折价至十数倍者。公重加厘定，奏明通省暂征折色，除部定解部定价外，酌留羡余以济公用，而上下衙门一切陋规尽数删除，民受其福，公亦不至重累，十余年官民相安，从无一征漕滋事之案，盖疮痍未复，公之所以培养之者深也。五年，调抚陕西，出寿州，士民送者相望于道。时任柱、赖汶洸两股已被创，自豫而东独总愚拥悍党乘间西趋，贼氛横亘于华渭河陕之间，公轻车由蒲渡河，取道同朝，知陕军素疲，定策入境后即率师渡渭，营渭南以守为战。师未至，贼已越渭南长驱而入，公甫抵同州，亟由间道入省，严备以待。无何陕军溃于灞桥，贼直薄省垣，陇回为捻所邀亦踵至。城中无一可恃之兵，人情汹汹，公激厉〈励〉疲卒登陴固守，招集散亡以图复振，奏调刘松山、郭宝昌两军入秦，连败贼于咸阳、岐山、富平、朝邑。捻不得休息，与回再合，一年之中捻未能挟回以窥河东，系公之力。又以西同凤所辖地势平衍，力申坚壁清野之议，令大小乡均筑堡以守，厥后湘阴相国统师廓清陇右，公实有预为之谋者。体本羸弱，频年筹兵筹饷，心力交瘁。七年春，移疾得请侨居泰州，闭门箸述，继配刘夫人工书画，雅有唱随之乐。八年，刘夫人下世，公孑然一身，惟思报国。九年，北上复拜仓场总督之命。十年，迁东河总督，公统筹全局，周历履勘，议筑堤束水，顺黄北趋入海为一劳永逸计，惜不果行。盛暑严寒宣防河次，因复积劳成疾。十三年十二月闻穆宗毅皇帝升遐，呼号欲绝。光绪初元正月，奉颁遗诏勉率僚属哭临成礼。释服之期，呜咽不胜，礼毕，昏眩不起，掖之入内，遂卧床绝粒。以二月十四日薨，享年六十有一。呜呼，公殆归作先皇侍从之臣耶！遗疏上闻，九重震悼，赠太子少保衔。公无嗣，继本生胞弟廷樾子联宝为后。廷樾官江西盐法道，联宝甫九龄，应得二品荫生，恩赏主事。

公天性俭约，不喜西人诸器。公余手不释卷，其已刊者为蘼萝亭札记[1]，未梓者纬麖数十卷，暨诗古文辞藏于家。接见僚属，虽炎暑必衣冠危坐，不挥箑何。东洲太史赠句云：裘带温文羊叔子，衣冠朴野卫文公，盖纪实也。在军治军书，一日数十行，夜分始寝。暇与宾僚讨论往事，讲求利弊，孳孳不倦。其御将佐则解衣推食如家人父子，而处变决疑当机立断，雷霆迅发，莫可端倪。待亲故赠遗不少吝，而不可干以私，恢宏好结纳，而不周旋当路。清风亮节，卓然可传于世。公薨之后，皖绅请于临淮、寿州各建专祠，大府入告，从之。昨又闻常州绅士请入祀名宦祠，公之遗爱在民信而有征，非予一人之私言也。某年某月某日葬某，铭曰：

我初交公兮，公则了不异人，公之出而典郡兮，乃遭际夫邅迍。既福三吴兮，又福吾皖，建牙树纛兮，经纶大展。公为名臣兮，公为通儒，公不骄人兮，中抑抑而外愉愉。公所造就兮皆美材，状公生平兮简而该。何以报公兮，曰报公以文字濡秃管兮，挥老泪迢迢佳城阻南北兮，我思执绋嗟未得兮。如公有几人三朝宣力兮，千秋不朽俾贞珉之是勒兮。

① 编者注：应为《萝藦亭札记》。

通政使司通政使朱公墓志铭并序①

光绪初元，朱太史琛典试广东，归道扬州持其尊甫景唐通政之状乞予为文志墓。予与通政为齐年友，曩在京师同馆同台，相聚十余稔，朝夕过从，形迹罔间。及予转外台，而公则由侍御内擢，数年之中掌银台权，宪部骎骎将大用。顾以乞假葬亲归里，一病不起，既忠且孝，在公固可无憾，而太史复能玉堂接武，为国抡才兢兢焉，思表扬先人之德。呜呼，予与公春明一别遂成永诀！今幸公有子焚黄告祭，足慰九泉，予亦奚敢以不文辞按状。公讳萝元，字贞起，号锦堂，又号景唐。先世系出婺源，纬公即紫阳文公之伯曾祖，宋建炎间始迁泾县。高祖萃，廪贡生，六合县教谕。曾祖安谦，妣氏胡。祖平泮，妣氏洪。考一昌，妣氏洪。世有隐德，三代以公贵皆赠资政大夫，妣皆赠夫人。公以嘉庆壬申四月十一日生，幼岐嶷，颖敏过人，读书目数行下。少长习帖括，下笔即工，兼擅词章之学。时赠公服贾章门久，以族人有占籍贵溪者命公往应试补弟子员，旋食饩。道光丁酉科选拔贡生，益下帷攻苦，肄业豫章书院试辄冠其曹。癸卯甲辰联捷成进士，改庶吉士，寻丁母忧星奔回里。越明年，又丁父忧，迭遭大故，痛不欲生。丙午奉两榇归厝于泾，服除入都，补行散馆以部属用，签分刑部，充上谕：馆行走。癸丑，记名军机章京。甲寅，补江西司主事秋审处行走。勤于读律，援引必当，治狱多所平反。尝曰：桁杨之下，必有冤囚，能得其情，固不专恃威慑也。乙卯，擢福建司员外郎。会荆州将军绵洵公奏调，赴湖北军营襄理文案。时方炎暑，橐笔从戎，勤劳备至，未几，将军去官，公仍回京供职。丁巳，记名御史。戊午，补军机章京兼方略馆编修直军书。旁午昕夕，不遑撰拟悉当，上意迁山西司郎中。已未，补浙江道监察御史稽察北新仓，复奉命巡视西城。人避骢马，莫敢干以私。辛酉，充武会试监试官，是冬补行京察，列一等。同治初元壬戌引见，奉旨记名

① 方浚颐：《二知轩文存》，第32卷。

以道府用，寻充覆试各省举人监试官，查勘贡院工程，监察大挑举人，稽察本裕仓磨，勘乡试试卷，擢鸿胪寺少卿。先是公配叶夫人，有妇德，事舅姑克尽孝养。公应礼部试时姑有疾，夫人躬自调剂药饵，衣不解带者几两月，治家严肃，勤而且俭，公故无内顾忧。随宦都门，尝衣一敝裘，补缀鳞次，见者不知为命妇也。公未第时，赠公年逾六旬，抱孙念切，夫人体舅心，为公纳簉室王孺人，生子三，琛，琇，琪。琛同治庚午辛未联捷进士，官翰林院编修，女一，孺人婉顺能得堂上欢，佐夫人持门户，举动必循礼法，而夫人亦视子女如己出，门内雍睦无闲言，乃于是冬先后下世。公伤悼弥甚，以父代母，口不言劬，戚鄙谓公：趋朝待漏，不可以无内助。有作诗寓劝者，公答之曰：不愿为儿添后母，且将家政一身肩。太史为予述之，犹泪涔涔下也。公自壬戌十二月擢通政司参议，癸亥二月又擢太常寺少卿，十月转大理寺少卿，迨甲子四月擢太常寺卿，五月复擢通政使司通政使。曾未三稔，头衔五晋，公念两朝知遇之恩，益感激奋勉以图报称。又奉命稽察右翼宗学，拣选贵州府县等官，典试山左，得人为盛。试毕，回京即拜署理刑部右侍郎之命。公以往者久列纲曹趋堂画诺，今一旦秉丹笔位诸司上，处事详慎，愈不敢自逸。朝廷知公明允，真除当在指顾间，而公则以故乡寇扰，窀穸未安，弗忍贪恋荣禄，因于丙寅春乞假修墓，闻命即行。兵燹之后，沴气积而不散，远归者触之辄病。公抵里后，见田园荒落，故旧凋零，展拜先茔益增凄怆，遂染疫，缠绵捐馆舍，是为九月十九日，享年五十有五。

公天性孝友，律己至严，待人则和而介，有以非义干者正色却之。历官清要，忠诚亮节流露于奏草中，立言务持大体，为国家培养元气。穆宗御极之初，即疏请豁免各直省历年积欠钱粮，得旨俞允，下部议行。他如恤卫兵，清庶狱，请饬江西抚臣查办殉难士庶奏加旌恤，江西省城建立张文毅公专祠兼请予谥，皆为政体之大者。不妄参劾，亦不轻荐举，苟其人贻误大局则纠弹不避，苟其人克膺重寄则推荐必先。至于杜渐防微，内而宫禁，外而疆场，敷陈密勿、留中不发者，公辄焚其草，外人固无由知之也。尝梦赠公训之曰：持以静默，镇以从容。公醒而肃然铭诸座右，自奉甚约，食不兼味，衣敝弗弃。少时客汉，皋为人书志铭，受其酬，或劝其置珍裘，公曰：吾将持归奉甘旨，遑以自炫耶？嗜书，不喜游览。公余则手一编词赋，雍容华贵，为侪辈所推服，撰拟进奉文字及唱和赠答诗篇不自收检，每为友人携去。好扬人善，后进有片长必奖之，孤寒之士则加意培植之，俾其成就而后已。太史所状若此。呜呼，公方正之度，肫挚之怀，予习见之，且心钦之！诚如太史言，是可传也。以某年某月某日葬泾之某，原铭曰：

躬躬蹇蹇，未竟厥施，贻之后人，俾守瓠覟。初见长公，决其必遇，果然言中，足傲姑布。故里弗忘，张香都从，亲地下身，宁孤佳城。峨峨荫三株，毕生行谊殊。卓绝永播，清芬延世泽，谓予不信，视此碣。

诰封建威将军牛公慕琦墓志铭

公讳师韩，字慕琦，姓牛氏，原籍宿州，后拨新设涡阳，遂为涡邑人。粤、捻、苗三贼之乱，历充练长、营官、统带，并统领皖军马步。倭夷回纥寇边，总统豫、陕各军，转战吴、楚、皖、豫、齐、鲁、燕、秦诸邦，以军阀功，膺花翎，头品顶戴，黄马褂，记名提督，达春巴图鲁，累官河南归德、河北南阳各镇，有政声。新授宁夏总兵，未莅任。钦派两次致祭历代帝王陵寝，一次致祭黄运河神。其曾祖父三世皆以公贵封建威将军。公之一生功业千万，言不足包罗，谨就其智、仁、勇三端而略述之。

公幼读儒书，壮娴兵法。会寇乱，招集里中年少练乡兵，有犯秋毫者公即置诸重典。生长同里闬，而俯首帖耳受其钳制者，实公平日才能有以慑服其心也。燹火燎原，蔓延十余省，且肘腋间皆贼营，公谓剿不胜矣，必得剪其羽翼，方能制其死命。爰遣练中有才辩者赴各巢穴，以顺逆之理说之，头目从劝自新者十余人，解散胁从十万众。由是督师使者仿其法而剿抚兼施，贼势渐臻于孤矣。至于对垒交锋，预操胜算，往往劲旅伏而羸师张，贼多入其机阱，可云无战不克，无策不奇者矣。此公之智也。公于秦捷时，诛巨魁首悍丑，余众之投戈乞命者悉令编伍归农，从不肯刑戳妄加，草菅人命。苗逆之攻蒙也，城中易子析骨衣，旦夕间势将溃矣，公拼死突重围，后军衔尾，粮道始通，急以兵米馈城民，接济源源，解围乃已。河朔奇荒，灾黎就食南奔，商旅载粮北运，皆道重归德，其地为公辖境也。公言："饥馑如斯，必有萑徒窃发，偿一经行劫，粮贩绝踪，老弱之成殍歹或者，堪胜计哉！"于是勒之，严防之，并将往来车辆按帮护送之。无数苍生得粒食而免填沟壑者，公之再造也。汴城外，地名黑冈，当桃花泛涨，骇浪掀天，急流激堤，势诚危险。若一经开决，城为沼而民鱼矣！公督标兵抢筑之，且躬亲畚锸。虹堤工竣，亿兆庆安澜，共颂使君活我矣！此公之仁也。公膂力过人，生擒大股捻首张落刑并逆子闹、义子王宛儿，解僧邸治以极刑，并擒李勤邦、刘天祥等二十余人。与伪辅王陈得才、伪端王蓝长春战于土门河、扬柳湾、黑石渡，三战三捷。得才饮药死，长春计穷力竭，遂投降，英果敏公立斩阵前。公叠击伪鲁王任柱、伪遵王赖文光、伪魏王李允，大败之；收抚捻首鲁嬉、龚心明、牛宏于郯、宿，降众万余人；平大股西捻张总愚于山左徒骇河，擒漏网叛将宋景诗于菏泽，越境剿谋为不轨之李刘于固始。日本入寇，奉命募守京畿，嗣公报奋勇，队出榆关迎敌。中日议和而回逆构衅，陕甘督杨公昌濬奏调援剿，整队西征。进军碾伯，适甘州李提督培荣围困平戎，公攻大峡之下，军抵平戎，更番血战，围乃解。公之行军恒以少击多，败转胜，满腔忠义知有国而不知有身。此公之勇也。有是三端足称名将矣。至于公官各镇，束兵也，缉盗也，安民也，自有去思碑在，无须琐屑陈也。以军务积劳成疾，光绪乙未年乙丑丁亥日殁于平戎营次，享年五十有七。扶柩旋归，付葬于曹市祖茔之次。原配李氏封一品夫人，续配韩、袁、郑、桂、傅、张、汪遵推广例均封夫人。生子六人，长维栋，候补知府；次维梁，业儒，郡试登选，不售；三子维桢，候选县丞；四幼殇，五维霖，六维森。

鸣呼，英雄逝矣！恐达德久而就湮，用志贞珉，使后人之作伏波铜柱观也。乃作铭曰：

于休将军，威名赫赫，平寇奇功，算无遗策。
镇遍豫疆，兵民感泽，紫塞羁魂，玉关阻入。
力辅中兴，合登史册，待建崇祠，享居专席。
于载遗型，齐观铭石。

杨忠勤公传志

清故建威将军赠太子少保湖南提督杨忠勤公神道碑铭

湘潭袁思亮撰文

杨忠勤公既薨越五十六年，孙成杰始克来乞铭其神道之碑，曰先忠勤公鼎勋伐名位具在国史，公外孙刘朝望复为文传藏拾家。唯外碑之立，历时久远，未有文字，大陵谷迁变微金石刻辞昌有以永，敢请思亮文生也。晚遭时变异，仰公遗烈慨然，想见中兴之盛，虽不获与俯仰进退于其间，犹得执笔载杨公之业绩，不敏之文与有光焉，谨序而铭文。公讳鼎勋，字少铭，四川华阳人。曾祖攀月、祖文芳、父廷华皆以公贵，赠如其阶，妣皆一品夫人。公初起从李武愍军湖北，后隶鲍忠庄公在伍中，未之奇也。一日，鲍公猝遻贼小池驿，贼围之数十重左右，驰莫能击。公从壮士数十趋贼渠陈玉成。玉成方纵横指挥，出不意，惊走，贼骤却。军乘之围乃解，由是知名。将五百人从攻安庆，会李文忠公督师上海，稍增其众至数千人，号“勋字军”往从。大破贼虹桥，旁下川沙诸县，败枫泾贼，斩首四千级，功最多时，程忠烈公学启、郭武壮公松林、刘壮肃公铭传并以名将隶李公麾下。李公分部诸将进规苏、常，公皆从，比有功而常州之役战绩尤伟，威名埒数公矣。苏州文下也，忠烈以杀降闻常州贼矢死守，公会铭军日夜督战，尽平城外诸垒，躬冒蔺石，蹿渠答，呼号先登，弹丸洞胸，血殷衣襦，濒绝而苏，裹创复战，士气百倍，遂下常州。铭军者，壮肃公所部也。江苏底定，移师援浙，复湖州转战至福建，克漳州，平平和、云霄。诏安前已累功至记名提督，至是赏黄马褂，授苏松镇总兵，特诏免骑射。东捻任柱、赖文洸等起河南，公破之朱仙镇，蹑击复破之定陶、睢宁，再破之黄陂、孝感，即军中擢浙江提督，调湖南。捻善战精骑，日踔数百里，公辄以轻骑邀击之间出奇旁袭，前后歼贼数万。合铭军蹙之胶、莱间，任、赖等伏诛，东捻悉平，赏骑都尉世职。而西捻张总愚自陕窜畿辅，京师震动，李公檄公赴援堵贼，前连战皆捷。沧州、咸河，故畿辅形要，公壁于河，贼屡出全力相搏，辄痛挫之。贼用不振，未几，遂平。而公前数日创伤，薨于军，年三十有四。论者谓：捻匪狼奔豕突，微公扼险迫蹙，无以速成功，而惜乎公不及见也。奏入，上震悼，赠太子少保，谥忠勤，国史馆立传、立功。各行省建祠，祠文时同治七年也。公颀伟气肃，自弱冠从军，迄于专阃十余年，无一日不在行间。治军严而有恩，忠勇奋发，率先士卒而雅善谋略，大小数十百战未尝挠败。大臣既倚公办贼，虽创剧不令休养，公亦誓报国春秋，方富大功垂成，而不获一日櫜弓解甲，优游太平，殁后，至不名一钱以遗其孤。悲夫，然其志事亦足以愧今之赳赳者矣。葬成都东郭外，配田夫人子一万凯袭世职，分部主事。田夫人出一女，适刘庄肃公子盛芸。

清故建威将军赠太子少保湖南提督骑都尉世职外王父杨忠勤公家传

合肥刘朝望撰

长沙陶美济书

公讳鼎勋，字少铭，姓杨氏，四川华阳人也。咸丰中，粤匪躏东南，初从李武愍公孟群攻湖北，后隶鲍忠壮公超转战安徽、江西间，材武称鲍公尝与贼魁陈玉成战小池驿，贼围之数十重，公见陈玉成立马指挥，独从壮士十数驰之。玉成惊却，贼阵动，诸军继进贼，乃解围去。鲍公嘉之，令将五百人从攻安庆。诸将或嫉公谮之，公度鲍公终不能用，会同治元年李文忠公督师上海，遂去从李公，将淮士千人，后稍增至数千号勋字军。淮军初至上海，环四面皆贼日夜来犯，公会诸军死力拒，大破贼于虹桥东南，攻下川沙、南汇、奉贤诸城，引兵北解四江口之围。攻嘉定，克之。贼踞枫泾，扼河坚拒，攻破之，斩酋四千人，军威大振，李公乃令诸军分道进规苏、常。公既会程忠烈公学启攻苏州，又偕郭武壮公松林西攻宜兴、荆溪、溧阳，又东解常熟、无锡围，遂会先大父壮肃公围攻常州。公乃蜀人，将淮士惧诸将轻已，又从军久，胸怀郁郁，常思树奇功自见，故战辄摧坚。常州贼怵苏州之杀降也，则死守不下，侧出旁袭乃挠敌军。公与壮肃公日夜督战，杀贼逾万，然终不下贼围。奔牛绝敌军饷道，壮肃公率军回援，留公军围常州，壮肃公既大破贼于奔牛，复与公会师，悉平常州城外贼垒。日夜血战，贼稍沮，公率所部率先登，贼炮弹猝至，洞公胄，背血溢，沾衣尽赤。左右扶之，绝而复苏，张目叱侍者曰：“趣攻城，何恩我为也!”诸将感公义勇，人人踊跃奋击，前仆后继，贼披靡，遂会铭军攻下之。常州平，公由是名闻天下。江苏既定，朝命淮军出境灭贼，李公乃令壮肃公屯句容助金陵声援，公攻湖州援浙。公既下湖州，遂航海厦门援闽，苦战克漳州，攻下平和、云霄、诏安诸城。自初至上海，至是凡四年，淮军声威骎骎，出湘军上，大小数百战，公靡役不与，而常州之战撄巨创，摧强寇，军中尤推为神勇。诸将初颇轻公，自是皆敬爱之。公前已积功伐至记名提督，既克常州出境援闽、浙，赏黄马褂，授苏松镇总兵，又以公伤重特予免骑射。五年，捻匪扰中原，调公助剿，破贼于朱仙镇，蹑击至定陶、睢宁，大破之。六年，破之黄陂、孝感，擢浙江提督，调湖南提督，命勿之官，仍率所部讨贼。当是时捻酋赖汶洸、任柱枭勇善战，精骑驰突一日辄踔数百里，势张甚。张勇烈公树珊、唐忠壮公殿魁先后战死，诸军多受创夷。公所部独精整，善西洋枪法，巧发奇中，公又饶智略，谋定后动，故军行未尝挫折。壮肃公既定计扼贼胶、莱，公辄偕壮肃公率轻骑逐贼，大破之于潍，蹑及之夏湾分军，由周家寨袭贼背，大破之，斩俘逾万，驰击于诸城、胶州，捻受创巨，望风惊避，赖汶洸、任柱先后殪，东捻平，赏骑都尉世职。七年，张总愚自陕窜畿辅，李公檄公援直。公侦贼踞安平，间道趋贼前，张左右翼搏之，贼大败，蹑之至滑县。度贼必反攻，偕郭武壮公疾驱至大邳山，贼果至，奋击大破之，蹑击之于卫辉。贼窜山东，自德州窥天津。李公议蹙贼于沧州之减河，以公兵精令凭河守。公曰：“督将士筑垒浚濠，贼来攻辄创之，贼不严犯。”会旧伤作，遂卒于军，春秋三十有四。公自初起至是凡十有三年，未尝一日不在军，攻常州时受创巨，既积劳苦创时而作。李公常抚睹之，为之流涕。然方倚公力冀成大功，卒不令休止。公亦感李公知，誓灭贼以报国疆，功垂成而身死，闻者识与不识莫不痛惜。公卒数日而西捻平。朝廷悯悼，赠太子少保号，谥忠勤，立功各行省建祠，国史馆立传。子万凯袭骑都尉世职，及岁引见，赏分部主事。沧州人士皆哀思公，请建专祠，诏许之。公状貌英伟有侠气，然深沈知书，李公称其多智。治军严而身为廉洁，所得赐予辄斥以饷士，故上下相亲如父子。然初李公倡淮军，其大将多淮人，唯公及郭武壮公起川、湘，然诸将重公义烈，相得甚欢。而公与壮肃公、郭武壮公共患已久，交推互服，相约为昆弟，二公闻公卒皆痛哭失声。公殁后囊无一钱，二公与文忠公各出资得万金，以赡其家云。

刘朝望曰：外王父卒时，吾母及舅皆襁褓中，余尝逮事外王母，然童稚不知求公轶事，及后稍长，求之已不可得。独公攻常州被创时所著血襦至今犹藏，其家少时尝见之赫然，若睹其灵，吾母每道之未尝不流涕也。今吾舅卒又已十年，外兄弟至贫不能自给，常想公瑰才奇烈，湮灭不彰，辄以闻之吾母者征诸国史为之传，以遗其家焉。公卒时，其弟奉丧归葬成都郭外，而壮肃公挈吾舅至合肥，教养之若己子。余皆宦蜀，尝至成邑谒公家云。

光禄大夫、都察院左副都御史、前江西巡抚文毅张公神道碑铭①

公张氏，讳芾，黼侯其字也，亦曰小浦。泾阳之张，同居十一世，高宗时尝以义门旌之，至公十三世矣。曾祖懋基，考授州同知。祖埏，福建台湾道学政。父五緎，湖北安陆县知县。曾祖妣某氏，妣晁氏，王氏，公之贵。曾祖以下，皆赠光禄大夫、吏部左侍郎。妣皆一品夫人。

公少而颖异绝人，甫成童，即补县学生。举道光辛卯陕西乡试，乙未成进士。殿试二甲第一，改翰林院庶吉士。明年入馆，授编修。擢詹事府中允，翰林院侍讲，转侍读。右春坊右庶子，转左庶子，遂直南书房。又以大考第一，擢少詹事。出为安徽学政，改江苏。宣宗成皇帝时，尤重侍从之选，两书房翰林，往往望为宰相。而公以方峻端洁，宣宗尤贤之。视学江苏也，王太夫人将就养，上语公：汝宜驰驿，汝母宜舟行。因敕道上官护视，盖异数也。在江苏未一年，擢内阁学士，兼礼部侍郎衔。公疏谢，上手批其奏曰：吏治民风武备，诸宜留心，上以备采询，下以充识见。及使还，即擢工部侍郎。与管□□堂，直书房如故。既而为江西学政。其明年，成皇帝崩。文宗登极，诏书令中外大臣皆陈言，且各举所知。公疏极言小人之辨，荐举何绍基、朱琦、邱建猷、沈衍庆四人。沈方为鄱阳令，有异政而病聋。公以谓聋非病也，而人才难得，荐尤力。户部请开捐输例，公独论其不可。调吏部右侍郎，转左侍郎。使事毕，将还朝矣，而有署江西巡抚之命，时咸丰二年也。

当是时，粤贼洪秀全方围攻长沙，上以江西当其冲，命在籍刑部尚书陈孚恩与公同备贼。而贼已越长沙，陷岳州，公即驰守九江。贼陷武昌，前锋掠黄州。十一月，朝廷授公巡抚，两江总督陆建瀛至九江。公即驰守

① 《逊学斋文钞》，澄波楼藏书，第12册。

瑞昌，贼果犯瑞昌，公击走之。贼东犯九江，公即驰援九江，而总督先走，公未至而九江陷。有旨革职留任，公即还守南昌。于是贼已分兵破安庆，洪秀全扰金陵矣。后数月，官军败于兔儿矶，贼乘胜溯江上。公度贼必犯南昌，乃奏请湖北按察使江中源来援。江公间驰南昌，而贼船已凑城下。城中守单甚，公先为炮台于城外，空其中，令上下三面皆可以击贼。江公至，复于城中筑月墙，掘里壕，设瓮厅，守具粗备。公即奏以江公统诸军。贼屡穴地道，燃药以堕城。城屡坏，官军辄复完之。贼攻益力，城中守亦益坚。公方督战坐城上，亲兵哈玉恩在公后，仆郑贵侍右。贼炮洞郑贵腹，以碎玉恩首，血满公衣。而公屹坐无恙，益督战。江公复屡出击贼，援兵亦四集。贼知不可攻，乃悉众东走，出鄱湖，于是南昌围三月矣。围既解，朝廷还公职，而公独归功江公，悉叙诸援将。最后为陈尚书子某乞恩，奉诏切责。公亦疏力辨，上大怒，竟褫公职，咸丰三年八月也。公既罢巡抚，则谋奉太夫人北归，而道梗不得行。间关至钱塘，复渡江，居太夫人绍兴。而贼窥徽宁，安徽巡抚驻庐州，皖南北殊不相闻。朝廷用浙江巡抚何桂清言，以公治皖南军，而浙江资之食。是时徽宁三面皆逼贼，独东南通浙，幸无事。浙军戍徽四千人，不足以自守，馈饷又绌。公则开诚布公，进见士民，俾人人得尽言，集练以益兵，劝捐以益饷。分遣提督邓绍良、总兵江长贵等为守险计，而自以千余人驻郡城。徽州六县皆有贼，公至军，即复休宁，驱贼出岭。

六年冬，周天受克泾县，徽宁事少纾。朝廷乃予公六品顶戴，加五品。先是江西贼由乐平、广信先后逼郡城，公皆击却之。广信贼败而南，陷休宁，公督诸军蹑之。而闻太夫人卒，公恸甚，乃墨绖督兵进，遂复休宁。请奔丧，弗许。其明年，请归葬，亦不许。既而邓绍良败死湾沚，婺源、祁门皆告急。广丰贼自衢州陷金华、处州，南及延建。公辄分兵往救，而周天受往来战贼闽浙间尤力。及官军克金华，浙江巡抚晏端书言援浙功，公第一，赏戴花翎。公力辞，弗许，诏以三品京堂候补，授通政使，擢左副都御史。于是胡兴仁抚浙江，谋划疆以自固，遂不资公饷。咸丰十年，铜陵贼陷宁国、太平，由四安以犯杭州，别贼由绩溪逼郡城。公虽击却之，而贼旋陷广德，由武康分犯杭州。公所遣援兵知府陈炳元战死，总兵米兴朝亦败走。公疏待罪，且请更命重臣，弗许。既而广德、宁国皆再陷，总兵周天受战死。公再疏请罪，且请以命今大学士两江总督曾公国藩领徽军。

遂夺公副都御史，以军事畀曾公，而召公还，于是公在徽五年矣。

公既去徽州，在道请归补持服，而粤贼余孽挟皖寇轶入关。上命公即家居为团练以办贼。事既平，复得副都御史。而汉回讧于临潼，大吏选懦不能决，汉民愤杀回民过当，回民任老五遂以其党叛，连破数州县，攻西安甚急。巡抚某计无所出，谓公国大臣，且素有乡望，谕之宜可解。而公亦谓回虽狡，固有良民误者，或情理谕之，可以全会城，遂与数人行。公既至，譬谕各端。而贼无降意，由临潼之油坊拥公走，至渭南之仓头镇。公犹力为言顺逆，贼酋恐惑众，辄反转辱公。公不屈，据地大骂不绝口。贼怒，遂肢解公以死。同治元年五月十三日也。年甫四十九。

公为人美风仪，神清而气峻。其在朝廷，务引大体，不随众为可否。为户部侍郎时，宰相兼管部务者，公会试座主也，夙喜公，而公与论事辄弗合。其在江西，人有言知府副将贪污状，又有言巡抚事者，上皆以属公，公即据实劾奏，无所回避。大臣遂不悦。耆英督两江，上书言：用违其才，即君子亦误事；用当其才，即小人亦济事，意盖有所左右。公曰：此道人主以亲小人之渐也。即疏力诋其谬，大臣益不悦。及治兵徽宁，再疏劾失律将数人置之法。周天受虽公爱将，援浙败于桃花岭，浙巡抚上其功，而公独劾其治军不严。天受不以为憾，而不悦者遂益多。

今天子初元，公疏陈时务四事，曰崇圣学，开言路，明赏罚，专委任。又密举宜为师傅者数人，皆一时老臣重望。盖公之议论多类此，可谓大臣矣。公自少年登高第，为成皇帝所识拔，由翰詹骤至卿二，年甫三十。上方思有以尽其才，然竟以不能附比大臣不得久居中。自江苏学政还朝，未几，即以视学江西出，遂留为巡抚。接以徽宁军事，比自徽州内召，又令治陕西团练。自成皇帝季，洎今上登极，垂二十年，未得一日再与朝廷谟议，卒使横罹凶暴，为国糜躯。呜呼，岂徒公之不幸也哉！

公之治军，在江西绩甚伟，而在徽州，既久且难，虽皆以谴去，然江西之民至今犹思公不已。公去徽州甫五日而城陷，故徽之人亦弥思公。然则公非独立朝大节凛凛，即将略亦有过人者。而予独惜公之才可大用，即主上非不思有以用之，顾弗获尽其用以死，而年又未及中寿，是殆所谓命也欤？公生平持己甚峻，而与人特宽大，务为不欺，自幼即善事太夫人。太夫人既卒，公在军中常蔬食，冬夏寝处一席而已。公女弟之夫通政使王拯，尝为予言公诒拯书，即自咎不忠不孝，词意凄恻，拯每为之流涕也。

公既死事，朝廷乃命以侍郎例予恤，荫一子举人，建专祠陕西、江西省城，赐谥曰文毅。其后，陕西巡抚又有言，乃复命祠公仓头镇。凡从公仓头死者五人：临潼知县缪树本，候补知县蒋若讷，及公从孙张涛，仆金榜、王双。而张氏族属死泾阳者又五十二人，皆恤如故事。公初娶向夫人，生一子，举人师劬也。继娶孔夫人，生一子师励，早殇，孔夫人亦先卒。师劬今为工部员外郎，以通政之状来乞铭。铭曰：

海鲸波山，子丑之间，有臣一个，奋回其澜。彼童宣骄，以国为戏，朋奸啄忠，彻我藩篱。并海浙吴，棋树其徒，昏臣三五，阴为之枢。额额蒲城，涿瞑太息，闭合草奏，忠奸别白。疏成在怀，遂缳以绝，或匿不闻，闻以暴疾。蒲城之死，至今犹将，嗟秦多良，而公继之。公死堂堂，如悬皎日，人孰不知，而孰知惜。有臣为公，宜居帝傍，儒书满腹，挈维提纲。一出十年，弗相而将，卒陨于凶，埋忠厚壤。蒲城作弼，公屏即戎，所遇虽异，匆究则同。哲人无年，彼庸寿考，镵词于石，以讯苍昊。

广东巡抚调署广西巡抚李公神道碑①

封疆大吏以县令起家者，习知民间苦疾，地方利害，与夫僚属之贤否，政令赏罚之是非得失。一旦提纲挈领，鼓舞而振兴之，则如树表见景，操缦成声，往往事半功倍，不劳而理焉。浚颐承乏监司十余稔，所见者惟山左李公，其庶几乎？公与浚颐有三同，道光甲辰同成进士，同出仓少平师之门，同官岭南。顾其先乙未公举于乡，浚颐则仅中副车。迨释褐登朝，浚颐幸入词馆，而公则捧檄于外。浚颐观察南韶，时公犹权广州守。曾几何时，公由都转而臬，而藩，洊跻开府，先治八闽，继抚两粤，而浚颐则依然以老监官。自粤之淮，不幸于邗沟舟次哭公之丧，伤何如也。呜呼！公下世已六年矣。适公友嘉兴陈君莳松欲还浙，浚颐延之入幕，暇辄与谈公往事，咨嗟不已。曩未见公状，陈君乃发箧出视，重感齐年交且相随几十稔，谨次公生平书于丽牲之碑，而为之铭曰：公讳福泰，字星衢，济宁州人。高祖学孔以贡生教授乡里，曾祖浩、祖万松皆有隐德。考昆，砥行力学，屡试不售，慷慨持大节，里人咸服之。四代以公贵，追赠如公官。妣张太夫［人］生子二，公齿居长，年弱冠补弟子员，迨成进士以知县分发广东，粤俗号难治，赠公训之曰：地方官患不清，正清则人畏，正则人服，畏且服，彼粤民方效顺输诚之不暇，何强悍之足云。吾族无显宦，而家世清白，祖训具在，汝其勉旃！公志之不忘，历知饶平、潮阳、番禺三县事，为政以安良除暴为先。粤中风气大都匪强绅弱，公毅然扶正抑邪，力去吾民之害，遇械斗案则必缉正凶，诛首恶，然后审双方之曲直而持平以断。案无留牍，宰三邑皆然，人心悦服。公又以粤民趋利而不知有义，欲端民风，首在正士习。每见士子，辄谆谆于义利之辨，勖之以敦品，励行一时，争自濯磨，蒸为善俗，上僚咸倚重之。咸丰四年五月，东莞会匪何六倡乱于石隆。东莞故有巡船，素称敢战，县令驭之非法，遂叛而投何

① 题目为编者所加。方浚颐：《二知轩文集》，第33卷。

六，陷东莞，距广州仅一日程，省垣震动。公时宰番禺，稔知省河巡船与东莞巡船有隙，屡在外洋私斗，以之击贼必得力，且不烦征调，请于当道，从之。连战皆捷，七日而复东莞。夏杪会匪复四起，西则陈开踞佛山镇，北则甘先踞佛岭市，南则陈洸瀍、陈险凉踞沙湾、茭塘，各拥众十余万，窥伺省垣。惟东南鹿步司一路可通薪米入城，而其地向有土匪，甘、陈诸逆嗾之相应，遂成合围之势。先是有争水互斗案，旋息旋哄，民不聊生者已逾廿年。公亲至其乡，开诚劝导，集绅衿耆老为之理处，民皆罢斗，感公恩，恒思效命。至是，公乃设局于城外东山寺，晓以大义，佥曰：如公约一乡通贼，众乡击之。以孝廉马汝泉主其事，期于每月朔望会集，以联官民之气，人心大定。贼恚甚，急攻之，并屯大队于南海神庙夺我要隘，均为乡团击走之。东道不梗，转输相继，卒得成功。甘先之踞佛岭市也，乡民从之，贼张甚，我军屡挫。公招北路绅士之避乱居城者，告之曰：贼固乌合，焉能成事。若子弟闻多从逆，事平皆族矣。诸绅愕然，问所以自全之策。公曰：逼胁为逆，许以自新。其速传谕子弟回乡，勿助贼，由官给以保甲牌，先回乡者注明于牌。他日入村收捕，凡牌内有名者皆勿散。众曰唯唯，而贼势瓦解，我军克其巢。甘先窜湖南，破郴州，复为楚军所败，率残贼三千余折回鸦湖，胁各乡复起事，无应者。当是时公以三千人屯慕德里，大府以鸦湖匪多，且罪魁必尽杀。公力持不可，大府怒，严斥之。同事者咸惴惴，劝公变计。公仍持前议，谓各乡之不肯应贼者，以先有逼胁勿杀之言也。今若食言，鸦湖纵无足惜，脱数百村反侧各路逆酋复从而煽之，是坚其从逆之心。而驱之使合，已不遵功令罪也。遵之而变，生罪更大，不待再计矣。径召绅耆，复申前约，予限捕贼。无不欢呼用命，计先后缚送逆犯三千余名，如伪元帅甘先、伪枢密曹汶升、伪五营大将曹春林等咸置之法。北路肃清，鸦湖丁壮万人胥赖公一言全活之，化互乡为仁里焉。六年，洋人申入城之请，当道拒之，因而构衅。九月二十五日，洋船阑入省河，攻外城，城破十余丈。公以米箩实泥沙，塞其缺，炮不能入。退营海珠台，以开花巨炮向城轰击，昼夜鼎沸。公请于大府，募敢战士四百人驾小艇夜击之。台高艇低，台上之炮不能及艇，而我艇小炮向台击之无不中者。十二月二十三日夜，我军出队连环轰击三时之久，直抵台东。勇目关龙率十余人攘臂先登，洋人乃由台西遁去。翌日，洋船退出省河，居民安堵。是役也，官弁出入火光中两月有余，公常驾小艇督战，炮数及于顶，绝无所伤。七年，西北两江有事，兵勇纷纷遣调省中，惟林福盛勇九百屯北郭外，邓安邦勇七百屯东郭外。官绅议曰：外洋兵退已久，可以议和。大府不听。伍某又请勿令入城，只于城外设公所，公使来则督抚出城见之，提督来则司道出城见之，领事来则守令出城见之。不听。十一月，侦知英、法两国合师来犯，请增兵，不许，请调乡团，不许。两国师船扬帆直驶。十一月十三日黎明，以大炮轰城，步队六千扑东门，邓勇七百御之，战甚力，自卯至午伤亡过半，不退，二更入见大府，许以抚军兵八百助战。十四日，兵未出而英人已蚁附登陴，绅士请议和，讫无成说，公乃与南海令华廷杰潜约王太常映斗、许太史其光、林观察福盛、梁孝廉葆训号召乡团为规复计。十二月初六日，会于石井之蓼采乡，各路来会者数百人。是日定议开局于石井，传檄省外十二县，诸大绅皆许之，卒以和议格不行。八年，粤贼石达开由闽窜粤，陷嘉应，围兴宁。总督某调卓兴一军赴援，自驻龙川督师，卓军获胜，解兴宁围。贼弃嘉应，趋船塘墟，去龙川八十里。贼众我寡，谍报贼欲犯惠州，前广西按察使张某请制府迅返惠州以顾根本。公力沮之，制府不能决。公进言：我军虽单，而贼踪靡定，应伺其动而疾击之。若大军遽回惠州，军心一摇，不可复振，贼大股踵至，何以御之？乃止。逾数月，谍报贼走河源一路，头队先发，令卓军进屯顺天湖以截其前，何云章一军由李田追剿，前后夹击，贼大溃，窜韶州。我军复蹙之于河，贼由连州入广西。同治三年，伪侍王李侍贤由江右扑南雄，时公已擢廉访，大府奏请以公督办东北两江军务，各军咸属焉。贼攻南雄，不克，沿粤边入闽，袭武平、永定，进踞漳州。伪康王汪海洋踞南靖，公督方耀、郑绍忠各军击破之，先后收复武平、永定，以功赏戴花翎。四年正月，奉旨驰赴潮州督办潮防，寻擢粤藩，仍治军事。公以嘉应相去数百里，难兼顾，请派员分办嘉防。大府不许。二月，行抵三河坝，贼酋丁太扬全股下窜，扼之于枫朗，贼窜平和，进陷诏安。乃以邓勇三千营黄冈之分水关御诏安贼，连战皆捷，贼回窜永定，下诏安，潮防以固。而康逆与花旗林逆两股已由上杭之大沽滩渡河，入嘉应界，方康逆之攻大埔也，方、郑两军御之，三战三捷，康逆退，侍逆复来，及侍逆退，郑军回大沽救镇平，破花旗于慈溪。康逆踵至，围之数天，郑军大创，镇平为康逆所踞，花旗亦由平远、大柘、雉鸡笼袭。踞长乐，遂分股踞龙川之赤冈，公由潮抵嘉应，坚守州城，以精锐先清龙、长之匪，龙、长清，然后合力以图镇平。卓军围长乐，日以大炮轰城，贼乞降，郑军攻赤冈，亦乞降，许之。花旗反正者共四万余人，方谋安插遣散，而康逆为闽军所败，由龙南、定南走江西，遂下镇平、长乐。方、郑两军出境追剿，卓军移营龙川、和平之交，以防回窜。嗣郑军赴援南雄，方耀以追剿不力褫职，公所恃者惟卓、邓两军，卓兴又以索饷触大府怒，撤其军欠饷六十余万，责令捐输，士卒哗然，几生变，而公亦被劾交浙闽总督今湘阴相国查办。疏入，奉旨：以道员降补。贼旋由龙南回窜连平之下坪墟，有为公画策者请以军中实情白：相国即回广州听候查办，大局已不支，何自苦为？公不答，既而曰：惠广门户，我不可以负人，遂督邓军兼程进，方军亦继至，击走上坪之贼，贼瞰卓军既撤，由闲道袭嘉应，踞之。公闻警往援，省饷久断，诸军奔驰穷谷中掘薯而食，冬无棉衣，朔风栗烈，死亡相继，无退志亦无怨言。相国移师松口，檄粤师防西、南两路，即以方、郑两军营南口防西路。郑军自韶来营长沙防，南路闽中、江右各军亦陆续到防。十二月十九日，贼扑南口，我军鏖战，贼大溃，闽军乘其后炮毙康逆，余弃城遁。各军歼之丰顺山中，嘉应克，复粤贼荡平。五年正月，至松口谒相国，督牧令筹策善后事宜。二月，全军凯旋。初咸丰七年冬，赠公卒于家，公乞奔丧，大府奏请夺情留粤，迁延十稔，公以军务告竣请假，回籍补制行有日矣。寻奉旨驰赴潮州办理中外交涉事宜，是年秋复补粤藩。十一月，拜福建巡抚之命由粤入闽，途中商民环诉抽厘，两起两验共抽四次，民不堪命。下车之始首议减厘二成，商民称便，偕吴仲宣制府劾福州延平两郡守，吏治肃然。闽俗最恶者，火葬、溺女二事，屡戒不悛。公谓：文告之词未必家喻户晓，因刊小册万余本，于监临乡试散卷时人给一册，令回乡劝谕，并商诸在省巨绅筹款助葬、育婴，民风丕变。兵燹后田亩荒芜，赋额久绌，前抚臣奏请清理田赋，粮户虑追旧欠，复业者鲜。公以垦复之年起征，旧欠悉予豁免，于是逃亡者乃陆续归业。闽省距京师远，公交车费不赀，以故赴试者寥寥，中额日减，公为集巨款雇火轮船载士子四百余人航海入都。七年，春闱获隽者二十二人，盖前此所未有也。是年冬，调抚广东，公吁恳入觐，并重申补制之请，得旨俞允。八年，入都陛见后即回籍，持服百日。航海抵粤，公以粤东风气渐归朴厚，独潮州九属强横如昔，欠课累累，历任有司宽严未得其当，又罕能廉洁自矢、以为民表率者，因偕制府瑞麟公奏派方总兵耀及候补道沈映钤、吴赞诚督率弁兵，周历各邑村庄清厘化导，手订章程八条：曰别良歹，曰禁需索，曰绝械斗，曰散会乡，曰查私抽，曰清田亩，曰明赏罚，曰许自新，谆谕官绅实力办理，牧令则简廉能者抚字催科，并行不悖。甫及二载，闾阎静谧，比户可封，于是朝廷百十万正供输将恐后，而水陆诸军待支饷糈补发无亏。说者谓：蓝鹿洲治潮、普两邑，未能如今日布化之速也。九年冬，调署广西巡抚。公母张太夫人年已八十有三，滩河险阻，艰于就养，公命冢孙世昌侍太夫人居广州。公抵桂林整饬边防，翦除伏莽，减商厘以苏民困，裕饷糈以固军心，昕夕讲求，不遗余力，盖无异于当日之治广管也。十年三月二十六日，薨于位，享寿六十有五。公原配杨夫人，继配朱夫人，咸丰七年洋人入城之变，夫人在番禺县署闻民间讹言投缳殉难，请旌于朝。侧室张恭人、孔孺人。子五。家麟，候补员外郎，杨夫人出，先公卒。家桂、家凤，朱夫人出，均殇。家玉，候选主事加员外郎衔，家兰皆张恭人出。女五。长适孙，次适张，三适郭，皆朱夫人出。四字孙，五未字，皆张恭人出。孙一，世昌。孙女二，均家麟。出公以某年月日葬某。铭曰：

我管禺策，步公之后，百无一能，鉥觌是守。公治军旅，我摄公篆，竭蹶将事，不匮输转。公之服官，廿有八年，奔驰戎马，遭际迍邅。公向我言，援桴痛哭，一着棋输，致坏全局。不战不守，身为国辱，鲸鲵沸波，至今流毒。我服公量，汪汪若海，我服公行，平平如砥。我服公才，恢恢有余，我服公功，谦谦不居。名闻九重，多荐公者，蹶而复起，公心弥下。公之爱民，自始至终，公之律己，有约无丰。同谱一人，公掌封圻，老母在堂，骖鸾奚归。前李后朱，望垂东粤，公也继之，民无异说。惜乎暮年，乃秉节钺，千秋万岁，请观此碣。

河南巡抚钱公行状①

公姓钱氏，讳鼎铭，字新之，号调甫，又号定舫。先世由海虞迁居太仓之湖川塘，遂占籍焉。四传至桓，前明进士，官南赣巡抚。高祖渭，曾祖文檠，皆太学生。祖凤孙，附监生，乡钦大宾。父实琛，嘉庆已卯翰林，累官湖南、江西、湖北巡抚。三世诰赠资政大夫。高祖妣氏张、氏郁，曾祖妣氏杨，祖妣氏闻，均诰赠夫人。母夫人三，皆陈。公兄弟二人，齿居长，道光五年七月初七日生。幼颖异，有夙慧，随资政公官滇、浙、江、楚，闭户读书，不染贵介豪华之习。少长即留心经世之学，于帖括外取历代史鉴、名臣言行参观互证，酌古准今，务为有用，盖其蕴蓄者深已。甲辰补博士弟子员，丙午举于乡。先是资政公于辛丑引疾归田，公日闻过庭之训，所学益进。庚戌会试报罢，直资政公以宣宗成皇帝升遐入都叩谒梓宫，礼毕即拟还乡，因其乡人陈刺史招，往冀州避暑，乃命公留京师以朝廷将考试中书。迨六月，考取景山官学教习。延及仲秋，中书尚无试期，公遂赴冀州侍资政公南旋。咸丰癸丑，粤寇陷金陵，资政公奉命办理团练及劝捐事宜。公左右赞襄，动中窾要，甲寅选赣榆县训导。乙卯四月之任官廨，故湫溢岁久倾圮，来司铎者咸僦屋以居。公捐资修葺之，以儒官责在造士，凡诸生请业者必勉之敦品励学，寒畯则资以膏火，与邑宰分期课试，抉择慎详，莅任数月，士论翕然。丙辰计偕北上，以公之妻弟陆修撰增祥分校礼闱，例应回避，不得与试，乃援例报捐主事签分户部湖广司行走。丁巳，乞假归省。戊午冬，复计偕北上，濒行，资政公谓：科名有定，得失听之，立志为人，勿以庭闱为念脱。不售庚申试期，伊迩不必归也。已未七月，资政公捐馆舍，公闻赴星奔旋里，哀毁几绝，经营丧葬如礼。亡何苏、松、常三郡为粤寇所陷，公挈眷属避居崇明，嗣太仓亦陷，吴中官吏自大府以下皆退保上海。蕞尔弹丸，三面受敌，其势岌岌不可终日，

① 题目为编者所加。方浚颐：《二知轩文存》，第33卷。

而钦差大臣两江总督曾文正公方驻军祁门，去沪上千里，烽烟隔绝。群议欲转危为安，非遣一介之使乞师不可，于是团练使者侍郎庞公钟璐、中允冯公桂芬偕致书曰：沪上一隅之地，关系大局，设再不守，则东南半壁无尺寸干净土。当此之时，谊关桑梓，为民请命，成败利钝固所不计也。且资政公遗爱在楚，曾营多楚材，是役微君孰肯肩之。公得书，即驾扁舟抵沪上，与当道议：先筹饷而后乞援。乘火轮船由海门入大江，江面贼卡林立，惊涛骇浪之中火光烛天，飞炮如雨，同舟者皆变色错愕，公则兀然不动，卒达江北。至安庆，谒文正公，备陈江左颠危状，请迅发大兵以解倒悬，至糗粮刍茭，军旅所需，某躬任之，反复数千言，声泪俱下。文正始以濒海小邑筹饷綦难，思为持重之计，顾闻公言慷慨唏嘘，激厉士卒，遂允所请。今直隶总督合肥相国率淮军三千人南下，水陆并进，公则转输饷银二十万两迎师到沪，添募壮丁，制造军械，并连和诸将效臂指之助克奏肤公。同治初元壬戌，奉江苏军营差遣之命，九月以直隶州知州即选，赏戴花翎。癸亥二月，以知府分省补用。甲子九月，擢升道员，加按察使衔并赏二品封典。丙寅八月，加布政使衔。时合肥相国督办直东豫皖军务，命公于袁浦转运馈镶，勤劳备至，相国深倚重之。己巳，文正移督直隶，疏论人才，谓公才大心细，堪膺重任，请调至畿辅差遣，得旨允行。合肥相国方移督湖北，公于五月赴鄂面筹善后事宜，适奉补授直隶大顺广道之命。九月抵保阳，即闻所辖地方旱灾，谒文正，请于莅任后办理荒政，文正韪之。公沿途访询民间疾苦，接见属僚议及赈贷，佥以抽办则易生觖望，偏给则艰于筹款，且恐邻属因之借口有碍征收率迟疑莫决。公则谓：司牧者目睹旱灾瞻徇顾忌，来岁青黄不接之时，民生将何以堪。遂以仲冬巡阅为名，周历三郡三十六邑，体察实情，确知广平府属之肥乡、广宗、成安及永年毗连九乡之数十村庄并大名府属之大名、元城等七州县旱歉最重，寓赈于贷，请文正奏拨天津练饷项下制钱十万以供抚恤。十一月，擢直隶按察使，奏请陛见，得旨：俟畿南赈务办竣再行来见。公遂密饬肥、广等州县借编查保甲将极贫、次贫户口分别注册，以便来春委员覆查，详定章程，刊发春贷票示一律遵行。既而春旱尤甚，道署西偏之龙神祠素着灵异，公虔诚祈祷，立沛甘霖，公书“灵贶毕臻”额以答神庥焉。捐俸增设大名府义学，令校官按月赴塾考核，有秀美出群者资以膏火。改举节孝章程，由学申道请于大府，援下京兆宝第新章由州县径详督学，两院即予会题，以免濡滞。庚午三月，赈务告竣，则已奉总督春贷免还告示张贴通衢，颂声大作。公旋入觐，召见二次，垂询周详，履按察使任。而天津民教案起，文正奉命赴津治其事。公先上书请调铭字营一军驻沧州，隐为备御，厥后天津守令几罹不测，公又力保全之。八月，擢直隶布政使，公家事烦重难了，往往延阁，更得因缘为奸，公则分为最要、次要、日行三种，专委勤干之员限日清厘，积弊为之一空。直隶十年九旱，通饬各属开井种桑，大资民利。是秋北河漫溢，请大府奏拨司库二十万金赈被灾最重之津、静、沧、清四州县，其次河间等十三州县分别抚恤，又次各属酌量蠲缓。手定章程十条：一、严核户口；二、慎选绅董；三、赴津运米，官级价值；四、以银易钱，俾便行用；五、先期给票，以便稽查；六、择要设厂，以均远近；七、留赈款以备春荒；八、兴工作以资佣趁；九、酌给绅董经费；十、严定委员赏罚，皆因时制宜，实事求是。顺德之洺河岁久淤垫，公捐廉为倡，集资疏浚，全河一律通畅，农商均被其泽。尤于用人、理财诸大政加意请求，凡所甄拔率皆贤俊。清厘州县交代详请户部照给留支，并拨抵钞票全行蠲免，下僚罔不感恩思奋。十一月，擢河南巡抚。因赈务未竣，于壬申二月甫卸藩司任，入觐召见二次。三月陛辞入都，道保阳、句留、句日，僚属馈赠凡二万余金悉却之。四月履任中州，道府州县在省垣需次者凡四百余人，公排日分班接见，两月而毕，不特姓名、年貌并其性情、言行皆能默识而区别之量材器使，众心悦服。时固始贼李六阴结捻匪余党起事，公遣将弁疾驰扼之，一战而溃，首要各犯就擒。因虑南、汝、光地方向为盗薮，捻患十余年始息，而废垒尚多，易滋伏莽，乃命各州县毁圩砦，严缉捕，仿直隶章程选绿营马步骁健者训练之，更定营制，厚其饷糈，年十五以上、二十五以下者乃编入，简朴诚勇敢无习气之将弁统之。先练四营，续增为正、副九营，分布要隘，俾成劲旅，更番巡逻，如南阳府属之赊旗镇、马山口、板桥川、茅草垭、李官桥、青华穰、东饶良镇、李青店，汝宁府属之翰东集、明港驿、斗沟、铜钟寨、五沟营、出山店、新安店，光州属之淮凤集、黎家集、思期集、白菜园，皆长年驻巡。他如陈州府属之周家口，许州属之襄城县，汝州属之宝鲁一带山中，归德府属之界连江、皖各县，河南府属之嵩、宜、永各山隘，陕州之阌灵大道及河北彰、卫通衢，皆往来拨队，量其缓急而定多寡。巡已即练，练已即巡，两无偏废，于是豫南盗贼次第肃清，亦仿直隶奏定章程，拿获讯明即行就地正法。三年歼盗首数百，其尤著名者为滑县之马劳帮。仍饬通省州县力行保甲以清盗源，颁发条规，令各因地制宜，斟酌损益，遂尔着有成效。兴修水利，浚贾鲁河使通舟楫，折胫河则易名勺金，若丈八沟、清河、余济河、天然渠、永丰渠等处咸施畚挶，凡有沟洫之利者，七十余州县罔不疏通，委员勘验无误。初资政公守归德日，曾于城南开河以资农田灌溉，土人号曰钱公渠，岁久淤塞，几成平地。公以巡阅营伍至，归德绅民请复渠，乃倡捐兴工，两月而渠复，勒碑纪之。河北之淇县河内厥地宜稻，居民不解种艺，乃仿江浙水车制造，颁给新辟稻田二千余顷，为河北从来所未有。军兴以后仓谷无存，廒座坍塌，乃仿方恪敏公遗法劝民积谷，于城乡分建义仓，有司择公正绅耆董其事，不假手于吏胥，计通省积谷九十三万石，荒歉足以为备。州县私设班馆羁押人犯，胥吏凌虐死于非命者不知凡几，公则以廉明公正者派司察访，使命相衔，互为纠考，而委员之贤否、牧令之勤惰劝惩交尽，奸蠹莫容已。南阳邓州多溺女之风，为设保婴局，官觅乳媪养婴，五岁仍归其父母，通省皆仿行之。省垣孟子祠左建游梁书院，令各省官幕子弟肄业其中，巡抚、司道、府县轮流月课，制艺而外兼及经古。优给奖赏，拔取真才，乡试人数骤增，疏请添派同考官二员，并添建号舍数千间，士林尤为称颂，又以中州多理学名儒，令各州县修葺先贤祠墓，访求遗集，岁时存问其后裔。孟津河溢冲啮汉光武陵，亟请于朝，于铁榭寨添抛石坝以资保固，兼于上南、中河两厅黄河工程加抛十余坝堵御急溜。山东石庄户河决，巡抚丁公宝桢驻工亲督合龙，公助以运秸之船应期而至，旋以秸料不足方欲派员四出采办，公闻之，即委员分赴兰仪、考城等处帮同购买，并将下南厅本年预储秸料借用一百垛，大舸连樯而下，决口即日合龙，丁公以公力顾大局闻于朝。嵩、毅两军调援甘陇，公以道远提前三月赶解，用是数年以来宁夏肃清，肃州克复，关内荡平。公性耐劳，遇至难之事殚精竭虑，反复筹维，必期于有济而后已。接见属吏，谆谆诫勉，以听断、缉捕、征解三事为考察，阘茸废驰者立黜之，故抚豫三年吏治日有起色。甲戌十二月，穆宗毅皇帝龙驭上宾，公北向哀号，终日涕泪不干，饮食顿减，顾体素丰硕，理案牍不少休，会归德、卫辉所属生蝗，严饬扑捕，发款收买蝻子解省呈验，仍虑未能净尽，复刊钱芗士方伯捕蝗要诀一书颁行各邑。重念时事多艰，受恩深重无以报答涓埃，忧思过甚，火郁于中，遂患疡证〈症〉。时奏调总统毅军，四川提督宋公庆回豫驻阌、潼一带，控制中原腹地隐为深远之图，疏入报可。及宋军至潼关，而公已寝疾矣。五月初三日，项右微肿，了不介意，眠食如常。初七日，犹至箭道校射，而所患遂剧。迨初九日医者投补托之剂不效，胸膈胀满，四肢如火灼，复现斑疹，改投清解之剂，少进饮食，而病势屡变。二十日，自知不起，甫具折请假而薨，享年五十有一。公配陆夫人先公卒，继配陈夫人，侧室吴氏。子二，溯耆优禀贡生，内阁中书，溯时附生，皆以军功加五品衔，赏戴花翎。女三，长适翰林院编修陆继辉，次适嘉定附生廖寿镛，三适丁卯科副榜汪增怀。孙三，绎盘，溯时出，绥盘，溯耆出，绳盘，溯时出。孙女一。公之遗折到京，奉旨照巡抚例赐恤，赏溯耆主事，溯时举人。嗣河东总督曾公国荃以公当日请师一举关系东南大局安危，疏请将公生平政绩宣付史馆，从之。公天性友爱，与弟鼒铭家居朝夕，切磋道义，风雨联床，怡然至乐。及持节中州，命犹子溯灏来署读书，公训子侄辈曰：士先器识而后文艺，立品立身实人生第一要着。斯为善守先业，不在区区词章记诵之末也，尤笃于友朋之谊。事无巨细，必为之尽力图维，故公薨之日远近闻者咸为泣下。

云：资政公与先叔祖采卿公为己卯同年，浚颐久钦德范。公之乞师于文正也，至安庆馆于南陵徐观察文达寓所，时届隆冬，公冒雪而来，日作包胥之哭义形于色，观察亲见之，以为人所难能也。观察为浚颐历历言之，恨不得一见公，公抚豫时有书至，意甚拳拳。公之柩至扬州，浚颐往哭于舟中，公子溯耆、溯时持所编公之行述浼观察，乞浚颐作状，谨条次如左，以待世之有道德而能文章者采择焉。

潘鼎新①

潘鼎新，字琴轩，庐江人，殉难明经朴子，道光己酉北闱举人。同治中，以平粤捻寇功历授江苏常镇通海道，山东按察使、布政使，调云南布政使。光绪初年，擢滇抚、湘抚、桂抚。十一年归里，十四年五月卒。《静照轩笔记·法越之役纪略》：当光绪九年法越构兵也，诏请李相国鸿章于家，李相国奏请派前云南巡抚潘琴轩中丞鼎新帮同筹办洋务，允之，命同北来候旨。旋命署湖南巡抚，既受事，又钦派湖南阅兵大臣，潘公以湖南多知兵宿将，于来谒时莫不殷勤咨询，储为夹袋之材。十年奉旨：广西军务紧要，刻日驰赴。俟到奏闻，旋奉旨授广西巡抚，星夜驰赴南宁府接印任事。途次仓卒成军，旧部无在者，即奏令湖南所遴苏元春、陈嘉、杨玉科、蒋宗汉等督带各营驰至镇南关外，而是冬法人乘大风雪已攻陷谅山城矣。十一年正月初三日，杨玉科军先至，令守镇南关。公自驻海村为后援，海村者，龙州要害，背负大河，命撤舟梁示无返顾。既而关门不守，杨玉科死之。公闻报上马出击，以苏元春为先锋，苦战复拔镇南关，逐法人至文渊。未几，法人由艽封绕道攻龙州，公遣淮、鄂两军击退之。又令冯子材、苏元春二军巡徼扣坡。二月，法人增调北宁三千人至谅山，派越夫万人运子弹、粮食，声言初八、九攻龙州。公与诸将密谋先发制人，令冯部初四日出关攻文渊，以王孝祺副之，又令蒋宗汉、陈嘉二军分起设伏，又令淮、鄂各军居中截击，又令苏军于关外往来援应，且诱敌深入。冯、王二军进战，自山后攀崖而登，划其二垒，尽毙守垒者。初七日，法人三路来攻，前军趋宁明州，公急率诸军列阵关前。法军猛进，炮弹如雨，苏军伪退，我军伏者坚不动。俟其入壕，将士翻墙突出，以排枪轰击，声如贯珠，敌前仆后继，鏖战两昼夜，弹丸积地寸许。正危机间，而蒋、陈伏军

---

① 题目为编者所加。《皖雅初集》，第32卷，第70页。

自两山而下夹击，敌大败遁去，别军袭夺其辎重。初十日，克文渊。次日，进驻巴平。法人又增兵来战，进击俄倾败去，追蹑至谅山城下。十二日，严檄诸军分三路进攻。进至界碑，敌以死拒，公策马冒矢石巡军，下令曰：下此城者赏银三万两。战士闻之争奋，遂于十三日攻克谅山城，分兵驻守。急率淮、鄂二军追蹑，连复观音桥、屯梅，法退守谷松，余屯威坡。十四日，令陈嘉攻之，陈嘉伤左目[1]，军小挫。急令王德榜偕鄂军魏纲往援，先并力夺其炮台，血战两日。十七日克复谷松，合军追至坚牢。法人屯于威坡者闻之亦退往船头[2]。是时北宁势且岌岌，公急令乘胜攻取，且规复北圻。是夜，遽奉龙州送到革职之旨。十八日，公遂回谅山，久亲介胄，虮虱蔽体，而须发皓然矣。是时捷报电奏，率稽迟逾期两日始到京城。或谓暗中有积压之者，盖南皮督粤，惎公先行，奏参乃罹此无妄之咎也。法受此大创，始俯首议和，公俟和议定后，乃幅巾从容归无为州侨寓。十四年奉皇太后懿旨赏还原衔翎枝，旋于五月十二日感暑，触动旧伤，卒年六十有一。诗曰：矫矫虎臣，惟公有焉[3]。公犹子永龄，字子振，近寓沪渎出所藏公各种遗稿亦示，爰为编次论列，如此以备野史采择云。

潘永龄曰：同治九年，祖母叶太夫人卒，伯父中丞公丁内艰。十一年服阕入觐，命往天津帮办通商事务。十三年授滇藩，赋舟过山东，诗有“劳臣有母不遑将”之句，盖谓历膺山左藩臬，皆在军营接篆，未遂迎养之愿也。光绪二年署滇抚，旋荷真除。又曰：伯父中丞公德配许夫人，乃道光季年三河城清阳司巡检、常熟许公元敬长女，先公九日卒，年五十有六。有子六人。长子永受，字子谦，嫡出，光绪元年举人，官江苏候补道，沧桑后卒年六十有六。有庶子永芳，字子丹，能诗，年逾三十卒。

皖氛正炽临淮客次送李少轩观察还南

二十年前此旧游，茫茫淮水正东流；万家楼阁怜焦土，一夜波涛撼小舟。
客路送君须尽醉，沙场愧我不封侯；临歧莫上长堤望，杨柳依依古渡头。

---

① 按：陈嘉，广西荔浦人，十一年以战功授贵州安义镇总兵。二月之战，弹丸伤目，鳞伤遍体，仍住军营医治。七月初四日，以伤卒。其余诸将皆官至提镇。

② 船头，地名。

③ 按：公生于道光戊子除夕。

天津军营作

骅骝伏枥角弓藏，白草黄沙送夕阳；百战中原谁识我，一军横海为勤王。东山归去三年雨，北道重来两鬓霜；七十二沽秋夜月，征入何处望江乡。

航海赴滇舟过山东作

一军横海忆勤王，今日重来已十霜；故垒萧萧留雪爪，成山渺渺渡风樯。燕云北望君门远，岱月西悬客恨长；若问当年征战事，劳臣有母不遑将。

滇南解任归途梦中作

昨宵细雨湿平沙，晓白新晴万树花；浅水好风船似马，绿杨两岸有人家。

粤西班师

休向边关唱黍离，英雄出处系安危；有人早献和戎策，无计能留大将旗。兄弟一军归故里，河山百战送蛮夷；孤臣尚有还乡乐，南望遗黎实可悲。

丁禹廷军门传①

丁汝昌，字禹廷，北乡石嘴头村人。父灿勋业农，遣从族父学制豆腐。劳而无直，顾念家贫，窃钱奉母。主怪钱少，改纳竹筒，厥性敏慧，潜以竹竿粘饴而取之如故。既遘咸丰荒旱，父母亦逝，太平军过庐邑，掠人入伍，汝昌被掠，从至皖城。与同馆者则桐城程忠烈学启也，倾怀效能，意气相得。无何湘乡曾忠襄国荃围皖城，学启偕汝昌率三百人踰城出降，忠襄犹疑虑，每战令居前行，屡获捷。既克皖，学启授参将，领开字营，汝昌哨官亦授千总，旋从江苏臬司李文忠公鸿章征吴。同治元年壬戌，乘轮船至沪，汝昌助学启于泗泾、新泾、四江口诸役，每战辄先登。合肥刘壮肃铭传领铭字营同战四江口，见其骁，果异之，乞置帐下，率亲兵百人，屡立战功，旋领马队营。甲子平吴，洊擢副将，统先锋马队三营从剿东捻，驰驱鄂豫燕齐之郊，日踔百里，拦截追奔，频获奇捷。东捻平，又从剿西捻，屡击败之，后蹙贼于茌平南镇徒骇河，捻酋张总愚势穷，弃马赴水死。西捻平，论功擢总兵，赐号西林巴图鲁，赏穿黄马褂。时议裁兵节饷，刘欲裁马队三营，置汝昌于闲散。汝昌时别屯陈书抗论，刘怒其梗，命将召之而戮之。有相告者，汝昌亟率亲信十二人乘马驰，归里衣锦。言旋意度豪迈，分金犒从者故旧亲戚弗靡周恤，以马赠人饮博自喜。家居数年，金尽走。天津乞傅相直督李公畀一差，李相曰：省三与尔有隙，我若用尔则与省三龃龉矣，尔宜与之分道扬镳。吾今欲立北洋海军，乏人统率，尔如能赴英国学习海军，毕业归来当以此任相属。汝昌避席曰：谨如命，遂往英伦入海军学校。时同学者，则日本伊东祐亨也，同种同文，情好无间。业成归国，李相奏授天津镇总兵，购船数艘，兼统北洋海军。光绪八年壬午六月，朝鲜兵变，宰相李泳翊被戕。使臣金允植、鱼允中在天津闻变，乞师于朝，命汝昌率定远、镇远二巨舰护送，吴武壮公长庆山东戍军三千

① 题目为编者所加。《庐江县志稿 · 丁军门传》。

人援朝鲜。七月初四日，发登州，初七日至朝鲜马山浦，十一日入汉京。武壮遣将据险立营，四门守卫森严，诱执乱兵谋主大院君李罡应，送天津幽之。罡应，国王本生父也。既定乱，汝昌与吴提督同谒国王，国王诣谢，皆用译人传语。国王衣冠犹沿明制，特设宴殿上，享二天使殽，凡四巨盘，豕鱼蔬豆而已，淡泊寡味，犹是太羹玄酒遗风。事定归，赏加头品顶戴，仍镇津沽。十二年始设海军衙门，皇太后懿旨：以醇亲王为督办，直隶总督李鸿章、山东巡抚张曜为会办，筹定经费，于是购舰渐备，可成一军。十五年，李相疏荐，诏授北洋海军提督，以英人琅威理副之，闽人林泰曾、刘步蟾为左右翼总兵，凡统有定远、镇远（皆七千五百吨），来远、经远（皆二千九百吨）四铁甲舰为主队，致远、靖远（皆二千三百吨），平远（后改名威远）、济远、超勇、扬威六舰为巡洋舰队，及镇中、镇边、镇东、镇西、镇南、镇北六炮舰，通济练习舰，福龙鱼雷艇等十余艘屯威海卫（在登州府境），兼辖旅顺口船坞。汝昌在威海广筑炮台数座，荐道员合肥戴宗骞守之。又于其旁海汊刘公岛缮垒筑堤，为海军港，以陆军将合肥张文宣率三营驻焉。储粮蓄煤，建武库，辟商埠，又设海军学校于威海，以训练燕、齐、闽、粤、吴、皖少年子弟，海滨一岛，固若金汤矣。汝昌治海军凡十余载，闻各国竞尚蚊子快船，亦请增置，不报。盖是时孝钦太后专政，德宗以悦亲为孝，移各行省所筹海军经费建颐和园，大兴土木，方未艾也。未几，琅威理教练期满，辞归国，朝命德人汉纳根为副提督兼教练事。二十年甲午，皇太后六旬万寿，大赉勋臣，赏加尚书衔。五月，中东事起。八月，命汝昌率舰队护送刘盛休军赴平壤。十三日归，至奉天大东沟猝遇日本舰队邀击，遽开战。我舰凡十二艘，分作三队，定、镇二舰居中，余舰为两翼，排作人字阵前进。日舰作长蛇式，轻捷如飞，横贯我舰队为二。战久之，超勇中炮焚，广甲、广乙沉（广甲、广乙、广丙三艘乃粤舰，十九年醇亲王大阅海军留北洋操防者），经远管带、副将方伯谦（闽人）怯战先逃，转舵时又将扬威撞沉，致远管带、副将邓世昌（字正卿，广东人）力战，睹舰受伤，愤而鼓轮冲敌舰，与之俱碎。汝昌在定远瞭望台督战，敌弹如雨，左右皆仆，身独无恙，睹世昌殉国，愤欲踵之，继念舰中数百人皆乡里子弟，恻然弗忍，遂率残舰退归威海。说者谓是役也，若琅威理犹在军指挥当不至此，盖海战非德人擅，陆军者，之所长也。日军旋围旅顺。九月，别以小艇载兵，潜于荣城县浅滩登岸，拊威海之背。

鲁抚李秉衡方驻师登州，闻警退屯黄县。汝昌累电乞援，不应。十月，戴宗骞战败，走刘公岛饮药死（戴字孝侯）。汝昌怜之，为陈戴之孤军扞敌死事状于大府，李相以闻，诏褒恤如例。汝昌又念威海西陬有小炮台正对刘公岛，今虽毁炮，若日人重置炮，则岛中危，于是悬重赏募勇士三十人夜渡至对岸，毁台而归，岛中守备乃固。十一月，日舰队围刘公岛，频放鱼雷坏我战舰。二十一年乙未正月，定、镇二舰亦损，汝昌叹曰：与舰偕亡，臣之职也。召营务处道员牛昶昞（牛乃河南唐县人）而谓之曰：吾誓以身殉救此岛民，尔可速将提督印截角作废。牛诺之。汝昌遂饮药殉，时年五十有几。两翼林、刘二总兵及炮台官张文宣皆自杀以殉之，时廿一日也。牛昶昞违教不截印角，诈作降书钤印送日军，日本提督伊东祐亨受之。翼日入岛受降，见汝昌赫然陈尸厅事，则大感动，命具棺殓，遣我海军游击萨镇冰（萨字鼎铭，闽人）驾通济小舰送其丧归，华人归者咸从之。先是汝昌知威海将陷，九月杪即预放威海学校诸生年假，以留海军后进人才，厥后朝廷重整海军，萨为统帅，所部将校皆汝昌所留遗之子弟也。仁风忠悃，可盟天日，而或者不察妄谓其既降而死，朝旨褫职，籍没家产。长子履中（字绍廷，诸生，候选县主簿）已先卒，仲子长松（字幼廷，候选巡检）流离况瘁者积年，宣统初元寿州相国孙文正家鼐疏奏昭雪，予开复，给还田产，诸孙始得稍敷饘粥焉。然日人钦其忠义，单词双句皆装潢简册，宝若琼琚。桐城吴汝纶于光绪末东游，日人出卷求题。吴有传刊于集，遂布于世云。

周家口张勇烈公祠碑①

同治五年十二月，记名提督广西右江镇总兵捍勇巴图鲁张公树珊击贼于湖北德安之杨家河东岸，穷追深入至新家闸，贼分路冲，断后队遂陷贼阵，死之。今直隶总督合肥相国以闻，天子震悼，命从优议恤，加恩予谥，其庐州本籍及立功地方均着建立专祠，所有随同阵亡之将弁并准附祀。嗣曾文正公复请于周家口为树珊建祠，允之。寻予谥勇烈，赏骑都尉兼一云骑尉世职。七年，捻匪荡平，上追念前勋，赐祭一坛。合肥相国疏请赐宫衔，奉旨加赠太子少保衔。时则庐州本籍专祠已建，而周家口之祠至同治十三年始克鸠工庀材，公之五弟记名提督树屏董其事。越明年，光绪纪元乙亥九月落成，縻金钱若干缗，栋宇轮奂，庙貌聿新，卜吉奉栗主入祠，官绅致祭者跄跄济济于庭，陈之人闻风而至，数百里外扶老携幼，踵接肩摩，恍若睹风车云马之自天而下也。淮军有四，曰树军，曰铭军，曰鼎军，曰盛军，皆起于合肥之西乡，而实则树军首为之倡。咸丰三年粤贼入皖，赠光禄公奉有司檄团练乡兵，因命公与伯兄振轩中丞筑堡于周公山之殷家畈，峙粮储械，捍卫桑梓。而同邑之刘省三军门、潘晴轩方伯、周氏昆仲两总戎以及董梧冈总戎相与继之，百余里内互为声援，贼来则战，去则耕，贼近则守，远则出击，阅四五稔西乡得以晏然无恐，固皆公之功也。厥初以亲兵二十八人为军锋，破贼千，生禽伪五尚书斩之，由是以勇敢著名。嗣率练助剿，一赴寿春之急，再解六安之围，迭克来安、无为、潜山、太湖、霍山、三河诸城隘。而其势益振，遂应文正之募四军者，皆隶合肥相国部下。抵沪上，为规复郡邑计，公则有泗泾之战、清浦之战、新泾之战、嘉定之战、四江口之战、福山滚营之战、无锡凫河渡港之战、江阴铲垒焚舟之战、张泾桥破火轮船之战、茅塘桥拊背扼吭之战、亭子桥一鼓登城之战，战无不利，达于常州。东南大局转危为安，公之功亦伟矣哉。援徐之

① 题目为编者所加。方浚颐：《二知轩文存》，第33卷。

后复随文正剿捻北征，文正以公所部为新军，设四重镇，命公驻周家口扼回窜之贼。严步伍，勤训练，联堡寨，安居民，时豫中连年苦兵甚于苦贼，树军至则民皆感之。公以逆踪飘忽无定，株守待贼终年未易一遇，屡以追剿请于文正，许之。鄢陵之役，忍饥苦战，卒解徐围。丰县之役，乘胜急追，斩获无算，使贼不得渡运河。而东复追贼汝宁，由黄冈以趋枣阳，贼悍且众，或致书沮之。公以湘、淮两部休戚相关，既为援师，乌可徘徊瞻顾，率所部疾进至德安，乃罹于难。读合肥相国疏公死事状，谓有古名臣风，所部在淮军中人数最少，曾求增马队三千誓图灭贼，以缺饷未允，窃自愧恨，而朝廷既有忠勇过人之褒，文正亦有仁爱恻怛之誉。呜呼！公提步卒四千，义气勃发，所向无前，南征北征足为诸军之冠。不幸捐躯报国，淮部主将如失手足，各醵千金为公祠祀，即鄂、豫、吾皖诸大府罔不同声悼惜，亲往祭奠，厚赆以营，其丧正不独。陈之人闻公殉难，为之巷哭，纷纷营斋营奠，联名具牍，公请建祠也。浚颐虽不得见公，得为中丞之属吏，又与刘军门、周总戎交习，闻公之战绩，乐祠之成爰为表其勋烈而系之。以诗其辞曰：

肥之西鄙无伪官，三山峨峨坚垒完。大潜紫蓬胥以安，追随伯仲为其难。知公虓阚两相国，一偏裨耳拔之出。以诚待人得死力，攘臂论功公独默。归田未遂革裹尸，浊雾迷漫楚水湄。哭声震野天地悲，袖中干血犹渍衣。公骨已寒名不朽，忠正仪型传万口。来格来歆荐尊卣，佥曰沙河仗公守。如公勇烈有几人，白马酋遁堕马呻。血性男子迥绝伦，吹箫击鼓歌迎神。

滕学义建祠碑碑文①

同治十有三年春三月，提督军门滕公卒于宿迁防次，天子览疏震悼，命礼臣议优恤，予祭葬入祀。京师昭忠祠荫其子弟一人以六品官用，兼谕原籍及立功死事地方各建专祠，春秋官为致祭。

天语煌煌，然后叹公之功为不泯也。公姓滕氏，讳学义，字宜亭，安徽含山人。幼入淮军，升守备，同治三年三月间，公随前台湾巡抚刘公铭传攻常州，其守贼伪护王陈坤书抵死抗拒，月余不下，公绕城周视，见北门有隙可乘，遂麾军进攻。贼开炮轰击，中公右腿，公裹创出战，奋不顾身，我军肉搏登城，歼贼无算，府城遂克。捷闻，后擢都司，由是知名大帅。寻檄公由句容督队星夜驰赴广德，道出建平，迭获胜仗，得器械牲畜无算。及抵广德，伪昭王黄文英率其悍党百计堵御，公偕前队周盛波等进军横山头，明修营垒，潜开地道，昭逆大骇，遂于七月二十九日携其幼主洪福真以遁。城贼犹死守，孤濡待援。公麾枪炮迭发，不逾时，贼遂反奔。追至西门，会溧阳守将周盛传亦至南门入，城立收复。捷上，公擢游击。四年，调赴六安防堵。寻因任、赖诸捻匪猖獗，调公济宁，驻军长沟，垒未定，贼队来扑，公令坚壁勿出，迨离营近，我军奋勇迎击，逆党败遁，诸军蹴之，连克七驿，夺获龙旗数面，大帅上其事，公遂以免补参将擢副将。旋奉檄赴河南驻罗山，值岁暮。五年，调赴湖北，连破黄陂、麻城二县，公晋秩总兵官。六年，调山东，时捻匪张总愚、任柱两股蹂躏齐鲁，土地糜烂。公建议曰："登、莱陡入大海中，绝地也。如能三面兜剿，蹴贼其间，一鼓可灭矣。"六年，大府卒用公言，直东肃清，红旗奏捷，公遂以记名提督用锡巴图鲁勇号。七年，檄公防御直东二十八州县，环诸安然，秋毫无犯。九年，甘肃逆回马化龙蠢动，调赴陕西，扼守陇州，纪律严明，地方绥靖。十一年，事平，调赴徐州巡防邳、宿、睢、沭四州县。在防两

① 题目为编者所加。

年，每遇地方公事及巡哨缉匪，公率身先士卒，不辞况瘁，民赖以安，积劳成疾，旧伤复发，遂卒于宿迁防所。百姓闻公死，恩之德，识与不识，莫不流涕。公身不满五尺，声若洪钟，未尝学用兵，辄中机宜，故公之卒也，今相国合肥李公有“淮军又失一名将”之叹云。光绪十八年，全椒何公奉檄赴徐州接中军游府篆，道出宿迁，绅耆思公之德，久而不置，攀辕呈请，乞何公转详大宪专折奏。

闻建立专祠以彰忠荩，何公义不容辞，遂商同公旧部戴公钧衡、陈公善甫，公同禀请两江督宪刘、直隶爵阁部堂李专折恭请，天子允其奏，择日兴工，遂建祠于徐州之凤凰街。费用不敷，赖何公之力抒巨款经营，年余始竣。至日，士民奉主入祠，官为致祭，父老观之有泣下者。呜呼，公之血食百世洵无已，虽然，非何公之力任其艰不到此。祠成，谨书其事于下。

头品顶戴记名提督军门统领淮军宏字营前福建澎湖总镇利勇巴图鲁吴宏略，捐银三百两。

钦命记名提督军门统领徐防马步等营署理江南徐州总镇军功加一级程孔德，捐银二百两。

钦命提督军门统领徐防铭凤马步等营两江清淮行营营务处江南徐州总镇克勇巴图鲁陈凤楼，捐银三百两。

头品顶戴提督军门总统铭字水陆马步全军河南河北总镇法克精阿巴图鲁刘慎修，捐银三百两。

布政使衔直隶尽先提奏道卓异加三级窦廷馨，捐款五十两。

补用游府管带徐防步队右营陈景镛，捐银三十两。

记名简放总镇管带左营优勇巴图鲁徐得贵，捐银三十两。

钦加总兵衔管带春字前营两江补用协镇徐州镇中营游府管带徐防新兵左营骧勇巴图鲁何迪华，捐银一千两有奇。

两江尽先协镇管带北巡缉水师营洋河游府戴学铨，捐银五十两。

尽先参府管带武毅左军右营程孔尧，捐银三十两。

光绪乙未年桂月谷旦

游击衔尽先都司刘泰森

都司衔尽先守备赵康龄

监修钦加五品衔中营传号张彦瑞

上李抚军论团练书①

吴廷香

钱梅抚军阁下：自粤匪犯顺上，廑宸衷团练章程悬为令甲。然百姓狃于承平，不习干戈，皖城失陷以来，风鹤震惊，奸民乘机蠢动，幸邑候权宜定变，庐江团练仓卒即事，小邑万家犹能保聚。嗣周、吕两侍郎迭次札谕，迨阁下莅节伊始访察利弊，札饬各府州县绅士各抒所见，廷香忝出门下，值同舟遇风之时效越俎代庖之意，曾奉县谕分行各乡十旬于兹，谨就管见与近日地方利弊设为九议，敬为阁下陈之。

一、建仓储以备兵荒。仓储之建，非止为团练计也，值此团练筹费之时，则仓储为尤急。贾子云：积储者，天下之大命也。州县官仓久为虚设，道光八年督府陶文毅公奏建各府州县丰备仓，俾民自经理，不假官吏，他处闻已奉行，惜庐邑经理无人，有辜美意耳。粤匪不靖，三年于今，劳师糜饷，元气耗竭，万一水旱相乘，度支困乏，天下事将有不忍言者。兹值贼势渐蹙，幸届二麦有秋雨、旸时，若此天牖，下民藉延我国家二百余年休养生息之命脉，及今筹议万全，似宜于秋成时计亩出粟、预建仓储于势较易，其谷仅损富户之羡零，则输将易集其地，为守望之所及，则盖藏易谨。其出入、敛放择乡之贤士夫为主、副，则耳目易公。况值团练颁行之日，水旱盗贼尤宜思患而豫为之防，则仓储与团练其利相资，其备宜豫，昔滕元发在郓州以兵法部署流民之就食者，况兹者四郊多垒时乎。

二、设总团以联民志。总团之设，盖以齐众力而藉以通民志。庐邑三里之城始不下十数团，今奉县示合为总团矣，顾有在城之团练为之倡，必藉在乡之团练为之应。庐邑计保一百有八，每保或一二团，或三四团，或富者自为团，视贫者如秦越，或贫者共为团，日与富者相抵牾，或贫富共为一团，强有力者或且桀骜难驯，弱肉强食，祸变之来将不在外患，而在

① 题目为编者所加。《庐江县志》卷十四，《艺文·详檄》。

内讧。况数团之中地有丰瘠广狭之不同，其间枪炮器械皆所必备，兹值闾阎耗竭之秋为仓卒捍御之计，一切经费动形掣肘。今议合数团为一团，或七八保，或十余保，择镇、集公所共为一团，严立规条，众力易齐，民志咸辑，内嫌不生，外患易弭，约束赏罚庶可次第举矣。

三、专责成以儆疏虞。责成之专，即九条之次举首事也。然甲首、练首可以效奔走，不可以任责成。易曰：师贞，丈人吉，无咎。法曰：不知三军之权而同三军之任，则军士疑矣。盖一军之中，有大帅之责成，有偏裨之责成，大帅主调度者也，偏裨效奔走者也。兵凶战危，即团练亦何独不然？章句之俗儒与田野屠贩之小夫岂足以与谈军旅之事哉？责成贵专，然必有能任责成之人然后可以专任焉，而不至于误事团练古乡兵之遗意。管子因之以作内政苟责成之不专，是以虚名而滋厚祸也，事奚以济。

四、禁私斗以靖地方。私斗本江北结习，庐邑风气柔弱，私斗之风较减于他处，然曩者持刀有禁今日条令，至有格杀勿论者矣，恐放手杀人，势有必至。夫春秋所载：武有七德，必先以禁暴戢兵，而后能安民和众。私斗不禁，窃恐团练之转为厉阶。庐邑当省会失陷之后，散兵溃勇土匪沸腾，虽经邑令查拿缉获，要其可为隐忧者多矣。今第即一团而论，或以平日小忿互相构诬，或以偶尔私嫌希画报复，外侮方多，内讧滋甚，众之不和，团练安恃？今议凡地方私斗咸宜严立规条，其事涉细故，团练长得平其是非；其作奸犯科诸不逞之为，团长即以诸团之众禽治之，而待平于官，庶睦姻任恤之谊与诘奸禁盗之法并行而不悖矣。

五、养佃力以重租课。佃力者，租课所自出，租课，又仓储所自出也，此在平时实当务之急，而在今日尤保命之源。不养佃力租课，或苦于输将不重租课，佃户易生刁玩。庐邑田产招佃者十过其五，其租欠之在佃户者亦十过其五，佃户苦田主之租重，困于称贷，所欠仍在田租，田主苦佃户之欠多，则重为征求，所收或转成画饼，以此构讼，往往十过其五，际此人心反侧之时，主佃之能调和者鲜矣。今议养佃力，贵宽其既往而不事苛求重租课，贵平其出纳而毋张虚数苛索，固情所难容延宕，亦责无少贷，如此则租课兼济仓储，庶有赖乎。

六、通米谷以资经费。谷者，六府之一食与用之所从出。谷不流通，财货因以立绌，地方之不靖滋甚，即团练经费又何从出乎？庐邑土壤所宜惟稻，其他货物皆由外郡车航而来，道光戊、已两载奇荒犹能安堵者，以米谷流通故也。皖省失陷后江陵不守，米船举以资敌，商贾不敢南下，乡民之盖藏因得与地方通有无，而团练之举遂得以溥小惠于闾阎。此偶然之阻滞未始，非天意之矜，全为小邑数万家留此生计也。惊魂甫定，二麦有秋，百货所需咸权衡于米谷，乃小民囿于一隅之见，在此保则不准移至彼甲，拥万斛之藏而不名一钱，非计之得也。今欲疏通积滞以为长久之策，而江路未清，恐连艘并樯转以赍贼，此诚事之两难者也。书生愚昧，不识大体，总钱谷而剂盈虚权久，暂以神补救，则有藉于当事者之硕画耳。

七、谨火器以备非常。火药之用，始于南宋，备于西洋，轰击之法于斯为极。然曩则硝黄禁私贩，今则枪炮俨公物矣。皇上轸念民生所在，贼匪窜扰许民间筑堡浚濠，火枪火炮听其资为守御，顾火药用于军营合有常制，用之民间则无常制。兵者凶器、火药、枪炮一发而千人辟易，则凶器之尤甚者也。兹幸桴鼓粗停而乡愚无知，庆会赛神一切吉凶之礼每轻放枪炮，揆之于事为不祥，准之以财为耗费。倘遇非常之变，窃恐火药缺乏，贻患匪轻。今议火器之禁，责成团总，除城镇有警用壮声威外，凡在乡村不可轻用，亦不可常用，盖留有用以为不测之用，则谨火药之所保全，岂小小哉。

八、劝农功以安反侧。湖皖迭陷，人心汹汹，震恐尤甚，此时乡民家无盖藏，几惴惴焉，莫保其命，所有本境抢夺之匪皆乡民也。有一二无赖游民以为之倡，有千百无知之农民以为之应，盖其时农事未兴，一朝煽动，趋利若骛，夺人衣物，掳人妇女，劫人资财，焚人庐舍，此时之农民皆乱民也。今所在渠魁次第伏法，其胁从者亦畏罪伏窜而无所容身，阁下明谕所颁，不忍遽加刑戮，勤勤恳恳勉以改过自新，庶几反侧者久而自安耳。今议除罪大恶极杀人抵罪外，准其本团总结保收入团局，无事则务本力农以安生业，有事则奋勇杀贼以赎前愆，其有再犯者杀勿赦。宽猛相济之成规，亦导迎善气之一法也。

九、严查核以归划一。团练之法为吾民保身家，即为国家固疆圉。谕旨挈其纲，阁下复举其要，各州县团练渐次办理而犹必须查核者。祸变每生于仓卒，如明谕九条中除选壮丁、备器械外，清户口、举首事则非卒然之所能行。定约束，明赏罚，则非乡愚之所任受。至于联声势不免轸域之见，筹经费不免上下其手，查匪诘奸认真则以为多事，独办又恐其结怨，恤贫以保富自是人情，而夺富以资贫势多掣肘，况巨富之家鲜能奉法，所能略通有无者皆小康之民耳。然则九条所载，先之以清户口，其即查核之先事乎？清户口则筹经费可以知所重轻，查游匪亦自易为觉察，而选壮丁、备器械、定约束诸大端要自了如指掌矣。然则孰从而查之，又孰从而清之哉？

总之团练美名也，所以循名责实，救弊补偏，以期有济于今日之急务者。官民贵联为一体，上下斯合为一心，廷香愧长沙之抱负，见止一隅抒杞人之忧，思肠仍百结，如有可采，伏祈训示。

宿州团练章程

奏奉谕旨：通饬山东、河南、江南、安徽四省连疆，地方官遵照宿迁县仿川楚豫三省团练章程一体举行，今将条款册式开列如左：

原定条款二十一则（道光二十三年）

一每年汇造烟户册，晓谕居民，申明保甲。今复遵例举行团练之方，或一大村，或众小村，各立练长正副二人，谓之小团；合众小团，又立练总正副二人，谓之大团。所立练总、练长，务择其明白质实、众所仰望者，由官给札饬办；

一地保循图守界，犬牙相错，既行团练，不必拘定图分，故有里居毘连，可合数图为一团者，亦有村落辽隔；可分一图为两团者，该地保仍各按图随团办事，庶使首尾相应，互为救援；

一乡勇须择年力精壮、十五岁以上、五十岁以下者，无论绅民有无田产，均列名充当。该勇每十人立一长，或不及十人亦立一长，谓之十长。十长则统于练长，层层约束，一遵保甲，十家牌头之例，派定之后，归于练总，按各小团分别造册，某练长名下管领乡勇若干，开列姓名、年齿，呈官过朱，以便亲查。倘有违抗不愿入团者，指名禀究；

一大团制大旗一面，上书某团乡勇，一遇有事之时，此旗随练总左右以为众人耳目。小团各制小旗一面，上书某村乡勇，随练长调度。该勇各紧号带，根上书某村乡勇某人，以便分团立队，不致混乱；

一团内制造军火器械，修卡挖濠，一应费用着练总练长协同地保劝花户共为捐襄。无论商民均须秉公办理，不得徇私勒索，不许任意抗违。所有捐制枪炮若干，刀矛若干，均归练总练长造具清册存官，临时禀请酌给，以昭慎重。其余农具棍棒耙叉，亦足捍卫，可不必载入；

一各图遇有寻常贼盗，均以鸣锣为号，有事之村，昼则举旗，夜则悬灯，以为标帜。附近村乡，一面率勇救护；一面飞报别村，由近及远，四面兜擒。其别团闻警者，虽不在赴救之例，亦须戒严预备，若遇大伙流寇，又以放炮为号，无炮则以防夜鸟枪代之。不独本团互相救应，即别团亦必闻声赴援，以防冲突，违者从重治罪；

一巡更会哨，以传签为号，常变不同，缓急亦异。无事之时，则各村传递更签，本团自为起止。除去昼日，自黄昏某时刻起，传递一签，沿村巡查。接连每一时发一签，至天明止。一夜巡遍一团，误者议罚充公。若有大寇将近临境，则各团按昼夜十二时辰，制签十二枝。各团互为传递，一时一签，昼夜轮流。一团遇警，即随签飞报别团，误者惟该团练总练长是问，加重治罪；

一各团调动，须用号旗信签，均由官制，发给练总收存，以便遇事传调某团，该团即率勇依限飞驰，照信签指定处所齐集，听候派遣，敢有玩误者加重治罪；

一大伙流贼，倘在一二百里，每团须选健足探报四五名，轮流走探，以备预防贼人；若将临境，即率乡勇赴卡堵御，凡有三人之家，以一人居守，二人赴卡，其有借故躲延，禀官治罪；

一各图遇警，须看明山河市镇，择其易守之地筑卡挖濠，安设枪炮，并将各小村牛犊辎重并归一处，以便协力保护，毋得观望自误；

一各图每月合操一次，须择要隘处所，齐集会哨，施放枪炮，演试武艺，以壮声势，使贼匪闻风远遁，其有技艺过人者，并令教习乡勇议费酬劳；

一凡土著之民，欲为盗者必勾引外盗与之同事，而外盗亦必假土著为之巢穴，务须严加盘查，如有携眷搬徙者，须问明白来历，方准入团。若贼将临境，本团居民不得率行他徙，摇惑人心，违者罚产充公；

一贼来先以放火呼噪，惊人耳目，该团即当整兵以待，不可畏避。至夜间伏路巡更，尤为紧要，必须轮流派拨，以均劳逸。如有推诿偷安者，查实重惩；

一各团拿获盗匪，交地保拨勇解官究治，其有贼匪聚众恃强，敢与格斗，被乡勇杀伤者，例置勿论；

一各团须与县署声息相通，方能随事缓急酌量办理。每大团择一明白晓事之人常住本城，凡有应行事件随时禀明核夺，以免地保书差藉端滋扰；

一城治以衙门为主，分别东西南北四至列为号数，挨次遍查，不分绅民抽丁入册一体团练，亦应选派练总练长以董其事；

一遇警报即于练勇内分段，另选若干名，设局给发口粮，同营兵护城，仍与各团互相呼应救援；

一市镇人烟稠密，宵小易潜踪，其居民团练一如城治乡村；至买卖商贾，虽无可抽，亦须捐输费资，视生意之大小酌出钱之多寡，一归练总练长掌收。或添募勇壮，或制造器械，随时斟酌，所有寺庙庵堂，多停流棍、乐户、娼家，最易藏奸，须一体搜查，而行户客居尤须各立稽查号簿，每日登记宿客姓名、来历，报送讯官、练总查问，亦有外处土匪假作乞丐、难民入境，藉以窥伺，均须加意查诘，凡有踪迹可疑者，即行盘拿，倘或玩忽不计，偶疏稽察，一经发觉，从重治罪；

一地方官每月除在城朔望举行乡约外，仍须轻骑简从，巡行村落，或因公下乡，校阅各团乡勇，队伍果否整齐，技艺果否娴熟，分别赏罚，以示劝惩；

一乡勇有能拿获贼匪者报官先为奖赏，其有积匪要犯，亦或啸聚成群，无论大团小团，有能首先擒获者，既为国家剿贼，即为里党除奸，应由练总等禀官核实具请，分别保奏，以励士气而安民心；

一各团绅富，或有急公好义情愿捐输以助团练之资者，自二百两以上应行详请咨部议叙。

续定条款十三则

一向年各团捐输，每地一千捐钱三五文；耕牛一只，捐钱一二百文不等。至于骡马等物，有捐与否，今特酌中地亩以五分为率，牛只以百文为率，骡马等物仍循旧，无须更改；

一城市商贾，自典商起，每典捐制钱二十千文，下至油坊、漕坊、钱铺、杂货、布店，行户，以次而降至百文止，所捐之项，储公备用；

一各团拿获盗贼解官，问系巨盗，赏勇制钱十千文，至拿窃贼及偷农具田禾者，均由练总等公同酌赏，以示鼓励；

一各团遇警，由练总发信签号旗，知会练长齐勇，签上书明限某时到齐，误期罚练长出钱二十千文充公；

一耕牛被窃，每只应提公项制钱六千文，归牛户添补买价，以重农务；

该团仍报官追缉，得赃给领后，仍将所偿之钱归公，其有湖中牧放、棚内开缰走失者，均由看守不严，不在此例；

一倚仗同族邀约多人，诡捏分产借贷等情，强取牲口钱物者，该团纠勇擒捕，送官究惩；

一行旅骤遇劫夺，附近村民急应救护，所获之匪送官究办；至于践踏青苗、偷窃田禾等事，亦与窃贼一例送官办理；

一报获小窃，不得擅行毒殴，如有伙盗强抢格斗，被乡勇杀伤者，例实勿论；乡勇被贼杀伤，重则给养伤钱二十千文，轻则至五千而止，均由公项支发；

一擒获盗贼，由练总交地保拨勇解官，酌给公项盘费；

一遇有火变，附近村庄急应扑救，如有迟延与托故不到者，罚该练长输钱五千以充公用；

一团中军火器械，原为御盗而设，无事不许私行佩带，违者练长等协同地保拿获送官，倘练长等有徇隐情事，该练总明官惩罚；

一旗用印记，签用铁烙，遵川楚豫成例，由官治造给领，以昭画一，所有练总旗七尺长，号旗三尺；练长旗五尺；乡勇号带宽一寸二分，长五尺；更签用竹制成，宽一寸，长一尺八寸；信签宽一寸二分，长一尺五寸，分给大小各团一体遵行；

一传递更签须议赏罚，每一大团、所有各小团互相传签，以便稽查；倘遇贼拿获，该勇除照例受赏外，加赏制钱一千文，以示鼓励；倘传签有误，将该勇重责二十棍，即罚该练长制钱一千文，以充公用。

推广条款（咸丰三年）

一经费宜裕也。各捐输钱项，自道光癸卯年商民止捐一次，以备团练之需，至今已历十载，所存并无余款。今据各练总公议，照旧复捐，以供团练经费。城镇自典商捐钱二十千，各铺面以次捐至百文，乡村按户捐钱，计地与牛，每亩五文，每牛百文，汇齐存公备用。惟本年水患未除，被灾之区，民力恐有不给，本县自行捐廉，以资接济。凡遇出城捕盗所带役勇，并签调团丁，每名按日发给饭钱百文如该公项足用，练总自备，并殷实绅商急公加捐者，各听其便，其有捐至二百两以上者，详请议叙，以示鼓励。

一号令宜明也。凡各团遇警，仍遵旧章，一面传签知会邻团，预备救援；一面飞速禀报本县，亲率役勇，克日起行，先发信签，按团分调，四面围拿，酌半留守，以防窜扰。该练总到会拿处所，即将信笺缴还，违误者照例议罚。至本县所带役勇，一体量功给赏，倘该役有退缩不前、首先逃走者，当时斥革，即将该勇量功顶充，以示惩劝。本县信赏必罚，决不食言。

一赏恤宜重也。凡遇大伙捻幅匪犯境拒捕，无论本县亲临，及该团自与匪接仗，除格杀勿论外，该勇有能生擒一名者，赏钱三十千，杀毙一名者，赏钱二十千，如有所获之匪曾经悬示赏格，仍照格加赏，其有被匪拒杀者，恤其家属钱一百千，受伤重者给养伤钱二十千，次则十千，又次五千，均照营例验明伤痕，如式体恤，如该勇不在奉调之数，情愿奋勇帮拿，有能擒贼杀贼者，一体给赏，均各禀官备案。

以上三条，均由各团练总公议，照旧变通，以期尽善，允宜施行。惟宿邑地当孔道，水陆交冲，今昔情形不同，城乡缓急亦异，更当因地制宜，便民为要。本县现准城乡练总公议，于团练旧章权宜变通捐钱，练勇更易遵行。所有本城内外街道绅士商民，各列姓名、店号，造册捐输。每日每户捐钱百文，按十日一收，存储公所，以资缉捕经费。另立章程，出示晓谕城外镇市，该练总等又于本团各自相度机宜，议有抽丁校练折费补充各条款统准造册存案，以备稽查。其守望约团练旧章刊刻全本另行给发。

第三部分

潘鼎新手札

复钦差翼长袁筱午鸿胪

同治七年五月三十日

筱午仁兄大人麾下：署两征尘，不遑搦管。连披手教，顿释心旌。敝部自廿日临邑启行，七八日间驰驱千里，逆情狙诈，从未得一快仗。昨军过海丰西郊，见各处受伤兵勇，询知官兵损折之故。有此一役，弟知贼势将长，即传知各营准备。廿八日，行至德平之北高屯地方，贼果悉锐来犯，幸获大捷。该逆自渡黄以来，从未受此惩创，张逆现已不知下落，或者天夺其魄，毙于乱枪中耶！昨晚追剿至临邑之南钟店底营，明日拔队再进。大帅移驻德平，居中指画，正与四路呼吸相通，细柳新开，诚为至善之地。俟遇朗齐一军，当为代述一切。军行靡定，旌鼓难逢，翘盼节麾，有如饥渴。

钦差营务处杨观察

同治七年五月三十日

艺芳仁棣大人阁下：烈日炎飙，驰驱鲜暇，适披手翰，快慰輖饥。贼自袭破滨利长墙之后，馆谷三日，军至始行。敝部与张、宋诸军由樊桥、白桥一带追过海丰，沿路见伤兵甚众，始知各军接仗情形。于是并日趱行，无日不逢暑雨，道途泥淖，跋涉良难。廿八日高屯之役，贼竟恃其偶胜，并股相持。各营分道迎击，自午历申，酣战半日，幸获全胜。昨将大概情形驰陈帅府，想达隶人之听矣。现已跟追至临邑南钟店底营，即日整队前进，续有战事，再行布陈。承示省三复出，计日可到，凡在旧雨，跂予望之。

广东分巡肇罗道孙

同治七年五月三十日

……鼎新戎行栗碌，报称毫无。容冬任、赖伏诛，肃清东境。即日陈情帅府，愿申将母之思。乃甫抵任城，又报张逆东渡，津畿告警，星夜北援。当三辅仓皇之日，义不容辞，重履行间，忽忽又将半载。筹防筹剿，奚补涓埃。迩来徂暑遄征，徒劳士马。昨获高屯大捷，稍快人心。惟逆焰已衰，逆情愈狡，此击彼窜，绝少把握。正不知何时方能了此余孽，得赋遂初耳。八千里外，翘跂停云，相爱如长者，其将何以教之也。

致张军门

同治七年五月三十日

凯臣仁兄大人撝下：戎辄分驰，致疏鱼雁。远聆威望，时切怀思。顷据华翰，就念征调赴东，勋勚懋着，慰如臆颂。弟转战直、东，于兹数月，虽追剿以来屡获小捷，而该逆狡猾异常，终不得痛加剿洗。惟本月廿八日，在德平北之高屯地方，幸获大捷，刻传张逆已不知下落，未知是否毙于乱枪之中。敝军本日返至临邑东南，现探匪踪折窜东北一带，此时围局已成，兵力甚厚，想釜鱼陷兽，当可指日荡平……

致文质夫方伯

同治七年五月三十日

质夫同年仁兄大人阁下：日前曾肃一械，奉托刘淑民同年一节，谅蒙惠鉴。敬维勋祉延禧，荩祺绥吉为颂。弟自临邑墙工竣事，即出队跟剿。廿八日，及贼于德平之北高家屯，得一快仗，歼毙甚多。张逆已不知下落，或为乱枪所毙耶。昨向东南追下，至临邑底营，明晨即拔队进击。临邑李令毓春到任未及一月，即值捻踪窜扰，实心任事，力保危城，迄今三月有余，贼已经过十余次。该令昼夜筹防，不遗余力，民情爱戴，异口同辞。弟迭次督兵经过临境，饬令储备粮米，修筑圩墙，深资其力。……敝军近在该县，两次采办米粮，因东昌饷项未到，俱由该令垫付库平银三千四百卅七两零。可否准其抵销欠款，即在敝军饷下划扣。总希我公格外栽植，并于中丞前为之斡旋，该令自必益加奋勉也。

致德平周令

同治七年六月初一日

敏卿仁兄大人阁下：日昨敝部经过关厢，尚烦驺从远出，只以匆匆开队，未及握谈为怅。今晨由钟店启行，至贵疆之怌镇地方暂扎，明日取道魁台。拟将辎重暂留彼处，以便轻装简骑，径赴乐陵一带蹑踪追剿。此间尚须委员赴城采办军食，一切望费神照拂之为祷。廿八日敝军高屯之战，逆贼受创已深。连日据营中获匪及沿路难民传称：张逆已毙于乱枪之中。此信果真，余氛不难指日殄除，何快如之！尊处近有所闻，并希示及为盼。

复张朗斋镇军

同治七年六月初十日

朗斋仁兄大人麾下：顷濯令禀报：贼在盐河盘踞未动。敝部若随大旆之后会合夹击，必可得一快战。然驱之使出，剿灭尚无把握，且暑雨长途，上蒸下湿，军士疲病日甚，倘能合力圈围，在此区区一隅，可坐而待其毙也。弟现专函请子美、治平速来，并致小午兄嘱其转邀各军齐心协力，以成此举，一二日必有来者。此间自李桥至濯阳三十余里，可札横墙。惟东去横墙，不知何处就近。然愈远则贼愈不防备，不过多出徒河程途耳。有水可借，虽多亦易为力。乞公熟察东路情形，究以何处为要，并乞示知。如天下之福，若子美、治平、凯臣、从周诸公即日赶到，何患不成？小午言病在诸军不能联贯，诚然！如我公之惠顾全局，又何人不可联贯也。

复张朗斋军门

同治七年六月十一日

朗斋仁兄大人麾下：顷奉惠复，知与祝兄潜师北去，绕出贼前数十里，排扎徒盐之交。具见我公任事勤劳，赴机神速，钦佩莫可名状，使诸军皆如此忠勇，何患不早日成功耶。临邑各营如能刻日赶到，即请其接贵军所驻地段分扎。敝部即就近扎济阳西北一带。此地与贵军老营相近，弟搀越在此，而使麾下将士衔枚跋涉，心甚歉然。至济阳、至徒骇之卅里，本留缺口以待其西窜，贼屡次未敢深入。今日设防自以东北为要，此处尚是次着。麾下北行，俟地势定夺之后即恳飞示，以便率部前来，即接贵汛挨次分扎。各军续到者可依序而南。可否，尚望雄才酌夺，是为祈祷！倘诸军迟至，贼又远扬，虽坐失机宜，而我辈苦衷亦可共谅矣。

前浙江宁绍台道张[1]

同治七年六月十五日

……弟转战直东，于今半载，筹防筹剿，奚补涓埃。迩来徂暑遄征，士马异常疲苦。幸前月抄高屯全捷，大快人心。月初进兵商惠之间，又复累战皆捷。张逆中枪落马，负创而逃，我军即夹河而进，逆势已万分穷蹙，残骑不过千余。四面合围，谅穷寇不难就缚也。读手示，知大旆偕同西林中丞近驻临清一带。想卢公迅奏，首列剡章，从前错节盘根，正以显此日之鸿猷卓越耳。远人逖听，忭舞难禁。

① 即张景渠。

复丁乐山观察

同治七年六月十五日

乐山仁兄大人麾下：暑雨征途，未遑握管，适拔手教，如话平生。就维勋祉弥隆，深符臆祝。弟转战直、东，于兹半载，幸前月高屯大捷，稍快人心。月初进兵商惠之间，直抵海霑一带，累战皆克，贼胆已寒。初七日之仗，逆中枪落马负创而逃，我军即夹河而进。贼众残骑不过千余，乘胜合围，谅穷寇不难就缚矣。省三军门计已抵东，我公代统铭军，至今数月，军声师律，色色俱精。远道风传，莫名钦佩……

致文质夫方伯

同治七年六月十七日

……弟久领偏师，幸除狂寇，本月初旬将所部调往德州，暂为休养。该勇丁等从征既久，囊橐告空，甚至衣履不周，颠连万状，际劳苦功成之后，正宜优加体恤。况月饷积欠至今，亟须关发，万无可缓。计东省应解五、六、七三月薪饷各款，尚欠八万四千之多，现在万众嗷嗷，专待此项饷银以资糊口。至以后月饷一日不奉遣撤之命，则一日不可欠缺。在我公俯全始终之谊，而军中可免意外之虞。弟以各营请领欠饷，无米与炊，拮据情形真有不堪缕述者。用特驰恳老同年大人俯念士卒积苦，统将为难，先将欠解之项如数迅赐筹拨，以苏急困。则云霓之泽颂遍三军，弭患之方尤全大局，正不独弟拜扬仁风已也。频年从事戎行，得以幸无陨越者，全赖大力运筹，始得士卒用命，蒇此大功。爵相每次谈及执事，转饷之勋劳为弟等首屈一指。今日军中艰困情形，固知者所深知，尤仁者所深念耳。近中迭奉谕旨，迄未议及遣留之事，谅庙谟深远，一时未能遽定规模。然征夫久厌兵戈，深愿早还田里。现以运河拥挤，待渡需时，暂驻德州稍为部署，容当援赴济宁，俟爵相觐还再听调遣。彼时若有遣撤之议，则正饷之外尤当筹给遣资。春间刘襄办曾有另加三个半月之份，将来又多一番筹虑也。知关注念，并以附陈。

致银钱所周

同治七年六月十七日

小莲仁兄大人阁下：近接风仪，未能时叙为怅。比维持筹勚著，秋祉绥和，良如私祝。敝军驻此暂息，急宜将兵饷关发，以苏将士困苦。而东省欠解者迟迟未至，本军所存东昌之饷，又以道远未能即时提用，焦急殊深。昨已函禀爵相暂为借给。今奉上印领一纸，务祈贵所先借贰万两，以济急需。如执事不便核专，即烦持领禀请爵相批发。将来弟还时，或在东昌郭月翁处划拨，或径由弟处粮台奉缴，悉候尊裁。是所至祷。

致东昌府陈

同治七年六月十八日

……弟偏师久领，幸殄寇氛。月初调驻德州暂为休养，本定即赴济宁料简善后一切，因刘、郭、东、皖诸军均从张秋过渡，恐一时船只不齐，致形拥挤，是以暂缓启行。然不知各军究于何日过竣，渡舟是否多备，过渡处河面宽窄如何，务祈迅饬妥纪即往探明。弟专候详细示覆，再行拔队。

致丁小农

同治七年六月二十四日

小农仁兄大人阁下：前奉手缄，并接文方伯来牍，藉悉敝营宋委员桂彬来省采办军装所用千金，在敝军正饷内照数扣还。诸蒙照拂，具感盛情。惟此次所拨之款，系弟函致质夫酌量借给。嗣后或在省省中用款，不论员弁何人均须凭弟函牍，以备查考。敝军本拟即日拔赴济宁，因各军群集张秋，待渡争舟，恐多拥挤，约月杪当可率队南渡。知关绮注，特此布复。

致刘仲良廉访

同治七年七月二十四日

仲良仁丈大人阁下：月奉初二日惠函，知六月十七日曾寄一书尚未达到。张逆被剿穷急，欲于东昌闯运。敝部廿七日蹙之黄运水套中，仅剩数百骑而逃，乃有廿八日郭、刘会合一鼓殄除之役。中原底定，可息十年戎马之劳。而鄙人始终未与小轩合军，固憾事也，亦硬汉也。其中曲折之故，小轩心知之而不能言耳。荃相即日入觐，敝军计中秋前可抵濯上，俟布署稍定即奉母南旋。望公与沐翁代觅寓所，或暂时借住，徐图良策，以定行止。履斋已如命奉赠，由小轩寄京矣。师相屡言为公请开缺，而踌躇不发，其用心亦良苦也。

致东昌程守

同治七年七月二十四日

筱泉仁兄大人阁下：十八日驰布一书，探听河路情形，计日亮登记室。比维勋绩弥隆，定符臆祝。敝军拟八月初三日拔队凯旋，前赴济宁驻扎，马步各队由张秋渡河。弟俟所部渡竟后，或由水路乘船进省，或仍由陆路前进。船中恐马匹难于携带，陆路赴省又未识经由何处较为妥速。均望我兄大人费神确探，应由何路行走。如水路可行，并望饬属代觅坐船三四只，俟弟道出治疆面聆指示，以便遵行。所有贵处沿河各州县，即望代为知照早集船只，免致临时待渡，更费周章。敝部抵济宁后，拟仍驻东关校场，并乞函致王幼石兄预为安置。是所至祷。

致总理锡金榷厘局升用道候补府刘钟灵

同治七年七月二十六日

……鼎新偏师渡海，四历星霜，两捷红旗，幸皆躬逢其盛。从此橐弓解甲，稍息劳筋，亦人生一快也。仲良介弟书来，约于无为城内买屋同居，深惬素愿。现拟月初移济宁料简善后各事。秋风江上，恋我莼鲈，一俟爵相觐还即当假归省母，从此升平岁月，受福方长耳。风便惟希时惠好音，以慰索居之感。

复袁笃臣观察并贺

同治七年八月初六日

笃臣仁兄大人阁下：日前驾出鬲津，适弟已返前仓营次，相违咫尺，瞻念弥殷。顷过聊摄，展奉琅函，忻知钦迓鸾纶，荣迁豸绣。下风遡听，忭贺奚如。弟转战频年，幸櫜弓甲。只以河干拥挤，南渡稍迟，顷已行抵东昌，即日由滑口渡黄，约三四日内可以悉数渡竟。惟值凯复之际，欠饷至十余万之多，勺水蹄涔，岂能负此重累。弟俟部众渡河，再当赴省面谒中丞商筹一切，就近走聆清论，以慰积忱。承示通融一节，握晤非遥，自当力竭绵薄以副大命。秦、陇用兵仍归李帅，淮中将士可免西行，征人积苦兵间亦深愿释此重负。至弟请假南旋，荃相亦未为代奏，宦途行止，竟有不能自主者。因承询及，并以奏闻。

第四部分

英桂军务奏章

捻军逼近潼关预防陕西回民折

同治元年五月初六日由驲具奏，为逆匪窜逼潼关，汉、回互相械斗，晋省蒲州一带万分吃重，臣已带兵起程，驰往堵御，恭折具奏，仰祈圣鉴事。窃臣前奉上谕：山、陕为京师屏藩，蒲、同一带最关紧要，应着即出省择要驻扎，相机布置等因，钦此，当将遵旨，起程日期由驲驰奏在案。兹于五月初五日行抵平遥县途次，接据护太原镇臣和昌等禀报：逆匪窜逼陕西渭南县，由华州、华阴直逼潼关，势甚猖獗。加以回匪勾结焚抢，与汉民互斗成仇，晋、陕仅隔一河，情形万紧等情。臣闻报飞饬和昌等督率在防文武，激励兵勇，民团加意防守，一面督兵前进。所虑陕西省回民甚众，剽悍性成，若不急为解散，为患何所底止，相应请旨饬催京兵星夜驰往剿办，以资得力而免蔓延。为此恭折由驲具奏，伏乞皇上圣鉴。谨奏。

捻军入河南相机办理折

同治元年五月十一日由驲具奏，为逆匪屡扑潼关，窥伺晋境，连用大炮击退，现由潼关直趋陕州，逼近茅津渡，经镇、道迭次开炮轰击，现仍加意防守，以杜窜越，恭折奏祈圣鉴事：窃臣前将遵旨带兵出省，亲往蒲州一带择要堵御缘由，迭次奏报在案。兹于五月初十日行抵平阳府途次，接据护太原镇臣和昌、前河北镇总兵崇安、河东道刘子城禀报，逆匪连日攻扑潼关，未能得手，由南山小路窜入河南境阌乡县境，屡欲抢渡以窥晋疆。其时和昌、崇安均在蒲州沿河一带择要防守驻扎，先于初三日，见该匪边马百十成群，在于南岸阎底镇往来游弋。该镇向有水厂，深恐扎筏偷渡，为患匪经，当于该匪麇聚时连用大炮轰击，该匪知我有备，旋即退去。初四日窜至盘头镇放火抢掠。和昌等遥闻南岸人生嘈杂，河面木筏漂浮，复用枪炮接连施放，并经蒲州府知府李庆翱、芮城县知县袁绩震率兵勇、民团二万余人，在于沿河北岸排列数十里，昼夜实力巡防。初五、初六等日，该匪仍欲扎筏偷渡，袁绩震即令民团开炮，轰倒一骑，复放铜炮，毙匪多名，落水无数，该匪无隙可乘，向东奔去。现由阌乡、灵宝，于初九日窜至陕州攻城，其边马已抵会兴镇，与茅津渡一河之隔，屡扑河滩。幸和昌、崇安已由蒲州驰赴该处，与刘子城督勇开放枪炮，击毙边马二名，匪势稍却。第恐大队既至，防不胜防，现在添雇勇丁、力筹堵御等情。臣查茅津渡为由豫入晋最要门户，和昌等前因匪扑潼关，对岸即系蒲郡，不得不用重兵防守。今逆氛离蒲稍远，而茅津转形吃重，亟应厚集兵力，加意严防，以杜窜越。惟是匪踪飘忽靡定，军情朝夕不同，目下蒲郡情形虽松，仍应防其回窜。臣拟改道先赴运城，探明何路紧急，即往何路策应，断不敢稍涉大意，致误事机。除俟续得探报相机布置外，理合将现办情形先行由驲具奏，伏乞皇上圣鉴。谨奏。

捻军屡窥晋境迭次击退折

同治元年五月十八日由驲具奏，为逆匪由陕入豫，屡扑河滩，图窥晋境，经官兵叠用枪炮击退，现窜河南渑池一带，相距晋省东滩渡不远，已饬在防文武实力严防，以杜窜越，恭折奏祈圣鉴事：窃臣前在平阳途次接据探报，发捻东窜河南陕州，边马已至会兴镇，与茅津渡仅一河之隔，亟应厚集兵力，加意防守，当将筹办情形专折驰奏在案。兹于五月十五日行抵运城，即据护太原镇总兵和昌、前河北镇总兵崇安、河东道刘子城会禀，贼扑潼关时，蒲州口岸林立，最为吃重，经该镇道会督蒲州府知府李庆翱调集各村民团万人，随同兵勇在于各渡口列队分布……五月初九日自午至酉，该匪迭次由南岸高崖下扑，意图抢渡，经该镇道等督率在防文武，严饬兵勇，激励民团，排列河干，施放连环枪炮，该匪不敢近岸，退回高冈，往来游弋，我兵节节设防。是晚，隔岸陕州之后河滩上会村暨会兴镇等处火光四起，照耀十余里。该镇道等以茅津上下游渡口纷歧，处处皆可偷越，当派得力将弁带领兵勇，自茅津下游直抵三门，日夜巡哨，并将豫民偷渡小船概行拿获，锁泊北岸。三更后，天色陡暗，忽闻茅津对岸河滩人声隐约，即于兵勇询得善泅水者数人，许以重赏，饬令过河察探，知该匪正在用木扎筏，潜谋偷渡，复饬兵勇连放枪炮，毙匪多名，落水无算。初十日黎明，河滩淤浅处所及坡底一带，贼尸枕藉。遥望对岸大股匪徒往来奔窜，尚有余匪在附近各村焚抢，该镇、道等派员带兵渡河截杀，歼毙数十名，生擒八名，内有长发老贼三名，立即讯明正法。当该匪窜扑陕州时，该州防兵尚单，臣前派赴藩篱关防兵五百名驰赴州城帮同防守。该匪攻扑不下，遂东窜渑池。经臣飞饬和昌，由茅津亲自带兵驰往对岸之东滩渡驻扎，督饬在防兵勇，力筹堵御，并经刘子城派委盐经历黄晋、候补盐大使恽惠吉过河，查明会兴镇铺户居民逃避河北者已陆续回镇。该经历等一面安抚商民，一面弹压土匪，人心稍定，等情。臣查河南渑池果与晋省垣曲县之东滩渡仅隔一河，地面辽阔，最关紧要，既经和昌亲往堵御，又经臣派委已革尽先副将邓凤林酌带省标官兵，驰往协助，可期得力。惟闻豫省洛阳有重兵驻守，一经迎头截击，难保该匪不避兵回窜。且陕西余匪未净，回、汉仇斗未解，同州、华州一带凶焰尤炽，晋省沿河州县，仍应随时严防。运城为盐课重地，相距茅津百余里，朝发可以夕至，即离蒲州亦属非遥，臣即暂驻运城，居中调度，严饬在防文武督率兵勇、民团加意防守，勿因匪踪渐远，稍为懈弛。除俟续得探报相机筹办外，理合将该逆匪屡窥晋境，迭次击退缘由，恭折由驲驰奏。伏乞皇上圣鉴。谨奏。

晋南防卫妥为布置折

同治元年五月二十六日由驲具奏，为逆匪垂涎晋地，屡欲渡河，经官兵叠用枪炮轰击，始向东南窜去。现在东滩、茅津等渡已无贼踪，惟陕西回、汉成仇，焚杀不已，蒲、同相距不远，仍应加意防守，以备不虞，恭折具陈仰祈圣鉴事：窃臣前抵运城，探得贼匪窜河南渑池一带，与晋省垣曲县之东滩渡仅隔一河，关系紧要，当将分派镇将大员驰往堵御缘由，专折驰奏在案。兹据护太原镇臣和昌等禀报，该匪在渑池、新安盘踞数日，其边马时至河滩，意图抢渡，经该镇督率在防文武，激励兵勇、民团实力防守，并用大炮迭次轰击，匪不敢逼，已于五月二十二日全股向东南窜逸。有被裹难民自贼营逃回者，询知该匪垂涎运城为盐课重地，素有殷富之名，屡遣边马至河滩窥探，不图南岸船只尽提北岸，兵勇排列河干，昼夜不懈，绝无可乘之隙，是以不敢偷越。现在东滩、茅津等渡已无贼踪，等情。臣查渑池东南距晋较远，防务较松，且闻陕西山阳聚匪已窜湖北郧西一带，该处有楚师迎剿，不难殄此丑类。惟同州等处回、汉嫌隙日深，互相焚杀，至今未解，尔恐回匪愈聚愈重，不服教化，一经大兵攻击，难保不窜入晋疆，而晋省亦有回民，设被勾结，尤为心腹巨患，不可不预为防范。查蒲州府属之临晋、荣河等县，降州属之河津县，均壤接同州，以河为界，必须加意防守，以备不虞。臣已饬和昌由东滩渡折赴蒲郡，沿河驻扎，督饬西路各口防兵实力堵御。其蒲郡以东之永济、曲里、茅津、东滩各渡口，仍责成崇安、刘子城率领在防官兵常川驻守，以防逆捻回窜。一面远探贼踪所向，如果均已回巢，再将防兵酌量裁撤，以节靡费……

三军合保河东盐场折

同治元年六月初二日由驲具奏……现在匪踪渐远，防务较轻，本可将兵勇分别撤留，以节靡费，第皖捻视豫西为熟径，难保不去而复来，加以陕回剽悍性成，与汉氏势不两立，亦恐未必遽肯和解，是邻省一日不清，则晋防一日难撤，经年累月，所费不赀，各路饷需凭何接济？且河东岁征盐课不下六十万两，新议加费又四十余万两，京、甘各饷惟此是赖。自壬戌开纲以后，逆匪窜扰豫、陕，逼近河东，道路戒严，盐船停渡，更兼豫省之会兴镇、史家店、老河口，陕省之三河口、潼关、渭南、华州，凡行盐之处多被焚掠，贩商将本营生，有利则趋，无利则避，况无利而反有害，其裹足更不待言。本年三月堂期封课已少，四月以后分厘全无，倘豫、陕道路经久梗阻，不惟加费一无新出，即正额亦难全征，大局何堪设想！臣等再四思维，山、陕之保完善者，全赖河南为之屏蔽，今该省遍地匪踪，非有重兵扼要防剿，则山、陕终无安枕之日。恭读五月十八日上谕：多隆阿现在督兵前进，着即沿河西上，先将河南阌乡一带回窜匪众迎头截击，毋令阑入晋疆，再由潼关一路相机进剿。如探明陕省贼势不甚吃重，或先酌派兵勇数十，交雷正绾管带，星速赴陕，相机策应。该将军即可亲督大队驻扎北路适中之地，以防皖、豫捻逆被剿北窜。应于何处驻扎为宜，该将军与官文、郑元善等筹商定见等因。钦此。尤见圣明烛照，指示机先。目下多隆阿一军，应已驰抵豫境，果能于北路适中之地扼要驻扎，探有贼踪即行截剿，不令旁窜邻省，加以胜保力扼归、陈，郑元善居中策应，该处逆捻断不敢复窥秦、晋。为兵力尚虑单薄，则成明一军俟陕回解扣后亦可就近并归豫中，协同防剿，更为得力。河南安，则山、陕亦安，从此潞盐畅销，饷源不竭，所关乎中外全局者，诚非浅鲜……

饷银改解胜保军营片

同治元年八月初三日由驲附再奏。臣前奉上谕：多隆阿统率马步各军赴陕援剿，所需口粮虽有官文等筹备起程，仍着瑛启英于山、陕两省迅速预为宽筹，探明多隆阿大营源源解济，以资饱腾等因。钦此。当经钦遵行司筹解去后，兹据藩司郑敦谨详称：司库应解京协各饷，为数繁多，恒虞顾此失彼，加以本省现办防堵需费不赀，实有难以兼顾之势。惟陕省军务万分吃紧，多隆阿统兵较多，自当量为接济。查有晋省官员捐输银十万两，已奏明分拨直、豫二省充饷，除豫省另行筹拨外，所有应解直隶饷银五万两前，已解过银二万两，尚有未解银三万两……应请即在司库存储应解直隶之官员捐输项内，尽数动银三万两，差委分缺间用巡检茅富年管解，于七月二十日起程前赴陕西潼关一带，探明多隆阿大营交饷，以济要需等情。正在具奏间，又奉上谕：胜保之军由河南许州西赴河洛，叠经谕令英桂赶紧筹解月饷。本月复因南阳粤逆窜逼楚疆，多隆阿现扎随州阻隔贼南，未能赴陕援剿，谕令胜保即日驰赴关中剿办回匪。该大臣兵勇口粮积欠甚巨，饥军枵腹荷戈，深虞哗溃，着英桂无论何款，先行筹拨银三四万两解赴胜保军营，以济军需而维大局等因。钦此。并接胜保来函，亦以饷需告匮，支持维艰，嘱先设法筹解。自应移缓就急，将前项在途饷银三万两改解胜保军营交饷，以资接而利遄行。除将应解月饷，仍饬司随时筹款委解并分咨查照外，理合附片陈明，伏乞圣鉴。谨奏。

统筹北路全局暨近日各路军务情形折

同治元年八月十二日由驲具奏，为统筹北省全局，力谋完区，亟请择要分驻重兵，策应扼剿，并将近日各路军务恭折具陈，仰祈圣鉴事：窃臣前将陕省逆回复逼晋疆，经在防兵勇合力击退，并咨商胜保迅拨劲旅，即派新任升太原镇总兵马升统带来晋，由蒲渡河截剿缘由专折驰奏在案。

兹查逆回仍在同州一带往来游弋，聚散靡常，经臣谆饬在防将弁督率兵勇，齐心合力，慎密防范，未敢稍涉疏懈。惟近日连接探报：南阳解围，发捻大股直窜河洛，已于八月初四日窜至洛阳之周庄，并扰及嵩、宜界内之白杨树村，势甚猖獗。又有另股自太康窜至朱仙镇一带滋扰，切近汴梁……河岸绵长五百余里，防兵数止六千。自春徂秋，何路紧要，即行移缓就急，往来策应，不惟各营将弁兵丁疲于奔命，即沿边各属供应车马亦不胜其烦，甫将南路防兵抽调赴西，而南路又形吃重。

查白杨树村距陕州仅二百余里，悉与晋省接壤，仅隔一河。晋为饶富之区，京外饷需攸来，仅止完区，若不力筹保全，将何以维持大局。臣已飞饬河东道并南路各营将领严为防备，务保无虞。本月初十日恭奉上谕：胜保入陕以后，即着与成明一军联络声势，毋令贼匪沿河东窜，致晋省情形益形震动。现在晋省西南一带防务紧要，英桂务当饬令沿河兵勇密为防范，不可任令匪踪偷渡，阑入晋疆等因。钦此。仰见圣虑周详，无微不至。臣忝膺疆寄，敢不殚竭愚诚，加意筹划。刻下同州逆回麇聚，未受惩创，发捻又窜河洛，窥其来意，不西入秦即北渡晋。晋疆西防正急，而南路警报频传，实属防不胜防，力难兼顾。臣前接部咨，奉旨令僧格林沁节制直、东、豫、晋四省，可否饬下僧格林沁酌拨精锐之师，派委得力将领驻扎河南适中之地，以为西路策应。并仰恳敕催多隆阿速带楚军驰至河洛，力扼窜匪，俾胜保得以专意西征，陕、晋防剿事宜易于办理，洵于大局有裨。臣俟西路河防稍松，仍即移缓就急驰赴运城，以期居中调度，力固疆围。

所有统筹北路全局力保完善，亟请分驻重兵策应扼剿，并将近日各路军务情形理合恭折由驲具陈，伏乞皇上圣鉴。谨奏。

胜保、多隆阿两军合剿折

同治元年八月十九日由驲具奏，为皖捻窜扰豫西，逼近晋境屡扑河岸，经官兵迭次击退，现仍盘踞河、陕一带，势甚披猖，请旨饬下多隆阿速统全军由潼关迎头截击，力保山、陕以维全局，恭折具陈仰祈圣鉴事：窃臣前筹北省全局，亟请择要分驻重兵以资扼剿，先派代理蒲州协副将邓凤林等抽拨西路防兵八百名，分赴茅津、曲里等渡实力防堵，并将各路军务情形由驲驰奏在案。兹据河东道刘子城、平垣营游击谷景昌等禀报：连日探得逆捻姜台凌大股由河南宜阳、永宁等县窜至陕州所属之史家滩、大安村、会兴镇等处，恣意焚掠，皆与晋省仅隔一河，该匪屡欲抢渡，经我兵勇、民团于八月十四日开放枪炮，轰毙贼匪十余名，内有骑马贼数名，贼势稍却。十五日午刻，又有贼匪百十成群，自会兴镇窜至河岸，经东炮台带兵官天成营都司鄂勤哲倚巴图等督率兵勇，用大炮、抬枪迭次轰击，立毙执旗贼一名。傍晚，复见该匪无数，手执红、白、黑等旗，并有执木板者，由会兴镇大路蜂拥而至，直扑河干。经刘子城饬令在防文武员弁，督率兵勇、民团，将枪炮排齐，俟该匪行上坡底，一齐施放，约毙贼数十名，内有执旗贼五名，余由原路退窜。察看贼势，系由东而西，晋省沿河垣曲、平陆、芮城、永济各口岸处处吃重。且其后队仍在渑池、宜阳一带盘踞，势甚猖獗等情。臣查该匪等乘河、陕空虚，竟敢长驱直入，将完善村庄焚掠殆遍，若无重兵迎剿，则山、陕、河、洛随在可危。晋省防兵本单，加以同、朝回匪仍不时出没西南，兼顾奔走勿遑。前因由成明调去晋兵六百名，虽已遣回，不无伤亡缺额，兼多患病，只能挑选精壮二百名，派委署蒲州协副将珠尔杭阿管带，前赴大安等渡口督防。又抽拨两路防兵五百名，派委前河北镇总兵崇安、游击成兴管带，驰赴茅津渡，与刘子城妥筹布置，仍由臣随时察看，如西路防务得以稍松，即当移营运城居中调度。所虑沿河延袤数百里，纵就现有兵力加意严防，而渡口众多，难免顾此失彼，并恐回匪与逆捻勾结，则剿办更难措手。现闻胜保已由潼关进至临潼，将次抵省，多隆阿驻扎商南，相距潼关甚近，相应请旨敕下多隆阿统带楚师，即由潼关直趋陕州迎头截击，不惟山、陕可保，即洛阳形胜之地亦不致为贼所乘，洵于大局有裨。臣愚昧之见，是否有当，理合恭折具陈，伏乞皇上圣鉴。谨奏。

发、捻屡扑河岸连日击退情形折

同治元年八月二十五日由驲具奏，为发、捻大股盘踞河、陕，图扰晋疆，连日击退情形，并仍请旨敕下多隆阿速统率全军截剿，俾免回、捻勾结，恭折具陈，仰祈圣鉴事：窃臣前将皖捻窜扰豫西，逼近晋境屡扑河岸，经在防文武督率兵勇迭次击退，并请楚师由潼关迎头截击，力保山、陕缘由，专折由驲驰奏在案。兹据总兵衔已革河北镇总兵崇安、河东道刘子城、平垣营游击谷景昌等禀称：八月十六日，该匪仍屯陕州所属之会兴镇、上村等处，时在河干游弋，胜保前留硖石后军退守陕州城内。十七日，该匪辄将南岸完善村庄大肆焚掠。是晚阴云四合，大风扬尘，各营灯火旋点旋灭，二更后雷雨大作，兵勇立墙，衣甲皆湿。该镇道等恐贼匪乘机抢渡，遂冒雨亲赴各营盘，督率兵勇员弁认真查察，并时开枪炮使贼知有备。讵至三鼓，忽闻茅津下游有贼匪扎成木筏，扛抬河干，该巡哨弁兵勇连开枪炮，轰毙贼匪多名，落水无数。又茅津上游对岸上村坡脚，亦有贼匪多人乘雨欲行抢渡，均经兵勇齐用枪炮击退。至十八日天明，见对岸河干贼尸枕藉，内有长发贼数十名。十九日，会兴镇之贼分队向东直驶，两次在对岸马家河底游弋，是日未申之间纠合大队直扑河口。经在防文武督率兵勇民团，叠开连环枪炮，该匪无隙可乘，至二十日黎明始行退去。二十一二等日，该匪分往西南窜逃，已至夔乡县境，距潼关仅隔一程，晋省芮城、永济等县所辖各渡口万分吃紧，其后队尚在陕州、红渠等处盘踞各等情。臣查陕州至洛阳匪遥，河洛为自古形胜重地，并无重兵扼守，致该匪等得以长驱直入。目下潼关既形吃重，晋疆尤为可危，西备逆回，南防发捻，沿河数百余里要口五十余处，防兵数止六千，既单且弱，时复移缓就急，往来奔驰，半多疲病，民团只能自顾本境，不能调赴他邑，该匪既至河南夔乡县境，与永济县仅隔一河，情形万紧。护太原镇总兵和昌本驻朝邑县所辖之严家庄，专防同、朝回匪，而永济县之永乐渡及附近芮城之曲里渡，较严家庄更为吃重。臣已飞饬和昌与蒲州府知府李庆翱分带兵勇民团驰往永乐等渡，加意严防，以杜窜越。惟匪党愈聚愈众，若无大兵截击，窃恐旷日持久，滋蔓难图。胜保已抵西安，各处回匪环逼，道路不通，势难兼顾豫、晋。惟多隆阿一军在于商南驻扎，相距潼关不远，合再吁恳天恩，俯念晋为完善之区地，防兵甚单，敕下多隆阿远派全军由潼关迎头扼剿，俾免回、捻勾结，不独秦中无腹背受敌之虞，即晋省亦可获终保全之益。除臣激励在防文武督率兵勇、民团昼夜严防外，理合将发、捻屡扑河岸连日击退情形，恭折由驲具陈，伏乞皇上圣鉴。谨奏。

请派僧格林沁部与多隆阿会合夹击片

同治元年八月二十五日由驲附奏。再晋省表里山河，原有可守之险，无如东西自潞、泽、辽、平，南至蒲、解、绛一带，延袤千余里，多与豫、陕连界，均须派兵预防，南北两镇及抚标官兵征调过半，无可再调。镇将如大同镇臣庆德驻扎关北，地方紧要，未便轻动；新升太原镇总兵马升尚在胜保军营，到任无日；蒲州协副将王巨孝屡奉谕旨催令赴任，迄无到晋信息。是兵既单薄，将又乏人，际此回、捻交乘，数月以来晋省得保无事者，半由文武员弁尚知用命，昼夜严防；半赖一线黄河为之屏蔽。此次捻窜夔乡县境，逼近潼关，意在勾结回逆，肆其狂悖，若攻潼关不下，势必仍行折回。现据各路探报，陕州拿获匪党供出，捻首姜台凌、刘四狗、孙老位、雷产，并张落刑之侄张秀玉共五大股，马贼约二万余，步贼三万，锐意西窜，图扑潼关。如入关后在秦不能得手，或豫或晋，随意所向等语。伏思晋省以有限之兵，备无数之寇，已属众寡不敌，加以此路甫缓，彼路又急，东奔西走，喘息未遑，臣虽驻扎蒲州设法调度，终恐兵单将寡，兼顾为难，设有疎虞，在臣固无辞之咎，其如大局何！况晋为完善之地，中外饷源所自出，若待回、捻入境始请援兵，于事何济？现在胜保既不能兼顾晋省，惟有仰恳天恩，敕下僧格林沁选派劲旅，酌委得力将弁，迅由洛阳进兵，直趋陕州，与多隆阿一军会合夹击，俾得该匪腹背受敌，或可痛加惩创。如抵陕州时逆匪已入秦境，即由茅津过河，由蒲州堵截，既可杜其回窜，复得保护晋疆，洵于大局有裨。臣愚昧之见，是否有当，理合附片具陈，伏乞圣鉴。谨奏。

晋省亟请增兵募勇折

同治元年闰八月初七日由驲具奏，为晋省地广兵单，邻氛屡逼，亟请增兵募勇，力保完区，恭折具陈，仰祈圣鉴事：窃臣前将发、捻大股盘踞河、陕，屡扑晋疆，请旨分派重兵截剿，俾免回逆勾结，并将晋省永济、芮城各渡口万分吃紧，激励在防文武，督率兵勇民团昼夜严防，迭次由驲驰奏在案。兹据护太原镇总兵和昌、总兵衔已革河北镇总兵崇安、河东道刘子城等禀称：八月二十二日寅刻，捻匪列队西窜，突于申刻大股折回洪阳渡对岸，分扑河干，当经督饬兵勇开放枪炮，轰毙多名。又于二十五日，该匪复扑里曲等渡，亦经在防兵勇施放连环枪炮击退。二十六、二十七、二十八等日，该匪盘踞夔乡所属之虢州镇等处，往来游弋，逼近大禹、大安、郑家各渡，我兵昼夜巡防，该匪无从窥伺，遂于八月初二日分股，一向西南朱阳关，一向东南卢氏县窜去。又据臣标中军参将瑞恩禀称：西路回匪屯聚渭北沙河一带，出没靡常，并有假扮难民，往北分窜各等情。臣查各股巨捻窜扰沿河，势极凶猛，幸得将士用命，兵勇齐心，始免窜越。现在贼踪未远，其鬼蜮情形莫测，难保不去而复来，加以回匪北窜，尤为可虑。臣仍饬在防将弁及沿河州县加意防范，以固疆围。但豫省并无重兵截剿，致发、捻得以往来自如，肆行无忌，是以臣屡请楚、豫之师会合夹攻。兹于八月二十七日恭奉寄谕：多隆阿全军现将改赴楚省，英桂所请由潼关直趋陕州之处，断难照办，务宜督饬在防文武加意严防，毋稍疏懈。又于闰八月初四日钦奉上谕：多隆阿一军现已驻扎商南，距潼关尚不甚远，已谕令该将军酌调兵勇赴潼关防剿。至僧格林沁甫由山东剿办捻匪，回军夏邑，并分派将弁返剿东省窜捻，该抚请饬该亲王选派劲旅，酌委得力将弁由洛阳进趋陕州之处，亦恐难行，已寄谕僧格林沁酌量办理。并据胜保奏，陕省回匪扮作难民往北山纷窜，请饬绥远、归化两城派兵截剿，业经谕令德勒克多尔济等严密防范，着英桂随时与该将军防守事宜，妥筹布置，并饬令大同镇庆德将所部官兵勤加训练，听候调遣各等因。钦此。臣查大同镇额设官兵一万二千九百余名，前已奏裁三千名归于南镇各营募补，自邻氛不靖，节次征调，又至五千余名，该镇统辖二十三营路，存兵甚少，除防守城池及护解人犯饷消之外，可调无多，南路新设之兵，虽已次第募调，技艺尚未精熟，即各州、县所雇练勇，亦皆未经战阵，是内无劲旅，外无援兵，设被回、捻分扰晋疆，仅就现有兵力东分西布，不惟寡不敌众，抑且兼顾勿遑。臣夙夜忧心，几庶废寝馈，因思各路征兵之最劲者，莫如吉林、黑龙江两处马队，然非统领有人，亦难得力。兹有新授西安副都统德兴阿行抵蒲州，因潼关以西道途梗塞，未能赴任。该员久经戎行，晓畅军务，而统带马队，尤为所长，可否仰恳天恩，俯念山西为完善之区，关系紧要，准将德兴阿暂行督军蒲郡，随臣办理防剿事务。并求敕拨吉林、黑龙江马队五、六百名迅速来晋，以资得力，俟边境肃清，即令德兴阿仍赴新任。明知吉林等处马队，屡经各路征调，未必尚有多余，而此外实无可调之兵，不得不冒昧陈请。臣又思晋省兵勇，尚多柔弱。前有候补同知郭登恺，系直隶开州人，于丁忧回籍后，曾在本境招募练勇多名，随同前任大名道新升山西臬司王榕吉剿贼，曾经战陈，业已函致王榕吉，如果此项练勇确系精锐，即由晋省筹备经费，令郭登恺招募二三千名，星夜管带来晋，听候调遣。至陕西回匪既有北窜之信，实为心腹之患。且晋省西北与陕省仅隔一河，绵亘二千余里，内如太原府属之兴县，汾州府属之交口镇，平阳府属之吉州、乡宁，隰州所属之永和、大宁，保德州所属之河曲县等处，皆为回民贩土熟径，口岸纷歧，不可数计，若该匪由汾、平一带窜入晋境，则全晋皆为震动。臣已飞咨绥远城将军德勒克多尔济等，将防守事宜妥筹布置，并饬沿河各属，于官私各渡随时严密盘查，总期未雨绸缪，以免临时失措。一俟捻退窜，南路稍松，臣即驻扼平阳，居中策应，庶南北可以兼顾。所有晋省阴氛渐逼，亟请增兵募勇，力保完区缘由，理合专折由驲驰奏，伏乞皇上圣鉴训示。谨奏。

豫省匪众兵单不敷扼击晋省东路吃重已派兵严防折

同治元年九月十四日由驲具奏，为捻逆窜围河洛，势极披猖，豫省兵力过单，不敷扼击，请旨敕调重兵，驰往援剿，以歼丑类，而免蔓延，恭折具奏，仰祈圣鉴事：窃臣连次接据泽州府及垣曲县防河各员探称：闰八月二十四、二十六等日，发、捻大股由卢氏、永宁窜至洛阳、新安等县，肆出滋扰，该居民纷纷逃避。抚臣郑元善驻扎洛阳，兵仅数百，不敷扼剿，飞调副将杨飞熊一军与贼接仗，因众寡不敌，未能得手。目下大股发、捻麇集府城，在于西南、东南、东北三面扎营，接连数十里，党羽甚重。复于二十八、二十九日及九月初四、五等日，前股捻逆扰至孟津县之铁仙镇，肆意焚掠，欲由该镇抢渡过河，百姓逃往河北者，接踵而至等语。臣闻信之下，焦灼殊深。查皖捻姜台陵等数大股，前于八月间围窜晋疆，迭经在防文武开炮击退。该逆见晋防严密，无隙可乘，始于闰八月初二日分作两股，一向东南朱阳关窜去，一向东南卢氏一带窜去。其窜奔西南之贼，经荆州将军多隆阿在商南一带截剿，大获胜仗，歼毙殆尽。而窜往卢氏之贼遂不敢西向，由永宁山路回窜新安等处，沿路裹胁，势复鸱张，现在围攻洛阳甚为吃紧，又遣贼党扰及孟津，图窜河北。总缘豫省兵力过单，不敷扼击，而晋省之兵移缓就急，尚须随时抽拨，自顾勿遑，安能过河助剿？且河北孟津更无重兵驻扎，设使该逆竟由孟津渡河，折而西窜，则晋省垣曲、阳城二县首当其冲，此时东滩渡、封门口与阳城之白云口一带处处吃紧。臣已派都司凌安、守备王文奇等抽带运城兵勇，驰赴东滩等处相机协守，并饬泽州府知府陈兰第、署潞安协副将伊克唐阿，各带兵勇前往阳城县白云口等处择要严防，以期有备无患。但此股发、捻未受惩创，为数甚巨，安徽老巢已为官军攻毁，该逆栖身无所，携眷狂奔，趋向靡定，若使在洛阳、龙门、即山等处营巢，则为患更甚。一经渡河，西则晋省防不胜防，北则直隶在在吃重，亟宜拨派重兵，灭此朝食，方不致滋蔓难图，养痛贻患。相应请旨谕多隆阿即移得胜之师，先解洛阳之围，再将孟津等处股匪悉数剿灭，以保完善。倘该将军不克北援，即请敕下僧格林沁就近迅拨精兵，派委得力将弁管带，驰往洛阳，痛加剿洗，俾免北窜，则豫、晋幸甚！全局幸甚！臣愚昧之见是否有当，理合将豫省匪众兵单，不敷扼击，晋省东路吃重，已派兵严防缘由，恭折具奏，伏乞皇上圣鉴。谨奏。

亟宜疏通盐路以济急需折

同治元年十一月初二日由驲具奏，为晋省兵勇渐集，需用浩繁，京协各款关系紧要，亟宜疏通饷源，以资接济而维全局，恭折具陈，仰祈圣鉴事：窃自军兴以来，已逾十载，天下糜烂殆遍，所完善者仅此山西，各路军营以及京协各饷，皆多取给于晋，是区区一省，实为中外大局攸关，所当力求保全者，故臣叠请增兵募勇，均蒙谕旨允准。转瞬兵勇渐集，需费愈繁，若不疏通饷源，则日久月长，将何为继？伏查山西司库应解京饷一百八十万两，系地丁项内动支，河东道库应解京饷三十万两，甘饷五十二万两，除州协饷十三万两，系在潞盐加费加票项内动支，此外各路军营协饷，则在各货抽厘及各项减成款内通融匀解，统计每年京协各饷，不下三百数十万两之多。今各卡厘金，因邻省多事，商贩裹足，致收项日见稀少，而茅津渡对岸之会兴镇，向系豫盐行销之地，被烧罄尽，其陕盐营销之三河口，又因回匪滋事，商贾迁避一空，遂致两省盐引滞销，课项因之亏短。臣前因晋省连年筹办防堵，经费不足，无可筹垫，不得已奏留地丁盐课内应解京饷三十万两，以为防范之用。其河东应交本年盐课，因豫、陕销路不通，势难加票，亦经臣据实具奏，奉旨：户部议奏。钦此。现准部咨，以河东引票滞销，固属实在情形，而京饷要需，亦须竭力筹划，仍令设法办理。臣恭列封圻，受恩深重，曷敢稍存畏难苟安之见，致各路有停兵待饷之虞，但潞盐滞销，由于豫、陕不靖，已邀圣明洞见，臣惟有督饬河东道刘子城于万难筹划之中，设法办理，能多销一名，即得一名之用，俾京协各饷有所接济，方能保全大局，仰慰宸廑。此外惟有续议劝捐之一法，第晋民频年捐输，率多告匮，难望照前踊跃，此不过一时权宜之计，不足为久远之图。臣再四思维，与其专恃劝捐，得协济于有限，何如疏通盐路，收正项于无穷。刻下秦回鸱张，陕票固难行运，而皖捻尚远，豫盐尚可畅销。所虑发、捻出没靡常，飘忽莫定，往往一股甫灭，一股又起，僧格林沁兼顾三省，亦有应接不遑之势，断难追剿逸贼。若不设法变通，则潞盐永久滞销，资费何由而出。以臣愚见，不如就此时群贼回巢之际，勅下僧格林沁大军驻扼河南归、陈适中之地，暂缓捣其老巢，但能设法邀集，不令该匪复扰豫境，并令荆州将军多隆阿移驻潼关，进兵东路，胜保之军仍回咸阳，以分贼势，倘回匪被剿狂窜，一经扑河，臣即会同德兴阿督率马步官兵，痛加剿洗，以靖回孽。如此变通办理，河南既无警报之传，潞盐即获畅销之益，即各卡厘金亦可渐有起色，庶京协各饷，不致无项可筹，晋省办防亦属有款可动。一俟胜保、多隆阿戡定关中，再为归并安徽，扫清皖逆，大局幸甚！臣为京外各饷关系紧要，亟宜疏通盐路，以济急需起见，是否有当？理合恭折具陈，伏乞皇上圣鉴训示。谨奏。

查明胜保宗兵军纪不严片

同治元年十一月二十一日由驲附奏。再同、朝回匪出没靡常，蒲州一河仅隔，防范最关紧要，且时有陕西难民，纷纷过河逃避，臣恐回逆混迹其间，图窥虚实，叠饬在防文武于山、陕往来渡口密为盘查，一有形迹可疑之人，即行拿究，不准稍涉大意。兹据德兴阿向臣面述：本月十五日傍晚，蒲州东门外有西来男妇十余人，不住客店，另住乡庄，随同护送者甚伙，皆不知来历，情殊可疑。当派官兵亲往盘查，知系胜保眷口，共计少妇四名，仆妇四名，家人、厨子、车夫七名，风闻有陈四眼狗之妻在内，当即截留来贼。经臣饬委蒲州府知府李庆翱先提家人吕斌、杨贵，车夫张伊三、王敬行等查讯，据供：少妇四名，其一姓吕，系胜保于前发新疆时路过西安府所纳，其余三人，名瑞姑、荣姑、新姑。曾闻新姑，即系陈四眼狗之妻，由苗沛霖私送，不知真假。初由河南护送至潼关，暂住公馆，今知荆州将军多隆阿将到，经胜保谕令过河等语。臣查胜保以统兵大员携带侍妾，已失体制，若所纳之妾竟有逆首之妻在内，则更不知检束，无怪物议沸腾，众心不服，应否彻底根究，抑念妇女无知，先行开释？臣未敢措便，敬俟训示遵行。又据德兴阿咨称，派兵亲往盘查时，已在定更以后，该副都统先带男妇进城，讵有不肖兵丁乘机抢掠乡民，猝不及防，以致自行投井者二人，受伤者二人。现已查明，将所抢衣服等件陆续追出，交蒲州收存，给主具领，并对滋事各兵拿获看管，听候严训究办等因。臣查官兵措抢民物已属大干禁令，因此致酿人命，尤为罪不容诛，除委员讯明实情，另行从严惩办以肃军律外，理合附片具陈，伏乞圣鉴。谨奏。

派员护解已革大员进京并拨解陕西兵饷折

同治元年十二月初六日由驲具奏，为派员护解已革大员进京，并奉拨陕西军饷，先行就近提用地丁银两解往接济，恭折奏闻，仰祈圣鉴事：窃臣前奉密谕：前据多隆阿奏称，本月十九日可抵潼关，特谕该将军，令其抵关时传旨将胜保革职拿问，派员迅速押解来京议罪。胜保路过晋省时，并着英桂派委妥员，会同多隆阿原派委员妥押来京等因。钦此。又奉上谕：胜保奏饷银被劫、并眷属为德兴阿拿办各一折，此次解饷委员，何以不慎探路径，小心防护，致巨万饷银为贼所劫？该委员是否被害，抑系逃回晋省？着英桂查明具奏。多隆阿督办该省军务，入关伊始，需饷甚殷，仍着英桂恪遵屡次谕旨，迅速筹款源源接济，毋稍延误。至胜保所奏，伊妾吕氏由潼关渡河北上，经德兴阿挟仇指为奸细，拿交英桂讯办，并抢掠一空等语，是否尚有不实不尽？胜保京外窝所资财，均已有旨查抄，着英桂查明，如该眷属带有资财，即着英桂查抄，将资财分给陕营将士，仍一面据实复奏等因。钦此。遵查晋省解饷委员田西庚，于行抵朝邑后，经胜保派队迎提，行至同州府城数十里地方，忽有大股逆回蜂拥而至，将饷银全行劫去，官兵寡不敌众，退入朝邑，委员不知下落，迄未回省，是否被害，容再访察。又查胜保眷属于本年十一月十五日傍晚，寓居蒲州府东门外乡庄，因其形迹可疑，经德兴阿派兵亲往盘获，交臣查办。并查出兵丁有入村劫掠、致酿人命情事，经臣据实具奏在案。其时仅获胜保眷属轿车五辆，骡子六头，此外均系吕氏等随用之物，并无赀财，现将车、骡两项交蒲州府知府李庆翱收管。并准荆州将军多隆阿遵旨将胜保拿问，一俟派员押解来晋，臣即添委候补知府薛珊、候补知县钱承霖帮同护送，以昭慎重。惟多隆阿大兵云集，需饷孔殷，陕甘督臣熙麟驻扎潼关，亦复缺饷，虽经臣行司赶紧筹解，而距陕遥远，运解需时，深恐缓不济急，已就近在于蒲、解两属未解地丁项下提银三万五千两，分拨多隆阿军营二万两，熙麟粮台一万五千两，用资散给。其余未解之款，俟司库续有解到，再当源源接济，以期毋误军需。所有派员护解已革大员进京、并拨解陕西兵饷缘由，理合恭折由驲驰奏，伏乞皇上圣鉴。谨奏。

催令革员胜保迅速赴京审明该革员眷口供词及查明被抢村庄实在情形折

同治元年十二月二十四日由驲具奏，为遵旨饬催革员胜保迅速赴京，并审明该员眷口供词，及被扰村庄实在情形，恭折复奏，仰祈圣鉴事：窃臣承准议政王军机大臣字寄同治元年十二月初四日奉上谕：多隆阿驰抵同州，即将胜保传旨拿问，派佐领诺明阿、协领伊凌额护解起程，计日应已出陕西境，所过山西、直隶地方，着文煜、英桂遴派文武妥员小心护解，沿途驲站不准任令逗留等因。钦此。查胜保系本月初五日由陕西颌阳县渡河入境，臣即派委候补知府薛珊、候补知县钱承霖驰往临晋，妥为护解前进，并驰沿途地方官一律催行。兹据委员禀报：该革员已于十四日行抵洪洞，计程月内当可出境。又德兴阿前获胜保眷口，闻有逆首之妻在内，并查出兵丁往拿时，有乘机抢掠，致酿有人命情事，经臣奏奉上谕：胜保以带兵大员携带侍妾，已属有违体制，并敢措纳陈玉成之妻。该革员眷口既经拿获，即着英桂亲自提讯，严行审问自皖省辗转赴陕各情，据实具奏。至德兴阿所带兵丁乘机入村抢掠，致酿人命，不法已极，着英桂再行确查，并将拿获之兵审明正法，此项抢掠系何处兵丁，均着查明具奏等因。钦此。臣遵即亲提革员胜保侍妾吕氏等详加审讯，缘吕氏系陕西西安府人，于上年十二月由京起程，前赴直隶威县胜保军营，旋由河南随往安徽太和县，嗣因胜保奉旨督办陕西军务，该氏欲回籍省母，复寄信回京，唤其侍婢李氏荣姑、张氏新姑二人入陕随侍，以便径赴西安。又在太和县时，有胜保家人吴贵自上海购来皮氏瑞姑一人，本年六月由太和携带同行，取道河北、山西径赴潼关。其时胜保已由西安折回，进兵同州，该氏因西安路梗不能前进，即遵胜保传谕，仍由晋回京，于十一月十五日由潼关渡河，行抵永济县城东盐郭村地方，天晚住宿，经德兴阿闻其形迹可疑，带兵前往拿获等语。臣以前获胜保眷口时，曾闻有陈玉成之妻在内，人言岂尽无因，恐吕氏等所供而有不实不尽，复又隔别严讯。仅据吕氏供称，曾闻胜保口述，苗沛霖拿获逆首陈玉成后，将眷口派员由颍州押解军营审办，究竟有无其事，伊系女流，难知备细，须问胜保方知。再三研鞫，矢口不移。臣查胜保所到之处，均有收纳妇女情事，是否别有隐情，诚难保其必无，复讯家人、车夫等，据供曾闻亦有此说，内惟家人张荣系胜保亲信旧仆，应知虚实。饬查张荣，先已脱逃，无从深究。吕氏等均皆年少，讯无逆妇在内，久羁营防，诸多未便，应否解回本旗收管，恭候谕旨遵行。至德兴阿所带兵丁乘机入村抢掠、致酿人命一节，先据德兴阿咨称，闻有投井者二人，受伤者二人，经臣檄饬地方官永济县知县洪贞颐亲诣勘验，查得投井者，系少女何春娥、何春香二口，另有受伤之任知贤、宋得全、李万贵、李秋来、秦良臣、宋元氏等六名口，任知贤、宋得全先后因伤殒命，余皆平复。又有村民景文禄等先后呈报，被抢衣物者三十八家，距村半里许之上原村监生贾维栋即贾明纲、并贾积庆均报被抢，经洪贞颐验明属实，照例详报。当将拿获天津、正定两营滋事兵丁，发交蒲州府知府李庆翱会同臣营委员候补直隶州知州姚庆布等严讯，该兵丁等何人起意为首，何人下手伤人？该兵丁等此推彼诿，供甚狡展，连日熬审，忽认忽翻。正在隔别讯间，适有逃将宋景诗违令渡河之事，马步人众，扰动堪虞，当派德兴阿统兵追剿，讵前获各兵，恃无质证，率多推卸于现在从征之兵，若不三面环质，将现获之兵光按军法从事，不惟难成信谳，更恐首恶漏网，指证无人，转不足以服众。臣思维再四，决狱务贵持平，执法期于至当，惟有俟德兴阿带兵回防，再提众兵当堂质讯明确，将为首抢掠及下手杀伤人者押赴犯事地方枭首示众，余皆尽法惩办，以肃军律而快人心。并将约束不严之带兵各官从严惩办。除将胜保眷口供词，缮具清折恭呈御览，并将全供咨明军机处备查外，所有催令革员胜保迅速赴京及审明该革员眷口供词，并查明被抢村庄实在情形，理合据实恭折复奏，伏乞皇上圣鉴。谨奏。

胜保家眷及被抢村庄案审明定拟折

同治二年四月二十三日由驲具奏……奉上谕：胜保眷口既据审无别情，着即解回本旗收管，惟其眷口所携资财现存何处，尚未据英桂复奏，并着严切追缴，解交多隆阿军营分赏将士。德兴阿所带兵丁入村抢劫致酿人命，必应从重惩办，以肃军律。着英桂责成德兴阿将首要迅即交出，分别治罪，并将约束不严之带兵各官从严参办，毋稍宽纵等因。钦此。嗣据德兴阿将天津官兵统带回防，其正定兵丁因直东教匪滋扰，晋省潞、辽吃重，留于辽州防堵，当将现到之兵，仍交蒲州府等，提同前获兵丁三面环质，究出起意抢夺者，系天津营兵丁陆得胜，下手伤人者亦系该营兵丁……缘陆得胜、牛顺、李万、张国安、朱得胜、傅友德均系直隶人，充当天津营兵丁。同治元年十一月十五日傍晚，西安副都统德兴阿闻得蒲州府东门外有西来男妇十五六人，不住客店，另住乡庄，随同护送者甚伙，皆不知来历，情殊可疑，当派正定、天津两营官兵亲往盘查，知系胜保眷口，共计男妇十五名，风闻有逆首陈四眼狗之妻在内，当与所带各官亲身督押进城。该兵丁陆得胜与已获之牛顺、李万、张国安、朱得胜、傅友德，并现在辽州防堵之张玉太、张群玉、王占奎、高照滨、武得功，在逃之宋平安、孙振发、郑永立、卞得成、曹玉春、史永庆、辛殿荣、滕有、赵得发、曹起升、赵得成、刘廷良，昔存今故之谢文奎、刘成勋、李起得、杨大升行走落后，陆得胜因胜保眷口行李寄存盐郭村，必有厚资，起意乘机搜抢，当与牛顺等相商，牛顺等均各应允。行至途中，张国安、朱得胜、傅友德畏惧折回。陆得胜与牛顺、李万、张玉太、张群玉、王占奎、高照滨、武得功、宋平安、孙振发、郑永立、卞得成、曹玉春、史永庆、辛殿荣、滕有、赵得发、曹起升、赵得成、刘廷良、谢文奎、刘成勋、李起得、杨大升等二十四人，即至盐郭村遍加搜抢。村民任知贤、宋得全、李万贵、李秋来、秦良臣，民妇宋元氏出面拦阻，陆得胜、牛顺、李万、张玉太、张群玉、宋平安、孙振发各用刀枪乱扎，何人致伤何处，因人多手杂，均未看清。该村妇女疑系陕西回匪，致少女何春娥、何春香同时投井殒命。陆得胜等即在景文禄等三十八家，并距村半里许之上原村贾维栋、贾积庆等家抢得银钱衣饰，分携出村。时有正定营兵丁吴存德、闫世凤、袁顺怀，因陆得胜等久未回归，前往查探，即在中途会遇，陆得胜等告知前情，分给零星物件，嘱勿声张，一同回至防所。即经德兴阿与带兵各官访闻查拿，该兵宋平安、孙振发、郑永立、卞得成、曹玉春、史永庆、辛殿荣、滕有、赵得发、曹起升、赵得成、刘廷良闻拿逃逸，将在防各兵逐名搜查，起获原赃衣饰等件，传主认领，而村民任知贤、宋得全受伤较重，先后毙命，余均平复。此陆得胜等乘机抢夺酿命之实在情形也。臣恐入村搜抢之兵不止此数，及张国安等所供，临时畏惧不行，事后分得零星赃物，亦难保狡供避就，复向严诘，该兵张国安等坚供如前，质之陆得胜等，供亦无异。逃兵宋平安等弋获无期，现犯未便久羁，应即拟结。查陆得胜、牛顺、李万、张玉太、张群玉、王占奎、高照滨、武得功、谢文奎、刘成勋、李起得、杨大升身充营兵，胆敢乘机抢掠，持械行凶，以致二死四伤，并致少女二口同时自尽，该犯等或起意为首，或下手伤人，或随同搜抢，均属目无法纪，罪不容诛。除谢文奎、刘成勋、李起得、杨大升病故不议外，所有陆得胜、牛顺、李万三犯，现羁永济县监，臣于审明后即委蒲州府知府李庆翱会同中军参将恩瑞将犯绑赴犯事地方，分别处斩枭示。张玉太、张群玉、王占奎、高照滨、武得功等五犯均在辽州防所，饬令带兵官吴德元将各犯按名处决。张国安、朱得胜、傅友德、吴存德、闫世凤、袁怀顺等六名，或临时畏惧不行，或事后分得零星赃物，尚非同恶相济，惟均不守法纪，未便宽纵，应各重责四十棍，仍插耳箭游营。逃兵宋平安等十二名，均系随同抢掠伤人之犯，已饬各属并咨直隶督臣饬属一体严拿，一经拿获，即由该地方官讯明就地正法，以昭炯戒。带兵官天津镇大沽协游击田茂、前左营千总郝承恩、后右营额外外委于兴云、正定镇固关营守备吴德元、署左营赞皇汛千总贾如璧、赵州营隆平汛外委尹德明于所部官兵抢掠村庄，杀伤人命，先既毫无觉察，及至事发，又不能将犯按名获送，致被脱逃，非寻常疏忽可比，将千总贾如璧、外委于兴云均革职留营，以观后效，郝承恩已在防所病故，应毋庸议，外委尹德明尚有在洪洞县需索滋事一案，另行从严参办，游击田茂、守备吴德元请旨交部议处。胜保眷口进城时，仅有轿车五辆，骡子十头，此外均系吕氏等随用之物，并无资财。其行李衣包及首饰等件，寄存盐郭村，有经该家人先行携走者，有被各兵抢散者，次日即据德兴阿在于兵丁陆得胜等名下搜获赤金一小锭，计重二两五钱，金镯一只，金耳挖一支，共重三两零，碎白银十六两零，银簪二支，计重三两零，洋表一个，即系吕氏等原赃，当同车轿骡头，遵旨一并解交多隆阿军营充赏，取有回文。其被抢衣服等件，有无寄存容再密访究追。此外衣物已传盐郭、上原两村居民认领。所有审明定拟缘由是否有当？理合恭折具奏，伏乞皇上圣鉴。谨奏。

参领傅双兴暗禀实在情形折

同治二年六月十四日会奏，为遵旨据实明白回奏，仰祈圣鉴事：窃奴才英桂接准刑部咨开：奉钦派会审已革兵部侍郎胜保一案，前因胜保亲供，与原参情节不符，奏奉谕旨：着原派王大臣等将该革员胜保被参各款内应提人证，迅即酌提等因。钦此。查胜保被参出侵饷银八出十入，控奏兵勇数目各款，系西安副都统在蒲州防河，有胜保营内之火器营候补参领双兴到蒲州军营，德兴阿向双兴面询，据双兴所称情节，与山西巡抚英桂等联衔具奏。嗣因胜保亲供内称，并无克扣兵饷等情，后行火器营查傅双兴到案，按照德兴阿等原参各情节，逐款辩诘，据双兴呈递亲供称：上年十月初间，伊由潼关押解火药过径蒲州，德兴阿问伊每月口粮多少，伊回禀：现时因饷不足，每月领十二两有余。德兴阿言：各处协济不下二十余万，因何不足？其余银两想是胜保克扣。伊但闻饷到时，或一万，或两万，由右营具名请领，登时发放无余，众所共见，粮台详细之事，伊实系不知。德兴阿又问：闻有八出十入之事。伊禀称：总兵成禄派往三原县解围，赴粮台支银一千两，向胜保暂借积存薪水项下凑给八百两。此事系赴三原县领火药人等向伊告知，实不知粮台如何归还，并未闻有八出十入之事。再胜保所带兵勇，伊每遇出队，在前御敌兵勇约共七千五百余名之多，其余兵勇在西安、咸阳、三原、潼关各处剿办者，或二十、或三十不等，通共约有一万数千之多，其各营兵勇数目，伊不得其详。至胜保在旗、汉各营选挑充当戈什哈之人，多系有官职翎顶者，并未见优伶充当亲军。每遇出队时，有奋勇打仗或得贼器械者，胜保即饬粮台分晰奖赏，所有提银之事，伊未在粮台当差，并不知悉，亦未见有提银之事。又闻胜保有妾，系陕西人，曾到潼关省亲，实不知其共有几人。上年四月二十四日拿获陈玉成后，伊即奉胜保令，赴京催提采办马匹，系四月二十六日起程，陈玉成系如何获落，伊一概不知。伊在蒲州，德兴阿当面问时，即如此答对，德兴阿面带怒容申饬，不知何意？彼时伊未敢争辩。以上各事，均系实在情形，事关重大，不敢隐瞒等语。查双兴所递亲供，与德兴阿原参面询双兴所称情节均不相符，请旨饬下西安副都统德兴阿暨山西巡抚英桂迅速据实明白回奏。同治二年五月二十四日奉旨：依议。钦此。臣德兴阿尚在陕西同州，亦准刑部咨同前由。遵查同治元年，臣德兴阿在蒲州防河，十月间，街谈巷议，胜保各营兵勇，半皆讨乞，到处抢掠，骚扰良民。臣德兴阿恐有讹传，未敢遽以为真。忽于十一月初七日，有素不相识之双兴因委解军火，道经蒲州，来至军营求见，声言伊系胜保营中火器营候补参领，伊父德克津泰曾在江南军营跟随臣德兴阿当差，遂即传见。该参领遽请咨调来蒲，听候差委，并称：胜保军营事多暧昧，所带勇兵，虽说二万之多，其实不过万余名。该营月饷，向系山、陕、直隶等省协济，虽未能如数解到，大约每月亦应有五六万两，各省解到军饷，毋论多少，胜保先于饷内按月提银三千两，作为备赏之用。其实并不分赏，尽饱私囊，然后分散勇粮，倘不敷支，须向胜保挪借，按八扣出借，照十成归还，下月饷到，先将借款交清，所余已属无几，仍向胜保扣成借放，是以每月各营所得不过数百两，分至兵勇名下，每人数月仅得银二三两或五六两不等，惟亲军则按月均无拖欠，盖因此选者多半优伶，以致各营兵勇尽成乞丐，遂不能不四出抢掠，藉为口食。其屡次与贼接仗，均因兵勇枵腹荷戈，不肯用命，遂致迭有剉失，未能得手。胜保奏报饰败为胜，且有藉此请奖，纳贿营私，所保之人，除马队官勇外，非有馈送，不能列入。又其前在西安驻军时，曾有京城少妇，言系胜保义女，特求一见。是日晚，胜保即将此妇唤入公馆。又有逆首陈玉成之妻，前在安徽时亦为胜保所纳，尚有不知来历妇女二人，现均随至潼关。此外，劣迹尚多，不及备述等语。复问胜保克扣兵饷银两不少，归于何处？该参领又称：此项银两并胜保家中陈设，其中更难尽言。臣德兴阿恐该参领与胜保挟嫌，捏词陷害，犹未遽信。次日，该参领又来求见，复向详细询问。该参领所称与前言无异，即在营官兵亦所共闻。臣德兴阿因胜保以一介寒儒，受三朝恩遇，荣宠已极，其自督师以来，不数年已成巨富，房屋坟茔修葺一新，楼台池榭无所不备，所耗岂止数十万金，足见双兴之言不为无据。况胜保系屡经获咎之员，荷蒙皇上弃瑕录用，授为钦差大臣，委以军旅重任，该员不思激发天良，力图报效，胆敢辜恩溺职，误国殃民，不觉怒形于色，是以与臣英桂联衔具奏。迨奏参后，该参领来蒲即求在营当差，臣德兴阿以遣撤人员未便留营。该参领又称：在胜保营中甚是苦窘，及今回京，马匹银两俱无。臣德兴阿拨给该参领马一匹，该参领即怏怏而去。臣等伏思该参领所言胜保劣迹，皆历历可绘，何以一经传质，顿改前言，若非此时别存私心，欲为胜保卸罪，即属前次私揭人短，希图自己进身。且该参领自来求见，非臣德兴阿招之使来，一切细情非彼面述凭何知悉。臣德兴阿虽愚，亦知大体，并曾明查暗访，事皆有因，非仅听该参领一面之词冒昧参劾。理合将实在情形遵旨明白回奏，伏乞皇上圣明洞鉴。谨奏。

捻军资料补集

（下册）

牛贯杰　编

近代农民战争再研究丛书

牛贯杰＼主编

海峡出版发行集团
THE STRAITS PUBLISHING & DISTRIBUTING GROUP
福建教育出版社

目 录（下）

第五部分

周天爵文集

周文忠公文集序

张寅

清任和各得所偏者，已卓卓过人远矣。萧、曹定汉，韩、范、富、欧辅唐，赵节度、曹武惠、包孝萧〈肃〉治宋，莫不得气之清偏而近于全者也。至于刚烈不挫，矫强一生，亦得清气之偏，不屑为唯唯诺诺者而非遭极盛之运，必不能垂名竹帛，好德考终。古有汲黯，朱云：诸君子殆其选耶，不图于公见之也。公往矣，不获见于公之文，见之也，公之名震于天下，公之文章经济亦在人耳目。余与庐江江龙门至交，龙门乃公拔识之士，论公最详，故知公最悉。公山左清才阿东世，阅著为文多渊懿古茂，才足以经文纬，武力足以去莠锄奸，成进士由邑宰擢至封圻大臣，朝廷知之任之。公生平不敢负吾君，不忍负吾民，迹其秉钧庐凤、总权漕政、晋迁两湖总制，而除恶务尽，嫉恶如仇，无一事不可告天，无一言不可告人，往往廉悍近酷，刚决致愤，几至不克终任。朝廷又未尝不谅之而复任之，故晚遇尤厚。迄今江淮荆楚间民畏其威者以为包孝肃复生，感其德者以为郑国侨再出。吾知公与古君子后先辉映，必有传之不朽者矣。如公之为人，不即知公之文纯乎得气之清者耶？公为汝南后，自古厚重少文如勃，读书除害如处，光风霁月如茂，叔类皆重忠义，崇道学，持人之危，扶人之颠，而言坊行表教人以正。公承其泽，而案无累牍，政无疑狱，任功任过，任劳任怨，使人人为良民，毋为莠民，为良吏，毋为贪吏。其识虑宏远，逆知人心日变，有不可一日姑息者。观其言，知其行，其真得清气之偏，而以任自重者乎？虽落落数言不足以尽英伟刚毅之全略，而读其文者皆血性语，可以为忠，可以为文，而绝无近世泅澳跻弛为也。书竣而归之黄君瑶圃，以志不衰。时咸丰十一年二月清明前三日。张寅序于松江叶榭水次。

跋周文忠公序

金安澜

道光壬寅，周文忠公督漕淮上，安澜谒见节署，望俨听厉言，及文字色颇温洵乎，君子有三变也。今距公薨已八载矣，瑶圃黄君奉其遗翰属题，焚香展诵，默想形容，洋洋乎如在其上。公与汤海秋侍郎最交最深，以道德经济相砥励，故往复书札独多。公精钩距之法，勤藁垂之事，又善商高甘石之术，崇论宏议，言之必可行也。黄君掌记幕府，珍藏其书，将付诸手民立言可不朽。已昔吕步舒为董子门徒，不知其师之书，谓之大愚，若黄君者其卓识为何如哉！咸丰己未金安澜谨跋。

关帝庙碑记

自古智仁之士从义殉难，著人臣之极节，垂不朽之盛业。其最著若唐之雎阳、宋之文山、秀夫，皆以其身而系社稷存亡，卓荦千古者也。然未闻其祀遍于天下，岂身后之名有幸、有不幸哉？毋亦名食其报而不爽欤？汉末帝君从龙，起于戎行，戮力艰难，抚驭荆楚，卒为吴贼所掩，而汉室终不能兴。迄今数千百年，自天子至于庶人，虽频繁之末无不欲荐之于帝，如孝子之事慈父母，岂帝君之功独超千古而节为一己所独哉？盖当时势两难之际，惟圣人为能权义理之精而不计利害。春秋之世，元黄混淆，不有孔子，天下不知尊王之义久矣。孔子成春秋，而乱臣贼子惧，故治乱贼必锄。乱贼之党与汉末曹操弄柄昭烈，欲为汉臣而不得，其迹屡梗王命，则与孙权等耳。而帝君以外臣欲除肘腋之患，虽智者虑此，不过谓扶君得志，以继汉统，待其恶已成，声其篡窃之罪而诛之，可彰大义于天下后世矣。呜乎，此乌知帝君之心哉？夫帝君所以倾心昭烈者，为其心在献帝，所以深恶东吴者，为其为操党与无其迫胁之迹而不臣已甚者也。何则当樊城将坠之时，操胆已破，使权少有人心，并心协力，分路致讨，则操迁都之说直欲遁耳。夫岂不揣以坚之子世食汉禄，不宜有此哉？是故帝君前以其不臣而恶之，今与之约而彼慷慨而来，是圣人所与人悔过者也，岂忍预设逆亿之心而料其不肖至于如此，迨夫功之不成，而帝君防患以疏闻，而心愈湮矣。夫心愈湮，而弥彰春秋二祀与孔子终古非偶然矣。至若雎阳为唐臣，文山为宋臣，臣为君死，义已明矣。余故伸明人臣极难之义，为帝君阐发其志，以示敬畏者知所以向往云尔。

道光五年岁次。乙酉八月日。

重修郭陂塘记

郭陂塘统受凤、怀诸山之水，环塘居民数千家，胥藉此以利灌溉。塘之形若仰釜，水性不能逆上，每分道下趋汇为巨浸。古之人穿浚沟渠，一导上游珍珠泉、木栾泉之水，由分水领乘势北注，泉涓涓细流，可以敌小旱，虽塘废已久，居人生活者赖有此矣。其大利则在分水领南建筑龙王坝，坝居深溪古涧之中，巍然如砥柱，每逢山水暴涨，挟数十里勃怒之势尽汇坝下，力不能争，然后宛旋劲上，由查八店折入于塘，是此坝吃力最重，以故不能经久，自前明以来兴废屡矣。癸未秋，予宰此邦，戴春塘观察即以是役属焉。次年春，陶云汀中丞奉命北来，登涂山之巅询问塘坝举废，既去，遂入奏。予后历览周围斗门十二俱圯，坝仅有废石百一二存。是年秋，尽延东南诸父老及塘之总副、合邑绅士好义之家，量捐资财，定议计亩认工，先穿环塘之渠，土附埂上，次理斗门，别添涵洞分注农田。邑人曰可，而孔冈贡生陈汝谐毅然任之。越十月十三日大集，民夫自挑塘沟及引水诸渠，凡三易寒暑，而斗门等项亦以次功成。惟龙王坝形基久废，地居众水急注之中，年久冲刷愈甚，引水诸渠久经湮废，愈淤愈高，取愈低之水载诸高地，是以工费綦重，此役自伐材取石以迄蒇事，中更将成而圯者二次，直至八年春始复。坝之旧度傍又凿月河一道，添减水闸一座，分泻山水之怒。比成，通报大宪，不意民力甚劳而予谬获嘉命，心甚愧之。然自兹更望诸父老勿狃目前，心维久远之计，凡诸土石工后不能随时补浚，日久断无不废之理。夫塘有易淤之势，坝形累卵之危，诸父老不以为惧，反张大前功而歌咏之，是既重予罪，亦何以副大宪为民求瘼之心乎？予故略志颠末，以示不忘艰难之意。至塘制原委，详在邑乘，兹役度支皆有会簿，故不悉。惟特著其期望之意如此。

创立节孝祠募引

戊子

昔杨忠愍公为节妇传，谓节妇更难于忠臣。大意忠臣世豢国恩，且进荣退诛根于天性者尚矣，其次迫于义命，忍之须臾即为完人，非若节妇婉娈弱质，不待诗书之教，厚禄之养，独能内断于心，终天之日嫌疑自卫，皆若忠臣义士之身御强敌，凛凛然负干枕戈以全忠肝义胆之时也。是以墉风之柏舟，毛诗序为共姜所自作，圣人著之为经，历代褒扬，著为令典，所以扶树天地之正气也。我朝尤重名教，凡举节孝既表闾里，又立祠宇，以时祭飨，敕守土官亲莅之，其品物例得开除正赋。呜乎，凡以慰贞魂而阐幽光，其用心可谓备至耳矣。予今年署阜阳，奉府宪命，以节孝祠在圣庙中于义未协，议另度地建祠，以重祀事。此诚析义之大者，夫节孝固圣人之徒，但男女之别，女子严办于生前，其孤魂骤跻群贤之地必有不安，名为祀之，而不足以妥贞魂之心，甚非宜也。爰议建祠于省牲之旁壤，筹为明楹，前后二层，约其费需五六百金，议募自节孝有力之家，寒微者概不登募，不给予足成之。既延诸绅士，佥议曰：可。遂订输簿，望量输赀以蕲斯役之速成也。

道光八年春二月署阜阳县告示

照得为政之道，先正己而后正人。正己之道非独一身之谓，凡署中家丁以及胥役、约保人等皆知奉公守法，则政不期自举。然此辈人果能激发天良，凡不义之财一言害人，一言枉法，受之若猛兽毒蛇，或立见祸败，或报在儿孙，天理必不能容，王法在所必诛，人人晓得此义，凡人皆可以为政矣。惟此辈人良莠混杂，其不善者性若封豕长蛇，只知叨人骨髓，遑计身后之祸。平日善识本官意向，本官志在嫉恶，即以一二良民窜入恶党，虽被害之家到案洗削，而钱已饱其欲橐矣。再者以无根之言指官撞骗，而刁棍顽类与之结党营私，是本官虽欲救民反以病民，虽欲惩恶反以长恶，则是不明之罪与不公者等是，近官之人更甚于贼匪棍徒之为害也。而官之甘受蒙蔽，以害亿万百姓，其与自杀之者又相去有几。本县到任以来，书吏丁役痛惩，乂者亦复不少，无如稔恶性成，害不及身即为得计，是我一人虽竭尽心力亦不能照及无穷，总不若民之受害者指实讦告。不论是何色人，但有指官诈财之实，据实指控，本县即以治匪类者治之，亦人人痛快者也。本县自登仕版，凡利害祸福无一在念，常视此官一日息肩得少一日过犯。总之州县官所处甚难，尔民知我不得已之苦心，尔有口敢诉冤枉，有心能知是非曲直，使我与良民疾苦一丝不隔，我之所谆谆厚望者也。特谕。

戊子春署阜阳作

此地须勤勤恳恳，十年功夫方换一番气象；
其人必孜孜亹亹，满腔热血乃成大假规模。

戊子冬被参劾

（钦差查办良民，乞留凶徒讦告，故作此联）

说好如何，说歹如何，好也是我，歹也是我；
有利怎么，有害怎么，利也在天，害也在天。

己丑秋升宿州作

下情易隔，勿信书差而疑百姓；
天恩难报，宜轻身家而重闾阎。

重刊守城要览叙

兵法云：善守者不知所以攻，善攻者不知所以守。夫不知所以攻守者，不过多方以误之。云尔误之之秘，惟在能识敌情而敌莫知我之所向，遂若动于九天上下，百万之众尽入彀中，岂真别有神工鬼斧播弄其间哉。李临淮太原之战，以四十里荒城而当十万之师，刘武穆以甫至之军而挫兀术百万之寇，非必我勇而贼怯也。技不穷于应猝，算多胜于事前，是故我逸而彼常劳，彼骄而我愈怒之，皆揣敌之情，知兵之忌。惟因险而形敌，即因形而制胜者也。夫有城而不能守者有矣，未有无城而能守者也。恃城而守则难凭城，以战而守则易城之高下形也，因形战备则存乎人，所备既豫则民志定，然后我心不至张惶四顾，而出奇用间之谋可施，而又远斥堠以节逸劳，清郊野以绝剽虏，揣敌之欲速欲久而我为虚实应之之法，则胜常在我矣。虽然兵不可以预料，兵法皆筌蹄也，得其人则术以神，不得其人适以自毙而要之，未有不讨论于先而能应变于后者。吾乡前辈宋公少时读书清河寺，遇异人授以兵法，既达，当明季涂炭之日，身经百战，出其设施有验之方，或出于古，或以意裁，缉为守城要览。夫兵可百年不用，而备不可一日无。我国家承平百余年矣，深仁厚泽，汪濊澍濡之南海者若东西家焉，而武备未尝一日或弛，亦揆文奋武，圣人保民自然之理也。天爵不揣固陋，谨刊是书，聊附蒭荛之义，守土者政务之暇略作是编，或亦卫民之术之一助云尔。

道光九年岁次己丑孟秋月朔日，乡后学周天爵谨序。

劝捐启

道光辛卯代桐城县杨作

盖闻救灾恤邻、聿昭古谊为善最乐，尤在端人。桐邑冠裳大族甲于通省，虽人文之会昌，亦蓄德之深固，盖天之所以报善人者，惟其有之，是以取之也。本县宰于兹土凉德菲才，干违天和，驯致五月间山涛怒涨，江水逆潮，遂使东南二百里弥望汪洋，吾民荡析离居，曷胜悼叹。本县素鲜抚字，岂敢以救荒无策委诸异人之任，惟念诸父老谊敦桑梓，不忘将伯之呼，今方伯大人深悯民瘼，溽暑蒸炎，遍行周历，业将闾阎疾苦上达宸听，复行倡捐俸廉，鼓舞善类。本县奉命之下不胜舞蹈，除捐廉若干以资接济，所望士夫衿耆共襄政典，不吝倾囊，盖所以育灾黎者即所以培国脉，亦士大夫素日报国之心之所必然者也。兹仿照三年旧章所捐钱文，俾各乡殷殷之士各管各保，断不假手胥吏致滋弊端，用祈诸父老首列台衔，并将捐数注明数目，事过之后即将认真任事，及捐施最多之家另文申详请示奖励。谨启。

辛卯夏过采石矶怀古

昔闻采石矶，今日一登临，
洪涛涌崒嵂，万浪束荆门。
常公何为者，逐鹿遇其真，
鼓楫过巢湖，何异等闲人。
既到险阻地，乃识猛将军，
只身天上下，鹅鹳乱其群。
阨塞既以夺，元兵气已吞，
自此挥长戈，扫荡众妖氛。
旌常铭勋业，妇女至今闻，
我来访旧迹，劫灰竟无存。
高眺频叹息，长江叶纷纷。

祭宿州城隍文①

维道光十二年仲春己亥日，宿州知州周谨以三牲酒醴致祭于威灵侯城隍之神。曰：惟神默佑生民乂安下土，恭膺帝命职守是邦。惟宿邑地处低陂，沟洫欠理，辛卯岁嘉谷不登，饥民嗷嗷，此皆职抚字无术，以致干违天和，驯降大厉。兹赖诸绅耆谊笃梓桑，愿济蒸黎，爰建考棚，又筑城垣。职恐觅食者不给所求，谨请帑挑浚沟河，水道宣流，或变化瘠土伏念民生。如是之困苦，国帑用出多端，又如是之艰难，我主上吐哺以活赤子，臣下竟鼠窃而长子孙，明神鉴察，总宜诛之。伏望大神哀悯愚衷，助我晴霁四十余日，各工蒇事，此即神贶无穷，倘呼之不应，虽明神责亦有焉。天爵布抒丹诚，伏维上飨。

① 题目为编者所加。

送朱尚斋刺史序

道光己丑十一月

天下之休戚系于州县，为大吏者莫不欲得州县之利弊而乘除之，然而求之不以其道，往往操切之而愈纷母。亦州县之职非亲莅是官，其中疾徐甘苦不可以臆度得之者与？然而州县之利弊不外乎民也，真知民情之欲恶，而州县之贤、不肖可得，而论知州县之贤、不肖，乃可以为大府，盖有贤于为妇始能为姑者矣，未有不知为妇而善为姑者也，夫吏何异于是？天爵今年秋视事符离，始得晤前任尚斋。朱公履任宣城，凡五年，其地滋伪善讼，为通省难治之区，而公独得士民心。道光三年江水大涨，公出没波涛中，于冲风冻雨破浪扬帆，以急亿万家之命。人感其德，咸输赀助粥活饥民，捐至十万金，其名旧熟于耳也。彼日一见，知为诚笃君子，其实与名果不虚也。然未知公之善古文词，及得藏稿，乃知深于骚史古诗逸，拙生动直追韦苏州，其险劲过之，乃知治术固有自也。夫公以世家名儒，无几微贵胄之气见于颜面，独能体闾阎之疾苦，而煦咻之所治皆刁悍之俗，乃不鄙其民，而民亦变其枭嚣之气，与公应如响。公之善于作牧者已如此矣，今将为大府也。其驭一郡之州县，即以求民瘼者，以求州县之利弊，如扁鹊之见垣一方人也审矣，则凡州县之欲为治者。其望贤太守之来，与宣城、符离之民有异情乎？夫以公之得民而知能驭吏，以君之能驭吏即以知君之功名未有底也，今公之将有行也，愿以斯民之爱公者而为摅之，庶望行旌再莅皖土乎哉！于是乎叙。

陆先生墓碑

己丑冬，门人张方安持太学生陆公入志节略求予为文，予因忆嘉庆甲子春患失血症亲就医于先生里第，先生劝以循序渐进，不宜过苦一药，遂辍退而访。先生行事四方传之者多矣，今相失几三十年，阅其行事，戚然有动于心，为之传其生平如左。

先生讳德广，家世诗书，为忠宣公后裔。生少孤童时，逢母王氏遘罹危疾，愍然深忧，延医尝药，无顷刻离左右，当构难致之，物以助饮食比疾草，不解衣者七十余日，太翁患其笃也，每多方譬解，先生泣对，虽孺子语，沁人心腑，及殁，邻人闻先生哭泣无不感动。父再娶李氏，无何亦病，公加意卫，养比疾已，李母叹曰：虽亲生子能如此哉！越数年，太翁殁，生养死葬，孝友之声动于远迩。当公少时之遘父母疾也，视疾尝药数年，公若病在身，而默拟一又日亲方书以征见闻，于是竟成良医。吾曾对先生言曰：吾投剂见药之入人口也，吾震悸若瞑眩之出于已，故治疾最郑重全活甚众。而公自储药室蓄良饵，贫者不索偿以待求，亦不记簿，又常急其贫且危者，往往自出粟米养之起立，亦不记忆姓名，间借医道开譬勉人改过，又善易学，其解说多自得语。先生入太学，兄弟三人。长兄庠生德远，事之甚谨。季弟德溥与妇俱早卒，子女幼弱，婚姻嫁娶皆公抚之成人。长兄孙媳马氏少孀难立，公倾赀抚之成其节。一妹适张门，贫甚，待公举火。夫亡子幼妇养育 家人妇子化公之行无敢慢者。晚年生子珩，八十六岁而终。夫公之行始于家，施于乡党朋友，虽未大显，其可谓笃行君子，在邦无怨，在家无怨者矣。铭曰：

古之名医，其高士欤何，宣公好术，而无传欤抑，公之家独得之多欤？有宋清者，公其流亚耶？吾疾已久，岂能无怅望乎哉。

道光十三年四月任凤庐道告示

为晓谕事。照得为政之道，在官民休戚相关，好恶与同。譬如一人之身，一指之寒弗燠则及于其手足，一手足之寒弗燠则及于其身，其血脉之贯通然也。今则不然，小民无日不欲道其甘苦，而在上者无时不思防其诈伪，虽疾痛惨怛，难闻于耳，亦先待之以不信之心。于是冤抑蹙迫，忿而思逞，驯至不顾其身，倩刀笔而上控，否则见官无可恃。聚众一斗，淋漓杀之以为快，所以案中酿案，命中毙命，一块愁惨之气，乌得不上干天和。究其病源，官非不知强梁之可恶也，大凡强梁无不刁顽，长官口虽不言，心甚恶之。一则畏其翻供而已有失入之罪，一则畏其上控而有挟制之虞，再则明办一案而前任难当其咎，本任乃受一累，此心扰于利害，左右前后无非荆棘矣。夫平日以患得患失之心而与民情好恶暌违，何啻千里！其多计勾距，不以书役之耳目为耳目，即以家人之聪明为聪明，更主张之以熟于趋，避之幕友，是犹以狼牧羊，而豢豕乃问于屠夫也。嗟乎！本道目睹斯民之愁苦极矣，是以民之祸患我皆一身当之，从无顾处分为身家之心，乃逢圣人在上，叠受非常知遇，此时图报愈难，身命益轻，今兹下车伊始，恐尔被害之家有冤难伸，或畏其凶焰言出祸随，知官之无可恃也；或患书差为之党羽，百呼莫应，而已先为讼累苦也，究之苦情，尚不止是。今本道为尔辗转深思，欲处民间疾苦，莫若通上下之情。自示之后，尔左右村庄如有窝家窑匪游手棍徒播弄是非，凡乡里刀笔之讼师尤甚者，蠹役盘踞衙门内勾外串，家人贼鼠室狐上朦下忍，此皆有司甘心受愚而犹怙之如骄子者，尔等当据事直书，指定某事某案不法之实迹，书写小摺，自注姓名，无论士民径来吾衙门密禀。我以士民为耳目，庶或不至蔽惑聪明也欤？设若言少游移，神色张遑，其词支离闪烁，我不免一见将其扣住，犹如飞蛾投火亦尔自取，凡递呈词即时管押者皆此类也。尔有耳自当闻之。切切。此谕。

禀安抚台邓

道光癸巳五月

敬禀者：月之十二日接奉赐函，训诲谆谆，不以爵之下愚冥顽而垂教益切，苦口之剂可以救死，爵乌得不感激泣下而汗流浃背乎。夫受教而饰非文过，则真小人之归，且比较强梁凶顽者并不如矣。若直无论虚实而默然承受施之，于常人则可恐，非所以事大贤君子之道也。伏念爵自庐起程，带有押行李差役二名，一许珊，系壮役，一吴山，系皂役。许珊到凤随回，吴山执拿陈端一批于前月初七日跟到临淮查验马号，见通号只有垂倒之马三匹，壮马三匹，直觉动气，遂将棚头喂养行差及管号之家人当场喝斥，而爵向来出门带人甚少，该棚头等伏地辗转，行作之人随势打去，间有偏斜，计七人，共打至一百下，次日着吴山执批赴山东，不意关上已去之家挟吾短长，竟传播若此，且凤阳郡如闻有别制形杖之说，其匠役皆可数也。试问制者谁手，形制何如？爵感君恩最重，而视功名甚轻，于此事虽参劾问罪亦所甘心，若因马号当功令森严之际而号中如此，若经人再奏，爵承宪札丁宁严切，将何以封上宪？此事气怒，几至中风，而人怨之入于骨髓，造此谣言亦可叹也。爵形单影只，家贫亲老，何苦为此招怨之官，幸武场余马甚多，不数日各棚充盈，公事完而爵之病至今愈甚矣。至张鸣车以七八十岁老顽曹璠之子病不能跪，且外间以为打结者，其曲直颠倒冤抑，其底蕴未尽吐露耶。乃爵恨璠拖死其夫，控其妻拖死其叔，与母告其子因重责之纵，其人虽死，亦未必偿冤魂于地下。而人言不以稽延日月累及无辜为转移，以重责有罪之人为过，亦爵所不解也。至郁主簿之张氏，是诚爵之大罪，夫又何辞！若云爵夤夜亲临，从前数任常有此事，即庐州任内亦有此，惟到凤则病，合家半染时症，实未出门，又次子实读书之儿，因前风波数叫而后至，至亦不久遂归。人之父子因避谤不能聚处，而人犹议之不已，仕宦中他人犹可，爵触处皆荆棘矣。惟近房一侄命其访拿陈端，此乃属实。爵素性嫉恶，而恶类目不忍睹耳，不忍闻之事日触于前，又见懦弱良民埋冤缩首，不知背后落几行血泪。若谓爵一字虚诬，天其诛之。爵本愚蒙幸邀恩遇最深，若唯诺受过反开罪于大君，予故冒昧直陈，尤可骇者以母不以为子，欲弃之而归，此层尤爵痛入骨髓。爵因家有孀妹，本多病而出嫁，甥女哺死，家母数日凄惨，以至合家惊惶成病。夫以合家染病而谓爵之胡行使然，何其不思之甚也。再外四郡县或以为爵在此，或以为在彼，地方之谣言诚无他意，倘他人罗织之以为罪过，爵无立锥地矣。爵数日屏息，伤神支离，伏惟夫子大人或赐细访幸，垂察马号，此诚惶诚恐无任悚仄之至。恭请勋安，天爵谨禀。

再禀者。爵前次禀称陈端踪迹在洪湖之滁州卧龙滩地方，经爵密遣侄子周光琢并亲信之幕友黄琪前往的访。今据回称，并无的实踪迹，惟制宪饬拿抢盐之犯甚急，已在下江地面拿获九名男妇解清江矣。合附禀鉴。天爵又禀。

禀督宪陶

癸巳七月

敬禀者。月之初五日接奉宪札，以委员在于洪泽湖一带先后拿获强抢客船及良家妇女之马八、郭三银等，业经审明，定拟将马八、郭三银正法。惟职道所属之庐、凤、颍、六、泗、滁、和等府州地方民风犷悍，接壤东豫，须设法稽查保甲，使匪徒无从托足，良善可以相安，饬于所属紧要之定远等县梅家市等处编查保甲等因。并奉开单到道，职道捧读之下，仰见宫保大人洞悉奸宄、制其扼要戢暴安良之至意。惟马、郭二匪明正典刑，闻河口匪众破胆离披党与正在此时，伏维大人德威张驰，洞中机宜，乘人心惊惧之时为拔本塞源之计，与阳明之扫除八寨合符同揆，所谓大儒事业自与他人迥殊，岂不信然？窃维宪札所开：十八保俱著名要区，为曹亳回匪盘踞之地，历年于兹矣，但各该保虽系盗贼渊薮，而情势不一，惟择其最要之地杜绝扼塞，使彼无利可牟，人心自散，再约以保甲之法，可以一出而令行禁止。此数十保职道颇所熟悉，其为最要而为裹口外口之咽喉，合肥、定远私枭之总路无有过于明光集者，其地背山临水，又多异地回民，惟棍徒过湖而来为必由之地，自此而分为数十路，头由是而涧溪、大小洪山，再南至王回子冈、杨家集则又一聚会之区，是明光为洪泽无数贼船之去路，而即定合无数贼伙牟利之来源。此处一塞，从洪泽抢盐来者欲径五邑过临淮，知职道密迩凤郡，必不敢过也。是明光一路。若网在网，彼无销路，抢盐何为？杜塞之法似宜调一有胆力威望廉洁自爱之武弁，而盱眙令于法之始每月必至一次，而职道或两月亲去一次，一概俱不用地方供应。夫鼠不穴于明堂，官常往来，焉有魑魅魍魉不潜踪消阻之理。而各处如白龙场等集亦议定章程，地方官以每月一次会赴其地为令，如职道在庐州任时亲赴朱家巷、白龙场等处，无论捕获与否，一出而安靖数月，此亦近效之可验也。如此，则保甲可行亦可久。且一县所辖最悍之保不过数处，以全幅精神而用之于数处，而仍不周到者则未之见也。伏见大人不全行保甲，为既劳且扰，而专使州县专心一志于数保之中，而阖县可以获安者，此宪虑之精当简易也。抑又有请者，牌保既编立连坐之法方有责成，不徒文具。如一家窝匪，邻佑知而不举者，及官缉捕之时连邻屋一并拆毁，如此不肖一二家而人皆不与之同伍矣，如此再责成乡保，庶不至有名无实。可否，伏维钧裁。再，湖运要害之地无过明光，而江运要害之地无过撮城，撮城去店埠十数里为诸私枭之总汇，分行合肥之三河、排河，城北关三十里头白龙场等处，此地一控扼，则诸枭皆绝矣。夫抢犯枭犯稀少，然后票盐再酌未尽事宜，票盐利民无穷，又少出私枭之案不知凡几，似宜于所过关口定一税例，与粮石相仿，既可以引票相符，不至泛滥，又裕国课而易整齐，就课中酌提一二分以为缉捕之用，则洪湖可以澄清，于商无妨而与国课裨益甚大。鄙见是否可行，伏维钧裁。再，职道一面行文各州县即亲赴梅家市、三河、明光等集督办，俟动身时再禀公出日期。肃此，恭叩勋安，统维宪鉴。

愁雪歌

癸巳冬至前一日作

淮水卷浪大地仄，十月雷雨猥复猥，
阴晴未半沉暮集，大雪滚地骤如驶。
漠漠愁云连上下，茫茫宇宙现黑白，
若有尤物翻造化，坐使老龙颠且痴。
我欲持桑扶日出，炎帝施威风伯怒，
拔木撼山逐鼋鼍，龙尽妖氛青天露。
再将汪魍魂魄诛，蛟蜃失势淮河枯。
呜乎，鱼龙之地，吾民得耕牧，然后安集招徕元气复！

又长至日目激时事而作

勾芒动陈根，北斗转东柄，众星各归次，威弧何时正。
好生虽帝心，明刑亦王政，哲人防渐微，斯焉获终庆。
徒言解纲仁，可以怀监命，不见朝歌市，群饮骈枭獍。
世德毕唐虞，民情好急竞，那无跗扁医，而有膏肓病。
波涛地轴觗，虎豹天关迥，雨露当春滋，风霜及秋劲。
谁能奉圣主，顺天行号令。

奠寿州知州王公文

维道光十四年七月初二日，东阿周谨遣理官陆耀如洁备酒醴，致祭于诰授奉政大夫王公之灵。曰：呜呼，安斋大志未展而竟赍恨以殁，然历任有月，精神诚格于豚鱼，巨憝悉空于盗薮，论厥功烈当庙食兹土。志爱编氓视彼佩玉长裾，懵然木偶。苟齐得丧，荣辱观之，君为未死，彼为未生，忠魂亦可少慰矣。呜呼哀哉，尚飨。

禀抚宪邓

敬禀者。署寿州王牧于本月初二日忽然出缺，闻之不胜惊叹。查王牧感恩图报，昼夜未遑，自奉淡泊，虽齐民所不能堪。一遇公事则毫无吝惜，其痛革大弊尤在于命案，一到于落膝，初供必反复研诘，此时既有把握，而串牵之余犯拖带之邻证核稿时一删辄二三十人，以此乡间不受恶役之苦，历任寿境者数十年，无有伦比。其他思虑成绪未施未竟之猷，则多在沟渠塘堰，其缉捕之能爵亦有所不及。以此到正阳倾谈独多，遂为忘形交，此爵在皖省十数年独所心许之一人，虽刘耀椿尚有不能逮者。闻此次出门正当溽暑，匹马渡河而溺，比临岸无衣可换，甫出洪波又在烈日之中，自此得病不起矣。今年春夜梦魇思曾大风大雨，天爵拟之雪夜擒吴元济，身后贪不能殓，倾簪饵而得二百金，此月七旬老母即虑枵腹，此公生前大不理于劣员之口，或因馈逆未周，暗使恶幕在爵前横议四出，谓爵若保举，必受此公之亏累，又谓获犯多是前任管押而未报者，当时即被痛骂语塞。此人既见妒于生前，又困厄于身后，实属可悯，若不彰善，何以慊万众之舆情。伏维夫子大人知人之明迥逾寻常，其生前既有知己之感，其死后尚恳锡善之恩，可否褒奖忠魂，专折奏入名宦，其事迹采入国史用彰循吏。至若该员老幼，天爵惟视力之所至，断不负我良友洒布真情泪与笔俱无，翘盼之至。肃此敬禀，恭叩勋安。天爵谨禀。

牒凤阳府城隍文

为牒明冤案，恭恳大神冥查的实据实上奏，速降天罚。事据怀远县民汪景万以汪陆氏身受惨杀，直逼伊子汪文辉与弟汪源认供。及解到尸夫汪文灿供认，杀妻抵罪、自认三伤不讳，余系妇女剪锥攒杀，并有尸夫血裤呈据，乃怀远令张清元严刑锻炼，县差蒋荣、地保张岱百方罗织，逼其攀诬汪文辉、汪澜而后已。而凤阳同知王友仁初讯，汪文灿凶手无疑，既而全无是非之心，文致愈巧，遂与张令议定上闻，于是附和之徒愚不惟理之是非，取其口之多而有势者是用党比。天爵因差役人王锦带同尸夫之戚杨崇礼各处潜访，据称，汪文灿杀妻妇女从而攒伤万口一词，而王、张二人挟牢不可破之谬见定忍心丧理之爰书，天爵身膺民社，目睹斯民之冤而不救，既旷厥职而又一人孑立将与冤民同尽。伏维大神照察，上达帝听，速降天罚。如天爵执论差谬，亦祈大降严罚，立见果报。为此情迫上诉，须至牒者。

道光十四年七月初二日午刻亲诣府城隍庙焚表求第八十签，解曰：六五（君子维有解，吉；有孚于小人）。象曰：君子有解，小人退也。诗曰：宿雾浮云蔽日明，回风扫荡迥然清，共欣险难今消散，事灭安生福可膺。

馘匪纪事

嘉庆十八年

癸酉年九月十日，曹县逆匪李克让、刘允中等戕杀文武官吏。同日定陶亦变，邑有武生张鹗者年廿四，前一日见三人过其里，仓皇南出，其工人识之，为孔兴冈两李姓也。越二日闻变，鹗与兄鹏纠集生员朱照东等诛逆，朱出金二千两，粟米无算，是日人聚者数百，共推鹗兄弟为首，时官兵未至，不敢擅动。十二日夜，孔、李三人复过里。已去，觉之，鹗曰：彼迹可疑也。盍追擒之众请以兵往，曰：无动众，彼见将逸矣。乃与武生某联辔出，不持寸刃夺其陌刀三，生擒以归。搜孔衣，得白旗百斧一柄，有血污痕，诘之，知戕姚令劈狱巨逆也。十三日，观察熊公方受至，鹗谒之，熊以兵事委焉。至是，以官示张于门，钤束勇士勿仇杀，勿抢虏，进退惟视吾令，违者治罪，众皆畏服。十四日，鹗内戚有粮在某，俾辇以济军，鹗与众往，既而先骑以归，遇长枪贼五人，力战杀之。明日，入城献俘馘，乡人报有百余骑逼村，而阵自辰相持及晡，鹗急归，持长枪单骑突阵，故惊扰贼马，贼故不识，骑马惊，贼纷沓坠焉。先时戒众麻绳四布，及败遇辄蹶，遂生擒七十余人，马六十余匹。十八日，闻田姓武举从逆，欲说降之，田驰去，乃带乡勇五十二名赴太王集。是时贼蜂屯西北鄙，群匪党羽相煽起，太王集，贼渊薮也。期以日午举事，张筵于衢。鹗揣贼不意，命众伏于村北，闻铳进已，乃单骑挑之。贼高坐叱咤，闻诟，遂怒挥众来。鹗诱之，将出衢，铳发，众急出绕贼后，鹗马遮其前，贼不测众寡，衢狭自相蹂躏，遂歼焉。凡弊贼二百余名，生擒六十余人，溃者悉奔大垒，贼怒甚。廿日，焚朱照东里，以致我师。鹗领四百人赴之，一望如云，横延四五里，众色变。鹗曰：勿恐。我单骑冲西北，贼若阵动，尔等急击北面，我旋骑会之。遂策马斩前驱，半尸淋漓马上，鹗随之破阵而入，贼遂乱。乡兵喊助，声撼山谷，贼窥我兵不前，奔复止，旋以徒绕围我军。我兵北余众鏖战不能当。当是时，贼环骑围鹗于场间，周数匝，鹗控骑不动，贼扬言：鹗马鼻出血矣。鹗愈勒衔紧，而以刀蹲策之，作踯躅状。贼为可生获，令趣徒兵。鹗见我兵围解，徒且至，遂骤骑大呼驰，白驹如匹练而出。至里知不能守，戒车先发奔城，贼围合邑已空，烈焰四起，鹗复透重围出，几不免至城人心恼惧，鹗谏观察使曰：此足一动城，且屠东北四十八里鱼肉矣。大人即出印章发贾人囤粟，鹗复收聚乡勇为战守计，一面往曹州告急，鹗曰：事急矣。今夕贼必至，我先骑觇之，贼见我必不动。遂率两骑以出，贼果疑不敢逼城。是夜四面火起，达曙不息，都司周天章与鹗秘计，扬言攻邯郸，集贼果盛兵备。廿四日，周与鹗率百骑、乡勇千人往发邯郸，忽改道攻荣家园，贼仓皇四备，然恃木栅如堵，长枪环列以待，有少年贼黄衣朱顶冠伐钟甚急。是日西南风起，鹗令备薪，嘱发铳毙鸣钟者。贼潜自西南，掷炬及屋，火发，贼气夺四顾，我兵大喊破栅入，比连三垒皆破，三垒者，贼聚妻孥于是，胥屠焉。追奔斩千余级，贼大哭，始欲奔滑矣。先是贼乘朱楼之战气百倍，群逆煽惑聚愈，众宵小乘时焚掠无虚日，及衄，气少熄，闾阎人心遂定。越二日，破宗家塘、邯郸集，贼敛兵守李家楼、范家庄，复破之。乃同运司刘清、总兵马建基破贼于胡家集、安陵集，刘复大创贼于纺山，残余逸，滑、曹属贼悉平。鹗共手擒大贼首李克让、李名扬、焦大法、蔡五伦、孔兴冈等，节次打仗率领生擒贼一千六百余名，斩馘无算。事蒇，抚臣同兴奏闻，恩赏鹗花翎，守备衔，朱照东七品衔，鹏把总衔。前同抚镇曹撄城固守，调鹗赴曹者屡，民遮道苦留，熊观察为之详覆不果，往同衔之，故隐其功焉。伏念我朝列圣作育之深，乡党编氓皆知敌忾之义，一闻孽匪跳梁，赴义之士闻呼而聚，以今实事质之，兔罝之诗诚有如古人所云者，予非为一二人铺张功伐，诚见干城同仇之士，非我国家厚泽深仁沦肌浃髓于闾阎，孰能御国仇如急父兄，其得人如此之盛哉！

第六部分

安徽博物馆藏太平天国史料

大城国天德四年正月二十一日示

照抄：特授元臣护国军师大振司杨奉承应天军兵临江淮整理风化，一则金陵祭奠太主，二则安民，另月择日征徽、宁等处。各县士民、商军民不可搬隐，如有藉势抢夺，拿获枭首示众。我主受尧舜之道、春秋大义，毁废寺庙衙舍，凡于游方僧道立即枭除，在大街驿路九流飘行解怒军心。凡民市住屋妆华红色，我主不悦，各宜紧除，在清贼捐纳功名，毋许顶戴。天兵到处，鸣炮入城，黑夜移攻如有士民不遵，非怨督师无德，谨以示明。仰善邑张挂通街。

咸丰三年二月十七日示

正月二十一、二十二两日，周天爵、向荣两大人于太平地面与贼匪打仗，从二十一日巳时至二十二日巳时我兵大败，死者三四千人，武弁自镇台以下死者二十七员，正在危急，幸得直隶提军陈金绶新放钦差大臣带领辽兵四千旁至，提军想必是杨遇春手下名将，辽兵又精锐奋勇，转败为胜，杀贼九千余人，据伤伪先锋二人，一姓朱，一姓陈。廿五、六日，徐广缙又带广东乡勇二千、楚兵二千至，而河南钦差琦亦派领索伦三千至，又复胜战，杀贼万余人，贼首洪秀泉带伤而走，又被斩获。南京盐枭与土匪作乱城中，因此遂于火药局纵火，延烧有三里之遥，一时惊惶，几至合城俱陷。幸驻防将军福珠、隆阿与藩司祁领兵捍卫，救息余焰，与枭匪接仗剿战，杀死七八百人，余众逃散，得以安堵。闭城捕搜，获奸细六七十人，尽皆正法。城门尽闭，实为盘诘起见，并非为贼逼近之故。上海道吴专人至江宁探听确信，二月初七申刻归上海。三十日，贼匪围城，彼此各放枪炮昼夜之久，无分胜负。初一日，贼匪先攻聚宝门，我处仅徐州兵三百，杀灭贼匪百数十余人，并生擒百人。又攻西门，又不能进，旌兵团围守城，尚属严密。初二日，向提军大人来宁，大打胜仗。初三日，又打胜仗，共杀贼匪万余人。贼匪已退至和州，琦大人即日可到。初七日申刻，镇江所发上海抄来脚信，初二日向提台追贼直至南京，总督打发总兵、知府开旱西门迎接向提台进城。初三日，在江中大战，打破贼船数千只，贼兵尽从江，比而行到浦口镇，夺劫驴马车子往北。初四日，攻破和洲、六合两处，再扑凤阳败匪，坐船丢弃江边，南京已得解围，丹阳、句容土匪猖獗，劫杀横行，路途难行之至。二十日，又接南京确信，贼匪连败数仗。现在南京之下，钦差大臣、湖北提督军门、霍巴图鲁向为持派大员，留兵弹压，以靖匪棍，以安良善，严切晓谕。事照得本大臣奉命督师，声罪讨贼，原以安抚良善也。乃昨亲统大兵行至该县地界，访得逆贼扰害之后复有本地土匪百十余名横行抢夺，士庶何辜，又复遭此惨毒。痛恨之惨余尤深悯恻，不可不严行捕治。兹本大臣亲统大兵驰赴金陵援剿，外持派总兵大员留兵，兵三千在此弹压，倘有本地土匪仍前肆扰，受害良民准其立赴总兵行营鸣究，立即派兵严拿，枭首示众。并准该士民人等会齐团练、壮丁，协同擒拿，格杀勿论。倘有托名兵勇余丁在外不法者，亦即照此办理。为此出示芜湖绅士军民人等一体知悉遵照，所有该县逃徒人民等其即复归故土，乐业安民，无再流离失所，是本大臣所厚望者勉之。特示。

咸丰三年清军安民告示①

照抄：钦差大臣太子太保提督军务并理粮饷节制各镇向为竭诚晓谕，破妖术以导民生。事照得逆匪窜扰各疆界，凡我民受其蹂躏不堪言状，本大臣以失机坐罪，蒙恩宽宥，待罪军营继有微劳，更渥宸念破格超拔委以兵柄，本大臣断不敢上负国恩，下遗民害，奋灭妖氛，誓不与贼俱生。惟一路进剿以来，只见生灵涂炭，痛入骨髓，想我居民受害之端皆因逆贼布散谣言，所过之处不扰居民人等，坐受其害。及其逆匪窜遏地方，不论绅士、铺户、居民人等无不掳掠一空，且想逆匪乌合，窜扰并无匪粮接济，则该逆等狼食犬咽，若非民脂民膏从何而得。如此诡谲，尔等居民稍有知会不难立破鬼域。本大臣统带大兵兜剿逆匪，除筹军机之时刻以生民为念，不得不竭诚晓谕，破妖术而导民生，为此沿途晓谕，绅民人等知悉。本大臣为民筹划保卫身家之策，惟有邻里连络，毋使逆匪一名入境。一家有警，鸣锣为号，互相救应，遇有逆匪，尽杀勿遗。大兵不日云集，该逆等断不敢全伙遽离，无非零星窜扰，如水之源不塞不止。尔等居民察本大臣为民设策之诚，切勿畏惧，视为具文，且想保卫于前与坐守其掳孰利孰害。本大臣统军行营，未能遍行晓谕，凡有同志绅民四路抄贴，使闾阎皆知，以免坐受扰害。各宜遵行，毋自遗咎。切切。特谕。

---

① 题目为编者所加。

家书一封①

此家信但反叛之事，现在本月十七日向大人带兵数千万自丹阳扎营，至陶洪、秣陵关琼花镇各路安营，看来溧水可保无虞。刻下逆匪闻大兵到境，船多已退至镇江，约数一千五六百号，在观音门之下地名黄天宕被大兵开炮打死无数，所剩无几，望可放心。日后胜负再付的音。

① 题目为编者所加。

向荣南京安民告示①

钦差大臣湖北提督军门霍钦巴图鲁向为晓谕事，照得粤匪现已顺流东下，攻扑江宁省会，想我南服士民安享承平日久，未睹干戈，骤经兵灾，势必仓皇失措，纷纷移徙。此时扶老携幼、困苦流离不问可知，本大臣言念及此，不禁伤心痛哭，良以一个武夫毫无谋略，仰蒙皇上轸念南邦，深恐生民涂炭，俾以剿贼重任无如九江任事。三日，贼已扬帆先下，大兵乘船尾追，不能迅速，以致警扰我民，即能见原于万姓，究难无愧于我心。但贼势虽然浩大，其实敢战之徒不过数千长发匪党，此外沿途裹胁之众半多随时逃去，如武昌、九江、安庆被掳之民，本大臣途中目见早已十回八九矣。即现在贼中者不过拘束严密，不能潜逃，不得已而联且依附，实非甘心从贼。本大臣昨已传令各省地方官，系胁从逃回者不准查究，一概免死，以全被胁难民之命。下则无业游民苟图衣食，想与混杂权附耳，若其丧心病狂，肯与逆贼同生死者断无几许，似此乌合庸众，人数虽多，又奚足畏哉！惟我江苏百姓不知贼情虚实，难免风鹤之惊，今急出示晓谕，本大臣亲提水陆大兵六万有余、义勇三万六千俱已驰抵芜湖，一由长江直趋白鹭洲进泊，一由太平府分三路进营钟山、雨花台、水西门外等处。至于盛京、山陕、河南马步精兵十三万人，均已分布杨（扬）州、仪征、六合、江浦，于北岸堵剿。又，先已奏调广东、闽、浙、上海水师快蟹拖船并英夷火轮大小一千余只，由京口进援狮子山、仪凤门沿江一带，并调南赣、漳、泉、温处各官兵七万，由苏州、常州、镇江分途进剿，以绝其扰窜东南之路。现在各路来文咸称，官兵已星夜兼程，赶紧前进，四面合围，势必于金陵城下务将该逆一鼓荡灭净尽，以救民命而抒帝念。仰我江宁省垣内外父老绅民切勿惊惶，齐众志以成城，在城内者务须富出资财，贫给气力，登陴守御，效死勿怠；在城外者暂退三四十里，盖贼向来不敢于数十

① 题目为编者所加。

里之外劫杀居民，宜并数小村为一村，联络大村为一团，一村有急，村村救援，一团贼来，团团接应，若守一旬半月，大兵不日即到，自可无虞。且现奉皇上圣谕，有能团练壮丁、杀贼立功者，文武举人赏给进士，贡监生员赏给举人，军民人等赏给把总外委等因，仰见我皇上为民除害、破格鼓励之至意。即此时若有豪杰之士，不惟可保全桑梓，而亦可自致功名。即以桂林、长沙军民人等齐集保卫，毕竟身家全保，产业无伤，后则武昌一破，杀身殒命，荡产之家父母为其荼毒，妻子被其淫污，稍有血气者深虑至此，当亦悚然泪下，发愤自雄，思欲自保身家、同心杀贼矣。本大臣与尔士民约，如不灭此狂寇，誓不还军。各宜努力，勿法为望。切切。特示。

逆匪蔓延滋扰，闾阎惨遭涂炭，
大兵所过地方，不得秋毫有犯。
各处绅士百姓，理宜同仇敌忾，
集团练以自卫，拿土匪清内患。
买卖照常交易，不得市价高抬，
如有违犯军令，掳掠财物者斩。
私掳人口者斩，烧毁民房者斩，
奸淫妇女者斩，强夺牲畜者斩。
倘敢不服拘束，许即格杀勿论。

书信一封①

向大人于二月廿七日开仗便夺贼匪土城，连日俱获胜仗，现在镇江有夷船百余号，帮助烧贼船三百七十余只。又有僧人闻贼要灭他，他估聚集三千人杀贼数千，此时归降者不计其数。向大人以发之深浅辨，时之逾久，暂一、二、三寸以下者剃之，放归，四五寸以上者尽杀之。所放归者并问明何处，注以腰牌，解到本地方，官为验明，传取本族亲戚邻朋，对明实为贼所掳者释之，如假宥者杀之，以首级连腰牌解归大营。现做木片牌五六寸长，四寸宽，上书“钦差向，示降者免死”八字，放入江水，在芜湖公局刻的计有四万七千，解去了。此信芜湖公局专报实情也，三月初二日书。

① 题目为编者所加。

咸丰三年三月初五日示

休宁县正堂吴为晓谕事，照得贼匪窜扰省城，业经钦差大人琦率领精兵八千，将省城收复。贼匪闻风悉皆下窜于前月廿六日芜湖之下三十里之四合山地方，经夷人火轮船四只督率福建水勇鱼船数百只，用枪炮轰毁贼船三百余只，大获胜仗。所有钦差大臣统带大军即日亦可到省，合兵兜剿，则跳梁山口块此次无可逃遁，不日可期荡平。惟恐诸民未能周悉，犹存惶惧之心，合行出示晓谕。为此示仰合邑人等知悉，尔等耕者自耕、读者自读、商贾照常买卖，各安生业，毋庸惊惶，仍遵团练章程同心笃行，始终无懈，使土匪知所畏惧，不敢窃发，则闾阎永肃无患矣。各宜勉知，毋违。特示。

照抄南京檄文

盖闻唐虞揖让，固称上古之圣人；汤武征诛，亦中天之景运；汉鼎已迁于新莽，刘文叔亦复中兴；徽钦被掳于金人，宋康王依然返国，此固干旋坤转，本历代之常情，革故鼎新实属朝之恒事。惟我大明太祖曾开国之南京，迨至季世怀宗遂止身于北阕，奈天心之已去，闯贼大变于中原，痛帝位之难留，王子逃奔于北都，盖成功者退，以身殉国之何妨，而有德者昌，以位让贤而何恨？独是逆夷僭窃华夏猩毡，胡羯称尊，夜郎自大，吴卿先计何异？拒虎进狼，摄故不良，遂至长蛇封承，屈其才而鬻爵，闾阎之珠玉俱空，纵贪吏以虐民，草野之脂膏尽竭，钱粮之垂钦，今日免而明日收，法律之纷更，旗人宽而汉人刻，父老苦奏苛政久矣，人民望我匡复甚焉。今幸明王有作，故主仍存，命则维新，邦猷是旧，披肝沥胆辅孺子于咸阳，戮力同疆，犹商辛于牧野，爰举义族以清妖孽，云霓慰望，雨露推恩，其大才大德者封万户侯，而一技一能者授千总印，耕耨者税免三载，犯法者罪宥千条，上有卒仁之生，下无困苦之民，不優然行汤武之师而观尧舜之世也哉。檄文到日，薄法施行。

金陵被难记

予嗟乎，粤贼杨秀清之攻陷金陵也，荼毒生民，惨不堪状，而其实皆由于民之自取。彼方伯曾出示云，江南富者吝财，贫者惜力，此二语道破江南风气。若使居民同心，富者早捐赀财，贫者早效气力，预为团练以助官兵之不逮，安见城不可保、家不可全耶？乃民无勇义忠心，自贻祸害。及贼入城，或一家搜出银数十万，或一家搜出银十数缸，试问此时富者能保耶，否耶？或为农夫匠作，或为强力少年，无一人不掳去当兵以攻打头阵，试问此时贫者能免耶，否耶？呜呼，乏困城中月五日始脱难，备见流离苦况，特详述焉，一则望天下之人踊跃团练以挫贼锋，一则望天下之人洞察情形勿为贼惑。贼当未入境之日，先有奸细在城布散流言，贴伪示皆云不杀百姓，其时百姓皆信以为然，受惑也，而即受害矣。正月念（廿）八日，贼逼城下，省垣各门皆壅土堵闭。贼攻城自南而北，又遍告于人曰：百姓毋惊，照常贸易。贼每购什物，倍其价以与之，见有乞丐掷钱数百，而百姓愈被其笼络而不知也。二月十日，贼在仪凤门外十数武静海寺内暗掘地道，用地雷火炮轰塌城墙一丈余，纷然上城，我兵开数炮而杳然逝矣，旗兵战数合而各奔内城矣。贼下城，沿途喊曰：是百姓皆关门。其未及关门与在街巷行走者皆被杀，一日间尸填街巷。十一日，内城陷，八旗男女老幼一杀俱尽。十二、三日，贼在大城内外及远近乡郫掳人为兵，得农夫匠作、强力少年数万，胁令上船往攻镇、扬，并令人各将眷属另船带去，妇女上船后被贼惊吓，自溺者无数，继复将女船追回，驱入城内。越日传言：进贡者可免差。于是贡财帛者有之，贡猪羊者有之，冀免差也。孰知贼即视贡之轻重，以分人之贫富，而搜掳焉。至十四、五日后，则无论贫富，挨户叩门括取财物，虽贫家升斗之粮亦必掳尽，或将百姓合家逐出而掳其屋。数日内，居民铺户遽然一空，由是有合家自缢者，有合家自溺者，有合家闭门自焚者，其惨不可胜言。贼见每晚四方火起，即鸣锣于街曰：

东王有令，百姓不必惊慌，并出伪示不许其兄弟掳掠财物。百姓之心少安，无何令虽出而掳掠如故。且曰：不降者三日后全杀。百姓畏死，伪降者过半，贼于是按廿五人为一牌，督以司马，每饭之先有贼造赞美经十数句，着人端坐诵之。每夜四更即促起，任其驱使，或抬尸，或抬米，或抬炮，或抬火药，或筑土城，或造贼穴，力不胜者日受鞭挞而死。迨闻向经略大兵入境，贼又广择农夫匠作及强力少年，驱使出战。有以不知战辞之者，贼曰：不须尔等战，但守营作饭可耳。噫，岂知一出城而即为前队也哉。至民之老者驱之上城，使击柝与劈竹签等事，民之幼者多掳为子。不许母子、夫妻同室，男归男，女归女，以廿五人为一女馆，既入馆则使之居焉可矣。乃南忽逐之使北，北忽逐之使南，贼率党乘隙复搜，吾见沿街妇女涕泣而来，老妇则龙钟潦倒，行屡蹶矣，鞭迫焉而敢不前，少妇则保抱婴孩，几欲死之，徐顾焉而复不忍。呜呼，谁无父母，谁无妻子，目睹此境能不潸然。女馆中用大广西大脚悍妇管束，每名妇女日发糙米四合，其不能自行往取者则不得食焉。三月望，遇大雨，贼又将南门女馆中数千人尽驱出城，以乱我军，妇女投河死者十之七八。尤可恨者，城中百姓蹂躏尽矣，而人犹不敷贼用，复令住馆女人挑泥抬米，夫以江南柔弱之质，男子尚无膂力，况女子乎，乃使尽日挑抬，继以鞭扑，其不死者几何，诚可痛也。余脱网月余矣，城内逃出者，非借购菜而远扬，即借刈草而他逝，日来约有数万之众散栖附郭村墟，藉延喘息。然假使向经略大兵未集，则虽逃匿村墟，犹未必并受其毒，其幸而获免者皆向经略荫之也。而少远乎经略之营之村庄，其居民其银钱米麦以及牛羊猪鸡盖无一而不为贼掳尽矣。余因目击此惨，身受此苦，持举以为天下告愿，天下之不忍弃其身家者，富者赀财，贫皆出力，各城各乡及早团练，贼来便杀，尽杀乃止。如此，斯上可以报国，即下可以保家，而不致蹈我江南故辙也。是诚之厚望也已。

太平天国文告[1]

诏曰：朕祖洪武扫荡群夷，克复中原，开三百年之丕基，造亿万姓之厚福，此诚三代之盛举也。不幸至我怀宗，闯贼猖獗，奸党开门，至甲申之年之变，尔祖乘我之难，包藏祸心，临我之朝，窃夺神器，弘光被杀，忠臣死者千余，宗室遭残，亲族凶者数万。当此之时，天崩地裂，山枯海竭。尔胡逆贼，我此不共戴天仇也。况夏为夷变二百年，不见日月之光，汉受满欺六七之帝，常闻臊膻之气。弑兄杀叔，迹就豺狼，纳妹纳姑，性同犬羊，卖官鬻爵，何庸加职劝捐，庶人之脂膏已竭。暨分西北，失重得轻。贪官污吏，满寰区处，所是杀人相与，美士良民遭坠毒人之怀，切凿深仇，以致旱虐连年，水灾累岁，民不聊生，心皆思乱。居高位者尚不洁身修行，而犹纵淫贪欲，置民瘼为罔闻，谓天威不足畏也，是诚昏无道之极。所谓四海困穷、天禄永终者，即此时也。群臣回系，生民涂炭，相与拥我朕贻。今朕非他，乃大明太祖之后裔，弘光七世之孙，名正言顺，天与人归，一为祖宗复仇，二为苍黎伐暴，谋臣为事，将士如云，大兴汤武之师，永为云霓之望，锄其邪暴，救民于水火之中，修我干矛，取残于鹰鸟之内，旌旗蔽日，艘舰弥江，士卒争先，水陆兼进，天堑无难飞渡，投鞭亦可断流。将军之所至，迅如扫叶之秋风，兵师之所临，震若当空之霹雳。军威整肃，将令森严，耕市不惊，秋毫无犯。箪浪壶浆，迎者之喜其先至，翘首引领，望者之恨不速来。有推阳之威，有破竹之势，定据秋风气爽，遣将比征，传檄江南，连兵河朔，合兵进讨，问罪燕京，共枭胡逆之头以雪敦天之愤。凡属贪官生极者，须剜其心以吸其髓，死者即食其肉而寝其皮，灭尽胡儿，克复中原之土，安全黎庶，重措汉室之天。凡我士民，无怍无虞，同心共志，永登仁寿域，同享太平春。钦此。

---

① 题目为编者所加。

冯村民人在宜兴者口信

南京于二月初十日晨刻攻破，城中军兵及满州人皆已尽杀。城内居住良民，藏匿者免得于难，城外居民亦不杀害。盘查库帑，出示安慰，并谕有私藏隐匿满人者全家枭首。十四日，行文到溧水县，着县主盘查献册。十五日，溧水县主出城，未知去向。十六日早晨，伊兵到溧，盘查库[币]，出示安民，并云业已发往江阴、镇江、苏松、嘉湖、杭州等处，如是宜兴难保无虞。

太平天国三年三月十五日谕

奉天承运，皇帝诏曰：朕太祖高皇帝以布衣取天下，削平祸乱，统一寰区，列祖列宗缵承大统，深仁厚泽，洽乎臣民。迨甲申之变，逆贼吴三桂假秦庭之哭召胡虏入关，篡夺神器，迄今二百余年。水旱频遭，下民咨怨，朕以天潢嫡派为中外所推，招集忠臣后裔起事，自粤西建竖义旗号召天下，所过州县靡不望风吐款。兹以二月朔日抵南京应天府，祇谒金陵，旋于本月十一日由阳门入城，百姓夹道欢迎，群臣屡表劝进，朕以大位不可久虚，勉徇群臣之请，择于本月十五日寅时祭告天地祖宗，即皇帝位，南都权以伪总督衙门为大明宫，立始祖庙，追尊皇太祖弘光为康靖皇帝，庙号兴宗，尊皇祖为成圣皇帝，尊皇考为启圣皇帝，祔祖庙，诸事悉遵祀制。以明年为嗣统元年，所有应行事宜条例如左。特此谕中外知之。钦此。

一、各省文武官员及在籍人员五品以上其投顺者，即于本月内入都陛见，分别简用，违者军法从事。

一、各州县钱粮册籍限三月呈报，如有四月内各匿报者情弊一经查出，地方处严加议处。

一、各省钱粮开征以嗣统四年为始，其嗣统三年以前概行蠲免。

一、衣服便帽去顶袍服，去马蹄袖，纬帽顶、套马褂、套裤俱不准穿，大颁式后再行改换，违者处斩。

一、各省文武官员军民人等不准剃发，违者斩。

一、乡会试考试第论，小试四书二首，默写十三经数百，定于五月院试，八月乡试，十月会试，其已中之举人生员准其一体应试，迟延不赴者查明从重治罪。

一、武场试期后文场一月，其额数文场同，已中者亦准其应试。

一、各省庵观寺院悉令烧毁，僧尼勒令还俗，违者治罪。

一、各省军民人等概不准吃烟，违者斩。

一、女子年十五岁以下候赴选后再准给配。

镇、城、图大团正、副练总总管各团事件清册

每册二本，一存官，一存练总。

旗，一杆，遵川楚豫团练旗式，书“大团乡勇”字样。

号旗，五杆，遵川楚豫团练旗，五方五色。

信签，十二枝，每签书十二时辰字样。

更签，五枝，每签书二、三、四、五更字样。

小团正、副练长管领乡勇花名清册一本。

管领客民花名清册一本。

捐办器械清册一本。

劝造捐输清册一本。

庄、集、村小团正、副练长管领乡勇花名清册

每册二本，一存官，一存练总。

正头目××，××年××岁。

副头目××，××年××岁。

庄、集、村小团正、副练长管领客民花名清册

每册二本，一存官，一存练总。

××年××岁，身××，面××，××省××府××县人，现住××村，××为业。

庄、集、村小团正、副练长劝造捐输清册

每册两本，一存官，一存练总。

地　顷　亩	捐钱　千　百　十　文	牛　只	捐钱　千　百　十　文
典	捐钱　千　百　十　文	号	捐钱　千　百　十　文
铺	捐钱　千　百　十　文	店	捐钱　千　百　十　文
行	捐钱　千　百　十　文	坊	捐钱　千　百　十　文
馆	捐钱　千　百　十　文		

庄、集、村小团正、副练长捐办器械清册

每册两本，一存官，一存练总。

旗，一杆，遵川楚豫团练旗式，书“小团勇”字样。

号带，××根，书小团乡勇姓名字样。

更锣一面，信炮××位，更枪××杆，长矛××杆，腰刀××把，锐镰××杆，其余农具概不入载。

推广捐输条例①

一、王公、京外文武各官、一品以下现任及致仕休致、丁忧告病在旗在籍及曾任大小官员一体量力捐输。现在需用孔亟，均须缴银。查此须捐输，惟在迅速解缴以济要需。除在京王公，文武一品以下大小官员均赴户部呈明，由户劄库，克日兑收分别具奏外，其余各省将军、都督、抚文武一品以下大小官员自应竭力报效，各按捐数多寡统以部文到日，限一个月解交藩库，报部候拨，仍开具衔名奏请优奖。其候补试用道府以下人员暨在寄寓之一品以下文武各官及致仕休致、降革丁忧告病各员力能捐轮者，均令一体报捐，呈交各省藩库报拨，另行汇奏分别奖叙。

一、捐封不限服制并准照例定应封品级酌加推广一条

查常例内载：嫡堂伯叔等尊长均准貤封，此须推广。所有从堂、再从堂尊长准其一体貤封。又例：戴五六品以下各宫及捐职人员有加等捐封者照常例增，一倍交银各准其加一等，报捐仍定限制，五六品止准捐至三品，此须推广。准捐至二品，其银数应照道光二十八年推广封典案内捐纳银数，四品级衔准捐二品，封之倒加一倍半办理。七品向正准捐至四品，此须推广，准捐至三品。八品以下向正准捐至六品，此须推广，准捐至五品。其推广封典银数各照常例加一倍之条办理，毋庸加至倍半，以示区别。此条俟军务告竣即行停止。

一、准外姻尊长捐封一条

查常例内载：官生有自幼受外家抚养之母、姑夫姑母、姨夫姨母、妻父妻母，均准照恩抚伯叔父之例貤封，此须推广。所有外曾祖父母、妻父母亦准其按例定品级银数捐请貤封。至捐封各员，仍不准越次捐请，以示限制。此条亦俟军务告竣即行停止。

一、举人及拔副岁优贡生均准报捐国子监助教学正学录等官一条

① 题目为编者所加。

查举人报捐助教应令分别已未截取拣选，按照报捐国子监博士银数办理。报捐学正、学录，按照报捐国子监典簿银数办理。恩拔副岁优贡生报捐助教，应令按照未拣选举人报捐，国子监博士银数加五成办理，报捐学正、学录按照未拣选举人报捐，国子监典簿银数加五成办理。此条俟大捐截止即停止。

一、文武各官分别京外准各按品级报捐花翎一条

查花翎之设原以武功，当兹军需孔亟，果能踊跃输将，虽非效力行间，即与用命疆场无异，应请暂准捐戴花翎，以示优异。所有京外现任候补文武职官并加有升衔之员以及捐京外官虚衔顶戴者，均准其捐戴，其银数应遵照历奉旨赏戴花翎成案分别京、外核定。在外文武职官一品至五品捐银壹万两，在京文武职官一品至五品照外任官银减半。京外现任候补职官六品奉旨赏有五品升衔者，准其捐戴。此外京外七品职官如情愿报捐六品，令照常例银数捐。五品升衔七品，令先捐六品升衔递捐五品衔，准其捐戴。八品以下不准至捐。京外官虚衔暨封典顶戴者皆照外任官银数捐戴，六品以下衔暨封典顶戴皆不准。此条俟军务告竣即行停止。

一、京外置买田房未税契者于文到日限三个月内一律补税一条

查房田漏税例应罚赔治罪，惟此时若必纷纷追究，窃恐民难免咎而吏得为奸，拟请将从前白契置买漏未报税及典字已逾限未经纳税者均免其罚赔治罪，应令于接奉部文之日，在京由步军统领衙门、顺天府五城，在外由各省督抚、将军、都统、副都统、府尹刻即通饬所属，遍行出示晓谕，以出示之日起限三个月一律补税，并著告示内写明如逾三个月之限仍敢隐匿不报，一经查出或别经发觉，各按此次照例应纳税银数目加二十倍发赔，仍按违制律治罪，并声明倘吏胥人等于例定应税银两之外丝毫需索，许业主据情呈控，讯明属实，仰将吏胥人等加等治罪，以示惩儆。至税契银数，京城两翼每契价壹两税银三分，饭银壹分，各直省每契价一两税银三分，即令各该管官于告示内详细声叙此须补税银两。除顺天府大宛两县所收银两应照两翼办理，其余各州县应仍责成该府尹暨各直省藩司一体严饬所属认真查办，所税银两于三个月限满解交各该省藩库报部候拨。再，民人赴地方官衙门税契定例以粘连藩司契尾为凭，而不肖州县往往于民人税契时催铃印用该州县印信，并不粘连契尾，为侵蚀税银地步，应责成该藩司通饬所属，于民人税契务须当堂给发，并着该司于张贴告示内明白晓谕，倘

各州县于民税契仅钤用该州县印信，并不粘连藩司契尾，即系营私肥己，许该民人赴上司衙门控告，立予参办。如民人有携带契约纸服官别省者，顺其就近在服官省分藩司衙门纳税，知照原籍州县存案。

一、暂行银票期票在官银钱号支取一条

查行票之设，钞法相关。现在奉旨交议在都御史花沙纳条陈行钞一折，应请归并核议，以免歧异而资实用。

一、招商开采热河及新疆各城并各直省所属金银矿一条

查开矿之举为天地之利，雍正年间各省均有开采之案。道光二十八年经王大臣会议奉旨行令四川、云南、两广、江西及各省督抚履勘查办，嗣据各该省先后奏覆，或称并无矿苗，或称久经封禁，惟云南、贵州、湖南三省奏明试办，旋以硐者苗稀奏请停止，并各省覆奏内均经声明，如有实在可开之处仍随时躧勘，不敢畏难久安等语。数年以来并无续奏情形，自系因有停止之奏不复置议，现当军务孔亟之时，自应实力查办，应令各该督抚仍遵道光二十八年谕旨派委安员详细查勘，择其矿苗丰旺之区详定章程奏明试办，固不可以一奏塞责，亦不可以事在必行、别滋扰累。至热河、承德等处六州县地方亦有民人呈请开矿之案，应令直隶总督、热河都统派员查勘，各就地方形势，实有矿苗透露之处酌量奏开，以定拟议。新疆各城前须会奏未经议及，惟自我朝戡定以来边隅甫辟，地气所蓄，自与各直省不同，每年报部册内有回户呈缴铁砂并塔尔巴哈台有库存金砂数日，虽近年来并无新收，而既有铁砂、金砂即与云南、贵州之采办铜铅势利导者无异，应责成各城将军大臣认真搜采，核实兴办，不特有补现在之军需，且可酌抵常年之经费，毋许视为具文，意存诿卸。

广西巡抚邹鸣鹤奏逆匪窜逼省垣奏稿

禀为连日逆匪攻打省城，迭经抵御获胜，现仍竭力固守，并已到省据兵相机进伏，恭折由驲禀闻事。窃照逆匪窜逼省城，当将臣与提臣率众登捭守御各缘由，于二月二十九、三月初二等日两次驰禀在案。粤西省会城门计有九座，其东西南北门，而外尚有文昌、迎春、伏波、孰日、严泽五门，处处均应分兵严守，而城中兵额本小，其近省各探，均因永安南太军务急要，先经调往存城只数百名，即省城内数千斤火炮赛，因急所当急，均饬运赴军营备用。二月二十七日，猝然贼氛逼近，委生意外，仓卒间分布各城兵械实属单怯之至。于二十八日，提臣向带湖南官兵观历全城巡视，力任省城可守，众姓得闻此言，保心略定。二十九日，贼匪窜至城下，约有二三千人，火炮排列南、西、文昌三门，接连两昼夜攻打，求荡老壮练。本臣激以大义，给以重赏，人人朋命，矢石并发，枪炮齐施，当危凶呼吸之间，毫无畏惧，湖南弁兵民人奋勇出力，伤毙贼匪无数，我兵间有伤亡。当贼至之时，城外居民先以闻风逃避，所有民房、铺屋，贼众踞以藏身，并于墙间凿成炮眼对城施放，轰声如雷。初一日，经选同知直隶州沙继超等，屡兵丁，城南下将三门城外被贼占住之空屋纵焚火烧，贼始消退，仍踞烧剩之屋施放枪炮。初二日午后，臣与提臣面商，乘势稍出其不意，遣令湖南兵丁追城冲杀，毙贼数千名，夺获大黄旗二杆。贼因此败，攻打逾急，又另分一股，约四五百人，绕赴西北角及严泽门扒城，我兵伏于城垛，候其木梯安放、正在攀援，火枪砖石抛掷如雨，击毙烧伤贼匪多人。其时有副将衔参将长明，立在垛口督兵拿贼，被贼枪打中，所登时阵亡。初三日四更时候，该贼复攻南、西及严泽三门，竟在乘隙扒入，经臣探左营参将蒋福长督兵努力，击毙贼匪二十余人，夺获大小木梯四十余乘，器械四千件。初四日午刻，贼从文昌门东南角舍命力雄，所顶方棹上铺湿絮，直至二城根，排列长林，又有多贼在城南半里象鼻山并得月楼上连出大炮轰击，炮子打入城中无数，势甚危急。当今在古文武各员奋击，并叨遣同知直隶州沙继超飞身明勇，奋力助战，齐将大石块击下，贼匪人梯并倒，多有立毙。参将翟腾龙、将司朱占鳌、分备朱兴朝、游击凌坤垣连放红衣大炮，击毙贼匪不下六七十人，其来拖抢尸首者亦被智勇用枪击倒，先后毙贼约百余人，我兵仅受伤数人，阵亡一人。该匪大受创惩，纷纷退去，不敢过赴城下。夜间又令壮勇绕城暗劫贼巢，使之通宵惊疲，不敢向西城一带攻打。该逆用箭射至城中伪示一张，词甚在悖，扬言尚有六七千人随后踵至，以威人心，实属罪大恶极。该逆又另一股连日乘坐船只、竹牌在东门外向西，出没无常，经官兵见船即击，潜投象鼻山背，日间不乘轻出。以上贰月二十九日至三月初五等日，六昼夜击贼获胜之情形也。所有被枪阵亡之副将衔参将长明奋勇捐躯，实堪悯恻，仰恳恩敕部从优议恤，以慰忠魂。尚有阵亡受伤弁兵，容俟查明另行办理。现在选临元镇总兵王禅禄、选徐州镇总兵、探安营兵千余名，提补泗泽府知府李孟辉带阵勇二千余名，兵已先行赶到北营城外，即日相机进剿。臣惟有率同署藩司吴鼎昌、署盐道河南藩司严等竭力固守，共保危城，仰酬倚卑，自将该逆伪示一张，咨送军机处备核外，该谨会同两广督臣、广西提臣、闻署提臣刘恭折由驲具禀，伏乞呈上圣鉴。再，臣以城已六昼夜仓卒具折，尚有一切军情贼势，容俟缕绪，叙合并陈明，谨禀。再，城内街巷俱有栅栏，启闭严谨。城内城外各团练，经龙启瑞、朱琦等淑屡均协力同心，不分昼夜，风雨守望相助，连日搜捕奸细郑小子等三十余名，送官审明，分别正法、监禁。民间粮食，省中向无米铺，系从城外购买，断幸可虑，幸有先经官存白米五千石，并仓余盐石，尚可散给民间，具民口食。火药一项最为急要，局存尚有万余斤，臣已飞咨湖南、江西、贵州等省远拨接济。即日官兵近伏，恐该逆难免窜，臣迭次驰容函嘱，即就近移居零陵县地方策应。钦差大臣、大学士臣赛探知贼窜省城，万分危急，已饬主锦将松安两镇来省助我，自必亲统兵勇倍道来据。臣屡迭咨函，均因道途梗阻尚未接有回音，广州副将部军乌闻已行至近地，见未抵省，此时幸赖圣主鸿福，合城人心坚固，士卒犒赏频加，亦皆奋勉出力，堪报国家锦宸。乃臣谨附片陈明。伏乞圣鉴。谨禀。

安徽省辕门张贴之太平天国文告[①]

钦令大司马、大司寇、统领天下军情事为晓谕通缉，抚安民心而定天下事。惟我主大明天德皇帝圣德威恩，庄严盖世，敬贤礼士，精明刑赏，爱民如赤。崇祯九代后裔，今当复兴明室，智谋之士，莫不望风附伏，如觉重见青天，本督统领猛将三百四十余员、雄兵三百八十余万大进江南，向到广西、湖南、湖北等省并不犯民间寸尺，众百姓扶老携幼香烛迎接，圣恩大惠，三年之内地丁钱粮一概免言，大赦天下。我兵不日南下，恐尔国贪官污吏、兵军乘间抢据，互相自恶，反指我军名式，尔等百姓务当防备。诣属官员当思食君之禄，分君之忧，国家有难，务当抛身死战，以尽臣子之道，如有逃走，本督严缉立斩全家。惟尔主不赀丝毫，稳治天下，今已二百余年矣，且而不听忠言，奸佞当道，贪官污吏上唤下应，钱漕分外倍加，我民苦楚不堪。今以天命顺生，统兵务先通缉，为此务仰江南众百姓知悉，各守分业，防备清兵掳抢。大谕满官知悉，尔等伸奏，统兵决地交战，如有逃走，立决全家，本督言出法随，莫为言之不预，须至榜此。大明龙飞天德三年六月初三日发贴安徽省辕门张挂。

① 题目为编者所加。

太平天国天德王四年文告[①]

特授开国军师兼平满大元帅杨为再行通晓事。奉师承王命兴师伐暴，所到之处望风瓦解，破城之日，只将贪官污吏荡除，并未扰害一民。尔等各宜安居乐业，无自惊惶，前以出示晓谕，良民谅必悉知。凡闻四乡有不法顽民，藉大兵到省，乘间奸探、抢夺良民，现今本帅拿获，斩首数十余人。兹今距省甚近，本帅始知，殊堪痛恨，又差护军校尉一李带领百余人，遍巡乡市，如有犯者在本地方斩首，真有良民，各宜顺字贴门首，此门神乃是唐朝福将，岂是看门之人。尔等助饷捐资、贡监职员，诚思此等功名，何荣何显，则满贼所助功名亦不为荣，本帅皆是大汉之人，读圣贤之书，岂受夷狄之爵，尔等即将所助众旗匾一并捐让，勿致自误，候我主定鼎金陵，议行考试，衡文取士，再定甲乙。又，各处庙宇皆妖僧居住，名则供佛，实则术惑，尔等商民之钱实为裕已，已在处拿捉斩首，不如给一乡里贫民为愈，其有领重修之人一并拿究。本帅剿荡一切，尔等各遵汉朝之改，如若不改，大兵到此，鸡犬不留。特此晓谕。都督大元帅万吉洪，天德王四年告。

---

① 题目为编者所加。

太平天国诏江西省告示

奉天承运，太平皇帝诏曰：从古创国之君端由爱民，爱民之主，莫先除暴。惟彼伪请，族原出于异地，莅我中国，仇自不共戴天。慨圣君之不作，谁与正其衣冠，念下民之无依，人未登诸衽席，官吏尽贪污，朕所目击，闾阎多涂炭，同是心伤。受命将士，用肃天威，讨论军民恰遵王化，统率三军岂为争城争地，非敌百姓，尚期一德一心，前此误迷途悔未晚也。此番同登觉，时可矢哉！尔等或荷效驰驱，或荷蓑笠，或栖于市井，或励志于诗书，各宜谋新舍旧，共立伐暴之勋，乐业安居，无违寡人之命。朕抱与为怀，恩威并用，倘其壶浆以迎，功款为重，如执干戈以御，法所必加，师旅所至，无犯秋毫，劫夺为强，决施忧楚，庶几内靖封疆，群旅于光天化日之宇，外攘夷狄，同返我声明文邦之区。钦此。

太平天国癸好三年七月廿五日文告

真天命太平天国钦差大臣赏丞相左一检点永等、殿左十一指挥沈、殿右十七指挥陈。晓谕众民，放胆宽心以勤稼穑事。照得民为邦本，食为民天，兹我天王，合万亿之中，行仁义之师，原以使天下享舜躬之福，尔等轻信人言，自相恐吓，背井离乡，殊不少解。老大臣痛怀在抱，胞与为怀，持剀晓谕，继尔等，继自今宜赴拜天父、天兄，恪守天王诏旨，为农为圃，各宜其生，乃积乃仓，毋废职业，何必奔走四方，辗转沟壑也。且我天朝整旅兴师南征北伐，普天之下，莫非王土，率土之滨，莫非王臣，尔等不归之于今，其能欲归之于后乎？谕后各当猛省回头，痛改前非，安心守业，我天朝断不害尔生灵，索尔租税，尔等亦不得再交妖官之粮米，再为妖官之仆隶，凛之慎之。毋违，特谕。

太平天国左军主将翼王石达开训谕贵池县文告①

真天命太平天国左军主将翼王石为训谕贵池县，合邑良民毋得容留逆天罪丑，并宜速急依制，举官呈册事。照得本主将奉天安民，抵此安徽，前于十月初一日，饬遣使人四名，颁递训谕。谕尔该城内外人等速宜敬天，依限回禀，讵料我使今止转来二名，据云尔贵池县各耆民人经读天朝圣书及诰谕训谕等，颇能回心敬天，独有高村罪民胆敢逆天，拘我来使二名，未知何等谋害，迨今尚未见回。如此逆天罪丑，断不容于死矣。本大主将定必兴师，剿洗高岭，倒为平地，候兴师到来剿洗，候尔等附近居民暨合邑远处各耆民等，如高村罪民逃遁尔乡，尔等众行擒拿到案，切勿藏留尔所。倘有随村藏留纵放，罪则同此，一经察觉，毋怪不留。并谕尔等，各村民人一乡知谕，递传合邑诸耆良民，准宜速急依制，举官遵限呈册。以五家设一户长，二十五家公举一两司马，一百家公举一卒长，五百家各举一旅帅，二千五百家公举一师帅，一万二千五百家立军帅。所举各官，须要注明三代履历及该本身岁次、家口若干。至以良家亦须注明某姓某名、一户男妇老幼合家总共几十名，速耆到限十一月二十日历明载册，交与举任卒长。旅帅、师帅、军帅等亲身戴赴安徽投案。自谕之后，于贵池该县三十九保倘有谁保越此谕内之限不赴，休怨兴师问罪，剿划不留。各宜凛遵，毋违，切切。太平天国癸好三年十月十八日训谕，实贴下六保。

① 题目为编者所加。

太平天国甲寅四年正月二十六日告示

真天命太平天国真忠报国顶天侯加一等世袭秦为札谕普天下乡民严拿逆徒乱行肆扰事。照得天父天兄大开天恩，差我真主下凡，复差功尉师圣神风，我乃师赎病主左辅正军师东王、辅左我主天王建都天京，安良除暴，普救世人，本侯恭奉天命出师安良，凡官民兵士人等莫不教导，俾得个个修好练正，化醒心肠。但新投军人兵士甚众，稂莠不齐，难保无不法之徒乱行滋扰，诚非上帝救世之心，我主爱民之道。前翼王颁行训谕，严禁逆徒肆扰，在案至今未见尔等良民举公秉正，擒拿前来送案，是本侯诚恐尔等乡民未能周知，为此特行札谕，仰军民人等知悉。自谕之后倘有圣营兵士人等胆敢不遵天命，妄到乡村骚扰者，不能欺勒吾民与不欺勒吾民，准尔等放胆扭拿送案。本侯定将该犯讯明，按天法究治，以儆凶顽而安良善。各宜凛遵，毋违札谕。

古人名十二月令歌

正月时乡是上元，跟玉移步到堂前，
头带明珠花一朵，手携荣生进花园。
二月时节是清明，必得原来是愚人，
画堂之内江祠坐，得进教师朱光明。
三月时节三月三，磨刀作柴陈日山，
茂林破了三槐树，挑到家中见火官。
四月时节立夏天，坤山葬在路旁边，
坐乾向巽翁有利，青云生于万万年。
五月时节闹龙船，只得锣鼓闹喧天，
合同姑嫂前来看，江中得见苏青元。
六月时节暑难当，音会寄语田福双，
夏天降雪李月宝，吉品三代受皇恩。
七月时节七月中，贪财图利张九官，
天申前去做知府，国库钱粮切莫贪。
八月时节是中秋，摆兵出阵马上招，
正顺得胜带兵转，志高青云不得休。
九月时节是重阳，安士尾姑别爹娘，
洞房花烛刘井利，扳桂才子状元郎。
十月时节小阳春，摆衣作眼合海中，
占魁皇帝推出坐，太平随身到朝中。
冬至时节日落西，看见天龙飞过溪，
汉云引兵江边坐，元贵父子穿朝衣。
腊月时节将近年，万金家财讨不全，
世间难得张元吉，不着逢春又一年。

高溪桥禁赌碑文

此地接壤江西，士商往来，实系两省通衢之要道也。向示赌博，以杜非为，由来已久，并无违犯。近有不法匪徒渐肆集赌，难免劫夺之患，是以邀请耆老及董事人等勒石加禁，本境地方永不得开赌窝匪，而客商亦宜各务本业，切勿违禁。非独地方无害，则商民亦永无惊，嗣后倘有恃顽干禁者，无论内外人等，一体重罚不贷，敢再恃横不遵，公同送官究惩，决不徇情。特此申明，以业永禁。大清咸丰四年岁次甲寅春三月吉旦，约保公具。

休宁县严拿花灯蛊匪告示①

特授休宁县正堂加卡级纪录十次唐为严拿花灯蛊匪事。照得休境叠遭蹂躏，皆由花灯蛊招集土匪勾通逆党所致，前经查办在案。近闻匪徒怙恶，胆敢复开，除饬差勇严拿外，合亟再谕城乡人等知悉。倘有匪徒开设地方能擒送正法者赏钱二十千，斩献首级者赏钱十千，窝藏开设容留住宿者棚厂烧毁，房屋地址变价充公，屋东地主严行治罪，保捕徇隐族长总甲左右邻舍不即举报者提究，家长纵令子弟往赌者一并重惩。本县言出法随，决不宽贷。凛遵特示。咸丰五年八月二十三日示。

① 题目为编者所加。

休宁县办理团练告示[1]

奏留徽州府休宁县正堂加十级纪录十次唐为办理团练事。照得逆匪焚杀掳掠，残害地方，非团练守御不足以保身家。查贼匪本无天良，并不利害，百姓齐心，何难剿灭，急宜赶紧团练，以防后患，为此示谕绅民知悉。休邑三十三都须每都为一团，设立分局，众举公正绅耆以为练总，每村另立团长数人。查造每都按月轮流派定二十岁以上、四十岁以下丁壮二百人，自备旗帜军器，无事归农，遇有贼至在境安营接应。官兵每日发工食钱三百文，粮台各都自备抬枪帐蓬，地方商富捐制平日自用守家，闻警借与公局，远近村民年力精壮者亦出助阵。每村制大旗一面，每十人制小旗一面，器械均系自备。杀贼有功者公同请奖，受伤者给工食医养，阵亡者抚恤洋银五十圆，房屋焚烧者帮贴修造。一方有事，合县公摊，此项银钱俟团练办齐后再派绅董捐写数目，计每都丁壮二百人准备一应经费，约钱二千串。簿存公局，非因长发贼至，齐集丁壮，由县示谕，永不收取分毫。至团总团长名册，先于半月内送县查考，其丁壮清册统限一月内造成收缴，总期齐心协力，共保身家，并非抽丁当勇，随官调遣。倘有棍徒布散谣言，阻挠违抗，许即禀送重究，决不姑宽。凛遵特示。咸丰五年八月二十四日示。

---

① 题目为编者所加。

休宁县谕三十三都绅董务必赶办团练告示[①]

奏留休宁县正堂加十级纪录十次唐谕三十三都绅董知悉。照得团练为善设紧要事件，本年曾奉谕旨：绅士不协力办理者严行参革，钦遵在案。查休邑叠被伤残，众皆愤激，当此迎机引导，何难转败为功。且以各都之绅士办各都之团练，耳目所及，声息相通，示谕章程又至简至易，亦皆分所当为力所优，为之事并非挟山超海，强人所难。今已半月，闻立局造册者尚自无几，实属偷安旦夕，坐失事机，合亟饬催为此谕三十三都绅士耆董知悉，该处团练已办者亦宜造成，未办者务办各赶办。本县不日按临逐处查考，有绅衿乡村惟耆老、绅衿、族长是问，无绅衿乡村帷族长、耆老、地保是问。果能办理妥善，自必禀请奖叙，若观望推诿以及托词匿避者，定即严加查究。事关军民要件，幸勿视为具文，致贻后悔。切速，特谕。咸丰五年九月初十日谕三十三都绅董汪裕銮、汪济、汪钦、李杰、吴丰、李润、汪士英、汪应台准此。

① 题目为编者所加。

休宁县谕偏远村庄赶办粮械告示①

奏留休宁县正堂加十级纪录十次唐谕三十三都绅董叶霖蕃、吴丰、黄庭、李翘林等知悉，照得粮械为团练要件，除每都捐备勇粮二千串外，所有枪炮、刀矛、旗帜、子药等件均须早为制造，以备应用。诚恐该都离县杳远，人心玩忽，难于集事，合亟谕饬。谕饬到之日，该绅董务即劝谕各商富踊跃捐助，赶将应办粮械各物妥为制备。本县不日亲临查验，倘有悭吝不捐以及阻挠违抗者，著即指名禀究，毋得稍事徇隐贻误公件。切切，此谕。咸丰五年十一月十二日谕。右谕绅董黄霆、叶霖蕃、吴丰、李翘林……准此。

休宁县准备丁壮相机防守告示②

特授休宁县正堂加十级纪录十次唐谕三十三都公局绅董知悉。照得现在江西抚州等处闻有警信，所有局内丁壮经费器械各件急宜先事办理，齐全以备，保卫地方，免至临时掣肘，为此谕饬该绅董等知悉。谕到之日，务即将前此书捐银钱赶即按户如数收齐，公存妥帖人家，准备丁壮，修整器械，听候前途的确信息，相机防守，毋许吝延贻误，致干查究。切速，此谕。右谕仰三十三都绅董准上。咸丰六年三月初七日谕。遵谕毋延。

① 题目为编者所加。

② 题目为编者所加。

休宁绅耆共同挽留知县状[1]

兹以唐父台奉札撤任，合邑关系匪轻，公拟联名请留，单到望来城一叙。如有事不及亲到者，祈书名衔于左。

休宁县团练善后事宜告示[2]

休宁县正堂唐谕三十三都公局绅董知悉。照得前月山斗之战，因丁壮未齐，众寡不敌，致锉锐气，然贼不敢窥伺休城，实皆绅民堵剿之力。现在贼虽远窜，而查拿土匪、抚恤阵亡节节均关紧要，各局团务更宜加意整顿，万不可因此稍有疏懈，致使人心散漫，贻误地方。所有每都派捐经费，现商绅董酌议提一成以为抚恤阵亡绅民丁壮之用，务即赶紧捐收，归交城内总局，分别交给其各都曾经带领丁壮随同迎剿者。一切用项，即于提款内扣除，核实以照公充。此事恤生慰死，关系重大，望即迅速认真办理，毋稍玩延观望，以致日后忠义之士负战长叹，而旁观者亦为之寒齿冷也。切切。特谕。右谕三十三都公局绅董准此。咸丰六年四月十四日谕。

① 题目为编者所加。
② 题目为编者所加。

咸丰四年六月十三日清廷上谕

上谕：兵部具奏，金陵贼匪，久踞未克，各省分窜肆行，请旨定夺，以彰国威。而苏民困一折，朕览奏之下不胜痛愤。朕世祖章皇帝御极以来，开疆辟土，未尝行一不义，杀一不辜，海隅向化，万国归心。及我康熙、雍正，苗民蠢动，然王师未到即已知罪拜降，从未闻抗师拒敌者。迨后二百余年，天与人归，毋杀大臣，毋索民财，毋仗威陵逼百姓，毋贪利冤苦良民，文能安邦，武能定国，凡遇干戈，为主将者受命之日则忘其家，临军约束则忘其亲，冒冲矢石则忘其身，宁死不避，遇贼则追，故不久则闻捷音。今粤贼包藏祸心，欺天灭地，大肆猖獗，侵扰金陵，复害江南，以致生民涂炭，杀戮官民，实神人之所共愤，天地之所不容。为主将者当此大敌，岂敢尽皆怕死贪生，敌未临境先有退志，故逆贼肆焰无忌，毁我民房，掠吾民财，戕吾民命，该大臣等或苟且捏饰以偷生，或仅一死以塞责，徒使朕念及黎庶，寝不安席，食不甘味，忧心啾啾，终日莫释，再三衡评，合莫始末，拟得向、张二臣，外威而内怯，大负委任，辱国丧师，此朕之所以大愤也。朕往复思维，殊属实不可解者，若谓朕之基业由此而耗，实属天意，非人力所可挽回，则该逆所到之处即应讴歌载道，以慰民心，乃何以妻子离散，哀声震地，怨气冲天，似此情形逆贼岂能成事哉。再思列祖列宗虽无尧舜之德，而非桀纣之暴，其待民也虽无大恩，亦无大怨，至戊申巳酉，洪水为留，我大行皇帝不忍睹黎庶之病苦，三载钱粮概以豁免，极贫者更发钱以赈之。今朕御极，捐赈者外复顶带以荣之，此目前之事皆尔臣民闻见所及者也。若先皇帝免粮发币者不可胜数，一切待民之苦心至深至切，且朕之心似无愧于民也。所恨贪官违命，私索民财，即帑项所发之钱亦不免捏饰报销，并私立殃民陋规，朕深居九重，原不及于尧舜，焉能周知外事，而该大臣通同护蔽，若非仔细推求，切实咨询，将何以表朕心而伸民冤，至今怕死贪官为贼所戮，皆天之所假手，固无亏也。所最痛者黎民何辜，惨遭逆毒，破家荡产，死亡流离，则朕有不德，上天苍苍何不天朕一纪，灭此逆贼以安百姓乎？言念及此，泣湿襟袍，况查此贼久踞金陵，出入自由，无人拒敌，非朕亲临，逆贼难以收持，此万得已之苦衷。布告天下百姓，凡有志者，知朕将亲征，能奋勇杀贼立功即破保奏，日后平复之后世袭，同替同享，尧天舜日，是朕所厚望也。钦此。

咸丰六年四月初三日建平西山前开濠沟见刘伯温先生古题

日东升，月落西，家家户户见高低。
红头乱，白头兴，丁丁何来见太平。
三口并一脚，扫尽江南百万春，
亥主重来再太平，在数难存。
大明洪武丙申年甲良自壬寅日申入土。

又据谈者：旧冬十一月十三日未时，天现二日。此甚大异，历古罕闻，城乡各处所见者多。第此忽现，不过半刻，见者不敢声扬，扬之无凭，恐惧布散谣言之罪，拟此大不祥也。记此。

休宁县另立规条赶紧捐办团练票①

即选府休宁县正堂加十级纪录十次唐为整饬团练事。照得团练久经废弛，急应另立规条上紧捐办。兹本县定于来年正月亲历各乡，传集董事认真办理，以求实效。为此票仰都图捕保赶即前往各乡，饬令每村议举公正董事数人，小村或三四人，大村分段，每段选派数人，以备本县按临公同议事。各都图团中有原告奋勇及年力精壮、胆气胜人、武艺出众、善用火器、能聚多人者，此项丁壮选派百人，小都七八十人，造送名册以备考验，限元宵节内一律办齐，以凭查验，毋得藉端滋扰，延误干咎。切切速速，须票。右差王恭准此。

---

① 题目为编者所加。

浮梁罹难记①

咸丰六年十二月二十九日兵，旭斋一生不辰，命途多舛，苦读至钝，舌耕为生。幼赖王父母钟爱，长获椿宣福荫，迨至强仕前后构创实买，满拟光前裕后以实孙子，讵期埙篪失调，各赓瑟好，各立门户，各务本业，聊度时光。孰料近年以来，长发衅叛，起自广西，由过洞庭，自破岳州、湖南、湖北一带地方，九江、安庆势如破竹，至大通、芜湖，直下大破南京，盘踞数年。江西、江南府县乡邸遭害匪浅，何期今咸丰七年浮梁被扰逼降。五月二十八日，竟至三银碗，吾在百亩馆中，午时始得此信，仓皇奔家，家中衣物已搬上山，立着二人往右龙探信。二十九日仅子丑时，已过黄竹岭，即黄土降，而探者望见火光如龙如电，急急回报。尚未天晓，男妇均惊，尽皆逃遁。顷间乌合之众早朝饭时已至吾施村四门矣，劫掠扰害，遇人杀掳，逢神斩毁，历世罕闻。此等叛逆天地难容，衣物搬移在山，尽遭寻掳，抢夺一光，男妇惊窜，拼命逃奔，幸喜吾四门之妇女未遭淫害。自抵未申时刻，方止拔旗归营。在冯村打馆住宿，三十朝五鼓拔营，往坑口、流口。自抵黄余口而回，转过平鼻岭往清华，至浮梁县盘踞。闰五月初旬半月之间，可怜父老率同妇女及幼小人等皆窜佃公坑避难，冷风宿露，苦楚备极，笔不能尽。一月之内兵声纷纷，难安之至，田禾不能耘，山草不能耨，工不能作，书不能攻，困守家中凄然待毙，兼且浮梁不能通商，米价腾贵，洋钱以毛、光辩别，将及捧金而亡。欣幸清华米广，洋钱不论毛、光，人皆鼓舞得生，都往清华购买，正谓天不亏无路之人，致有回天之道。伏思吾四门人民，苍天庇佑，未杀人，未焚毁，虽矛伤数人，幸经医痊，深悯他处地方，人民杀掳无数，民房焚毁数村，今在百源王宅馆中思今岁之光景，不胜悲惨惶恐之甚，故批此情略记斯篇，以示子孙知之。

---

① 题目为编者所加。

休宁县遇战善后告示[①]

钦加州衔休宁县正堂随带军功加一级纪录十次瞿为晓谕事。照得本县查访贼匪曾经窜至三十二、三都等处，被扰遭害地方不少，现在居民大受害累，困苦至尽，殊堪悯恻。除谕该处地保立即按查外，仰仍该处地方绅董及房族长逐细查核有无被毁房屋、被杀丁口、被扰人民及办公遇害绅士，分别注明，另立清册，呈县听候本县详请抚恤，毋稍遗漏。至被贼所经地方，并闻该处居民因被扰后竟有强砍竹树、假公报私、藉端讹索等事，亦大干法纪禁，本当按名拿获究办，姑念为贫所迫，自谕之后务各安业守分，并齐心团练各保身家，是为至要，如敢故违，准地方捆送以作土匪究办，莫谓言之不早也。切切，特谕。咸丰七年闰五月十九日示。右仰知悉，告示，仰三十三都施村地方实贴。

① 题目为编者所加。

皖南镇总兵安民备战告示[1]

钦命署皖南总镇总统官兵执勇巴图鲁江为晓谕事。照得逆匪前次乘我兵匆忙之际，竟由小路进窜汪村，本镇调兵攻剿，该逆穷蹙遁回，虽已保固内犯之冲，而生灵受害已不可问矣。忘念及此，寝馈难安，今徽境业已肃情，而浮景乐平尚有贼匪盘踞，徽防各隘尤宜加紧布置，以期无虞。窜突所有祁黟各防早已扼扎重兵，而婺源一路亦经浙抚部院调拨劲旅择要扎营，清华一路复经本镇调派王参将统惯战兵勇出岭驻守，与婺邑之师声势联络，而上溪、渔亭亦有重兵，足为各路策应。如此星罗棋布，似可勿虞，然虽有兵可恃，而各该地方绅民亦应设法自卫，庶更无患无忧。合行出示晓谕，为此示仰汪村一带绅民人等遵照。尔等务各设局盘查，凡有冒充兵勇扰害闾阎以及地方有为贼作奸者及逆党混入窥我虚实者，尔等即便拿获，捆送来营，立予军法从事。所有缉拿之人，本镇亦从优奖励。其团练充宜认真举办，勿为逆贼所愚，前车之覆足为殷鉴。如该逆再敢内窥，尔等即齐集团练，奋力堵御，一面飞报行营，不过一二时之守，本镇即当亲督兵勇四路抄击，该逆虽众，岂能逃出网罗哉？尔等细思团练之设不惟自固身家，尤能壮我军威，且杀贼立功者更能邀请奖励，又何乐而不为乎？本镇谬膺重任，念切恫瘝，目睹尔等受贼惨毒，实心有所不忍言者，故不惮谆谆诰诫，与尔等剀切晓谕，务须认真举行，勿再贻误。本镇实有厚望也。凛之，勿忽，特示。右仰知悉咸丰七年六月十五日示。告示，仰实贴徽州府休西三十三都施村地方，准此晓谕。

---

① 题目为编者所加。

浮梁近村契据丢失禀[1]

具禀胡循美、吴万晟、李际阳、吴新锐、王复成、方大兴、方嘉成、方连春、潘福九、苏复隆、王加荣等。禀为契遭匪失报叩立案事。身等村处山僻，守分安生，前五月廿九日，逆匪由浮梁窜至身村，遍山搜掳，戮伤多人，是夜村中住宿，次早拥去，民房多遭拆毁，衣物粮食掳空，所有各业契据遭匪粮失，不能归原。现贼仍在浮境，距村路仅二十，民乃避山，不敢归理。切业无典，管必滋端，为此先行报明，伏乞大老爷恩恤灾黎，赏准立案，容身等归查明白，另呈请照。再，身连春之子渭川被掳，迄今未回，合并陈明上禀，谨呈。。

批：胡循美等，尔等遗失契据，究系何业，坐落何所，着即逐一查实，并将各业四至问明，另呈核夺。

假充兵勇讹诈铺户就地正法告示[2]

钦命总统官兵皖南总镇江，为顷闻各城市镇乡屯屡多不肖之人身带佩刀，冒充兵勇，于各行店铺户恶诈唬吓，任意游戏，甚至强买强夺，实属可恨已极。除密差弁兵严密缉拿，并饬地方文武一体严缉外，为此示仰各行店大小铺户商民人等遵照。倘有前项不法之人，立即会同绅董捆交地方官就地正法，悬首示众，以昭炯戒。凛遵。特示。

---

① 题目为编者所加。

② 题目为编者所加。

休宁三十三都右龙地方团练加紧巡防告示[1]

钦加州衔休宁县正堂随带军功加一级纪录十次瞿为饰谕事。照得接据探报，该逆有窜扰浮东晏公滩地方之信，查该处离本境三十三都不远，现已有官兵驻扎，系应即赶紧团练。该处屡次杀贼，团练有名，况我徽兵勇数万，江镇宪亲驻上溪口居中调度。又，奉京宪饰调各路兵勇，赴后军威甚壮，谅此败残小丑不日即当扫荡。惟该都径路颇离该团练之居，熟悉何路埋伏，何路截击，急当早为预备。合亟示谕为此示，仰该都绅董居民人等知悉，务于关隘处所招集团丁常川驻守，应给口粮秉公酌派。其余仍按旧章，挨户出丁，自备资斧，每日各就附近出队巡查，多设侦探，俾该逆不敢入境，该百姓各保身家，毋失机宜，是为至要。切切。特示。右仰知悉。咸丰八年八月初九日示。告示，仰三十三都右龙地方实贴。

---

① 题目为编者所加。

不法之徒藉团练名势勒索事①

马、段二副爷带兵驻扎汪村地方，于本月十三谕传三十二、三部各村乡勇，点名谕托。去后九月初，马、段因江镇宪吊往青阳打仗，又着梁守府带兵驻扎汪村，于初六日带领兵勇二十余人、旗号器械，同公局绅董轿马前来。至冯村光芳堂落下，冯村地方备办盛馔，酒饭相待。面话，随即上马往右龙住下，于初七朝至回车岭踏看隘口。比即回马，抵冯村落马，冯村又备面酒相待而去。又于十一日，黄总爷带领兵勇三十余人、旗帜军械，比前踊跃，及带军饷，一马直往右龙，欲将黄竹岭札营驻守。于十三夜倏然星驰奔出，直往汪村而去，未卜是何军机，近東乡村惶恐之至。所探浮邑及景镇，自八月初四被扰，屯住不动，未卜此等是何。吾等与浮东接壤，朝夕悬悬，实难高枕。月半前，据汪村公局及官兵探者所云，浮东一带地方被逆逼降，现有长毛十余人至窑里，又未知是何主动。而汪村公局用乏，近日信来又要挨村批捐。近来黄总爷现带兵勇数十，屯扎右龙驻守，梁守府带兵二百数十余人，屯驻汪村。可叹，吾四门人民愚懦，内惑吴加富、胡金榜、李冬至，镶同外奸盛达三，朋同方伟臣，藉以公局名势，不论贫穷殷实，挨户苛钦敛，派费饱私。急如星火，犹敢声言：如有不遵派出，即禀二总爷带兵来至吾村押办等语，吾村实系贫户，家乏银钱，苦之不胜，恐惧之至。第吾原在百源馆中，全不知此逼，昨据鄣源、方伟臣来信始知此派，即回家一问，果有此蛊，硬要吾村钱拾五六千余文，家家恐惧，个个惊惶，吾不得已，邀同幼孙叔、进元兄三人至汪村后山公局问理。蒙公局诸位绅董先生面白达三之私，怪伟臣出笔不逊，将所私派吾村之钱概行免之。另日公局发帖，邀赴公局批捐以为公用，如达三再若朋奸，借公私敛，许同公局质理。公惩不应，吾即同绅董面见梁总爷，将此奸私饱囊之弊、藉官兵之势唬诈乡愚情由禀告梁营。已蒙总爷善劝，既公局已

① 题目为编者所加。

将私派之钱既免，必不多事，此班不仁之徒岂肯从他，谕吾等可以放心，并劝另日赴局，勉力捐输为要。吾拜别总爷及诸位绅董先生，回家已二更矣。照抄咸丰七年六月初三日。

吴荣元御贼捐躯请恤禀①

具禀饮宾吴文栋、生员吴志仁西乡州二都二图大连地方禀为遵示实陈叩恩详恤事。乾隆四十七年，生祖吴公悦创立急公会，详请给示立案，递年四、五两月合面全完，由来毫无蒂欠。今四月念三，粤贼窜婺清华，路距四十里，各户恐惧，致未会排。五月十三，又窜清华，公议改期。二十会排，收粮。念八，往邑急公，突闻贼由浮邑窜境，各户奔逃。念九黎明，果被杀掳烧毁，银钱什物一空，另载公禀在案。闰五月初二，粤贼流口败回，生等两村农民连环婺北樟前、梓坞农民三百并借硝二十四斤，扎守新岭头、流舟坑二处，吴荣元、吴发悦、吴光仁、吴得初交战流舟坑，杀贼二人，荣元中枪阵亡，获贼五色方旗一面，腰刀两把，长枪一把，苗锥一枝。贼乃退，所借之硝叩恩详赏，给领交还。为此迫叩宪大父师鉴情详请，以超难民，生殁均感。磕禀。

初八日休宁县正堂瞿批：吴荣元御贼捐躯，殊堪悯恻，候即汇详请恤。

---

① 题目为编者所加。

团练公所捐银事记[①]

十月初一日下午，殷宝兄带得汪村和安公所赤片一帖，上注：本月初二日杯茗候光，旭斋乃生不遇时，何苦逢此乱岁贫寒舌畊，依人门下，训读幼童，精神耗眸，自思难以理众，可叹！昔日英伟之候，微名声扬，今虽瞶眊，殊觉难辞，正谓欲罢不能，既蒙公召，不得不赴行矣。一面回复殷宝兄去了，再与东宅商酌，幸叨允行，是暮归家，始知金榜兄亦有一帖，吾思此乃军命大事，非比寻常公捐之项，吾二人岂能擅为，即令双元邀请族内三房人等，诣祠公议，众着五孙叔、关大弟同吾二人一齐前去，面同公捐。于是初二朝，四人前往后山和安公所，面言吾村之贫穷，苦楚之曲衷，虽此公举捐批，实乃保御地方之正务，理宜踊跃倾囊，可怜赤贫村方而力不足，千言万语，苦诉肠枯，三房面议，不得已勉力捐洋贰拾元，茶源山方姓捐洋三拾元，山下吴姓捐洋八元、方姓捐洋贰元，榧树下李姓捐洋拾元，高玩吴姓捐洋拾元、潘姓捐洋壹元。是日已承公局亥酒中饭而返，至小连口烛明回家，已二更矣。吾村知此数目，料难苛派，只得将屋背来龙山之桥树、旧不肖 弃已砍阻批之树，公同齐丁登山，批放下山售价充公，俾免派逼穷户。讵料不肖之金榜故恶复萌，斜唆李顺宁，绰号草包，寻得飞棍李翘林，捏词妄投吾旭斋盗卖，又枉潘得文盗买等情，此候内遭此类不良之徒苦害村民，桀骜不悛，天地间实实难容。但此批下山之树今虽售价，满望充公，此等架害诚恐价充无日，吾自局回，即便来馆又得此信，意欲归家与伊剖论，但馆政羁身，难以抽身，快怅之至。想此飞棍，乃查系流口生员，素行健讼之徒，此事难免无讼，故今在馆寻思无聊，挥毫暂记，且看下情是否。并据昨午，李百元乃榧树下李福大户支丁，所云伊宅又得公所来帖，呼伊同李桂元二人入局，劝伊福大户捐洋拾元，据说

① 题目为编者所加。

此乃伊村不良李冬至暗用奸计指示公所所致。究竟四门地方，出此一党不耻不良之奸宄，蛊毒酷害，将何处置。嗟乎！无怪粤民叛逆，斯乃天地之间劫数也哉。

第七部分

高遥阁丛书（节选）

叙

刘锡鸿

石翘先生负经世才，初官西曹，勾稽案牍，务谨且慎。高平祁恭恪、长白恒宜亭尚书，潼关张兰沚中丞，旌德吕文节侍郎，咸以远到期之。迨改官楚南，所至有声，治行称最。桐乡陆费春帆中丞、铜山张石卿制军悉奇其才，特保荐之尹乡湘。时粤西乱作，先生以国家承平日久，营兵多不可恃，乃创团练乡兵之法。不惟保全境土而成就人才，肇迨老湘营卒平大难，自是又以知兵闻内外。诸公钦其名，而荐于朝者，盖指不胜屈。吾师花县骆文忠公尤倚重之，疏荐不一而足，当奉命督办四川军务，时特奏以先生总理营务。军至荆州，鄂省督抚以下游有警，请督师赴鄂，暂缓入蜀。幕府颇韪其谋，先生以蜀事孔棘，蜀人望官军如望岁，力主赴蜀。吾师卒从先生议，决策西征，以此与幕府不和，遂潜构蜚语以耸动，吾师致有可小知、不可大受之奏。客有谓吾师者曰：朱某化民成俗，除暴安良，可治一乡一邑，即可治天下，国家大小以事言，非以位言也。子何为以不可大受目之？吾师颇悔，屡欲斡旋，已无及矣。夫吾师非信谗之人，先生本无招谤之理，偶因军事力争，竟至莠言动听，潜移是非于不觉，使先生闲旷多时。吁，可畏也哉！兹阅刘君倬云所刻《宰湘节录》内载有“可小知不可大受”一节，吾欲为吾师表明心迹，不能无言，特补序之。

光绪二年岁次，丙子秋九月番禺刘锡鸿

石翘宰湘节录

刘倬云

谨节录骆、毛中丞叠奏朱都转操练湘勇各奏疏中语。

咸丰六年七月二十一日，骆中丞遵旨保举堪胜道府各员。以朱孙诒前在宁乡、长沙两县任内均有政声，其在湘乡县知县任内时，裁剔漕弊，搜除积年会匪多名。一县称治，遴选正绅廪生，后擢宁绍道罗泽南生员、现擢即选道王鑫等办理该县团防，湘勇之朴勇敢战，实由该员办团而起。嗣署宝庆府知府，宽严并用，深得各属士民之心。该员勤恳朴实，守洁才明，所至循声卓著，堪胜道员之任。

咸丰九年五月十四日骆中丞奏：朱孙诒于咸丰二年署理湘乡县时，督办乡团最为切实，罗泽南、王鑫、李续宾、李续宜等皆其选派之士。湘勇军律之精，实基于此。

同治二年二月初六日毛中丞奏：浙江盐运使朱孙诒诚朴廉明，经济素裕，向在湖南湘乡县任内办理团练，识拔将才，如罗泽南、王鑫、李续宾、李续宜、刘蓉诸人，皆由生童经该员拂拭而起。湘军之盛，至今胥赖其功。现在浙江抚臣左部下人才甚多，足敷任使，臣维直隶、山东、山西屏蔽，京畿关系尤为紧要，亟应即时筹备选派知兵大员，整团练以联官绅之气，拔材武以备缓急之需。若将朱孙诒简放直隶、山东、山西等省两司员缺，责成选将练勇，西北民风质朴，人才渊薮其间，岂无罗泽南等英迈之伦，但能实心倡导，必有成效可观。其于各该省吏治军务，畿辅藩篱均当有所补益。臣愚昧之见，是否有当，仰祈圣鉴训示。

同治二年五月毛中丞奏请开缺。其辞云：臣查朱孙诒勇于任事，留心人才，前在湖南历任府县倡办团练，效著于一方，而功遂渐及于数省。频年奔驰江西、湖北、广西、四川各用兵省分，不避艰险，不辞劳瘁，是以臣前次奏请简放畿辅地方，以期有裨军务。今浙东肃清，而患病不能前往，未便悬缺久待，恳恩准其开缺。

同治二年六月毛中丞接奉廷寄，有人奏浙江盐运使朱孙诒自道光年间即任湖南湘乡县知县，操履清严，治理有效，讲求团练乡兵之法，于湘中人才尤为多所成就。该员屡列荐章，臣虽未亲见其人，访求可据。方今时局艰危，破格用人之际，边防筦钥尤贵得宜，意非寻常浅薄所能胜寄。若朱孙诒老成宿望，倘荷朝廷量加擢用，当必能任一方之重而纾当局之忧。

同治二年六月二十四日奉上谕：毛鸿宾奏浙江盐运司朱孙诒患病，恳请开缺调理等语。朱孙诒前在湖南历任府县，颇著循声，且能留心人才，讲求团练乡兵之法，迭经内外臣工暨该督保奏，当此时艰孔亟，在在需材，若竟令引疾而归，未免可惜。现在多隆阿督办陕西军务，虽屡破贼巢，而回势尚未稍衰，该将军军营文案等件亟须得人襄办，期于悉协机宜。本日已降旨，将朱孙诒开缺，令其力疾迅赴陕西多隆阿军营襄办一切事务。即著毛鸿宾、恽世临传谕该员，如旧疾稍痊即恪遵谕旨星驰赴陕，倘尚抱微疴仍当力疾前往，以副委任。将此由五百里各谕令知之。钦此。

谨按：朱都转运莅官吾楚，所到循声卓著，讲求团练乡兵之法，成就湘中人才，效著一方，功及数省，肇造楚局，所关甚巨。今修辑通志，检查抚署旧日卷宗，详慎采择，乃知此事业经各宪迭次敷陈，并曾奉有寄谕，是都转操练湘勇久矣。上达九重，天下皆知，因概为录出，与刘霞仙中丞所撰《东台山记》、家兄克庵所撰《送行序》、曾文正《寿序》、罗忠节诗、彭观察《湘勇源流记》一同刊行。

同治十二年癸酉夏四月宁乡刘倬云谨识

游东台山记

刘蓉

咸丰六年冬，观察朱公以督治团防按临吾湘，湘人士先后来谒。王人树司马置酒为会，觞观察于朝真阁。阁侧有楼，俯临湘水，望东台之胜，矗如列屏。观察顾谓客曰：此吾乡者，厉兵之地也，客尚有意从吾游乎？皆对曰：诺。于是蒋芗泉太守备酒肴，挈壶榼，戒从者，先往治具。诸客从观察后浮艇渡江，循山麓曲折逶迤，以蹑东台之颠。憩所谓魁星阁者，曩时贼逼会城，观察方令吾邑募乡勇治防堵，予与罗罗山诸君时从观察，跃马兹山之上，扬鞭顾盼，意气伟然。今几日耳，逆焰张于东南，而罗山殉节，武昌不可复见。追寻往迹，相向怆然，东望洪都，北瞻鄂渚，烽烟四塞，抑不知肃清之何日。国威未振，使吾民久困豺狼之吻，此仁人义士所痛愤者也，因相与悼叹久之。

芗泉列席凤凰寺，肃观察以次就座。酒半酣，刘蓉起，谂于众曰：人才以鼓舞而奋，以历练而成。今天下凛凛，怀多难之惧，而国家有乏才之忧。论者或委诸气数之适，然不知皆吏治不修之故也。观察之莅于吾乡，礼重贤俊，锄治奸宄，蠲无艺之征，以苏穷困，又简勇悍游侠之民，束伍而训练之。今吾邑之起，书生任将帅，翘然着勋、绩于天下者，大都观察乡日所宾礼之士；其骁锐雄烈、位忝游号健将者，大都观察所简练之卒，由是吾邑号称多才，谈者啧啧，谓非他郡所及。以吾观之，亦由鼓励激劝之得其道耳。天下岂乏才杰，然求之不由其道，则魁奇自负之士伏岩穴而不出，桀骜者噤不得用，或反鼓其智力作不靖于乡闾。洪、杨诸逆之倡乱粤西，其始不过数十百人，而所在啸聚先后殆逾百万，蚁附麇集，从乱如归，岂其性固殊哉？有以义倡者，则郁而为干城之选，无以率之，则去而为寇盗之魁，此理势之固然。而吾邑独以义着兹，则所遭或幸或不幸也。长郡所属十二州县，无不遭蹂躏者，独吾邑晏然无恙，桑麻不扰，宵柝无惊，家诵而户弦，熙来而攘往，夫谁之力，皆观察之赐也。然则予与诸君子幸得以暇讌集于此，可不思所自来耶？观察以劳绩洊升盐司，将益广其施于吾楚。而予与铁桥、人树、云浦、芗泉皆尝从事戎行，虽以亲老暂休于家，然义与贼不两立，异时驰驱戎马，跋涉关河，南北东西未知，所届欲复为今日之会，岂可得哉？

爰记以文镵诸寺壁，以纪兹游之胜，而庆湘人之遇。亦以风晓在位，俾知为治之要在奖掖人才，扶导善气，以消祸乱而备国家之用，举观察所以治吾湘者为后世法。呜呼！后之人推测时变，以吏治之兴废验世运之盛衰，其不能无感于予言也。夫观察名孙诒，江西清江人。从游者湘潭曹识山光诏，尝佐观察治吾邑，罗云浦信南、朱铁桥宗程、王人树勋、蒋芗泉益澧、魏涟西万杰、舒临风锦左云图、茂萼李续宽、北冈傅制绮家锦、谭孚庵声先，与予十有一人，皆湘之士也，并书之，俾后有考焉。是岁丙辰冬季望前八日。

湘乡刘蓉孟容甫记

湘阴郭嵩焘筠仙书

送都转朱石翘先生回江序

刘典

咸丰六年，吾邑土匪将蠢动，巡抚骆文忠以都转朱公前宰宁有声，命往按之。甫至境，以书召典，得谒公于旅邸，详咨民所疾苦。公以安良者必先锄暴，择魁歼之，其事以平，至今民歌其德。厥后公佐骆文忠治军入蜀。典膺左督之聘，随同入江，旋领偏师由江而皖，浙而闽粤。嗣复奉命抚秦，计与公契阔十余年矣。今春公来自江，典自秦，归筑庐山中，闭门谢客者有年。闻公至，拂衣起，晤于会垣，促谈数日，意甚得也。今临别，不能已，于言者以吾湘号称多材，其起草茅任将帅，布丰功伟绩于天下，生膺簪绂鼎彝之荣，殁享俎豆馨香之报者，半由公拔擢而起也，其遂忘之也欤?

道光庚戌，公为湘乡令，典课徒于湘。值粤西乱起，而乡间桀骜狙狯之流啸聚成群，狡焉思逞。公以举办团防、锄治奸宄务在得人，于是举罗公忠节、王公壮武、李公忠武、勇毅刘公霞仙等以保甲团练。属之邑境以治，复于团卒中简其骁勇沈毅者编练行伍，讲求步伐止齐之节，尊君亲上之谊，不数月而劲旅成。壬子，粤逆窜犯长沙，公命壮武率练卒扼于潭宁界地，而以忠节、霞仙诸公居中策应。未几，贼窜武昌，官军尾追，省城兵缺，适今陕甘都部左公宗棠佐筹湘幕，深知忠节、壮武之贤，力白当道，檄公拨勇二千，令忠节、壮武管领驻省听调，此湘勇之所由出也。

三年四月，衡山土匪曹戬聚众称乱，当道遣壮武讨平之，即驻防郴桂。五月，粤逆麇集江西，江抚乞援。当道命公率所部赴江助剿，而罗忠节、李忠武昆季从行。湘勇越境剿贼，所向有功，此其始。四年，曾侯文正奉命讨贼，东下尽率以行。数年间，各省用湘勇以攻悍贼，克坚城，擒渠斩目不可数计。即忠节殉难武昌，壮武卒于江右，忠武战殁三河，勇毅勤于王事，相继云徂，而后领其军者守其成规，袭其旧制，仍不失为精锐之师，故湘勇之功半天下。虽其间公多未从其役，而追溯其源，首事之功非公莫属焉。夫人当四境安恬之日，兵革未触于目，锋镝未警于心，独能沈几观变，拔人材于草莽之中，备国家御侮之用，其识见之远、忠爱之深为何如也。

公今年逾六十，而容貌精神无殊曩昔，倘蒙九重眷注，复起东山，则庆海宇之升平，睹民物之滋丰，当必有可以自慰，而并有以共慰者。故叙其事以为别。公名孙诒，江西清江人。

同治癸酉四月既望宁乡刘典谨撰

诰封太淑人伯母张太淑人八十寿文

曾国藩

自诗书所称，妇人之义，顺以守正而已。而圣人系易广其义，于家人之卦曰：家人有严君焉，父母之谓也。后世处人伦之变，以母道代，终非有坚忍强毅之性，严厉敦固之教，无由承家之重，以保其遗孤。而史册所载贤人君子，发名成业，艰辛困厄，得之母教常多也。盖其生也，无所庇倚，贞干强立，以相劘于艰苦，而淡其利欲之性，汩然若有所遗，悄然若有所激，是故德之成常出于孤孽，而母教如是，为当于严君之义也。

道光三十年冬，豫章朱侯来治吾乡。始至之日，延访耆旧，问民所疾苦，首平漕政，裁胥吏之权，使民得自，湔洗奸豪大猾，锄治一空，咻煦吾民。而敦奖其孝义者，礼黄孝子于庐，为之授室。罗秀才泽南、刘处士蓉笃行厉学，会开孝廉方正科，以泽南名应，而县试署蓉第一。人争向之，期年政成，教化太和。于是邑人谋汇侯善政而张以文，侯瞿然曰：此吾母之教也。自吾少孤，吾母督之严，无华衣腆食之加，其躬也。学有弗勤，事有弗劼，即心慑其闻焉。兄弟相保，至今以免于疵类。吾母之劬身以泰后者，犹一日也。吾试令于宁乡，致养于官，甫帀月，吾母以在官不能综理所事，无职司之勤，皤然以归，其习于劳瘁然也。吾贸然以仕，常惧无以承吾母之志事而旷厥职也，其敢自多乎？虽然诸君或以其张吾者而张吾母焉，则亦区区致养之心之所寄也。

国藩官京师，乡人告侯善政者日盈于耳，及闻侯所述，知太淑人之德为足启侯之贤而益仰，侯之行为足承太淑人之教也。自古以节烈名者著于史述，于学士大夫之口，其可传者众矣。而流连慨慕、昭灼于人世者，常恃其子之贤以显焉。太淑人之劳其身以庇其子孙，一钟美于侯，而吾乡之人流连慨慕，致不能忘。然则侯之所以荣其亲者，固不在彼，而在此欤？诗曰高山仰止，孔子释之以为好仁而忘身之老也，予观太淑人之志行有类此者。于是缘家人严君之义，著于篇，使因太淑人称觞之日举家而侑爵焉。

赐进士出身礼部右侍郎
前署吏部、刑部、工部左侍郎
兵部右侍郎
内阁学士
翰林院侍读学士、侍讲学士
詹事府右春坊、右庶子
翰林院侍读、侍讲、检讨庶吉士
国史馆纂修协修本衙门撰文
日讲起居注官
癸卯科四川正考官、乙巳科会考试同考官
愚侄曾国藩顿首拜撰并书
皇清咸丰二年岁次壬子三月谷旦

湘勇原流记

彭洋中

湘乡踞湘江上游，地广而沃，民间正供之赋向由书吏携串票赴乡征收，日久弊滋，需索重沓，民不能堪，激为抗欠之计。其俗又剽悍，敛钱拜会岁以为常。道光末年，纠众积六七万，踞山依菁遍立巢穴，焚掠虏杀无处无之。被害之家骈词上诉丝棼，苦不能治。三十年，粤西金田衅作，上命前任云贵总督林则徐经略之，道卒。又以命前任两江总督李星沅，亦遽卒于军。粤贼势日炽，湘乡会匪通焉，将借口钱漕以发大难。都人士罔知所措，或为徙避计，不能徙者则约数百人赴告各大吏，谓：寇贼之患，百万甲兵制之于后而不足者，一二循吏弭之于先而有余，请以贤能县令往。巡抚骆秉章、署布政使春熙皆颔之，然遍计群吏，罕胜其任者。择尤遣之，则又胥视为畏途，相顾茧足，曰：吾官可劾罢，驱命殊，未肯遽捐也。用是拟委十数辈，咸固辞。事势迫，不可复待。时清江朱孙诒卸署长沙县事，甫月余，又已奉部咨允补鄘县令，按省例不得遽委他缺。湘人知其贤且能也，相率遮大吏舆，乞借寇。秉章语属僚曰：诚知非朱令不可，第违省例，而强以人人所不欲乘，护惜吏才之意耳。春熙曰：是可以忠义动也。因促召朱令，至则长揖，以顾全局恳。孙诒受命无难色，其捧檄往，则是年十月初二日也。

孙诒未莅任之先，乡民麇集数千人，城中环县令署，噪聒钱漕事，闻孙诒至，喙顿息。孙诒下令曰：胥吏滥索诚病民，然新漕伊迩，骤改章恐弗及各归，来年当为。若尽剔朘削弊，敢胥动浮言者，罪不赦。会匪扰闾里，尔切近灾也，亟缚献，毋少延，众唯唯遂散。是月半，有以盗魁陈胜祥、刘福田、彭明新来献者，讯得实并诸法，自是絷贼之索日相属于道邑中，狐狖嗥啸为之稍戢。访绅士之贤者，知廪饩生罗泽南、诸生王鑫、文士刘蓉、康景晖其人。明年咸丰改元，诏举孝廉方正，以罗泽南应。二月县试士，拔刘蓉冠其曹。旋集诸绅议改钱漕法，悉去浮勒，务便民，严治舞弊桀黠吏，湘人大愉。湘乡书吏最狡恶，令或稍闲以法，辄多方诬去之。王鑫悉其状，密举以闻，请预防。四月初八日，孙诒巡乡至三坊万贯亭，绅民迎谒。王鑫预焉，与语移时，属诣署襄公务随抵三十五都洪山殿。唐景晖谒焉，谈竟夕乃返。

署阅邸报，知大学士赛尚阿、都统巴德清、达洪阿奉命剿粤西贼。孙诒召诸绅，谓之曰：防患未然，古之善教。今粤贼洪秀全等势张甚，未易遽殄，若北窜，由恭城、灌阳而全州，则永郡之东安界；由阳朔、临桂而灵川，则宝郡之新宁界，皆毗连邵阳。湘乡固邵阳接壤也，计程不数日，贼可及吾境。人以为患在隔省，吾视之犹肘腋耳。官军布守冲要不能遍，团练乡兵差足卫闾阎，及今不理端绪，恐仓卒措置难也。王鑫日请自隗，始爰创具规约，遍晓谕于三坊倡之，余四十七都亦次第行。是时洪逆困守永安，官军十余万绕之四匝，不惟楚省无风鹤警，即粤西诸郡亦犹晏然太平。是以示谕团规，概不及旗帜、队伍、刀矛、枪炮字，恐骇观听也。未几，湖广总督程矞采得旨防湖南边，将督师，次衡州。孙诒欲于其过境也，缕陈团练策，请饬通行。而总督方谓：贼焰易扑，勿庸为此迂远谋，劳民伤财无益。至计孙诒之说不得入。

七月，邑之二十五、六、七都，三十五暨四十都会匪同时骤起，群出抄抢，四十都职员李耕亭家被祸尤烈。孙诒遣刘蓉、康景晖号召团练，亲往捕治之。会匪拒捕，铳弹伤孙诒，准及手足与夫丁役负创者数人。喆旦，孙诒裹创大集团丁，围攻贼渠熊聪一，于湖洞火其庐，擒贼目王祥二及其伙数人。熊聪一弃湖洞，犇八十里，潜伏杨家滩，谋遁出境。团长萧积惠购获之。王鑫亦会团于三十五都助捕，获贼头目百余人，槛送总督行营究治，计前后就捕者七百有奇。孙诒以内匪不靖则外患无自防，益与王鑫、康景晖诸人讲求团练缉捕法，网山搜谷，枭鸷为空。

二年二月，洪逆挈其党杨秀清、萧朝贵、石达开等突永安围，走临桂，攻省城，锐首北向。孙诒谋诸王鑫、康景晖，曰：衡、永驻重兵，宝庆有副将领兵协郡伯守，贼必不敢往。由东安捣虚而来，吾湘乡正当其冲，团丁未习战，不值一决，非可遂恃无恐也。吾欲选劲卒分布要隘当前锋，以团丁缀其后助声势，两君以为何如？皆对曰：此万全策也。遂募敢死士，日训练。四月，全州陷，戒益严。贼睨湘乡，有备绕窜，陷道州，陷江华、永明、桂阳、郴州。七月，王鑫等偕文士易良干，各集团数百人，造县听调。命分三营，易良干领中营。王鑫领左营，武生杨虎臣、团长王开化、张运兰隶焉。康景晖领右营，以诸生罗信南综理三营粮糈，谢邦翰领兵械，县学两司教官并廪饩生魏万杰等分投劝捐助，以济军食。

事当创始，惊世骇俗。前此团练甫倡，举邑绅耆庭诤已屡，迨是益哗然，有怨詈者，有挪揄者，有谓寇贼可冀其不来，练卒必不能不生事者。孙诒亲若友进谏曰：众口嚣嚣，姑已之以息谤，若何？寇将至而敛民怨，非计也。答曰：愚民偷旦夕安，忘巨祸，犹赤子有疾，苦药饵号啼耳。苟且徇之，安用父母为，遂不听。有挺身向康景晖吧呀忿争。斥以首祸者，孙诒召其父，责之曰：尔子敢复，尔将实重典，为沮挠公事戒。复饬缉妄议者数人薄惩，之事乃定。是月罗泽南来，命易良干奉以中营事，而已副之。时洪杨诸逆犯长沙，警报日数。至二十九日夜，讹言贼至江车，距邑城七十里，商民惊扰鼎沸，练卒亡去者十之八九，厥明侦知其非，稍稍复集。或以为言，孙诒日始事固如此，无足为怪，乃皆召而语之曰：古来良将功名赫赫于后者，其初皆未尝不畏怯，惟一经畏怯胆即渐以老练，故名卒成。今尔辈虚惊，宜自笑且自惩也。越数日，又谓之曰：凡临战阵避死反死，舍死杀贼则必生，尔辈当念人无寿夭、咸有死期，死于牖下何如马革裹尸耀来世，以此熟自计，遇贼自勇气百倍矣。练卒环听，若顿悟。孙诒驭凶暴尚严，而拊循士民则厚奖其能，徐勉以所不逮、不求备、不务速成。告谕勤恳，善开发人志意类，如此人所以乐为用而造就多。

八月，长沙贼围仍未解。孙诒令王鑫将其众出驻马坨铺，康景晖驻晨前铺，举人赵焕联领团丁驻道林相犄角，伺贼至迎击，罗泽南、易良干防卫县城。先是，孙诒以临敌制胜首在士卒心，次则布队森肃，因推古人阵法用意所在，制为起伏、分合、周陆猎逐之式，于王鑫之行授焉。王鑫到防日日按式操练，不稍间两营接踵之，湘军纪律自此始。既而，又令附郭三坊、三都比户选练。为城保障，令城内立八团团总各一人，每团选壮丁二百，共一千六百人，分为八班。孙诒每日凌晨起，率其一更迭赴各都坊会操，凡步伐止齐之法、刀矛枪炮之用皆躬示其状，俾模式焉。操毕，辄引一队至前面，语以忠义之教、勋赏之荣、勇怯死生之理，口指手画，无异授徒，虽舌焦吻燥不惮劳也。当其创设三营也，营仅三百六十人，至是增至八百人。合诸城内八团、附郭六都坊暨其余四十一都团练，习技击娴队伍者综计约十数万。

九月，刘蓉来，立连坐法。一人怯退，同伍罪，均令各团练自具状为凭执，人皆指天日誓。孙诒乃诹吉椎牛飨士，率诸绅县庭同嚼饮，万众欢腾，始俨然有亲上死长之意矣。邑之十八都、地名壶天者聚众应洪逆，孙诒率易良干、罗信南驰往掩捕，一举荡平。王鑫请曰：练卒可用矣，愿以一旅援长沙，殄兹寇。孙诒壮之，令率部所往。十月十九日达行省，贼已他窜，怏怏而回。洪逆旋破岳州，围武昌，大兵咸逐贼上，诸郡县土寇蜂起邑之赛田、杨家滩，匪类漏网者亦蠢动。孙诒率罗泽南、刘蓉往平之。至是署事期满，将瓜代，泽南与诸绅诣大府留。其时张亮基抚湖南，湘阴左宗棠襄事其幕，谓泽南曰：湘潭避兵侨君邑者皆谓，邑团军近数十万，能调省资保卫否乎？泽南曰：可。

十一月，张亮基寓书孙诒，属选千人往，不以檄而以书，重礼孙诒也。孙诒将亲行，谋与偕者，罗信南请往，泽南以亲老辞，王鑫亦辞。孙诒谓泽南曰：君孝廉方正也，事亲诚先务，然境土若不靖，将负父母逃之荒外乎，抑听其引颈膏贼刃乎？泽南无辞。又谓王鑫曰：湘乡团练成，君实其勋首，今大府调练卒，咸属望君，奈何反却顾辜众望乎？事变方亟志士有为之时，守此不去，以待科举，毛锥子将笑人也。皆应曰：愿如命。于是王鑫以三百六十人先发，十二月三十日报至。孙诒督同泽南、信南以七百二十人，继之刘蓉随，明年正月初八日亦报至。至之日张亮基已擢湖广总督去，潘铎嗣为巡抚，命长沙守仓景愉点验焉。郡丞椿龄代之行事毕，言于景愉曰：乃今见亚夫细柳军矣，曩皆霸上棘门儿戏者。尔月杪孙诒归自长沙。

二月，衡山县草市贼起。王鑫奉大府檄，以所部往击，悉就歼。四月，安化县蓝田贼起。孙诒奉大府檄，以罗信南、谢邦翰随麾盖往击，若伐槁薪焉。五月，解湘乡县事。洪逆之攻武昌也，陷之。由是闯汉阳，躏蕲黄，狂奔而东，九江、池州、安庆、太平诸郡相继不守，遂入江宁，据为伪都，分其党俶扰江西行省。湖北按察使江忠源奉帮办军务之命将趋北路，闻南昌警告，顺道驰剿。兵寡贼众，书抵曾国藩请援。国藩方驻长沙帮办团防，商诸复任巡抚骆秉章曰：营兵疲，不如乡勇健战，请令朱牧提湘勇赴援，其可乎？盖孙诒是时已擢任郴州也。秉章然之，遂以孙诒统援军奏。孙诒令罗泽南领中营，廪饩生李杏春、团长李续宜佐之；易良干领前营，团长罗信东佐之；谢邦翰领右营，团长李续宾佐之；康景晖独领左营；杨虎臣独领后营；罗信南领亲兵；王鑫留剿郴桂土匪。六月，遄发候补道夏廷樾、庶常郭嵩焘偕行。七月十九日，师次南昌。二十四日，与贼交绥永和门外，大败之。谢邦翰、易良干、罗信东穷追至江湄夺贼舟，被戕。孙诒哭之恸，以李续宾代领右营，罗信南兼领前营。吉安故多盗，闻南昌被围，竖旗反忠源暨巡抚张芾。在籍尚书陈孚恩虑其与粤逆合，奏令孙诒守樟树镇断贼勾结，遣候选教谕刘长佑隶指麾。孙诒到镇，以长佑与罗泽南、李续宾等偏师捣吉安，扫灭土寇。八月二十三日，南昌遂解严，江西全省以次勘定，湘勇凯旋。忠源本国藩门下士，喜湘勇精锐，疏言国藩有湘勇六千余，上信之，始命国藩帅以援鄂。国藩既得旨，大募湘勇，尽调孙诒所部将士为东征计。忠源抚皖，又驰疏调孙诒，以秉章奏留乃止。

四年二月，粤匪上窜，国藩命罗泽南、李续宾防剿衡、永、郴、桂，以固后路，自将王鑫等水陆军万人东下。三月至岳州，遇贼军尽覆，归咎王鑫将罪焉。左宗棠言于秉章力保全之，使屯郴、桂，召罗泽南、李续宾还长沙规进取。国藩曰：湘勇恐不足以战也。宗棠曰：劲旅也，杀贼多矣，奚不足。四月，孙诒署理宝庆府事。国藩于七月整旅，复东下。罗泽南、李续宾等所向摧靡，迭克岳州、武昌、汉阳、蕲黄各城。六月，粤逆复犯江西，巡抚陈启迈疏乞，命孙诒率罗泽南往援。秉章以孙诒方专郡，泽南业东下奏覆。十二月，国藩督师湖口又败绩，武汉两郡重陷。国藩收拾溃卒，退屯九江。罗泽南、李续宾以其闲，入江西剿广信、饶州踞贼。五年，战于弋阳，大捷；战于信州，亦大捷，广饶一路告廓清。俄以国藩命回军武昌，逆贼复狼豕突，江西全局糜烂。

六年四月，廷旨命孙诒带湘勇应援，秉章以部曲已散于湖北、江西各营，一时难以复集之言奏覆。孙诒诚明强毅，知治体，习勤劳，又深得士民心，楚省倚以为重，佥不欲其远违。两年前南昌之役，楚中稍有警报即共引领望孙诒归，故他省奏调大府体士民意，辄弗遣。然其所练湘勇，旌旗遍天下，将才之被陶铸成者，王鑫、罗泽南、李续宾其最著也。泽南旋中炮死，武昌城下李续宾挈其弟续宜接统全军，于是年十一月再收武昌、汉阳。八年四月，克九江，提兵皖疆，连下潜、太、桐、舒四城，十月初十日战没。王鑫之子于役郴、桂也，恢复东安、郴州共十余城，军麾直指粤东西界，驱虺蝮而毙诸其穴。六年九月，转战岳州，划除崇阳通城各剧贼。七年徇江西吉、临诸郡禽狝草薙，八月卒于军。王开化、张运兰、赵焕联、杨虎臣继起，战功并卓，卓著又有团长萧启江、蒋益澧、刘岳昭者。启江先隶罗泽南营，益澧隶王鑫营，岳昭又隶启江营，厥后均别将遏巨敌，为朝廷分一面忧。自咸丰三年迨今，文则督抚而下，武则提镇而下，自湘勇中来者更仆未易悉数矣。骆秉章疏荐孙诒云：湘军朴勇敢战，由该员办团而起，岂虚语哉！然孙诒以湘勇故几覆其宗。咸丰五年，逆首石达开寇江西，甫至瑞州，榜曰：三百里内外有匿清江朱氏族属一人者，家骈诛，导使逃及知其逃匿所在不报者亦然。既抵清江，又勒邑人缚孙诒亲属，否则尽城屠。盖以其练劲旅支拄东南，俾不得逞为憾也。幸贼中有感孙诒忠义者，辗转为缓颊，乃免于难，然生产则以是荡然矣。湘勇功半天下，而实自孙诒创厥始。予故特志其原流，以告来者。

咸丰八年十一月湘乡彭洋中记于祁阳旅次

读后感言

黄滈熙

叙次详明直合班马为一手，非是文不足以传朱公，然朱公之盛德亦何由为此可歌可颂之文也。余尝见朱公座悬，左驾部宗棠篆书楹联云：时遣儿童吓饥鼠，不教兰芷隐荒榛。上句言其倡起湘勇，下句言其振拔人才。左君天下奇杰士也，于朱公犹佩服之深如此，心窃慕之。及今待罪湘乡，距朱公鸣琴时已五载，湘人士道及朱公惠爱百姓、训练士卒，辄亹亹然若形容之未可遽罄。余虽谫陋，欲为文以纪其详，俾人知一县令之微，苟殚心为之，固能功及天下也。读此杰作，不禁阁笔矣。

愚弟黄滈熙拜读。

附录禀稿

朱孙诒

禀督办四川军务骆中丞（辛酉三月湖北沙市）

时湖北传言贼匪上窜，无故惊慌，湖北督抚请截留骆帅全军救援，刘霞仙力主赴鄂，连日辩论，不能相下。因面向骆帅叠陈利害，而骆帅迄无定见，缘具此禀请率师赴蜀。

敬禀者。窃某某连日面禀各情，非不知江鄂当援，但以江鄂之事业有督办之人，而节宪所奉命督办者，惟四川也。四川之关系大局不减于江鄂，而因久无督办之人，恐愈久愈不能收拾，则其贻患更甚于江鄂也。即使宪节直率全军径趋夔庆，而不顾江鄂以责有专司，力难兼顾之义，揆之亦无得有从而议其后者。今更能遣将分兵，兼顾大局，则已为常情之所不能为矣。若必欲以全军尽赴江鄂，则但助江鄂之将帅，其如川省之百姓何？但应制宪之函咨，其如皇上之成命何？且制宪之所以奏请而函咨者，亦欲节宪分兵数千驻扎重庆以御川贼东窜之路，亦知川省之不可漠视也。现在制宪奏请尚须奉到上谕，如上谕尽从，制宪之请犹可言也。万一上谕以川事为必不可缓，以制宪之奏为不可听，何可言也。且即令上谕尽从制宪之请，而制宪函中已有分兵重庆之说，若不分兵重庆，将来蜀事不妥，制宪必不肯任其咎。或者节宪直率全军，一鼓而成江鄂破竹之势，犹可言也。万一兵势稍有顿挫，既贻患于川省，复无济于东南，何可言也？

凡此数者，固天下之大局，亦节宪之考成，能全大局而不顾考成犹可言也，既失考成而又失大局何可言也？节宪声威积孚，中外川人仰望更不待言，乘此以一往之精神，联四川之精神，兵多固足以操全胜，兵少亦足以策奇功，为皇上保全一完善之区、为东南撑拄一上游之势，大局、考成两系于此。某蒙节宪派管营务，倘知而不言，实不免孤负宪恩，是以勉竭愚诚，沥情上告。如蒙俯纳，即乞速施刚断，剋日前进，勿听阻挠之言致误大计，则川民幸甚，天下幸甚！

禀督办四川军务骆中丞（时在沙市）

敬禀者。窃某某前以鄂垣戒严，制宪奏留全部，暂缓入川，先清鄂境，曾经禀请分军援鄂，仍起节赴蜀在案。顷闻荆州道府以贼窜德安，荆襄震动，禀请宪台驻荆一月，已蒙批准留驻十日，兼派裕字营前往荆德交界地方扬兵弹压，仰见大人一视同仁、不分畛域之至意。惟查荆州古称重镇，环城四面皆水，仅西门有陆路可通出入，防守较易得力。江面现有曹泰所带炮船昼夜梭巡，足壮声势。加以调回刘道一军业已驶抵沙市，德安果有警信，即可驰往会剿。就云贼迹密迩，地方震骇，该道府自应早为预备，号召团丁与浦营扼要防堵，亦必能清除土匪、杜绝内讧，贼踪何至于窜越，居民何至于惊惶，此皆守土官应办能办之事，不此之务而率请宪节久驻，为之保护城池，万一全军已抵巴蜀，未审该道府将自筹守御乎，抑将赴夔巫而远求援救乎？况川省绅民切盼楚军之至有如望岁，闻其来则欣然喜，闻其不来则惕然惧，以致万县储备支应之饷倏提倏解，莫知适从。顷据自蜀营来者均称，彼间延颈企踵，殆无虚日。川楚兵勇全驻牛腹渡，与贼划江而守，迄未接仗，揆厥由来未必不因调度无人，遂致旷日持久。在局内详知底细，固谓事关大局、攀留綦切、耽搁有因，在旁观默数程期，或谓责有专司中道踌躇，迁延实甚。

侧闻大江水势交夏必涨，瞿塘滟滪自昔传为畏途，现在不涸不溢，正利舟行，屈指月终立夏，适值水发之时，窃以为宜及早遄征，迅达川境，不宜坐待水长而冒险前进也。至于所携楚省行粮，现已耗去大半，倘迟之又久，支应必将告匮，协济亦恐无期。而黄守一军早已渡峡，兵与饷俱形不足，即留办亦所难支。此皆大人远虑深谋、意计早周之事，无烦琐琐渎陈，而犹不能已于言者。盖某某素性迂戆，久荷矜全，复不鄙其不才而委以营务，凡诸利弊休戚与同，且深感泰山不让土壤、河海不择细流之量，故敢直陈管臆，以期无负裁成，尤望博采群言，折衷独断，施行立见，钦佩莫名。时荆州道府请留一月，刘霞仙即批准半月，骆中丞改为十日。刘霞仙之意，总欲骆中丞不能入川，冀朝廷另放一督办蜀中军务。某闻骆帅已准十日，旋具此禀。骆帅阅毕，即令于三月十四日由沙市开船后，四月初十日抵夔州，已属水大难行，勉强而至。土人云：若再迟一、二日，即需九、十月方能至此矣。

至蜀后，湖北果无事。黄子春大获胜仗，滇匪慑服，惜过勇遇伏阵亡。迨绵州解围，刘霞仙遂攘为己功，令骆中丞专折保奏。

禀督办四川军务骆中丞（时在夔州）

敬禀者。三月二十七日奉到宪台札开：为咨送事。咸丰十一年三月二十四日准湖北巡抚部院胡咨行营附驿，遵旨覆奏刘蓉如何录用一片，除候奉到朱批另行恭录咨明外，所有片稿相应咨送查照等因到营，准此合就札行。札到，该道即便知照，计单单开奏。

再，臣奉恩旨垂问刘蓉如何录用之处，当即钦遵转询湖南巡抚臣骆。嗣据骆函称，刘蓉新募护军营勇八百名，总办营务，随同入蜀并经附片奏明在案。臣查刘蓉器识远大，兼知兵事，如蒙天恩逾格简用，畀以封疆藩臬之任，尚能独当一面，不负职守，谨附片覆陈，伏乞圣鉴施行，谨奏等因。奉此，查刘蓉总办营务，募带护军营勇，职道均未奉有宪札，祗蒙宪台札饬职道总理营务，颁给关防；札饬刘令德谦管带，护军营勇既经胡抚部院奏明，此后营务是否由刘蓉办理，抑或由职道办理，伏乞宪示。其护军营勇若由刘蓉管带，以后刘蓉是否在营训练士卒，抑或在幕帮办笔墨，职道因公行札，是否札行刘令德谦，抑或札行刘蓉，均应奉有明文，方足以专责成。

近日各省事多不效，实由赏罚不当，赏罚不当实由是非不明，是非不明实由责可旁贷。诸凡迁就，宪台综核名实，是以所在有功，职道亦不敢稍涉颟顸，深恐动多获咎。倘染近时恶习，视上谕、宪札为故纸，致朝廷之威令不行，则偾事招愆，退思已不胜诛矣。所有营务护军应否刘蓉总理管带之处，理合具禀请示。

读后感言

叙次详明直合班马为一手，非是文不足以传朱公，然朱此禀上即将某某营务撤去，此可小知、不可大受之所由来也。嗣后军务悉由刘霞仙经理，贻误颇大，因怂恿骆帅奏请陕西撤防，遂至陕甘蒙祸十余年，费饷数千万。统而观之，都转不宰湘乡，则湖南不能瓦全；不参蜀军，则四川必大糜烂。到蜀后不撤其营务，则陕甘无今日之祸以肇楚局。力全蜀境、不贻误秦陇之人，反蒙可小知不可大受之目，故一并刊行，以告知者。

宁乡刘倬云谨识

续附周行农先生书

石翘老兄大公祖大人阁下，日前承赐到团练事宜及奏疏各一册，适以公冗他出，未遑卒业。灯下发书，诵译数过，不觉拍案称绝。妙在计亩集费，民无追此之扰；提纲在官，勇无尾大之虞。而保甲章程即寓于团练中，尤能使内不容奸，外不怯寇，可谓算无遗策，动出万全，所宜饬行中外，永作程式，非第一隅之谋、一世之策也。敬佩！敬佩！独念当时在事者皆一时人豪，亦有与弟雅知而贻书京邸，从未称引及此。迨后读礼南还，面晤诸君，亦鲜道述者。

弟非今得此书，读之即安知发纵指伏，功人实始萧候决策，审机善谋固由房相乎？嗟嗟！诸君子非必意存娼疾，而迹亦近于攘掠矣。又何怪彼赳赳赳赳桓桓者，以冒功嫉名为长技，驯至勇斗怯战，犯危难而不知悔乎？彭君“湘勇源流记”一篇曲折朗鬯，洵足为公写照。此君固高手，而此文尤与唐荆川叙沈参将战功事相仿，文是必传之文，公是必传之人，公亦可浮一大白掀髯自慰矣。昔柳下惠生平除论孟外载在史册者寥寥，左氏特叙展禽受命一事，便觉有声有光，方新日月。彼位之臧文仲虽欲蔽之，又乌乎蔽之？

阁下赏不酬劳而老偏益壮，自是储福未艾，大用有机。目下关外未平，壮犹须老，安知伐辽之举不询谋于卫公，贝州之功不待成于潞国乎？光采照耀，旦夕以冀，即惟道履佳胜，为国为民，厚自爱重。不尽欲言，余容面罄。

治愚弟周寿昌顿首

二十四日灯下

南海僧纪苗沛霖事略

予终南海阇黎火僧也。遭捻乱后刹宇邱墟，适居士苗沛霖起练讨贼，留予司莞纳，越三载矣。讵欃枪未扫，蛮触忽争，枝节横生，波澜顿起，天耶！人耶！方外人不得而知之，行将打包去耳。爰纪其事略如左。

居士苗沛霖，号雨三，以诸生起练讨贼，颇著战功，越今四载。捻匪股类多以孙葵心、刘天福为最悍，雨三力扼而心悸之。临、凤克后，雨三力请袁、翁两帅，合师西征，平后再南图，未允所请，谈次辄鞅鞅。胜帅拨东饷五万，临淮未全给，攻程圩仍借资练捐，克临、凤又以功高赏薄，此与临营不睦之始。

庚申春夏，统练讨西捻，沙南下程圩，浍南歼巨匪李大喜等。适霪雨匝月，浍营粮不继，练半放归。刘捻穷蹙，乞援孙党，拚死恶战于归正庙侧。练营溃，旗首刘兰馨、年玉田死之。而贼焰复张东豫，乃四窜无安土。徐立壮者，同苗练合众起事，从官军征定，未克，败归。值苗练浍南挫，雨三招与饮，令解兵事而合并其属圩，使归己，立壮诺而心弗愿也。不数日，喧传立壮遣刺客扒苗寨，其事闪烁，难究端倪。雨三借兴问罪之师，立壮同其兄遁去。雨三杀其哨长数人，伐其坟树，并其已嫁之童养侄女，立壮自衔之刺骨矣。雨三以无粮欲并关卡，致书当道，多悖谩，经方观察等关说：设卡下蔡，以济练食，方期集腋成裘，蓄粮剿贼，可无事也。适其侄景魁以微罪送系凤台狱，当雨三下蔡会练之时，函招寿董来会，有迟来者罚跪、不至重究之语。州董怒不往，雨三亦自悔。而孙姓忽来两人，诘其故，咸以州董本欲来，为孙家太［泰］斥而止。雨三怒，修函令捆献，交二孙赍往。先是有邹姓请苗练往寿南操演圩丁。是日，雨三命其得力之都司李学曾、郝洪波等七人往。道经寿城，入狱视景魁，而捆送家太［泰］之函至。家太［泰］咆哮，入狱缚七人，未杀也。有恶董蒙士忠等嗾之，乃不遵中丞命，骈戮于市。而祸从此胎，八公山草木皆兵矣。雨三闻而怒，旋强忍之，设此罪我练，皆烟鬼马贩也，杀之当欲故纵之。俟官办也，讵中丞素怵孙横，不敢办，亦不敢参。如是者又一月，孙危不自安，引立壮为羽翼。立壮亦弱，难自立，勾捻匪为声援，下蔡至峡石口五里耳。对垒相抗成两国，卧榻之下同室操戈，当道作壁上观。晏如也，未几，又杀其正阳局中之苏培生，头送州城杆悬北门，膺赏赍并污其尸身。苗大怒，州官任刺史，又奉令攻其淮南属圩，姚有志等即以从苗为罪。苗乃为中丞不共戴天，其党王金魁在颍上杀中丞戈什，中丞亦怒甚。苗练以袁帅总统皖军置不问迁怒，截其盐米，袁帅以包容待之，反无所藉口。黄镇鸣锋又招捻首黄体元等入寿城，赏四品翎顶，与立壮合队拒苗，占鲁家口圩，截船只。苗怒不可遏，渡淮大逞暴横，此孙、苗构怨之原委也。

蒙城之变，乃其旗下李南华争立，与官兵无大毒，宿州谣言日起，伊都护到后更甚。博军忧之，于田帅自徐旋宿劝。苗局先生侯克顺等率练郊迎，趋谒甚恭，冀可相安。乃忽于后数日夜间，乘彼鼾睡中突入局中屠戮之。闭城搜杀数十人，多本城董事，以从苗为辞。一波未平，一波又起，其鲁难未已耶。

此咸丰辛酉二月以前事，语皆摭实平允，可为稗史。

第八部分

李又哲先生文钞①

叙

往与又哲剧谈曰：驱天下人才文章于空疏粗犷之域者，其制艺与语录乎？然制艺之误也浅，语录之误也深。盖自新法一变，苏子有清谈之机，朱子有侮圣之评，驯至割裂截搭之说出，不必聪明绝特，始知谬戾也。而今之语录也者，出讲章唾余，如佛老倡颂，仪神一貌，千言一律，优孟衣冠，新丰鸡犬，用力也少，托名也高。以事功为粗迹，以注疏为俗学，掩鄙洒曰不文何病，诋博雅曰玩物丧志。问守先待后之旨，则争朱、陆异同也，问体国经野之方，则执井田封建也。穷先天奥托中行说，而天下无可行之事，古今皆可议之人矣。嘻嘻！知不出八比之处，群妄诩一贯之传，未有学古之获，能无面墙之失。亭林先生谓，无本人讲空虚学者亶其然，与入主出奴沿讹踵谬，末造流弊不止，如枵腹无用者开方便之门，直为奔竞夤缘者辟终南之径，未如是而文章人才，有不扫地俱尽者哉？呜呼！齐梁蝉噪，不闻圣贤如文戏，洙泗薪传，岂有矫激以村谈。狂澜难挽，随波不甘，从吾所如，罪我何恤！又哲抚掌曰：有是哉？虽过激之言，亦不刊之论。然子其扪舌括囊，无重取时忌为也。

已而，予避乱依又哲，又哲方锐意联乡守，意外之吠影吠声，大抵不

---

① 编者按：1982年，江地先生标点整理其中部分资料，以《李浚文钞》为题刊出。江先生提及，“‘李浚文钞’，原名‘李又哲先生文钞’，原件藏安徽省博物馆。1959年，我到安徽调查捻军史迹时，将原件托人抄出带回。原手抄本当时已散佚不全，今又廿十余年，经过十年浩劫，不知尚存世否？”（江地：《捻军史研究与调查》，第283页，齐鲁书社，1986年版。）此次整理的《李又哲先生文钞》，即江先生文中提到的“不知尚存世否”的抄件原文。同时，尽可能使资料更加全面，本文增选了原抄件阙如却在江先生文中收录的“叙”“韩秀才殉难附祀烈士祠碑记”以及“内阁典籍衔河南商县训导李君墓表”三篇文献，特此说明。

越空疏粗犷者近是。又哲乃口说手书，旁引曲喻，揆诸往古，参之当时，宜村夫市竖，翕然应之。而若辈簧鼓其间，曰是迂阔之谈也，是出伍之谋也。揭帖纷纷，远近如沸。又哲慨然曰：愚人难与虑始固也，若而人者又名震一时，其识反出愚人下，吾今有以验君子言矣。愿杜门以著书，顾风鹤之时警，倘有所谓庾贤、黄华、叔子、翠微者在乎？子何觅之，吾将继往。

予之苏门二载，又哲不果而来西徙。予西过，又哲出一编以示曰：此区区之欲见诸施为而未能者也，子其为之序。呜乎，岂又哲初心哉？盖尝论之，古之用人也，无资格之拘，为学也，无近各之心。三代以还，法愈变而弊愈生，上不行作人之效，下纯为虚声之盗，揆厥由来，积非一日。夫以径明行修之又哲，连不得志于有司，既不克黼绂皇猷，建久安长治之策，又不获优游乡里，广通德君子之风。有识者，读其书，思其遇，可以观世变矣。然而议论酌长统昌言之选，金石继中郎有道之遗，出有物之言为不朽之叶，将所谓淑世惠人者，或在此而不在彼耶？抑又闻之，五色成文，瞽者不丽其彩；八凤从律，聋者未聆其和。是则清浊异质，通塞殊形，秉天地偏驳之气，即圣贤亦无可为，何者？益尝读新吾先生“守城救命书”而有感矣。危言疏论，异世犹毛发为淅洒，极口狂诋，当时肆蜉蝣之谤。伤哉！又哲斯文，其贻空疏粗犷者以口实，尚待问哉？还以又哲规予者为又哲告曰：子其蕴椟而藏，无重取时忌为也。

古项愚弟王丹君拜撰

归德府寨堡图表序（代）

呜呼！变天下之百姓为捻匪者，胥吏也，州县也。化天下之捻匪为百姓者，州县也，非胥吏也。往者天下无事，州县用胥吏，而不用百姓。胥吏之奸豪者，因隐与捻匪为表里，以鱼肉于乡里之间。州县不知也，知而不问也，因循积惯，酝酿百余年矣。一旦而乘机窃发，故变迟而祸大，迨其祸既大，遂至竭天下之财，穷天下之兵，而不能制。然则何以制之？曰：以州县制也。州县何以制之？曰：用百姓，不用胥吏而已。用百姓，非乡团不可，安乡团，非寨堡不可。筑寨堡以卫乡团，则百姓无身家妻子之摇其心，而得以奋其报仇雪耻之志，其势乃可与兵合。兵以剿为抚，百姓以守为战，则捻匪之势日蹙，蹙则悔，悔则离，离则散，向之变为匪者，将复乐为百姓，而渠魁可以授首矣。

余于壬子秋告假出都，藉资旋里。未几，粤匪窜入皖豫，而皖之捻匪蜂起。时余同年生传君青余，以词臣从军于豫，屡往来于宋、亳间，间晤语于梁园，青余慨然曰："向读龚海峰坚壁清野议，行之此其时矣。"会事权不属，蕴于中者数年。今年春，中丞恒公乃持此议，以归德为豫东门户，当贼冲，委青余专督之。青余往返两月余，而归德之寨堡以成功告者七十有九。吁！何其速也！果百姓之不可用耶？青余又为表为图，并其守御告示条约着于篇，余览之，叹曰："此救时良谋也，所以化捻匪为百姓也。"前此匪出入无时，或数月一至，或一月数至，归之属邑，几无完区，遂至蔓延猖獗于陈、许之间。今特数月间事耳，不惟陈、许安堵，即归民亦得安业，何哉？匪不能因地为粮，而惧乡团之截其归路也。是果百姓之不可用耶？顾用百姓者，州县也，不得贤州县，则乡团之势久而将涣，而寨堡之弊滋生。由归而推之陈，推之汝，推之光与南，复由豫而推之皖与楚，各择州县之精明廉干者，遵是编而行之，复得如青余诸君子者，统领调度于其间，合数郡为一团，并合豫、皖、楚为一团，声威势壮，臂使指联，匪即突驰，步步为敌，掳掠无得，势必不能枵腹而持久。官军往来以为救援，随所往而追击，不过年余，匪之党羽必多解散为民，而真匪之势日孤，然后持糇粮，简精锐，兵冲于前，民继于后，又何难覆巢破卵，使丑类之尽歼也哉！诚以质之青余，其以余言为然否？

吏治

善祛弊者在于清其源，未有源不清而流能洁者也。今天下吏治之弊极矣，寇贼之横，财贼之匮，风俗之悍，其端皆积于吏治之弛。夫其所以弛者，大抵不奉公，不爱民，以官为恒产，而计享福贵、长子孙也。国家之待吏非不厚也，绳吏非不严也，而吏顾如是者，日有所恃也，有所化也。何恃乎？曰请托，曰贿赂。何化乎？曰逢迎，曰软熟。二者，弊之源也。故为今之计，杜请托，绝贿赂，擢强项，斥团通，别才德之宜，当赏罚之权，宽文网之密，俾之久任而各展所长，则吏弊可得而清矣。士之初入仕途者，其本心岂遂乐依阿而甘夤缘哉？憨直者笑迂绌，韦脂者合时宜，方不能不化为圆矣。附势者无才而誉来，孤立者多才而毁至，贞不能不化为比矣。钱语则罪转为功，功语则升反为降，廉不能不化为贪矣。

故天下非无才吏良吏也，而皆趋于俗吏之一途者，势也。势始于不能为强吏，化一时之俗吏而使之强，道在于请托既杜，贿赂既绝。亟择州县中有气节者一、二人，排公议而超擢之以为倡，尤贪懦者参劾之以为惩。复以虚公之心，联尊卑之情，于现任候补人员中察其孰才孰德，询言而事试之，俾有才者治岩疆以安良而御侮，有德者治乐土以裕赋而恤民。试之而有功则赏，赏必当其功，试之而无功则罚，罚必当其罪。其有功者实时挂吏议，必设法爱护而保之，孔子所谓赦小过也。行之既久，察其人地实宜者，则除去一切简委、拔署、对凋之说，而使之久于其任。绝传舍趋避之见，消苟已奔竞之心，减闾阎迎送之烦，杜胥吏奸蠹之窦，则视官如家，治公犹私，才尽其能，而德厚其泽矣。彼不才不德者，知夤缘徒劳，攀援无力，参罚立至，身家俱空，有不改径易辙而勉为强吏者哉？士胥化为强吏，则一切之弊不除而自祛。孔子曰：举直错诸枉。能使枉者直者，此也。不然，彼其所恃所化者牢不可破，即极意整饬之，谆渝之，严戒之，大声疾呼如雷霆之震惊，窃恐口于积弊而若罔闻知也。故曰，善祛弊者，在于清其源也。

攻剿

论者皆谓：方今皖匪之形势，剿难而攻尤难，何也？匪之壁坚于我，野清于我，悍战死守过于我，我以素无现粮之兵，深入贼地，旷日持久，馈饷不给，不破其垒，则威挫，幸破其垒，则兵疲。饷竭而威亦挫，且即破其垒之一二，于我兵必多伤，而于贼势究无损也，故攻难也。无已，则乘其入豫而剿之，以逸待劳，以饱待饥，其可乎？而今亦不易，何也？贼众我寡，贼强我弱，贼致死，我贪生；贼有道，我无纪；贼用奇，我守正；故归、陈、开、许各属坚壁清野之功虽有五六，而贼犹能裹粮横行，直入无寨之区而饱扬以去也。无已，远侦候，明间谍，简精锐，足粮饷，用精不用多，用合不用分，用邀截不用迎击，用暗袭不用明攻，用截零不用击整，渐挫贼势，以壮兵威，是亦一道乎？

然而是说也，犹计其末，未筹其本也。天下非无兵无饷之患，而无将之患：同一兵也，乐毅将之而亡齐，骑劫将之而弱燕，李牧将之而慑敌，赵括将之而失地。故兵无强弱，惟将是视，有将则剿必胜，贼垒不攻而自下，无将则战必败，不惟攻难，剿亦难。故处今日之时势，第急急于筹兵筹饷，议攻议剿，不得真能将者，畀之以事权而为所欲为，未有不困于两难，而束手无策者也。宇宙之大，岂无英豪，偏裨之中，亦多奇士，端在如太白之于汾阳，宗泽之于忠武，特识而简拔之耳。今诚得乐毅、李牧、汾阳、忠武之流而用之，区区皖匪，将一剿荡平，而无事于攻矣，夫亦何难之有？

团练

天下事，贵于不示以可疑之迹，而择其人，因其地，循序以协其宜，而后责其成功者，团练是也。三代而后，兵民既分，民之不能强使为兵者，势也，情也，理也。民守而兵战，民之不能强使战者，亦势也，情也，理也。故今之乡团，可团自为防，而不可调防，可团自练丁，而不可抽丁，可团自为战，而不可律以随兵。出战之前，假调团为养勇，是示以可畏之迹，而使不敢团也。今之按寨团以抽丁，是示以可疑之迹，而使不敢团也。

夫前之撤养勇而劝团练也，既明示以永不征调矣，忽而抽丁之议下，抽丁非征调乎？或曰：归、陈两属仅抽马丁四百余名，为累无几也，且为向导，为探报，而兵民两益也。夫与其使乡团认寨丁以辨兵贼，不如使纪律严明，秋毫无犯，民自不误兵为贼，而兵民自相安也。与其抽丁为团报，不如乡之联寨为站，瞬息百里，得贼信之确且速也。且名曰抽马丁，仍募马丁也。计民间有田百余亩者始能养马，肯使其子弟随营征剿乎？一寨数百家，首事将谁抽乎？抽将谁应乎？势仍须募勇估马以应之矣。即云有口粮，有马乾，而每马丁一名，统计自团至营之费，非百金不可，四百名即四万金也。况一律抽办，其为费更巨乎？博虚名而遗实害，已团者既受其累，未团者益生其疑，其弊几与养勇等。岂若裁异乡之勇，募土著之丁为便哉？故欲办团练者，必坚持不征调之说，使小民确无可疑之迹，而后可历时而有功。然而不得其人以为之，则其功仍不成。

今也查团有委，阅练有委，似亦勤且劳矣。究之未尝查，未尝阅也，徒累官而扰民耳！则莫若择州县之贤且才者自为之。贤且才者不可多得，而合豫省而计，其最急之地，莫若归、陈、汝、光四属。四属中最急者，莫若豫、皖、楚交界之十数县。州县官之众也，岂不能得十数人而畀之事权哉？州县得人，而后团董、练长皆可得人，上下交孚，城乡并举，练城之团以勤，练乡之团以时，俾壁真坚，野真清，弱者真能守，强者真能战，则其功成矣。

再选贤才之次者，委以四属内地，暨开、许两属团务，一如交界各县，数县中有素与贼战，或素多武艺各团，愿随征剿者，予之行粮，有功一例赏拔，而不愿者，弗强也。间有团自战而有功者，亦如之。其与汝、河、陕暨彰、卫、怀等属，毗邻湖北、山东、直隶者，亦照归、陈、汝、光一体办理。余则责以先团而后练，团必以扼要修寨为主，查无寨堡，即以抗不办团严参之。盖南阳新被蹂躏，犹幸西北六属以全胜据上游，足以振全豫之局，而转危为安。然要非有寨有堡，必不能遏凶锋而保民命。此时而为之，亦已晚矣！失此时而不为，待其残破几遍，不惟省垣危，全豫坏，天下事尚可问耶？故曰：在于择人、因地，循序以协其宜也。

筹饷

今天下之饷可谓绌，而筹之可谓难矣！顾饷之绌也，不绌于不筹，而绌虚糜。饷之糜也，不糜于兵，而糜于勇，亦不糜于勇，而糜于随营之官弁。故为今之计，裁冗员，给现粮，实勇额，汰弱兵，俾勇归兵伍，专练兵而不募勇。复因旷土，募开屯田，以助兵饷之不足，即不求一切苟且之法以筹之，亦足以办贼而无难。今之求随营差遣者，非必自奋于忠义也，希薪水而冀保举也。一员之薪水，占勇粮几何，而克减之所得又倍之，故筹饷一万，实及于兵勇者未必数之半也。是多一杂员，即缺兵勇数十名之饷；多一正员，即缺数百名之饷也。窃意带兵带勇，专责武弁，除粮台、文案、稽察等处必不可缺之文员，其余宜皆裁撤。且名为带勇，实皆简精锐以自卫，带勇之文员愈多，应敌之精兵益少，是兵饷两虚也，冗员之宜裁者此也。

银钞易于侵渔，米面胥归实用，今宜仿古法，盐、菜、马乾而外，给米面为月粮，给炒面、油面为行粮。有月粮，即盐、菜时乏，而不致噪饷；有行粮，即奔驰千里，而不虞枵腹。现粮不必远运，即择贤员设局，行营因时值公平裁买。利之所在，人争趋焉，必无壅乏之患。且现已坚壁清野矣，紧急之时，不惟贼无所得食，兵亦无鬻处食，脱无现粮，而欲其不扰闾阎，虽程、李不能也，现粮之宜给者此也。

勇多而兵少，以勇厚而兵薄，勇额易虚而兵伍难缺也。故人皆乐带勇而苦带兵，以致勇益冒而兵益弱。带勇一千者，多则五百，甚则三百，而饷则千也。不实勇额，欲饷之不绌，得乎？实之莫若置从前虚冒之罪于不问，限以时日，令各以现在实额开报，然后简其精壮者留之，疲弱者去之，复于营兵中汰其老弱，以精壮之勇补之，必使兵饷厚而勇粮薄。如是，则勇乐为兵，不过数年皆可入伍，节虚冒之勇粮，以加实任之兵饷，而无形之变，亦藉以弭。所谓实勇额，汰弱兵，俾勇皆归伍者，此也。如是，则可以专练兵而不募勇。糜饷之弊，莫甚于募勇而不练兵，此散而彼募，则东罢者，复充于西，旋罢而旋募，则前撤者复聚于后。且步勇尚多平民也，马勇则率在勇匪之间，何也？平民之应募者，力不能有马，而有马者必不应募，其应募者，非由步勇为马勇，则颍、亳间匪徒耳。募楚则假楚，募川则假川，在营则骄悍而难制，临敌则卖阵而先奔。故募则勇，而散则匪，既散之饷归无用，而新募之勇仍虚糜，何若不募勇而专练兵之为得也。兵之弱由于不练，不练由于缺饷，并勇粮以归兵饷，求精不求多，如忠武之跳荡，如蕲王之嵬背，而以有纪之师继之，能坚阵而制胜。归、光、汝、南之间素多豪侠，闻见军客，必有愿随征剿者。有则但予行粮而不给坐粮，俾助兵力之不足，则饷皆归于实用，而亦可以制贼矣。故节饷即所以裕饷，实饷即所以加饷，而一切苟且之法，皆非所敢闻也。又闻亳东无主闲田，阔约四五十里，长约三四百里，久为榛莽，东尽匪，西介不民不匪之间，而要可使之为民，诚能有募土著，俾将领统之，多修壁垒，驻军其中，且战且耕，以义军之义兼屯卫之法，数年之后，将不费度支一钱，而兵食俱足矣。但创始惟艰，而行之又难其人耳。

绥内攘外策

方今豫省之形势，患在于门户之不严，以致于堂奥之不固。夫堂奥，内也，门户，外也。欲绥内在练团，欲攘外在练兵。练团必自择吏始，练兵必自择将始。吏廉而勤，将勇而谋，而后兵团之势合，合则锁钥严，盖藏密，乃可振内外之全局，而转弱为强。虽然，豫之办团而用兵也，已数年矣，而团益散而靡，兵益疲而横者，非团与兵之罪也。弊由于：官民之情睽，而吏饰空文，将士之心贰，而行无纪律。情之睽，由于：以门丁为心腹，以书役为耳目，而疾乡团如寇仇，于是乎不防盗而防民。即有善者，亦不过假联络之虚声，以遂贪婪之实愿。逮大府之督迫日亟，不得不支吾粉饰，以空文为实效。故团益散而益靡，欲内之绥也，得乎？心之贰，由于：冒功以幸进，减克以自肥，知其绥也故不教，恐其谦也故故纵，于是视将蔑如，而皆无斗志，临阵扬而入乡掠，至民不畏贼而畏兵，兵安得不疲不横？如是，而欲外之攘也，得乎？然则欲练团，非择吏不可；欲练兵，非择将不可。独是豫之兵单而饷绌也，筹饷既无奇谋，添兵安有胜算？就现有之饷，练现在之兵，得其人以为之，贵合不贵分，贵精不贵多。合且精，其势犹恐不能抗贼，则必藉乡团之力以助之，而后能徐图其成功。故今日之时势，未有内不绥而外能攘者也。虽然内之中，又有内外焉，有缓急焉。直隶、山东、安徽、湖北与豫省交界之府属，外也，余皆为内。外之宜急者，归之永、鹿，陈之沈淮，为皖匪入豫必由之路是也；卫之滑、浚、考为皖东匪徒入窜之路是也。内之宜急者，开之荥、汜、许，汝之襄、郏，南阳之舞、叶是也。

窃以为今日之计，宜不急于剿，而急于练;，不急于战，而急于守。俾鹿、亳分驻之兵尽调宋郡，择良将阅实选锐而训练之，至于可静可动，可战可守，然后以逸待劳，以整击惰，专用奇而不用正，则兵之弱转为强。再于吃紧州县择良吏实力团练，不绳之以法，而责效于久，至阴匪皆为民，民团可为兵，出击尾、归截零，然后内地州县渐次举行，皆有可守可战之团，则团之弱转为强。兵团俱强，则不求合而自合。我复于练兵练团之时，北荥、汜，南襄、舞，设重镇扼上游，以与归、陈相犄角。兵募土著，饷以附近州县之丁粮给之，内蔽河、陕，即为山、陕之保障，外援归、陈、汝、光，即为扫荡蒙、亳之根基，则兵团之势益合，而全豫之弱局皆转为强。夫如是，则堂奥固，门户严。窃以为绥内攘外之谋，宜出于此。

拟请科尔沁亲王僧格林沁驻军许州疏

臣窃惟数年用兵以来，弊积于伪，反之贵以诚；威挫于宽，振之贵以严；力弱于分，并之贵以专。然非得忠亮智勇之臣以节制诸军，则积重难返，而奏效必迟。自粤逆盘踞金陵，淮南、淮北捻匪蜂起，蔓延河南、山东、直隶，今春则又扰陕、雒矣。始则捻逆恃粤逆为逋逃，粤逆以捻匪为爪牙，继则粤逆以捻逆为屏藩，捻逆假粤逆为声援，狼狈为奸，涂炭数省。突如而北，则震惊畿辅；蚕食而西，则抗吭关中；故捻逆不破，粤逆不灭。捻逆之祸起于皖，而受祸之惨莫如豫。现在贼多移巢豫境，豫之土匪又以皖匪为屏藩，皖匪以豫匪为肩臂，而皆为粤逆之爪牙，故欲平粤逆，当自平淮南、淮北之捻匪始，欲平皖匪，又当自平豫之土匪始。

咸丰十一年春，皖匪踞商丘、金楼等寨，已革汝阳令廖庆谋又以袭杀李军功激变，汝匪突起，推陈大喜为首，不满千人，自附苗沛霖、张乐行。逆党潘四、姜台林潜受粤逆伪职，遂至纵横数百里之间，占据新蔡、汝阳、正阳、罗山、确山、信阳、桐柏、泌阳、光山、息县、沈邱、项城各州县境。内分五色旗，旗各有首，一旗首各有数万人，处处坚壁清野，逼勒良民蓄发，按亩纳粮，不从则戮及妻孥，与苗沛霖、张乐行同。苗沛霖名练行贼，与皖、豫各匪不同而同。各州县徒拥孤城，号令不能及关厢以外，汝、光之势，又与皖同。藩司张曜剿攻一载未能有功。今年正月，陈大喜围新蔡，皖匪李庭彦、姜台林围颍州、太和，连破太和、鹿邑、淮宁、沈邱七十余寨。苏天福、刘狗率十万人出归德，扑会城，妄冀牵制官军，糜烂全豫，掠河、陕、淮、孟，破潼关而西，为据关中形胜，控制豫、皖之计。

幸僧格林沁兼程疾进，正月廿三日，贼败于杞城东。抚臣郑元善遣副将余际昌统楚勇来会。廿九日，二月初一、二、三日，会合马步诸军以整击懈，声东击西，连败贼党，破焦寨，斩杀三万余，贼遁尉氏。初四日黎明，率马队亲追之。初五日巳刻，及之尉氏东王和寨、黎寺寨。初六、七日，连败之，贼伏寨不出。十一日，遣兵伪持具攻其一隅，贼见兵寡，悉锐出。我军乃以正队压其前，而出奇兵横冲之，截贼阵为二，贼大败，横尸十余里。余贼宵遁，沿路乡团截杀殆尽。诚豫省用兵以来未有之奇功也。贼计既不得行，僧格林沁复回攻商丘之金楼寨。安徽抚臣李续宜之兵已进至三河尖。贼胆落，恐夹击之，又值缺粮，乃解太和、新蔡、颍州之围。并力西窜至淮、宁之间周口镇，衺延八十余里，分为二：一由汝宁入南阳，出淅川、内乡犯商雒；一由襄、郏入河南府属，饱扬回巢。数月来，陈、许以北烽火不惊，实杞县一战之力也。间使贼计得行，则全豫不可问矣！全豫坏则腹心坏，腹心坏而四肢有不溃者乎？

臣窃见豫、皖统兵大臣，严明神速，以少胜多，未有如僧格林沁者。去岁扫荡直东教匪、会匪后，留西凌河一军驻济宁州剿除余孽，而徐、淮、清江捷书屡闻，防剿均已周密。惟河南居天下之中，为四战之区，内外交讧，近粤复阑入陕西，实有腹背受敌、兵力不能兼顾之势。臣豫人也，切桑梓之私情，揆天下之公义，通筹全局，访察舆情，伏愿我皇上大伸乾断，移僧格林沁一军进驻许州。许为豫省大河以南适中之地，西控河、陕，踞汝南上游，乘汝匪初炽，胁从共愤，精兵摧压，立可反正之时，分遣劲旅，或进项、沈，或下桐、泌，会抚臣郑元善共剿汝匪。即皖匪计狡，或由归德西窥汴省以救汝、光，则大军东北出尉、通、杞、睢以截之；或由颍州、太和来犯，则东出鄢、扶、太、商以扼之；或突从汝、光西窥宛、洛，则南出襄、舞、唐、邓以压之。入陕粤逆，或由潼、商东犯豫境，则出汝、嵩、庐、阌以御之，兼以节制山东、河南、淮北诸军，事权专一，调度便宜，不致有顾此失彼、孤军致挫之虞。盖自皖、豫军兴数载，除督臣、抚臣外，有督办，有帮办，专折奏事者一省至有数员，以致牵掣观望、坐失机宜，回护调停，尽成情面，赏不足劝，罚不足惩，积习相沿，牢不可破。今诚令淮北诸军统归僧格林沁节制，诸军中或有拥兵自卫，纵贼殃民，掩败为攻，老师靡饷者，随时查出，立予严参。或有切实认真，晓畅机务，谋勇善战者，虽微员末弁，立予显擢。其专折奏事各员，捷书荐劾皆饬令查覆，以杜矜饰、规避、徇庇、专横诸弊。臣观其忠亮智勇，出自性成，必能不负我皇上简畀之重。大臣洁己奉公，信赏必罚，人人思自奋于功名之路。如此数月之后，必复有临朐、寿张、曹州、魏湾、杞尉之捷，汝匪必且先平，而得于楚军相犄角，以共剿皖匪。皖匪既靖，然后合诸路之军，与两江之军会，共下金陵，则妖氛指日可灭矣。夫剿贼当先孤其党，而用兵当善乘其瑕，贼之瑕在豫不在皖。前者先剿直东会匪、教匪，而后进兵豫、皖，业已具有成效。今复由豫及皖，豫平则皖匪之势孤，皖平则粤逆之势孤，有不迅奏肤功者哉！

书颍上县事

颍上令程钰有循声。咸丰七年春，亳贼龚得围颍上。时阎进升有勇四百名驻颍上，程与协守。进升者，字步堂，太康人，初为僧。咸丰四年，前河南巡抚牛公鉴以兵部主政，出剿捻匪李士林，进升隶麾下为探卒，士林败降，以功授把总者也。

程以兵民分昼夜，节牢佚，昼令邑民老成者巡防，伏精壮于城下，有急登城杀贼；夜则进升率所属守陴，十陴一夫，饬邑商拈阄分送茶食诸物，终夜不绝。每出战归，程必躬迎慰劳，又令老弱焚香迎道右，故日久不疲，而人人得其死力。贼攻围急，进升绐邑令曰："事迫矣！不降，城必屠，如万姓何？且人情已涣，争通贼，奈何？"程泣下如雨，曰："吾有死而已！他非所计也。"出语人曰："令诚贤，吾辈不死守，非人也！"乃佯与贼约，使人密伺邑令，而置壮士于竹篮中，以绠上下。开瓮城，诱贼入潜内，城门伏大白龙二，乘贼不意突击之，毙数百人。程始悟，守益力。贼怒甚，勾粤逆穴地道六，矢必破乃已。程出重赏购间谍，有皮工妇者应募，伪为粤逆状，夜缒城出，得贼口号，遂入贼营数日，尽得其处，归以告程。乃穴酒瓮，令瞽者听之审，于是掘隍注水，仅破其四。进升友叶清山，亦太康人。善火器，乃坏文庙两庑，取庑中竹廪，造滚地雷十三位以备之。贼夜轰陷南城数十丈，蜂拥入。进升率属殊死战，购勇士掷滚地雷二，贼多轰毙。外贼不敢入，入者尽歼。乃并力兴筑，日升而城已完，贼惊为神。翌日，复燃东北穴，反倒泄，自毙千余人。贼遂解围去，凡守四十七日。

书苗沛霖破寿州事

初，苗沛霖有六营：颍上县林朗、阜阳真武集王金魁、邓家圩邓某、太和高家寨高某、刘伶口吴文英、颍郡北关牛允恭。允恭旋为沛霖所杀，而以赵占魁代之。近惟高家寨与郡西倪家圩等处不附沛霖，郡东暨五营无不波靡矣。

咸丰十年秋，沛霖之围寿州也，声言：与徐立壮、孙家泰寻仇，胁翁中丞同书杀立壮，囚家泰，家泰仰药死，围仍不解。十一年辛酉九月，城中绝粮久，剥树、煮胡床牛皮为食，死者盈路衢。学宫前青云路冢累累然，居民宅隙，皆为葬地。守陴者鹄立无人形，有偶得麦一掬，舂为馒二，价二千者。计时已十有六月矣；二十六日，吉学盛之子某潜约沛霖入城，守备朱怀鼓杀家属七人，力战被获，不屈死；寿民朱裘手刃一妻、二女、三子，跪母前自杀死。沛霖既入城，迁翁中丞于寿州南二十五里双桥集寨，以长发三百人守之，逼令诬奏。杀孙家泰父，焚其室，发其祖墓；执副将朱景山杀之，囚副将黄鸣铎割一耳，解其衣带，鸣铎五日不食。二将皆坚守屡挫沛霖者。守备朱家鼎、都司白云锦、世袭云骑尉署游击朱沛丰十余日逸出，署抚贾公臻严劾之。吉学盛之子旋隶署抚麾下。知州任凤台令张、寿春镇总兵薄、暨某官庆、某官英，置之寿城，日给两餐，惟沛霖之命是听。沛霖尽杀胥吏，语知州曰：若“皆倚势蠹民者，已为君除之矣”。知州唯唯。薄与庆、与英，素与苗通，城之破，三人之力为多。寿人呼为“搏苍鹰”云。

沛霖令下蔡张立躬、城内朱同义，给商贾收租税。立躬日以杀人为乐，诈诱州南周家寨六百人至寿，尽杀之。十月初，大掠寿城，选女子美者，赏给各旗，居民间有私赎者。分踞正阳关、下蔡、寿州，设卡亲巡，以下蔡为老营，呼寿阳为行宫。帐下人皆蓄发，惟沛霖遵国制，文宗皇帝之丧，闻诏哭临如仪。十一月，扬言攻颍州，不攻；期于十二月初一日，又不攻；

惟日运粮于吴家寨，藉云明春接贫，其意实叵测也。时皖抚李公续宜进兵六安，声取寿州。沛霖语寿人曰：“中丞兵至，我当逆之三十里外，先辨曲直，不许而后战也。”

贾烈士传

贾烈士，名国祥，字泰征，山右徐沟人。商宋、亳间十字河。性至孝，负殊力，磊落好义，不甚知书，而用兵暗事与古合。癸丑夏，粤匪破亳、宋，土匪起，烈士散三万金，合商、柘、鹿、亳数十里边疆为一团，与柘城令祝君垲三十六团东西相犄角。大小三百战，每战衣铁甲衣，乘骏马，叱咤如风雷，轮刀飞驰，陷阵斩馘。贼望尘披靡呼曰："贾飞刀来矣！"又以行二，心赤性烈，宋人咸呼贾二红云。是时，郡首暨防剿吏屡藉烈士力，酬以六品衔，不受，而独倾心于祝君。未几，祝君调太康，宋人哀吁于大府暨督学张公，祝君乃得兼办归、陈团练。会贼方煽就抚报仇议，愚弄官民，而暗纠党羽为蚕食计，应之者寡，从祝君者惟烈士暨柘十余团。

是时，粤匪破永、夏，渡黄河北去，土匪踞永城，势张甚。柘诸生窦钲言于祝君曰："贼四出焚掠，官兵不越蔡道口一步，东南数百里难民不为灰烬，将胥生心矣！"祝君曰："无资奈何？"烈士曰："是不难，期三日兴师，率二千人，载五千金，持十日粮以往。"窦亦以千人属抵会亭。驿火烛天，流民载道，有欲止营前进者，烈士曰："贼方破永，以官不能往，意殊得，我出不意，破之必矣。"时永亦有千数百人，手短刀为前驱，贼惊大兵至，弃城走。祝君入，乃知远来乡团，将合力以攻城，众议守以待援。烈士曰："我远来粮匮，贼现不辨虚实，迟泄败矣。距永西南三十里裴桥为要冲，请速据之。"时咸丰四年甲寅三月十一日也。翌日，贼悉来迎，东西长数里，行列甚整。烈士手大旗，背水为之覆以待，下祝君令曰："旗不动，发枪炮者，军法从事。"贼持火器蜂拥进，凡三呐喊，每喊辄前扑数十百步，旗前落铅弹如雨，又一弹落旗上，烈士挥旗大呼前，枪炮发，贼应声倒。贼首执旗殊死战，两翼渐逼，烈士叱大炮攻中坚，贼旗折，截其阵为二，遂大溃。追杀数千人，毙知名贼首百余，救难妇三千余。永人感泣，虽妇孺无不知有贾烈士也！

四月，从祝君捣贼巢于亳之耿黄寺。贼惊闻烈士来，援有力者为合议，烈伪许诺，即夜进兵，大破之。又破之于浑河集、张家桥，贼首王秉善西奔亳，张乐行东奔雉河。六月，将大举捣雉河老巢，贼窘，谋时张乐行以献。乐行遁，就抚，乃撤祝君团练委，严越境令，贼于是不可制矣。八月，败防剿兵于会亭东北，掠徐、曹，踞屠宋境。烈士从宋吏讨贼于界沟，吏先走，众溃，民西徙。烈士同数十骑立河上，贼不敢逼。众既济，烈士痛曰："从军来无如此败者！众怯矣，不可战。"于是因睢岸为垒，西起宋郊南郭，东南迄亳北郑店，更番戍守。日巡一周，寒暑苦乐与共，故人乐为死。乙卯九月既望，贼累败大吏，戕游击，围宋、亳。余廉访将兵来宋，请于中丞，复檄祝君办宋团。十月八日抵柘，亳围急，羽檄朝夕下，祝君合数邑得万人。烈士以其二千人前行，四日三战，贼败走。廉访乘虚捣雉河，连败之，亳、永围皆解。贼伪散乞降，而扬言：某中铳死，某创剧，药器尽。烈士曰："昨检贼灶尚三万余，是狡计以诱我也，不可进。且闻抚议已决，进而胜不攻，败则归罪，不如扼浍河而守，以丈八集等团守马新桥，以浍源集等团守夏张桥，我军裴桥为调应，贼来持重以困之，去则乘惰而击之，此万全计也。"众狃胜而骄。十一月八日，进次麻种。烈士望尘，执余友王丹君手，慨然流涕曰："深入重地矣。贼已大聚，一死非难，惜误中原事，而吾有母在耳！然麻种北有沟，因沟为垒，犹冀全军无如吾言之不用也。"比晓，狂风自南来，吹沙障天，贼大至，遂败。烈士冲围出，行五六里，检心腹多陷阵者，拨马还之。出入数四，乃殒于炮，年三十有七。烈士死，而贼败大帅，围永城，戕夏令，破虞城。十二月十八日，又破柘城，盖终不受抚云。

皇清诰授光禄大夫、兵部尚书、闽浙总督谥靖毅王公行状

公讳懿德，字绍甫，别号春岩，又号雨坡，河南开封府祥符县人。授命巡抚福建，时咸丰元年辛亥五月也。公感激两朝知遇，弥自奋励。当是时，广西贼洪秀全倡乱东南，盗贼乘以起。闽中营务，自英吉利要盟后日以废弛，其上、下游会匪有江湖会、红会、花会、烧纸、坐台、铁板会、草鞋会、过江龙各色目。纠连江西、广东诸匪，自道光二十一年以来，上下蒙饰，渐成厝火积薪之势。公至，首擒会城花会为首者斩之，疏请宽免州县失察会匪处分，杜苞苴，拒请托，捕奸邪，练乡团，修战船，方期消除萌芽。而洪秀全由长沙破岳州，陷武昌、安庆，进踞金陵。闽兵先后分援，内备虚，群盗起矣。三年四月，下游石玛、尤溪、漳浦、平和、诏安，同安会匪黄位、黄德美起海澄，陷漳州、安溪、同安，踞厦门。上游会匪林俊、黄有使、江水起永安，陷尤溪、大田，围延平，陷德化、永春，聚仙游，绝漳州。五月，台湾会匪杀台湾凤山两令，掠嘉义。两月之间，全闽骚动。

时公以巡抚兼摄总督篆，变起仓猝，人人色骇，公独不乱于乱，自引咎，静筹方略。劾司、道、镇、将以下畏葸规避、尚巧饰违节制者数十人，而任提督施得高、李廷钰暨李煌、孙鼎镇、吕大升、饶廷选、曾玉明、毕定邦、王三韬等十七人，视察胡应泰，知县金万清、赵印川、王肇谦、刘翊宸，乡绅刘应泰、张大原等二十余人。乃命胡应泰、李煌剿上游，施得高、李廷钰攻厦门，曾玉明平台湾，饶廷选守漳州，金万清、赵印川、刘应泰数十人练义团，毕定邦、王三韬等分从攻剿。八月，公卸总督篆，出师泉州。是时，曾玉明捷嘉义，施得高捷金门，守鼓浪屿，李廷钰、吕大升由陆路逼镇南关。十月，克厦门，斩黄德美，黄位逸入海。先是，知县王肇谦等平劭武、建阳、汀州，张大原平兴化，胡应泰已解延平围，复永

安、尤溪、大田、沙县、德化、永春，进逼仙游。至是，吕大升会之。十一月，吕大升、刘应泰破仙游，漳州通，大盗平，凡八阅月。余贼窜虎豹关、龙岩州、龙潭寨、崔州等，胡应泰再破之，移踞帽顶寨等处。四年，赵印川、毕定邦连破盘陀、铜山、岳坑、帽顶、盖尾、乡古、竹社，斩黄有使，林俊逸。金万清从胡应泰，李煌别破岩洞老巢，斩江水，上下游胥平。

当乱之初起也，公选吏择将，调兵筹饷，目不交睫者半月。及驻泉州，地卑湿，渐得软脚病。至是捷闻，优诏褒嘉，而公之精神已竭矣。疏恳简京职，不允。公以是年二月，闽寇粗定，余孽未殄，而总督闽浙之命已下，不敢辞，乃就职。五年，黄位纠澄海盗王兴顺犯厦门，攻南澳，李廷钰败之莱芜洋。是年，粤逆陷饶州、徽州、广信、玉山、临江、瑞州。公命饶廷选防严州，毕定邦、赖高翔防衢州。铅山林俊潜受粤逆伪职，复起于将乐、顺昌、沙县。公命金万清守延平，与王三韬会剿，六年正月讨平之。再起于九龙山，金万清、王三韬战死，贼遂蔓延延平、建宁、劭武三郡。公命马玉元、杨椿、王肇谦、王朝纶合剿，败之苦竹磜、鼓子岭、梅子巢、岚下、苦竹桥。时曾侍郎国藩、胡中丞林翼、骆中丞秉章平湖南，复武昌。粤逆东聚皖南，南犯江西，陷吉安、抚州、建昌、南丰、新城，复由泸溪、贵溪、铅山犯广信。毕定邦等大败之。七年正月，林俊逆党由和平、黄坑入云磜关，导江西贼入犯。二月，焚光泽、黄石口，陷崇安、建阳、泰宁、建宁、汀州、宁化、归化、清流、永定。三月，踞劭武，围建宁。林俊应于鸡鸣山，陷大田、尤溪、沙县。公出师延平时，建宁知县刘翊宸以九百人固守，毕定邦回军驰救，赵印川、王肇谦、马玉元兼程进。四月，解建宁围。五月，复邵武。贼复窜江西，山寇以次平。八年，曾侍郎克抚州、建昌。逆首石达开援景德镇，贼势复炽，由铅山、河口入岑阳关，关山寇响应，陷浦城、松溪、政和、光泽、邵武。公再出师延平时，金万清、赵印川、毕定邦、王三韬、陈上国先后以战死，其他或迁或去。而广东贼陷武平，泸溪贼陷江山，建阳山寇败吉祥于徐墩。闽将吏惟王肇谦、刘翊宸、饶廷选、马玉元、顾飞熊、袁良在。公乃奏调张运兰、周天培来援。运兰以攻景德镇，不至。八月，周天培至自金陵，入仙霞关，复浦城、水吉、建阳、邵武、顺昌。贼陷连城、汀州、宁化，龙岩。周天培、饶廷选、袁良连败之，粤贼遁南赣。其林俊逆党广东帮、江西帮、汀州帮、下府帮十八股首各色目皆受抚，福建平。九年二月，公自延平凯旋。公莅闽九年：抚闽三年，两摄总督篆，督闽六年，兼学政篆数月，福州将军篆数月，平大寇三，小寇数十，遏粤寇二，擒斩万余，抚八千余。三年，复郡县十九；七年，复郡县十三；八年，复郡县十五。盖公承萌孽滋大、将吏骄惰之余，力拔廉干忠勇之士，于下僚卒伍中推心置腹，信赏必罚，吏效职，将效死，故能捍卫海隅，易危而安。当时颂贤督抚者胡公林翼，骆公秉章，公与齐名，至今天下犹仰风裁也。

翰林院庶吉士孙君墓志铭

孙君讳树，字友琴，明忠烈公燧之裔，自浙江余姚迁山阴。曾祖讳汉良，客游汴，占籍祥符，今为祥符人。君性颖悟，有大志，读书目数行下，幼工制举艺及古今诗辞。咸丰辛亥举于乡，是岁，粤贼炽，朝廷下坚壁清野诏，有司多弁髦置之。君叹曰："国家重兵在边，内地空虚，今惟曰征兵集饷，而置团练于不问，徒扰民长寇耳！窃恐豕突狼奔，宇内将无完土，岂仅吾豫为兵冲哉?"又曰："乡团利国、利官、利民，独不利贼与吏。今吏愚，官民自团，公正者多引避，而不逞者，将以御寇、减徭、煽愚民，祸且作矣!"已而，皆验。癸丑，贼由武昌破安庆、金陵、扬州，犯淮北，由凤、亳入豫。君与城守事，捐四千金，议叙中书衔，候选教谕。

初，归德守祝公垲为柘城令，倡三十六团。晋商人贾国祥，起团柘东十字河集应之。祝旋调太康。君言于学使张公之万曰："太、柘毗邻，可合局。祝素得民，若令统办归、陈团练，东南保障也。"张公以君言入告。是时，粤逆破永、夏，渡河北去，亳匪张乐行逆党趁机踞永城，归德兵不敢东。祝率贾国祥暨柘城人窦钲、永城人王相廷、肖九仪复永城，累败贼裴桥、张桥、浑河集。张乐行遁皖诈降，诬义团为匪，祝祸且不测。君奋然曰："此天下安危机也。"白其冤于张学使。学使为疏于朝，事得解。

丙辰，成进士，旋选阌乡县学教谕。

己未，补行殿试，与馆选，请假归。是时，张乐行复叛，蔓延皖、豫、直东，穷数省兵力不能制，难民自修砦为卫。君庚申北上，逢人辄言，招抚害，团练之利不早收用，将为贼资。会以病，复请假归。是春，粤逆陷杭州，破苏、常，张国梁战死，京师震动！天子颁团练章程十条，加顺天府府丞毛公昶熙副都御史衔，督办河南团练。毛公奏君襄其事。时章程内首裁勒折、浮收诸弊，牧令多借口会匪旧事格不行。君又极论之曰：豫省勒折、浮收倍于他省，近年甚于昔年，计百亩田终岁所入，除钱、漕、杂派、修寨、制械外，留者不过十之一二。八口之家，丰岁已难温饱，稍歉即为饿殍，况兵燹逃亡，波累同井，一人应数人役者比比也。朝廷特旨裁除，以苏残黎，裕正供而资战守，为臣民计者，至矣。且胡中丞能以楚财养楚师者，正以裁陋规、省台费、禁浮收，而减漕一举，岁省民财一百四十余万，岂非近事之师哉？令勒折、浮收之条既格不行，坚壁清野之说，又饰词狡抗；下之以废时耗财惑愚民，上之以聚众抗官蛊宪聪，官不杀贼庇民，又禁民结团自卫，民将疑官为庇贼殃民，其强者愤而自为，至于官不能禁，异日将再酿会匪之祸矣！然则乡团果可平贼乎？曰：乡团卫民耳，而平贼之机实决于此：贼既无可裹胁，民亦奋于功名，但保民不化为贼，即可使贼复为民；纵使不复为民，而杀一贼即少一贼；扬汤止沸，固不若釜底抽薪也。然则乡团果皆能战乎？曰：此视乎离贼远近、受祸浅深、风气强弱，岂可执一论哉？近而受祸深者，忿而思战；远而受祸浅者，骤令死战，不能也。风气强悍者，人自敢战；柔弱者、激之敌忾者，不能也。是在贤有司因时利导之耳。如欲调以随征，则无粮不可。然则用之之道何若？曰：简正兵以为之主；正兵角之，乡团犄之；正兵冲之，乡团鯱之；正兵尾追之，乡团腰击之；其胜也，同荐章；其败也，同恤典；中原之地，不乏非常之士。归、陈眦贼者，固日与贼战矣。而南襄、郏，西登、巩，东北兰、考、滑、封各团，皆以善战名。其团长或统千人，或统万人，饷不藉于司农，器不资于武库，有军令，无军法。抟沙掬水，仓猝临戎，而狂寇滔天，屡为所困，其志略必有大过人者。稍加激励，奇才竞出，雪国愤，复旧疆，中兴赏，当与湖湘义旅共勒鼎钟耳。愿贤督抚力惩群小，早合官兵之局，则中幸甚！天下幸甚！辛酉春，出查团练，历禹、新、密、郑、荥、汜等处，疾作始还。

君素羸弱，连岁遘疾，又时忧切，每会同人议所以纾时难者，恒四鼓不休，体益惫。会夏热，疾大作，犹虑南苗逆，北李标。日事并吞，汜水以东寨堡初成，不能早联以相援救，恐贼骎骎入腹地，散札分旗，挽回匪易，因为联寨章程三十四条，拟疾愈面陈星使。八月，贼犯省垣，力疾登陴，自恨干戈扰攘，正宜尽瘁报国，疾废如此，不如死。十月，病愈剧，犹时语："天下事大可为，如当局者不求其源何？"盖君志切匡时，固无日不以天下为己念也！二十五日，忽惊呼其仆曰："觅刀！贼且至，杀贼！杀贼！"言已，遂卒。时年三十有六。

韩秀才殉难附祀烈士祠碑记

韩秀才嵩，太康人，明烈士巍十一世孙也。明嘉靖间，拒柘寇师尚诏，不克，死。邑人请于朝，予立专祠，春秋有司致祭，至于今不废。其九世孙金殿，中嘉庆戊寅恩科乡试举人，文行卓茂，世所称诏元先生者也。先生有子三人，季广泰生嵩，予少执经于诏元先生，又与广泰为笃友，故嵩复从予游。咸丰八年十月二十二日，皖贼张乐行余党掠太康，广泰先生出避于扶沟，嵩辞予执戈寻父。二十四日遇贼于吕家潭，嵩父得脱，独嵩被执。骂贼不屈，贼以刀断嵩口舌及颈而死，年二十三岁。十一年三月，邑人士始克请于知县任公恺，附秀才木主于烈士祠，从祀之。

或曰：嵩，孝友人也。五岁时弟病痢，嵩常居左右，死而哭之哀。七岁父疾，与母同侍，时雪后寒甚，嵩家贫去市远，尝独行冰雪中，买药于市。日暮未返，母方焦悔，而嵩忽至，众共奇之。侍母疾，带不解，食不饱，汤药必尝，酸余必餐，昼夜不离侧者三十余日。母卒，躄踊痛哭，绝而复苏者三，嵩仅年十四也。阅二岁，嵩伯父以负债被讼，嵩言于父曰：有田十五亩，而忍伯父受官府辱乎？乃鬻田十一亩，以偿伯父债。嵩孝友人也，父老矣，无他丈夫，子可以弗死。予曰：嵩之死，予正于其孝友决之矣。礼云：孝之不辱其亲，而孟子谓所恶有甚于死，则患有所不辟。当嵩父子遇难时，父死而嵩不共戴天，奋身杀贼死，是为杀身以成仁。父得生而嵩立意较然骂贼不屈死，是谓舍生而取义。不然，与嵩同时被执，借口养亲，乞怜得生者，岂无人哉！而不知其辱亲实甚，故嵩愿以慷慨死，而不愿苟且生也，嵩得死所矣。

独诏元先生绩学笃行，惟嵩年少力学，是绳祖武，而广泰垂老无子，穷困流离，无以自存。予复饥驱四方，不获稍尽故人之谊，是可悲也。然烈士死后四百余年，复有嵩仗节死义，是诏元先生无孙而有孙，广泰无子而有子矣。夫何憾哉！夫何憾哉！

上毛都堂书

某等窃惟今日之时势，速罢养勇以重团练，力修寨堡以制贼命而已。即以太邑论：自咸丰八年十月二十二日被皖匪窜掠以来，每岁辄三四次，村落十焚六七，盖藏十空八九，兼以筑城、凿池、修寨、制械讫无小息，民穷财尽矣。太邑如是，他邑可知，陈郡如是，归郡可知。今年四月十四日，正值麦秋之节，皖匪复窜归境，当事者以兵单饷绌，亟调归、陈两郡乡团防剿。夫乡团非他，皆南亩之楚夫也，赴调则麦委禽享，终岁之养生无资，不赴则刑驱势迫，首事之受辱难堪，于是强雇无赖以塞责，每名有四百钱一日者，有五六百钱一日者，未至戍所，已半逃亡。当事者愤乡团之不可用也，遂变而为养勇之说，严檄各州县养勇千二百名、千五百名不等，每名日给三百、二百钱又不等。带勇有官弁，管饷有幕友，一切支费皆出之民，统计一县终岁之需几十万余，殆倍于正赋之额矣。

念自军兴以来，粮漕之输纳孔亟，差徭之烦杂日增，乃以受祸最惨之区，倍加以十余万养勇之费，其何以堪乎？且无论其弗堪也，即使残黎好义急公，割肉刮骨以供勇粮，亦第可支持于丰年耳。今即归、陈两郡十五属计之，养勇已二万余，现已蝗蝻为灾，脱成凶岁，残黎之父母妻子不能自保，能复接济勇粮乎？不能接济，则此二余万之勇将何以处之？矧丰年已难支耶？然此犹可诿之曰后日事也。今已节近秋令，捻匪已将出巢，太邑寨堡虽有八十余处，而已成者被雨坍塌，未成者功尚浩繁，不筹款何以修？不能修何以守？而既困于赋徭，又迫于养勇，其暇及乎？况首事迫于势，而不能不强花户；花户势不支，而各已迁怨首事；彼此离心，团者将散，遑言练与？此其害之立见者也。而当事者岂尽不知之哉？知之而故为之者，迫于兵单饷绌，冀可朝募勇而夕奏功也。假令所募之勇，果能陷阵冲锋，灭此朝食，则害小利大，何必不驱民以养之。今已分派募勇，或数百人，或千余人，分守要扼，布置周详矣。然皖匪每一小股尚二三万人，其大股则八九万不等，以全不训练之勇，当众寡不敌之贼，而又多无赖游手、阳勇阴匪之徒混迹其间，脱匪一出，不牛羊死，即乌雀散耳！利无一而害则百，何弗立罢之以苏民困也。

说者谓：今之用乡团也，将以助兵饷也，乡团既不可用，而又裁撤养勇，其如兵单饷绌何？曰：乡团之助兵助饷，在坚壁清野，非养勇之谓也。今诚能乘贼未出巢之时，亟选精明廉干各员，分行归、陈两郡，实行坚壁清野之法，勤训练，联声势，明侦探，作义气，将见数月之间，乡团亦可制贼之死命矣。何也？归、陈两郡寨堡虽已林立，而可守者少，不可守者多。宜亟遴员分验各寨，已成而不合式者，因而变通之，未成者，督催之。寨中器械、火药精好足用者，奖励之，恶而不足者，劝惩而速备之。指示守御方略，即寓部伍诸法，复令其习拳勇，演枪炮。而于农务暇时，减徙绝扰，亲诣各寨检阅，赏勤而罚惰，教以一字阵法，俾明金鼓进退之节，则训阅勤而寨堡成矣。寨堡既成，形势不一，孤立犹不能守也，宜令数县交界之寨，贼每攻一寨，邻县各相求援，其各县内地之寨，又各救其交界之寨。内地之寨被围，傍寨各相远近为救援，交界之寨亦各相机赴救，俾一县然，县县皆然，一郡然，郡郡皆然，且推之于豫东、皖、楚之交，莫不然，不分畛域，不私尔我，则形联势合，如指使臂，而臂使指矣。形势联矣而侦探不明，则能坚壁不能清野，犹非困贼至计也。寨堡之修，二载余矣，而贼之势焰不衰者，野不清也。野不清，由于探不明：乡民以农为业，贼来则守，贼去则归耕，粮物虽预运堡中，不能不携带而出。贼知无侦探，每掩不备，倏忽突至，乡民仓皇逃避，余粮不及查携，故掳不得物，而掠犹得食。他州县无寨之区，可以长驱直入饱扬而去。今宜令：各设寨站，贼出窜，则极东之寨逐日以次递传警信于西；贼回窜，则极西之寨递传于东，南北亦如之。民预闻警信，食物尽携入堡间，有拗执富绅不肯粮尽入堡者，确访而惩罚焉，则野清而贼益困矣。

咸丰四、五年之间，乡团尝自战矣，尝助军矣，今何以不然也？兵威屡挫，望尘辄溃，乡团随剿，数被惨祸，一也。既而军饷不继，军律不肃，兵勇所过，掳掠滋甚，乡团痛心疾首，二也。死事不恤，有功不赏，三也。今宜亟访归、陈、光各属义勇死事者，奏请祠祀，以作忠义之气。而诸寨中或撄寨固守、轰毙贼众，或邀劫截击、大有斩获，近则许其径禀行辕，远则转禀于分办团练各员，与官军获胜一例奏奖。加之师出以律，不骚扰而可胜败，乡团有不踊跃恐后者哉？

力行数端，以小局面成大规模，则我步步为营，贼处处受敌。间即出扰，勿撄凶锋，勿分劲旅，全队严阵以蹑其后，攻城堡则立援，突窜逝则乘隙。又令各寨，近贼驻宿之地，夜间多放枪炮以惊之，俾贼昼不得食，夜不得眠，不过数日困疲已极，然后选锋继锐，或劫营，或截尾，或横冲中坚，官军操必胜之权，乡团负敢战之气，夹击互攻，次次如此，贼岂能久支耶？己未三月，伊总镇兴阿捷于商水，匪败归、淮、沈暨太和，乡团逐处截杀几尽，非其明证与？皖匪盘踞数百里矣，每一出扰，大约不下十万余，我军调募多则饷不继，少则力不支，数年来兵威之所以不振，而贼势之所以日炽也。坚壁清野之法成，则我兵须精不须多，多：或万余，少则可数千，以为乡团游兵牵制贼势，不过数年贼必自溃，而我复相机剿抚，大功亦可渐成矣。所省之饷，尚可计乎？故曰：乡团之助兵助饷，在坚壁清野，非养勇之谓也。某等值万死一生之余，履朝不谋夕之危，不筹守御则祸立被，欲筹守御则动掣肘，万难措手，无可如何。不得不沥陈下情，上渎听闻。狂瞽之见，是否有当？伏惟垂鉴，不胜悚息待命之至！

再上毛都堂书

煦翁都堂乡先达大人阁下：

乡团养勇之害，前书已备陈之矣，而论者多以为不可罢。一曰：皖匪已将出巢，有此二万余勇，扼其出入门户，冀不扰吾豫也。一曰：罢之而匪或西窜掠我河陕，为祸益深也。一曰：陈之团去防远，归之团去防近，陈可罢，而归不必罢也。否则？为调停之说，罢其半而留其半也。否则？怀急切之见，曰：罢之而第行团练，不能刻期而奏功也。是数说者，鄙见皆以为不然。乡团所募之勇，无论有通匪之徒也，即其官者，赤贫耳，无赖耳！此辈希些征之利而应之，贼未出，则饮搏以逞欲，贼既出则溃扬以免祸，防剿而无所用。虽至愚之人，皆能决之于事先，而犹冀其扼贼冲，而安内地也哉？即曰带勇有官弁，或可徼幸于万一，然大约扣減以自肥而已，掩败以为功而已，此其伎俩之素见者也。

今闻凤、颍等处田禾既食于蝗，复灾于水，贼巢无所得食，不东窜必西扰矣。矧贼知团勇之无用，更明于我乎？故勇罢而贼来，勇不罢而贼亦来，贼之来否，并不系乎此也。若夫远近调停之说，似乎近之矣，不知归、陈虽有去贼远近之殊，其受养勇之害，则一也。以归郡论：宁、睢去贼远矣，商、柘、永、鹿交界之所，去贼近矣，然贼出而自为战守，则可，贼未出而调之驻防则不可，何也？真团勇，皆楚夫也，一日不耕则饥，必不能轮番递戍，迫挟而强驱之，势皆不能雇勇矣。雇勇一，则耗财一，曾何分于远近耶？无已而罢其米，不犹愈于已乎？然试即其半而计之：大县养勇尚六七百名，终岁勇粮尚需四五万贯，较今之中县正供，尚且过之，能持久焉否耶？其害之明白易见如此，而顾若有所牵制，而不能立断者，大抵恐团练之不能刻期而奏功也。然特未实行团练云尔，实行之，其效固有立见者，亦仍不出前书联声势、赏有功之说而已。

咸丰九年春，太邑寨堡初成，贼围邑西中和寨，自寅至未，枪毙贼百余人，被砖石伤者无算。贼入张山寨，寨勇巷战，杀贼七百余人。及贼窜归城中，避难乡团结队归村，遇贼零股于邑西，截获辎重五十余辆，生擒数十人。冬十月，西、太、抉交界之道陵冈寨，以地网擒贼数十人，马如之。而太之双陵集，亦败贼后队，获其马牛。今春贼围太西孔大寨，首事率寨勇数百人，严阵壕内，以大车载炮，八人挽之，更番轮发，伤毙数百人。其视官军之掩败为胜，饰无为有，何如也。然而乡团不报也，官亦不知也，何也？今之乡团不惟团与团之声势不联，而官与团之声势尤不通也。闰三月间，贼至，通许、南鄙、郝寨等团生擒贼数十人，获马牛财物无算。首事禀于邑候，书役艳其厚利，多方抑勒，几至获罪，而团勇复归咎焉，彼首事者，亦何怪其有功而不自陈也。今诚选廉干之员，分行寨堡已成之县，讲救援之方，联官团之情。贼或出巢，使寨自为团，团自为战，战而获胜即报，报而核实即奖，纵度支告匮，不能加以重赏，独不能荣以虚衔乎？

计自新、密、禹、许以东有寨堡者约廿余县，每县寨堡多者七八十区，少亦二三十区，贼往来于数百寨堡之中，尾击零截，必有数十处获胜者。夫以乡团必有之功，立见之效，可举手而得之。如此，向顾舍之而不为，转为其耗民财而损民命，酿天下以莫大之患，此诚鲰生之所不解矣。何也？天下之患，莫大于市一日之虚 ，而贻国家之实祸。今于数十日之间，立致二万余勇，声势似极赫濯矣。然试思及于敲骨吸髓之后，室罄囊空，措饷无计，此二万余之勇，能相安于戍，所以待毙乎？我又抚之不能，遣之不能，其势固必溃矣。溃而失事，祸犹浅也，溃而为贼，祸尚可言耶？故为今之计，莫若速罢养勇，以弭未形之变，实行团练以收逸获之效也。或曰：如乡团冒功何？如乡团擅杀何？应之曰：乡团即擅杀，所杀者贼也，非贼而行同于贼也，必不至自杀其乡里之平民以邀功也。乡团即冒功，或小为大、多为少耳，必不至掩败为胜，饰无为有也。况以素不报功之乡团，而劝之使报，彼为乡团之首事者又率多正人，不忍自欺其天良，即小报大、少报多之弊，亦可决其必无哉？故不患乡团之冒功，而患于冒乡团之功。乡团草野僻处，不谙禀报体式，今宜仿呈状式而变通之，亦刊印正、副二纸，发给各寨首事，每获胜仗即用正、副禀式，速遣晓事寨丁，禀报邑令或办团委员。该员以副禀存案，以正禀转禀行辕，不宕延时日，不私改情节，不窜入私人，乃酌功之大小，并该员奏奖之。俾有功者实获其赏，而官团之声气益通，则乡团之势日盛，贼之势必日衰，而我乃可次第以奏功。窃以为用乡团之效，莫速于此。草茅愚见，可否施行？伏乞鉴酌，不胜翘切之至！

代友人答严中远书

自违台旌，未获奉问起居。顾乃屡承赐书，垂询下情，一介书生，谬蒙赏鉴，半载驰驱，遽膺优奖，惠已逾量矣。乃殷殷眷顾之怀，复谆谆于送别之后，不才何以得比于大君子哉！大君子求才若渴，说士如墙，如不才者犹培养栽成，惟恐不至，天下士有不愿出大君子之门者哉？前承面谕，随行楚北，不才非狂病，岂敢方命，盖大有不得已者在也。

自惟少孤，依母为命，夙凛慈训，谬负虚声，维时乡前辈鼓吹休明，歌咏盛氏，诗社文坛，抽秘骋妍，滥叨末座，妄冀附骥尾而切比于作者之林。岂意变生意外，故园瓦砾，避地海滨，形影相吊，孤儿寡母，糊口维艰。跋涉中土，淹滞数年，每逢佳时令节，诵游子之吟，唱白云之歌，未尝不涕沾胸，凄凉欲绝，同人辄谓潦倒落拓，白眼看世，而岂知苦衷哉？

仙源从军，滥晋末秩，藉润归橐，迎养海盐。不才母惯居江乡，车马震撼，折违天和，易以肩舆，始抵夷门。维时偕行者杨丁禄、张秋樵之母也。曾不数月，而丁禄母死于寇，秋樵母死于病，惟吾母健在。邀天之幸，得侍养于颠沛流离之余，尚敢再涉长途，失母氏饮食之节哉？此所以甘蹈方命之罪，而迟迟其行也。迩来托迹河宪宇下，良以出外进处进退。因此可宗，义无敢苟，抑恐重累大君子知人之明，与乡先辈期待之厚也①。

---

① 编者按：下文散佚，不获。

与柴稻村邑侯书

顷之鄢陵晤菊村，闻岳州之变，又闻东方之警。窃意我公必以修城池、保乡里为亟。及归，而我公已有成议。然后叹菊村之知公者最深，而公之为民虑者至周且远也。诚如公议，巨镇大村，深沟高垒，无事可以备河患、防盗贼，有事则捻匪无劫掠之虑，土著免奔窜之忧，劳而永逸，危而能安，非一日之计，乃百世之基也。

乃浚自承命以来，询访耆老，细察舆情，而知挖沟筑塞之举，其便者二，其不便者五。一则固地之宜也。明季之乱，居民多以寨自保，旧基之存者，不下十数区，择其门户稠密殷实者，督而筑之，则事半而功倍，所谓为高必因丘陵，为下必因川泽也。一则从民之便也。巨族富室，深谋远虑，而又轻财好义者，外承我公之风旨，不畏无名，内遂身家之私计，得其实利，其必有踊跃争先者矣。

然概以律之于合邑，则似有难为者。沟寨与官道异。官道之修，首事权行于约地，约地势行于业户，故其工易竣。今则稽查之期未届，首事已多避矣，约地已多逃矣，我公令出必行，势不至尽逃尽避不止，即不逃不避，其能使千百其心之人，归于画一乎？其不便者一也。邑中巨镇，若杨庙、崔桥、马厂等处，径约三里余，其周围已九里余，地几与县城等，今必皆挖而筑之，又俾邻村合筑之。首事之权，果能合数地方之人，户派而亩均之耶？且今岁夏潦，秋禾减入，往往有田四、五、六百亩，而需粜于市以自给者，其下户更可知也，糊口之不暇，而能鬻田以急公乎？其不便者二也。国家承平二百余年矣，每大聚落，人烟还沓，近村之田价倍于野田，宅基又十倍村田，每一区出售，数家争购之。今以倍价而得之土，使为沟池，又复使小聚落移居于其中，非仁人君子不能也。以颛蒙无知之民，而人人望以仁人君子之行乎？抑彼小聚落之人，能鬻其中人之产，预购片席地，以为他日避患之区乎？其不便者三也。村镇四周，坟冢累累，平日拘于形家言，以取土而构讼者多矣。矧伤其龙脉而身家败亡者，又有明验耶？今日之举，即云圈而入之，圈而出之，其单且弱者固不敢言，其强有力者，首事者能与之较乎？较之而或胜，或不胜，其弊皆有不可胜言者！其不便者四也。有寨而无仓，与无寨同，有仓而无乡勇，与无仓同。议仓议乡勇，必仍责之首事者矣。首事者，皆可任之人乎？脱不可任，其祸更烈，明季之已事可鉴矣。其始各立寨堡，冀以自保，其后弱肉强食，报复相循，聚族而歼，民不死于寇，而死于民。以保民之宇，为贼民之府，以防盗之区，为藏盗之薮，大统既集，余孽犹蔓，是故创始应易，善后尤难。其不便者五也。

浚窃惟今之时势，坚城深池，实其仓廪，而又有可守之人之具，是公所宜熟思而审处者也。至于乡里之保障，则莫若因民情之所乐为者而鼓舞之。浚近见乡曲之中，多谋训子弟以拳勇者。我公乘此之时，因机利导，酌定章程，另行晓示。喻之以祸福，鼓之以忠义，无论大小村镇，许其自备刀枪火器，子弟十五以上者皆令学习武艺。我公政事之暇时，考其勤惰强弱而激劝之。数月以后，必粗有可观，一年以后，人人皆兵矣。一旦有警，钟鼓为令，声息相闻，千百立聚，勇而且艺则无惧，硕身与家则心一，而得其死力，无形之干城，不愈于可逾之沟垒乎？平居各安凿井耕田之常，有事即为捍御守备之士，是故可发可收，可聚可散，可动可静，不必有团练之名，而已获团练之效矣。迨逆寇荡平之日，各乡军械或听民自销毁，或收贮官库，以为不虞之备，抑惟公之善筹之耳。何则？挖沟筑寨之举，当危急存亡之秋，则势集力拼，众志成城，可刻期而奏功。若寇之来未可必，而欲不识不知者，先竭其财力以图之，不亦难乎？又闻东方捻匪欲掠平冈，闻有杰士远扬而去，是亦乡勇之明效大验已。然则挖筑之令，愿为者听之，不愿为者亦听之，可也。浚管窥之见，何敢辙动于大君子之前？然深荷知己之恩，而亦随风波靡，面从心违，是欺公也；欺公，即欺心也。岂忍乎哉？岂敢乎哉！故冒昧陈愚衷，伏惟采纳焉！

与祝爽亭邑侯书

若夫联村之利，则今日行之，今日即受之者也。而愚民多不知，知者又多为之而无成。贫者惜力、富者惜财，固已，究由于大姓之不睦，小姓之不附，然皆首事非其人耳。一邑中地方八十余，焉能皆得公直才干者以为之？但使一方之中能得数人，令举所知，察其谨厚者用之。以大团统小团，急则合，缓则分，庶无弱肉强食之弊，抗违不法之谋乎？然必执地方以联之，则又不可。有村庄在此而堡属彼者，有不愿附本地方而附邻地方者，强为合之，必多谬戾。窃以为但责之使无不联之村，而不责以定联本地方之人，倘亦因人情以为治与？军兴以来，徭役繁杂，闾阎穷蹙。遇于歉岁，计百亩之田，八口之家，一岁所入不能余四十千。兵车之费几二十千，而租赋出其中，杂派出其中，长短车价出其中，吊问婚葬出其中，其势必不支矣。然而称贷不能，售地又不能，故谷愈贱而民愈穷。自兵车归总局，滥色之弊祛，民困苏十之三，而浮出之弊暗生。其长短车浮出滥色之弊仍未稍减也。

浚目击时艰，内顾民隐，抚心搥胸，辄唤奈何？不禁为阖邑哀吁而请命者也。太邑无捻匪，盗贼即捻匪之渐也。欲治盗贼，莫若治窝主，盗贼岂能尽诛？而窝主不能过百家。大窝主不过数十家，得此数十人者而治之，其小者必畏而不敢为，无窝匪之人，焉有为匪之人乎？但窝主与捕役相表里，往往获案巧脱，失主反受其累，愚民惮于发难，遂至莫敢谁何，村夜屡警，鸡犬不宁，率由是也。是故获百盗贼，不如获一窝主。然盗贼又假流民而护符，不治窝主不能清盗之源，不禁流民不能绝盗之迹。巨镇中五方杂处，固属尤甚，即僻村亦所在多有。虽流民不尽无赖，率多无赖之子弟流寓其中，以他方之无赖，依本地之棍徒，而不表里为奸、遗害良民者岂情也哉？即流民实系安分，亦为人佣佃者耳。此外，皆以盗拾棉禾为生活，洒农夫之汗血，恣本地之窃取，已属不堪，而顾令异地之游乎？耗农夫之汗血乎？矧长发奸细百端幻出，捻匪党类潜行勾引，又不可不豫防者哉！然则察禁流民，是亦今日之急务也。他如清衙蠹，慑豪吏，绝奔竞，杜私谒，执事素有定识定力，固无烦涘之絮言也。管见区区，伏惟尊裁。

与都中友人书

弟等年来株守故里，坐视桑梓糜烂日深一日，毫无补救，徒增愧愤。

盖吾豫自邱总镇阵亡后，屡易大帅，粉饰冒滥，俾乡闾之间既苦于贼，又苦于兵，如蓖如薙之谣，不虚也。严明切实者，惟僧邸与严渭翁耳。渭翁抚豫一载，力革旧习，简将练兵，实力整顿，始有老君堂、新乡之捷。乃规模粗就，遽移节鄂江。今春杞县之战，余、杨其旧将也，楚勇其旧部也，僧邸实资得力。僧邸谋勇善战，让功任贤，真有古名将风！开、归、陈、许等属仰荷一战，转危为安。惟贼不得志于北，乘僧邸移攻金楼寨，兵力不能南下西顾，并力毒河、陕，涂及商、洛，大河以南已无完区。丁赋难入，粮饷安出，无饷何以养兵，无兵何以平贼？加以汝、宁土匪蔓延猖獗，陈大喜之弟陈文为白旗首；肖文信、刘克之、李存道、张凤林、朱凤岐、郑老德为黄旗首，占踞正、息各处，南北二百余里，东西百余里，其势最强。王殿书暨其侄王麻子，为蓝旗首；商保泰、商意、王正伦、陈玉川为黑旗首；史广布、高凤如为红旗首；各有众数万，或十数万，必非一豫兵力所能制。

矧川贼蓝朝柱已入陕西，粤贼陈玉成余党自潼关回窜河、陕，窥伺山右，西顾之忧与东俱深；皖抚李希翁军威已振，东贼穷蹙，势将移巢豫境，否或变为流寇，祸皆先及吾豫；恃有僧邸在豫，尚可支持，倘破金楼寨后，移节他省，秋冬之间，豫祸尚堪设想耶？豫之安危，关系天下全局。阁下居可以为力之地，又值可以为力之时，私情公义，诸同乡所穿望者至深且迫。矧圣政聿新，阁下志切匡济，共成中兴大业，忍视乡里久陷于水深火热之中，而不一手援耶？妄拟条陈上渎，非敢越俎，良以阁下久离乡井，耳闻不如目见为切，姑陈大略以为敷言之助。倘以为义所可为，缮撮入告，蒙赐俞允，不惟吾豫之福也。

与都中友人第二书

再启者：平贼在练兵，练兵在筹饷，筹饷在安良，安良在整团寨、减徭役，使身家可保，而财赋不竭，财赋不竭则饷足，饷足则兵可练，练则精，精则胜，贼乃可平矣。

然其源则在于察吏：今之州县之恶团寨也，曰抗粮，曰抗差，究之非抗粮也，困于差之重；非抗差也，只求差之实；官用一而派十，民出十不当一，终岁之费，倍于漕粮者有之。前者，星使已当实力饬裁矣，而实裁者不过数县，其他皆虚文塞责而已。非官之果获其利也，内为佐贰、幕友情面所牵掣，外为门丁、书役刁计所愚弄，遂甘为他人攫取矣。大约杂徭所入，官不得十之一，幕十之一，佑贰十之三四，丁役十之五六，故漕粮可欠，而差钱必不可欠。民有钱以应差，因无钱以纳粮，究非不纳粮也。完善之区无论矣，开、归、陈、许等属，可谓糜烂矣，每岁纳十之四五，十之六、七、八不等，官报解者不能十五，甚或不能十三，大吏不知也。直至交代之日，而征存之数始见，又多方腾挪宕延，以待豁免之诏下，而尽肥私囊。故天下之大患在中饱。牧令图中饱，以欺大吏；佐贰、幕友、丁役图中饱，以欺牧令。团寨之举，概视为抗官之由，致归于有名而无实，是岂团寨之弊哉？

弊不在法而在人：牧令实力奉行，择绅董，相要隘，俾得人得地，则上下一体，臂指相联，不惟民之身家可保，而钱粮亦且踊跃，未见有贤牧令而民转抗违者也。惟官不团，而听被灾之民自为之，首事不得其人，是以其弊多端，岂可因咽而废食耶？星使初办团练时，河朔守河险，河陕守山险，皆有团无寨，实阴中当事者之计而不知。去岁，会匪毒彰、卫，河险不足恃矣；今春，粤逆、捻逆毒陕、洛，山险不足恃矣；陕、洛至被涂炭，各修寨堡以自卫。而河朔因会匪粗平，未奉大宪明文，虽去岁被扰各县间有修寨者，而他县多畏官吏，欲修而不敢。今豫南全坏，兵饷全资豫北三府，三府东毗直东，西邻山右，直东会匪潜伏夹河滩中，发逆回踞陕、洛境内，窥伺山右，倘不为未雨绸缪之计，一旦祸发，悔之何及！

夫贼善于乘我之暇，而我每先自毁其璧，河陕已为前车，河朔再蹈故辙，粤西、皖江之祸，将在近吾豫矣。弟等处燕雀之堂，戴杞人之天，危甚迫甚！所以不禁大声而疾呼也。为今之计，不亟亟察吏安民，修团寨，减徭役，使财赋有源，全其璧以去其瑕，而徒为粉饰耳目之计，天下之患又不在南，而在西、在北矣，岂独吾豫也哉！然吏不易察，破除情面以察吏之人，尤不易得，则慎简大僚，非今日北五省之急务与？狂瞽之见，可否采撷？惟阁下裁之。

内阁典籍衔河南商县训导李君墓表[1]

咸丰十一年春，余客豫抚严公幕时，兵事方殷，劝公以筹饷、练兵、求才、绥内、攘外、策士，以通舆人之言，亦藉以观士所蕴蓄。得一卷，不署名，其文通达，精体实要，访之，知为太康县岁贡生李君也。幕府皆惊为积学异才，然君生平足迹不入官府，余乃亲诣其学舍与谈，果有学守君子也。因请君文集尽读之，晓畅时事，深识政体，叙事凛然有生气，近时北方学者之文，盖无有与之比并者。然君虚怀不自足，昕夕学靡间，得余文，往往手录多至数千万言。盖君虽困于诸生，无所设施，其在里中于劝农桑、免杂派、设守御、采访忠节，凡有益于民生国计者，知无不言，为无不为。然义所当行，不避难，非道所当取，不以毫发苟且。且在于家，以己产让于弟，而自授经以养妻子。师丧不能葬，鬻田济之，为文表其墓道。故旧弟子门人贫无以自立者，资以耕读，多所成就。其为人师，讲授不倦，而尤以重道义，轻货利，崇节俭，慎出处为要。其后为学官亦然。生平无伪言伪行，故一时贤者往往喜从之游，余亦藉君得尽交当时贤士。

河南学使景公访余，以君及鄢陵苏菊村，西华于细斋，应景公疏荐，奉特旨俱以训导用。同治五年二月，选授君嵩县训导，士心说服。八年，巡抚李公奏请，资加内阁典籍衔。余与君交一年遽别去，客湘乡曾相国所。同治四年，君应江苏署江苏巡抚刘公聘，至江苏，登焦山去。余游焦山，止一二日，竟不得相遇，君以书告余，怅惘者久之。既而君去，为学官，余为曾相国疏调来直隶，音问不相闻者数年。十年冬，余令枣强，忽得君子书，乃知君已正月二十二日卒于学署矣。距生于嘉庆十八年，年六十岁。

君名浚，字又哲，一字秋圃。妻宋氏，子四人。其所著曰《秋圃斋文集》若干卷，《捻匪纪略》若干卷。君教泽在人，门人子弟欲为刊行其文。子选楼、宣楼、京楼、星楼，以余知君行最深，属为表其墓。君之文必传

---

① 方宗诚：《柏堂集后编》，卷十四。

无疑，后世当有知君者。

同治十一年春二月，桐城方宗诚表。

第九部分

苗沛霖事件[①]

按：苗沛霖在清咸同间，与清廷及太平天国两方面均有关系。《清史稿》中《胜保传》《袁甲三传》曾述及之，《袁甲三传》言之较详。

传云：练总苗沛霖者，凤台诸生，健滑为闾里雄，以团练功累擢川北道，加布政使衔……甲三屡羁縻之，用之牵制捻匪。胜保尤信用沛霖，沛霖亦深与结纳，心怀反侧，惮威不敢猝发。至是借口其练勇被害，据怀远，围寿州，巡抚翁同书为所劫持杀……遣其党苟景开犯河南，受粤逆封职……同治元年……陈玉成走寿州，投苗沛霖，执送胜保军诛之。于是胜保为沛霖乞恩免罪，责剿捻自效。佯奉命而倔强如故，甲三策沛霖终为患，疏陈大势，先剿群捻，次沛霖……复奏苗练终难就抚……二年春，沛霖复叛。

是袁甲三对苗本不信任，而拔用最力者，厥惟胜保。今本馆整理军机处奏折，发现与此事有关之奏片一件，札文抄单一件，信稿抄单二件，颇足证明袁、胜两方对苗之态度，及苗本人之表示，兹为分别考明如次。

一、奏片：原题有袁甲三字样，盖为军机处归档时所书。就其内容观之，知是苗沛霖擒献陈玉成解赴胜保军营时袁甲三所奏，主张杀陈玉成而并防苗沛霖者。文中无纪年，按袁甲三传苗沛霖擒献陈玉成在同治元年。

二、札文：首有“谨将咸丰十年八月十八日调苗沛霖带练赴援文稿，钞呈御览”字样，当是英法联军进逼京畿，调苗赴援时事。但不具发文人姓名，文中云：“本大臣左颊左腿连中二伤”，按是时率兵大臣受伤者为胜保（见“胜保传”）。故知此为胜保致苗沛霖之文稿。然按文首语意，似为咸丰十年以后所抄录，则为同治元年胜保为沛霖乞恩免罪时追录进呈者也。

三、咸丰十一年三次给苗沛霖信稿：此信稿与札文同例，虽不具发信人姓名，而信中有“现又具折力陈，代白足下心事，仰求恩命曲予矜全，当可

---

① 选自国家图书馆分馆藏：《太平军事件》，抄本。

特邀旷典。但目今遍天下之人，异口同声，无不指苗练为口实者，独仅一人力排众论，事前既称足下之忠，至今犹辨足下之枉”等语，为胜保无疑。《清史稿·胜保传》载：“苗沛霖……心实叵测。诏询曾国藩、官文、李续宜、袁甲三等，皆主剿，独胜保一意主抚……力言沛霖无他”。证诸此信稿，语颇吻合。

四、苗沛霖信稿：不具收信者姓名。信首称师帅，信尾自称门生，与胜保信中“仆与足下师弟情深”语正合，此信为苗沛霖复胜保者无疑。复查此信所附感怀诗之前，有“壬戌中元节后二日”语，又知此为苗沛霖同治元年复胜保者也。

漕运总督袁甲三奏留苗沛霖非真心效顺请将其擒献之陈玉成就地正法片

再闻狗逆陈玉成经苗沛霖解赴胜保军营，胜保拟派员押送进京，自系一面具奏，一面起解。如何奉旨，想圣明自有权衡。臣查狗逆纵横鼠突，扰乱江淮，原属凶悍，一旦就擒，尽法惩治，诚足伸天讨而快人心。惟并非粤贼正首，亦不在起事老贼东、西、南、北、翼五王之列，又非上年李开芳等直犯畿辅、逼进都门之可比。近日粤逆伪王号不可胜数，张落刑且封沃王，苗沛霖亦封奏王，其不甚爱惜，已可概见。况该逆伪王业被洪逆革黜，诚如圣谕已为金陵逆首所不容，盖已见绝于粤逆矣。此次楚皖各军兵力追剿，虽擒斩逾万，而未能将该逆生擒，亦未能将该逆阵斩，追近寿城，因苗党尚多，未便轻入虎穴，诚为遗憾。苗沛霖本与狗逆勾结，迨见其势穷力竭，且有追兵在后，不容肆其奸谋，始背约献之，以为掩罪冒功之计，并收其余党以为羽翼，其居心实为狡诈。若谓苗沛霖真心效顺，设计诱擒，当该逆败窜寿州城下，何不约会官军前后夹击，一网打尽？乃留守之李和春先将该逆请入城内，名为诱擒，实阴加保护，盖未知。苗沛霖将何以待之，是以远道请示，耽延数日，始行捆献。此理甚明，尤不可受其欺蒙也。胜保既拟解送进京，势必极力铺张，为苗沛霖免罪地步。惟以被剿路穷之贼，且已为粤逆所摈弃，遽尔俘献阙廷，辱我国体。臣恐受苗沛霖之玩弄，贻讥于天下后世，并不免为粤贼所窃笑也，实断断不可，应请明降谕旨，无论解送狗逆行抵何处，即就地正法，庶不致亵朝廷之尊，而示天下以不广也。体制所关，臣未敢缄默，谨附片密陈，伏祈留中，以免传播。臣不胜悚切之至，谨奏。

胜保札调苗沛霖赴援京畿文稿

谨将咸丰十年八月十八日调苗沛霖带练赴援文稿钞呈御览。

札川北道苗道知悉。照得逆夷犯顺，蹂躏京畿，本大臣奉命视师，亲统禁兵与贼决战。本月初七日，在通州八里桥地方，亲督各军鏖战两时之久。正在得手间，不料逆夷枪炮过密，飞子洞穿坐骑两匹，本大臣左颊、左腿连中二伤，昏晕落马。各弁兵以为主帅受伤，护送归营，登时撤退。本大臣于眩瞀痛楚之中，切齿仇雠，犹欲奋身赴斗，为诸将力劝而止。嗣因伤病大发，不得已乞假半月调治，一面奏请飞召外援以资夹击。

本月十三日奉到寄谕：胜保奏请饬下袁甲三等各于川楚勇中共挑选得力若干名派员管带，克日赴京等语。逆夷犯顺，夺我大沽炮台，占据天津。抚议未成，现已带兵至通州以西，距京咫尺。僧格林沁等兵屡失利，都城戒严，情形万分危急。现在川楚各勇均甚得力，著曾国藩、袁甲三各选川楚精勇二三千名，即令鲍超、张得胜管带；并着庆廉于新募彝勇及各起川楚勇中挑选得力者数千名，即派副将黄得魁、游击赵喜义管带；安徽苗练向称勇敢，著翁同书、傅振邦饬令苗沛霖遴选练丁数千名，派委妥员管带，均著兼程前进，克日赴京交胜保调遣，勿得藉词延宕，坐视君国之急。惟有殷盼大兵云集，迅扫逆夷，氛同膺懋赏等因。钦此。遥计各路军营俱已奉到明诏，现在夷氛密迩，盘踞定福庄、三间房一带，时出游逸，距都仅二十余里。虽亲王僧、大学士瑞等马步各营星罗棋布，然屡挫之余难于言战，本大臣强卧奋兴，每食不饱，唏嘘中夜，痛哭如此。本日已具折销假，专盼新兵到来，力疾裹创，提兵血战，与贼誓不两立矣。

我国家养士二百余年，深仁厚泽，固结人心，凡有血气之伦，孰不同仇敌忾？矧该道为本大臣所素知之人，拔诸千万人之中，置诸千万人之上，担圭曳组，显姓扬名，试问非荷皇上天恩何以致此水源木本之谓，何尔道其肯忘报乎？夫不调他练而必调该道之练，不召他将而必召该道等之将，皇上之待该道隆乎，否乎？本大臣之信该道诚乎，否乎？该道等定当鼓舞奋兴，争先灭贼也。该道等果能仰体皇上宵旰之忧，及本大臣期望之意，裹甲疾趋，志殄巨寇，非惟侯封可卜，且亦获佑于天。如其瞻望徘徊，沿途骚扰，临事退缩，不但国法具在，且亦必受冥诛。虽该道等断不至此，然本大臣一片苦衷不得不先为大声疾呼，殷殷诰诫。至军行口食需用浩繁，本大臣业已代为筹，及已咨明安徽抚院翁、督办军门傅，无论何项银两先为筹给，并饬令直隶、河南、山东各地方官按章照发口粮。该道等务当约束练丁昼夜趱程，不得为寻常征调按站徐行，更不得稍有逗留滋扰，须知非时势危急，何至千里征兵！迟速早晚之间，事机每判宵壤，故先至者为首功，后期者有厚罚。其各军经过地方稍有格外苛求，故意骚扰，即非皇上命、本大臣安内攘外之意，皆为法所不贷。合行札饬。

札到，该道等务各精选壮练，配齐枪炮、旗帜、器械，兼程驰赴，克日来京。诸军一到，本大臣即当亲执桴鼓为士卒先，劳逸甘苦与诸将士共之。果能仰仗皇上天威，削平丑类，饮至策勋，使他日史册书曰皆该道之功也，岂不美哉！呜呼，事至勤王，汤火在前所不恤，斗于同室，结缨往救则已迟，其各凛遵。毋违！特札。

胜保致苗沛霖信稿

又咸丰十一年三次给苗沛霖信稿钞呈御览。

之一

雨三贤友足下：月前手泐一函，谅邀英盼，久未接到来书，深为系念。今春直东教匪滋事，占踞八九州岛县，蔓延千余里，人数之众不下数十万。由于习教已久，萌孽已深，一旦迫发，几不可遏，且其僭号分旗镌刻伪印，叛迹大张，志不在小。幸仆自夏初剿办两月以来，每战必捷，连破贼巢数十座，克复馆冠莘朝观五城，生擒逆首伪圣主张善继，并其伪大元帅张善桢、左临明张殿甲及张善继之母女二子等，并阵斩逆首杨汰、程敬书。扫穴擒渠，所向克捷，指日即可肃清河北，绥奠直东。顷蒙皇上轸念皖省疮夷，命仆督师皖豫交，秋仲即当统率大兵星驰南下。晤谈在迩，尤慰所怀，惟仆与足下师弟情深，迥殊恒泛。近来足下举动，旁人啧啧，颇有繁言。大抵英雄行事，原不计流俗之毁誉，即仆亦岂以人言毁誉为凭？然众口铄金，积毁销骨，亦属可畏。仆于足下固信其心，而不绳其迹，然足下之心迹可以取信于仆，亦必取信于天下，方为不负所学。至于前次足下来书，以蔡子英自矢，仆窃谓不然。我朝深仁厚泽，二百年来浃于民心者至深且固，小丑跳梁虽经十载，然亦不过偶尔运数使然。现在夷人震仆之虚声而全行入海，教匪经仆之剿办而悉就斩擒，以此卜之，乱极治生，天心厌祸此其时矣。贼势万不难殄灭，国本万不至动摇，亦何至如蔡子英之事，足下无庸鳃鳃过虑也。足下屡次来书，望仆以一至皖疆，同平粤捻，兹幸河北肃清，仆得以督师南下，足下已大慰所怀，其郓、巨一带，自有僧邸任之，仆未便与闻也。至足下此刻如何整齐团练，如何协助官军，必已预为部署，待仆之来，当必有以助我者，又不仅止于蠲忿释仇已也。把晤非遥，诸可面罄，手此奉问近祺，不一再此。次生擒逆首虽由士卒用命，实亦天夺其魄。尤可笑者，起获伪印，一有“兴汉灭胡”字样，一有“扫清立明”字样，其逆母竟称老皇太，该逆自称黄天圣主，可谓狂悖已极。今幸生擒，想足下当亦同快也。

再，顷有人自皖中来，谈及足下部曲竟有已经蓄发者，仆闻之大不谓然。果尔，则是不独有愧于蔡子英，且将贻笑于李世忠，遑问天下后世乎！夫仆之于足下，略其小节而取之大端，而足下之与贼为仇，亦矢其初心而行其素志。若竟一旦后先异辙，窃为足下惜之。况足下率众均粮，而人之怨而不怒者，以其名正言顺故耳。若忘朝廷恩义，而堕前日事功，吾恐所部之人稍明大义者，必将有以议其后矣，更为足下危之。仆于足下相知甚深，知其断不出此，或传之非其真耶，抑暂示权宜别有作用耶！仆前得足下来书，有不知何时师弟方能再见一语，阅之不觉黯然神伤。今仆奉诏南征，不日即得晤面，愿足下于仆未到之先，急将部下人众激其天良，痛自敛，抑庶足下有以自明，即仆亦可告无罪矣。临颍神驰，不尽欲言。

之二

雨三贤友足下：前于七月中旬手泐一函，详叙种切计日，谅已达览。日前杨清魁赴营，适仆诣热河叩谒大行皇帝梓宫。仆闻其到营，甚为欣慰，当传谕该弁赶赴京师，呈出足下来函并寿、凤四乡绅民公禀阅之，一切均悉。

来函云：足下之任怨任过，原为国家社稷起见，足下既知物议沸腾，即当人言是恤；既知国事为重，即当勿负初心，已将仆之所闻与仆之所望于足下者于前函备言之，兹不赘叙也。至山东军务，自首逆就擒、余贼歼尽后，而濮州另股土匪王来凤等又复畏罪投诚，畿南、河北一律肃清。仆满拟八、九月间即与足下相晤，讵惊闻七月十七日大行皇帝龙驭上宾，仆受恩深重，哀痛莫名。当于八月初二日由威县起程，驰赴热河，叩谒梓宫，并跪请皇上圣安。于八月十四行赴滦阳，礼成后于十八日旋返。即日整旅南下，自可与足下把晤。惟现当新主驭极之初，日月合璧，五星联珠，甘境黄河清五百里，上瑞祥符层见迭出。而北路则教匪肃清，南疆则怀、桐、舒、庐相继克复，至亳东捻匪现虽窜及山东，而闻仆督师，未有不思悔罪，来归输诚纳款者。是天佑圣主，气象一新，蠢尔妖氛无难殄灭矣。足下此时想已将手下练众严明约束，待仆之来，不尽之言均俟晤叙。兹令杨清魁先行回皖，顺布数行藉以奉复，即候近祺不具。

之三

雨三贤友足下：

仆于夏间将直东土匪剿尽后，即拟率得胜之师振旅而南，便与足下会晤。讵意昊天不吊，我文宗显皇帝龙驭上宾，仆受知遇厚恩，攀从未得，因沥疏恳赴行在，叩谒梓宫。其时载垣、端华、肃顺等擅权用事，紊乱朝纲，仆方欲积虑深思，剪除祸乱，未及南行，此不能遂来之故也。直东余孽复伺，仆北上之隙，勾结捻匪乘间煽乱，仆又重整旗鼓，申命师徒大张挞伐，此又不能即来之故也。现在内患已去，而教匪遗丑业已次第剿除，殄灭殆尽，只余曹、单土捻犹复跳梁，一经大兵进剿，势若摧枯，无难立尽。所不易平者，皖事耳。仆受命在身，责无旁贷，自当相机办理，竭力图维。而皖中军事，每接当道来书，辄鳃鳃然以足下为虑。不期午帅张惶入告，激怒朝廷，仆念知足下之冤，深咎午帅之谬，而已无及。然亦足下之率众围城，多行不义，有以致之。仆念足下为国出力，亦既有年仆之提拔成全，足下至于今日亦非易事，不忍坐视足下沦于灭亡。现又具折力陈，代白足下心事，仰求恩命，曲予矜全，当可特邀旷典。但目今遍天下之人异口同声，无不指苗练为口实者，独仆一人力排众论，事前既称足下之忠，至今犹辨足下之枉，仆之待足下可为至矣。而足下又何以仰副仆期许之殷、知遇之厚，为仆扬眉吐气，俾有以谢天下之人乎？足下又何忍甘自暴弃，为天下人所窃笑乎？来书每言欲报仆之恩，今所以报仆者安在？仆于小阳月内整旅南行，径赴颍州。相见不远，足下究竟为何办理，何以善自为计，亦宜及早审定。特先驰书奉告，即望详复为要。手此，即颂近佳。立盼回音。不一。

苗沛霖复胜保信稿

七月十九日接到师帅手书并路票一张，且于游戎王金奎面晤，知老师用心无所不至。此刻由淮将贼赶至河北，又驱至淝北。今春三四月间，以二万五千人解颍州围，复破颍上县。及五六月间，以五万人深入贼巢，几乎不能保全。兹幸借师帅声威，肃清河北、淝南一带，因缺粮息兵。又兼阴雨，营中日久月长，病者大半，故移营展沟以东，以清后路旅道。至所获捻首及捻逆所掠之民女，并交于楚师蒋道，而正阳请楚师设关，寿州请楚师守城，已悉禀贵营务处矣。（此处旁注“功之奏与不奏、贼之勾与不勾恁他”）

我军万不缺理于人，而忍受权臣之气者为受先皇大恩，以顾大局。但骂奸臣之性生，万不能改，竟非此不能报先皇，非此不能对天下后世。夫权奸谋害，动以勾粤逆为词，岂知寿州官勾长毛生，焉能禁百姓，不留二毛而生一已。恪遵先皇天日可表，中外皆知，百折不回，惟此可以不愧我老师，不待获狗逆而后明之也。今临淮既已换人马抚，又闻临任局势较前大变，生暂候月余，兹特着方金镛来面聆机宜。现在老师大营未知定所，生将家事安置妥后，俟镛回时即行前来。肃此敬复，恭请师安。附卖宝器赏军论一章、感怀一首，恭呈哂政。

门生苗沛霖顿首。谨禀。

卖宝器赏军论

起兵八载，身经百战，赤手空空，能驱中原十数万强寇，并生擒巨犯首逆百余命，非诸弟兄效死力焉！能至此，于是蒙各大宪专折保奏十二次，官居二品，虽与国家无大勤劳，而于地方稍有裨益。及英夷犯阙，人心思乱，余命途多乖，适值年玉田、刘兰馨阵亡，徐立壮、孙家泰内变，大局崩裂。又出寿州挟官勾捻之奇案，余无可如何，任本地人各逃生路，而自为引咎，皂服待罪，以谢天下。虽遭权奸之忌，亦一己激烈，有过罪又何辞？而粤逆乘间遂以币帛、伪冠、封王、赠女百端奉承，余惟置之度外，明知身干重咎，每遇佳节总与先皇守礼，此天下所共知者也。然斯时既为朝廷罪人，焉能复出打贼，如冯妇打虎，为世所笑。无如胜宫保来皖，重见天日，迫于义不容辞，古人所谓士为知己者用，为知己者死也。遂于二月初八日由正阳挥泪兴师，兵机甚顺，解颍州围，破颍上县，战江口败姜逆，并生擒狗逆伪英王。由是驱兵直入捻巢，从板桥剿至展沟，无日不战，每战皆捷。乃全股捻逆复于五月初九日绝我江口粮道，一共十日，余亲食麦粒，将士之苦自不必言，我军奋力破贼头营一座，群贼惊溃，路复通。而大股贼又集于北面，险战数次，尚未扫除牛洪、郭明栋、李锦堂三贼圩，虽经困牢，亦尚未下。时值炎天，我弟兄之苦想先皇，当为鉴之，统五万人之众，无一文钱之赏，即千古神手，焉能使士卒用命？况余自毁蓝服、破产起兵以来，毫无所蓄，诸弟兄所共知。惟本年剿匪所得金玉宝器，余存之何用，兹于六月初八日出卖江口集，任军民人等买出变钱，以赏将士，并恤受伤与阵亡者之家属，庶诸弟兄愈奋，早灭大寇，报皇家以安地方，则余所实获者多矣。并望诸弟兄置物议而弗问，专心打贼，使坏我营之事者自为羞死，永不许与奸官争较，但余负性径直，未得手刃奸官之头，剖腹扒心，以祀先皇，是所抱恨者耳。但俟三贼圩破后，息兵造一草人，面书奸官勾贼、误国害民八字，披心射三箭，铳三枪，举火而焚之，稍除心头之恨。今皇恩既已克罪，余惟清夜引咎，诸弟兄亦宜自责，凡遇明理之官尊而敬之，慎勿再起风波，有碍公务而累地方，是余之苦衷不能尽言者也。特此直陈，远近咸知，祈鉴愚忱。

革员沛霖手稿

感怀诗

壬戌中元节后二日，恭遇文宗显皇帝周年忌辰，因登下蔡西郊里许之大孤堆，对硖石造庵遵制守礼。追念皇恩，涓涘未报，俯观梓里水火，谁援对此茫茫。百端交集，有数牧童从旁环视而笑，因慨然而成长句一章。

长淮鼓浪壮千秋，硖石双峰耸上游。
江左元凶仍负固，中原伟绩敕谁收。
近瞻故里热肠断，途忆先皇血泪收。
牧童不知情与事，蚩蚩向我笑无休。

淮上孤臣恭记

第十部分

逊学斋文钞（节选）

安义堡记

孙衣言　咸丰四年夏四月

咸丰三年春，天子以粤盗之乱，诏天下郡邑练民兵、缮村堡以自固。复命仕宦之在籍者，与守土官并举其事。而予弟锵鸣方以广西学政在假，实督吾郡团练堡事，于是郡之人皆相率团练。其山海冲要，往往筑堡以守，而予弟亦自为堡于吾村。既讫功，命之曰安义之堡，以书走京师，请记其事。予谓村堡之设，盖古者同井守望之法，而先生之意，则一寓之于井田，为周礼遂人之所焉。盖非第以通沟浍川洫而已，所以正其经界而为封域等，诚以为守助之资，禁强暴之扰也。后世井田废，则无所谓疆界。民所恃为固者，舍城堡其道无繇，若其意则犹井田之意也。然先生之意，又非第以为可守而已。尝考之大司徒之职，既制其井域而封沟之矣。又必详为教法以治之，其于比闾族党之间，既示之以相保受宾葬矣。又必颁之以职事，教之以三物，而所尤重者，则孝、友、睦、姻、任、恤之六行。其不孝、不友、不睦、不姻、不任、不恤者，则又有刑以纠之，必使尽就我教而后已。而至于礼乐之精微，亦未敢后焉。先王之所以联其民而教之备者，以为不为是，则虽予以可守之地，而亦不能以自固矣。

吾村在县治西北二十五里，吾孙氏聚族而居之，民俭而勤，敦朴而畏法，盖所谓有职事而易教者。今又有堡以为守矣，而益导之与行，相率以为孝、友、睦、姻、任、恤，使其比闾族邻之间，为父子兄弟之相亲爱也，是无待于堡而固矣。况乎为之守以御强暴者，又有为是之资哉！且此岂独为吾堡言之也。今盗贼之患，自广西而蔓于吴楚，数千里之间，岂无险阻之限与高城洊池之可恃哉，何其所至残破也。然大抵其民之朴厚尚义者，即不被寇，或寇至有可与守，而其所残破，皆沃土敖民之聚也。由是观之，虽天子所以固天下，独不以教民为先务乎，是亦可因吾堡之说以推之也。堡之建以三年七月日始，以今年二月日成。长若干丈，高若干丈，凡用铸若干缗，用之力若干工云。

柃栺花馆记

咸丰五年十月十三日

咸丰五年七月二十有一日，天子移跸圆明园，于是驾在大内五年矣。两书房翰林直庐，在澄怀园者多漏蒙，其可居者訾君或先之。于是黄县相国析其居之西偏以居予，所谓食笋之斋也。屋南向，才三楹，其东南小屋数间。南墙下细竹三五十竿，疏风纤珊，青出于垣，当涂黄尚书钺之所种也。尚书之居此以种竹，故遂命之曰食笥斋。已而，歙程侍郎恩泽、寿阳祁相国寯藻。常熟翁尚书心存相继居之。又西入一门，有屋，南北向，各三楹，墙渡于池，而艾蒿拒户。其南室之西南阿桷亦陊矣。剃其草，崇其垣，陊者补之。于是以妻子居北室，其南以为退休读书之所。而食笥斋设座以待客，犹相国之旧也。

澄怀园本国初贵臣索某之墅，世宗时以赐内廷翰林。园之周二里而近，而小山环其外，其中带以曲池，山盖凿池时备土之所为也。园之西南，沟扇子湖之水，以注于园中。而其源盖自玉泉之山，故水清而甘。园之为庐凡七，而皆临于池之上。予之居，水独前后汇，故同居园中者与予皆隔水相望。自予居出门而石，度石桥，并山以北。循池行二百四十有五步，以至于园之西门。出门而左，亦并山稍东而北度石桥。循池行二百五十七步，以至于园之东门。池之中多芙蕖，多茭茨菇，鲤鱼大者二三尺。其山多樗，多柳，多柏，多高榆，多赤棘。予居之南山，有柏四，柳一，而榆最大，鹊营其颠。其北山有杻二，柳二，柏一，樗一，楮一，而榆之大如南山。杻最小，其大者逾丈。然程侍郎独喜之，尝为之著赋，或曰侍郎时杻特大，今其存盖持云。而北室之庭，有棠棣丁香合欢之花。杻谓之檍，亦谓之橿，亦谓之柃栺，而伪谓之牛筋木，以侍郎之为赋也。故予遂以名其居，谓之曰柃栺之馆。而予友王户部锡振复为之书以表之，故予遂为之记。

澄怀十友图记

咸丰七年十一月

故相杜文正公在上书房时，尝命画工为澄怀园图，合两书房同直十人，肖像为一卷，谓之澄怀十友图。文正公以名门英硕，受宣宗皇帝特达之知，在书房授今上书。迨今上纂承大统，公又以宰相为总师傅，两朝恩遇，莫与比隆。咸丰二年，以奉命视赈江南，薨于淮安使馆。事闻，天子震悼，哀礼毕等，策赠之诏有曰：日承诲迪，获益良多。又曰：造黍敷陈，深资匡弼。盖圣天子自毓德储宫，等师念学，而公小心谨慎，佛义翊仁。又当亲政之初，边隅俶扰，圣天子孜孜求治，从谏如流，于公尤虚听纳。国家利害得失，大臣有不能言，或疏远不能自达，皆赖公得以上闻。一时造黍忠谋，诚有为明诏所褒者，虽上之所以倚畀公，非独以隆重师傅，而亦可见旧学之臣，从容密勿之地，以文章道德仰缔主知，非外廷臣所敢望也。文正既以惇诲故老，为国倚重，而同时两斋訾公，亦皆履质蜚文，汇征并进。至于今日，尚有宣力封圻、伟为时望者，又窃叹宣宗皇帝尧舜聪明，灼知善任，非独左右谕教务在择贤，至文学从臣、备承顾问，亦必慎简儒重，非徒敏给文词而已，是能咸登国器。至于继体守成，犹资其用，于戏盛矣。衣言自教习国子，即以能古文词为公知识。及举顺天乡试，出公门下，得一见于澄怀园庐。至咸丰四年，被命入直，则公之薨已逾年。窃念公以心德之同，依日月之际，一时所望于公，几为益稷、皋陶之于舜禹。然其志犹未遂，其事亦未终，而同时所谓汇征并进、宣力中外与公并列于此卷者，今亦或存或亡，或离居屏处。独于图画之传，想见公之风采，与一时才望气类之美，思其盛而不可复得也。吁，可慨已。丁巳十一月。

爱日堂记

咸丰七年二月

浦江张主政景青，将归寿其亲。就与为别，而求为文以记其居之堂，且为言堂之所以建。盖君之尊甫永宁君以奉母夫人，实为此堂。先是永宁君为知州广西，遭赠朝议君讳归。而母戴太恭人逾七十，尚无恙，永宁君将五十。比服阕，人皆劝之仕，永宁君以不忍离太恭人，不复出。构堂于所居之西偏，以为奉亲之所，而颜之曰爱日。此堂之所以名也。予惟先生之制礼也，丈夫生十五而学，至三十而有室，至四十曰强而仕，未至于四十，法固不可以仕。而其时之士皆有恒产，未尝待禄以为养，亦不汲汲于仕也。古之人为人子之时，共依依于父母之侧者，岁月何其久耶！至于可出而仕，则其父母类皆耄老，人子之事往往而毕矣。而后出而事君，则其心可以专于所为，此先生之制，所以为得乎人情之至，而才德之所由成也。然其时虽可以仕，而人子之有父母者，终未尝以君臣之义，一日忘乎其亲，故有遣使行役之事。则为之君者，必本其将父将母之意，以慰其王事之劳，四牡、杕杜之诗是也。盖古者人君之于臣，必观其所以为子。而古人之事君，亦未尝以先其君者后其亲，风俗之所以成，道德之所以美，岂不以是也哉！

周之既衰，先王之礼遂废，而人之至性，往往无以胜其嗜欲，于是乃有弱冠而仕、垂老而不归者，事君之日则可谓多矣，而事父母之日又何其少也。于亲如此，其于君可知也已。永宁君为名县令，擢州牧，仕且日起，以太恭人之老不赴就仕，而奉亲之堂，以爱日为名。盖永宁之年，于古人为事君之时，而当太恭人七十之年，则所以事亲者，其时尤不可失也，能以彼而易此乎？永宁君之用心，则无愧于古人矣。扬子曰：君子爱日，仕则行其义，居则彰其道，事亲者道义之至也，顾其名尽其义焉可也。今主政又以寿其亲归，犹永宁君之志也。而欲得予言以为堂之记，即以为太恭人之寿亦可也。丁巳二月日记。

演下村居记

由邑西门以舟溯江，西北行，尽二十五里，至程头山，程头亦谓之澄头。山蜿蜒自北来，而其势若下注于江，所谓浮鼋之山也。夹浮鼋东北行六七里，尽于北高山，皆为邑之二十五都。二十五都小村落二十余，其南皆俯江，而西北皆以北高山为望。其乡曰集善之乡，而余所居曰潘埭，其里曰茂德里。里之小村有五，曰上溪，曰寺前，曰渔塘，曰大路，山南而余居之村曰演下。郡县志无潘埭，而有潘岱山。潘岱山盖即北高山也，然今里人皆自称潘埭，以土堰水谓之埭。余村之溪，发源于北高山之东北址曰吴奥，而南抵浮鼋之山以入江。其地为高而渐低，并溪以北多山田，非溪无以溉。当时或为埭以蓄水，而有潘氏者为之，故有潘埭之名。今惟溪之上留一埭当存，而潘氏无闻矣。然考于余之家传，称为祖讳惟睦自闽长溪迁瑞之盘谷，遂称盘谷孙氏，则又谓之盘谷。而今里人间自称蟠溪，潘之与盘与蟠，或以音近讹。而所谓盘谷者，盖以山谷缭曲名，而图志不详，可憾也。

鱼塘上溪见于志，而又无演下之名。演下之为村，广轮不能二里。南带以南溪，溪之南有小山起平原，自东而西，为虎踞地。居特高而头垂以伏者曰龙山，余曾祖之墓在焉。村之南尽于此，而西北尽于余居之后山。后山者，北高山之支山也。山由寺前来，而西南尽于鱼塘之西，连冈叠嶂，东西相倚。而予居之后山端然居中，隆起而中凹，卒凸出以圆，为人坐而坦巨腹，腹左右夹以涧，遇大雨则奔泽如雷，雨正亦止。而山独多松，四时蔚然。南溪者，发源于北高山之东北址曰吴奥者也。吴奥之水分为二，其一为余村之南溪，其一西出寺前，流于余居之山后。复转而东，至鱼塘之南，与余村之溪合流以入江。而南溪之水，至余村又别为小溪，折向西，以绕余村之右，而其委亦与鱼塘之水合。盖余村之居者，东北皆阻山，为依于人之怀中，其西南山渐开，而水实交错抱之。水之交处，里人积沙石为巨阜隆然，种松于其上，以为村之外屏，命之曰沙洲。

演下之名不可考。而余村西南皆水汇，演者水执回曲之状，终其以水名也。而余又闻之訾老人云始我十世祖宣义府君，与弟深，以资雄于乡，为大厦连楹，绵亘村中。人之道余村者，皆由孙氏檐下行，故相呼遂谓之檐下。今遗址及二石门当存，则演下又或为檐下也。北高山由郡城来，其西南盖尽于泰顺平阳之境。而在集善乡北界者，曰吴奥山、云峰山、桃奥山、桐溪山。由吴奥隃山为我邑之帆游乡界，有河北达郡治，南达县治。由云峰、桐溪、隃山为永嘉之建牙乡界，有河东北达郡治。而由县治溯江来者，舟行十五里，转而东，北过莲图山，即见予居之后山。而遥望北高山峰峦起伏，络绎奔赴，若注平地，其高者乃特立天表云。

放翁生日燕客记

咸丰十年仲冬

吾邑邑令之署，有宋诗人陆务观之祠。而其亭曰放翁之亭，池曰放翁之池，不自何自始也。今年十月十七日，放翁之生辰，铸侯子奇集同志二十人，设祭于祠中。取放翁瑞安江诗二十言，人各得其一言以为诗。而予复为记之曰：放翁在宋时，非有瑰奇绝异之行，高爵显位盖世之功名，以自震曝于流伪，而乃区区以诗人闻。然当放翁在时，其诗已大行暴著。至后世学者，尤往往喜称放翁，以比唐之杜子美、韩退之，宋之苏子瞻，岂不以其文词之美哉！然放翁非徒文词而已，当其浮沈幕府，屡起屡踬，国家之事未尝与闻，而放翁惓惓君国，常以复仇雪耻为心。虽当时大臣将相有疆土之责者，或徒阴拱坐睨，而放翁于流离奔走之中，疾痛号呼，慷慨悲愤，老而不能释。然则其忠义之气发为文词，固足以垂世而不朽也。至于山川名胜，生平足迹所及，不过一经一行之偶，未尝有为政德泽被于人人，而亦若有流风余思之存。为所谓放翁之祠，邑之人今犹不能忘，以是知文章之所讬者久，而人之所以不朽，诚贵其能自树立也。而我与侯生数百年之后，犹相与追慕放翁之风，而与诸君子诗歌燕乐，以为放翁一日之欢。虽其同时辈流游忧之盛，终未有以过，又以叹文学之士感人如此，况于贤豪君子之有功当世者哉！

夫瑞安为邑以来，官斯土者奚翅数十百人，然名绩可记者旷不数见。而放翁以羁旅之客，道途之间，独令人不忘如是，则侯之为此举，岂徒以慕悦古人而已，其必有厚自树立，以为可以不朽者。而吾从之与于斯会，亦当观感奋发，思为后世之计，而无徒以为文字燕游之乐也。庚申仲冬嘉遁轩。

永康县学碑记（代马侍郎）

三代盛时，自天子之都，以至于比閭族党，莫不有为学之地。自天子诸侯卿大夫之元子，以至于士庶人，莫不有为学之事。而入学则必释菜释奠于先师。师者，教之所由立，道之所由明也。三代圣王，莫不重道而隆师。故荀子曰：君师者，治之本也。曾子曰：君子之行于道路，其有父者可知也，其有师者可知也。师严故道尊，道尊故学正。孔子生于周之末世，以匹夫明尧、舜、禹、汤文武之道，著书垂教，为万世师。至汉之贤良君，始为庙以祀，历魏晋隋唐，而其祀几遍天下。宋仁宗命郡邑皆得立学，即学以祀孔子，而其事遂迄于今。金华在浙江为东南山郡，永康又为山邑，地瘠而民淳，明正统间，邑人应士泸尝以私财独建县学。宏治间，其孙尚端重建之。成化、正德间，尚道、天泽相继重葺之。而益储经费为岁修计，俾子孙两支分掌其事，盖四百余年矣。

咸丰辛酉之岁，粤贼扰浙江，破金华，永康亦被寇，学毁于火，至同治癸亥，城始复。今尚端裔孙参申，独建大成殿。尚道裔孙宝时等，质常产，输私橐，重建明伦堂。思超、振绪、荣祖等并力筹办，阅两载而告成。永康始脱兵火，邑人士即喁喁向学，可谓知本。而应氏子孙，又能承先人之志，以无废数百年之盛举，则其尤贤者矣。

夫学宫之设，岂徒曰为庙祀以崇我夫子而已哉？盖孔孟之时，所谓诐词邪说、陷溺人心者，杨氏而已，墨氏而已。降至后世，亦不过佛氏而已，老氏而已。至今而蛮荒绝域，自古不通人迹之民，挟其不经之说，纵横于中国，诱之以货财，道之以声色，眩之以奇淫之技，痼之以酖毒之媒，中国之人趋之若流水，虽儒生学士或贸然堕其计中，不知其用心之毒，与为祸之深也，则道之不明也甚矣。天下豪杰有智术之士，求所以御之之方，以为必强讲富强、利器械，使我之巧力足以敌彼，而后可以胜之，而不知其本固在于务学也。其孔子之学，非有待于他求者也，其人则士、农、工、商之列为四民者是已，其事则君臣、父子、兄弟、夫妇、朋友之存为五伦者是已，其为书则易、礼、诗、书、春秋之艺为五经者是已，而其导之以所从入，则曰义利之辨也，视听言动之不可以非礼也，是非羞恶之各有其端也。使举天下之人，凛然于不可无义，不可无礼，不可无羞恶是非，则怪诞不经之说，若粪秽臭腐之不可以一朝居，而又何为靡然从之哉？故吾谓孔子之教不可一日不明于天下，而以救今日之人心风俗，则其事尤切而不可缓。何也？杨也，墨也，佛老也，其乱吾道也，犹依托于吾道也。至今所谓怪诞不经之说，则显然与孔子为敌，而与今日好利无廉耻之人心适足以相中而相引，则所以矫而正之者不可以无术矣。

今东南甫定，圣天子方修中兴之政，中外士大夫亦渐有意于儒者之事，盖人心之穷，而将而有所转也。而金华固吕成公、王文宪之所讲学，陈同甫经世奇才，实产永康。其独先奋兴于学也固宜，而亦可见孔子之道无日不尽在人心，而非怪诞不经之教所得而汩没之也。是在居民上有学校之事者，倡率而风厉之耳，故不惮极论之以为之记。

代李雨亭方伯重建江宁布政使署记

同治八年己巳仲春之月

江宁布政使之署，在城内大功坊，前明大将军徐中山王达之故邸也。堂宇阔汵，园沼秀异，在省城推为甲第。咸丰三年，粤逆既陷金陵，城中官寺无一存者。后十年，为今上同治二年，官军既克金陵，于是两江总督大学士毅勇侯曾公由安庆移节以来，宗义实从，兵火之余，瓦砾遍地，官斯土者，率寓民居，其时兵事尚棘，馈飨方殷，未遑言营缮也。又二年，某以两淮运使蒙简命为藩江宁，于是曾公以为布政使，本元明行省之旧，治官理财，为事尤繁，所关綦重，而莅事无所，假馆以居，非所以崇政体，系民望也。命宗义以兵财之余，先葺治之。乃以六年正月赋功，阅八月而毕役。凡大门三楹，为仪门三楹。仪门之内，为大堂三楹，望之左右，以为客次，又其左右，隶胥居焉。又其内为二堂三楹，堂南西入为便坐，以待宾客。又西入为屋三楹者凡四重，其最南亦为客坐，其后则治事之所。燕私之居也，而为楼五楹于二堂之北，以奉王之栗主，用故事也。楼之东，幕客居焉。储峙有库，架阁有房，僚隶各守其职，府叟咸有所栖。井灶庖福，凡百具备，外设华表，周以缭墙，表里完固，观瞻亦然。盖虽壮伟之睹，游眺之乐，未能复于旧时，而以莅官出政，行省之体，庶其称矣。又一年，北方余寇悉平，东南无事，年丰民乐，庶绩有绪。宗义乃于摆之西偏瞻园故址，因其水石之旧，薙苐除秽，拱迤累倾，临池为榭，冠阜以亭，匪以自娱，略存遗迹。宗义窃念寇乱以来，前后十载，今虽以天子威灵，四方抚定，而流亡者无定居也，还归老或露处也。守官斯土，幸蒙国恩，顾得出据堂皇，入安溶靓，夫岂无恧于心，是以修葺之际，务求浑坚，禁绝雕饰。然而睹室居之潭广，则有念于风雨不庇之虞；计工用之浩繁，则有念于脂膏供亿之苦。至于登高明，远眺望，则尤悚然于民之情或遥远而无繇自达也，隶之治或烦苛而不能尽平也。然则崇其体者，乌可不既其实，享其逸者，乌可不勉其劳也哉！是用备书为记，既以自警，亦念来者。

琉球入学见闻录序

琉球自国初以来，子弟入监读书者七。乾隆间，教习臣潘相始为《入学见闻录》一书，所载朝廷恩数，及其国世系、风土、人物、文字，言之綦详。嘉庆间，教习臣黄景福复为《见闻辨异》一卷，改订讹误，皆足与徐葆光、周煌诸志互为质证。道光二十一年，琉球弟子向克秀、阮宣诏、郑学楷、东国兴四人入监，臣以副贡生充教习。时与诸子弟询考谣俗，大约无异前录。而其在学所为诗文，别为录刻，故不复著论。今年二月，臣以提刑南北奉命入觐，适琉球弟子林世功学成将归，来谒于客邸。世功在其国时，尝从宣诏国与学，故修再传弟子之礼，随教习臣徐干来见。而干复以所辑见闻补录，属为之序，猗欤盛哉！

我国家声教覃敷，无远弗格。而海外藩邦能以礼义文学接于上国，其子弟又能循习儒雅，知中国所谓师弟子之礼，皆为可纪。昔子里之书，推言圣人教化之盛。至于舟车所至，人力所通，日月所照，霜露所坠，凡有血气者莫不尊亲。盖其盛德沾被，非疆域所能限隔。而四荒绝域言语之不通，文字之不同，乃有事祆邪，逞怪诞，以自绝于圣人者，其圣人之教所弗及，则亦非帝王之权所能治矣。

然臣窃见载籍以来，为汉之冒顿，晋之刘右，唐之吐蕃回鹘，皆能逞其凶骜，为祸中国，而其弃礼蔑义，自相倾夺，以取灭亡，大率远者百年，近者数十载，辄种类绝灭，归于乌有，殆与草木禽兽无择。而琉球独以海外小邦，被服冠带，诵读诗书，为中国儒者所纪，比于春秋邹鲁，岂独天子文治之美，亦其涵濡圣教者浾也，是固宜保守藩服，远有历年者矣。故臣于干之所编，乐为之言，而独惜夫言语之不通、文字之不同者，未能使之与读是书也。

淮阳正气录序

同治三年六月

呜呼！皖之祸可谓亟矣。此其无辜而死者，皆其邻里乡党之人。嗜好言语之相通，交游踪迹之相及，在先王时，方为之比闾族党睦姻任恤之教，使之出入相友，守望相助，疾病困乏，相收相养。而不教之民，乃恃其暴桀，横行乡里，互相屠杀，孤人之子，寡人之妻，老弱转沟壑，壮者徙四方，流离颠沛，以至于死者不知几千万人矣。呜呼，岂非可哀也哉！

然其顽暴无法，弃礼蔑义，至于此极。而一时民之激于义愤，犹能舍不赀之身，决旦夕之命，忍饥饿，冒白刃，以与贼抗。而其农夫野老，妇人女子，生未有师友之教，目未睹圣贤之书，当其逼迫困穷之时，其势可以苟且自活，而慷慨激发，义不伟生，或赴敌以捐躯，或骂贼而不屈，至于轘裂支解，谊不旋踵，抑又何其难也。此虽国家德泽恰乎人人，然亦可见人性之善；随纲纪法度荡然尽失，而礼义廉耻之在人心者，固有时而不可遏也。然则因其本心之明，而导之以善，亦何在不可以为治。而今之为吏于皖者，且以谓豺狼虺蜴之徒，不复可语仁义，欲一切以刀锯从事，岂知祸乱之成，由于不教者，固亦名为人上之过也。呜呼，其亦可谓不仁也哉！

同治三年春，予以权庐凤颍道，从中丞乔公治军临淮，于是知凤阳府事胡君玉坦，上其所属寿州、凤台各死者册，将以请恤于朝，盖自张乐行、宫德、张隆之变，及苗沛霖之再叛。寿州、凤阳之官若民死于贼者凡五千余人，可谓惨矣。而其慷慨赴义、备极毒虐以死者，又数百人，则尤可悯者也。庐凤颍道所属三府四州，其被祸大约相类，独寿州、凤台之人能以其事闻，则其他之死而遂至淹没者，不尤可哀也乎？予既上其册于大府，复采取其死之尤烈者，别为一编，而为序之为此，既以表彰仗节效义之人以为世劝，而又以著人性之善，虽当狭隘酷烈之余，未尝泯然尽丧，而为吏者慎无谓吾民之真不可教也。且以警其皖民之习于乱者，使知一时暴桀之徒，为张乐行、苗沛霖等，卒皆屠灭以死，死而为世诟辱，曾狗彘之不为。而民之抗贼以死者，虽极惨虐于一时，而其事赫然昭于斯世，其姓名炳然列于史册，虽死而无异于生也。然则皖之乱民，其亦何乐而为贼也哉？

甲子六月书于临淮军中

袁端敏公年谱序

同治七年十月

成皇帝之季，衣言居京师，项城袁端敏公方为御史有名。及显皇帝初元，衣言官翰林，见公弹奏某郡王及侍郎书元事，尤以为伟。公之劾某郡王，人颇为之危，即上意亦以为太甚，非所宜言。然犹抵某王以罚，谪其尤显白者数人，遂正朝廷之礼。窃欢公固谅直，亦遭其时然也。未几，公出督师安徽垂十年，屡踬屡起。而衣言亦出为安庆守，连遭患难，不得再瞻阙廷，而公则既卒矣。

今年春，复以选人至京师，公子保恒以同年之好，假馆以居，属为谱公之行事。因得尽读公所为内外章奏，无虑数十巨册，则知公自台谏至为将帅，卒以病归，前后十余年，自论军中事外，凡关于君德之得失，行政之是非，用人之当否，与同时大小臣工之忠奸邪正，无不极言以闻。天子或立为变改，或久而后行，或留中不发，卒见采用，而绝未尝以愚直见罪戾，乃益流涕太息，以谓公之能谏，二圣人之能受谏，真一时之盛也。

夫谏官之为用，自有书籍以来，至于今数千年，无不以为朝廷莫大之事，存亡治乱之机，此固不待言矣。而衣言窃以为尤系于治乱存亡而不可一日已者，莫甚于贤否举劾。而贤否举劾之在郡县，尤甚于朝廷。朝廷之臣，天子耳目之所及，喜怒之所加也。至于郡县，其去天子近者数千里，远或万里外，民之疾痛困苦，不能自控于天子也，则曰吾以告之郡县吏；天子不能见我民也，则曰吾以属之郡县吏。天子恃郡县，百姓恃郡县，而郡县不足恃也。则所恃以察郡县者，莫切于监司大臣。而天下之监司大臣，往往不惮于欺天子，而莫不乐于庇郡县吏。郡县吏知天子之远而可欺，监司大臣之近而可庇也，则巧为法以媚监司大臣，而恣其意以虐民，于是民始无所告，而大乱作矣。广西淮壖之贼，其始皆吾赤子也，为善不得伸，为恶无所惩，而赤子乃化为盗贼。夫天子不能见百姓，不能察郡县，而独于洊居九重之上，可以明见千里之外者，赖有谏官而已，则谏官者为天子察监司大臣以察郡县者也。天子之耳目，一人之耳目也，谏官之耳目，千万人之耳目也，以千万人之耳目，为一人之耳目，则亦孰得而蔽其明哉！呜呼，孰谓天子可以轻视谏官也哉！

端敏公遭遇两朝，得以自尽其言，今之所见于章奏者如此，岂独公之忠？成皇帝、显皇帝之洊痛百姓，而恐其无告，真圣人之用心也。公独何幸而适遇其时哉！而与公同时诸公以直言闻，为朱公琦、陈公庆镛、王公茂荫四五人者。至于今犹令人欢慕为不可及，然则诸公者亦何幸而适遇其时哉！故衣言于公之奏议，凡有关于举劾之大，特备录之。其疏留中者，则属公子保恒载之家集，以俟异日。盖衣言次公之行事，而不能无世变之感矣。公既以直言闻，其后乃能为将帅，为国家捍御祸乱，人尤以为难，衣言则谓此可于御史时决之也。汲长孺事武帝，武帝以为戆。及淮南衡山之谋，以为公孙丞相等为发蒙，独畏长孺，而武帝亦以淮阳劲兵处谓长孺可以卧治。呜呼！仗节犯难之事，岂可责之选耎取容者哉！

同治七年十月瓜州舟次

书袁端敏公年谱后

呜呼！自宣宗皇帝之季，至于咸丰庚申、辛酉二十年间，军旅之祸，可谓亟矣。洪秀全发难广西，以袄邪夷思之教，驻胁死党，轶出桂管，顺流而下，不半载破荆鄂，扰金陵，南极闽峤，北惊帝畿。而苗沛霖、张隆、张乐行以淮北七八无赖，挟乡里群不逞之徒，拆官剽劫，祸亦挺于秦晋齐鲁，两犯畿辅。当粤贼之炽，跨扰江表，建立名号，尽有财赋之地，几成割扰之执，终非淮贼之所敢望。然金陵窟穴，用兵十年，遂无噍类。而苗、张遗孽，后七年乃灭，何成功之迟速殊耶，则所以治之者有不同也。昔者圣王之于民，尽心焉尔矣，为之田里以赡之，为之庠序以教之，为之礼乐以养之。其于吾民，若惟恐拂其性而伤其生也。而其不率我教，则刑亦随之，故有五礼以彰德，则曰天秩有礼；有五刑以讨罪，则亦曰天讨有罪，皆所以奉天行事，而非吾之有所私也。兵者，刑之大也。刑以禁奸邪，兵以御强暴，所谓天之事也。后世教民之法，一切尽废，固不知所以为礼。又其甚者，至于刑不足以示警，兵不足以示威。夫至兵不足威，则天之予我权者几无所施，而天子奉天之事废矣。呜呼，其将何以振哉！

当粤贼之变，合吴楚数省之兵，竭天下之财力以攻一城，其于三代之用兵不知何为，而志在戡乱，则犹先王用刑之意也。至于淮贼之乱，始有抚之一说，而刑罚之权弛矣。其抚之为说，古人有用之者。用之外国，汉文帝之于冒顿，宣帝之于呼韩邪是也。用之中国，则张乔、祝良等在交趾是也。文帝之时，汉之始兴，宣帝之时，兵威极盛之余也。张乔、祝良之定交趾，非顽民之好乱，迫于州县之虐而欲自救其生者也。方兴极盛之时，彼固知我之兵力足以灭之而有余，而民之逼迫于州县，则为婴儿之见苦于婢妇，号呼以求慈母，此固可以一抚定也。使其为天下之乱民，方谓我法之不足畏，而夷狄方有轻见中国之心，乃欲苟且以出于抚之一说，则其祸必不可救。靖康、建炎之际，李纲、宗泽、赵鼎、韩、岳诸将相，皆可以有为，而宋之徽、钦、高宗为女真所胁，遂至出于和。明之流贼，盖亦屡抚而屡叛，此其效亦可睹矣。无他，汉之不屑用兵者，仁爱恻隐之心也；宋徽、钦、高宗之议和，曹文诏等之用抚，畏葸苟且之计也。出于仁爱恻隐，其用心可以屈夷狄，感异类；而出于畏葸苟且，则五尺之童笑之，夫岂徒为此而已哉？忠义之气，君父之仇，虽衰乱之极，而其蕴结于中者不能泯也。吾不能用其所不能泯，而以畏葸苟且之说倡之于上，则于怀忠义以报君父者，必百计以挫之，民知其气之无可伸也，斯亦已矣。一旦有事，而有求于久受折挫之民，则执必无及。夏少康以一成一旅而中兴，宋徽、钦席累世之业，抚万里之地，而社稷移于一朝，此何故哉？呜呼，岂不可危也哉！

夫粤贼之乱，今日已无事矣。使其当长驱乘胜，王师屡挫之时，按兵不动，伪为求抚，当时必有堕其计中者，则粤祸至今未已可也。苗沛霖之祸起，即盛兵以折之，其灭于咸丰三四年间亦决也。治粤贼知其必出于战，而于沛霖冀其或可以抚，故其成功之不同遂至于此。皖北之乱，吾所目击也。张隆、张乐行之徒，当时将帅皆谓苟且可抚，而贼不能隐忍以误我，旋抚旋叛，幸而速灭。沛霖以阴狡之性，介于官与贼之间者，将十年，当时之议，且有以不能急诛沛霖议公者。及见公之章奏，则知当时皖中兵食尽掺于某帅之手，公孤军疲乏，力固有不得为，而其苦口以言于上。及密谋于楚帅以诛之者，固策沛霖之必叛也。其后沛霖果叛，果，即诛死。盖惟知贼之必出于叛，则吾亦不能不真出于战。真出于战，而后天下亦遂无不灭之贼。呜呼！兵者，刑之大也。天下事固有必出于战者，而谓可以畏葸苟且之见行之也哉？

书袁端敏公上科尔沁亲王书后

予编端敏公年谱，既得尽见公之奏议，复取其在军中与同时大臣书遍阅之。其与胡文忠、李忠壮及今相国曾公书，皆洊得当时大计。至读所上科尔沁亲王书，谓王之威望一时所仰，关系全局安危，不可轻试以损威，又以王之初出，欲移军北路以辅之。呜呼！何其料事之明，为虑之远也。其当群捻北犯河南、山东，震惊畿辅。天子出亲王经略之，欲速灭贼耳，而公以谓不可轻试。吾顾谓其料事之明，为虑之远者，非谓王之不足以平贼，而谓贼之不足以烦王也。夫捻贼以闾巷无赖之徒，以焚掠为生，以杀戮为事，其悍虐不足自固，其苟且非有远图，而其飘忽轻浮之性，亦非可以兵家之常理法也。使其初起，朝廷不误于一切言抚之说，诚得三四悍将，精骑一二万人，与之追逐，索贼以战，使之不得休息，彼且土崩瓦解之不暇，岂真能为中原祸哉！而王以肺腑之亲，居藩翰之重，自海上事起，而忠诚果毅之效，已为中外所共知。

庚申之变，庙谟未有所定，奸臣阴掣其权，弃地利以资敌国，旷日持久以泄兵谋，至于一蹶不振，而岂王之过哉！朝廷以为海上之事不复可为，遂出王以当狂寇。而岂知王之威望，宜令之守，不宜令之战，宜令坐镇根本，以为洊远之虑，不宜令逐利远出，以求疆场之功也。及王既出，山东荡平，沛霖授首，而王卒以身殉之。此岂非所谓轻试以损威者哉？盖公固虑之矣。今日事变所趋，为痈疽之扰腹心，非针石毒药之所得施，而有万不得已之策焉。一宜建藩辽沈，以用东三省之劲兵。一宜建藩云代，以抚内外蒙古之属国。此二藩者，其形执足以为京师之护卫，而其人之骁健矫捷，亦敌国之所无也。得亲贤以树虚名，得忠诚果毅之大臣以求实效，而国家盘石之执，隐然复有所托。王之既亡，则无以为股肱之寄矣，此可为痛惜者也。至公所请移兵以辅王者，其虑又有洊焉。盖王之忠诚果毅，人所不能及也。而其短颇在于用人，方王之用兵于直隶、山东，人皆知王之身先士卒也，皆知王之绝远货财也。而所部诸将，则有择便利而遗王以危者矣，有通赇贿而借王以市者矣。王之所谓腹心爪牙，大抵期门羽林之俊耳，士人则少矣。通古今知大谊者，抑又少矣。夫所谓丰沛子弟，南阳帝臣，岂非自古兴王之资哉？然当其藉王气之方盛，同起患难之中，阅历险阻之余，其志气清明，其精神淬厉，固宜材之可用也。至于富贵易而骄生，居养优而志惰，而狃于曹伍习惯之见者，又不知充之以问学，开之以师友，则其才之秉天而特出者，亦往往而难矣。度王之用心，亦不过以为平生游旧，踪迹习熟，岂真有聪明才力足以当王心者哉？国家之制，八旗子弟，皆为设学，所以培养世臣，为万年之虑，至深远也。而其弊何以至于是耶，而王顾不博求以自助耶？

公既为书以诒王，又言于天子，欲移师以辅王，诚使公在左右，其肯听以中外仰望之身，赴蚍蜉蚁子之贼也哉？此吾所谓料事之明而为虑之远也。夫国家之恃有世臣，以为祸福休戚之与共也。而苟无学以成其材，则所谓祸福休戚，将有不暇与知者矣。然则我之深感公书，又岂独为王惜也哉！

会匪记略书后

会匪乱后，予尝欲识其始末，久未遑暇，既而得黄漱兰洗马所为铸虏爰书者。自咸丰十年贼初起，至明春闽师平贼，逐日记事，言之详直不讳，因综其大要，参以所闻，为纪略一篇。使愚民可以为戒，而后之仕我郡者，亦有所取鉴焉。因系之以论曰：呜呼，监司守令，岂可不慎择其人哉！苟非其人，因循酿祸，可以贻误天下，而祸起旋灭，仅仅涂炭一方，犹其幸焉者矣。我温州民气虽曰朴野，然实畏法而敬官。平时见州县役缨帽下乡，即窃观私语，所至家具食饮为款等客。妇女侦伺藏匿，有所要索，唯唯为命。虽名在庠校，或低首受吏胥诃斥，一状入，择官与吏择肥食之，必餍饱而后止。固民之极可怜者，岂为闽之漳、泉，皖之凤、颍，藐法好乱者哉？

咸丰七、八年间，粤贼既纵横浙东西，而州县挟群小人困之以捐输，民间始怨，然亦未敢与官抗也。会匪之乱，实自客民周荣者倡之。周荣之聚青田永嘉山中，瑞安前庄乡民有入其党者，口语藉藉，执颇张。瑞令傅斯怿甫有所闻，即以兵掩之，焚首匪居，其党遂乱。及其在铸仓，以卜卦言命惑民，复与赵启等假粤贼声执，谓入会得免祸。而平阳乡民为身家计者，遂为所诱，然非翟惟本之庸，则一纸严明告示，可以诃而散之。其极至于遣数十健隶，以往，皆坐而就缚矣。平阳人虽间入会，而实沵惧其累，其愬之令长，而欲得官之一怒者，无日无之，自翟惟本一切不问，而民始转而从贼。然非道府之庸，惟惟本言是听，其祸亦未能遂成也。

盖自会匪之起，其始入平阳，烧民居，匪党非不自危，惟本重犒之以幸其去，而贼始知官之可玩矣。其后冯阿三之被获，匪党益怒。惟本为之讳饰，复假以团练名，道府亦不复问，而贼始知道府之亦可欺矣。至于焚林洋陈氏，则显与团练为难，以谓守令必怒，其惧尤甚。瑞、平两令不敢一诣视，府委负往，复与贼饮酒议和，而贼益知官之不肓用兵矣。其后陈氏自募台船，攻铸仓，贼党讹言官兵且至，纷纷献铸求免。官诚以兵继之，其执尤可扑灭也。至于闽勇之援，为官所阻。而雷渎鱼塘之被焚，官复置之不问，而贼乃知官兵之不能一战，而及计决矣。当其始，端人正士有地方之忧者，非不苦口言之，至于痛哭流涕。而一时官府隐与数会，非衰老昏眊，即少年巧滑，昏眊者畏事，巧滑者揣摩昏眊之意指而成之。而郡邑一二奸人乐为贼用者，阴结官之左右，虚将恐喝，使民之情不得一达于官，而官之情无不尽输于贼，于是郡城首被其灾，平阳遂为所扰，福鼎继破。瑞安见围，使非乌合无志之徒，饱掠远去，则括贼可以顺流而下矣。非张家珍团练横梗贼中，则泰顺不可守，而闽之东境危矣。非瑞安民誓师固守，则瑞城破，而郡城且闻风瓦解矣。非闽师水陆来援，使此贼更延两月，以俟粤贼之至，则温州之事不可问矣。

呜呼！洪秀全之祸，前后十年，蹂躏半天下，广西一二大吏讳贼者酿成之也。然则会匪之仅仅为祸于温州一隅，岂非所谓大幸也哉？其温州之民，非不可法之民也。秀者小黠，而野者大愚耳，岂真喜犯上而狃作乱者哉？会匪之初起，周荣、赵启辈七八人耳，其既炽，潘英、蔡华等数十人耳，使非此昏眊巧滑之官，但得如傅斯怿者，及萌芮而转之，不杀一人可也，即稍炽而谋之，杀十余人亦可也。洊讳固护，颠倒错乱，至于破郡城，突闽岭，用兵半年，杀人几万，仅乃无事。而夷伤残破，一府元气，为之恭然矣。然则岂独良民之死，为官所陷，即会匪党羽，其死于战，死于被获诛者，岂非官实误之哉？

呜呼！罔民之罪，官盖十倍于乱民矣。我愿督抚大吏，悯温逊远，为之慎择循良，而官我郡者，永永以此为戒，清心而寡欲，束吏而亲民，无恣睢自快，使善良之气不得伸；无姑息偷安，使桀黠之徒有所恃，严邪正之辨，谨治乱之机，温虽百年无事可也。岂非吾民之福也哉！

又书会匪纪略后

同治二年，衣言备兵淮上，驻寿州六月。有言前刑部主事孙家泰徇寿州事者，衣言喟然太息曰：呜呼！危哉，幸矣，予兄弟之不为家泰之续也。始苗沛霖自号团练，扰凤台之下蔡，阴怀逆志。钦差大臣胜保欲假以拒捻，意殊不可测。孙家泰从寿州团练，独讼言为贼，与之抗。及沛霖率党逼寿州，家泰与官兵闭城拒守，沛霖遣数巨捻入城，约官不得杀，家泰因众怒杀之。而先是官误用降捻徐李壮守城，沛霖遂以攻李壮为名，破寿州，入城。则稽首于帅前，自言为官破捻，索重犒，索家泰父子杀之。又索家泰所用蒙时中，官即以时中畀沛霖，亦见杀。

呜呼！予兄弟之欲急剿会匪，即家泰之志也。而予兄弟得免于祸，非所谓幸者哉！嘻，亦危矣。虽然，沛霖之初起，未尝一日自居于贼也，虽拥众自重，而亦时为官用。当时督师大臣，尝屡言其功，而朝廷且命为川北道，加布政使衔矣，则固俨然官也。而大众整以强，皖之兵力实亦未有以制，则羁縻而用之，犹有说也。家泰策沛霖之必反，急欲法之，团练以抗，以除地方之患，不复自顾其身家，可谓义士。而沛霖既破寿州，则力足以倾覆皖北，官之祸方在旦夕。其执不能复庇家泰，其索时中，执亦不能复与之争。故濡忍目前，以求解于仓卒之际，其情犹可原也。然沛霖卒反，反不数月，即诛死。使其初起之时，胜保等即能正其罪而讨之，皖之祸何至于此。然则贼固不可以玩，而不正其为贼，贼亦不可以治也。及沛霖既灭，朝廷乃知家泰父子之冤，与时中之为官所误，下诏昭雪，赠恤有加，而死者不可复生矣。

呜呼！自古豪杰之士，为国家泺里远虑，不得稍行其志，而反以身徇之者，往往如此，岂不可悲也哉。夫苗沛霖，阜北之悍贼也。至于周荣、赵起，则实无赖奸民耳。其始起，即以立会通贼为名，焚劫平阳，潜伏郡城，反迹亦昭昭矣。及焚予居八日，即袭郡城，杀官吏，劫印信，官且身罹其祸矣。而道府上贼状，犹谓之团练，犹谓之报复，夫焚予居，谓之报复可也，破郡城则，所报复者谁耶？道府县令，于贼可谓有愚矣，杀其父兄，劫其印信，则所报复者谁耶？至于福鼎之焚，轶及邻省，则所报复者又谁耶？讳饰以酿乱，乱既成，则益讳饰以求自脱，此不肖道府之故智也。使贼执遂炽不可扑灭，如苗沛霖之倔强一方，则孙家泰、蒙时中之故事，又不肖道府之所优为也。闽督抚水陆之援，贼之不久即灭，予兄弟亦幸而免耳，然可不谓危甚乎哉！

鸣呼！人臣受国厚恩，为地方生灵之计，固不能有所瞻顾依违以求自便，而祸乱者时之所常有也。吾愿为长吏者，不幸而当其变，则惟及早图之，无以因循迁就，贻误斯民，为不肖道府之所为也。衣言初至安庆，湘乡相国询及温州之乱，衣言为备述之。相国喟然曰：京朝官在籍从事，虽微末为典史，以与为难，故团练不可为也。湘乡始亦奉命团练，其后倡义旅，自为一军以办贼，而后成功。鸣呼，此则衣言兄弟之所不及者矣。

李太夫人七十寿序

今皇帝同治七年之秋，合肥相国肃毅伯李公，既尽平畿甸齐鲁之寇，遂拜协揆之命，入觐天子，面告成功。将还镇，天子特赐以假，俾归告于先大夫赠光禄公之墓。而太夫人明年寿登七秩，相国将奉亲履镇，称觞于湖广总督之治所。于是相国本以两江之节移制湖南北，两江之群吏竞为文词以寿太夫人，以美相国遭遇之盛。衣言顷以天子命，亦为吏于江南，窃谓群吏之词，众人之词也。衣言之于相国，则有年家故旧之好焉。而所见太夫人福美之隆，与相国之遭遇，盖又有身世之感焉。此非可以随众人云云也。

衣言与相国同举甲辰顺天乡试为同年，其后相国成丁未进士，顾出仲弟锵鸣之门。及衣言以庚戌成进士，入翰林，又得以同馆后进礼，谒见相国于京师。相国与衣言兄弟，故特亲厚。又七年，衣言出守安庆，南行，相国方将赴湘乡曾公于江西，相见于淮浦。时相国犹为编修，而安徽寇事方亟，相国独身从军，太夫人方逊地远出，依其长子今浙中丞公于湖南。而衣言亦当赴官定远军中，皆有白云亲舍之感，意相怜也。及衣言兄弟再出，从湘乡公安庆，则相国已抚江苏，中丞公已抚湖南。太夫人适在安庆与其四子居，而衣言所居，即相国妹婿之室也。太夫人时时携诸孙甥，来视衣言诸妇，拊摩幼稚，为家人，尤亲厚。是时衣言父母皆无恙，以谓不久归传，亦有此乐。乃自今思之，独太夫人长生久视，为世所谓瑶池仙母三见蟠桃之实，回顾人世岁月奄忽如此。衣言兄弟又何以为情哉！

衣言自定远告归，不一年，遂遭粤寇之乱。仲弟自广西视学归，治团练。以力主办贼，取怒郡县，几不免。而相国治团家居时，亦颇为守土者所龁龁。相国以词臣从戎，崎岖战陈之间，垂六、七年，异于委蛇文墨，坐致富贵。而太夫人之在安庆，亦屡自言其转徙困苦状，终两家所遭有相似者。然不十年间，相国立功东南，爵列五等，位至宰相，威名震于海外。

方其以湖广总督入卫帝畿，浙中丞实权其节，诸弟四人，皆至大官，门户之盛，宇内无两。衣言回翔奔走，年逾五十，仲弟遂为小人所中，其所以无忝所生者，果何在耶？人子之欲显扬父母，其心一也。而贤不肖之相去，其不可强固如此也哉！然则相国兄弟之贤，太夫人之寿，所以为可贺也。

昔者鲁之僖公，既平淮夷，诗人美而颂之曰：鲁侯燕喜，令妻寿母，盖以为有国之荣，实承家之庆也。太夫人媲赞赠公，懿恭柔顺，可谓令妻。而相国适奏平淮之勋，班师上寿，其非诗之所谓寿母者乎？然僖公百里侯国，诗人夸大言之，以谓戎敌是膺，荆舒是惩，实不过鲁封域之内耳。周之太常，所不得而纪也。今相国为中兴翊运之臣，南戡海澨，北靖圻疆，威德所加，方数千里。及其奏凯来朝，恩礼殊异，入对便殿，宫中圣人，咨嗟叹息，以为功臣，以为福将。祗承宠命，告庙宁亲，内而宰相近臣，外则封疆大吏，至于吴越三楚，群僚庶士皆将推本纯嘏，为颂为歌，是固鲁之僖公所不得而望也。衣言兄弟又何足以云？而衣言幸以平生故旧之雅，适为江南僚吏，执笔以纪一时人臣之盛，则又所谓文章之事，未敢多让者矣。是为序。

第十一部分

张锡嵘书稿

上曾爵相书

窃维善谋国者不急近功，善图功者不避俗议。今皖、豫之贼势近流寇，而四路官军，议者或疑为持重之过。夫羽毛不丰满而遽尔高飞，则榆枋之鷃得而窃笑其后。用兵之道，谋定而后战，使未统筹大局为原始要终之计，而第持追剿之议，是责未丰之翼而使之飞也。且今日追剿之议，官兵亦势逊于贼。贼以子女玉帛为计，先到则多获，故驰突空阔，恒倍道而赴，官兵无贼之便，而有辎重之累，其逊一。贼因地为粮，饮食刍豢之属，不移具而毕给，官兵则必赍而后具，买而后得，汲而后饮，樵而后吹，牧而后饱，其逊二。贼势飙忽，官兵尾而追之，无论不及，即及之，贼已得以逸待劳，以锐攻倦，其逊三。贼众皆百战之余，又益以邸帅营之马，势更剽悍，今官兵马队多属新造，驱之赴贼，适足资贼，其逊四。况今日之贼，正以东剿西窜，南剿北窜，为疲敝官军，耗斁中原之计，僧邸忠贯日月，威震雷霆，止以疲敝之势，一战失利，遂至蹶不复振。使漫然以追剿为计，是前车已覆，而后车不知诫也。

今日之计，莫若夺贼之势，而使之自困。而养吾锋以垂之，策未有先于坚壁清野者。使各省之地，一以坚壁清野为务，则逆贼之命已自吾制。何者？贼无抢掠之利以驱其众，又不能枵腹以斗，官军复压之以蓄锐之势，贼将焉遁？中堂明察机先，已将坚壁清野之议颁发条谕，办贼之计，业振衣而挈其领。而奉行之道，犹有五宜：

一曰联众省。前次节制数省之命下，中堂以疏力辞，仰见盛德谦光，自视欿然之意！然推朝廷倚畀之心，亦虑事权不一，则办贼较难耳！拟请将前刊坚壁清野条谕，请旨饬下被贼、近贼各省，令诸抚臣规划形势，逐细经理。其近贼在五百里内者，尤宜急图就绪，免为藉寇兵赍盗粮之用。中堂休休有容之量，度越往代，更以各省之聪明才力、智略勇功集而为中堂办贼之用，则所驱策而陶铸者不愈多乎？

一曰核名实。天下之事，不患无治法，而患无治人。然议举一事，而必俟元恺鸠方，同登共理，则叔世望治终无日矣。夫善治者无顽金，善埏者无弃土，世不皆中正纯粹之材，而恃有激励裁抑之道。惟上以实求，而下以文应，终岁课绩，虚得邮纸公文，则无如何耳！拟请将坚壁清野条谕咨发各省，商令酌限时日，按期蒇事。其报竣者于禀报本省抚臣外，并报钧处遴委干正大员，分往履勘，并将此综核之意先行剀谕，使任事者知所振厉。以中堂之实心实政，日与各省诸僚寀切摩浸灌，则潜移默转，自可日起有功，亦所谓率马以骥者也。

一曰专责成。今日各处之圩，协力杀贼者有之，阳拒而阴附者亦未尝无也，度其心，岂尽甘从逆，亦以官军不足恃，因以通贼为苟免之计。其良莠杂处之区，又以良懦而莠悍，力不能制则兴俱靡耳。今得中堂肃清半天下之势，以壮民气，民既有倚则不畏贼。又刊发条谕，约以贼攻则救，官兵圩练更有一体联属之意。加以分别良莠以净根株，颁发执照以申信守，则圩众必以倚官军、拒强寇为自全之计，此理势之断然者。其守不如期之罪，既明谕矣，拟请更约法各省，凡坚壁清野之州县，已经报明钧处者，倘望贼辄附，被贼辄破，必计圩之多寡，坐牧令以办理不实之罪。使知互相觉察，递相黔束，无事则认真督率，思患预防，有事则厉禁奸民从中煽引，庶办贼之法越臻密实。

一曰悬赏格。语云：重赏之下，必有勇夫。而亦有不尽然者。贼势方炽之日，约诸圩众以杀敌之赏，则应之者未必皆踊跃，彼诚虑挑贼致祸，波及全圩耳！坚壁清野之后，贼虽桀黠，一游釜之鱼耳！民觑贼之无能为，而复贪于官军之赏，则其视贼也，一若探囊之物，居奇之货，然后乃可用也。拟请剀谕各省州县之圩，凡遇贼来攻圩，众能毙贼十名以上及百名以上者，兴夜缒壮士斫破贼营者，共分为若干赏；他窜之贼无意攻圩，而圩内有出奇制胜，或尾剿，或夜袭，割取首级来献者，共分为若干赏；其被兵击溃之贼，诸圩众若能诱擒逆首，或截击余匪者，共分为若干赏。其圩长调度有功，应奏请奖励，圩练击贼所获之牛马、器械、衣物，货贿应赏给本人，均不在此例，庶圩众益知奋励，可以一意杀贼。

一曰筹攻剿。今之议攻剿者，嵘窃闻之矣！整卒励兵，唯贼是视，击退则追，毋留余孽，其说诚善。然如剿无可剿之势，何也？坚壁清野之法行，则深沟高垒之圩，以人自为战、家自为守之众扼之，金汤城池所在多有，其势足以拒贼。野无尽藏，劫掠失计，其势足以蹙贼而饥贼。此时大施攻剿之策，则东剿西窜、南剿北窜之贼，伎俩一无所用，即为困兽之斗，铤鹿之走，并力窜出而星罗棋布，皆与贼为难之民，更以节制之师，踵而击之，其不骈首就戮者几希矣。然则坚壁清野之策，正所以制贼之命，而善吾攻剿之用者也。

今则壁未坚，野未清，势亦不能废剿，而灭贼之计，不无轻重之衡。曩者发逆石达开纵横数省，壬戌之冬由川犯滇，民各闭寨自守，贼进不得战，退无所食。滇弁以新聚之众，持戈而击之，追奔逐北，流血数百里，生擒石逆之伪后及逆子。达开狼狈遁蜀，旋亦就俘，此岂滇练强于贼哉？所藉之势异也。观乎此，而各省之势可知矣。为此敬陈管见，是否有当？伏乞钧鉴。

再，嵘闻此次窜皖之贼，乃至颍境地里城寻仇者，入其圩劫掠一空，近在阜阳一带，有窜扰麻城之意。又船商之口谓贼在三河尖以下掠船百余号。此恐未确。复有在贼中逃出者讯之云："河南多高圩，如城，贼众掠粮颇窘，有时得杂粮整煮食之，故苦之而逃。"观此，则稍能坚壁之地，即足以窘贼。贼之便在抢掠，所到之处有骡马足以供服用，有牲畜足以资口腹，有屋宇足以蔽风雨，有谷米足以资饔飧刍豢，有子女玉帛足以纵嗜欲而充谿壑。官兵即月给之粮，日给之赏，其势不能逾此。贼首得以饵其众，而驱之以抗官军，争先效死毫不之惜，彼诚有甚乐于贼也。彼方有所甚乐，而欲夺而抚之，势既不易。如马永福归陈镇，恒有叛去之意，陈镇探而杀之，其前鉴也。欲处处剿之又有不及，非唯不及，且恐盘错之木足以缺利器之锋。故窃谓灭贼之计莫如坚壁清野，贼众动逾数万，以升米食二人计之，贼之一餐度非数百石不可。若数愈加，则需米亦愈伙，一餐不得食则馁，再不得食则惫弱而不可支。此时以官军击之，度必望风奔溃，然后以饱腾之众，追馁惫之贼，势如策骐骥逐驽骀。其失必鲜，即穷而及斗，而气馁不充，亦必撄锋辄败。若或官军未至，为贼之计，度必急攻民圩幸求一饱，然壕沟宽深不可跃而越也，圩垒坚高不可踊而登也。圩之内以枪炮击蚁聚之寇，声无虚发，当之辄殪，不可集而前也。贼之众必心寒气丧，无复斗志，势必骤弱。贼势既弱，不死于兵，必死于圩，不死于兵与圩，亦必乞降者、鸟兽散者踵相接也。此清野后必至之势也。

壁不坚，则有圩与无圩等，不惟贼轻圩，即圩民亦无固志。民方恃圩以御贼，而其圩初不足恃，遽申报曰：吾已令民筑圩自守矣，缓急不足虑也。有识者观之，彼其所谓足以自守者，适足为聚歼之计。不知转计，而遽立严刑峻法以禁民之通贼，是弃民也。故今日之计，必其壕沟果广且深，壁垒果高且整，有力之村市，令如灵境北乡筑石垒如城可也。或扼山豀之险，筑寨于颠，酌用碉堡之法亦可也。若平洋而无力者，可令仿湘勇筑营之法，取方草坯筑成峻垒。秋获之后，农有余功，圩长逐日董理，节节加高，内培厚隍，使墙亦坚实，隍上以草坯作墙，上覆以茅，搭造更棚。角筑码台，伸出墙外，令可以击及三面。外设层壕，使贼不得逼进，工不费财，而守已可固。依此以为坚壁，其庶几乎？

而，嵘犹有虑者：山坚也，工能凿之，城高也，贼能逾之。故壁既坚，则当思所以保此坚者，此莫急于放枪炮，亦莫利于放枪炮。拟请申谕各州县，令各圩长捐造枪炮为自保身家之用，火药、铅丸亦然。造齐报官，官只查验，不许需索，亦不许挪借，其利归民，则就绪必易。又为之禁侵蚀，课操练，并小圩，筹接济，而缓急方为有备。至于刀矛之用，备足诚善，即或未能，而为守圩计，则锄、镰、镢、梃、锤、斧、砖、石皆属利器，但期圩长有调度之方，百姓有自固之气，斯可矣。如是以为守，则以需粮之贼，攻坐粮之圩，不惟不克，亦不能持久。又益以联络一气之官兵左右其际，民乃可坚其必守之志，以效力于国。

圩有不可攻之实，而贼仍攻之，是直一触藩之羝，寻为吾刀头肉矣！此坚壁后必至之势也。而犹有为此议梗者，谓多立民圩，则民有所恃以抗官，又虑奸民据以为乱。不思有父母斯民之责，而犹虑民或抗我，则其居心行事已不可问。今之奸民大都从贼，今又分别良莠以整刷之，则不必如此过虑。苗逆之圩毗连数州县，大兵一到，则骈趾来归，况今时势尤异苗逆时耶？且今日之虑，只在此剿彼窜，使贼皆据圩自守，则转不足虑，石城天堑尚不能支中堂之师，况尺丈之圩乎哉！

今以中堂忠诚坚定之心，奋发有为之气，奏请敕下前刊条谕颁示各省，使皆知剿贼之计。此外无全策，坚朝野上下之心，以为之纲；广揽人才，审择牧令，集思广益，循名核实，以为之纬；而复训练官兵，讲求爱民、剿贼之实，以妙其用，则肃清可计日待也。愚昧之见，是否有当？谨此再陈钧鉴。

再，近闻颍、亳各军颇攻民圩，大约以通贼故，原属罪有应得，唯刻下该处坚壁清野，是否办理结实？若尚未然，则圩民无确可御贼之势，不得不为依阿苟免之计。拟请钧谕各营，凡附贼之圩，贼退之后来营悔罪投诚，令伊密举该圩甘心从逆若干人名单存营，营官一面安谕该圩长，并给札安抚圩众。次日营官出数成队，作为宣谕该圩之势，而多请圩内绅耆会话，令甘心从逆者人人在中，不准漏网，于会话时擒获正法，余概宽免。庶几合乎歼厥渠魁，胁从罔治之意。若圩小力薄，则当体察情形，暂予宽典，令其归并大圩。俟各州县将坚壁清野报明履勘后，再为严专责成。庶遗黎有所托命，且不至重为贼添死党也。是否有当？谨此再陈钧鉴。

致曾爵相启

中堂太老夫子钧座：前次业将八月十五日到临呈明钧鉴。营中应用器械什物等件，虽经陆续派弁探办，而各处颇有缺乏，是以尚未齐备。刻下分排哨队逐日轮操，更令各什长将湘营规矩逐细讲明。勇等均谓：“事事皆宜，祗遵，并无所谓艰苦。”到营之日，前成两哨中，试背诵爱民歌者七十余人，均经嵘随时赏给一日行粮，此项系嵘自备，不在报销之例。现在营中歌颂之声不绝于耳，而勇等精神气象颇觉一变。此由盛德仁言入之深，而应之速，是以获此。且足见天理在人心者，未尝尽泯，得此歌提撕而浸灌之，自然懿德之好动于不容已！而哨中逐日逐事所讲明而切究者，无非此事此义。是以月余以来，街市中大小买卖，认敬字营号补者，赊欠竟无所阻，或可稍慰钧念。

至每日操法，均遵湘营矩式，势亦踊跃。惟锣鼓器械等均未办齐，故规模粗具，尚欠细密。前在临淮旋灵，共带银六百两。嵘思军饷支绌之时，事之均宜撙节，在灵招募，先选哨官、哨长、什长，令各自募，限以克日到齐，计在灵境及船次勇丁所费者，六日粮耳。下余之银，除杂项开销及到临支给外，拟派弁采买蓝、白布及絮，为勇丁之无衣者先做一棉小袄发给，所费若干，应在月支内折扣。庶钱无虚靡，而勇亦早沾挟纩之恩也。

近接粮台函示，节赏一节已如数祗领，所有长夫赏项，每营系一百八十名，敬字营现有之长夫仅八十名，不容欺冒，拟将此数划存，如何开销应请钧示，以便遵办。嵘思长夫之用，原为斫柴搬运而设，于营诚便。敬字营现在新造，尚难遽移，且刀镰亦未齐备，似可酌减，以省虚靡。应否将此项划存为启程夫价之用？抑或仍遵营制全数补齐？均恳示下办理。闻此项夫价，竟有作为营员出息者，嵘虽学浅识陋，而衾影砥砺，矢不苟取一钱，在营中诸弁勇朝夕讲究，总以心地干净为第一义。窃观近来积习，克扣虚冒，以及勇丁骚扰百姓，其根均是“自私自利”二字，而其害遂至不可胜言！不于此处讲求，更无话说。至于约束之法，似当以教导为先，宽以居之，固其鼓舞之心，使渐束于法中，而不觉不虑，不令行禁止也。外此驻临各营，嵘与各统领和衷共济，亦不敢随事嬶娴，总期恪遵营规，冀仰副中堂爱民御兵之意。嵘自谬蒙揽用，官绅之投效者，与持荐书到营者，不乏其人，势难人人如愿。加以愚直之素，言无委曲，际兹远隔仁辕，难保无妄造飞言，希动钧听者。世路险巇，不寒而慄！曩者绝意仕进，读书耕田，从吾所好，譬诸大狱间云，自舒自卷于天地间，不为世用，而世亦无所容，其忻忌之心，自谓俯仰宽然，如是足矣！猥承不弃迂拘，遇加委任，非分之施，辞不获命，夙夜日计，惟有依道而行，不当多存顾忌首鼠两端，庶可少竭庸愚，仰酬大德。非不知恶直丑正，实繁有徒，亦以中堂德智渊深，纤隐毕照，有如权衡在手，则险诐之口，无所施其畸轻畸重之私，是以独立而不惧也。肃此，敬陈钧鉴。

再，嵘查看米局地板已铺齐整。询悉前在怀办之板，仅铺二间，已费至百有余千。此次所购之板片，杉木价仅三百余千，铺至六间，尚有余料。核以怀办之料价已足抵，而大小杉木二百七十余根，经截之杉木九十余根尚在不计，至松、杉之板远踰榆、柳，犹其后矣。存储之米，嵘常到米局履视，文生刁余坤、吴绣廷二人办事亦尚妥实。八月下旬，所有运到火药，已经刘镇妥收，并禀明钧处。嵘至局探看刘镇所料理亦甚周密。二十七日，清江转运局解到子弹五万斤，船已抵临。诸此缕陈，谨再启。

再，嵘自灵登舟，一路感受风寒，到营即头疼身热，自恃体气结实，不以为意，于料本营事件外，仍以时步各营商办一切，积受劳顿，于二十日变成痁疾。已四次，势颇难支，服药后继以针，今始痊可。谨再启。

致爵相曾启

中堂老太夫子钧座：初九日奉到钧函，备聆训悔周详，无微不至，自当勉自策励，以冀仰答栽培。敢将办理梗概一陈钧鉴，伏乞惠而教焉。伏读钧谕有曰：带勇以勤字为本。窃维营务之废弛，悉由带勇者之顽惰。抵临以后，除赴各局各营办公外，营中有巨细悉属躬亲，五更二点而起，三更前后始卧，习以为常，况承明训，曷敢不益加奋勉。钧谕又曰：临财不苟，使左右近习之人敬佩有素，久而生畏，则勇丁亦必传闻而敬畏之。嵘维义利一关，乃君子小人之界，宜迹所至，却馈遗，裁棚规，时或有议为矫廉者。嵘笑而受之，谓矫廉犹胜于贪也。

至营中不苟取之道，一宜惩虚籍：近来此习格不为异。有千人不及五百者；至百人具八十，余二办公，已属明白通行之举。嵘入营以来，痛惩此弊，总以通营之籍，无一名虚冒。二宜核采办："不爱钱"三字自古为难，厚貌老成，试诸筹算之中辄丧其守，嵘亦伐人多矣！唯是随时教导，明示以悖出悖入之理以警醒之，复谨慎选派，严密稽查，稍有侵蚀之迹，则罚赔而逐去之。俾在营诸员，视币银之出入严如私橐之勾稽，不敢谓底澄清，或稍可去太去正。三实报销：为臣子者，粒米寸丝皆君恩所波及，岂可丧心昧良，于报销簿内尚复意存浮冒。虽诵爱民歌之赏，迹近于公，亦必严立界限，杜渐防微，以为在事者率。此皆嵘分内所宜尽，并不求白于中堂之前，既承明谕，敢略陈以慰钧廑。

钧谕又曰：法不贷亲，又宜严于临阵，而因及戚多鲍陈之事。夫法令不严，则兵畏贼而不畏将，趋赴锋镝，有哄然散耳！王文成之斩先却，戚南塘之束伍连坐，讲究在平时，实践在临阵，自当谨遵钧谕，务期号令森严，为决胜之本。

钧谕又曰：训练有恒，虽极小之事，必须毫不放松，尤为兵律之要。嵘抵临后，即将营规各条编成俗话歌诀，使哨长什长传而习之。倘有违失，虽细不贷。愚昧之见，窃欲将湘营规制实做到各勇身上，而以恒心定力持之，冀少负中堂训兵爱民之意。前次恐施之无序，操切转足以害功，故欲即事有渐，为宽以居之之说，今奉钧函，益得发蒙之药石。“威克厥爱允济”乃千古兵鉴，岂有易哉！

长夫一项，体恤备至，范文正曲近人情，无以过此。嵘拟将各队之夫价散归各队，各哨官之夫价散归各哨，既欲将中堂体恤之恩合营溥被，亦使知朝夕所讲求而督责者。在公义，不在私财，而益作其畏罪奉法之意。至开差雇夫雇车之费，各哨各队均由此取裁，更酌立限制，或将此款暂存营内，按季发放，不准入籍无恒之勇滥叨此惠，亦不准饱私损公。

嵘营各项杂费无从开支之款，均在营官项下撙节酌用，或亦可以敷衍，是否为此？抑或另议妥程？伏乞训示，以便祗遵。六安等处之米，已接奉钧谕之次日，用公牍加函商催前去，刻尚未据移解。近来天气骤寒，惟祝钧体格然珍摄，为国自忧，临、颖无任依驰之至。

再，十八日在刘镇处奉到排单，敬悉贼等剽疾之势，当会速发侦探矣。窃维此次贼由豫而齐，复据而南，似宜下示各营预备会剿。宿、蒙一带，贼之党羽多雉河上下之人，掠有余积，则归寄诸家，且为存问老幼、挑裹丁壮之计。若得各路重兵扼要堵剿，似亦是一机会。自徐州而南以至临淮，皆水乡连接，势颇不便于贼，且多硬寨，贼未必垂涎于东，急则赴驰而西耳。已商同刘镇，但闻贼窜雉河，即拨营西上，先扎湖沟以扼地要，然后相机进剿。营内勇丁逐日操演外，又请刘镇派湘营哨官二员熟悉操练法者搬住营内，逐日亲同操演。据湘营官云：“已一一如法。”现仍留住本营，以期愈操愈熟。倘西路有警，拟即同刘镇督队进剿，俟西路少松，再北赴徐州，求赐看验。谨再启。

致爵相曾启（一）

中堂太老夫子钧座，敬启者：前以捻逆回窜，恐仍扰雉河一带，因就见闻所及，谨陈钧鉴。近复探访情形，西剿之路，淮营进驻宿州，则可顾徐州，驻怀远，则上而蒙城可逼贼而剿，下亦可兼顾临淮。又系一水直通，军装较便，谨会同刘镇呈请钧示。湖沟之路，已有吴副将驻扎，似非急着。谨此自纠前失，伏乞钧鉴。

至贼情靡定，自当谨候钧谕，相机进止，亦不敢少执一说。肃此，敬请钧安。统祈悔鉴。

致爵相曾启（二）

中堂太老夫子钧座：昨日出营后即赴米局履勘，拟以砖砌前后门、中安一门。门已于昨夜购得，约午前后可以竣事。铺板之外，拟用杉木横竖匀排，相离半尺许，里用席三层粘贴便可代板。步量铺板之处，约需铺席二十条，粘席厚用三层，高约四层，度席六十条已可敷用。铺板不足之处，拟用秫秸填实，数须三四十束。绿墙之处拟用袁营旧例，以蒲包装米，层累约需七百以外。檐下通气之处……速就于昨夜之四更时分分头派人，令拾……嘱委员刁某某、吴某某持营务处关防条付……亲身在局督观办理，应有就绪，即赶紧收……该员所领之款，应于收储完竣后报销。惟委员需一钤，办行应俟下委之后另行议请。先此缕陈，敬请钧鉴，即敬请钧安。谨启。

张锡嵘日记

同治五年

十一月初一日清晨。偕万汉三太守年清、庐俊农刺史应旌、吴云舫明府济江谒见李宫保。奉面谕：将解存浦局已否批发洋枪开数呈览。晚间由浚丈偕云阶先呈单，单开：解存浦局洋枪三种，英国来复枪存浦两千七百杆，除发华营三百杆，奇营七百杆，应存一千七百杆。来福马枪存浦一千零五十二杆，由清江钱道发过奇营刘镇百杆，奉批未发勋营四百杆。法国兵枪存浦二千杆，已发华营三百杆，奉批未发水师新后营张光泰三十杆，水师亲兵营邓万林五十杆，六帅提发一千杆。呈单大略如此。

卓午谒晤心泉师，喜闻官军大捷，斩获甚多，任、赖诸寇凶锋大挫，曾沅浦中丞进驻襄阳，鲍春霆军门回扎南阳，张总愚一股谅不能折回豫境。惟冀诸军乘胜将窜东诸酋殄绝，再议西征关陇。

薄暮回械所，奉宫保札饬三事。一据丰县转运军米委员双牧禀称：距丰八十里聂庄铺码头为米船到岸装运之地，请借帐篷二架住宿料理等因。一因吴参将凤桂马勇前在徐属剿捻颇为奋勇，现带半营马队，不敷进剿，应将徐州董镇徐防马队五十名拨归吴参将，再由该将另招马勇七十八名，合成二百五十人，凑足一营。分立中、左、右、前、后五哨，中哨归吴参将自带，添设帮办一员，哨长二员，仍准留用字识一名；其余四哨原有哨官二员，哨长三员，应再添设哨官二员，哨长一员。再将什长马勇二百五十人分为二十五棚，每棚十人，内酌选一人派充什长。营官、帮办、字识同中哨两哨长共准用火夫二名，四哨哨官、哨长共准用火夫四名，二十五棚每棚准用火夫一名。吴参将改为月支马干薪水银五十两，公费银一百两，该营纸张同五哨弁勇油烛、车价俱在其内。帮办一员月给银十六两，火夫二十五名，每名日给银一钱。至字识、哨官、哨长、什长、马勇薪粮，仍照前定章程支给。营、哨官、哨长、帮办、字识薪水马干公费不扣建，余均扣建。该营即名曰凤字营马队，刊发关防给领开用。吴参将务须赶募善于乘骑、熟习道路、无吸烟游惰习气马勇，马匹亦要膘壮。募齐后，即由董镇点验编据，妥晰造册，呈核领饷，总数统由行营银钱所开支。徐州董镇原带徐防左右步队两营向无长夫，现董镇派随李副郎赴豫游击，军械、锅帐需夫扛运，应准每营照楚军加公夫、棚夫一百八十名，每名月给银二两四钱，即以善后局向支董镇原带马勇五十名腾出薪粮为步队两营添夫之用。一转移间，在饷项向无出入，于军务实有俾益等因。一据勋营杨镇禀称：前蒙准添马队二营，遵即派副将杨大章等出关购马在案，兹闻购回，前月十八日已至涿州等情。查马既购齐，应即募勇成军，练成劲旅，与此贼纵横追逐，冀奏全功。惟骑卒与步兵不同，必须选募惯于乘骑、能耐劳苦之勇，乃足以任驰驱。现拟派员分赴山东、淮、徐一带赶募带回，俾资攻剿。各勇入册之日，照章日给小口粮，俟到营日遵照宪章编伍成军，点验之后再请起支大饷。需用募勇及制买旗帜、号衣、马刀、乘鞍等项，为数甚多，无从筹垫，恳给银两千两，撙节支用，续行造册，呈请饬台分别核销划扣。敬附称者：查曾相新定马队章程内每哨准置骡车一辆，由台发价。惟师行无定，子药、麸料不能不多为携带，以备缓急之需。每哨一车装载前项尚恐不敷，其余锅帐杂物则非用长夫担负不可。新章内每棚十人仅准募用伙夫一名，似觉过少，拟乞酌改新章，每棚准添夫二名。一变通间，在饷项则加增无几，营伍则裨益良多，恳准饬台核发等情，到本署部堂。据此，除批：该镇前派杨大章买马，昨据办到五百匹，颜游击办到马鞍五百盘，自应赶招勇丁，编立马队两营。据高提督占彪面称：余马尚多，请添立马队右营，并成三营。饷需虽缺，灭贼宜速，姑准照办，仰候另檄行知。务须慎选勇悍善骑之人，取具连环保结，勿以油滑充数，俟募齐造册，呈请开支。所需募勇各费，饬行营银钱所照拨湘平银两千两。并另从右营购鞍杂项银两千两，拨交高提督等领回，由陆军支应所核作收放。所需军械，已批领饬由行营军械所核发。马队一营共二十五棚，照章每棚伙勇一名，据称追贼路远，不敷应用，姑准每棚添夫二名，两营共添夫一百名。将来车驼喂养，即在此内抵用。此复印回外，合行札饬。札到该所，即使查照核发具报，仍移苏宁军械所知照等因。

又阅浦局刘蔚乡文启来函称：所存来福洋枪内发华营三百杆，皮带、炮台各三百件，枵子、起子按半给发，再留七百杆，并各件存浦，其余悉由沈明府子雯押解来徐。恐沈君未知条目，曾将六响手枪及器具各箱另加红签。又派刘谷人接解蒋君干臣之米解文填请营务处派员验收，云云。

夜间，铭营江君子云德隆持省三军门印领来，奉批领给来福马枪四百杆。因马枪未到，仍将领字持回。

初二日早晨，偕万、庐二君入诚谒刘省三军门。过丁家巷，访计君芾村，则前三日已赴周口矣。出城至营务处，云阶先在焉。读宫保初一札知，前丰县双牧斌禀称：奉谕赴沛察看起运码头，拟议章程禀复，等因。遵即驰赴沛境，于二十四、五、六等日，亲诣距沛三十里、距丰九十里之王家楼码头。该处虽是上年起运之地，今年水势较大，地洼泥泞，刻下尚难行车。又诣距沛四十里、距丰七十里之成子庙码头，该处为商船聚会之所，而距沛较远，催趱车辆，诸多不便。又诣距沛三十五里、距丰六七十里之三岔口码头，该处为盐船起运之所，舍舟而陆，固极甚便，米车到丰亦较他处为近，惟究以距丰较远，深恐照应不便。惟诣距沛之三十四里、距丰八十里之聂庄铺码头，刻下水势未落，距沛只十二里便可泊舟，将来冬深水涸，亦止二十里便可装车，且附近有村庄二庄，可以备雨雪天气喂养牲口，待装米石地步。又居赵团、唐团之中，相去咫尺，已通知团总，嘱其届时照应。连日周历履勘，似以该处起运为妥。回与沛署徐令会商，意见相同。惟雇车装运，计米一石连蒲包、绳索应重一百五十斤，每牛车一辆只能装米十石，共计米两千石，应用牛车二百辆。沛境狭小，恐车辆猝难办齐，拟由丰县添雇车辆赴沛接运。谨议章程另折呈核等因。据此，除批：据禀看定聂庄铺码头，距沛仅二十里，即以该处作为水次。应令清江钱道速运米二千石，径由韩庄上闸进抵该处，以便该牧装车接运。沛县车少，应由丰县添车往运，且徐台雇价酌增发给，以示体恤。丰县仓廒量为修补，所需修费同丰价，均由该牧会同王令核实撙节报销。清江米石即由钱道在浦包扎严紧运解，到水次后，起岸装车，毋须另换包绳，以免亏损。由水次至丰，陆运八十里，道途稍远，须勇役护送，准用护勇六名。米局常川用勇四名，日给钱一百二十文，另用书识一名，日给钱二百文。该牧承办转运所需油、烛、纸张，日给钱二百文，房租月给钱五千文。并准月给该牧薪水银三十六两，均由银钱所给领。所需账房，已饬徐州军械所照发矣。仰即遵照妥速办理，毋误军需，致干重咎。仍候饬清江转运局钱道即行拨运缴等因。

又见该牧所议章程七条，另录稿。回所午饭。盛字营弁持宫保批，领来所领六响枪五十枝，自来火五千粒，英国来复枪六百杆，随枪器具全，因洋枪未到，未收领字。六帅星骑左营徐副将得贵遣丁君振远持批，领来借领蓝夹账房七架，白单账房五十八架，三五日内即须随统领开差，本所账房不足，向徐州粮台李眉生观察函借账房十二架，凑齐发给。

初三日清晨，谒营务处心师，获读宫保二十七日折片。其一略曰：再，刘铭传于十五、六日剿贼姜家楼等处获胜情形，十七日张树珊追抵金乡，及十九日潘鼎新在相里集获胜，经臣于二十二日附片具陈在案。续据潘鼎新禀称，先于十六日，由金境刘家楼追贼至鱼台旧城，距贼在丰境二十七里。十七日，贼由丰北回走，适该军自东而南，至翟家庄与贼大股相遇，方避刘铭传之跟追，不虞该军之旁出。将士咸以数日寻剿不获为愤，径前奋击，贼阵马步冲为数段。生擒马贼供称：任逆在头队扼战，赖逆带花旗部队在中。追杀十余里，至张家集，总兵方有道直入贼中，视花旗所向专搏赖逆，已夺其坐马，乃身被十余矛，猝中贼枪阵亡。赖逆得脱，仍由金乡边界窜回鱼台东南。十八日，追至鱼台城北二十余里，贼向西南反奔，败之罗官屯，贼走湖边清河沿相里集。十九日，我军一路进追，贼将由唐堌集北奔济境，我军拦头迎截。贼见兵少，马步横列十余里，乘势猛扑。我军以旷野无可扼扎，各营分三大阵，包辎重其中，全力追战。马贼分路抄包，步贼继之，中我枪炮，三扑三败。自辰至午，击杀人马，狼藉遍野。我军开花炮八尊，炮架已震裂其五。且战且退至徐家店，贼步队潜行撤遁，马贼尚退踞大庄不动。我军以四营绕后直抄其背，贼呼哨迎敌，被枪击毙悍贼甚多。腹背夹攻，贪猝共溃，由西南夺路狂奔，追剿至日暮收队。此潘鼎新一军十七日至十九日战胜情形也。张树珊于二十五日至鱼台李家集。二十一日至金乡之铁炉棚，二十二日与刘铭传合军追贼，至钜野西北，探知贼已窜退郓城。而刘铭传于二十一日先获胜于金乡之谢庄，尚未据报战状，容再续陈。查迭次阵亡之提督衔记名总兵方有道、守备袁正大、千总侯凤德、记保把总刘日清，均请旨饬部照阵亡例分别从优议恤。所有近日剿贼获胜情形，谨附片驰陈。

又同日夹片，略曰：再，臣协剿发捻，亟应添练马队，仓卒采办，苦无良骑，若派员出口，冬令雪深，为期已误。查察哈尔商都太仆寺牧群及理藩院所属内外各扎萨克蒙古捐输马厂都牧群所养官马甚多，可否请旨敕下察哈尔都统督饬该总管等，择其肥壮、口轻、身大堪以骑乘打仗者，挑选一千匹，仍交上次解马来营之佐领何布登额、佐领伊勒当阿、防御色布什新泰等三员分起管解迅速来营，以资熟手，并严饬该总管等勿以瘦弱老小充数。仍请旨敕理藩院于各扎萨克蒙古捐属马内酌拨五百匹，派员并解来营，俾济军需。臣当督饬各将领认真训练，俾资冲锋陷阵，以期早荡寇氛。感荷恩慈，实无涯矣。所有请拨官马缘由，理合附片具陈，伏乞圣鉴训示。

又读札调一事，以刘军门铭字全军往来东、皖、豫、鄂四省追剿吃重，亟应委员办理该军营营务。查有按察使衔江苏候补丁道寿昌，明干精详，熟谙军事，合札催驰赴周家口办理铭军营务，随时与左右两军马步各营妥速筹商等因。

又飞咨豫、皖、鄂三抚院一件。为任、赖、牛各股发捻复窜东境，蔓及徐州、丰、沛边界，图扑运河，经本部院就近督饬刘军门、潘臬司、张镇，铭、鼎、树各军追剿月余，获捷十数次。二十四、五日，我军由定陶追至正县，擒杀降散无算，赖逆仅率数十骑西奔，任逆亦受大创。据降贼供称：该逆图窜光、固就粮，现已由归德西南逃走。刘军门铭军暂赴周口休息，再图进剿，李副郎与树、盛、开、奇等军，亦即分路西进。查光、固为豫、皖、鄂边界，距北路较远，应请贵部院就近设法兜截，勿使洊入。该逆饥走穷蹙，机会大有可乘，相应由六百里飞咨等因。

又咨复山东抚院一件。准贵咨：查张提督各军，前议调赴豫省，原因赖、任各逆均窜汴西，仍就扼防守沙河、贾鲁河之策。但使贼不东窜，东省运防较松，即匀拨数营接防长沟以南，当可勉力兼顾。乃九月二十日外，该逆复转回，直扑东汶运岸，相持五昼夜，始渐向金、鱼。而肥城土匪突起，本部院不得已抽拨运防各营往剿。是以咨商将潘臬司一军暂行填扎开河，张提督各军仍扎长沟、石佛。幸肥城土匪蒇事，各营均已回防。而赖、任各逆犹在金、鱼、丰、沛一带游弋，入皖入豫殊难预定。瞬届水涸成冰之际，运防固较前吃重，黄防尤亟须绸缪，若再分营接防长沟、石佛一带，则兵力愈单，缓急更不足恃。查张逆一股现已入秦，鲍、刘、杨、刘追剿之师尚有余力。赖、任各逆久在江、东交界盘旋，其意总在渡运，此时总宜严扼运防，力保完善。所有长沟、石佛一带，或令张提督、李令各军仍前驻守，或令鼎军如去年及本年春夏照旧回防济宁，俾东军得专顾长沟以北运岸，并兼筹黄河冬防。相应咨商等因，到本部堂。准此，查昨因贼向郓城，将归水套，即檄刘襄办、周镇二军由归德前进，会合铭、鼎、树三军兜剿。如贼出东境，军情稍松，应令潘臬司鼎军暂回济宁休息等因，并咨明贵部院在案。查任、赖股匪经铭、树两军紧追兜剿，于二十一，二十四、五等日在钜野、定陶、正县境内连获大捷，歼擒无数，解散甚多，赖逆仅率数十骑西奔，任逆亦受大创。据降贼供称，图窜光、固就粮，已由睢、杞西去。是东境现已无贼，鼎军应回济宁休息月余，仍当趁此机会远出协剿，拟于忠、朴、桂字之中酌留四营，暂驻济防。惟查淮军现守济境运河，与东军自长沟分汛，南路地段太长，四营过少，应请自安居圩以南至赵村、石佛归淮军设防，其北概归东军接守。闻长沟圩内驻有三营，似可匀出两营，或增募一二营守至安居，足资分布，如此分任，守事不致牵掣。潘臬司、李副郎等游击之军，彼此全局，均有裨助。合亟咨复，请查照筹拨办理，见诸施行等因。

又札饬一事。据刘军门文称：统带先锋马队张镇景春禀称，管带马队左营刘盛璘带领马勇不甚得力，请改派前来。查有副将陈振邦熟悉马队情形，可管带马队左营，札饬遵照等因。

初四日，盛营周总镇遣杨君和斋持批领二纸前来。一领十月三十日奉批六响洋枪五十杆并子药帽五千个，一领十一月朔奉批英国来复枪六百枝，随枪器具全套。二领字存所俟枪到再发。

午刻，陈君序宾来，刘君心斋来。管领督标亲兵前营吴抡峰总镇来拜。具函致清江钱调甫观察催提账房、行床、行桌，并催取沪解宁内所双响小手枪四百五十杆，机器局仿造法国轻炮十二磅炸弹千五百颗，西洋炮局仿造十二磅开花炮等件。

上灯时，谒心泉师。云阶兄继至。闻省三军门扼守沙河、贾鲁河，下自八里垛，上至中牟，沿河东岸筑墙扼守，如运岸办法。俟贼窜河西，河防办成，宫保当进驻汝宁调度诸议论。

初五早起入城，送郭君少亭回浦局。闻朝命曾侯回江督任，李宫保以苏抚补授钦差大臣，专办防剿事宜，吴仲先德帅再赏假回籍省墓即赴新任。

此番布置，诚天下至幸。遇银钱所晤陈君序宾，睹其禀请二事：一请加字识、长夫公费，一请定钱价。又晤张、李二君，倾谈半晌。出两门，过福隆烟铺问料豆价。又回拜杨君和斋，晤其同事金君恒甫。

回所午膳。得心斋兄手函，即作答。登云龙山，过书院，与万君略谈。登放鹤亭，回拜吴抡峰总镇，不遇。循山北而下，过印心石室、御碑亭，入南寨门，缘垛行回所。又偕浚丈云舫兄往勘状元府，封洞庭东会馆，登戏马台。回至乾昌油坊，偕浚丈购定油五百斤，值每百斤九千四百文，备行辕需用也。

回所晚饭后，坝子街苏君伟堂书来，并车户蒋善、正明、李新、杨青、周景成五人甘结一纸，系承办本所水次起运差使。须先借给每车千钱，收拾车辆，卸车时，当归款也。

夜间，与浚丈、云阶同诣营务处请示。二鼓回所，议本所诸事。三更归寝。

初六早起，致函苏伟堂，商牛车甘结，补填圩董居中事。闻徐镇董凤高遣朱廷球持批领六响手枪五十杆，自来火子五千颗，十二响手枪二杆，自来火子五百个，因洋枪未到仍持回。闻江苏候补道粤东林文叔观察桐芳奉调来徐，前札所称廉干耐劳者，心泉师称其熟悉夷务，谓岛人传教之意，欲藉此入内地要结无赖，以华攻华，此议固切中事情。

午刻诣营务处呈购办口袋、料豆诸帐。心泉师出示宫保初五日奏稿曰：为官军追剿东境捻逆，屡获胜仗，大挫逆锋，贼已西遁入豫，恭折驰陈，仰祈圣鉴事。窃刘铭传、潘鼎新、张树珊等追剿任、赖捻股，十月二十日以前迭次获胜情形，经臣于十月初七、十六、二十二、二十七等日四次驰报在案。二十一日刘铭传追贼至金乡之羊山。令刘盛藻、唐殿魁、张景春分路抄击，贼悉弃馆奔逃，追十余里，夺获骡马百余匹，生擒贼六十余名。张景春率马队追至戴义集，贼马千余回拒，复经陈振邦、章高元等击败。是晚驻军葛店，贼窜钜野城南。二十二日，贼走郓城之武安集，张树珊驰抵葛店，与刘铭传合军追至钜野。二十三日，贼走曹州境之郭明口。二十四日，我军追及之。贼队正向北窜，探见兵到，复折而南。先有马贼数百窜至濮州境，适遇官军横截，擒获百余名，余众悉为民寨杀尽。二十五日，贼由曹州窜至定陶城东之土店。刘铭传等会议，以兵落贼后，必赶走百里，出其不意攻之。遂一日驰抵定陶，已届二更时，刘盛藻、唐殿魁由东进击，刘铭传、张树珊由西进击，四更后直闯贼馆。贼已结束将行，边馆之贼悉被歼杀，余贼乘暗狂奔。我军一齐猛进，二十六日黎明已走四十余里。刘盛藻、唐殿魁追及正县之孙老寨，正值任、牛二逆整队喘息，我军猛进，复弃辎重南奔。张树珊追至正县，遇赖逆绕城南走，当令刘克仁、张树屏等率队进击，刘铭传复饬黄桂兰、毕乃尔迎头截之，歼毙不可胜计，生擒伪天将、轻将、燕义等贼酋十数名，长发悍贼数百名，贼眷数十口，夺获骡马、器械、伪印、旗帜无算。余贼复为民圩截杀，逆首赖文洸仅率数十骑西南遁去，余党数百名俱弃械乞降。刘克仁闻风来，复追至土冈集，擒获贼首杨大阜。余贼遂狂窜豫境归德西南一带，被官军追急，狼狈不堪，日行几二百里。获贼供称：该逆等图窜光、固就粮，据刘铭传、张树珊具报前来。臣查捻逆任、赖等股，自九月二十日以后复犯东境，屡扑运河，旋由梁山南窜金、鱼、丰、沛，欲犯清淮。经我军往来紧蹑，每战必挫，计不得逞。又盘旋正、济前后已及一月，始溃逃入豫。若南走光、固，则皖、豫、鄂交界趋向不定，宜乘其饥走穷困，合力蹙之。臣在北路相距较远，已飞咨李、英、曾国荃各就近派兵兜剿，仍饬张树珊、李昭庆、周盛波等分道西进，一面扼其北窜。刘铭传、潘鼎新所部驰逐数月，疲乏过甚，拟令刘铭传暂驻周家口略为休息，仍会商李昭庆料理沙河防务。潘鼎新暂回济宁休息，均相机再图进剿。此次东窜捻逆锐意抢渡运河，若进剿各军稍一停顿，贼即得计。而各军之忍饥耐寒，日无停止，一月之中先后败贼二十次，使该逆一日未息，一寨未破，党众折损其半，尚属著有微劳。其出力各员弁，容臣查明归汇案保奖。所有官军进剿东境捻逆屡胜、贼已遁豫各情形，理合恭折由驿驰陈，伏乞皇太后、皇上圣鉴训示。谨奏。

又出示札饬一事。以统领呈称：前因所部松字营名与郭提督松林在鄂新立营名相混，请改为毅字营。奉钦宪曾批准在案，迄未奉发关防换用。兹查豫中亦有毅字营名，仍应更定，司员拟将自统之护卫营改为武毅中营，亲兵中营改为武毅前营，松字左营改为武毅左营，松字右营改为武毅右营，松字前营改为武毅后营。其徐州董镇分统之松字副中营改为凤字中营，松字正中营改为凤字前营，松字后营改为凤字后营。应请刊发关防分给各营祗领换用等情，到本署部堂。据此，除批：如呈将护卫营改为武毅中营云云。仰将发去关防八颗分给遵领并用通报。饬将原领旧关防缴销等因。

又恭录咨行一事。十一月初三，准军机大臣字寄毅勇侯曾、肃毅伯李、署西安将军副都统穆、副都统图、陕抚乔、前陕抚刘，十月三十日奉上谕：穆隆等奏捻逆窜入陕境，防剿吃重，并布置省防，请调金顺马队赴陕各折片，览奏均悉。前据刘具奏捻、回各情，谕令曾迅催鲍超入关助剿，曾亦奏称责成鲍超等军，专剿西路之贼。陕省回、捻交讧，不遑兼顾，若无大军助剿，则任贼久踞，为患不可胜言。着曾、李迅催鲍超等军克期入关，相机剿办。陕西回民固宜防范，值此外匪窜入之时，但当示以诚信，不可使之疑惧，着刘会同穆、隆、图、明不动声色，暗为防闲，毋令变生肘腋。此中机宜，谅刘自能斟酌办理，无烦谆谆指示。乔现在行抵何处，陕西情形如此吃紧，该抚当兼程前进，岂可徘徊观望，希图委卸，着即迅速赴任，会同刘妥为经理。陕省情形，乔自不如刘之熟悉，乔到后，刘仍当实心经理，随时奏报，乔不得稍形掣肘。宁夏防务虽松，而程兴烈、西们克西克两军已令交刘调遣，并令穆图善酌拨防兵，先顾陕省。所有金顺马队难再抽调，穆隆等所奏著毋庸议。将此由六百里各谕令知之。钦此等因。恭阅未毕，宫保至营务处，闻即过军械所，因回所讶之，侍从周视一过，少坐，即策马赴云龙山。

时已下午，徐镇董君梧轩招饮，偕浚丈赴之。上灯时回所。初更复诣营务处，闻骡车将至，心师欲设棚厂，恐费多，属杨君宪武觅匠估工。

初七日早起，查验已未收发洋枪数目毕，诣营务处。心斋兄出示新德帅张十月十九日奏稿曰：为查勘运河壕墙并请淮各军设防情形，恭折具陈，仰祈圣鉴事。窃臣前于九月初二日交卸东河督篆，将前赴周家口，与钦差大臣、两江总督臣曾晤商军务。及绕道运河行走，查看台庄以下壕墙情奏明在案。臣于拜折后，即至曾周家口行营，将现在军情详细面询。仍由汴城于二十一日自豫起程，行东境陆路。行至台庄，登舟顺流而下，查看江境邳、宿、桃三州县圩墙，经夏间大雨之后，坍塌过半，现在分段补筑，业已将此蒇功。惟邳境猫儿窝以上并无堤岸，系于平地培筑，尚形卑矮。其清淮各军，经吴棠饬令各镇将，于沿运一带择要安扎，陆队辅以舟师，极为严密。刻当水落归槽之际，就此时水势而论，炮船尚堪驾驶。臣于沿途履勘之便，严饬各镇将，各按派防段落认真巡守，不准稍有松懈。至桃源南岸之成子河为清淮最紧要门户，臣亲至该处详加察度，圩墙均各完整，防兵三千余人系总兵张泾龙统率，驾驭甚为严密。该处北首五堤头处所安营防御，布置极严。惟西南滨临洪湖，水势随风荡漾，遇有东风，滩水即行涸退，现当湖水消落，涸滩竟有五六里之遥，而新淤之地又难即时施工。臣饬令在防将弁，督率兵勇于该处先行挑挖深壕。并经吴棠札饬，随时向前接筑，以资备御。此江境沿运圩墙及成子河之大概情形也。臣伏思清淮当四达之冲，下河完善之区赖以屏蔽，而兵单饷绌，筹措极难，频年经升任漕臣吴棠殚力经营，得臻安定。清江自城工告竣后，民气亦渐恬熙。臣猥以菲材，膺兹重任，昨于抵浦后接晤吴棠，详细咨询，一切悉循其旧，以后军情如有变迁，自当随时相机措置，总期力图捍卫，力图时艰。安居要使其久安，善后必求其至善，以仰副圣主绥靖疆圉、垂廑淮防之至意。再，连日接据探报，捻逆尚在丰、鱼一带浮忽无定。臣拟稍为部署，即赴徐州与署督臣李商筹一切，合并陈明。谨将查勘运河圩墙并清淮防军缘由恭折具陈等因。录毕回所，午饭。

下午，银钱所遣人持钤领来领账房、更香、大锅等件，因禀请添夫、书识，六师公报留作别用，前云借与银钱所当作罢论，所添长夫须住宿账房也。

夜间，复诣营务处，睹曾侯请开各缺疏草，另纸恭录。陪心师夜话，三更归所。

初八日早起，赴南门大街，因夜师谕亟办口袋，遂至同兴线店，偕陈君出南门外，市上购白布阔九匹，窄四十三匹。约制口袋百十余个，每袋约计钱二百三十文，可储米五斗，为骡车运粮之用。赴营务处发布值，遂待心师午饭。

回所，水师新后营张提督光泰遣员持移文钤领，来领洋枪三十杆，因枪船未到，仍赍回。浚丈谒六帅，持回法国兵枪一千杆钤领一纸，奉宫保批：清江转运委员徐州军械所照发。又批：由该统领派弁迎提，已起解在途矣，系十月三十日奉批。六帅派弁迎提，几次俱未与船遇。初六接转运委员刘谷人初二夜郗山所发书，知其候风过湖，现未审行抵何处，即已过湖，其进泊周家山头，抑进梁山口，未能悬揣。梁山水浅流急，现又兴工筑蔺家坝，欲至李家瓦房，须小舟换驳，水运之难如此。明早拟派人沿途迎探，能将法国兵枪一千杆初十解交，则六帅十一开差便可带去也。

晚间，本庙和尚设席延饮，却之。再三复敦请，遂从众赴之。夜间寒热交作，因连日感冒风寒也。

初九日晏起，食粥，颇畏风。晚时，浦局转运委员刘君谷人、富龄来。械船已抵小梁山，水浅不能前进。六帅通提之枪，已据钤领发过武毅左营王衍庆二百六十杆，右营周兰亭三百杆，俱法国兵枪也。于是函讬铜山令高君在午雇备牛车，不应。一面仍函讬苏君伟堂雇募，一面商请查君子铭、庐君有堂，明早赴小梁山补发奏批洋械。

初十日早起，小愈。吴观察伯华来，听其议论殊伉爽。午刻，子铭兄等赴梁山去后，伟堂招车户李龙标来，承办牛车三十辆，准于十二日早晨龙标押车至蔺家坝听用。据称：蔺家坝以南有三汊河，不能通牛车，须用小船自梁山驳运至蔺家坝，方可上车，并允代雇驳船，先请借钱二十千，因函致银钱所借付之。

未刻，吴游击世昌，号竹年，自丰县移解到白布八捆，计二百四十一疋，约计六千八百二十四尺，系奉营务处饬交械所制米袋者。申刻，浦局又遣刘把总泽庆解到法国兵枪二百杆，计十箱；丁局十八磅田鸡子一千个，计二百箱；木引一千个，计三桶；线布口袋八百条，价每条五百八十文，麻袋五百条。此批计十一骡车，系因宫保需车，解车来徐顺带军火也。

酉刻，盛营杨和斋来领枪，与之约十三、四日来取。徐镇又遣米序东名廷球来，领去六响手枪五十杆（药袋少二个），随枪器具全；自来火子五千颗，十二响手枪二杆，自来火子五百个。又代领去张统领海河六响枪子九千八百粒，十二响手枪一杆，十二响枪子二百粒。六帅又派先锋张邦才来领粗细洋药各十四桶，据称：未暇具领，即刻补送也。又缴来旧坏洋枪三百七十七杆，并初八收到四十杆，两次共收六帅残枪四百十七杆也。又收到管带松后营宋德鸿缴到残废洋枪一百杆，均经点收给付收条。本日借银钱所四千斤油价，计三百七十六千，系付正昌九十四千，余付乾昌油坊。

夜，偕云阶谒心泉师面陈一切。心师示以曾侯十一月初二日先行覆陈一片，略曰：再，臣奉领十月二十日寄谕：该大臣勋望夙著，积劳致疾，自系实情，着再赏假一个月，在营安心调理。钦差大臣关防，着李暂行署理。曾侯调理就痊，即行来京陛见一次，以慰廑系等因。钦此。跪诵之下，感悚莫名。查统兵大员，非身任督抚有理财之权者，军饷必不应手，士卒即难用命。臣请以侍郎办贼五年，卒无寸功，后以江督办贼四年，乃有成效，深知其中之甘苦。现在湘勇即淮北勇，月饷须七万有余，淮勇月饷需三十万有余。李一手筹划，本年添出清水潭工、江北赈务，需银近八十万，军饷遂形竭蹶。李或任江督，或任苏抚，必有实缺一席，乃能筹此每月四十万之巨款。一离江南境内，则粮饷、军火均无所出，湘、淮军心立见涣散。此等情形，臣于上年九月、本年八月曾经两次详奏。因谕旨询及李能否移扎豫境，不得不再行续陈，上渎宸听。李既难离江境，则接署关防，似可暂而不能久。臣自问行军太呆，不能平此流寇，精力太衰，不能当此大任。一俟霆军西行就绪，病体调理稍痊，约计腊尾春初入京陛见。一以谢累岁高厚之恩，一以请办捻不善之罪，再当面恳鸿恩准开各缺，并恳于李外另简大臣来豫接办。臣但求开缺以减事权，断不求回籍以图安逸，仍留军中帮同照料一切，维系湘、淮各军之心，联络苏、鄂西路之气，既无置身局外之想，亦免病躯恋栈之识，庶臣之寸心稍安，而于大局毫无所损。除将关防择日派员送交李，另疏恭报起程日期外，所有奉到谕旨，理合先行覆陈等因。录毕回所。凤字后营（即松后营更名）宋又缴到废枪八十杆。

十一日将曙，银钱所遣人约送六帅督军之朱仙镇。黎明，又来催约，雇肩舆不获，遂徒步。汉、浚二公骑，云阶舆，至北门馆舍，又至西关外送行，观亲兵过毕，乃循南关回所。

午饭后，索取同兴、鼎隆代制口袋三百六十条，统计增荣购置线布口袋六十六只，白布袋三百四十一只，均存军械所。又查各营缴来废枪共五百九十七杆，内有不能修者六十八杆。通条百五十九根，内坏者二十九根。又枪头三十四根，用四木架妥储之。同兴线店陈偕济南布商李为炳来，承办线口袋五百个，每个三百四十文，先给价五千作川费，年内可以回徐，请陈君作保，请领护照。杜君鹏系江苏候补县丞，将赴济宁，愿代采购布疋、口袋，遂填护照二张，并李商给焉。

下午心泉师来，为浦局解到骡车，将留用，察视老弱肥瘠，命留四辆。既奉宫保谕，统交王云春军门开差应用。坐谈半刻，又呼铜匠遍视六响、十二响、二十四响诸洋枪，久之乃回去。督雷勇德胜量布，以八尺二三寸为率，截之，将制口袋也。甫割二百九十二条，而天已晚。查明兄自梁山舟次来沕称：六帅所提枪千杆，昨已发足，并多提英来福枪六十杆，系六帅批领也。又沈君子雯发过水师营邓、水师新后营张，共八十杆。惟皮条等件查验不出，约后补。再称：七船泊梁山，因前有二坝，水深才尺余，且多石，不能前进，牛车又以隔河不能抵梁山，已觅梁山圩刘姓者代雇驳船，每货一石二十文，约明早运至万家寨上车。阅信即遣发王加福，知会苏君伟堂及李龙标二处，俱致函，属其由万家寨一路迎探也。订请余君沛文带勇夫明早赴万家寨押运。

二鼓，调丈排递一函来，并寄刘襄办仲良包封一件，因即呈送心泉师转递。

十二日，派勇李贤傅、王加福随余沛文兄赴万家寨，一面请营务处发轿车八辆同去。后诣营务处，读宫保初九咨行一件。以初三日咨复东抚院，兹准东抚咨复称：查刻下东防形势，防运固费资支持，而防黄尤为紧要，因于运防中抽拨四营令赴河北驻守。现在长沟圩内实无三营勇丁，招募新营，恐难足恃，或有疏虞，必误大局。现计潘臬司一军已饬回济，似可与留济各营，暂为商布，一俟立春后即由东省派军接防，庶与大局有裨，咨复查照等因。又恭录咨行一件。十一月初一奉上谕：曾着回两江总督本任，暂缓来京陛见。江苏巡抚一等肃毅伯李着授为钦差大臣，专办剿匪事宜。钦此等因。札饬一事，批李副郎呈：如呈。准将忠朴中营改为右营。仰将发管带忠朴前、后、左、右关防四颗给领，饬令各营官开用通报。

同日恭录咨行一件：初五准火票递到军机大臣字寄毅勇侯曾、肃毅伯李、直督刘、闽督吴、东抚阎、豫抚李、陕抚乔、前陕抚刘，十一月初奉上谕：李奏剿贼大略情形，并刘铭传等军节次胜仗，请调察哈尔等马匹各折片，本日已明降谕旨，令曾回江督本任，授李为钦差大臣，专办剿匪事宜。该大臣膺此重任，自当益加奋勉，以竟全功。曾回任后，可暂缓来京陛见，即在江宁安心调理，俟贼势稍平，再行奏请。该督在省坐镇，前敌军饷及中外交涉事宜，自不难从容办理，李必不致有掣肘之虑。李办理通商钦差大臣关防着交曾署理。刘铭传等军已于金乡等处各获胜捷，贼虽逸去，其胆已寒，着李督饬各军认真追剿，勿任旁窜。此次力战阵亡之总兵方有道、守备袁正泰等，均着交部照阵亡例分别从优议恤，以慰忠魂。贼窜郓城，距河甚近，难保不乘间北窜，着刘、阎严饬在事文武各员弁认真防守，勿令一贼偷渡。阎并须派弁拦截，与刘铭传等追师互为联络声势，以资得力。李俟此股贼匪剿尽，再行酌量移营进扎。吴谅已痊愈，着赏假二十日回籍省墓，即赴新任。吴所部兵勇均着归李节制调遣，以一事权。东贼恐由郓城、曹州仍窜豫境兰考一带，李鹤饬军迎截。河南省城防务，着李鹤督同藩司卞宝第等妥办。如该抚须出省督师，省城防务即交卞宝第督同在省司道认真经理，不得有名无实。西窜之贼仍在华阴一带盘踞，逼近省门，据刘、穆等迭次陈奏请兵援剿，是以令鲍超一军入关，该提督不知已抵何处。刘虽系知兵，所辖各营亦复不少，而此大股悍贼一意西行，回、捻交乘，兵分力薄，实属支持不易。鲍超已否入关？抑或另派援军入秦助剿？即令鲍超待于楚、豫境上，防贼回窜，着李酌度情形，与曾随时筹商妥办。务期万全无失，未可谓陕省有备，遂可置之膜外也。乔谅已到陕，即着与刘妥筹防剿之策。刘须俟此股贼击退，陕防无恐，方准卸肩。李请调察哈尔等马匹，已谕知理藩院、察哈尔都统等照数调拨矣。将此由六百里各谕令知之。钦此，遵旨寄往前来，等因。

一日恭录咨行一件，初九日准字寄，十一月初五日奉上谕：刘奏汇报东西两路防剿情形，请改拨刘秉璋等军入关，催穆图善赴泾，请拨队分扎渭水北岸，甘肃粮台事务请暂由林寿图陈奏各折片，览奏均悉。陕省东西两路防军，均各获胜捷，西路回逆渐已窜向甘境，着杨、刘即饬鄜、延各属集团扼要驻守，与程兴烈等军协力防堵。并令刘效忠等严扼邠、长一带，与湘果三营联络声势，以截该逆窜陕之路。汉中镇总兵萧德扬恃勇轻进，致有损伤，着撤销提督，并摘去翎顶，以示薄惩，仍着刘随时查看，如仍不得力，即行严参惩办，勿稍姑息。捻逆仍在华州一带，即着督饬刘厚基等相机进剿。剿。至鲍超一军既未入关，即着曾、李檄饬刘松山一军由商州前进，刘秉璋、杨鼎勋两军由潼关前进，如能扼之于潼关南原峪峪、蒿峪、涧峪之间，当可痛歼丑类。即着催令该提督等分道迅进，万勿迟延观望，是为至要。鲍超一军即令分扼阌乡、庐氏及浙川之荆索关一带，务须痛加剿洗，勿再与贼相左，致误戎机。前谕穆图善暂缓赴兰垣，急顾陕省西路，即着率领马步各军迅由盐、茶趋平、固，进扎泾州，督饬雷正绾等军截剿东窜逆匪，以防回、捻勾结合并之谋，并督令张在山等军竭力保护庆阳完善之地，以便刘专意剿捻。乔谅已到陕，着与刘随时筹商，并将省防妥办，以副委任。陈湜办理河防，甚属奋勉可嘉，刘请令该臬司派拨步队四营分扼渭水北岸，并令将炮船上下梭驶，敲击河冰，着赵即传知该臬司妥为照办，务期兵团协力，水陆相依，不可稍涉疏懈。豫境边防，李鹤务当督饬各军认真堵截，勿任再行狂窜。甘肃粮台事务既系林寿图一手经理，凡关涉粮台事件即由林寿图陈奏，并责成将经手支发各件，造册报销，以归画一。杨片奏请将三寿调补镇迪道等语，本日已明降谕旨，将三寿调补镇迪道，所遗之宁夏道一缺已简放书龄矣。书龄到任需时，三寿既属得力，即着暂留宁夏道任，俟书龄到甘，再行交卸可也。刘另折片奏请催各省协甘饷银并山东、河南欠解陕饷。杨另折片奏汉中设局采办米粮，请饬四川拨饷，并令湖北藩司兼司后路粮台，已谕令各该督抚等照办矣。将此片由六百里各谕令知之。钦此。录毕，即侍心师午饭回所。遣发喜持函至银钱所借领钱二百千，备给车价，俟此批军火运完，再具领请批示也，当持回钱票百千。开营王统领遣弁持批领来领六响手洋枪三十杆，药丸五千粒，因枪未运到，仍持回。

傍晚候车未到，因补录曾侯十月十三日疏曰：为微臣病难速痊，吁恳天恩准开各缺，仍在军中效力，恭折仰祈圣鉴事。窃臣因病请假，仰蒙恩准，两次均赏假一月在营调理。两月以来，加意调治，而心气过亏，不时出汗，不能多阅文牍，说话逾千余句外，舌端即蹇涩异常，耳亦重听，不说话时耳鸣而尚不甚聋，由是终日不愿见客。标病则屡有变换，近日右腰疼痛，陕西抚臣乔过此，目睹臣狼狈之状。似此病躯，久膺重任，断无不偾事之理。再四筹思，不得不仰恳圣慈，请开各缺，安心调理。臣受恩深重，有不敢遽请离营者，人臣事君之义，苟有所长所短，皆可直陈于圣主之前。臣不善骑马，未敢身临前敌亲自督阵，又行军过于迟钝，十余年来，但知结硬寨、打呆仗，从未用一奇谋、施一方略，制胜于意计之外，此臣之所短也。臣昔于诸将来谒，无不立时接见，谆谆训悔，上劝忠勤以报主，下戒骚扰以保民，别后则寄书告诫，颇有师弟督课之象。其于银、米、子药搬运远近，亦必计筹时日，妥为代谋，从不诳以虚语。各将士谅臣苦衷，颇有家人父子之情，此臣昔日之微长也。今臣病势日重，惮于见客，即见亦不能多言，岂复能殷勤教诲，不以亲笔信函答诸将者已年余矣。近则代拟之信稿亦难核改，稍长之公牍皆难细阅，是臣昔日之长者，今已尽去其长，而用兵拙钝，剿粤匪或尚可幸胜，剿捻匪实大不相宜，昔之短者，今则愈形其短。明知必误大局，而犹贪恋权位，讳饰而不肯直陈，是欺君也。

明知湘、淮各军相信颇深，而必遽求离营，不顾军心涣散，是负恩也。臣不敢欺饰于大廷，亦不忍负疚于隐征，惟有吁恳天恩，准开协办大学士、两江总督实缺，并另简钦差大臣接办军务。臣以散员留营，不主调度赏罚之权，但以维系将士之心，庶于军国大事毫无所损，而臣之寸心无忝，即病体亦可期渐愈，感激鸿施，曷有既极。所有微臣病难速痊，请开各缺、仍留军中效力缘由，谨缮折具陈等因。

又同日片曰：再，臣于同治三年七月蒙恩赐封一等侯爵，世袭罔替，只承恩命，惧弗克胜。维时金陵幸克，粗立功绩，皆赖诸将之力。朝廷论功行赏，恩赉有差，各将士皆邀殊荣。臣忝居统帅，不敢立异固辞。然自拜命以来，无日不兢兢业业，恐负非常之宠而贻不称之讥。去岁奉命剿捻，至今已一年零五个月，毫无成效。虽圣主不加谴责，而臣心实觉悚惶。应恳天恩收回成命，敕部将臣所得封爵暂行注销。此后臣效力行间，如果病体痊愈，续有微劳，再当乞恩赏还爵秩。谨法古人自贬之义，以明臣抱歉之忱，不敢稍涉矫激。理合附片具陈，等因。谨录毕。

晚饭之后，浚丈戚属张君及沛兄小童押七轿车回，仅载开花子三十八箱，自来火子大小各二箱而已。先是十月二十七日，增荣赴李家尾房运械时，云阶及家筱峰教以每车用纸条编号，将车户姓名并所运各件详细开明，查对后即交车夫，令其持条交械，以凭验收。固谓此法可循之不废，乃张君废之，即此足见守法之难。七车诸械收储甫毕，已二鼓。苏君伟堂所代募龙标牛车乃始陆续来，诸械杂沓，收储不易。盖转运委员沈君子雯听舟子言，务欲草率速了事，致无条理，漫难稽查也。统计牛车二十七辆，所载六响手枪四箱，英国来福马枪三十六箱，英来复枪四十七箱，花旗来复枪十九箱，自来火二十六箱，皮带器具六箱。并前七车，本日共运到一百八十二箱。收储甫毕，而东方明矣。竟夕未寐者浚丈、云兄、沛兄、铭兄及夫勇等。拟次日请吴君云舫暨光满表弟续去押运，因力劝之寝，然二君就枕时亦已四鼓矣。黎明，云舫致书刘谷人，请其转商沈君，毋专徇舟人意，致误乃公事。增荣作书致有堂兄，请其早发驳船，毋使牛车久待，示以驳船数，以便办车。又致函苏君，请其仍募三十辆，勿多募，恐驳船少即空回车也。

十三日黎明，龙标戚属朱师孔代持函，约苏君及龙标。小顷，龙标来称：代募二十五辆，本日装运，与昨日二十七辆更番迭出。领去钱四十千，代给车值，又领三百钱作零费，概给之。苏君又来商谈半刻，先后去。云阶督铜匠配看六响洋枪所用自来火子大小分储，恐毫厘之差，即不适用也。又因为大号自来火子，舟车倒置，纸盒破碎，复以皮纸紧裹之。开营该领六响枪三十杆，药丸五千个。十二日奉批饬所照发，营弁汪君舟再三催索，约定初更时来取。杨和斋亦来催索，订以明日午刻放车来解也。查阅浦局来文，于十月二十一日委沈大令子雯解来两批。一为行床十五张，行桌十五张，板凳三十条，水桶十副，劈山炮十尊，游架全。其一则十二磅开花铜炮二尊，木盖铁准表炮衣在内，计二箱，双轮炮架二座，螺丝圈、闩羊眼全。炮架尾车杠二架，铁链、扁铁闩全。撬炮棍二根，与抬炮棍二根，取炮子、药包两头螺丝旋木棍二根，送炮子、药包木棍二根，洗炮、取炮子铜插头木棍二根，共五种十根，计二捆。子药四箱，连箱架四个，炮上用零件器具十三种，共一箱。机器局仿造法国十二磅开花子一千四百二十个，木心药管配全计一百四十二箱。此项金陵来单则云百四十二箱，外又有木心三箱，药管二箱，未知有无错误。英国来福单响洋枪一千七百杆，每箱二十杆，计八十五箱。随枪四项炮台一千七百个，计一箱。皮带一千七百条，计一箱。又一包浇子模八十五个，计一箱。起子叉三百四十四个，计一箱。起子叉下注曰：原箱查点仅五百三十八个，除配留二百个外，今解三百三十八个。花旗来福单响洋枪三百七十八杆，计十九箱。随枪器具三项：炮台三百七十九个，浇铅子模九十五个，起螺丝铁叉九十五个，共一箱。英国来福马枪七百五十二杆，计三十八箱。下注：提发奇军枪未发，一切器具，理合登明。随枪皮带三箱，药袋一箱，器具一箱，共五箱。法国单响本家兵枪一千杆，计五十箱。粗洋药一万磅，计四百桶。细洋药一万磅，计五百桶。细瓶洋药七千五百磅，计五十七箱又一百七十八桶。洋药卷十万卷，计一百十四桶。法兵枪用大铜火三百万颗，计二十七箱。外国铜管炮门药二万根，计二箱。英国二十四磅火箭架一座，计一箱。十二磅火箭架一座，计一箱。二十四磅火箭一百枝，计十七箱。十二磅火箭一百五十枝，计十七箱。各磅火箭杆二百五十根，计三十四捆。各磅火箭引药二百五十包，计一箱。六响手枪二百六十九杆，计四箱。花旗手枪八盒，六响手枪六盒，共十四盒，并器具计一箱。自来火枪子，计大小三十五箱。单尾又注曰：各箱均未开看，惟英来复枪器具开箱，提出配发一千杆外，照钉加封。拨解大小皮药袋等十一箱，留作七百杆上用，未便拨解，其余器具均照来单悉解云云。浚丈解到浦局，又由浦局移交各件如此。其浚丈由浦自行解到者，则仅二十四响快枪三十杆，计三箱，随箱器具一箱。洋铳铜火十九万八千片，计一箱。药卷二千四百四十卷，计一箱，又外十九包。六响手枪一百杆，计二箱。随枪皮带枪袋药一百副（内少药袋二个）。自来火子二万粒，计二箱。十二响手枪二十一杆，计一箱，皮带各件全。随枪自来火子九千六百七十五粒，计二箱。总计枪一百五十一杆而已。

晚饭未毕，骡车七辆来，仅解到瓶药八十四桶。汪君来领六响枪三十枝，药丸五千个，悉照数给之。初更后，诣营务处，心师示以曾侯十一月初二日恭报近日军情，并檄调鲍超、刘松山二军分路援剿一折，略曰：窃东西两路贼情，臣于十月十三日驰奏在案。西窜之匪，十月二十二日以前，臣接各路探报均称，贼将回窜豫、鄂。自二十三日以后五日中探报，并无西股回窜之说。臣恐该逆深入秦境，遂于二十七日檄令鲍超统带霆军由镇平、内乡、淅川进荆索关，以达商州，入秦援剿。东路一股，刘铭传、张树珊等军二十六日在曹县接仗获胜，该逆狂奔南窜。二十八日据报，边马已至太康。臣恐该逆回至豫境，又将西窜汝、洛，图犯秦晋。晋省防务，仅隔一河，陕州之三门、茅津渡一带河浅石多，冰结成桥，若乘间偷渡，蔓延晋省，尤属可虑。因檄饬刘松山统带一军迅赴汝州，拦头截击，遏其西去之路，并至陕州、三门等处，与山西臬司陈湜夹河设守，力保晋省完善之区。惟是霆军入秦，湘军防晋，不特秦省米粮极少，有钱无市，即豫省洛、陕一带粮食亦艰贵异常。臣已函商两省抚臣李鹤年、赵长龄，请其为该二军办粮。并函致陈湜，嘱其设法多办粮米，舟运入渭，接济鲍超一军，陆运渡河，接济刘松山一军，不知能源源购运，无误军食否？相应请旨饬下赵长龄采办接济。其粮价运价，或由应协臣饷项下扣抵，或由臣另筹解还，均无不可。抑臣更有虑者，鲍超军中向少明干之员，料理米粮等事，前在皖南，由臣派员办粮源源接济，在江西时各官绅亦助力助粮，全无缺乏，故能专心打仗，所向有功。一离江、皖，至福建省，即有上杭缺粮之哗，赴甘肃者，又有金口弃舟之变，若入秦以后粮米不继，深恐滋生事端。从前多隆阿、杨岳斌、蒋凝学诸军一入秦境，粮贵路远，勇丁逃回者极多。以僧格林沁之忠勇，办捻四年有余，凡捻匪所到之处，该亲王无不躬自遣剿。惟同治二年捻股入秦，该亲王未尝派兵西追，想亦因米粮难顾之故。臣此次檄调鲍超，文内有云：如实无米可办，到万分为难之际，亦可中途折回，并许以兵行至西安省城为止，不再西征，仍奏明专剿捻匪，不剿回匪等语。与之约定，臣盖鉴于金口之变，故特参以活笔，预为维系军心之地。伏乞皇上曲赐原谅。臣乃一面谆催鲍超西行，得尺则尺，得寸则寸，总期有益秦疆，不生他患，冀副圣主眷顾西陲之意等因。又同日片曰：正封折间，东路股匪由太康窜至陈州所属之中和寨等处，臣派杨鼎勋执一军，及张锡嵘敬字三营出队迎剿，斩擒二百余人，贼唯直奔沙河以南。该逆先被周盛波一军于十月二十八、九两日，在柘城、太康、麻邑境内迎剿数次，俘获解散颇众，势已稍衰。据擒贼供称，任、赖等逆将由光、固以窜鄂境。臣意贼既回窜，或南窜光、固，或西窜汝、洛，均未可定。且东股纵不窜陕，亦恐西股由秦回窜洛、陕。刘松山一军仍令回汝、洛进兵，总以力保黄河，先顾山西为主。至西路之贼，续据陕、阌等处禀称，又回窜潼关迤西一带，并云已至阌乡境内。臣察看情形，张逆回窜之说，恐又甚确，鲍超一军仍令从荆索关一路进兵援秦，不再改调，等因。恭录毕回所，已近三鼓。

吴君暨满弟押运络绎来。计本月用骡车七辆，牛车三十一辆。运到之件，票记不甚清晰，大约粗细洋药五百五十五桶，瓶药一百七十七桶又九箱，劈山炮十尊，英来复枪二十八箱，开花铜炮一尊，药卷十七桶，火箭三十一箱，火箭杆一百六十八支，大箭引药包二箱，炮门药一箱，并木架六十个，松板七十块，行桌十五张，行床板十八片，椅子十二，茶几四。诸君督勇收储，增荣头痛乃先寝。

五更，钟勇长有押车六辆来，运到开花子一百零四箱，铜火十箱。停车后园，俟天明即检收也。

十四日早起，因庐君有书已至李家尾房，军械亦多运到，而所约龙标车计必早赴水次，装车乏人经管，乃急令满弟率李及二王三勇往佐之。又以夜奉心师谕，仍令骡车赴水次。而庐君属无须交车，龙标所募又早订，且急促不可却，乃作字启心师止其车。杨君和斋率车来领枪，乃请云阶兄偕子铭兄先发六响手洋枪五十杆，药丸五千颗，计五十包，每包四盒，盒各二十五粒也。恐不合膛，云阶纳药丸将试之，逡巡未发，增荣索之来，指石墙击之，缺其石，铅子向右去，幸右侧无人也。杨君又检数盒稍异者欲复试，乃令铜匠试诸门外之溪间，均可用，遂一一计数付之。其英国来福枪六百杆，因其将半运周家口，无归宿，途次难照料，遂以十五箱储三百杆给焉。又给皮带六百副，铅子模三十个，每二十枪一模也。起螺丝铁叉一百二十个，每五枪一叉也。筱峰来谈，少顷云阶属往视昨所来六响洋枪箱，饬铜匠启之，计枪六十八杆，约有六种，上等二十杆，最下二十八杆，以其机关不灵活，发一枪需两费子也。俱注明，俾日后便于查考。六十八均用小号药丸者，其大号药丸多不相合。

未刻，牛车陆续来。及薄暮，并午前所来四辆，共二十四辆。又万家寨另募牛车一，小车九，所载之械各单多在庐君处，尚未检视也。

十五日早起，谒心泉师，值张漕帅回拜心师。师出前厅见之，于是至心斋处，晤侯君建卿及吴、马二弁。少顷，漕帅去，遂偕侯君等出前所谒师。师即升舆赴行台，余亦回所，将现存各枪大数开折，拟偕汉、浚二公谒呈宫保也。折开：英来福枪二千七百枝，浦局发华营三百，浦局留存七百，浦局转运沈委员奉六师批发六十，徐所发水师亲兵营五十，水师新后营三十，又发盛营六百，现存九百六十枝。法兵枪二千枝，浦局发华营三百，奇营七百，途次奉六帅提发一千枝，现无存。花旗来福枪三百七十八枝，现存。英来福马枪一千零五十二枝，发勋营四百，铭营四百，现存二百五十二枝。六响手枪三百六十九枝，发勋营五十，凤营五十，树营五十，开营三十，盛营五十，铭营一百，现存三十九枝。六响盒枪六枝，花旗六响盒枪八枝，现俱存。十二响二十一枝，发六帅二枝，凤营二枝，树营一枝，现存十六枝。二十四响枪三十枝，发六帅一枝，现存二十九枝。开折毕，汉、浚二君以明日冬至节须入贺，今日可投刺请安，遂不入城。发树营六响枪五十杆，随枪器具与昨发盛营同。又查马枪三批数，头批三箱，二批二十三箱，三批二十二箱也。遣雷勇及发喜裁布，将以丰县解来布尽裁之，制口袋。和尚荐周匠制袋，说定每只针、线、手工钱十六文，领去百一十条，订明晚缴送也。

苏君与龙标来面算车价，十二、十三两日共五十八辆，因自天明候驳船，日暮方到，通夜装运，次日天明始卸完，遂于常价八百外各加四百劳之。其中十四日二十四辆，则给每车八百，共计车值八十八千八百。龙标多领去二十一千二百，则订已归入下属车价扣算。余又以将来水次远近难定，按日给值，恐迟速不齐，即参差有异，欲以里数计算，不问一日、二日，其自万家寨起运，则每车给八百，自李家尾房给一千，自蔺家坝给千四百，自小梁山则给千六百。龙标俱请如约，此皆同苏君与龙标早晨所订也。

薄暮，沈君子雯来称，荆山桥下游土坝成，则转运船直可由猫儿窝入顺堤河，或由滩上入荆山河，达于坝，越坝换小船进泊万家寨上车。如此，则转运船诚可避八闸微山湖之险，道里又近捷，甚便事也。然徐所起运，船而坝，坝而船，船而车，又未悉坝距城若干里，应否用小船兼用车，抑专用车直达于坝也？记诸藉以备查考。昨日运到军火，除五更所到六车已计数外，仍十九牛车，九小车，共运到铜火十七箱，器具六箱又六箱，皮带一包，瓶药五十二箱又一桶，洋药卷九十七桶，自来火子三箱，二十四磅火箭十七箱，十二磅火箭十六箱，细、粗洋药三百四十一桶，火箭杆八十一枝，十二磅火箭架一箱，二十四磅火箭架一箱；蓝漆子药箱四只，箱架二个，双轮架二座，尾车杠二座，各色棍十根，水桶十担，劈山炮棍三十根，行床脚凳十五付，板凳十四条，洋枪空箱二十一只。

录毕谒营务处，读宫保札饬一事。魁营郑镇禀称，派弁韩春光等赴圩寨购草十万余斤，每百斤合钱二百五十文，送至金山桥姚家圩交草领价，等因。又恭录咨行一事：十一月十一日，徐州行营准军机大臣字寄毅勇侯曾、肃毅伯李、豫抚李、晋府赵、陕抚乔、前陕府刘，十一月初八日奉上谕：曾奏东西两路军情，分调各军援剿，恳请开缺各折片，览奏均悉。西路捻匪窜入秦疆，盘踞多日，陕省兵力本单，萧德扬等剿办失利。该匪若东窜晋省，西连回逆，则蔓延益广，防剿更形棘手。贼情变幻无常，探报情形，亦未必遽能确实。值此军情紧急之时，自当迅派援军入关助剿。前据刘奏请饬刘松山、刘秉璋、杨鼎勋等军分由商州、潼关入陕援剿，当经谕令曾、李檄饬刘松山等分路入陕，并令鲍超一军分扼阌乡及浙川、荆索关一带。现据曾奏称，刘松山一军已令在汝州截击东股捻匪，并至陕州与晋军夹河设防，杨鼎勋一军现在陈州所属追贼，是该二军能否迅速入秦，当未可定。鲍超一军既由曾檄令入陕，即着饬令该提督星夜兼程前进，总以迅速就近援秦为主，不可稍涉迟疑绕折，坐失事机。刘秉璋一军当可由陕州就近先入潼关，着曾、李迅饬飞赴。总之陕省紧要，诸军无论何部，务令就近者迅往援剿。如鲍超能入陕，务令严申军律，毋得任听所部将士扰累所过地方。东路捻股窜至陈郡，经刘松山等军追截获胜，着即督饬诸军尽力截击，毋令他窜。晋省兵力未厚，现值河水渐合，防务万分吃紧，曾所饬刘松山一军驰赴汝、洛，与陈湜所部分防黄河南北两岸，尚合机宜，着即飞饬前往。惟诸军分赴陕州及关中诸处，均系粮米极少之区，采买维艰，着李鹤迅饬豫西各属地方发速行筹备粮米，以供军食。并着赵筹运粮米，由渭河船运入秦，务须源源接济，不可稍涉推诿，致误军食。应需采买饷粮，即着曾、李迅拨豫、晋二省归款，乔、刘亦当迅储粮米接济，毋任缺乏。前有旨，令李为钦差大臣，并因军饷紧要，特令曾回两江总督本任筹办饷需，暂缓来京。兹据曾所奏军需紧要情形，与朝廷谕旨相符，着曾即遵前旨，将军务交李接办。该督即回江督本任办理饷需军火，源源筹解，俾李得离江境，统兵进剿。则筹饷与剿匪之功，均为国家倚重，正不必以开缺赴营，始足为朝廷宣力也。李俟曾回任后办饷有人，即着相度情形，驰赴前敌军营就近调度。曾公忠体国，与李同办一事，所有该营军火饷需，自能不分畛域，妥筹接济，毋俟朝廷谆谕也。将此由六百里各谕令知之。钦此，等因。

行二件，一准钦差大臣曾咨：本月二十九日，据定陶刘令二十四日禀称，任、赖大股二十三日在鉅野之安兴墓、菏泽之苏集，图窜运河以东等语。乃二十八日夜接据探报，贼匪已至太康，其为回窜西路无疑。前因老湘营一军已抵镇平，即经两次批，檄令即在南阳、内乡等处暂扎，另候调度等因在案。昨接刘镇十九日由内乡所发之禀，拟仍拔回襄城。当又批：会于何处，接到此批即驻何处听调，亦在案。今任、赖一股已至太康，仍恐西窜汝、洛，图犯秦、晋，应饬贵镇一军迅赴汝州拦头迎击，以遏其西去之路。如业经窜过，则须跟踪紧追，勿令沿黄河窜去。陕州之三门、茅津渡一带，河浅石多，冬结冰桥，恐其乘间偷渡，蔓延晋境。贵镇须与山西陈臬司往返函商，夹河设守。至洛河一带，米粮极少，应请李抚部院谆谕各属多为购备，由营发价，并请山西赵抚部院饬陈臬司代为购办，接济老湘营一军。其张编修敬字三营已至周口，即日饬赴汝州，与老湘营同剿。一路因办粮太难，不敢再调多军前赴汝、洛，照会查照，等因。除照会老湘营刘镇外，咨明查照，等因。录甫毕，心师自督辕回，倾谈半刻，已三更，即告归械所。

十六日冬至节，入城诣行辕，偕汉翁、浚翁、吴云翁、余沛文兄、云阶兄至文巡捕朱君处，又晤沈巡捕子梅能属，知宫保本日不见客。乃偕云阶赴银钱所，晤张铭三兄新之，具钤领，领十一月分薪支湘平银二十八两，因省三兄等他出，约下午遣价往取。出城诣心师处贺节。坐少顷，回所午饭。

饭后云阶约同子铭兄往鲁班左殿神机广运处查检存储械数。系药卷百十四桶，又百二十箱，自来火子大号十箱，小号二十一箱，未灌药者三箱，铜火大箱三只，小箱三十五只，三十五箱内有已经发动者一箱，又小铜火二箱，十八磅田鸡子木引三桶。检毕，记籍锁户。往观音堂检看诸件，瓶药桶多破坏，取瓶数之，未数十桶，已少二十九瓶矣。日暮不宜近灯火，拟明日细数之。沈君子雯、刘君芗林来共饭。

二鼓，拟营务处，心泉师暨心斋兄俱寝，固本日拜牌起早也。回所，雷德胜发喜报，布已裁毕，计可制千三百十一口袋也。

十七日早晨接宁内所移称：十一月初五日奉札催解双响手洋枪四百五十枝，即于初七派万都司得胜解浦，以备转解。并粘单计开：西洋炮局仿造法国十二磅开花铜炮二尊，又双轮前后车架二套，计四座，每座洗撬炮。子药箱四箱，木棍各一根。炮门针二付，拉炮门药木拿手绳钩二根，钻木心湾铜锥二个，四种均炮上零件也。丁局三十二磅铁田鸡炮二尊，架全。十二响手洋枪八杆，外国皮带、枪袋、药袋八副。六响手洋枪六十四杆，外国皮带、枪袋、药袋六十四副。双响手洋枪四百五十杆，炮台九百个，铅模起子各九十个。机器局仿造德国十二磅开花子一千个，木心药管配全。刘局仿造十二磅开花子五百个，又炮子木心五百个。丁局三十二磅田鸡子一百个，又炮子木心一百个。记籍后，赴观音堂检视瓶药，共欠百二十一瓶，计六十余磅。云阶欲设法弥补之，沈君乃喜。

晚饭毕，即入城。余亦诣营务处，读宫保咨行一事，以准曾咨：十月十九日准军机大臣字寄湖督官、江督曾、督办甘肃军务宁夏将军穆、前陕督杨、成都将军兼署川督崇、川督骆、豫抚李、晋抚赵、陕抚乔、前陕抚刘、鄂抚曾，十月十四日奉上谕：刘蓉奏捻、回两路援陕防剿各情，请饬曾拨兵赴援，暂留程兴烈军驻陕各折片，览奏曷胜焦念！捻匪由灵宝、阌乡西趋，北由蒿峪小路分股窜入华阴、朝邑等处；雒南一路，又有贼马滋扰；陕省东北、东南两路均有贼踪；逆首张总愚又有欲由鲁山窜扰汉中之说。甘省回匪大股已踞泾州、北原，分股窜至宁州所属地方，宜郡、白水、三水各邑均有逆回溃勇分扰边境。陕省东西两面同时吃紧，该省兵力本单，彭体道之师又在华阴被挫。若不厚集兵力，痛加剿洗，恐贼势益成燎原。刘现抽调邱时成等各队暂赴省东，着即激励诸军，奋勇堵剿，力遏凶锋。商、雒一带，仍筹防军妥为遏截。省垣防务紧要，务须严密布置，不可稍涉大意。鲍超一军即着曾迅速催令入关助剿，并赶紧添派湘、楚各军赴援陕境。陕州、洛阳一带，李鹤年当分拨豫军堵截，以防贼踪回窜。襄、勋一带，官、曾亦宜迅拨兵勇，扼要驻守，以防贼由商、洛回窜。鄂疆之路，并相机出境越剿，不可画疆自守。同州、朝邑一带与晋省仅隔一水，黄河堤岸绵长，防务尤关紧要。赵长龄当筹拨兵勇，交陈湜妥筹堵御，毋稍松懈。倘任令贼匪东渡黄河，惟赵长龄、陈湜是问。汉中一带毗连川境，着崇、骆迅即挑拨得力兵将，严防边境，毋令闯入。至曾总统师干，身膺阃寄，各路将士均归调度，从未筹及陕、洛防务，办理一载有余，贼势益形蔓延，现在关中又复被扰，大局糜烂至此，不知该督何颜以对朝廷？若再不速筹援师赴陕，将此股捻匪设法殄灭净尽，则始终贻误，咎将谁归？陕省西路回匪现俱麇聚甘境，杨岳斌当飞檄省东各军，实力剿办，与陕省防军两面夹击，以期迅灭回氛。倘任听泾州踞逆窜入陕境，毫无布置，恐不能当此重咎也。程兴烈一军，着穆图善饬令仍驻吴旗镇防堵拖延，毋庸调回甘省，并着穆抽拨宁、灵防兵先顾陕省。乔现在行抵何处？着即驰赴新任，妥筹防剿。刘俟乔到任后仍当与之会办军务，不得遽行回籍，置身事外。刘另折奏：查明谭玉龙等所部勇丁哗溃情形，请将该革员等罪名宽免等语。谭玉龙欠发勇丁饷银，既无克扣肥己情事，且能深自引咎，屡著战功，尚知愧奋，着撤去统领，暂免治罪，仍责令带罪随营自效。焦万海既经屡次打仗出力，业已革职，着从宽免其置议。陈义一员仍着杨岳斌会商雷正级查明核办。另片奏请催湖北、四川、山西等省饷银，本日已谕令各该省督抚迅速拨解矣。将此由六百里各谕令知之。钦此。行一件，以十一月初一奉上谕：李奏请拨马匹赴营，以资攻剿等语。着裕瑞、玉亮于察哈尔商都太仆寺牧群内挑选一千匹，仍交何布登额、伊勒当阿分起管解，迅赴李营，并着理藩院于各扎萨克蒙古捐输马内酌拨五百匹，派员并解，等因。钦此。

七日恭录咨行一事，以军机大臣字寄十一月十一日奉上谕：英奏贼渡沙河南窜，布置颍西防务一折。捻逆由车县窜过柘城、鹿邑，势甚飘忽。英带兵驰抵太和、亳州，守将程文炳出队往剿，该匪已向陈州一带奔窜。总兵李显安等追至沈邱县迤西，匪众已过项城。现在贼踪窜入豫境，势将南趋鄂疆，李鹤年务当督饬豫军极力拦截，不可徒事尾追，致令贼由汝、信西窜南阳。曾已经出省东赴黄州，着即探踪北趋黄陂、麻城一带，杜贼由光、固窜鄂之路。并着官、曾分布各军于襄、樊、应山、随枣一带，严密堵遏。槐店、周口俱有火光，虽现住周口，当必有兵迎击，其被援轻重及接仗情形若何？着即随时具奏。贼去东省已远，刘铭传等军自应多为派援，尽力追入豫境，与周盛波等军会合豫师夹剿，务须穷贼所向，不可稍形懈弛。着曾、李妥为调度，仍着英严扼颍、六一带，防贼回窜皖境，以固疆圉，等因。钦此。毕归所。

十八日谒营务处，读宫保十一月十三日谢恩陈请一折。略曰：窃臣接准兵部火票递到同治五年十一月初一日内阁奉上谕：曾着回两江总督本任，暂缓来京陛见。江苏巡抚一等肃毅伯李着授为钦差大臣，专办剿匪事宜。钦此。并承准军机大臣字寄，同日奉上谕：本日已明降谕旨，令曾回两江总督本任，授李为钦差大臣，专办剿匪事宜。该大臣膺此重任，自当益加奋勉，以竞全功，等因。钦此。当即恭设香案，望阙叩头谢恩。又准军机大臣字寄，十一月初八日奉上谕：李俟曾回任后办饷有人，即着相度情形，驰赴前敌军营，就近调度，等因。钦此。伏念臣前奉谕旨，命臣暂署钦差大臣，当经沥陈微臣智短才薄，难胜此任，仰恳圣明从容筹议，另简知兵大员督办军务，或俟曾调理就痊，仍旧办理。诚以督臣曾老成重望，自受命办捻以来，其于地势贼情、分防合击，无在不焦劳筹划。特捻匪剽疾流窜，迥非粤逆之比，官军往来追蹑，力有所穷，是以奏功未能迅速。微臣自揣岂有奇谋胜算可以过之，乃荷圣恩简任，加以策励，欲再辞则迹涉畏难，欲前去则后无付托，日夜辗转，悚惶万分。仰蒙皇上洞鉴，两江所出饷需，实关剿捻全军命脉，特命曾回任筹办，俾臣后路无掣肘之虞，圣慈曲逮，俯察艰难，无微不至！臣等应如何感奋，复何敢稍有推诿，致误事机，谨当恪遵谕旨，俟曾回任后料理交卸，驰赴前敌。惟臣熟知曾积劳久病，时形衰惫，其前奏不能见客及畏阅公牍等语，皆系实情。屡接来函，深以地方政务繁重，精力不支，必欲坚辞回任。臣虽专缄商恳，但既迭请开缺在先，亦自恐贻误于后，其素性耿介，量而后入，固久在圣明鉴照之中。捻股现尽入豫，曾适在西路，计鲍超、刘松山所部湘军已由曾檄往陕、汝一带。其余各大支，皆臣淮军旧部，臣即未受钦差关防，本可筹商调度，臣暂不赴豫，亦尚无妨。设臣与曾皆离督任，根本重地，孰与维持，于大局确有关碍，感激之余不无过虑。臣惟有随时勉循职守，殚竭驽庸，以报鸿慈于万一。所有微臣感悚筹虑愚忱，理合缮折驰奏，等因。

又读心泉师昨日复曾节相函曰：某前接二禀，荷蒙宠恭，循环捧诵，感激靡涯！恭惟宫太保侯中堂翊赞调元，忱恂体国，虽以谦冲引退，而圣恩优渥，倚畀愈殷。前阅邸抄，闻有回任两江之命，欣怀司领，日月以期。顷奉钧谕有云，不能作星使，焉能人江督？仍将具疏坚辞，以散员在营照料，系湘、淮之军心，通苏、鄂之气脉。既无恋位之讥，又明致身之节，在我中堂之自处，可谓仁至而义尽矣。然而中堂一身，久为四海瞻仰，元勋端揆，人望所归，一旦退处散员，上非国家敬大臣之礼，下即难免庶人之讥。且中堂德重功高，已居人臣极地，今以勋德不及之人，握兵符而处其上，屈中堂以为僚伍，非狂则僭，孰肯当之？揆之理势，均有未可，此朝廷所以难从所请也。窃谓难进易退、有疾便辞者，人臣之节也，屡辞不获、奋勉从事者，亦人臣之分也。古大臣居高思退，而以温诏留，不能遂志者多矣。如君必不肯从所请，而臣必欲强于我从，或亦势有难行者欤？某愚见为中堂计：钦差、江督二者，必暂居其一。现在捻逆穷蹙已极，不过数月余氛净扫，然后入觐陈情，则朝廷必予以优闲，庶克遂绿野平泉之乐矣。刍荛之言，伏祈采择，不胜惶悚之至，云云。

心师又出示作梅先生手函曰：前闻驺从抵徐赞理戎机，不独分宫保之劳，借箸前筹，实多禆益。昨奉手教，敬聆教诲，湘乡师回任综理后路，有裨全局，此席非宫保兼摄，必须师相卧治，望谆劝勿以病辞，俟捻事竣，养屙东晚。宫保英明豁达，与吾兄昕夕相处，以缜密精详佐其不逮，随所见闻，进言无隐，义分当尔，非云报也。金陵安静无事，惟久旱无雨雪之润为可忧耳。翟君次怀闻给事左右，此人悉节不凡，学有根柢，加以大贤之陶冶，所造岂可涯量！手此敬复，天寒为时珍卫，云云。增荣一介庸愚，迭蒙当代大君子称许，过情之闻，时切战兢！

又读涤生中堂复心师书曰：九月十二日泐复一函，交折进京，以台旌未抵都门，带回营次。顷接惠书，渥承垂注，即审宣勤戎幄，动履康愉，企诵良殷。某北征岁余，尚无起色，衰年多病，陈情请开各缺，奉命调理一月，进京陛见。本月朔日，又奉谕旨，令回两江本任暂缓进京。惟贱躯衰态日增，用心辄汗，言语稍多，舌端蹇涩，既不能作星使，又岂能任江督。即日当具疏恭辞，仍请开去各缺，以散员留营，帮同照料，维湘、淮之军心，通苏、鄂之血脉，不敢作置身局外之想。知念附告，云云。谨录毕，又录十四日咨行一事，准钦差曾咨，十月二十日接准贵爵军门函称：十五日途次，连接陕西刘中丞两咨。一函因回、捻东西交哄，奏请鲍超入陕分路应援，等因。查捻逆现遁雒南、高华一带，虽系秦中所属，与豫、鄂均相毗连，该逆深知秦中无粮，不过畏避追师，暂时遁往，然其意实在鄂不在陕也。今刘中丞既已奏请往援，如果奉旨允准，克期进兵，不惟陕中米珠薪桂有钱无市，即就各省协饷而论，其中以江西为大宗。该省虽按月报解，然每批必耽延至三、四月后方能解到。此时在豫尚且如斯，若到秦中，断非迟至半年后不能到营。兼之军火器械，无不仰给于东南数省，霆军若仓猝前往，而望数千里外转运粮饷军火，其势万难按期接济。况大军一入陕疆，捻逆必回遁鄂、豫，彼时必欲回军剿捻，又被回匪牵制于后，势不能不舍捻而剿回，然剿办回匪亦岂仓猝可以进兵者。种种情形，究应如何筹划，等情前来。当经本部堂批答，以贵军援陕，米粮子药难于运送，且虑我兵进陕，而贼又间道回窜，豫境空虚，两有所损，拟即据实覆奏等语，批发在案。并两次咨复刘抚部院，言霆军不能赴秦亦在案。惟前此屡有贼有回窜之状，自二十二日接陕州、灵宝两禀，尚称回窜庐氏，近五日并无回窜之说，是该逆必援深入秦境。霆军军威素著，若驻南阳太久，不足以慰远近之望。应请贵爵军门即率所部全军自南阳拔营，由内、镇、浙川进荆索关，以达高州一带，相机剿办。如贼已向西远去，亦进至西安省城为止。贵军系奏定剿捻之军，不必与回匪接仗。至秦中难办米粮，本部堂亦深以为虑，即当咨商山西赵抚部院，请其代为购办，并函告陈臬司由黄河、渭河舟运入秦。其米价、运价，或由应协月饷项下抵扣，或由本部堂筹还，均无不可。仍请乔、刘抚部院就在陕省购办，源源接济。其饷银请湖北两院运至荆索关，请贵军自行迎提。倘全无粮食可办，贵爵军门到万分为难之际，即行中途折回，亦上可以对朝廷，下可以对秦省，本部堂必切实奏明，不令兵勇枵腹从事。咨会查照，迅筹赴陕，仍先见复，等因，除咨鲍爵军门外，咨请查照，等因。

又十七日札饬一件，据副将徐邦道等禀称：初抵禹城，托绅士通判曹文芳招购骡马结实高大四、五、六岁之口者六千匹外，骡价另单附呈。至四套车辆，已在汴垣办齐二十辆，因车上蓬套、皮球一切什物未曾办齐，俟办齐回营，再行报销。闻逆匪窜入宁陵、睢州一带，以此不敢冒险而行。所带银两不多，该城物料昂贵，所有喂骡夫口食以及一应马乾零用，日须十五、六千。各乡柴草被贼烧尽，以此出卖骡匹甚多。现下所办仅敷十五辆之数，尚少二十余匹，因托曹文芳借垫钱二千千文，再络绎办齐。伏祈发给银两千两，饬委星速解来偿还，余款余钱以作回营路费。尚有大黑骡一对，大白果骝骡一对，大菊花青骡一对，要银千余两。又有盖世红马一匹，要银三四百两方肯让卖。伏请示遵，等情。到本署部堂，据此，除批该将办骡车二十辆，价格昂贵，应俟车套什物配齐，分批解回验收。饬银钱所添发银二千两，派委先锋官张志鳌解汴交收，会商支用开报。其大黑骡等未免太贵，无容收买，三四套骡车亦不必添办矣。仰即遵照撙节办理，勿稍滥费，致干重咎，等因。

又札委一事，以丰、沛二县恐或推诿延误，添派升用知府陕西候补直隶州唐牧德埒会办，查照定章，商同丰、沛二令妥速筹办。该牧月给薪支银三十六两，由行营银钱所核发，等因。录毕归所。

十九日早膳毕，率夫勇盘查收存诸械。前楼、后楼、楼下、观音堂、鲁班殿俱次第查明登簿。其瓶药所耗，小瓶百三十，计六十五磅，大瓶十七，计十七磅，尚不止十七日所查之数也。五处检点甫毕，已日暮，油烛、床、桌、开花子等件须俟诸明日。郭少亭之兄仲来，将就董梧轩镇军之聘。

晚饭后，刘谷人兄托往营务处催缴解批，以米卸空，欲即回浦局也。乃与云阶赴营务处谒观察师。闻林观察桐芳（字文叔）极欲劝中堂回任宫保，因檄令往说之。夜半，策马去，三日抵周口，尚无回报。中堂引疾，决计不回江督任，又请另简星使，不知谁是知兵者。如果朝廷从其请，另简重臣自北来，无论公忠、经济，未必如湘、肥二公。且湘、淮诸军均不能相知相信，安可得督指之助耶？现今任、赖穷蹙，机会可乘，张酋入秦，为患甚大，湘乡相公胡为必欲决然舍去，而不顾军心之涣散，贼势之复张也。复睹齐、豫、皖三帅各疏，月初中丞谓去岁河水既合，防军用船敲击，旋敲旋合，计无所施。然则同州之贼逼进河滨，万一冰结成桥，乘虚偷渡，并汾糜烂，京师必且震惊，此则大可虑也。霞仙中丞处回、捻交哄之时，支撑必不易易，更何暇扼捻渡河？赵中丞、陈廉访虽得严旨责备，而忘备之民，本非习于兵革，又安能捍鸱张之寇？惟冀湘军得力，小寇又无远谋，或不致渡河而东耳。然三秦之祸正未有艾，季高宫保即速至军，而无米不炊，恐无速效。念之曷胜扼腕！

二十日，家筱峰偕陈君（名念洙）待源过所，陈君系由汴垣来徐当差者。适心泉师亦过所，遂见之。心师命增荣购料豆，以备喂养骡头也。又以都司刘裕和解到三套棚车十辆，奉宫保批定章程：每骡一头，日给草十斤，料麸各四斤；车夫十名，并一名，每日各给钱一百五十文；每车一辆月给烛三斤。料草由营务处、烛由军械所、钱由银钱所发给，统归营务处经理。嘱告银钱所查照，遂入城告之。回作书上曾侯，脱稿请云阶删之。书意以中堂受恩深，朝野系望久，时局艰危，义不可去。星使、江督二者不宜俱辞，更不可请另简星使。备述武侯、汾阳事，辞过戆，云阶润色之，乃稍婉。

二十一日早起，遣满弟赴西关，并持函记伟堂购豆。满弟去后，诣观察师呈昨夜所缮稿，请正之。师以为可用，易数字，并呈琴西师所来书，及邑人士拟禀大府稿。系谓：泾邑农局收场存款千四百余金，将发各镇市生息，以六成给乡试川费，以四成赠公车。而以朱子典观察，与增荣经理其事，谓与农局有交涉也，心师以为可行。又呈制口袋各帐。少顷回所，缮录上中堂书，午刻拜发之。勋营领来福马枪四百杆并随枪器具，子铭兄点发之，又发给油烛数事。既晚，汉翁言本所公事繁，同人多，宜分任之。余深以为然，乃商诸浚翁，质之云阶，分派各事颇周妥。又与云阶夜话，以其将回苏也。四鼓乃寝。本日又得仲伊、琴生、兰士、肖衡函，均琴师代寄也。

二十二日诣营务处，读宫保十八日札饬一事。以行营差遣需员，饬常昭海口厘局委员候选同知钱丞卿铢来营听候差委，俟总局派员到局，即行交卸前来，等因。又十九日札饬三件：东抚十月二十九日奏，发、捻逆股盘旋江、东交壤处所，奔突靡定，迭经援军追剿获胜，现盘扰钜野一带，多日连日追蹑，及严筹黄、运两河冬防情形，谓：赖、任等股自九月二十八日复渡运河，经防军击退，遂窜嘉祥、羊山一带。时鼎军抵嘉祥，铭军抵钜野，臣适督军剿肥城黄崖山土匪，分军驻守运河，檄鼎军兼顾河防。十月初六肥匪剿灭，鼎军亦剿败捻股。初一铭军亦追捻于嘉祥之满家峒获胜，逆遂遁向金、单一带，迤及丰境。臣于黄崖克后，虑及运防，初七令各营拔队。初八饬各军连夜分赴河防，委丁藩司办黄崖善后，自赴东平。初九、初十均已密布河墙。是日，逆股北窜钜野，盘旋钜、嘉之交，鼎军仍即出剿，铭传亦自江境折回北追。十二三等日，贼自金、单南窜，铭、鼎两军追蹑，逐贼于丰县湖团地面。十六，铭军追及于程庄，大捷。十七，贼北窜鱼境，鼎军大败之于翟家庄。十八，贼窜济宁西乡，直扑运河。时济防防军李昭庆所部张桂芳、李长乐列营河干，防守甚周。臣派去总兵赵三元水师亦到济宁，逆遂不敢窜渡。十九日，鼎军追及于孙家桥，大捷，杀贼千余，贼西遁。二十一、二等日，贼又北窜钜野。鼎军自嘉祥进，铭军自单县进，均抵钜野。适曾所派树营亦到，遂分军追逐。二十三日，贼窜郓城之非哲集。二十四、五日，窜荷、濮交界。二十五日窜至定陶城外，又向城武。二十六日，又至钜野境内，各军分途追剿，俱有斩擒。闻贼中无食，逃溃甚多。据获贼供：逆情穷蹙，极思窜突黄、运两河，现仍在城、钜一带盘旋。臣查天气渐寒，河冻伊迩，黄、运防务綦严，而黄防尤要。去岁防河虽饬设船打冰，而黄河冰冻随凿随合，亦难洂恃。臣兹拟自张秋镇以至范县豆付店，东省应防汛地严兵据守。现计提督傅振邦、济东道卫荣光共四千兵勇，均在北岸筑墙，又饬赵三元所带水师六营均入黄河。天冻之时，炮船无所施展，现饬将炮船挽入内河安放，将炮座一律调赴北岸，自张秋以至豆付店，每里设炮台两座，协同旱营安炮驻守，以为防黄之计。若能将冬防巩固，一俟春融，再行派队防剿，等因。

又皖抚英十一月初四奏。追贼入豫，贼已渡沙南窜，现调回北路各军布置颍西防务。谓：前因东境贼扰、派军扼扎蒙、亳情形，于十月二十四日驰陈在案。臣于初一日拜发题本后，即督军由颍州起程。本拟查看蒙、亳一带情形，并探贼迎击。乃接据探报，贼因追急，由单窜灵，经过柘城，已抵鹿邑，势甚飘忽。臣恐逆股折而南行，遂改道太和，绕向西北一路，迎头拦击。初一晚驰抵太和，连接亳州守将程文炳禀报：二十八日贼在鹿邑王家桥地方盘踞一夜，该军出队五十里往剿。逆于黎明后奔向陈州一带，我马军擒贼七人，据供任逆等欲窜过沙河，入山度岁。又据西路探报，槐店、周口一带已见火光各等语。臣即亲督道员史念祖、副将李得胜、徐登善等裹粮疾行，循沙而上，并另派参将牛师韩等从南岸包抄，期于沈、项境内，趁其半渡痛击。讵初三天明抵沈邱之纸店集，知贼已尽两夜之力狂奔四百余里，于初一晚间由距陈七十里之新店集、水寨等处渡浅南窜，相去已在一日之外。又派兵追至沈邱县迤西，该逆已过项城，其去益远。因各军大半均在东北，骤难调到，臣所带仅止六营，未便深入穷追，当即收队。窃思该逆既欲南窜入山，非由新、息趋黄、麻，即由汝、信窜随、应，鄂中有曾国荃亲自督师，必能截击。该逆被创后，如果东窜颍、霍，臣固当以全力御之，倘贼游弋于光、固、新、息之间，臣视皖、豫为一体，仍当多拨劲旅入豫会剿，以收夹击之效。现已飞调北路各军，除涡阳、亳州仍留重兵驻守外，余令悉赴颍西皖、豫交界一带扼扎。臣拜折后，仍暂回颍州，俟诸军调齐，即亲往各处，相度机宜，分别布置，等因。

又豫抚十一月初七日奏，东股逆匪回窜豫疆，由柘城、太康昼夜疾驰，总兵宋庆追及陈州西南万寨地方截击获胜。兼以淮军由东路追逼甚紧，该逆牛家口浅处渡过沙河，南窜商水，上蔡已见贼踪。宋庆渡河蹑剿情形：窃臣前将东、西两路窜匪，距匪不远分兵布置缘由，于十月二十七日由驲驰奏在案。连日探报，西股前队进逼华州之罗文桥，大股仍踞华阴，边马扰及潼关，等语。陕抚臣已严扼西路，霆军西行，刘松山老湘营驻防陕州，力保黄河，以顾晋省。计与臣所派之保、英一军可先后到防，可杜该逆回窜之谋，即黄河冰结成桥，亦可遏其偷渡。其东路窜匪，叠经刘、潘等军于鱼、金剿击，该逆不得逞志，复回窜豫境。十月二十五、六等日，边马驶入商丘县属之刘家口及宁陵县属之吴庄。二十七日，马步贼众纷扑归德府东北二关。经署总兵成景派兵出击，生擒贼目霸来往、纪七、李六等多名，讯明正法。二十九日，复至城下放火，经游击吕振河剿击，杀贼数十名，救出难民无算。该逆窜向柘城，适周盛波带兵至县，会合民团出击，擒斩甚多。其窜至柘境之雷屯、宋屯者，又被臬司刘秉璋截杀。逆遂由太康奔向淮宁，昼夜兼驰，极其剽疾。惟时臣所派宋庆之军驻扎睢、杞，拔队向太康一带追剿。三十日驰抵淮宁，黎明驰四五十里抵陈州之万寨地方，挥兵进击，连破贼踞村庄十余处。复由陈州正南出奇兵击之，贼遂溃散，生擒贼目葛振强、贾炳有、徐有桂等老贼五十余名，夺获骡马二百余匹，贼众败向西趋。贼供称：贼于昨夜渡过沙河以南，尽留悍贼以防追击等语。我军即追至牛家口，而贼已渡河。现在商水、上蔡等县已见贼踪，闻贼有由光、固窜往湖北之说。查赖、牛等逆本欲窜过运河，既不得逞，则必就寨少粮多之处，以延残喘，而由光、固入鄂，尤其熟境，云云。

又见省三军门函：铭军初九日抵周家口，俟驼骡购齐，即前进。任、赖于三十日夜过沙河，已向汝南一路。前据贼供：群投光、固觅食，此后蹙向南趋，重山复或可渐期得手也。张总愚前已窜及华阴，近有回商州、窥伺荆索关之说，云云。录毕回所，点查开花子、大炮子、劈山炮、行桌、行床、油烛等件。

晚又诣营务处，睹省三军门十五日移照一事。以统带先锋马队张镇景春练兵不肯认真，打仗毫无调度，应即撤委。另选马队左营副将陈振邦勤勇明白，堪以接办，其所遗之缺调守备张佩芝管带，所遗副营，另委哨官陈凤楼管带，等因。又读宫保本日咨行一事：准皖抚部院英咨称，昨将调派各军分头进剿情，于十二日备文咨明在案。本日叠据探报，任、赖等逆大股已窜抵固始，势向南趋，并欲分窜六安就食，等语。贼踪肆扰，应即改派防军分驰夹击。前接曾爵阁部堂咨会，谓已派王镇等军由东路六合等处进剿，此时尚未见到，亦须先就皖省防兵力筹兼顾。现飞饬李镇显安马队、方丞长华方字一军拔赴固始，会同黄统领英字一军迎头扼击。郭镇宝昌卓胜一军驰往霍、固交界之叶家集，抄出贼前，截其南窜之路。程镇文炳强字一军，拔由三河尖前进，俟贼趋重何路，即由何处策应，以收夹击之效。一面饬赵丞济川带亲军炮营接防江口集，腾出朱镇准森尚字一军驰赴六安驻防，以资周密。本部院俟山字等营调到，亦即驰往三河尖一带相机调度，等因。毕归所。

二十三日早起，筱峰来，出示徐州太守部荻洲先生札一件，系饬筱峰巡防西北隅也。坐少顷，偕入城，回拜陈君待源，询河南情形。陈君为述官场之华侈，民生之凋敝，军政之废弛，为之怅然！又偕筱峰诣石芾南孝廉，求诊得方。诣张君省三不遇。至西门旧总镇署阅视骡车及车棚。出西门回所乃饭。饭后，苏君云波来，陈君逢年亦来，俱荐字识也。

晚饭时，奉宫保批准，添字识一名，长夫八名，公费每月三十两，谓徐州收发渐繁也。又奉照饬一事。以管带亲兵吴镇殿元放饷不清，每有搭换洋银钱票等弊，应即撤委。查有记名总兵韩镇照扬老成勤朴，堪委接管。着勒令吴殿元将所领军装、骡马等件交清，勿任短缺，一面将该营营务实力整顿，严明训练，期成劲旅，等因。又札饬一事：据丁运司于苏松道任内禀明，将经费及养廉一切盈余，置办轮船军火等件，除湖州轮船一只早解金陵应用，又陆续解过双单响手枪七百九十杆，前后解六响枪五百五十杆在案。兹又买到花旗六响枪一百六十杆，连皮袋、皮条带俱全，每杆价银十三两，共银二千零五十两。又正伦敦六响枪一百四十杆，连皮袋、皮条带全，每杆二十二两，共银三千八十两。又自来火铅子七万颗，每百颗银二两，计七万颗共银一千四百两。合共银六十五百三十两，将解浦局收储转解。再，此件因夹板船遭风回国，改由轮船转运，故迟至今始到，等情。批候饬钱道转解来徐，等因。

又札饬一件事。以来福马枪为外洋绝精之品，多方重价购求而得。各马队多募北人，洊恐懒散粗浮，不知仔细护惜，应责成各统领营官，如所领此枪遗失一样，罚令该营官赔缴银十两，将银移缴内军械所。仍由该所委员冯丞瑞光等随时移查具报，庶营哨勇丁咸知慎护。札令徐所查照，随时移报领来福马枪。各统领营官一体遵照，毋得视为具文。凛切切，等因。又札饬一件：据华营吴道禀称，卑营奉调进扎，月需请领一切，途长水逆，转运维艰，所有正、前、左、右四营每月应领油烛，恳饬知行营支应所，自明年正月分起，照北征各军章程折给银价，自行采办，等情。奉批：华字正、前、左、右四营三哨饷项，已批准从六年正月起，由支应所解交浦局核收。所有油烛亦从六年正月分起，照章月给银三十两，由陆军支应所核发，即由该营自行采办。其扬防两营，仍照向章请领，饬徐所查照办理，等因。录毕，议本所布置各事。三更议定，乃寝。

二十四日早起诣营务处，读宫保二十三日恭录咨行一事。以十三日谢恩一折，于十一月二十二日准兵部火票递回。原折内开：军机大臣奉旨：知道了。着该抚即将剿匪事宜妥为部置，以副委任。该抚应否驰赴豫境居中调度之处，着与曾悉心筹商，相机办理。钦此。合行恭录札知，等因。又札饬一事，十一月二十二日准署察哈尔都统裕、副都统至咨报：已飞札商都太仆两翼牧群营总，挑选膘壮马一千匹，分三起派员护解，限于十一月十二、十四、十六等日按起进口，以备查验起解赴营。兹饬记名提督周正林、记名总兵周礼濂，由正站前往山东一带去迎，会同解马委员分起妥解，督饬认真喂养，严查私自卖换，等因。又读谷山中丞致心师函，谓左宫保已经自闽起节，徐中丞于十月十九日作古，周寿山护理抚篆，浙省秋收尚好，民情藉以安谧，现正赶办漕事，云云。回所，又以购豆并铭营催领洋枪、需用车辆等件赴营务处请示。回所，孙秋华孝廉之弟竹轩，名承钊，求见云阶觅事。因商之汉翁、浚翁，暂留本所充字识，订定不合则去，因其素吸洋烟，恐怙终不改也。李眉山等未之许也。

刘君芗林记代募牛车三十辆，于二十六日赴兰家坝起运帐棚五营。乃谒心师，请札饬苏君伟堂兼办械所车运事，许之。值林文叔观察过，心师闻其赴周口时，欲劝中堂回任，及至周口晤仲良廉访，知曾相不乐闻是言，进见时遂不述来意。越数日，曾相派令送钦差关防来徐，昨日遂赍到也。又闻宫保称其不要钱，不怕死，盖当时奇士。心师又示以京师卿大夫有请洋务至重，合肥宫保不宜离两江者，亦有请办捻必宫保乃能蒇事者；有请曾相宜入京，即有疾，或数日一召见，既平章军国重事，且威望可镇抚中外也。眉生观察亦上书中堂，闻书辞甚美，未之见也。侍心师饭归所，检阅油烛领字，将十月分检清另储之。又立油烛额领备查簿，宁所及徐所已给某月分者备载之，以便查考。

二十五日早晨，令满平弟率勇唐人瑞赴西关购豆。本日计购到十余石，即储交铁佛寺，一面遣价持书赴坝子街，将前购黑豆运入城，并记令龙标办车三十辆，明日赴兰坝运帐棚也。金陵营务处移会数事。其一，系奇字营马队派匡游击舆顺管带，余则见之久矣。得同年刘君恭甫及汪君少符书。书中述汪君之兄孟平汴省需次事。魁营油烛，正营领十一月、十二月两个月分，前营领十月、十一月、十二月三个月分，共应给油一千七百五十斤，烛七百五十斤。因焗存无几，沛文、友堂两君往市上购之。

二十六日夜诣营务处，心师示以宫保二十五日咨行一件，准鄂督抚咨：顷据南汝光蒯道三次禀报，东路捻逆已由周口回窜，大股逼进州城，势极猖獗，万分吃紧，请拨兵驰援，等语。除面谕熊军门率七成队于初九日前往援应外，查此股贼侦知豫省西路兵力甚厚，一见我军赴信阳之援，贼势必趋光、固、罗山，窥犯鄂省东路。亟应咨请郭军门率步队九营，并伍提督马队五营，是夜驰回随州城外驻扎，静候咨定进剿东路之贼。所有该藩司慎字马步十营，亟应拨至应山城外，审定从东路来犯之贼势，可赴黄安、麻城一带，会合姜提督、谭提督两军预备痛剿，以收夹击之效。郭军门接到咨文之日，伍提督、彭藩司接到札文之日，均即迅速拔营东来，毋稍片刻延迟，等因。

又二十六日札委一事。派委江苏分缺先用道林道桐芳会办营务处，并称其坚忍耐苦，留心军事。又咨一事，曾派委林道赍送钦差关防前来，即于十一月二十三日接受任事。又咨行一事，十月十三日内阁奉上谕：署甘肃按察使刘典，着帮办左军务。钦此。又左帅原折：为请旨简派帮办军务大员以资赞助事，窃治军首重得人，用才贵于善任。同一军也，用之或胜或不胜，则将帅之才否不同也。同一才也，用之或效或不效，则任使之宜否不同也。臣兹奉命调督陕甘，自维力薄能鲜，忝荷重寄，涂惧措置失当，为朝廷羞，必惟藉助贤能，以图共济。二品顶戴前浙江按察使世袭云骑尉刘典，战功卓著，已在圣明洞鉴之中。该臣自咸丰十年入臣军，与前布政使衔道员予谥贞介王开化，今浙江布政使杨昌浚总理营务。入浙后，分统臣部，转战江西、皖南，屡歼巨寇，保全大局，俾曾国军与臣军饷道常通，得以一意进取。臣军入闽，奏请帮办福建军务，刘典由江西率师来会，驻西路分扼江西冲要，俾贼不得出闽境一步，卒收三路荡平之功。遗孽汪海洋窜入粤东，粤军不能制贼，贼势复张。黄矮子、欧阳晖等率叛卒由江西绕道湖南与会合，嗾汪逆由湖南、广西入蜀，将寻石达开故辙，为西陲忧。臣调其由江西出碓，力扼广东西北路蹙之，贼惮不敢前。侦知官军悉赴江西、广东，仍乘虚回窜嘉应。其时，臣随驻漳州者，仅亲兵八百耳。刘典诇贼回窜，深以臣兵单为忧，请所部将领及提督黄少春诇贼东趋甚急，必图出汀、漳，入江、皖，督师必出战，然楚军尽出，奈力薄何。言已泣下，诸将感愤，遂日夜兼程由间道驰援，会臣军于大埔，卒克复嘉应，荡平余孽。若鲍超则七檄而始至，粤军则十檄而犹未至也。粤事平后，刘典请假省亲回里，缴连年截旷银六万余两，将领皆为欢异。臣与刘典为布衣交，在军中虽有僚佐之谊，欢若弟昆。以上各战绩虽已具前后各疏中，而艰难之际，性情流露，则有未敢详者。臣与刘典共事最久，相知最沵，其为人刚明耐苦，廉干而有志节。臣可保其断不负国，断不厉民。其用兵最长于审查地势，临阵必身先士卒，以倡勇敢之气。然性稍褊急，有所见必直达其是，亦以此常见忤于人。臣尝言之曾国，而曾不甚以为然。言之杨岳斌，并奏为帮办杨军务，而杨岳尤不以为然也。前奉谕旨：刘典现在请假省亲，该臬司久历戎行，素称得力，若令报闲，殊属可惜！着左谆饬该员于省亲后即行销假，应派往何路兵营带兵剿贼，并着左斟酌奏闻。臣当恭录缄咨，准刘典复称：母老多病，不忍久离定省，又自揣与人寡交，恐难竭才力以图报称。臣复致书劝勉，终不可强，故未敢据情上达天听。今臣赴陕甘，犬马之齿渐增，非复昔时精力可比，若所事无成，不但上负知遇之恩，且自贻平生之戚，可否仰恳皇上天恩，饬令刘典帮办陕甘军务，并饬下湖南抚臣，令其敦促就道，俾微臣得稍资匡助，庶于西陲大局有裨。谨据实叹陈，伏乞皇太后、皇上圣鉴，允准施行，不胜感激之至！谨奏。录毕，诣云阶回所。

是日早晨入城，过岱源兄及筱峰，一他出，一未起。又过川星阁，晤刘君芗林。徐君遣王勇去李龙标家雇牛车四辆，解送铭军马洋枪四百杆，并皮袋、药帽四百副，铅模二十个，铁叉四十个，又六响枪百杆，自来火子一万颗，前赴归德。省三军门来文称，已派人在归德等候。因禀请宫保派押解，下午先锋官吕副将全荣（号耀廷）持批来，系奉派押解。并银钱所借钱二十四千，给之。徐至归德三百六十里。

二十七日天明，吕先锋遣人来催车。龙标适至，遂令赶办，或改雇近地车，欲速至也。又将各枪箱加钉封固以待。阅昨日宫保札饬一事，以剿捻系旱道行营携带铜锅较为轻灵，饬江西督销局徐道，在局费内拨五千金，派员速赴江西省城及吴城等处定造铜锅，每口可煮米七升，旁有两耳，务要铜质纯熟，尽数购齐，克日委解清江转运局转解，等因。录毕，车来，遂装车，具文交吕副戎押车去，时已下午。城下一二十里无圩寨，不便住宿，拟驻宿西关外，明早再登程也。昨禀请派员时，以为须间日批乃下，乃无片刻之滞，宫保治军之勤如此。

二十八日诣营务处，读宫保咨行一事，据统领盛营周镇禀称：窃卑军探报追击，群酋狂奔，直由光州侵及固始界。十三日早，卑军在光即进兵喜河一带。该逆知追兵孔迩，旋折向西南，由商城窜及光山境内，绕山而逃。十四、五等日，卑军即折回，由光州东之四十里铺越山追之，至双柳树。十六日，至白雀园。该处在光山之南，为豫、鄂通衢。诸酋狂走不停，昼夜疾行百五六十里，十六日已越界岭，远向麻城一路窜去。未能追及，为憾！卑军连日由罗山蹑追以来，行粮又乏，此间购粮较易，暂扎购齐进兵。再，卑军本年饷项仅领放六关，波在周口防所，即派员赴正阳，请领第七关之饷。上月二十六日，卑军由口拔队时，未候饷来，迅即东进，顷转战至光，而第七关之饷业经解赴周口，鞭长莫及，时届隆冬，勇丁未免窘苦。波在罗山因进兵光、固，即派弁飞赴正阳，函商郭守，将第八关饷项核给，就近运固，以便接济勇丁，而示体恤。兹又饬弁迎提，知饷已抵固，即飞运光、麻给放，否则即督兵进鄂蹑剿，再派弁将周口、固始两处之饷转运前来，总期战事饷需，并行不碍。除飞咨铭、树等军倍道前来，趁此逆焰已衰，又值山西多处分路堵剿，以便会合鄂军设法聚歼外，函禀，等情，到本署部堂。据此，除批：十七日光山白雀园来函具悉。诸逆酋昼夜狂奔百数十里，十六日已越界岭向麻城窜去，该军自应暂扎该处催提八、九关月饷，接济口食，以便饱腾。曾爵署部院必派军自山内迎击，不容久踞掳粮。饥困游魂，又值山田多处，机会甚为难得，如果各军倍道前进，分投堵剿，先扼之使不得出山，再分军入山兜截，勿使蔓延。黄梅、宿松、太湖、潜山有粮无兵之地，布局既好，三数战可翼聚歼，可免终年驰逐，千里劳乏。该统领等当合力和衷，勉筹办法。曾爵阁部堂与本大臣相距较远，不便遥制，候行催刘军门赶速拔队前进，并饬树军张镇努力会商。时不可失，慎之！望之！等因。录毕回所，作书上久无师及镇夫世兄，将录金陵所为文三数篇呈之，恨不暇缮写，适孙君竹轩来，遂以纸笔给焉。

二十九日早起，将偕心斋兄谒林观察。乃林观察已至心师公馆，心师命就近见之。嘱代觅舆图，回所，告之云阶。云阶遂拟出仿摹作梅先生本赐之。饭后，又约心斋兄往谒，值他出，回营务处。心师示以宜阳县恒伦十一月十六日探报，称：赴陕探报称，探得该逆于十月十九日在敷水地方与官军接仗之后，二十日五更时，全股自华阴庙向西窜去。因闻渭南一带有续调之镇、西、毅各军扼截，即在华州境内赤水镇地方屯住。赤水相距华州三十余里，距潼关一百五十里。贼中放出被掳妇女甚多，佥称：贼欲直奔西安。所有原札华阴五方村、抬头堡等处陕省各军，已各拔营跟追，云云。录毕回所，拜发久香师手函，又代心师发书，答久师。鼎隆烟铺杜君伯宾代购烛五百斤尽取来，计值每百斤九八八钱十二千五百，较本所所购每百斤省千二百文。此次购二千斤，计省钱二十四千也。

三十日早起，作书寄湖北臬署孙君訚如，索胡文忠舆图遗集，及读史兵略诸书。发函后，偕万、庐、查三君谒林观察，坐少顷，即回所。

第十二部分

艮园存稿（节选）

第一部分 文

年贵行[1]

致张汉仙

（咸丰九年十月二十二日）

前接兰讯，倍切遐思，曾具鲤函，谅登虎帐。近稔汉仙仁兄大人勋猷丰预，履祉升恒，引领裔云，曷胜欣慰。弟不揣愚昧，屡渎宪闻。想帅旌不日进驻怀远，或由五河、张家沟一路进发，或由泗、灵进至固镇。祈阁下并启行之日，壹是示知。如由固镇，弟拟就近谒，如径至怀，即俟抵怀后再为禀见也。专此布泐，即请勋安，诸惟荩照不尽。

愚弟某公顿首。

孙麟州先生传

咸丰元年冬河决，丰下汛。王雨山观察由苏州府擢任徐州道，邀先生入幕。比观察之任，灾黎鸣嗷，盗贼蜂起，丰、沛、萧、砀等邑岌岌乎不可终日，先生创议先舍而后惩。观察与郡守、牧令各捐廉俸为首倡，然后劝及绅富，并请币赈济。手定章程二十条，慎选委员经理大事。民心既安，盗风亦渐息。其明年，以丰工未堵，阻漕运，先生赞议截漕济赈，大府入奏，钦奉依议。先生剃弊厘奸，散给粒粟，无浮滥，节币济灾，实为因地

---

① 年贵行，号艮园，安徽怀远人。早年曾任袁甲三部下，咸丰九年（1859）起专办苗营公局事宜。《艮园存稿》不全是其所作，部分内容为其抄写。内容集中于咸丰九、十两年，体裁涉及书信、传、序、移文、禀、批牍、奏折、附片、上谕等。

因时之良策。是役也，生者得所存活，其路毙者则悉数埋葬之，徐郡士民呼观察为生佛。三年夏，丰工复决，时民困未苏，流离转徙更甚于前。会粤匪窜入扬州，踞及皖北，徐州当南北之冲，附近土匪之又欲煽惑难民以生乱。先生与观察疾首蹙额，思所以保全之。于是择难民之年壮者招为民勇，日给工食，教之战阵，其老稚者则赈恤之，并劝办团练，以齐民志。数月之间，民心大定。

四年春，粤匪由皖北入山东境，迁道由萧西而北不敢犯郡者，实预防之力也。六年冬，捻匪张落刑等率党数万人突扑徐州。时城内兵勇仅千余人，援兵苦不及。先生在徐久，廉名直声，人多服之，亟入民练局与绅士筹御贼之方，授以密计，俾出奇以制胜。旋即登城与民团固守，目不交睫者三昼夜，贼夜遁，城围方解。徐士民公送楹帖有张子房、鲁仲连之喻。军兴以来，有奇才异能、素怀忠义者，曾奉上谕饬各督抚恳请召用，赵介山郡守引此例告大府，先生立辞。先是，先生入资为通判，投效徐州军营。时伊松坪都统兴额奉命督办徐、宿军务，先生从事行间，相与论兵法，严纪律，驭兵勇，教之以义，感之以情。都统善恤兵，甘苦与共，每议必与先生偕，虽祁寒酷暑无间也。时捻匪愈众，每出巢必数万人，官军屡获大胜，皆以少胜多。事闻，奉旨赏花翎，以直隶州知州选用。

八年秋，袁午桥太仆甲三奉命督办江、皖、豫三省军务。太仆与先生旧有文字交，谈论韬钤称知己，檄调先生佐戎政。先生曰：士为知己者用，吾此去不遑顾恤身家矣。太仆用兵宽而有制，凡师行所经必以抚灾民、劝团练为正本清源之计。时三省交错，地方千余里，流民遍野，望太仆如望岁。太仆布以恩信，是以民团皆乐从官兵杀贼，远近绥怀，先生实无谋不赞也。九年春，复蒙保奏，奉旨记名以知府用。是年春，太仆膺内召，上以傅梅村军门振邦代其职，先生仍留营画计。是时，新易大帅，军务纷烦，又檄苗营与官兵相联合，其间机宜调度及一切筹饷、筹粮诸要务，先生悉极力赞成。至其振拔才人，又无不深察其所长而体其隐，是以人人皆得尽力以从事。降毕圩，破板桥，先生运筹之力居多。方期乘胜进剿，先清涡北，次及蒙西，然后会合豫省官兵，东面以取怀、凤，据淮河之险，通舟楫之利，以图粤逆。志虑所向，操之有炳，识者知其非空言也，相与论曰：先生之才，由此可大展矣。五月上旬，以从征积劳，又中暑，疾作，回徐数日而卒，时年四十有二。

咸丰九年岁次己未十月二十五日，平阿年贵行拜撰

重修宿州志序

州志，志一州之事考也，州之外举弗得而志，而况通省乎，况于旁及他省乎！今日之志则不然。自咸丰三年吕文节、周文忠奉命为大臣驻此州，开幕府。自是厥后，袁京堂、容侍卫官于此，督办军务。京堂后升太仆卿，督办三省，仍驻此。其他如傅军门、关、尹二都护及王臬宪、田镇军皆往来于州境，或驻节经年。其所任之事，曰帮办安徽全省，曰督办江、皖、豫三省，曰帮办三省。局面既大，事体亦繁，非复平时一州一邑之吏治民情而已。即历任文武官以及四乡团练、西南土匪似不出乎一州，而剿抚之宜，动关远大，则亦难拘于乡邑也。甚至高人隐士，歌咏风月，亦皆睹物兴怀，与时事大有讽议。已未之冬，邱君鹤亭欲重修州志，而先拟以大略八条，俾同人分任其事：曰节帅传，曰历任文武官传，曰团练传，曰节义传，曰隐逸传，曰土匪传，曰灾异传，曰艺文传。而问序言于予，并嘱予纪节帅事。余不获辞，慨然曰：此一州之志也，即谓为通省之志也可，谓为三省之志亦无不可，愿诸同人据事直书，务详务慎，俾有绩必彰，无幽不阐，足以与国史相表里，则后之观此不止目为晋乘、楚书，是则今日续修之意也夫。是为序。

大清咸丰九年十一月，怀远年贵行艮园甫序

苗营公局移复宿州文

（咸丰九年十二月初一日）

苗营公局为移复事，兹准贵州移开：劝谕东北两乡捐解苗营勇粮，每月市斛六百石，以半年为度。五、六、七月缴捐小麦，八、九、十月缴捐杂粮，以免抽丁等。五、六、七月该解小麦一千八百石正，已经解过麦粮五百五十二石，实存仓麦七百七十石，短解小麦四百七十八石尚未催齐。而三月集粮未经认捐，现已交缶。除将誊簿移交后任催臣并陈明大帅外，拟合将存仓麦石并各集欠缴总数移明等因前来。查捐解苗营勇粮系贵州承办，兹准移明已解并存仓数目，以及欠缴总数移交新任办理。敝营现当攻剿吃紧之际，需粮孔殷，仍祈移催新任，赶紧催解。理合移复，为此合移。

右移前任宿州正堂裕。

苗营公局移复宿州文

（咸丰九年十二月十二日）

内应交敝营五、六、七三个月麦粮共一千八百石，除已收过五百五十二石，现存仓七百七十石，应由移交新任归敝营盘收，计短麦四百七十八石。兹值贵州交卸，准移实欠在民麦粮清单，内载六百八十六石零，系有盈无绌。敝营现当攻剿吃紧、需粮孔殷之时，除会同新任照册催缴足数并其余之麦作为运费鼠耗外，理合将移到解、存、欠缴数目缘由，先行移复。为此合移贵州，请烦查照，转次备案。须至移者。

致苗沛霖

雨三二兄大人阁下：

敬启者：仓里大营于初八日出队到歇马斤扎营，营未扎定，大股贼突至，我兵撤回，伤兵勇、练丁共数十名，沈金甫阵亡。十一日，黑、蓝旗贼俱已回巢，惟白旗尚在濉口南二十余里盘踞，想不日亦必退也。刻下宿州前任裕经办我营勇粮五、六、七三月麦粮一千八百石，已解过五百二十石，现存仓七百余石，尚短四百余石，实欠在民，该既已认捐，想亦易为催齐。但八、九、十三月集粮，各集秋禾或遭蝗虫，或被水淹，呈欠在案，实系无力催办。又西北一带，既被大股捻匪掳掠一空，更难捐办。只余东北一隅数集俱有灾呈，断难捐足此数。新任董公与苗景开及弟等商议，秋粮实难催缴，即催亦不能有济，可否停其捐缴。总祈示知，以便转致董公。专此布达，即请勋安。统维明鉴不尽。

又启者：弟又患痔疮一月始出脓，又十余日尚不能起坐。军务之劳，恐不能堪。奈何！奈何！本欲到张家沟大营谒见袁钦差，看来急切不能如愿，俟明春再定耳。

又及。

东四铺欠缴麦拾石。练总陈焕君。

北乡：

褚庄集欠小麦贰拾壹石壹斗。练总丁廷芳、李明得，马新昇。

离山集欠小麦肆拾壹石壹斗。练总李钦元、朱端仲、经维琛、胡长聪。

夹沟集欠小麦贰拾玖石壹斗。练总赵邦房、窦协从、邓玉双、江玉丰、刘兆堂、涂继光。

古饶集欠小麦陆拾玖石肆斗。练总赵良宾、赵良孟、周培兰、周秉森、周元璐。

东北乡：

石泪集欠小麦壹百拾陆石伍斗。练总陈兴太、张兴广、白水孚、刘君扬、张连相、史广明、陈万璧。

柏上集欠小麦三拾陆石陆斗。练总刘国君、刘国平、李恒扬、朱效宗、张克傅、孟广生、孟树传、孙桂元。

柏下集欠小麦贰拾捌石正。练总张允恭、贺在礼。

栏杆集欠小麦伍拾伍石壹斗。练总郭尚勉、郭元聪、郭绍继、王大贤。

支河集欠小麦贰拾壹石贰斗。练总郭玉平、刘兆瑞、张则孝、赵青顺。

淄坵集欠小麦肆拾壹石壹斗。练总王德功、接士谦、李玉田。

及古堆欠小麦拾陆石肆斗。练总赵惟价、赵佐良、张永士、刘振玉。

鹤山集欠小麦贰拾柒石玖斗。练总刘润书、张在武。

漕粮集欠小麦拾贰石玖斗。练总张玉田、吴济本、王治廷。

黄助集欠小麦贰拾贰石伍斗。练总刘得明、刘得茂、李明轩。

回龙、仁和集欠小麦拾贰石叁斗。练总梁克伦、梁启顺。

林里集欠小麦拾贰石贰斗。练总吴永照、李志明。

永里集欠小麦捌石玖斗。练总张太言。

永兴集欠小麦贰拾伍石捌斗。练总曹继文、王元魁、王得才。

永安集欠小麦叁拾肆石肆斗。练总单克仁、夏焕章、王从典、秦宗尚、苏成怀、刘景春。

永和集欠小麦叁拾陆石玖斗。练总尹钦明、朱兴武、孙立诚、孙心友、傅心和。

共欠小麦陆佰捌拾陆石肆斗。

劭桢祥来信

艮园、玉田、兰馨三位大兄大人阁下：

启者，现在营扎府外，围困凤城。于二十日巳时，张、龚二逆率贼万余意解围，竟被官练马步兵追败，一战成功，追剿四十余里，杀贼过半，枪炮旗帜所得无数。城内邓正明业已诚心投顺，尽皆剃发，献出活捻首四十余人，上乡余党尽皆杀毙，马匹行李尽皆献出，府城从此归顺，县城不日收复矣。近闻阁下二十日进兵，甚为欣然。现在陶圩秉兄早有投诚之意，业已来到龙亢，叙及诚心投顺。弟因面见苗先生，叙其为人过犹可原，先生遂吩咐致信阁下处，言秉兄深明大义，可与联为一气。阁下带兵前进伊处，祈为照拂，一毫不必骚扰。至于陈、罗诸圩，非献捻首立功，不可收矣。肃泐数行，敬请勋安。

弟劭桢祥顿首。

再者：前自龙元从来之信，不知曾收阅否？兹自凤阳来函，因陈、罗二圩投顺，苗先生尚未允准，暂时未定。阁下进兵缓急，祈兄自裁之。前言缓兵，因有投诚之话，苗先生既未许定，弟亦不能自主耳。又及。

苗沛霖致博琴山

琴山仁兄阁下：

檀城破，兵机大有转关，令人喜出望外。至沙河之溃，兄先于老寨捐粮五百石以示罚，并翁、袁二帅将兄严参以肃军规。刻下天晴，即从全队与西练会哨，往返半月即来宿矣。祈将此情禀于大帅，并合营大人。假此致候，顺请勋安。年人兄初十信已接到。

愚兄苗沛霖顿首。

又，老寨黄旗不足八百人，在沙河守孤营一座，赵玉成、刘开成统之，与孙逆大战十日十夜，竟打退贼兵。

禀袁甲三

（咸丰十年二月十六日）

敬禀者：近日宿州军情。正月二十一日，刘兰馨攻破赵家海贼圩，杀卜黑小家属，共斩首千余人，附近贼圩降者四处，二十七日前禀已悉。又攻破临汉以南贼圩六处，直抵袁家圩南一带，先后杀贼一千五百余人，军威颇振。刻下各处采买苗粮，已凑足五千余石。王观察又备饷银一万两，亦可买五千石。苗雨翁于二十日赴颍州一带会哨，大约三月初可至宿营。卑职痔疮虽较前略轻，一时总未收口，急切难以趋谒行辕，祗聆训诲。三月间当可来谒也。先此肃禀，恭叩勋安，伏祈垂鉴。

年贵行谨禀。

苗沛霖来信

（咸丰十年二月二十六日）

仁兄阁下：

保案乃国家之大典也，不可吝，亦不可滥。刘兰馨、苗天庆、苗景三人奖札未了，徐名扬、张云亭二人不知此二人已保为何，奖札未来。滥入沙河保案之内，弟营俱不服，几乎溃营。况弟营素有旧规，非打孙葵心、刘天福不能言功。即如今正月沙河虽失营五十余座，而弟白旗赵玉成、刘开成只余八百人守一孤营，与孙逆数万强寇大战十日十夜，子药、粮草俱缺，竟舍命将贼圩打退，求之古人亦甚难为，如此，尚未得保举。彼赵家海于檀城，不过察贼出巢而得之，其功虽不可掩，较之赵、刘二人俱不可言功矣。今张建猷破檀城，凡出力者归在凤阳案内，而黑方旗、小黄旗只准保十名，除刘兰馨五人而外，另开十名。来人路过蒙城，见年玉田弟定局以助傅营之光。且刘兰馨、苗天庆等五人先得保举，断不能再保，以致弟营大局不和，且以后孙、刘二逆无人打矣。肃此致复。又大凡弟保举，从救兵赴义者为上，不避强寇与冒险克敌者为中，察虚破贼者为下，而徒事外场者不与焉。以后惟带步队者优保，骑马者次之。又连日阴雨，不能出队剿匪，弟心急喉疼，而无可如何。以便天晴有确信，祈转禀傅大帅与博琴翁得之。顺请勋安。

弟沛霖顿首。

再，仁兄阁下：来弁去后，夜间弟想其张建猷破檀城，虽是袭而取之，而剿贼巢十分得手。惟因赵玉成守沙河，以八百人当贼数万，诸营皆败，独能立功，致彼此相形耳。然亦不必拘定可保出力者五名，以稍与傅帅有光，且示鼓励。而赵玉成、刘开成、张诚心亦请恩赏，抑或即赵家海檀城并失沙河与赵、刘二人守沙河三案作一案奏可也。然沙河失营五十余座，弟已专函向翁、袁二帅处请罪，皆蒙海涵，而弟之意总是直奏，方合公论。切切！

参将加副将衔张建猷请实赏副将，县丞丁叶兰请赏五品花翎。又，斫伤任乾之子任护之队勇，弟忘其名，赵朝干走蒙城查出。又，檀城南门内应一人，北门内应一人，俱查花名（丁叶兰俱知）。以上共五名，系破檀城出力之人。花翎守备赵玉成请优保游击、六品军功，刘开成请优保守备花翎，将此二人实功奏明皇上，未有不准。若不奏明，弟亦受蔽贤之罪无辞，实情干俱知。都司张诚心请保勇号。

弟沛霖。

禀袁甲三

（咸丰十年三月初一日）

敬禀者：近日宿营军情，傅帅前月二十五日督队，带龚参戎等截回窜匪至大回村、苗家桥地方，连获胜仗，生擒捻匪数十名，斩首数百，获车、牛、衣物无算。二十九日，板桥北之王家圩与芦沟集圩团练截击罗圩回巢之匪，生擒十余名，杀毙数十名，又获车、牛、猪、羊、衣物甚多。苗天庆于初一日截战于铁佛寺，斩首二百余名，生擒二十余名，亦得枪、旗、牛、羊不计其数。此番黑旗所得之物已成净尽，虽皆回巢，其胆已寒矣。刻下傅、田两帅俱已回宿，拟请苗雨翁合力进剿。惟苗雨翁因西练仍须整顿，必至沙河会哨后方能来宿，大约总在月之下旬。日前来函云：傅帅保案于苗营不可过滥，小黄旗只保五人，黑方旗亦保五人。足见其公事认真也。卑职因家累过重起见，勉捐指省山东，较部选似有着落。本拟月底趋谒崇辕，今蒙垂注，以卑职久病之躯，不任跋涉，仰见慈怀体恤，无微不臻，俟天暖疮愈，再图来营晋谒。虑修寸禀，恭叩福安！伏乞钧鉴。

卑职年贵行谨禀。

苗沛霖来信

艮园仁兄阁下：

无效者，克复凤城，张诚心保举勇号，未得细查札谕，故祈兄转禀傅帅，再为保举。昨二十七日午始查札谕，已保张诚心图嘿默格倚巴图鲁，不必再保勇号，请易保尽先游击，是所切祷，肃此，并候勋安。不另。先生厉笔，账房顿首。

六品军功：李日琳、张建中，檀城南门练总；毋占鳌，檀城北门练总。

黑方旗：蓝翎千总李南华，保守备尽先，并赏戴花翎。蓝翎守备邵广保都司尽先，并赏戴花翎。六品军功江梦麟保蓝翎外委。六品军功李得胜保蓝翎把总。外委胡永平保尽先把总。六品军功朱克敬保把总尽先。花翎守备曹梦球尽先都司。

小黄旗：花翎守备孙立士保尽先都司。文童生徐承基保蓝翎从九。六品军功王云彩保尽先把总。

胡元昌致苗沛霖

雨翁仁兄大人阁下：

兹者本月初二日未刻接来手示，当即奉复，想入雅照矣。博琴山定于今日前来与阁下面议，自有机宜，谅可面授矣。日昨亥刻得有界沟长毛四十余名至卓家圩剃头。该圩请来各旗马步三千余名，扎圩九个。圩中派定有余之家，每日出面十斤，少食之家每日出面五斤，自前月二十七日到来食起，至三十日，各户已供应不起，所来已有私逃者。又据我营探报：李大喜、魏果均在石弓山、丹城一带装旗，每旗只准留二成在家，八成前来界沟打仗，派魏果带马贼一千名扰我后路粮道之语。合以附闻，敬请勋安。

胡元昌顿首。

苗沛霖致胡元昌

元昌仁兄阁下：

前以阴雨之故，以致诸事不齐，未得如攻界沟之约。故先困闫圩，又烧贼圩，将老幼男女杀尽。而用檀城之粮磨又便，事皆得手。小黄旗年老玉等又将李大喜打败。贼粮尽而退，我军聚而攻之必得手。贼若无步队，官军以马步截击必可得手。而王圩与芦沟之北各立营一座，以通粮道、子药之路。又，孙、刘二逆远出，回头时必发救兵。今军全困闫圩，四方皆是自己之人，宿、蒙之粮道皆便，十分稳老，俟击败援贼，然后深入未晚也。且弟昨日眼跳，故不可不慎，虽破圩获胜，而苗天庆之腿伤坏，想是应矣。沛手笔。非此情形，请转禀大帅。与年八兄同此。不另。

吴棠来信

（咸丰十年五月十二日）

艮园八兄：

二十年前与令兄辰园先生游，即知大才卓荦。嗣闻贵乡兵燹，弟与同此惨恻。每晤林竹溪必询阁下，想亦道及。弟复来彭城，知阁下现住孙疃，急思一晤，未能如愿。近接大营来信，知我军已扎孙疃南岸，想可步步为营，直逼徐圩老巢矣。雨三一军为吾乡雪耻，现在宿营有童、刘、苗诸同乡，想俱为不群之才。弟心痛吾乡沦陷，即望早日拯拔，仍留遗孑。吾兄虽未晤，而神交已久，通盘画算大局，何如？弟虽理糈台，而军饷不敷，时深焦灼。吾乡思为国家出力，关念自不必言，尚望将营中实在情形，随时示悉，冀一家人相商无间言，藉可补救万一，亦区区之素心所共望者也。匆匆佈请捷安。

愚弟吴棠顿首。

致吴棠

仲翁尊兄阁下：

敬启者：道光丁酉戊戌间，辰园家兄自京师旋里，每每称说阁下人品学问，必为国家柱石之臣，贵是时已心向往之，每以未得把晤为憾。嗣后与林竹翁交，更得详悉经济之学确有本源。及读同仇敌忾启，益知阁下关心大局，匪伊朝夕，今日团练得力，实此启有以先之也。至文章朴茂，雅近先 ，犹其余事。清河德政，洋溢长淮，洵足为吾乡光宠。兹膺帝简，来守彭城，兼摄徐道，筹办军糈，路远任重，莫此为大。王雨翁观察莅此任近十年，各营实深赖之。阁下以忠悃素孚，一时人望，接办粮饷必能筹划攸宜，后先辉映也。贵自束发读书，略有微志，遂博虚声，究无实学也。弱冠后即多病，二十余年栖迟林下，无志于进取久矣。猥值萑苻窃发，乡闾不安，星使相招，勉强从事。继以樗散之材，不合世用，而闭门读书不谈世务者数年。咸丰丙辰，惨遭祸变，家兄于是时殉难，栖息无门，乃竭蹶从戎，冀谋口食。光阴荏苒，遂蹉跎至今也。丁巳秋，适袁午帅谕，赴苗圩相机联络。嗣后贵在袁营管带兵勇时，奉帅意以字函与苗练往复，苗练遂与官兵合。兹蒙俯赐瑶函，殷殷下问，所有苗营实在情形，敢备陈之。

自己未春午帅回京，贵随傅帅营，蒙委专办苗营公局事件。局中公事系运送粮石，送递公文，应酬苗营进城诸将领，并稽查城门、苗营进城练勇等事。其余战阵营垒、调度约束，悉归苗营先生、旗总经办。贵并不住营内，现有童、苗、刘、张诸位并舍弟玉田在营料理。自界沟、五沟收复后，又收抚数十圩。初七日，又将贼兵打败，贼已全退。据此光景，大可进逼老巢矣。查苗营现有二万余人，扎五沟集，西至徐、袁圩约三十里。兵威既震，贼胆真寒，乘此破竹之势，正好进兵为扫荡之计。惟需粮甚急，不可不为预筹。贰万余人每日需粮二百石有零，必有五六千石现粮，足敷一月之用方能前进。否则粮少太多，一有匮乏，势难立足，此系现在第一吃紧要务。刻下各委员经买之粮，仅敷日用，不能多余，尚非十全之策。总祈阁下总筹全局，力储此款，成此大功，勿令亏于一篑，是所拜祷。事能有成，则岂惟桑梓幸甚。匆匆佈复，言多疏略，即请台安。统希鉴原，不备。

苗营公局移交灵璧县文

（咸丰十年七月十四日）

苗营公局为移复事：兹准贵县奉傅帅面谕劝捐苗粮、折钱解营济饷，等因。兹据各练呈缴市钱壹千捌百串，照数备文，专差丁役移解，等因。到局当即派员照数点收，理合移复，为此合移贵县，请烦查照备案，望切切！须至移者。计移收市钱壹钱捌百串，又移灵璧县正堂。

苗营公局谕练总某某等

补用同知适苗来文，令传谕某某某、练总某某等知悉：照得岁歉民艰，本道所知，但用兵之际，粮食为要，万一不给，兵撤贼窜，不但各圩必受其害，即于国家大局亦有碍也。与其悔之于事后，何如筹之于事先，在民不过稍费艰难，而于事亦可渐期平定。谕到，仰该练总迅即来城赴公局面定章程。如仍前迟延观望，置公事于度外，必大从马队亲提到州。特谕。

苗营公局谕练总马家芳、尹化光

（咸丰十年七月十八日）

即补副将苗、即选知府童、补用同知年谕时村集、永武集孝廉方正马家芳、即选训导尹化光知悉，照得现当。秋凉天霁，调齐大队人马进兵攻剿贼巢之际，需粮孔殷。查宿州及孙町所存现粮仅数十余日之用，万一贼匪负固半月不下，军粮不给，甚为可忧。为此出谕。谕到，该练总务须极力催趱各集捐粮，星速运送，以期接济无缺。如有迟延不送者，许该练总指名禀究，断不宽贷。切切。特谕。

禀傅振邦

（咸丰十年九月十五日）

敬禀者：恭读上谕，因逆夷滋扰天津，屡抚不悛，诏近畿及各海口官民起兵杀贼。嗣奉寄旨，征调各营官兵及苗练兼程入援。各营官兵已经先后北上，惟苗练因土匪牵制，未能即往。职向奉札办理苗营公局事件，应奉诏前往，意欲自行招募义勇一二千人，亲身督率以赴阙下，听候各大臣指挥。惟招募口粮、军装、器械，以及沿途供给，须照胜帅札文供应苗练章程办理，方可有济。事关重大，不敢自专，可否行止？悉听宪裁。专此具禀，恭请勋安。伏惟垂鉴不备。

卑职某某某谨禀。

傅振邦批

据禀已悉：该令欲募勇一二千人亲带北上，以卫邦畿，具见义愤所激，笃棐荩忱，殊堪嘉尚。查前奉旨征调苗练，因苗道详陈，未能分拨，经本督办抽调直隶马步官军赴通助剿。

苗营公局移复宿州文

苗营公局为移复事，兹准贵州移：奉钦差傅札开云云查照，等因，到局，准此。即拟列章程，另单粘移，可否有当，仍俟贵州酌定再为详复。须至移者。右移宿州正堂。

一、严铺户不准多出钞票，期买贱物以图重利。务须量入为出。

一、以后钱铺务须令绅董公具保结，方准开张。

一、钱铺银多，当往各处兑换，勿得坐守一隅。

一、遇饷银到多，本地销兑无不及，即派员往灵、泗、五河等处兑换。遇有应买苗粮之银，即在该处采买最为方便。

致苗沛霖

（咸丰十年九月十五日）

雨三二兄大人阁下：

敬启者。三河尖、正阳关关系淮河上流，顷闻尊处已经派人筑圩严守，此着最为扼要。又闻阁下在下蔡扎营，此亦扼要之所。但峡石口尤宜部置方好。姚家湾既变而从贼，金皇寺一带亦宜布置。至于怀远，尤系淮河扼要之所，上洪、金家大涧、旧城、老西门、河北此五处皆宜扎营。至临淮以现有官兵防守，暂时无须布置矣。惟蚌埠一带仍要提防，盖长淮乃我保障利源所在，一有疏虞，淮北之事不可问矣，故宜处处布置为是。又永城代请河南帮粮三千石，据云由尊处派人到永城同往归德领取。弟思此粮，阁下宜写信与傅帅，行文到永城令其折价，由徐州解至宿州，再为转交尊处，方为妥便。又宿州现存粮四千余石，此系军粮要件，望阁下时时在心。又北山一带捐粮共二千七八百石，已缴者不足千石，约欠二千石，皆因大队南回，捻匪北窜，以致迁延日久，迟疑不送。虽经屡催，皆若罔闻。看此光景，非以兵力催之不可。大队如能北来，自属易催，否则可令年玉山、年景安等督带小黄旗千余人驻扎符离一带，时时以马队催之，自无有不送者矣。且亦可以会同博大人镇压北山团练，令其不至通匪。至于灵璧之粮，已缴三分之二，所欠一分，屡次来信，俟窜匪稍远，既便送来。灵璧郑公办事，实在令人可敬！弟连年患疮，气体已弱，近来又复疮病缠绵，诸事皆不耐劳，然所欲言者，又不得不为阁下言之也。至于弟之境遇，尤属万难，无家可归，无官可作，各省饷银渐将接济不上，万一粮台告匮，弟之糊口亦将无路，随营打仗，亦皆不能。意欲带领随身数十人，帮助傅大人办理团练，兼催各寨捐粮，事省而轻，或可胜任。而弟之家属暨从人所需口粮，即可在公粮中开销，自不至于枵腹矣。可否，均望裁度。此请勋安。

致李若泉

（咸丰十年九月十五日）

若翁仁兄大人阁下：

敬启者。弟因上谕近畿及各海口官民起兵讨贼，连月以来，四海之大，未闻有一倡议者，心窃耻之。因不自揣冒昧，禀请帅示招勇入援。明知糈台支绌，窒碍难行，病体多艰，阻挠不一。然时虽无可行之势，不妨为可行之言。弟虽非能行之人，不得不存能行之志。总祈鼎力玉成，是所切祷！

再启者。弟之境遇，兄所素知，无家可归，无官可作，万一糈台告匮，真乃四顾靡骋矣。惟有办理团练一节，可以藏身，可以养病，可以糊口，可以养家。弟非能任劳也，借此以苟全耳。北上之举，大约未必能行，仍望将弟苦心婉陈于大帅，禀请办理团练札文，帮办宿州北山、符离、夹沟一带练务，此即弟之后路也。以俟病愈，既便前往。一切费心之处，容晤面谢。此请勋安。诸惟朗照不宣。

吴棠来信

（咸丰十年九月十七日）

艮园八兄大人阁下：

敬启者。展读瑶函，敬悉壹是。即谂棐忱独至，念切同仇，曷胜钦佩！弟中夜起叹，何尝不思附骥北辕，驰驱报主。无如各省额解，以京饷孔棘，尽赴君父之急，而本郡罗掘一空。此次捻逆出巢，毫无进款。观他人之急公赴义，奋臂而驰，而吾属坐困涸辙，有志莫遂。此何等事，而竟为一贫字所羁，良可慨也！但愿北方战士迅扫欃枪，则雪耻有人，亦可稍纾忠愤。阁下悬此昭昭之心，以倡天下之赴义，夷氛虽恶，殄灭不难。弟庸庸食禄，负罪良殷，方命之愆，尚其余事。冗食冗勇，已禀请大帅暂归业矣。肃泐布复，即请勋安。伏希电察不宣。

愚弟吴棠顿首。

致武冠三

（咸丰十年九月二十七日）

冠翁仁兄大人阁下：

敬启者。局勇全裁，弟已在就闲之列，本不当多言，但向既办理苗营，大局将坏，又有不能言者。苗营大队久不北来，真有照应不到之处，然皇上犹召之，抚宪犹倚之，未可轻与之绝也。军饷不足，借用苗粮，亦宜函商妥帖，然后动用。今骤然用之，苗营之不服一也。各营皆食苗粮，而公局之勇独裁，苗营之不服二也。况此粮除吴观察所捐之外，皆苗营及弟等手捐，而局勇反不得食，苗营之不服三也。六月间所借城中之粮，系亡弟玉田经手，今如欲偿，仍当由苗营发给。若经他人之手，恩则归已，怨则归人，苗营之不服四也。又况经手之人，难保不无侵吞之意，苗营之不服五也。外间啧有烦言，甚属可虑。裁勇既于廿日住支，理宜令支发局算清陈欠付楚，令其各自归业。若久不结算，必生事端，弟既无权，亦不能禁止矣。弟既多病，难于管事，意欲告假回家养病，亦祈向大帅婉言之。若大帅欲委弟办团练，以弟之病躯，左右无人，亦断不能办。书写办事需人，往来弹押需人，前与李若翁言，非用百人不可。所需口粮，有饷食饷，无饷食面，亦不至令大帅为难。若翁回信云：已蒙帅允，不知现在帅意何如也？祈即向大帅商定，或请假，或委事，数日后陈欠结清，既便遵照办理矣。专此佈达，并请勋安。兼候回玉。

愚弟年贵行顿首。

傅营营务处移苗营公局文

（咸丰十年九月二十七日）

裁减各款，当即札饬该营务处分转移行去后，现今捻逆另股又复滋扰西关，经苗营出关击退获胜，宿营兵丁守城出力，当此防剿吃紧之际，其苗营公局一项，毋庸住支，即照各营章程，于九月二十三日起，每日每名领麦壹升，或面二斤。饷到时，如领饷几日，即扣发麦面几日。其宿营兵丁津贴，每日四十文，原照勇丁每名一百六十文中四分之一。其麦面亦照四分合麦，每天共发一石五斗，亦于九月二十三日起，按五日一领。此关之饷，因昨已住支，徐台未备，即于下关饷内按照各营天数一律发给，其领饷几天，亦扣麦面几天。再，饷面局陈主簿现已撤委，所存苗粮与本督办采买各项粮石，即令藩经历衔程委员接管，仍兼管苗营支发。即用饷面局原设书识一名，河兵六名。其前派苗营支发事内书识一名，勇丁四名，即行减撤。该营务处即移行各处，毋违，等因。奉此，相应移知，为此合移贵局，烦为查照施行。须至移者。

致苗沛霖

雨三二兄大人阁下：

敬启者。送信人回，得悉一切。此间仓麦，大帅借用，另有函商，恐所用不止三四石也。若俟来春进队，孙町千石之粮俱已耗尽。宿仓之麦若再多耗，大队来时，余粮至多不过剩二三千石。各省饷阙，更不能以再买，各处春荒，亦不能以再指，大队全到，不足一月之用，如何济事？又近匪暨北山团练，此时已有明从者，亦有暗从匪者，再过数月，事将不可问矣。孙町粮台少留人则不足守，多留人则耗粮太甚。岁内能来固妙，如不能来，阁下能亲来一次，布置一切，方属万全。如不能亲来，亦可将孙町粮台挪至南平姚庄，无须另派人守，此亦节省之一道也。再令侯先生、年景安等调小黄旗，或千人，或四五百人，在西十里铺等处扎一营盘，既可以杜零星窜匪，又可以镇压团练，所费又不甚多，此事之可以者也。九月廿四日夜，土匪千人攻扑西关。西关固守，贼旋北窜，滋扰高皇山一带，盘踞四五日，只有张老念圩屡次出队数百人。专此佈达，即请勋安不一。

苗营公局移灵璧县文

苗营公局为移复事。兹准贵县奉傅帅面谕：苗营练勇数万，需粮孔殷，饬令劝捐粮石折钱解营济饷，等因。当经敝前县传集三乡各圩练长并商民等捐办，陆续呈缴市钱三千六百七十串，先后移解贵营收讫在案。敝县于本月十一日抵任，接准移交，实力催据各练呈缴市钱六百串，拟合照数备文，专差丁役移解，等因，到局。当即派员照数点收，理合移复，为此合移贵县，请烦查照备案。望切！望切！须至移者。计移收市钱六百串。右移署灵璧县事即补直隶州正堂李。

第二部分 诗

纪事诗十二首

（咸丰十年二月初）

之一

生当垂老见干戈，戎马倥偬可奈何，
杞客忧天空废寝，王郎斫地只闻歌。
尘昏花柳春无色，冠警心魂鬓悉皤，
安得甲兵看迅洗，不须壮士挽银河。

之二

群盗如毛竞起时，影从回应不淹期①，
张弓半损官为的②，竖木全标帅作旗③。
豺虎纵横连昼夜，犬羊吞噬漏诛夸，
若非天意垂矜悯，维町安危未可知④。

之三

小孤山接皖江城，锁钥南天十万兵，
寇近不闻遗夫御，官高只能送拿行⑤。
一从民溃成鱼烂，颉使风传启虿争⑥，
太息开藩诸大府，无谋误国尚偷生⑦。

---

① 正月二十五、六日土匪一时并起。

② 以令君黩货为词，欲顷其橐。

③ 立方色旗，各称帅主。

④ 令君鉴于蒙城令为贼劫质，不敢往捕，贼日益肆。幸未稔邑中虚实，剽掠止及村镇。继闻逐捕将至，胁从皆散，首恶相虚，遂无能为。

⑤ 贼未至九江，皖城宪司已各遣家室还乡，居民因亦空城远遁。

⑥ 省垣既失，土匪始起。

⑦ 抚军临难致命，藩臬以下寂如也。

之四

还乡有客挟兼金，招募张皇速祸临，
饥众闻风来溢额，游民失望退生心。
煽将草野奸邪起，流作江湖酖毒深，
却恨扬舟东下后，更无消息到如今。

之五

议团议练竞纷纷，恫喝虚声远近闻，
刀剑骄横盈市井，金钱苦括化烟云。
脱巾哗饷将成变，亡命怀奸况结群，
心腹隐忧宁使解，池鱼深恐被俱焚。

之六

讹言传播危疑间，焚掠朝朝视等闲，
枯骨冢中难避劫，豪民闾左亦成奸。
官无胜算师愁出，寇有先声甲戒援，
檄到赴朝聊塞责，遇巢只见爇营还。

之七

剑戟如林捕寇来，飞扬旗旌拂云开，
县官岂止称文吏，博士居然是将才。
作气南行方踊跃，闻风中道早徘徊，
腾高但报烟尘起，已庆平安奏凯回。

之八

五色天书下玉墀，老臣受任更驱驰，
令严壁垒旌旗变，名重江淮草木知。
尸位墨车弹白简，弄兵赤子贷潢池，
东南保障资方略，建节重来恨已迟。

之九

招徕巨寇总羁縻，狼子野心事已危，
姑息岂图供指使，权益聊假济燃眉。
病深艾佟三年畜，劫急碁难一着亏，

妖沴廓清先自近，且欣峰燧静藩篱。

之十

花县何人致毒痡，鹰鹯飞落幻城狐，
淮珠金玉专搜括，短簿髯参任指呼。
由突徙薪言莫省，养痈贻患罪宁诬？
他年纪事详颠末，直笔难宽莽大夫。

十一

绣衣察吏欲施刑，轩盖予驰乞暂停，
擢发罪念难悉数，剥肤灾似未曾经。
贪残转假循良誉，悲愤虚摹悦服刑，
终是吾乡民俗古，肯留枭獍祸生灵。

十二

罪隶逃刑敢陆梁，操兵遂捕立销亡，
驱除不待风云阵，氛祲宁侵日月光？
势炽千村防寇盗，魁歼四野遂耕桑，
升平气象端然在，抚字宜思守令良。

后纪事诗十二首

（咸丰十年四月）

之一

鼓角惊闻动地来，连城坐陷实堪哀[①]！
猖狂丑虏原逋寇[②]，表里山河乏伯才[③]。
劫运自关前事定，难端全向此时开，
白头父老谁曾盼，二百年来第一回。

① 四月十一日至临淮，二十一日陷凤阳府，二十六日陷怀远。
② 贼自扬州窜出，本无多人，随在掳掠，势遂大增。
③ 县治三面阻水，荆涂、雨山对峙，险地也。控扼无人，遂至不守。

之二

大帅拥兵只逗留，强将持重托深谋，
猥摧暮气难提振，慷慨英风望却休。
严旨特颁催战急，捷书飞奏叙功优，
古西门外经行处，首虏虚张恐自羞。

之三

符离南望接钟离，奔命宁须晷刻期，
纵胫经旬凭饱掠，画疆一步未轻移。
红巾西上无坚垒，乌合东屯有弃师，
最是令君趋避捷，黄昏尽室已星驰。

之四

鼓衰弦绝气难伸，何地堪容七尺身？
烽火连天悸魂魄，衣冠彻夜走风尘。
余生虎口知谁脱，一无鸿毛敢自珍，
短鬓可怜磨尽秃，而今方作乱离人。

之五

家山咫尺欲归难，剑影刀光一片寒，
溃卒郊圻专劫夺，逆徒坊市肆凶残。
仓皇觅路将何往？邂逅班荆且自宽，
草露野田人宿遍，怜渠终夜可能安。

之六

凭得轻舟许便登，疾驰双桨胜风乘。
沿溪满目仍奔窜，到岸私心尚战兢！
遥指衡门家渐近，独行旷野盗防憎。
倚闾望断慈亲眼，无恙归来喜倍增。

之七

性命须臾喜苟全，干戈抢攘静何年？
五州转冠虚防戍，百万兴师费饷钱。
伏莽有奸群伺隙，乘墉无主孰攻坚？

挽枪西向房心指，汴宋悬看又蔓延。

之八

剽掠风兼妇孺闻，乘机千百起为群，
摸金如恣儿童戏，挟纩多逢娘子军。
递掩雀螳迷祸患，交持鹬蚌枉辛勤，
舍人操弹鱼翁伺，并命宁知更不分。

之九

拔兵下待贼兵西，内盗财供外盗赍，
残局护持功过半，□[①]哀偏□[②]是非迷。
诋訾隙授难箝口，节制才疎悔噬脐，
老泪横挥虚引罪，至今齿冷遍旌倪。

之十

堂堂骂贼矢捐生，白刃躬膺死亦荣，
烈士后先归正命，贞姬久近播芳名。
凄风扑面黄尘拥，孤愤填胸碧血倾，
我愧间时淡节义，草间偷活负生平。

十一

寇退官多缓缓归，遁荒邑长故依违，
广文承乏权知事，统帅遭疑莫解围。
骫法容奸终被讦，怀金速去尚知几，
逢人尚问山寨宰，可道沙场血染衣。

十二

竟日书空万虑纷，忧时感事倍恳恳，
幸灾人竞须磨砺，斩恶谁当纵斧斤？
嫠妇恩深忘恤纬，溺人险出惧遭焚，
嗷嗷拭目观新政，保惠安恬在使君。

---

① 原文缺字。

② 原文缺字。

补四月纪事诗

之一

坐镇南城握宝符，寇深委去一筹无。
焚书只解宽斐豹，直笔宁知畏黄狐？
投死健儿轻马革，贪生庸吏跋狼胡。
责人人似闻还语，失守今休归罪吾。

之二

避寇寇偏摩晋垒，乞师师未出秦庭，
城池枉擅金汤固，吴虢全忘唇齿形。
万里君门天听远，三朝兵燹贼车停，
颇闻疏草欺诬否，去作来期太不经。

之三

牺牲玉帛盛相将，虚说无惊惊未央，
伪檄甫邀免死券，游兵仍索馈贪粮。
头非砺石凶如刃，臂有缠金胁解囊，
浔遇端阳命真续，总应回首叹郎当。

之四

凶锋莫辨指东西，重赂遥从越境赍，
献块谋新师五鹿，得碓喻巧饰双鸡。
赤心极诩知几早，白眼看嗤见事迷，
稍喜降书呈未达，空令经术辱涂泥。

之五

万家烟井怆如何？兵火频经意懒过，
人渡黄河归梦断，烧残红粉劫灰多。
招魂惨指天边问，浔宝凄沈地下歌，
野哭通宵教四起，伤心清浪合成波。

之六

群情惴惴委沦胥，枝梧无方手束余，

兔走狐终遭犬顾，鹊巢空早待鸠居。
沿门散率行搜马，适野游兵返跨驴，
谁肯草间施一镞？只拼帖耳丧沟渠。

七月十五日舟行

夹岸无边禾黍阴，西风瑟瑟响高林，
长天清水犹残照，孤客轻舟已戒心。
兵卒往来征调急，关河收复信音沈，
自搔短发愁难遣，拥鼻聊为放浪吟。

固原兵言叹

土匪依寇不畏官，御寇招匪图苟安。
寇来土匪护官走，寇去官成土匪首。
土匪挟官匪不土，社鼠城狐芒豺虎。
官挟土匪民重殃，狼藉浑忘是官府。
交衢昨遇固原兵，自言调发来南征。
适当贼退即戍此，县官缉捕屡随行。
谁知官更惨于贼，率匪扰民报匪德。
指赃纵掠辙破家，诬罔明知救不得。
掠将财货归来分，官私各半奉欣欣。
牲畜刀铳许赎买，外内交诿还纷纭。
传道官前避贼时，南山跧伏旬日期。
亡命因缘结心腹，逞奸济恶固所宜。
主帅旁观心若疚，下令同行勿同进。
后兹行亦不相随，余烬凭官自蹂躏。
残破创夷贵安辑，人性凶顽宁惯习。
鸾凤不见有鸱鸮，兵戈纷扰何由戢？
捷书闻奏明光宫，元戎杀贼方有功。
官应受赏不去任，水深火热长安穷。
我辈离家二千里，从来未见官如此。
横行如此尚姑容，纲纪可知全废弛！

我闻此语心感伤，此兵此将何驯良。
驱使戮力向疆场，狂寇奚难靖跳梁。
才置散地不才用，坐令丑类久披猖。
经过丧乱恐不再，构寡敛怨日奔忙。
磨牙传翼数百辈，良懦鱼肉无地藏。
君不闻，龚遂当年守渤海，
牧养慰安民乐岂，带牛佩犊风能改，
又不闻，灵诩昔日长朝歌，
到官募士设三科，贯罪诱贼成功多，
今皆不能当奈何。
抚慰招纳徒奖乱，凶人环视生侮玩。
身名俱丧宁足嗟，所嗟氓庶遭涂炭。
呜呼！涂炭能经几次遭，彼昏不知止办□①。
临难随人捧首窜，腹仍皤兮目仍睅，
谁采固原兵言敢罪案！

遭乱后自述

遭乱春未死，倏忽见麦黄。私幸登场后，庶可免丧亡。
俄传粤匪至，已薄临淮乡。邑人各汹惧，遣奴寄囊箱。
而我在学舍，离家万里强。堂上有老母，白发愁惊惶。
主人厌言乱，未忍去仓皇。日夕传好语，口然心未尝。
迁延及半月，闻又陷凤阳。良医无扁庐，痼疾入膏肓。
决计始经行，顺流乘轻航。龙窝值土匪，带力来趑趑。
河诘终舍去，仍放水中央。亭午抵沙沟，尘甑闻饭香。
登岸聊一饱，解维片帆张。晡至小渡口，千艘森桅樯。
指点语同舟，岩阻环封疆。重叠数水带，幽萃两山豅。
兵气郁满眼，难望逭祸殃。计且过梅枰，去住徐酌商。
动念未转瞬，沸睹俄非常。夹岸人若堵，谁嚣连趋跄。
心动恐寇至，偶语听道旁。或云某宅火，呼救睹惶惶，

① 原文缺字。

或云东戍卒，溃还索赀粮。或云土匪乱，伪作贼兵装，
更有肆痛詈，谓是讹言昌。言人人各殊，进退殊彷徨，
转寻旧居停，斜径趋高墙。趋至甫入门，诸郎方惊忙，
暂坐叩消息，言之亦未详。问我苦饥未，食我待不遑，
拂袖出诗稿，裹饰乏缥缃。半生心血在，属令善为藏。
出门走隘巷，居人胜羸尪。云贼已大至，所过血成汪，
避亦无处避，一死拼身当。过巷至达路，万人奔踉跄，
群从瞥见我，相呼速远扬。东行断难达，顷刻成战场。
闻言意惘惘，随众行伥伥。遂出古西门，夕照挂垂杨。
败卒蜂拥至，气象失轩昂。战具缺刀剑，军服弃两裆。
盛言贼难敌，流汗走且僵。冠盖尽徒步，错互趾相望。
前抵伯融家，暮色已苍茫。逃者络绎至，起坐盈中唐。
主人坚避客，介弟具壶浆。苦辞室无人，粗粝且充肠。
盂箸各自觅，饱啖坐前厢。侧耳向远听，崩撼息雷硠。
转疑果土匪，肆掠遂高翔。夜深欲还视，乘此星斗光。
是时主人出，相见语周章。闻我欲东及，谓我策非良。
我还语主人，卿虑亦未长。贼不趋符离，行当指汴梁。
我家在淮东，老弱持扶将。死尚欲南首，奈何适西方？
诸弟爰相送，同冒路滚滚。重投宋玉宅，夜半扣山房，
开门喜见我，近入室含霜。为言家悉遣，独留赪尾鲂，
君归胡不早？此日仍徜徉。披诉各未了，火光腾煌煌，
照耀满山谷，烟焰昏角亢。未审贼虚实，已见势披猖。
叹息不能寐，曙色动回廊。主人往侦探，贼济已彭彭。

二十六日晡至河北，次日黎明渡沙河。

隔窗呼我起，去陟南山冈。我迎谓主人，此来实不祥。
不先亦不后，同贼薄城隍。将无名在劫，数当归北邙。
西南路更生，淮水阻汤汤。舟楫何处觅？横流难方羊。
君留肯待死，益我倘无妨？主人是我言，携行步苇塘。
始闻行人说，衙前正枪攘。县官不知处，广文去胶庠。
想皆于昨宵，窜伏投菰蒋。公私无一人，杀贼谁能？
寻见罪囚过，头肘脱银铛。贼兵相继来，三五不成行。

短兵持狰狞，长发披髼鬤。教人各安业，尔我勿猜防。
家有团练否？早弃刀与枪。奔避必诛戮，安堵无虐戕。
前矛方诳惑，后劲旋猖狂。徼伺掠羸马，咆哮索鞍缰。
一贼横一市，无敢扼其吭。来去倏如织，推壶醉瓮堈。
金帛渐要勒，刀刃恣夷创[①]。我时心亦悸，出语众纪纲。
劝我当疾行，迟恐膏剑铓。裹粮往南去，破帽蔽衣裳。
心急步姑徐，颜低气不扬。主人识我意，摇送穿松篁。
歧路暗相失，独行遂踽凉。遥望白云低，忆母泪盈眶。
犹来尚无死，日知几祈禳。西山屏息上，彳亍类鹔鹴。
颠仆行难前，手足疲交相。山半一回望，惨黩迷天阊。
饥渴胫无力，腾越慕鹿獐。石罅侧身卧，山花忘芬芳。
觅饮罕涧水，行潦杂汙潢。崎岖数十息，始见横山庄。
下山问前途，溃卒群跳踉。难民率被阻，惊蝉遇螳螂。
我时幸微服，闻人呼耶娘。被掠道旁哭，何异遭死丧。
贼匪一二来，解马系马椿。土匪恃徒众，喧哗寻斧斨。
贼闻驰登山，猿猱捷腾骧。我心知速祸，无力能胥匡。
前向安乡行，行行总怯恇。安乡至又阻[②]，心沸如热汤。
炮散忽连震[③]，惊散等飞蝗。溃匪与难民，同趁一苇杭[④]。
济河得遵陆，无恙复私庆。高门谁氏宅？远望□[⑤]何将。
倚山兼带水，形胜足自障。岸前横略约，岸侧系舟舫。
长淮涨□[⑥]高，溯流谋定臧。虑无萍水人，口舌为赞襄。
蓬飞逐风转，妇愿难骤偿。行近见相识，范宋潘杨王。
避乱各在此，胜我背负芒。尤厚吾宋弟[⑦]，劳问祝安康。
云者琅琊第，弟子旧五郎。一枝权惜栖，燕雀得榆枋。
兄今欲何往？前行尽虎狼。下如就弟宿，迟明计舟商。

---

① 皆同三家所亲见。

② 在横山口者范之，此则方载前路，又某某皆率溃散乡兵沿途劫夺。

③ 横山被驱之，贼率众而来。

④ 土匪闻贼匪至，四散奔走，无暇行劫。予乃得杂难民中，乘间渡下桥河。

⑤ 原文缺字。

⑥ 原文缺字。

⑦ 谓馨远。

顾念亦良是，入室坐匡床。疲极只欲卧，餐罢寻黄粱。
穷途怀一饮，嘉惠重承筐。邂地不相弃，尤胜侑笙簧。
筹兹心展转，无可报圭璋。但祝雏凤赦，清于老凤凰。
终夜警备扰，戈第敢铿锵。黄鸡递三唱，晓日升扶桑。
渡口招舟子，涉人兼及卬[1]。手未赍丰文，路终隔重洋。
势将学马卿，贯酒脱鹔鹴。谓我莫漫愁，呼儿与解囊。
三百青铜钱，买棹鼓沧浪。自此遂得脱，还家谒萱堂。
举家欣我在，额首谢昊苍！死所虽未知，履险幸无伤。
况遇麦丰收，差胜岁饥荒。饱食听天命，余生付糟糠。
自愧成老夫，非复旅力刚。窜身劳筋骨，甘亦如饴糖。
念转一生死，寿颉齐彭殇。林园寄踪迹，农圃相颉颃。
惟虑所蒙惠，久将泯不彰。备书置座右，永世矢勿忘。

① 余本欲由上桥往孔冈，既失路，走下桥，遇馨远弟留宿。又有渔舟渡难民达河东，余遂决计附舟至马头城，不复取道孔冈矣。